朱生豪情書全集

【手稿珍藏本】

上

朱生豪 宋清如 著
朱尚刚 整理

中国青年出版社

图书在版编目（CIP）数据

朱生豪情书全集 / 朱生豪著; 朱尚刚整理.
— 北京: 中国青年出版社，2012.6
（新青年文库 · 名家名作手稿珍藏本系列）
ISBN 978-7-5153-0622-3
Ⅰ. ①朱… Ⅱ. ①朱… ②朱… Ⅲ. ①朱生豪（1912～1944）－书信集
Ⅳ. ① K825.5

中国版本图书馆 CIP 数据核字(2012)第 034512 号

书　　名：朱生豪情书全集（手稿珍藏本）
著　　者：朱生豪　宋清如
整　　理：朱尚刚
责任编辑：庄　庸　王　昕
特约策划：张瑞霞
特约编辑：于晓娟
装帧设计：都市华艺
出版发行：中国青年出版社
社　　址：北京东四十二条 21 号
邮　　编：100708
网　　址：www.cyp.com.cn
门 市 部：(010)57350370
印　　刷：北京中科印刷有限公司
经　　销：新华书店

开　　本：787 × 1092　1/16
印　　张：32.125
字　　数：600 千字
版　　次：2013 年 1 月北京第 1 版　2021年4月北京第13次印刷
印　　数：81,001~86,000 册
定　　价：68.00 元

从之江大学毕业时的朱生豪

青年宋清如

之江大学中国文学会
（站立者前排右第四人为宋清如，后排右第四人为朱生豪。）

之江大学情人桥

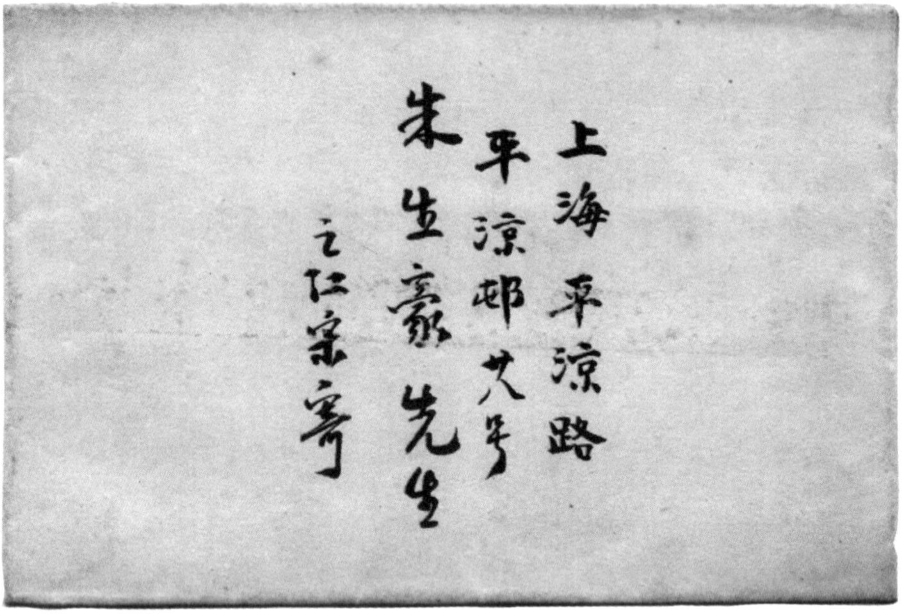

宋清如书寄上海平凉路平凉邨廿八号朱生豪收的信封

朱生豪和宋清如的结婚照

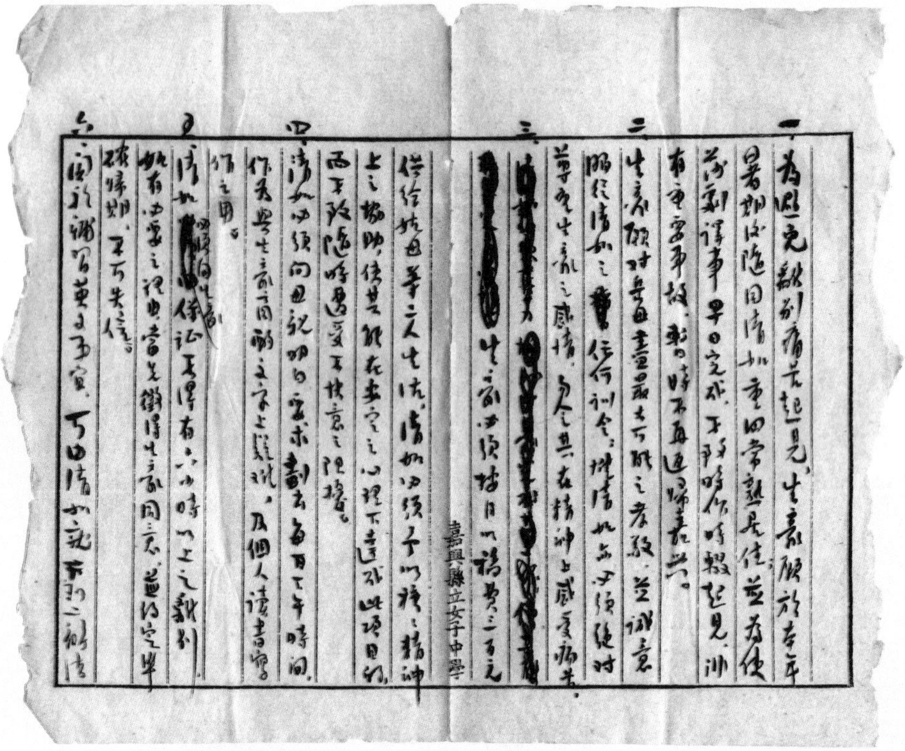

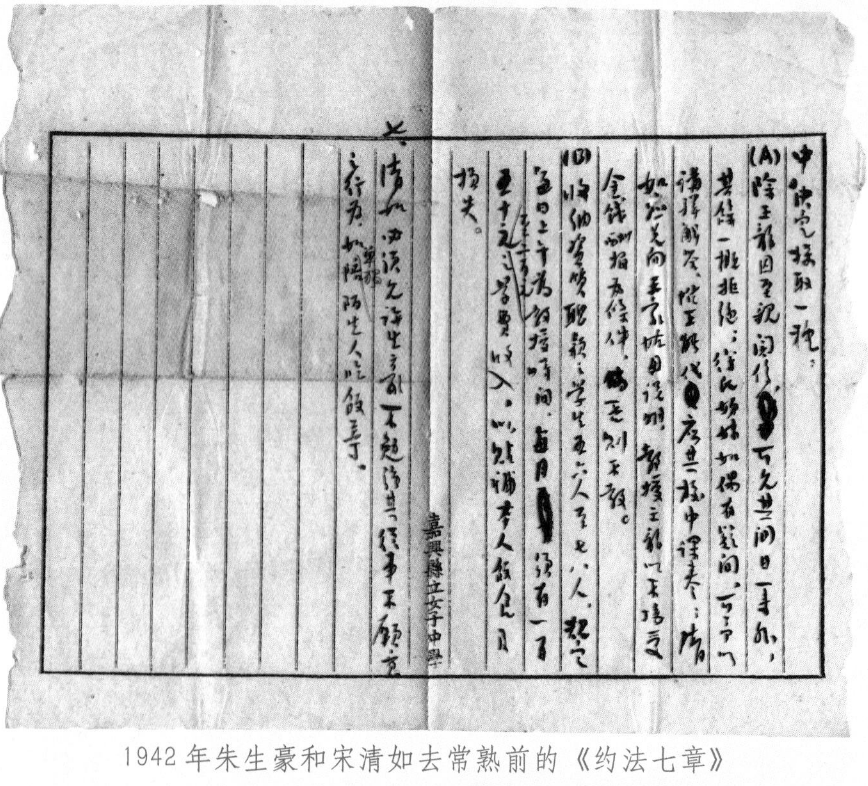

1942年朱生豪和宋清如去常熟前的《约法七章》

“要是我们两人一同在雨声里做梦，那境界是如何不同，或者一同在雨声里失眠，那也是何等有味。”

朱生豪故居新貌

朱生豪、宋清如合葬墓

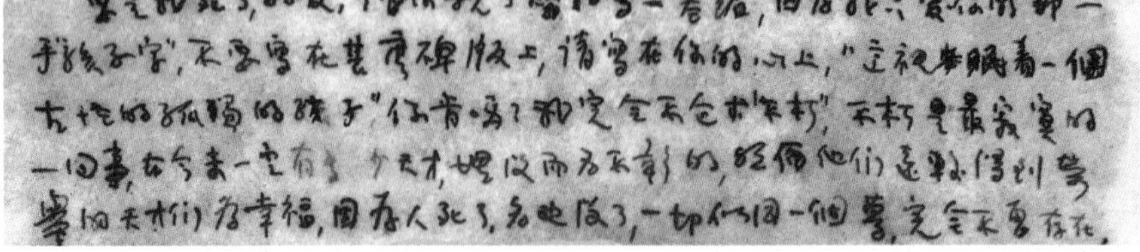

要是我死了，好友，请你亲手替我写一墓铭，因为我们爱你的那一手孩子字，不要写在甚么碑版上，请写在你的心上，"这里躺着一个古怪的孤独的孩子"你肯吗？我完全不会求"不朽"，不朽是最寂寞的一回事，古今来一定有多少天才，埋没而无闻的，较比他们远较得到荣誉的天才们为幸福，因为人死了，名也没了，一切归同一个梦，完全不曾存在。

朱生豪请求宋清如为他在心中写一个"墓志铭"的信

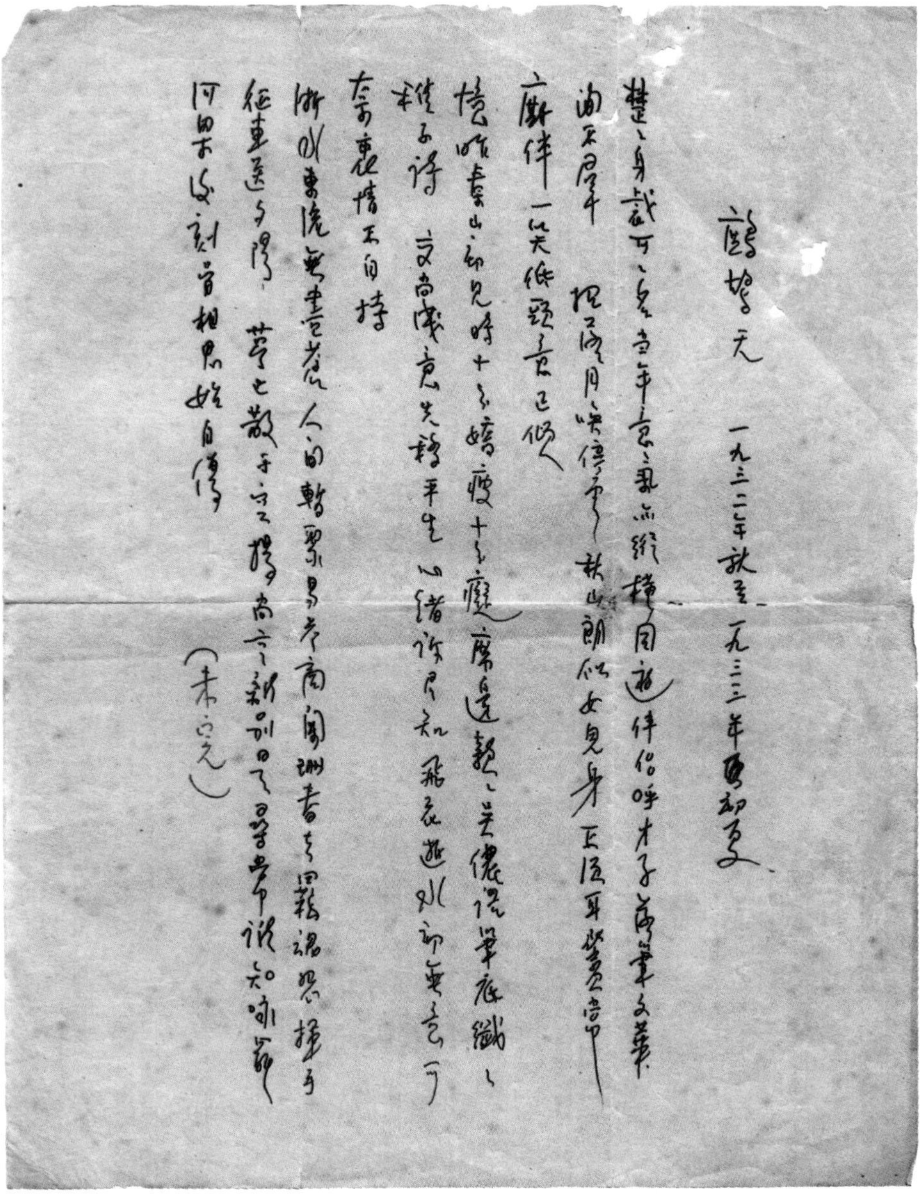

《鹧鸪天》三首，这三首词生动地描述了朱生豪、宋清如两人从相知相爱到暂时分别的过程。

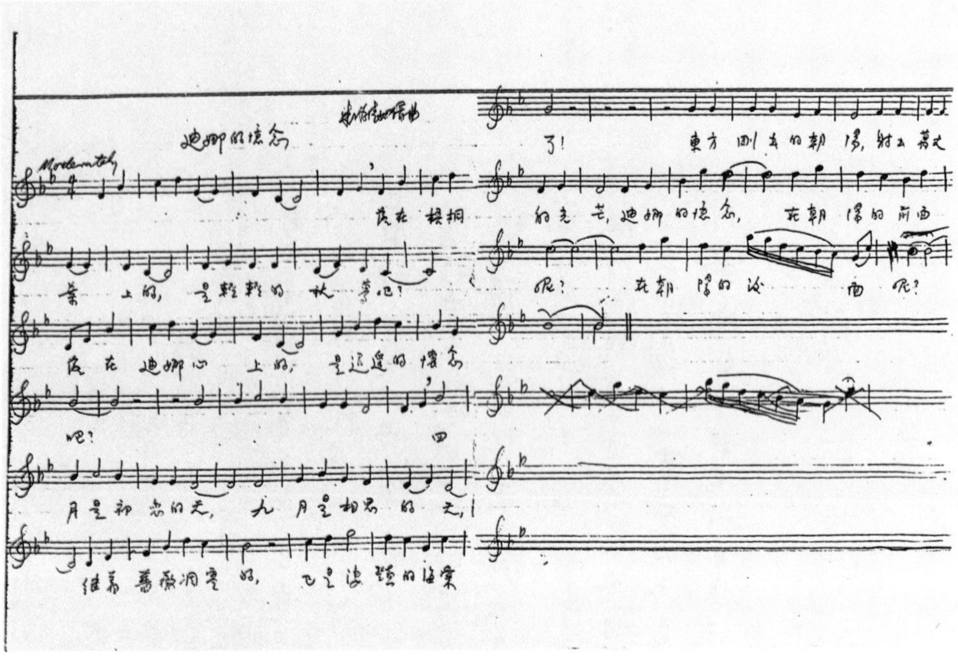

宋清如写的、朱生豪谱曲的《迪娜的忆念》

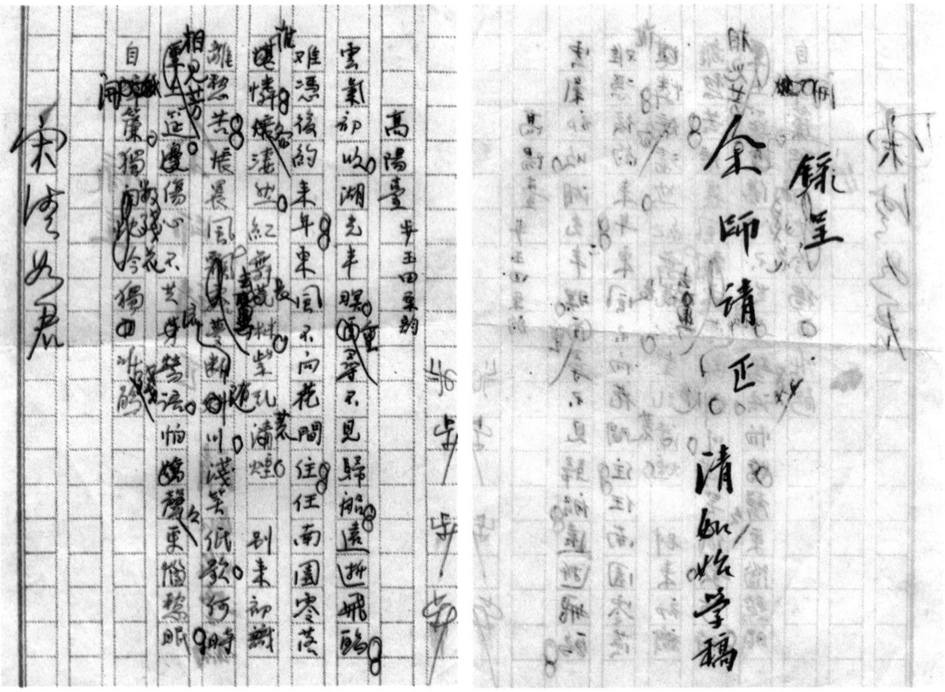

宋清如呈请朱生豪指点并经朱生豪修改的《高阳台》词稿

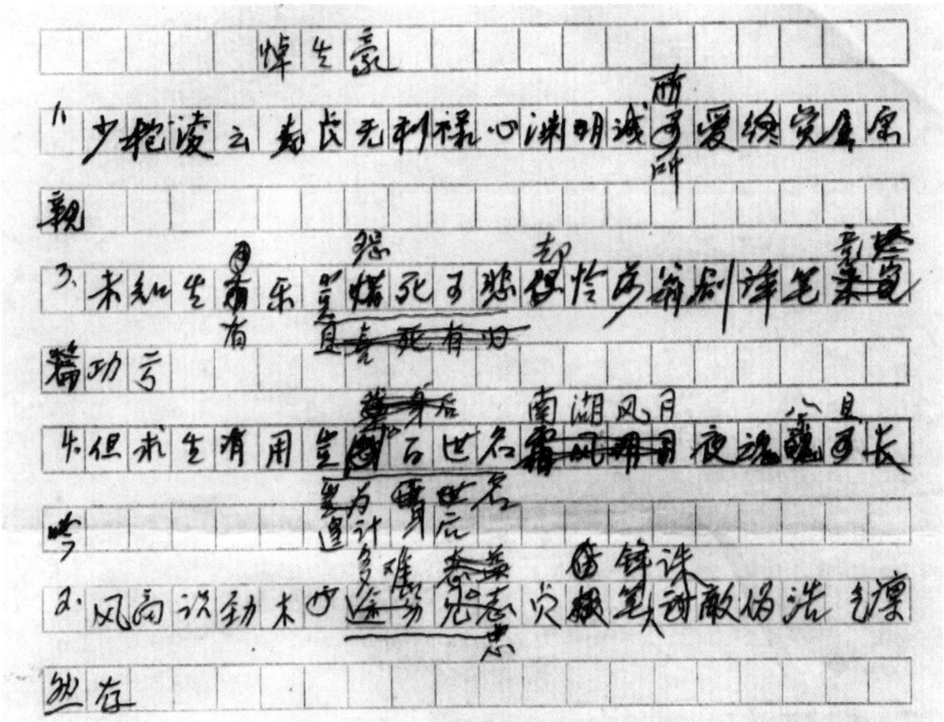

宋清如1984年写的《悼生豪》诗手稿

目录

第肆卷 刻骨相思 /92

第伍卷 畅聊人生 /129

第陆卷 切磋诗词 /158

第柒卷 知心交心 /192

第捌卷 爱到深处 /237

第玖卷 红颜知己 /273

第拾卷
命定爱你 /310

回 应

第拾壹卷
爱至永恒 /343

回 应

第拾贰卷
盼信心焦 /377

回 应

第拾叁卷 诗侣莎魂 /398

回应

第拾肆卷 爱的牵挂 /449

回应

寄在信封里的灵魂①

宋清如

人生如梦，往事如烟，时日忽闪，朱生豪（1912～1944）离开人世，已经有五十年了。他短短的一生，是在长夜漫漫的黑暗中挣扎呻吟的一生，是勤奋学习、艰苦工作、渴望光明的一生。家庭的不幸、民族的灾难、疾病的折磨，使他不得不放下译写的纸笔，抛下弱妻稚子，饮恨长终。今天，再一次检阅他残留的信件，真不敢相信这一切不是梦幻，而是真实的历史。

生豪原名朱文森，入学后改名朱森豪，大学时期诗词作品和友人信件中常署名朱朱，工作后改用朱生豪。1912年2月2日，也就是清末宣统三年阴历十二月十五日，出生在嘉兴南门一个没落的小商人家庭里。弟兄三人，生豪是长子，最受母亲宠爱。不幸的是家庭经济每况愈下。母亲在愁苦生活中，对生豪寄予深切期望，曾经流着泪叮嘱生豪说："长大了要有出息啊。"也许这一遗教，终于成为生豪不断力求上进，不断奋斗的动力。更不幸的是母亲去世过早，不久父亲、叔祖母又相继去世。孤儿三人，由早孀的姑母照顾。从此，人生的悲哀，人世的炎凉，开始压上了朱生豪的心头。原来沉静的性格，愈益沉默寡言了。

由于学习勤奋、成绩优秀，生豪小学毕业后，插入初中二年级，1929年毕业于嘉兴秀州中学。得校方推荐，升入杭州之江大学并享受奖学金。

我最早认识朱生豪，是在1932年秋季。我是师范科毕业的。那一年有了新规定，师范生因曾享受公费，不能直接进入国立大学。于是考进了之江大学，选读中文系。那时朱生豪已是四年级学生。之江环境优美，人数不多。在我初次参加"之江诗社"的活动中，偶然地认识了他。因为我在高中时期，开始对新文学有所爱好，也尝试着写些新诗。那天"诗社"活动，我别出心裁地写了首宝塔诗，作为参加诗社的见面礼。不意这个"诗社"的诗人们，不少是诗词能手。他们交流的作品，不是诗，就是词（古

①这是1994年宋清如为初次整理出版的《寄在信封里的灵魂——朱生豪书信集》写的序。

体诗词），可我连平仄都辨不出来。于是宝塔诗无异成了怪物。当时彭重熙（生豪同班友人，词极好）看了宝塔诗后，就推给坐在他旁边的朱生豪看。我注意到，朱生豪看了之后，带着微笑把头低了下去，既没有说话，也没有表情。事后，也许是三五天之后，他给了我一封信，附有他自己的三四首新诗，请我指正。我给了回信。这就开始和他有了信件来往，内容无非是交流创作的新诗。后来，我学写旧诗时，也经常请他修改，从而加深了相互理解。他毕业后不久，曾有《鹧鸪天》三首寄赠给我。

赠清如词三首

一九三二年秋至一九三三年初夏

鹧鸪天

楚楚身裁可可名，当年意气亦纵横，同游伴侣呼才子，落笔文华洵不群。
招落月，唤停云，秋山朗似女儿身。不须耳鬓常厮伴，一笑低头意已倾。

忆昨秦山初见时，十分娇瘦十分痴，席边款款吴侬语，笔底纤纤稚子诗。
交尚浅，意先移，平生心绪诉君知。飞花逝水初无意，可奈衷情不自持。

浙水东流无尽沧，人间暂聚易参商。阑珊春去羁魂怨，挥手征车送夕阳。
梦已散，手空扬，尚言离别是寻常。谁知咏罢河梁后，刻骨相思始自伤。

1933年他毕业后，到上海世界书局担任英文编辑，继续勤奋自学，也不断跟我通信。可以说我对朱生豪的逐步了解，以致深刻共鸣，都是通过纸、笔作为媒介。1937年抗战烽火中江浙沦陷之后，我逃离故里，寄迹四川，先后在重庆、成都执教。他在短期逃亡后，仍回上海书局工作，接着应邀至《中美日报》担任编辑。通信时断时续。我在1941年回上海的时候，因为怕累赘，把他寄到四川的信件以及其他文字资料全部毁了。所以现在残存的信件，都是在抗战（1937年8月）以前的。（附在末尾的一封[①]，写于1943年我们婚后暂别之时，但未曾寄出。）

①即第308封信。

1942年5月1日，我和生豪于困顿中在上海结婚。原想婚后赴内地谋生，结果迫于时势而未成行。于是，先回江苏常熟我的老家，后定居嘉兴南门。朱生豪潜心翻译莎士比亚。1944年12月26日，在他译完了莎剧37个中的31个之后，贫病辞世。不到一个月，我又料理了他三弟陆奎的后事，抱着儿子尚刚外出谋生。直至抗战胜利，我才重返家园。发现原有信件，已由他人抄检，凌乱缺损，无法计数。其后，初加整理。我把其中附有他创作的诗歌，以及有关译事的部分，另行包装，以待将来为他印行问世，作为纪念，而且随身携带，其余仍留在老宅。不意“文化大革命”中，红卫兵认为是黄色毒草，将我随身珍藏的书信付之一炬。待我晚年再返家园时，终于已是天朗气晴之日。我从厚厚的尘封中收捡起残留的劫后余烬，无数次地重温生豪的倾诉，与他作心灵的交谈。虽然这些书信远非他的全貌，但毕竟是真实的历史存在。

也许有人说，男女（父母子女间除外）之间的书信，都是情书。从广义上来说，似也合乎逻辑。但就事论事，朱生豪的书信，主要是他独特个性的表现，并非执著于异性的追求。他曾不止一次地说过，所谓爱的对象主要是自己想象出来的，并不一定真实存在。换句话说，无非是寻求心灵的寄托。我这样的理解，并不是否定他感情的专注，或者怀疑他的虚假，而是同情他的身世，尊重他的言行。

这些残存的信件，既非学术研讨，也没有政治宏论，时代的脉搏极为微弱，无非是个人生活的叙写、情绪的抒诉，以及读书的心得、电影的观感、工作的记述。但是，就前后综合而言，其中有着鲜明的发展变化。从颓唐、苦闷、无聊转而奋发努力，其中贯穿着的主导思想是他的事业心。他在大学毕业前夕，写了一首长诗《别之江》。其中表现了对母亲无限的眷恋，同时鲜明地表示“从今天起/我埋葬了/青春的游戏/肩上/人生的担负/做一个/坚毅的英雄”。足见他对理想充满信心。可是，一到上海，机械的工作、单调的生活、困窘的经济，使他看不到前途出路，于是感叹“人活着究竟是为什么”。但在他决心译述莎剧之后，心情就开始有了转变。尽管是忙、是累，每天读、写至深夜，他却感到“只有埋头于工作，才多少忘却生活的无味，而恢复了一点自尊心”。其后虽然历经磨难，可对译莎工作锲而不舍，尽心竭力，宁以身殉。

朱生豪自己承认是“一个古怪的孤独的孩子”。究竟是怎样的具体特征，综观他的书信，也许可以得出一个轮廓。从信中对我的许多称谓和他的署名，可以看出他唯有与我作纸上谈时，才闪发出的愉悦和放达。一旦与我直面相处时，他又变得默然缄口，孤独古怪了。因为这是第一手资料，足可信赖的。也因为这是第一手资料，可以作为他传记的补充，从而进一步认识理解一个三十年代的知识青年在那特定的时代中独特的思想和生活历程。

1994 年 12 月生豪逝世五十周年之际

《第壹卷》相识相许

本卷中除前两封写于离校之前外，其余是朱生豪1933年到世界书局工作后的最初一段时间里写的。

在之江大学的最后一年，朱生豪认识了宋清如，共同的志趣和爱好使他们结成了知己。也许到毕业时还未曾把这一层窗户纸捅破，但是在内心里都已经把对方看做是自己生命中的另一半了。

『我的野心，便是想成为你的好朋友；现在我的野心，便是希望这样的友谊能继续到死时。谢谢你给我一个等待。』一年的相聚是短暂的，朱生豪到了上海之后，就只能用书信来和宋清如互诉衷肠了。

第[001]封 浪漫①

宋：

谢谢你给我这么一件好工作！很想拒绝你的，但不愿拒绝你，你太好了。图书馆里借了四本《史通》，两本《中国历史研究法》，本想抄一些话头，可是回来之后，一起把它们看完了，算勉强得到一点烟士披里纯②，写好了这一篇狗屁文章。

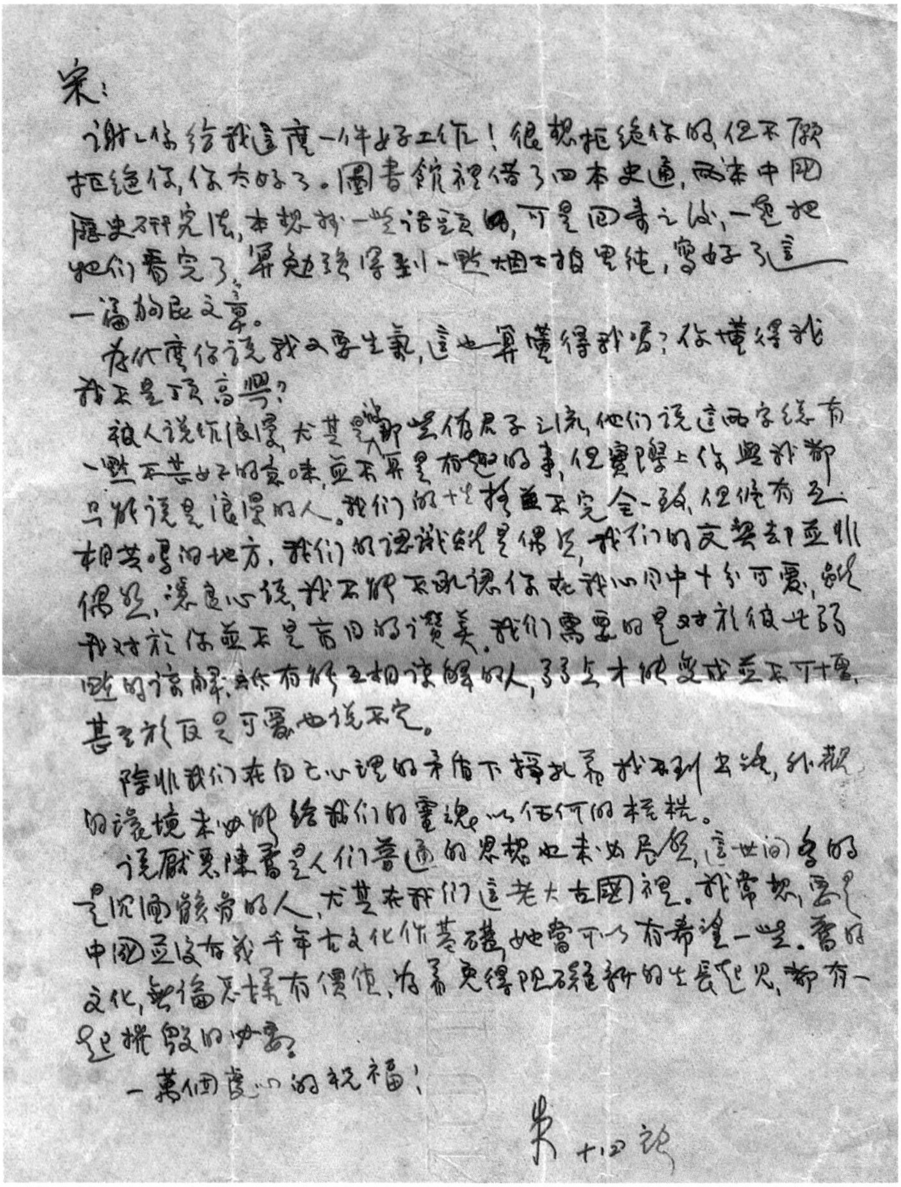

宋：

谢谢你给我这么一件好工作！很想拒绝你的，但不愿拒绝你，你太好了。图书馆里借了四本史通，两本中国历史研究法，本想抄一些话头的，可是回来之后，一起把它们看完了，算勉强得到一点烟士披里纯，写好了这一篇狗屁文章。

为什么你说我不要生气，这也算懂得我吗？你懂得我并不是顶高兴？

被人说作浪漫，尤其是被那些伪君子之流，他们说这两字总有一点不甚好的意味，并不算是有趣的事，但实际上你与我都只能说是浪漫的人。我们的性情并不完全一致，但仍有互相共鸣的地方，我们的认识虽是偶然，我们的友谊却并非偶然，凭良心说，我不能不承认你在我心目中十分可爱，就是我对于你并不是盲目的赞美。我们需要的是对于彼此弱点的谅解，然而有能互相谅解的人，弱点才能变成并不可憎，甚至于反是可爱也说不定。

除非我们在自己心里的矛盾下挣扎着找不到出路，外部的环境未必能给我们的灵魂以任何的桎梏。

说厌恶陈旧是人们普通的思想也未必尽然，这世间多的是沉湎骸骨的人，尤其在我们这老大古国里。我常想，要是中国并没有几千年古文化作基础，她当可以有希望一些。旧的文化，无论怎样有价值，总易使得阻碍新的生长起来，都有一些是非毁的必要。

一万个衷心的祝福！

朱 十四晚

①此信原件上宋清如注：1933年春。这是朱生豪毕业离校前所写的极少信件之一。 ②烟士披里纯：系英文inspiration的音译，意思是“灵感”。

为什么你说我又要生气，这也算懂得我吗？你懂得我我不是顶高兴？

被人说作浪漫，尤其是被那些伪君子之流，他们说这两字总有一点不甚好的意味，并不算是有趣的事，但实际上你与我都只能说是浪漫的人。我们的性格并不完全一致，但尽有互相共鸣的地方。我们的认识虽然是偶然，我们的交契却并非偶然。凭良心说，我不能不承认你在我心目中十分可爱，虽然我对于你并不是盲目的赞美。我们需要的是对于彼此弱点的谅解，只有能互相谅解的人，弱点才能变成并不可憎，甚至于反是可爱也说不定。

除非我们在自己心理的矛盾下挣扎着找不到出路，外观的环境未必能给我们的灵魂以任何的桎梏。

说厌恶陈旧是人们普通的思想也未必尽然，这世间多的是沉湎骸骨的人，尤其在我们这老大古国里。我常想，要是中国并没有几千年古文化作基础，她当可以有希望一些。旧的文化，无论怎样有价值，为着免得阻碍新的生长起见，都有一起摧毁的必要。

一万个虔心的祝福！

朱 十四夜

第[002]封 离别[①]

清如：

一向我从不以离别为一件重大的事，而今却觉得十分异样。说些什么话吧，却也说不出来。

想不到你竟会抓住我的心，你纯良的人！然而我也未尝没有逃避的可能。但我不忍飞去，当一天你还记著我的时候。

不忙就回去吧？明天约你到西湖里再坐一次划子，去不去告我。回去的话，一定通知我什么钟点，好送你行。你去了之后，不，没有什么。

朱 廿二晨

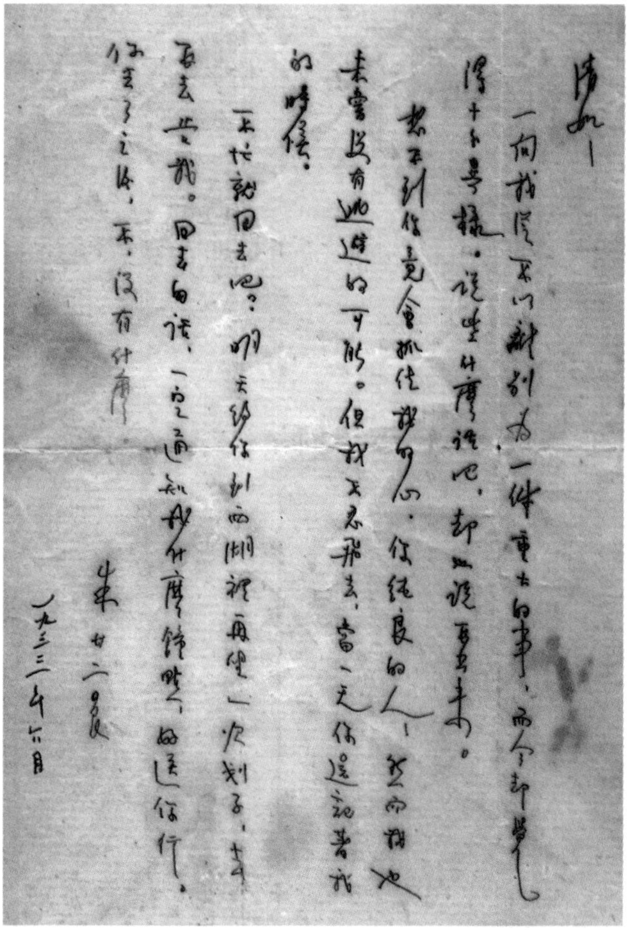

①此信原件上宋清如注：一九三三年六月。此信为朱生豪毕业离校前所写。

第[003]封 新居[1]

好人：

好像很倒霉的样子，今天一个下午头痛，到现在，嘴里唱唱的时候忘记了痛，以为是好了，一停嘴又痛了起来。顶倒霉的是，你的信昨夜没有藏好，不知一放放在什么地方，再找不到，怨极了，想死。

弱者自杀，更弱者笑自杀者为弱者。

总之，我待你好。心里很委屈，不多写，祝你好。

伤心的保罗 十一夜

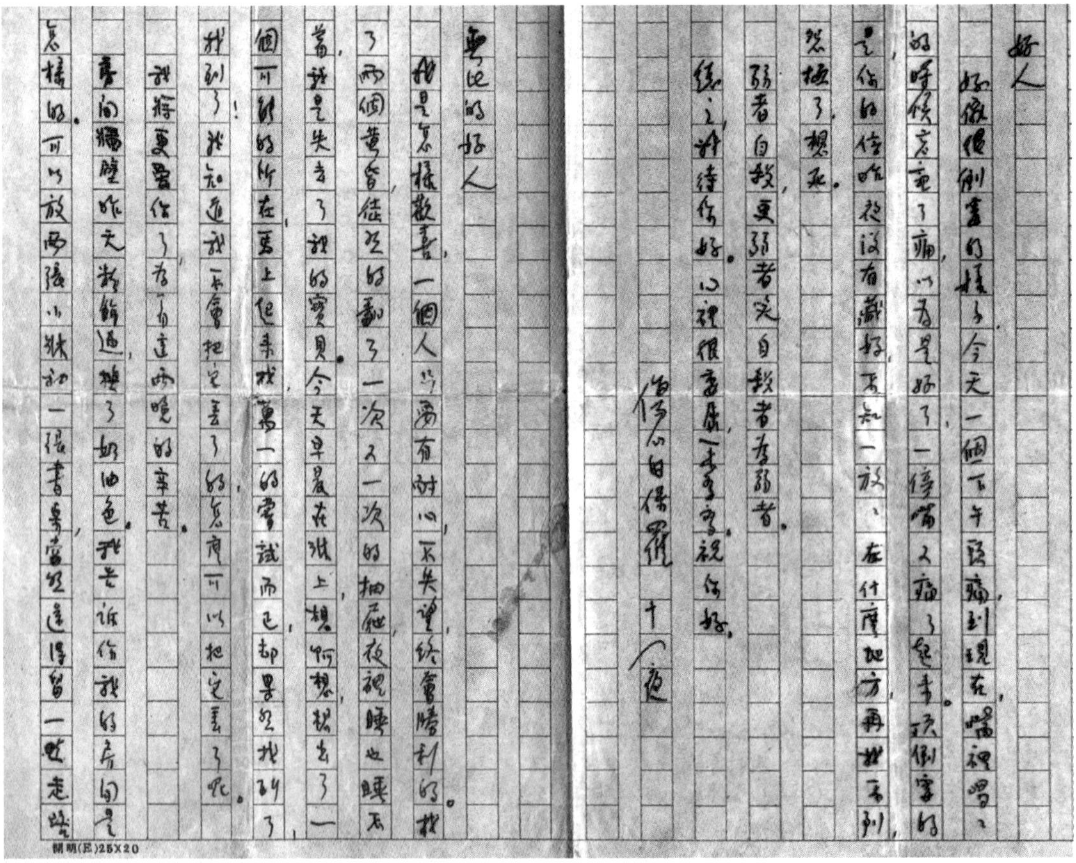

无比的好人：

我是怎样欢喜，一个人只要有耐心，不失望，终会胜利的。找了两个黄昏，徒然的翻了一次又一次的抽屉，夜里睡也睡不着，我是失去了我的宝贝。今天早晨在床上，想啊想，想出了一个可能的所在，马上起来找，万一的尝试而已，却果然找到了，找到了！我知道我不会把它丢了的，怎么可以把它丢了呢？

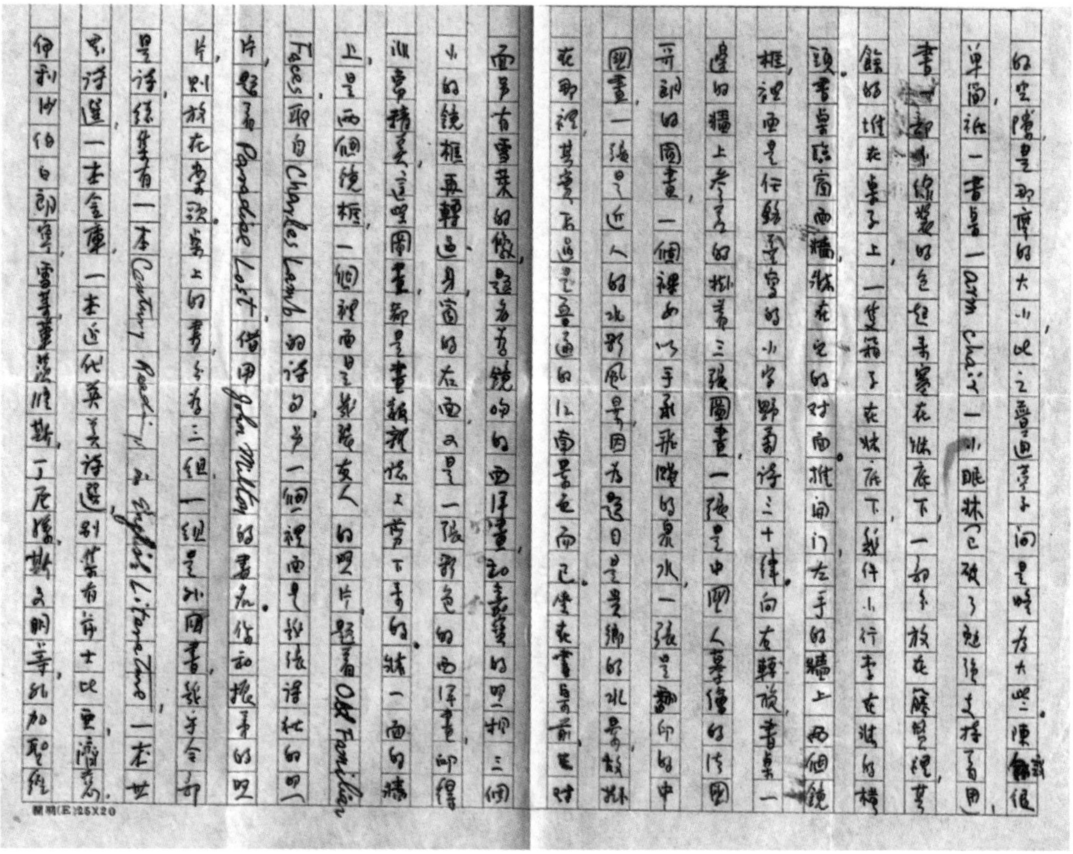

我将更爱你了，为着这两晚的辛苦。

房间墙壁昨天粉刷过，换了奶油色。我告诉你我的房间是怎样的。可以放两张小床和一张书桌，当然还得留一点走路的空隙，是那么的大小，比之普通亭子间是略为大些。陈设很简单，只一书桌、一armchair[②]、一小眠床（已破了勉强支持着用）。书，一部分线装的包起来塞在床底下，一部分放在藤篮里，其余的堆在桌子上；一只箱子在床底下，几件小行李在床的横头。书桌临窗面墙，床在它的对面。推开门，左手的墙上两个镜框，里面是任铭善写的小字野菊诗三十律。向右转旋，书桌一边的墙上参差的挂着三张图画。一张是中国人摹绘的法国哥朗的图画，一个裸女以手承飞溅的泉水，一张是翻印的中国画，一张是近人的水彩风景，因为题目是贵乡的水景，故挂在那里，其实不过是普通的江南景色而已。坐在书桌前，正对面另有雪莱的像、题名为《镜吻》的西洋画，和嘉宝[③]的照相三个小的镜框。再转过身，窗的右面，又是一张彩色的西洋画，印得非常精美。这些图画，都是画报杂志上剪下来的。床一面的墙上，是两个镜框，一个里面是几张友人的照片，题着*Old Familiar Faces*[④]，取自Charles Lamb[⑤]的诗句；另一个里面是几张诗社的照片，题着*Paradise Lost*[⑥]，借用John Milton[⑦]的书名。你和振弟[⑧]的照片，则放在案头。桌上的书，分为三组，一组是外国书，几乎全部是诗，总集有一本*Century Readings in English Literature*[⑨]、一本《世界诗选》、一本《金库》、一本《近代英美诗选》，别集有莎士比亚、济慈、伊利沙伯·白朗宁、雪莱、华茨渥斯、丁尼孙、斯文朋等，外加《圣经》一本。一组是少少几本中国书，陶诗、庄子、大乘百法明门论、白石词、玉田

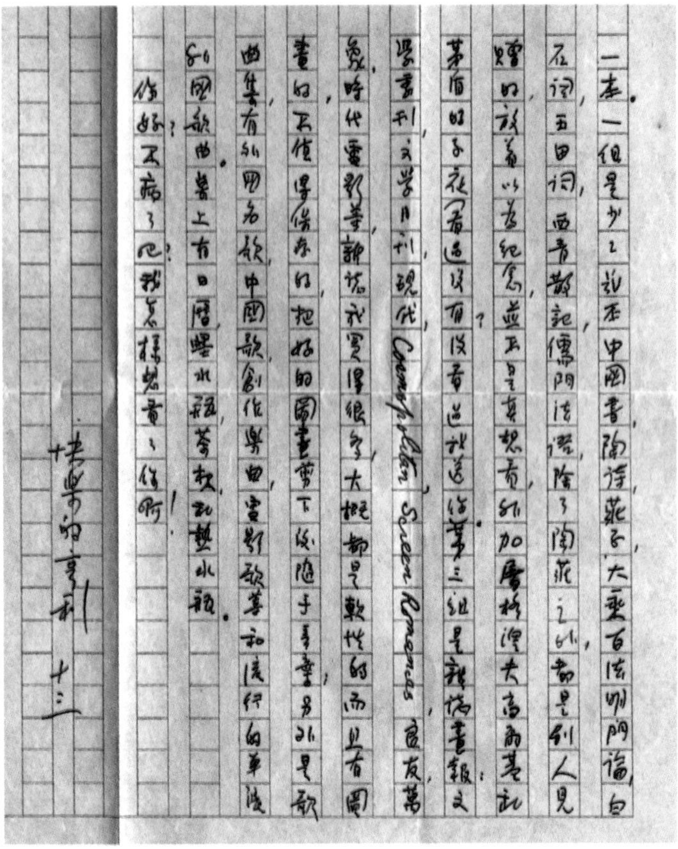

词、西青散记、儒门法语。除了陶、庄之外，都是别人见赠的，放着以为纪念，并不是真想看。外加屠格涅夫、高尔基和茅盾的《子夜》(看过没有？没看过我送你)。第三组是杂志画报:《文学季刊》、《文学月刊》、《现代》、*Cosmopolitan*⑩、*Screen Romances*⑪、《良友》、《万象》、《时代电影》等。杂志我买得很多，大概都是软性的，而且有图画的，不值得保存的，把好的图画剪下后，随手丢弃；另外是歌曲集，有外国名歌、中国歌、创作乐曲、电影歌等和流行的单张外国歌曲。桌上有日历、墨水瓶、茶杯和热水瓶。

你好？不病了吧？我怎样想看看你啊！

快乐的亨利 十三

---

①此信为朱生豪到上海世界书局工作后不久所写，当时他借住在世界书局经理、原之江附中校长陆高谊先生家中。这是他第一次拥有了自己的小天地，在初步安顿下来后，就写了这封信向宋清如"汇报"。 ②armchair：扶手椅。 ③嘉宝：朱生豪非常喜爱的美国电影演员。 ④Old Familiar Faces：熟悉的老面孔。 ⑤Charles Lamb：查尔斯·兰姆(1775～1834)，英国作家。 ⑥*Paradise Lost*：《失乐园》，著名长诗。 ⑦John Milton：约翰·弥尔顿，英国诗人，长诗《失乐园》是他的代表作。 ⑧振弟：指朱生豪的胞弟朱文振。 ⑨*Century Readings in English Literature*：《世纪英国文学读本》。 ⑩*Cosmopolitan*：《世界》，杂志名。 ⑪ *Screen Romances*：《银幕故事》，杂志名。

第[004]封 说梦

清如：

昨夜我做了一夜梦，做得疲乏极了。大概是第二个梦里，我跟你一同到某一处地方吃饭，还有别的人。那地方人多得很，你却不和我在一起，自管自一个人到里边吃去了。本来是吃饭之后，一同上火车，在某一个地方分手的。我等菜许久没来，进来看你，你却已吃好，说不等我要先走了，我真是伤心得很，你那样不好，神气得要命。

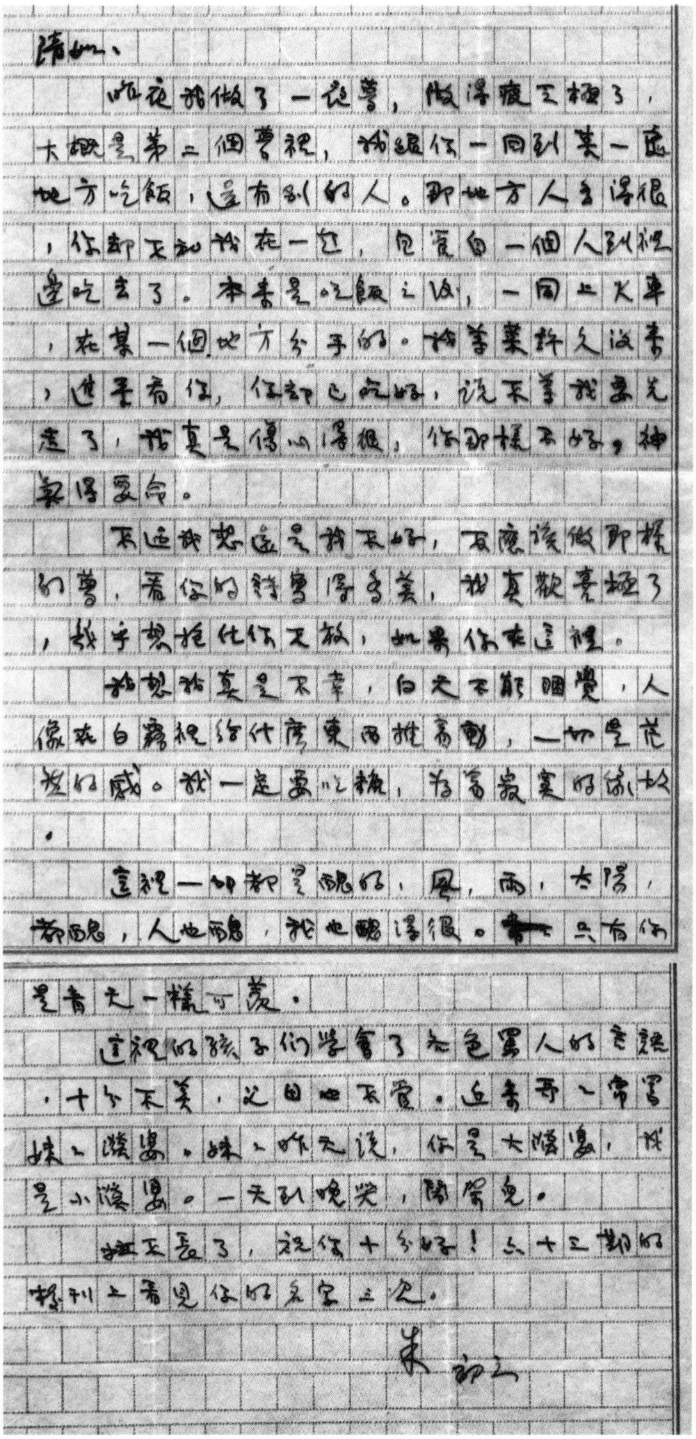
清如、

昨夜我做了一個夢，做得壞透了，大概是第二個夢裡，我跟你一同到某一處地方吃飯，還有別的人。那地方人多得很，你卻不知我在一道，自管自一個人到那邊吃去了。本來是吃飯之後，一同上火車，在某一個地方分手的。我等着許久沒來，進去看你，你卻已吃好，說不等我要先走了，我真是傷心得很，你那樣不好，神氣得要命。

不過我想還是我不好，不應該做那樣的夢，看你的詩寫得多美，我真歡喜極了，幾乎想抱住你不放，如果你在這裡。

我想我真是不幸，白天不能睏覺，人像在白霧裡給什麼東西推着動，一切是茫然的感。我一定要吃糖，為着寂寞的緣故。

這裡一切都是醜的，風，雨，太陽，都醜，人也醜，我也醜得很。只有你是青天一樣可羨。

這裡的孩子們學會了各色罵人的言語，十分不美，父母也不管。近來哥哥常罵妹妹潑婆。妹妹昨天說，你是大潑婆，我是小潑婆。一天到晚哭，鬧架兒。

拉不長了，祝你十分好！六十三期的校刊上看見你的名字三次。

朱初三

不过我想还是我不好，不应该做那样的梦，看你的诗写得多美，我真欢喜极了，几乎想抱住你不放，如果你在这里。

我想我真是不幸，白天不能困觉，人像在白雾里给什么东西推着动，一切是茫然的感觉。我一定要吃糖，为着寂寞的缘故。

这里一切都是丑的，风、雨、太阳，都丑，人也丑，我也丑得很。只有你是青天一样可羡。

这里的孩子们学会了各色骂人的言语，十分不美，父母也不管。近来哥哥常骂妹妹泼婆。妹妹昨天说，你是大泼婆，我是小泼婆。一天到晚哭，闹架儿。

拉不长了，祝你十分好！六十三期的校刊上看见你的名字三次。

朱初三

第[005]封 撒旦

好人：

录呈一“粲”，不是录呈一“桀”。

新咏数章，很像胡适之白话文学史中的王梵志体。不是好诗，但也过得去。“盪”字写作荡或盪，你老爱这样写。

“你的那篇文章”，如果你不对我说，我一定绝对不想看它，你既然对我说了，我便想看它；你如不许我看，我便非看不可。

上次来信中“因为我不欢喜听消极的话，允许我以后不把颓丧的话说给我好不好？”这句句子应当进文章病院。

一个月以前的明天的此时，我们冒着雨在马路上。幸福的日子是如此稀少！

寄给你全宇宙的爱和自太古至永劫的思念。

Lucifer[1] 四日

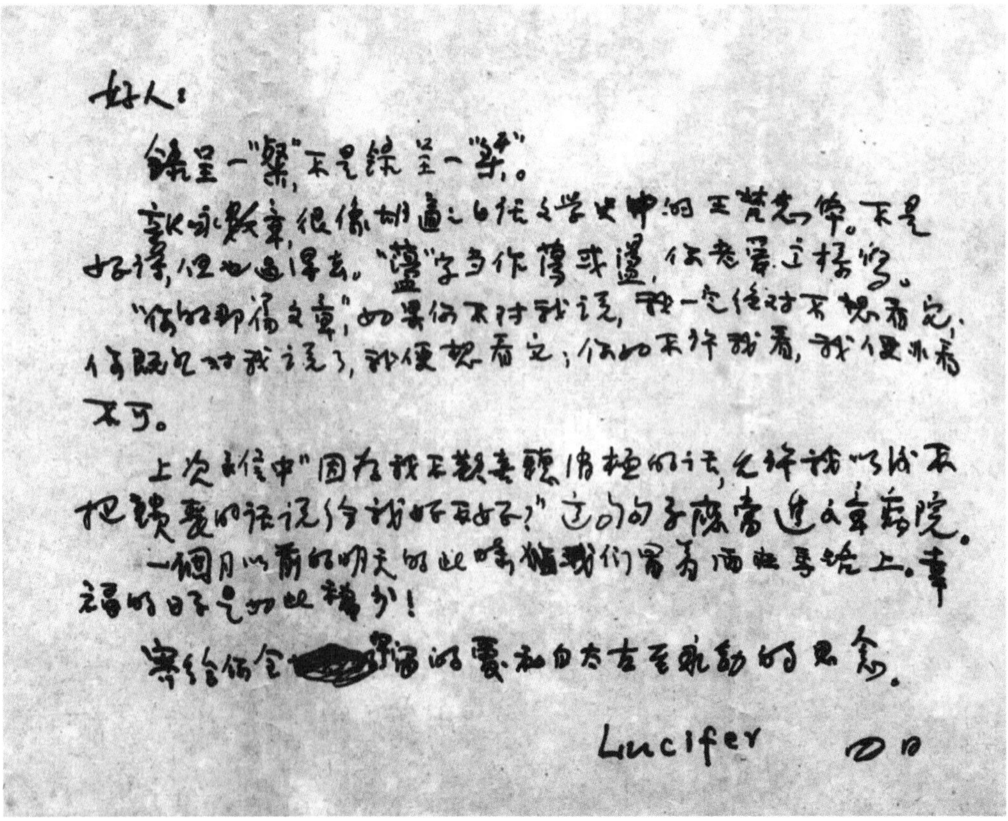

好人：

錄呈一"粲"不是錄呈一"桀"。

新詠數章，很像胡適之白話文學史中的王梵志體。不是好詩，但也過得去。"盪"字多作蕩或盪，你老愛這樣寫。

"你的那篇文章"，如果你不對我說，我一定絕對不想看它，你既然對我說了，我便想看它；你如不許我看，我便非看不可。

上次來信中"因為我不歡喜聽消極的話，允許我以後不把頹喪的話說給我好不好？"這句句子應當進文章病院。

一個月以前的明天的此時我們冒着雨在馬路上。幸福的日子是如此稀少！

寄給你全[redacted]宇宙的愛和自太古至永劫的思念。

Lucifer 四日

① Lucifer：魔鬼、撒旦。

第[006]封 等待

好：

谢谢你给我一个等待。做人最好常在等待中，须是一个辽远的期望，不给你到达最后的终点，但一天比一天更接近这目标，永远是渴望，不实现也不摧毁，每天发现新的欢喜，是鼓舞而不是完全的满足。顶好是一切希望完全化为事实，在生命终了前的一秒钟中。

我仍是幸福的，我永远是幸福的。世间的苦不算甚么，你看我灵魂不曾有一天离开过你。

祝福你！

朱　十五下午

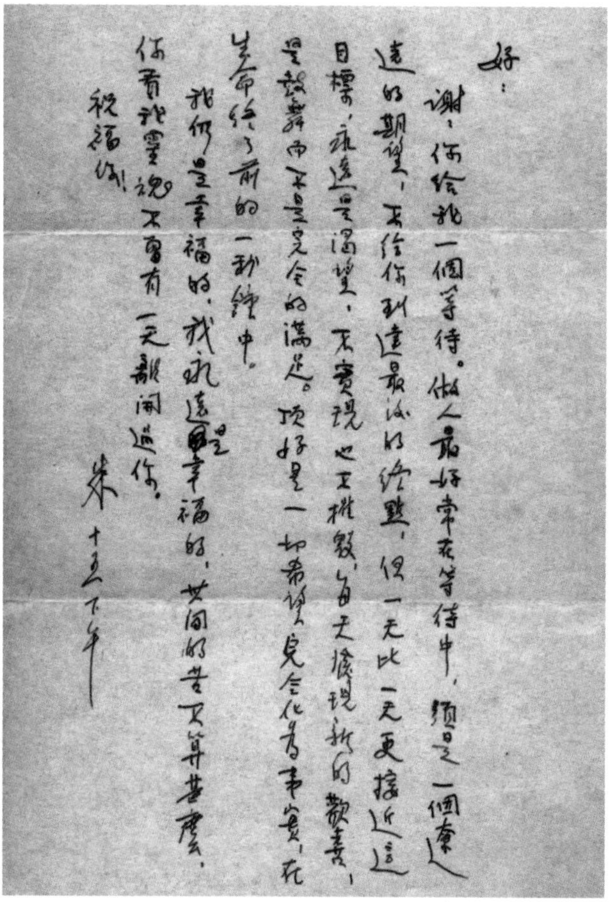
好：
謝謝你給我一個等待。做人最好常在等待中，須是一個遼遠的期望，不給你到達最後的終點，但一天比一天更接近這目標，永遠是渴望，不實現也不摧毀，每天發現新的歡喜，是鼓舞而不是完全的滿足。頂好是一切希望完全化為事實，在生命終了前的一秒鐘中。
我仍是幸福的，我永遠是幸福的，世間的苦不算甚麼，你看我靈魂不曾有一天離開過你。
祝福你！
朱 十五下午

第[007]封 切磋

宋：

才板着脸孔带着冲动写给你一封信，读了轻松的来书，又使我的心弛放了下来。叫他们拿给你看的那信已经看到？有些可笑吧，还是生气？实在是，近来心里很受到些气闷，比如说有人以为我不应该爱你之类；而两个多月来离群索居的生活，使我脱离了一向沉迷着的感伤的情绪的氛围，有着静味一切的机会，也确使我渐对过去的梦发生厌弃，而有努力做人的意思。

我真希望你是个男孩子，就这一年匆匆的相聚，彼此也真太拘束得苦。其实别说你是那么干净那么真纯，就是一些人的冷眼，也会把我更有力地拉近了你的。我没有和平常人那样只闹一回恋情的把戏，过后便撒手了的意思。我只希望把你当作自己弟弟一样亲爱。论年岁我不比你大甚么，忧患比你经过多，人生的经验则不见比你丰富甚么，但就自己所有的学问，几年来冷静的观察与思索，以及早入世诸点上，也许确能做一个对你有一点益处的朋友，不只是一个温柔的好男子而已。

宋：

绝叔前晚在荣亚卫勤宿舍给你一封信，读了轻轻的来书，又使我的心弛放了下来。叫他们拿给你看的那信已经看到，有些可笑吧，还是生气？实在是，近来心里很受到些气闷，比如说人以为我在恋爱你之类；而两个多月来就是客旅的生活，使我脱离了一向沉迷着的感伤的情绪的氛围，有着静味一切的机会，也能使我对过去的梦发生厌弃，而有努力做人的意思。

我真希望你是个男孩子，就这一年来的相聚，彼此也真少拘束得多。其实别说你是那么轻倩那么真纯，就是一些人的冷眼，也会把我更有力地推近了你的。我没有和平常人那样只闹一回恋情的把戏，而后便撒手了的意思，我只是把你当作自己弟弟一样亲爱。论年龄我不比你大甚么，要说比你经过多，人生的经验则不是比你丰富甚么，但就自己所有的学问，数年来冷静的观察与思索，以及早入世诸点上，也许能够做一个对你有一些益处的朋友，不只是一个温柔的好男子而已。

对于你，我希望你能锻炼自己，成为一个坚强的人，不要甘心做一个女人（你不会甘心于平凡，这是我相信的），总得从重重的桎梏里把自己的心灵解放出来，唤起有毅然破旧的一切的勇气（如其有一天你觉得我对于你已无用处，你可以一脚踢开我，我不会怨你半分），耐得了苦，受得住人家的讥笑与轻蔑，不要有什么小姐式的感伤，只时时向未来睁开你的慧眼，也不用担心甚么恐惧甚么，只努力使自己身体感情各方面都坚强起来，我将永远是你的可以信托的好朋友，信得过我吗？

对于你，我希望你能锻炼自己，成为一个坚强的人，不要甘心做一个女人（你不会甘心于平凡，这是我相信的），总得从重重的桎梏里把自己的心灵解放出来，时时有毁灭破旧的一切的勇气（如其有一天你觉得我对于你已太无用处，尽可以一脚踢开我，我不会怨你半分），耐得了苦，受得住人家的讥笑与轻蔑，不要有什么小姐式的感伤，只时时向未来睁开你的慧眼，也不用担心什么恐惧什么，只努力使自己身体感情各方面都坚强起来，我将永远是你的可以信托的好朋友，信得过我吗？

也许真会有那么海阔天空的一天，我们大家都梦想着的一天！我们不都是自由的渴慕者吗？

现在的你，确实是太使我欢喜的，你是我心里顶溺爱的人。但如其有那么一天我看见你，脸孔那么黑黑的，头发那么短短的，臂膀不像现在那么瘦小得不盈一握，而是坚实而有力的，走起路来，胸膛挺挺的，眼睛明明的发光，说话也沉着了，一个纯粹自由国土里的国民（你相信我不会爱一个“古典美人”？虽然从前我曾把林黛玉作为我的理想过），那时我真要抱着你快活得流泪了。也许那时我到底是一个弱者，那时我一定不敢见你，但我会躲在路旁看着你，而心里想，从前我曾爱过这个人……这安慰也尽可以带着我到坟墓里去而安心了。这样的梦想，也许是太美丽了，但你能接受我的意思吗？

为了你，我也有走向光明的热望，世界不会于我太寂寞。

来信与诗，都使我快活。每回你信来，往往怀着感激的心情，不只是欢喜而已。诗以较高的标准批评起来，当然不算顶好，以你的旧诗的学力而言，是很可以满意的了。第一首嫣嫣两字平仄略不顺，不大要紧，第二句固是好句子，但蹈袭我的句子太甚，把犹袭二字改为空扑吧。三四句平顺无疵。总观四句，略欠呼应，天上人间句略嫩，听之。此诗改为：

霞落遥山黯淡烟，残香空扑采莲船。

晚凉新月人归去，天上人间未许圆。

（两人字重复，因此读上去觉不顺口。倘把人归去的人改为郎字，却是一首轻倩的民歌。也许你会嫌太佻，但末句本不庄，故前面的人字不能改君字。）新月映带未许圆，使天上两字不落空。

第二首全体妥。糜字用得新，也许你用时是无意的？

第三首第二句微波漪涟重复，漪字平仄不对；第四句万般往事俗，改为年年心事即佳。全首改为：

无端明月又重圆，波面流晶漾细涟。

如此溪山浑若梦，年年心事逐轻烟。

三首诗情调轻灵得很，虽然还少新意，不愧是我的高足，我该自傲不是？

前次绝句二十首之后，又做了十一首，没有给你看。前几首较好：

春水桥头细柳魂，绿芜园内鹧鸪痕，

蜀葵花落黄蜂静，燕子楼深白日昏。

倚剑朗吟毵字栏，晚禽红树女萝残，

何当跃马横戈去，易水萧萧芦荻寒。

半臂晕红侧笑嫣，绿漪时掀采莲船，

莲魂侬魂花侬色，蛙唱满湖莲叶圆。

迟雪冲寒鹤羽毵，偶尔解渴落茅庵，

红梅白梅相对冷，小尼洗砚蹲寒潭。

略有宋诗调子，第三、四两首都故作拗句。又第九首：

秋花销瘦春花肥，一样风烟雨露霏，

萧郎吟断数根须，懊恼花前白袷衣。

第十一首：

燕子轻狂蝴蝶憨，满园花舞一天蓝，

仙人年幼翅如玉，笑漱银铃酡脸酣。

也许真会有那么海阔天空的一天，我们大家都梦想着的一天！我们正都是自由的漫游者吗？

现在的你，确实是方使我欢喜的，你是我心里顶可爱的人。但如其有那么一天我看见你，脸孔那么黑黑的，头发那么短短的，臂膊不像现在那么瘦小得不盈一握而是坚实而有力的，走起路来胸膛挺挺的，眼睛明明的发着光，说话也响亮了，一个纯粹自由国土里的国民（你相信我不会爱一个"古典美人"？虽然以前我曾把林黛玉作为我的理想的），那时我真要抱着你快活得流泪了。也许那时我到底是一个弱者，那时我一定不敢看见你，但我会躲在路旁看着你，而心里想，以前我曾爱过这个人——这安慰也很可以带着我到坟墓里去而安心了。这样的梦想，也许是太美丽了，但你能接受我的意见吗？

为了你，我也有走向光明的热望，世界不会於我太寂寞。

来信与诗，都使我快活。每回你信来，总怀着感激的心情，不只是欢喜而已。诗以严格的标准批评起来，当然不算顶好，以你的写诗的学力而言，是很可以满意的了。第一首娟娟二字平仄略不顺，不大要紧，第二句固是好句子，但蹈袭别的句子太甚，把娟娟二字改为空濛吧。三四句平顺无疵。统观四句，略欠呼应，天上人间句略嫌孤，听之。此诗改为：

霞飞远山归暮烟，露香空濛採莲船，晚来新月人归去，天上人间未许圆。（两人字重複，因此读之音更不顺口，倘把人归去的人改为郎字，却是一首轻倩的民歌。也许你会嫌太俗，但末句未来，故前面的人字不能改君字）

新月映带未许圆，使天上二字不落空。

第二首全体可。魔字用得新，也许你用时是无意的？

第三首第二句彷彿重複，满字平仄不叶；第四句易成往事你改为年年心事即佳。全首改为：

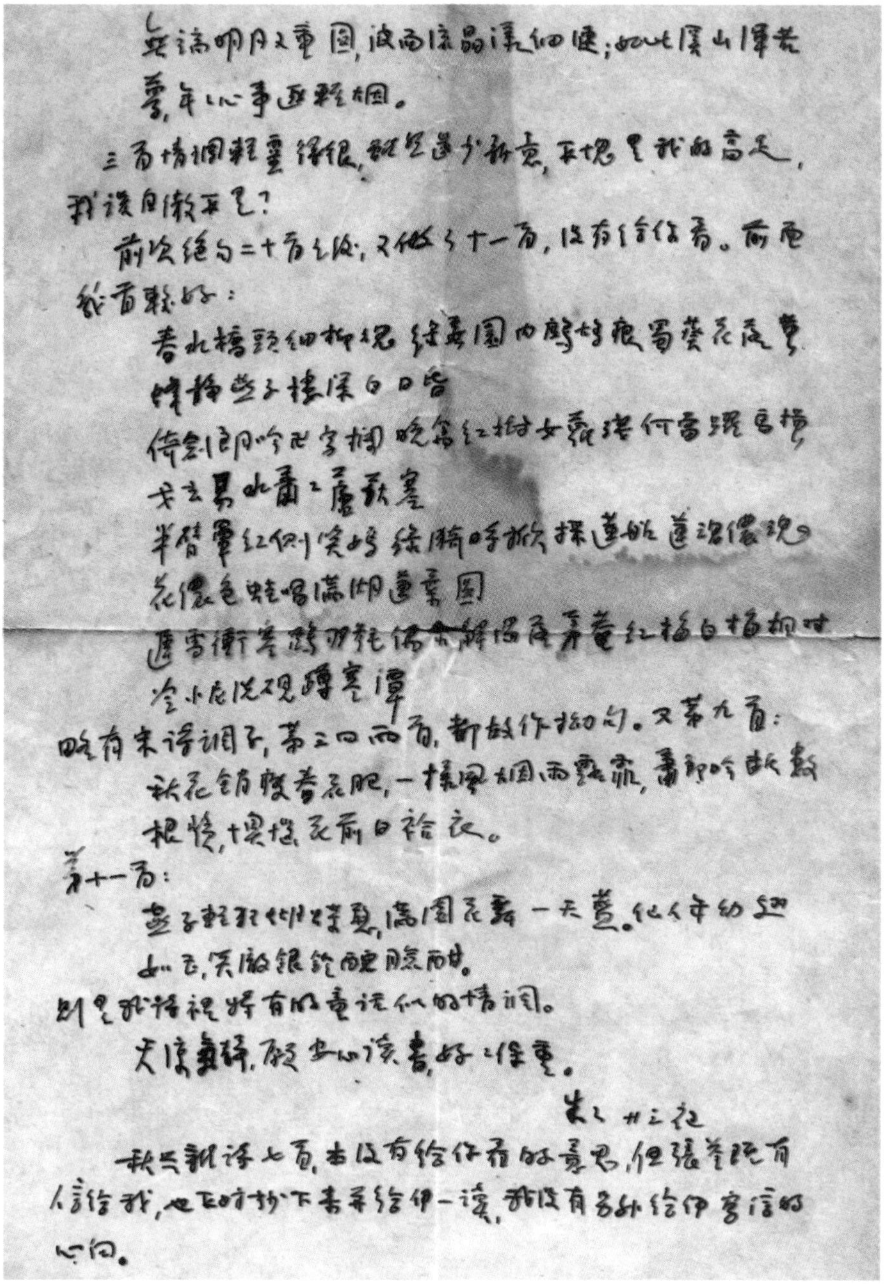

无端明月又重圆，波面流晶滉细涟；如此溪山浑若
梦，年年心事逐轻烟。

三首情调轻灵得很，虽然是少新意，不枉是我的高足，
我该自傲不是？

前次绝句二十首之后，又做了十一首，没有给你看。前面
几首较好：

春水桥头细柳枝 绿杨园内鹁鸪啼 蜀葵花底梦
蝶[illegible]燕子楼深白日昏
倚剑郎吟无字词 晚窗红树女憨痴 何当踏去横
戈去 易水萧萧万骑寒
半含翠红侧笑娇 绿满呼欣 采莲船 莲泊俄现
花颜色蛙唱满湖烟画图
遥雪衡窑鸦羽轻 偶~~[illegible]~~解帆舟 开篷红梅白梅相对
冷小溪流观蹲寒潭

略有宋诗调子，第三四两首，都故作拗句。又第九首：

秋花销瘦春花肥，一样风烟两霏霏，萧郎吟断数
根鬓，怀想花前白袷衣。

第十一首：

燕子轻狂蝴蝶愚，满园花落一天遮。仙人年幼细
如玉，笑敲银箸唤胭脂。

则是我诗里特有的童话似的情调。

天凉气静，愿安心读书，好好保重。

朱朱 廿三夜

秋兴杂诗七首，本没有给你看的意思，但张荃既有
信给我，也不妨抄下来并给伊一读，我没有另外给伊写信的
心向。

则是我诗里特有的童话似的情调。

天凉气静，愿安心读书，好好保重。

朱朱 廿三夜

秋兴杂诗七首，本没有给人看的意思，但张荃①既有信给我，也不妨抄下来并给伊一读，我没有另外给伊写信的心向②。

①张荃：之江大学国文系同学，诗人，比朱生豪低一级。 ②心向：上海、嘉兴一带方言，意为“心思”。

第[008]封 冤家

宝贝：

现在是九点半，我想你大概已经睡了，我也想要睡了。心里怪无聊的，天冷下雨，没有东西吃，懒得做事，只想倚在你肩上听你讲话。如果不是因为这世界有些古怪，我巴不得永远和你厮守在一起。

你说我们前生是不是冤家？我向来从不把聚散看成一回事，在你之前，除你之外，我也并非没有好朋友，不知道为什么和你一认识之后，便像被一根绳紧紧牵系住一样，怪不自由的，心也不能像从前一样轻了，但同时却又真觉得比从前幸福得多。

不写了，祝你快乐！

十九夜

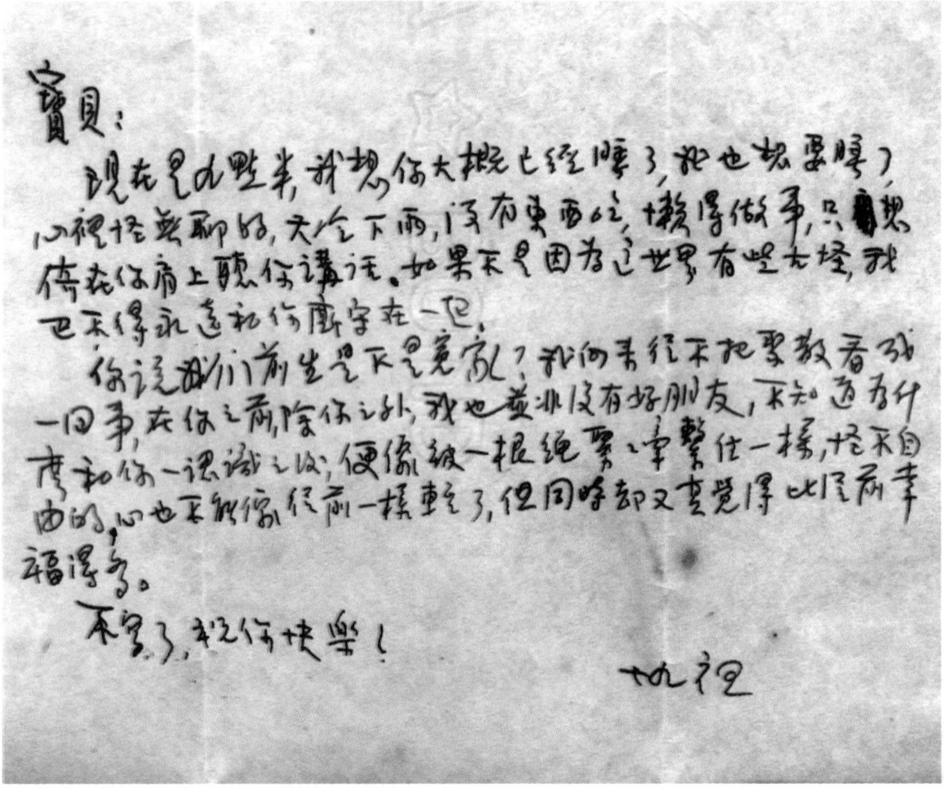
寶貝：

現在是九點半，我想你大概已經睡了，我也想要睡了，心裡怪無聊的，天冷下雨，沒有東西吃，懶得做事，只想倚在你肩上聽你講話。如果不是因為這世界有些古怪，我巴不得永遠和你廝守在一起。

你說我們前生是不是冤家？我向來從不把聚散看成一回事，在你之前，除你之外，我也並非沒有好朋友，不知道為什麼和你一認識之後，便像被一根繩緊緊牽繫住一樣，怪不自由的，心也不能像從前一樣輕了，但同時卻又真覺得比從前幸福得多。

不寫了，祝你快樂！

十九夜

第[009]封 慰藉[①]

宋：

心里说不出的恼，难过，真不想你竟这样不了解我。我不知道什么叫作配不配，人间贫富有阶级，地位身分有阶级，才智贤愚有阶级，难道心灵也有阶级吗？我不是漫然把好感给人的人，在校里同学的一年，虽然是那样喜欢你，也从不曾想到要爱你像自己生命一般，于今是这样觉得了。我并不要你也爱我，一切都出于自愿，用不到你

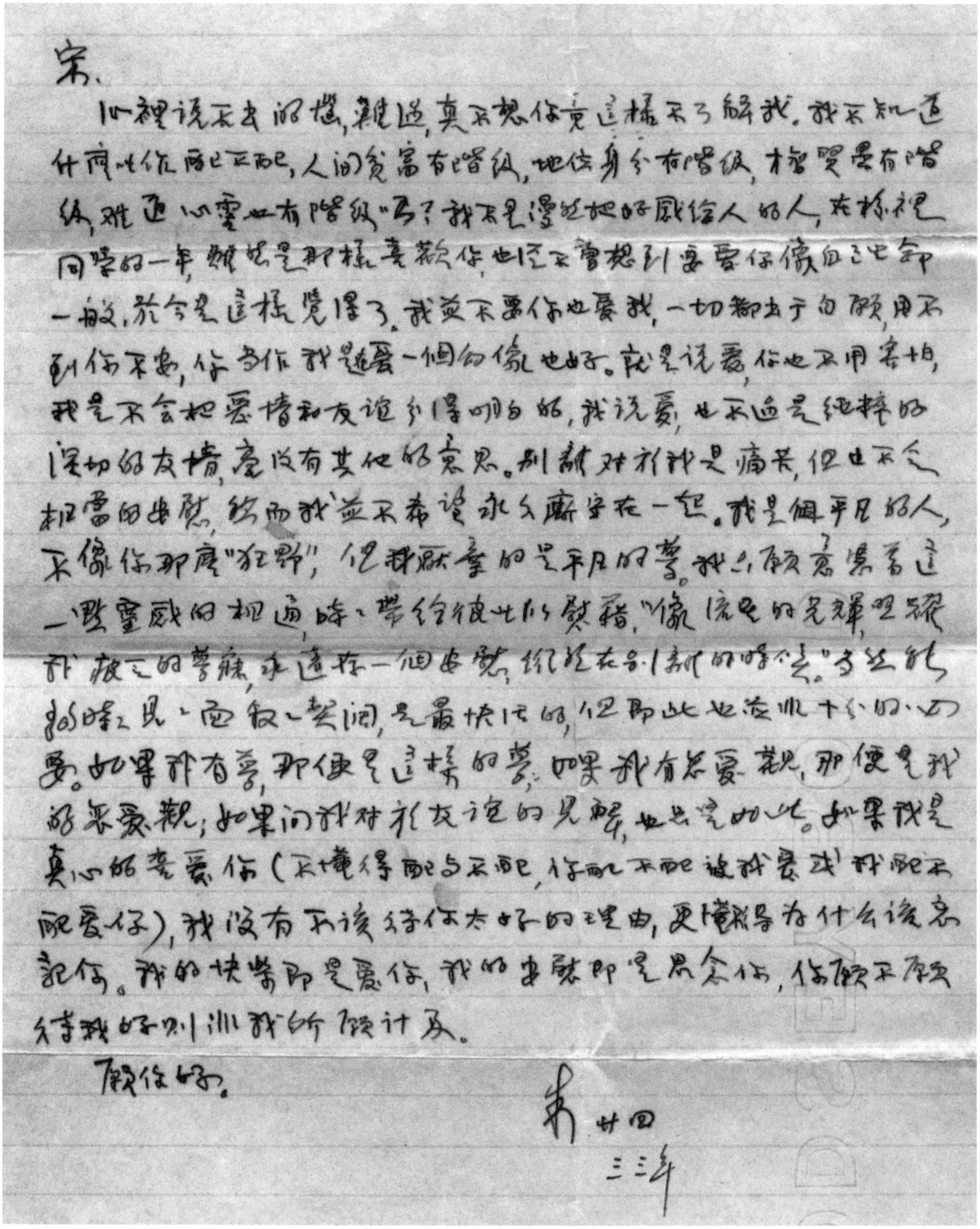
宋、

心裡說不出的惱，難過，真不想你竟這樣不了解我。我不知道什麼叫作配不配，人間貧富有階級，地位身分有階級，才智賢愚有階級，難道心靈也有階級嗎？我不是漫然把好感給人的人，在校裡同學的一年，雖然是那樣喜歡你，也從不曾想到要愛你像自己生命一般，於今是這樣覺得了。我並不要你也愛我，一切都出於自願，用不到你不安，你當作我是愛一個偶像也好。就是說愛，你也不用害怕，我是不會把愛情和友誼分得明白的，我說愛，也不過是純粹的深切的友情，沒有其他的意思。別離對於我是痛苦，但也不無相當的安慰，然而我並不希望永久廝守在一起。我是個平凡的人，不像你那麼"狂野"，但我默念的是平凡的夢。我只願意保留這一點靈感的相通，時時帶給彼此以慰藉，"像流星的光輝，照耀我疲倦的夢寐，永遠存一個安慰，紀念着相別的時候"。……時時見面敘談，是最快活的，但即此也並非十分的必要。如果我有夢，那便是這樣的夢；如果我有戀愛觀，那便是我的戀愛觀；如果問我對於友誼的見解，也無定如此。如果我是真心的喜愛你（不懂得配與不配，你配不配被我愛我配不配愛你），我沒有不該待你太好的理由，更懂得為什麼該忘記你。我的快樂即是愛你，我的安慰即是思念你，你願不願待我好則非我所願計及。

願你好。

朱 廿四

三三年

不安，你当作我是在爱一个幻像也好。就是说爱，你也不用害怕，我是不会把爱情和友谊分得明白的，我说爱，也不过是纯粹的深切的友情，毫没有其他的意思。别离对于我是痛苦，但也不乏相当的安慰，然而我并不希望永久厮守在一起。我是个平凡的人，不像你那么“狂野”，但我厌弃的是平凡的梦。我只愿意凭着这一点灵感的相通，时时带给彼此以慰藉，“像流星的光辉，照耀我疲乏的梦寐，永远存一个安慰，纵然在别离的时候。”当然能够时时见见面叙叙契阔，是最快活的，但即此也并非十分的必要。如果我有梦，那便是这样的梦；如果我有恋爱观，那便是我的恋爱观；如果问我对于友谊的见解，也只是如此。如果我是真心地喜爱你（不懂得配与不配，你配不配被我爱或我配不配爱你），我没有不该待你太好的理由，更懂不得为什么该忘记你。我的快乐即是爱你，我的安慰即是思念你，你愿不愿待我好则非我所愿计及。

愿你好。

朱 廿四

①此信原件上宋清如注：三三年。即1933年。

第[010]封 痛苦①

清如：

今天起来看见太阳光，心里有一点高兴。山中的雨是会给人诗一样的寂寞的，都市的雨只是给人抑塞而已，连相思都变成绝望的痛苦了。

望你的信如望命一样，虽明知道你的信不会到得这样快。一两年之前，我还不曾十分感到离别的难堪，友们别了之后，写信来希望一会，总是因懒得走动而拒绝了，以为见不见有什么关系，朋友何必一定要在一起，那时我该是幸福的。

上星期日是母亲忌辰②，却忘记了，今天查起来才知道已经

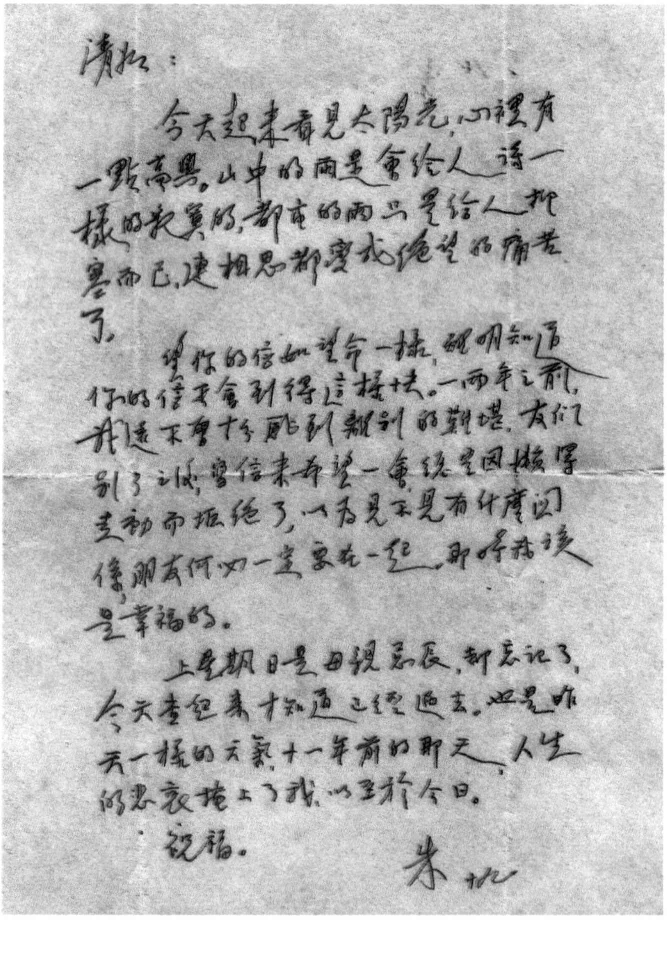

清如：

今天起來看見太陽光，心裡有一點高興。山中的雨是會給人詩一樣的寂寞的，都市的雨只是給人抑塞而已，連相思都變成絕望的痛苦了。

望你的信如望命一樣，雖明知道你的信不會到得這樣快。一兩年之前，我還不曾十分感到離別的難堪，友們別了之後，寫信來希望一會，總是因懶得走動而拒絕了，以為見不見有什麼關係，朋友何必一定要在一起，那時我該是幸福的。

上星期日是母親忌辰，卻忘記了，今天查起來才知道已經過去。也是昨天一樣的天氣十一年前的那天，人生的悲哀撞上了我，以至於今日。

祝福。

朱 廿九

过去。也是昨天一样的天气，十一年前的那天，人生的悲哀掩上了我，以至于今日。

祝福。

朱 十九

①此信原件上宋清如注：1933年12月。 ②朱生豪的母亲朱佩霞殁于1922年12月17日。

第[011]封 文学[1]

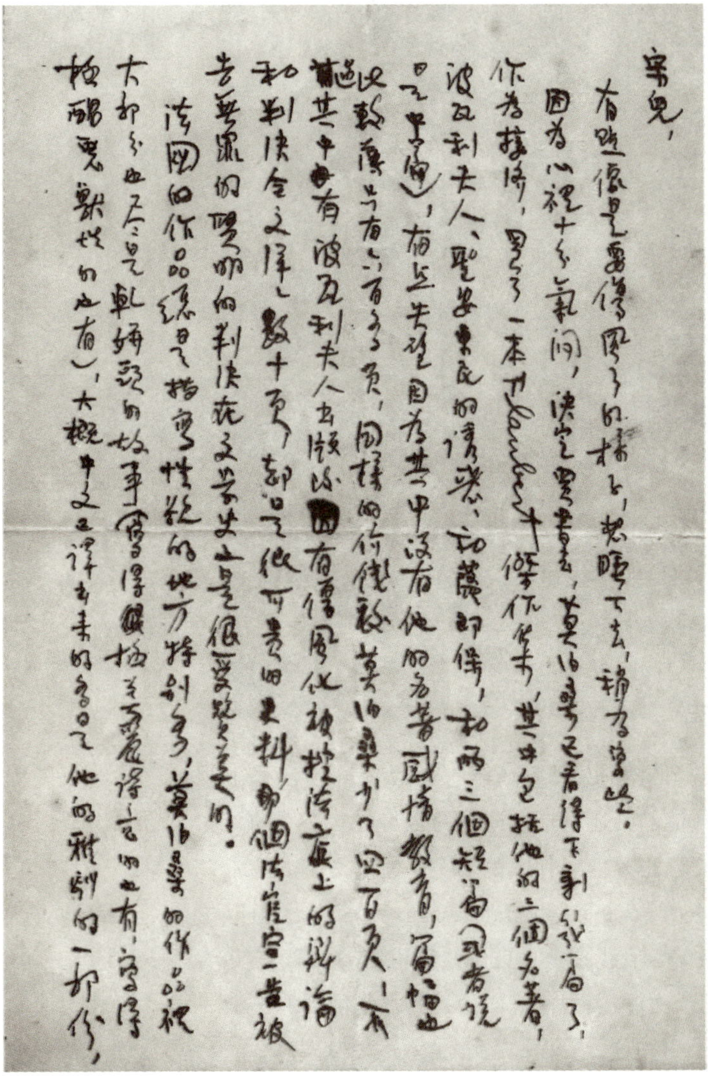

宋兒，

有些像是要傷風了的樣子，想睡下去，稍為寫些。

因為心裡十分氣悶，決定買書去，莫泊桑已看得不剩幾篇了，作為接濟，買了一本Flaubert傑作集，其中包括他的三個名著，波瓦利夫人，聖安東尼的誘惑，和薩郎保，和兩三個短篇（或者說是中篇），有點失望因為其中沒有他的名著感情教育，篇幅也比較薄只有六百多頁，同樣的價錢較莫泊桑少了四百頁，不過其中有波瓦利夫人出版以後因有傷風化被控法庭上的辯論和判決全文洋洋數十頁，卻是很可貴的史料，那個法官宣告被告無罪的賢明的判決在文學史上是很受贊美的。

法國的作品總是描寫性欲的地方特別多，莫泊桑的作品裡大部分也盡是軋姘頭的故事（寫得猥褻不堪的也有，寫得極醜惡獸性的也有），大概中文已譯出來的多是他的稍次的一部份，

宋儿，

有点像是要伤风了的样子，想睡下去，稍为写些。

因为心里十分气闷，决定买书去，莫泊桑已看得不剩几篇了，作为接济，买了一本Flaubert[2]杰作集，其中包括他的三个名著，《波瓦利夫人》、《圣安东尼的诱惑》、和《萨郎保》，和两三个短篇（或者说是中篇）。有点失望，因为其中没有他的名著《感情教育》，篇幅也比较薄，只有六百多页，同样的价钱较莫泊桑少了四百页。不过其中有《波瓦利夫人》出版后因有伤风化被控法庭上的辩论和判决全文洋洋数十页，却是很可贵的史料，那个法官宣告被告无罪的贤明的判决在文学史上是很受赞美的。

法国的作品总是描写性欲的地方特别多，莫泊桑的作品里大部分也尽是轧姘头

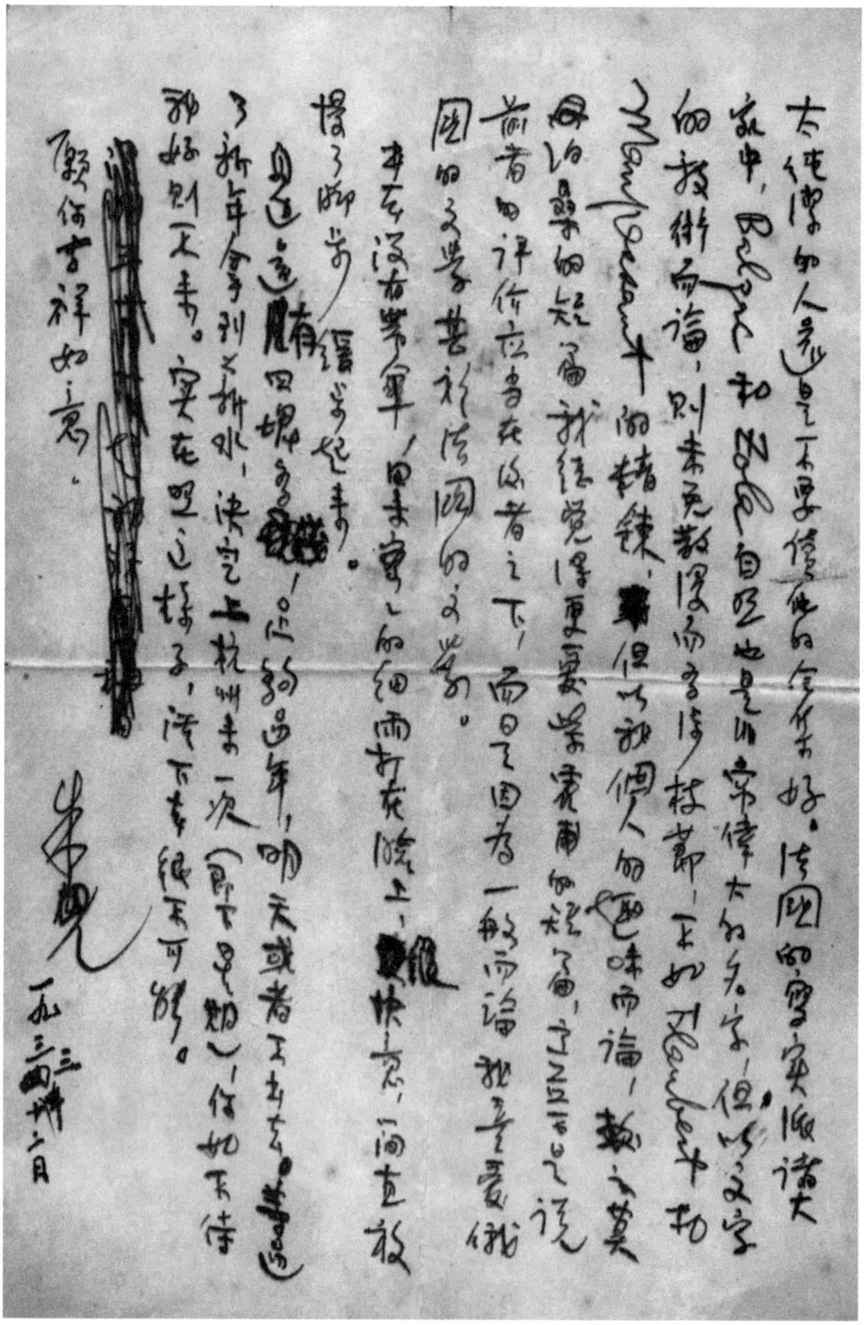
太纯洁的人还是不要读他的全集好。法国的写实派诸大家中，Balzac和Zola自然也是非常伟大的名字，但以文字的技术而论，则未免散漫而多涉枝节，不如Flaubert和Maupassant的精练。但以我个人的趣味而论，较之莫泊桑的短篇，我总觉得更爱柴霍甫的短篇，这并不是说前者的评价应当在后者之下，而是因为一般而论，我喜爱俄国的文学甚于法国的文学。

的故事（写得极美丽诗意的也有，写得极丑恶兽性的也有），大概中文已译出来的多是他的雅驯的一部分，太纯洁的人还是不要读他的全集好。法国的写实派诸大家中，Balzac③和Zola④自然也是非常伟大的名字，但以文字的技术而论，则未免散漫而多涉枝节，不如Flaubert和Maupassant⑤的精练。但以我个人的趣味而论，较之莫泊桑的短篇，我总觉得更爱柴霍甫⑥的短篇，这并不是说前者的评价应当在后者之下，而是因为一般而论，我喜爱俄国的文学甚于法国的文学。

出去没有带伞，回来密密的细雨打在脸上，很快意，简直放慢了脚步，缓步起来。

身边还有四块多钱，足够过年！明天或者不出去。等过了新年拿到薪水，决定上杭州来一次（即下星期），你如不待我好则不来。实在照这样子，活下去很不可能。

愿你吉祥如意。

朱儿

---

①此信原件上宋清如注：1933年12月。②Flaubert：福楼拜，法国著名小说家，其代表作现今一般译为《包法利夫人》《情感教育》、《萨朗波》。③Balzac：巴尔扎克，法国著名小说家。④Zola：左拉，法国著名小说家。⑤Maupassant：莫泊桑，法国著名小说家。⑥柴霍甫：今译为契诃夫。

第[012]封 盼望①

好友：

快放假了是不是，我从今天起开始盼望见你，带着很高兴的调子。我太没有野心，也许就是这一点不好，觉得仿佛只要看见你五分钟，就可得到若干程度的满足的样子。对于见面我看得较重，对于分别我看得较轻，这是人生取巧之一法，否则聚少离多，悲哀多于欢乐，一生只好负着无尽痛苦的债了。

我愿你好，热情地热情地。

不说诳的约翰 九日下午

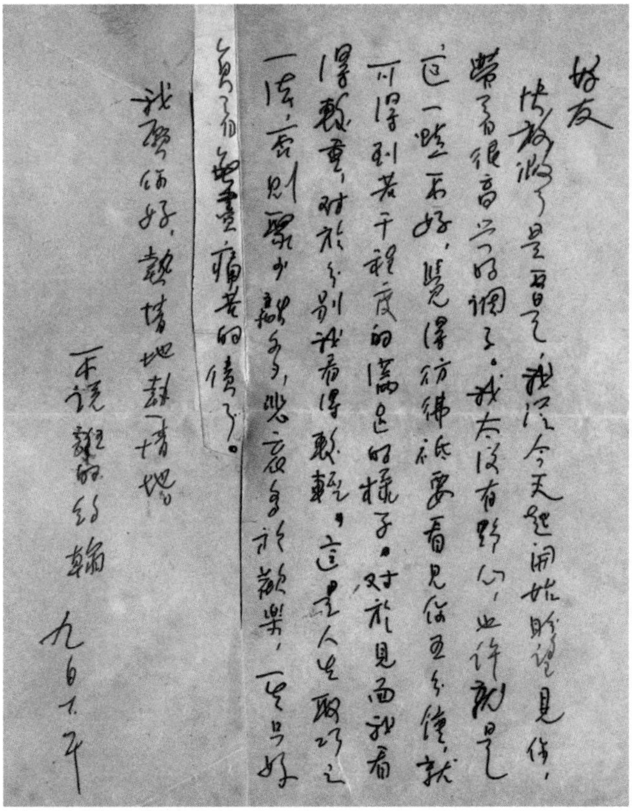

---

①此信写于1934年2月9日。

第[013]封 · 虔诚

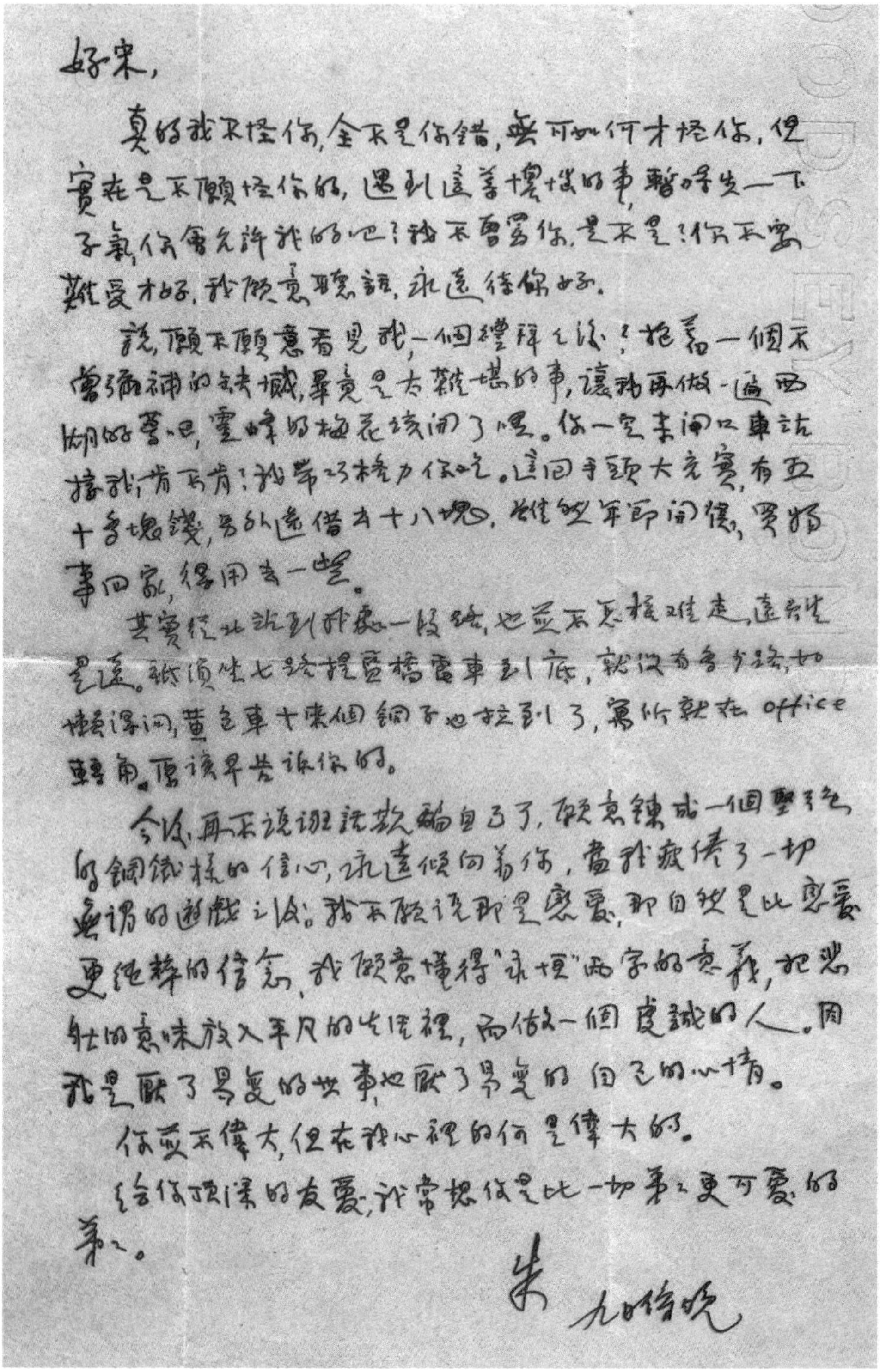

好宋，

真的我不怪你，全不是你錯，無可如何才怪你，但實在是不願怪你的，遇到這樣壞的事，暫時生一下子氣，你會允許我的吧？我不曾罵你，是不是？你不要難受才好，我願意聽話，永遠待你好。

說，願不願意看見我，一個禮拜之後？抱著一個不曾彌補的缺憾，畢竟是太難堪的事，讓我再做一遍西湖的夢吧，靈峰的梅花該開了吧。你一定要到閘口車站接我，肯不肯？我帶巧克力給你吃。這回手頭大充實，有五十多塊錢，另外還借去十八塊，雖然年節開銷，買物事回家，得用去一些。

其實從北站到我家一段路，也並不怎樣難走，遠雖是遠。只須坐七路提籃橋電車到底，就沒有多少路，如懶得問，黃包車十來個銅子也拉到了，寓所就在office轉角。原該早告訴你的。

今後再不說謊話欺騙自己了，願意鍊成一個堅強的鋼鐵樣的信心，永遠傾向著你，當我疲倦了一切無謂的遊戲之後。我不願說那是戀愛，那自然是比戀愛更純粹的信念，我願意懂得"永恆"兩字的意義，把悲壯的意味放入平凡的生活裡，而做一個虔誠的人。因我是厭了易變的世事也厭了易變的自己的心情。

你並不偉大，但在我心裡的你是偉大的。

給你頂深的友愛，我常想你是比一切弟弟更可愛的弟弟。

朱

九日傍晚

好宋：

真的我不怪你，全不是你错，无可如何才怪你，但实在是不愿怪你的，遇到这等懊恼的事，暂时生一下子气，你会允许我的吧？我不曾骂你，是不是？你不要难受才好。我愿意听话，永远待你好。

说，愿不愿意看见我，一个礼拜之后？抱着一个不曾弥补的缺憾，毕竟是太难堪的事，让我再做一遍西湖的梦吧，灵峰的梅花该开了哩。你一定来闸口车站接我，肯不肯？我带巧格力你吃。这回手头大充实，有五十多块钱，另外还借出十八块，虽然年节开发，买物事[②]回家，得用去一些。

其实从北站到我处一段路，也并不怎样难走，远虽是远。只须坐七路提篮桥电车到底，就没有多少路。如懒得问，黄包车十来个铜子也拉到了。寓所就在office[③]转角。原该早告诉你的。

今后再不说诳话欺骗自己了，愿意炼成一个坚强的钢铁样的信心，永远倾向着你，当我疲倦了一切无谓的游戏之后。我不愿说那是恋爱，那自然是比恋爱更纯粹的信念。我愿意懂得“永恒”两字的意义，把悲壮的意味放入平凡的生活里，而做一个虔诚的人。因我是厌了易变的世事，也厌了易变的自己的心情。

你并不伟大，但在我心里的你是伟大的。

给你顶深的友爱，我常想你是比一切弟弟更可爱的弟弟。

朱　九日傍晚

①此信也写于1934年2月9日。估计当天收到了宋清如的来信，所以晚上又写一信。②物事：上海方言，意思即“东西”。
③office：办公室。

第[014]封 音乐[①]

清如：

今天心里有点飘飘然。原因是一，昨天头痛一天，今天好了；二，天很暖；三，今天星期，还要工作，虽不开心，然而机器不响，心很静，比在家或走在马路上好一些；四，已定规来杭州看你。

后天回家去，十六从嘉兴搭快车一点廿分到闸口，你能来接我最快活。十七星期六，十八星期，你得陪我玩，不，领我玩。多少高兴，想着终于能看见你，顶好的好人！当我上次得到你的信，一眼看见不许哭三字，眼泪就禁不住滚下来了，我多爱你！

心里的意思，怎样也诉说不完，也诉说不出，因此而想起音乐是最进化的语言：一切“散文的”语言文字是第一级，诗是第二级，音乐是最高级，完全依凭感觉，脱离意象而独立了。凡越

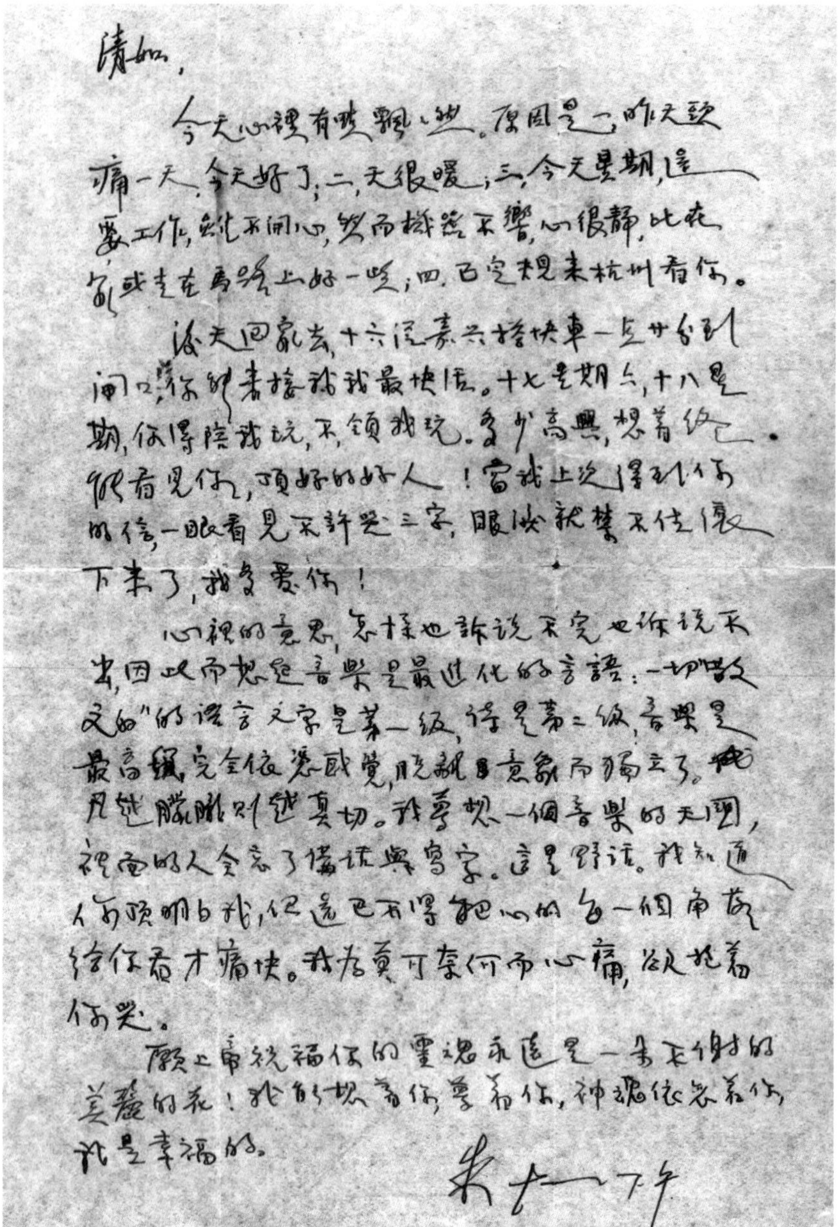

清如，

今天心里有些难过。原因是一，昨天头痛一天，今天好了；二，天很暖；三，今天星期，这里要工作，然不开心，然而楼下不响，心很静，比在家或是在马路上好一些；四，已定规来杭州看你。

后天回家去，十六从嘉兴搭快车一点廿分到闸口，你能来接我我最快活。十七是期六，十八星期，你得陪我玩，不，领我玩。多少高兴，想着能够看见你，顶好的好人！当我上次得到你的信，一眼看见不许哭三字，眼泪就禁不住淌下来了，我多爱你！

心里的意思，怎样也许说不完也许说不出，因此而想起音乐是最进化的言语：一切"散文的"的语言文字是第一级，诗是第二级，音乐是最高级，完全依恋感觉，脱离意象而独立了。愈朦胧则愈真切。我梦想一个音乐的天国，里面的人全忘了讲话与写字。这是野话。我知道你顶明白我，但还巴不得把心的每一个角落给你看才痛快。我为莫可奈何而心痛，欲抱着你哭。

愿上帝祝福你的灵魂永远是一朵不谢的美丽的花！我能想着你，梦着你，神魂依恋着你，我是幸福的。

朱 十一下午

朦胧则越真切。我梦想一个音乐的天国，里面的人全忘了讲话与写字。这是野话。我知道你顶明白我，但还巴不得把心的每一个角落给你看才痛快。我为莫可奈何而心痛，欲抱着你哭。

愿上帝祝福你的灵魂永远是一朵不谢的美丽的花！我能想着你，梦着你，神魂依恋着你，我是幸福的。

朱　十一下午

①此信写于1934年2月11日。

回应

青玉案①

宋清如

东风一抹斜阳路
问可带愁归去
黯黯年华无计度
高楼临水
薄寒垂幙
谁识春栖处

残云撩乱遥山暮
无意重描幽恨句
脉脉芳情知几许
满窗绿暗
一天絮乱
心事桃花雨

①此为宋清如《芳草词》四首中的一首，是宋清如在之江大学开始学做旧体诗词的“习作”，朱生豪对她所作的评语为“才本敏婉习作四章颇见思致”。

《第贰卷》衷情难抑

忆昨秦山初见时，十分娇瘦十分痴。席边款款吴侬语，笔底纤纤稚子诗。
交尚浅，意先移，平生心绪诉君知。飞花逝水初无意，可奈衷情不自持。

宋清如刚开始大学学业不久，朱生豪已经踏上了职业生涯，两人两地相隔，只能通过书信往来诉说相思之苦。

朱生豪每年都要去杭州一两次，看望宋清如和老朋友。每次相会都使他兴奋不已，相会之后总要分手，又不免感到惆怅。那一份绵绵真情和纯洁的情感，谱写了人间真挚美好的爱情赞歌。

第[015]封 · 伤心

好人：

你的文法不大高明，例如“对于你的谣言，确使我十分讨厌”这句话，应该说作“你的谣言确使我十分讨厌”，或“对于你的谣言，我确十分讨厌”。

这样吹毛求疵的目的是要使你生气，因为我当然不愿你生我气，但与其蒙你漠不关心我，倒还是生气的好了。我不想责备我自己，因为我觉得我已够可怜，但我发誓以后不再naughty①，(虽然我想我不用告诉你我是怎样“热烈期待”着这次的放假，为的有机会好来看看你；年初一的夜

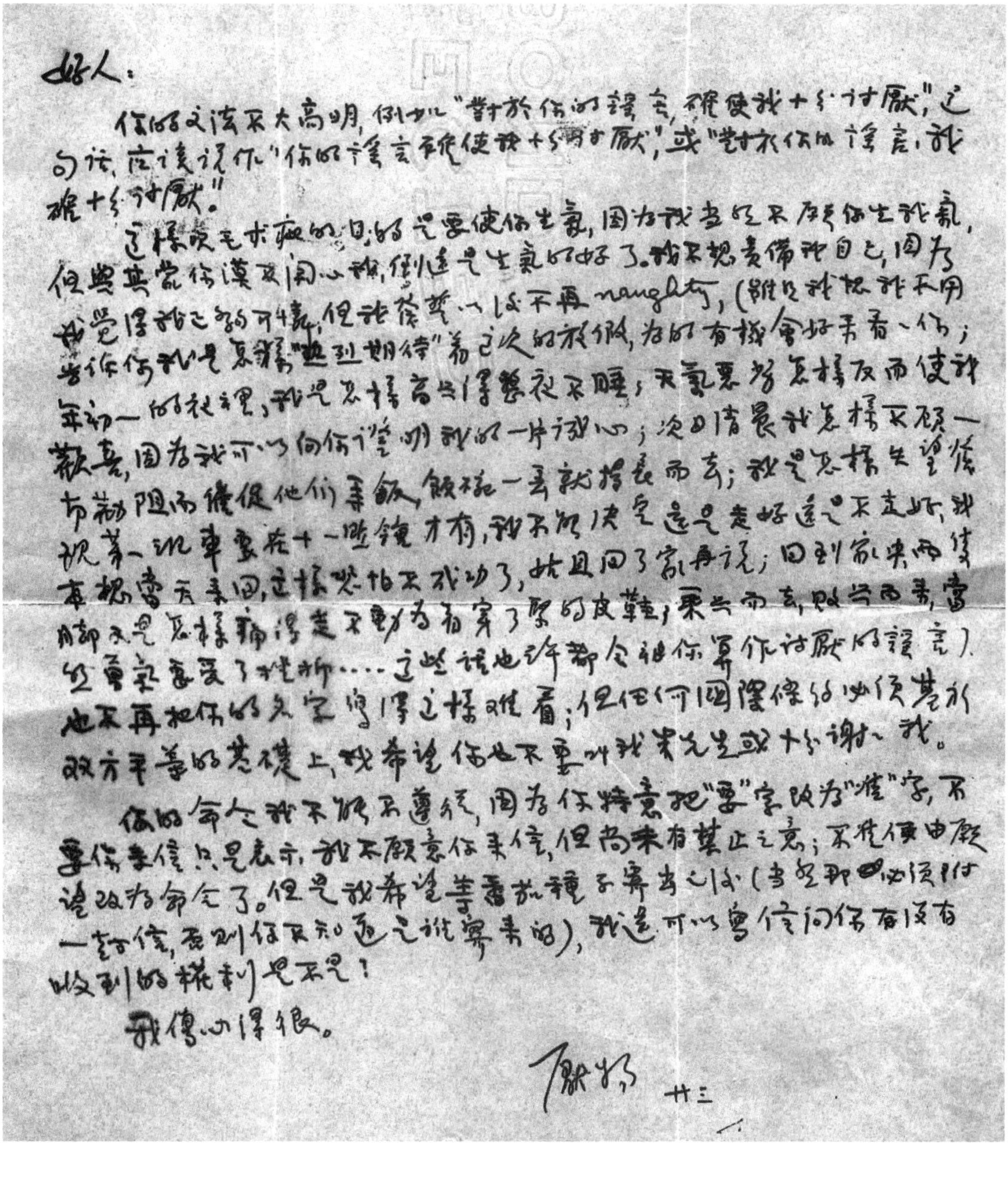

好人：

你的文法不大高明，例如"對於你的謠言，確使我十分討厭"這句話，應該說作"你的謠言確使我十分討厭"，或"對於你的謠言，我確十分討厭"。

這樣吹毛求疵的目的是要使你生氣，因為我當然不願你生我氣，但與其蒙你漠不關心我，倒還是生氣的好了。我不想責備我自己，因為我覺得我已夠可憐，但我發誓以後不再naughty，（雖然我想我不用告訴你我是怎樣"熱烈期待"着這次的放假，為的有機會好來看看你；年初一的夜裡，我是怎樣高興得整夜不睡；天氣惡劣怎樣反而使我歡喜，因為我可以向你證明我的一片誠心；次日清晨我怎樣不顧一切勸阻而催促他們弄飯，飯後一丟就搭車而去；我是怎樣失望發現第一班車要在十一點鐘才有，我不能決定還是走好還是不走好，我本想當天來回，這樣恐怕不成功了，姑且回了家再說；回到家來而隻腳又是怎樣痛得走不動為有穿了緊的皮鞋，乘興而去，敗興而歸，當然受了挫折……這些話也許都會被你算作討厭的謠言了）也不再把你的名字寫得這樣難看；但任何關係須站在雙方平等的基礎上，我希望你也不要叫我先生或十分謝謝我。

你的命令我不能不遵從，因為你特意把"要"字改為"准"字，不要你來信只是表示我不願意你來信，但尚未有禁止之意；不能便由你這改為命令了。但是我希望保留着這種寄書之權（當然那須附一封信，否則你不知道是誰寄來的），我還可以寫信問你有沒有收到的權利是不是？

我傷心得很。

廿三

里，我是怎样高兴得整夜不睡，天气恶劣怎样反而使我欢喜，因为我可以向你证明我的一片诚心；次日清晨我怎样不顾一切劝阻而催促他们弄饭，饭碗一丢就扬长而去；我是怎样失望发现第一班车要在十一点钟才有，我不能决定还是走好还是不走好，我本想当天来回，这样恐怕不成功了，姑且回了家再说；回到家中，两只脚又是怎样痛得走不动，为着穿了紧的皮鞋；乘兴而去，败兴而来，当然勇气要受了挫折……这些话也许都会被你算作讨厌的谣言），也不再把你的名字写得这样难看；但任何国际条约必须基于双方平等的基础上，我希望你也不要叫我朱先生或十分谢谢我。

你的命令我不能不尊从，因为你特意把“要”字改为“准”字，不要你来信只是表示我不愿意你来信，但尚未有禁止之意；不准便由愿望改为命令了。但是我希望等番茄种子寄出之后（当然那必须附一封信，否则你不知道是谁寄来的），我还可以（有）写信问你有没有收到的权利是不是？

我伤心得很。

厌物 廿三

① naughty：顽皮。

第[016]封 欢喜

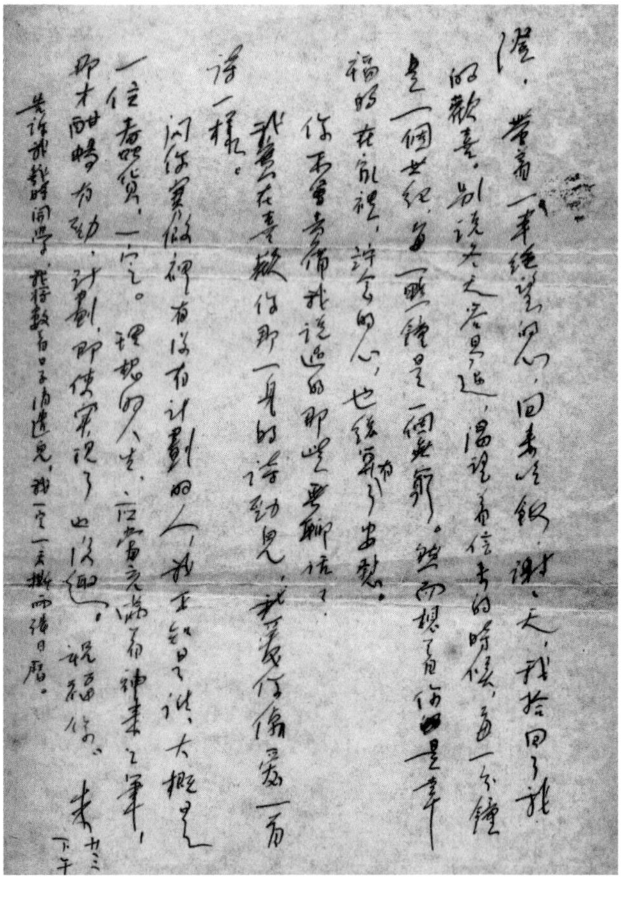
澄：带着一半绝望的心，回来吃饭，谢谢天，我拾回了我的欢喜，别说冬天容易过，渴望着信来的时候，每一分钟是一个世纪，每一点钟是一个无穷。然而想着你是幸福的在家里，许念的心，也总算有了安慰。你不会责备我说过的那些无聊话？我实在喜欢你那一身的诗劲儿，我爱你像爱一首诗一样。问你寒假里有没有计划的人，我不知是谁，大概是一位蠢货，一定。理想的人生，应当充满着神秘才甜蜜有劲，计划即使实现了也没趣。祝福你。

朱 廿三 下午

告诉我你的同学，我将数日子消遣儿，我一定一天撕两张日历。

澄：

带着一半绝望的心，回来吃饭，谢谢天，我拾回了我的欢喜。别说冬天容易过，渴望着信来的时候，每一分钟是一个世纪，每一点钟是一个无穷。然而想着你是幸福的在家里，竚念的心，也总算有了安慰。

你不会责备我说过的那些无聊话？

我实在喜欢你那一身的诗劲儿，我爱你像爱一首诗一样。

问你寒假里有没有计划的人，我不知是谁， 大概是一位蠢货，一定。理想的人生，应当充满着神来之笔，那才酣畅有劲。计划，即使实现了也没趣。祝福你。

告诉我几时开学，我将数着日子消遣儿，我一定一天撕两张日历。

朱 廿三下午

第[017]封 冀念

清如：

好了吗？怎样的悬念着悬念着。

我脾气确实近来也坏了，常常得罪人，因为"戏慢①"他们，昨天被彭同任教训了一顿，我是不好，他们却可笑。

常常气闷得很，觉得什么人都讨厌，连自己的影子也讨厌，很愿意一个朋友也不要。不过想到你时，总是好像有点例外。如果我不认识你，我一定更不幸。

愿你健康，愿你快乐，一切的平安给与你！杜鹃花几时红起来，山中该热闹了呢。我没有希望，没有真能令我快乐的事物，虽也不愿颓唐。只有一个冀念，能够在可能的最近再看见你，我将永远留一个深心的微笑给你，那是一切意望之花，长久的竚候里等待着开放的。

虽然是怎样无意味的信呵！

朱 廿二上午

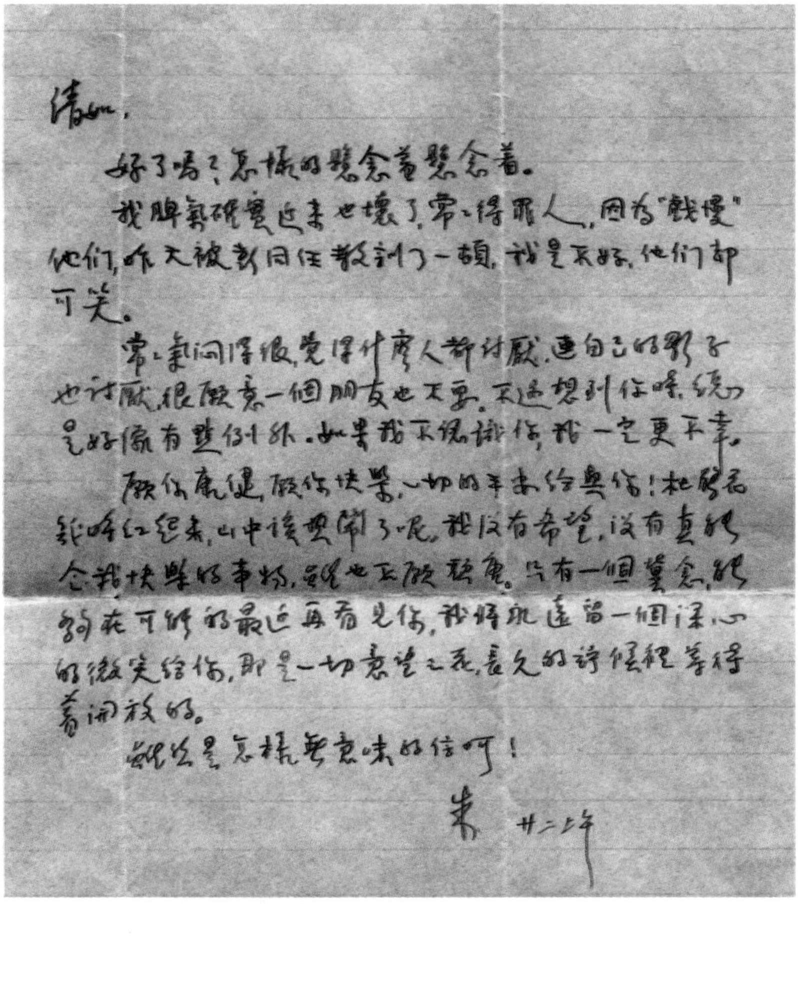
清如，

好了嗎？怎樣的懸念着懸念着。

我脾氣確實近來也壞了，常常得罪人，因為"戲慢"他們，昨天被彭同任教訓了一頓，我是不好，他們却可笑。

常常氣悶得很，覺得什麼人都討厭，連自己的影子也討厭，很願意一個朋友也不要。不過想到你時，總是好像有點例外。如果我不認識你，我一定更不幸。

願你康健，願你快樂，一切的平安給與你！杜鵑花幾時紅起來，山中該熱鬧了呢。我沒有希望，沒有真能令我快樂的事物，雖也不願頹唐。只有一個冀念，能夠在可能的最近再看見你，我將永遠留一個深心的微笑給你，那是一切意望之花，長久的竚候裡等待着開放的。

雖然是怎樣無意味的信呵！

朱 廿二上午

①戏慢：上海方言，表示"怠慢"、"不尊重"的意思。

第[018]封 静默

好人：

读到你的信往往使我又喜又恼，喜的是读到你的信，恼的是你有时说起话来很令我难堪。例如你要我少写一点信，在没有说明理由之前，我只能解释为你讨厌我的烦扰。原谅我的无聊吧，今后将力守静默。

为你作无言的祝福！

你脚下的蚂蚁 十夜

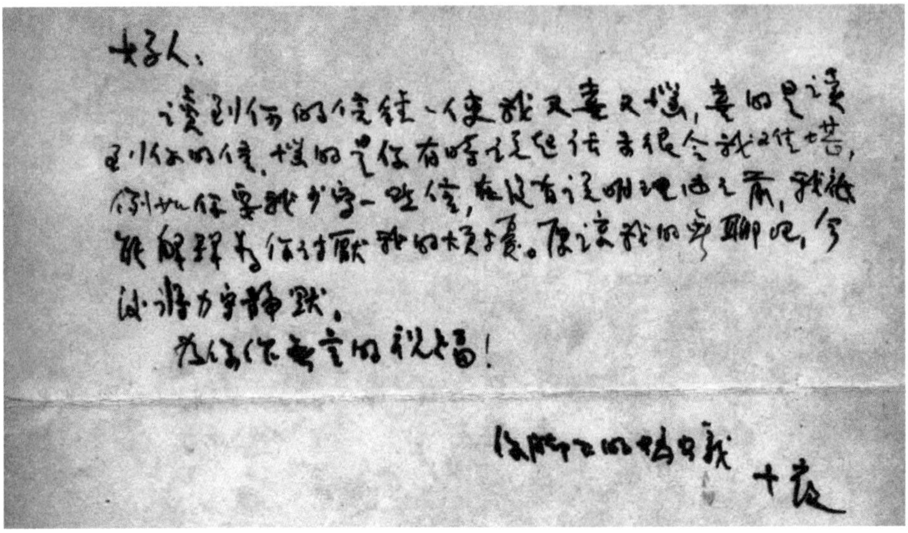

好人：

读到你的信往々使我又喜又恼，喜的是读到你的信，恼的是你有时说起话来很令我难堪，例如你要我少写一点信，在没有说明理由之前，我只能解释为你讨厌我的烦扰。原谅我的无聊吧，今后将力守静默。

为你作无言的祝福！

你脚下的蚂蚁 十夜

第[019]封 爱你

昨夜我看见郑天然[①]向我苦笑。你被谁吹大了，皮肤像酱油一样，样子很不美，我说，你现在身体很好了，说这句话，心里甚为感动，想把你抱起来高高的丢到天上去。醒来觉得甚是爱你。

这两天我很快活，而且骄傲。

你这人，有些太不可怕。尤其是，一点也不莫名其妙。

朱

①郑天然：朱生豪在之江大学时的同学与好友。

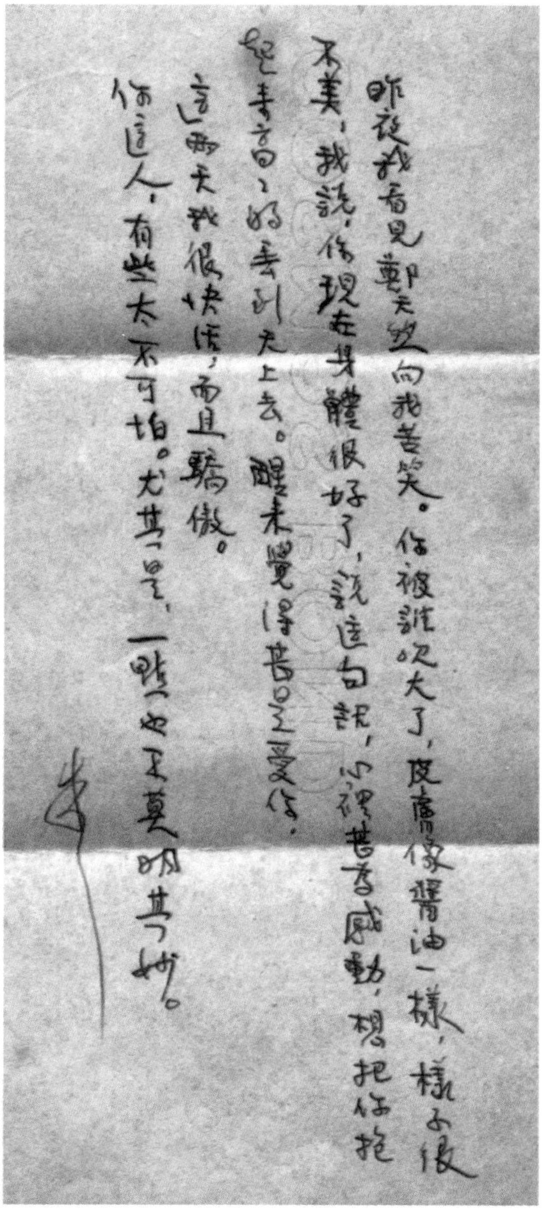
昨夜我看見鄭天逸向我苦笑。你被誰吹大了，皮膚像醬油一樣，樣子很不美，我說，你現在身體很好了，說這句話，心裡甚為感動，想把你抱起來高高的舉到天上去。醒來覺得甚是愛你。

這兩天我很快樂，而且驕傲。

你這人，有些太不可怕。尤其是，一點也不莫明其妙。

朱

第[020]封 美梦

小姊姊：

你好？我……没有什么，很倦，又不甘心睡，也不愿写信。

家里有没有信？我希望你母亲早已好了。

又一星期过去，日子过得越快，我越高兴。我发誓永不自杀，除非有一天我厌倦了你。

每天每天你让别人看见你，我却看不见你，这是全然没有理由的，我真想要你喂奶给我吃。

有人说我胖了，我完全不相信，你相信不相信？你现在生得是不是还像我们上次会面时一样？也许你实在很丑也说不定，但我总觉得你比一切的美都美，我完全找不出你有任何可反对的地方，我甘心为你发痴。

如果你不欢喜我说这样话，我仍然可以否认这些话是我说的，因为我只愿意说你所喜欢听的话。

我是属于你的，永远而且完全地。愿你快乐。

专说骗人的诳话者 十一夜

小姊姊：

你好？我……没有什么，很倦，又不甘心睡，也不愿写信。

家里有没有信？我希望你也早已好了。

又一星期过去，日子过得也快，我也高兴。我发誓永不自杀，除非有一天我厌倦了你。

每天每天你让别人看见你，我却看不见你，这是全然没有理由的，我真想要你喂奶给我吃。

有人说我胖了，我完全不相信，你相信不相信？你说我生得是不是还像我们上次会面时一样？也许你实在很丑也说不定，但我总觉得你比一切的美都美，我完全找不出你有任何可反对的地方，我甘心为你疯癫。

如果你不欢喜我（这样说）话，我们就可以否认这些话是我说的，因为我只愿意说你所欢喜听的话。

我是属于你的，永远而且完全地。愿你快乐。

专说骗人的话的说谎者

十一夜

如果我想要做一个梦，世界是一片大的草原，山在远处，青天在头上，溪流在足下，鸟声在树枝上，如睡眠的静谧，没有一切人，只有你我，在一起跳着飞着躲着捉迷藏，你允不允许？因为你不允许我做的梦，我不敢做的。我不是诗人，否则一定要做一些可爱的梦为着你的缘故。我不能写一首世间最美的抒情诗给你，这将是我终生抱憾的事。我多么愿意自己是个诗人，只是为了你的缘故，[redacted]

如果我想要做一个梦，世界是一片大的草原，山在远处，青天在顶上，溪流在足下，鸟声在树上，如睡眠的静谧，没有一个人，只有你我，在一起跳着飞着躲着捉迷藏，你允不允许？因为你不允许我做的梦，我不敢做的。我不是诗人，否则一定要做一些可爱的梦，为着你的缘故。我不能写一首世间最美的抒情诗给你，这将是我终生抱憾的事。我多么愿意自己是个诗人，只是为了你的缘故。

第[021]封 烦躁

澄儿：

我应该听你话静静一些儿的，可是这颗心没办法好想，又写信了，你要不要打我手心？

今天我烦躁了整个儿的一天，晚上淋着雨到陈尧圣[1]家吃夜饭，也没有什么感想，不过发现赵梓芳夫妇俩也同住着，有些意外，而且离我这里那么近。回了转来，怎么也不能睡，虽没有话对你说，仍然执起笔来了。

上午曾写了几封信给我那些宝贝朋友们，但一封也不寄出，有什么意思呢？……我不高兴写了。你为什么爱朱朱[2]呢？（呵欠）

我想做诗，写雨，写夜的相思，写你，写不出。

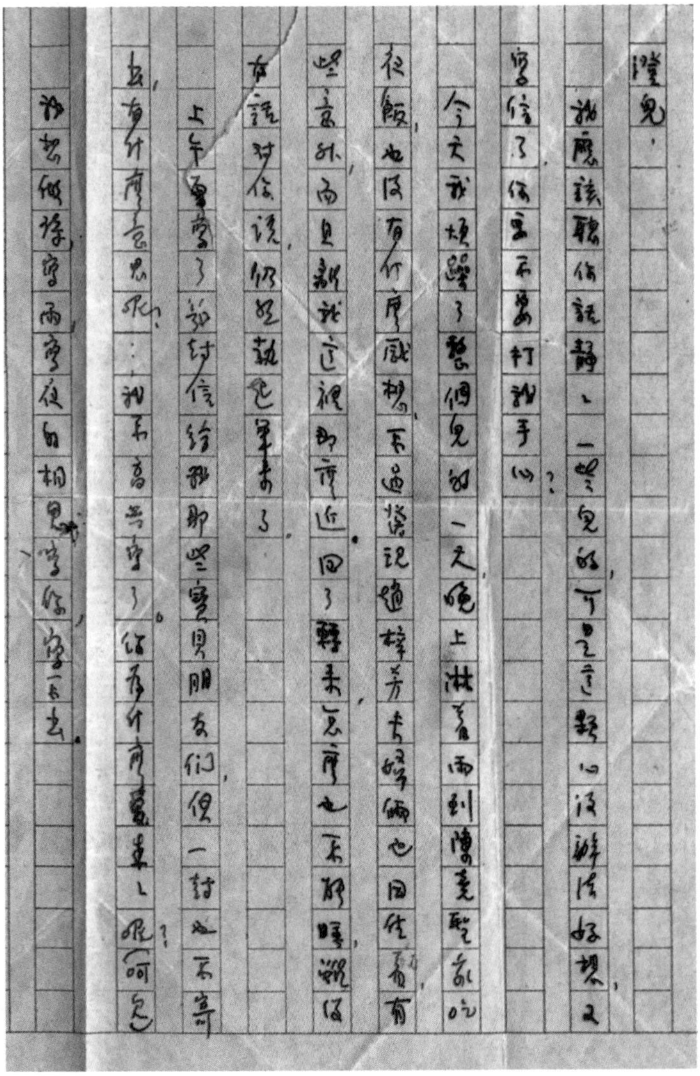

澄兒，

我應該聽你話靜靜一些兒的，可是這顆心沒辦法好想，又寫信了，你要不要打我手心？

今天我煩躁了整個兒的一天，晚上淋着雨到陳堯聖家吃夜飯，也沒有什麼感想，不過發現趙梓芳夫婦倆也同住着，有些意外，而且離我這裏那麼近。回了轉來，怎麼也不能睡，雖沒有話對你說，仍然執起筆來了。

上午曾寫了幾封信給我那些寶貝朋友們，但一封也不寄出，有什麼意思呢？……我不高興寫了。你為什麼愛朱朱呢？（呵欠）

我想做詩，寫雨，寫夜的相思，寫你，寫不出。

①陈尧圣：之江大学同学，与朱生豪同级。②朱朱：朱生豪经常使用的笔名。

第[022]封 勇气

好友：

我并不真怪你，不过怪着你玩玩而已。你这人怪好玩儿的，老是把自己比作冷灰——怪不得我老是抹一鼻子灰。也幸亏是冷的，否则我准已给你烧焦了。我不大喜欢这一类比喻。例如有人说“心如止水”，只要投下一块石子去，止水，就会动起来了；有人说“心如枯木”，唯一的办法便是用爱情把它燃烧起来，你知道枯木是更容易燃烧的。至如你所说的冷灰，只要在它

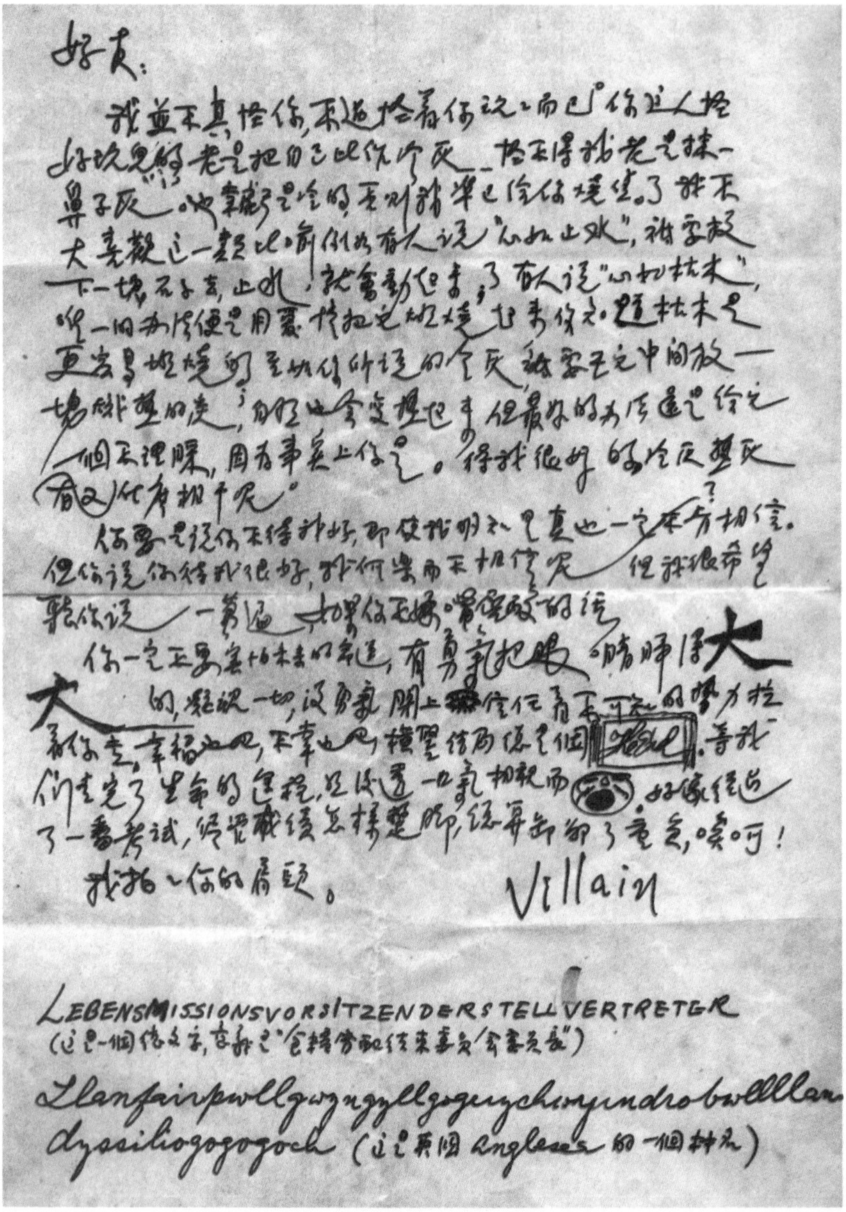
好友：

我并不真怪你，不过怪着你玩玩而已。你这人怪好玩儿的，老是把自己比作冷灰——怪不得我老是抹一鼻子灰。也幸亏是冷的，否则我准已给你烧焦了。我不大喜欢这一类比喻。例如有人说“心如止水”，只要投下一块石子去，止水，就会动起来了；有人说“心如枯木”，唯一的办法便是用爱情把它燃烧起来，你知道枯木是更容易燃烧的。至如你所说的冷灰，只要在它中间放一块燃烧的炭，它也会变热起来，但最好的办法还是给它一个不理睬，[illegible]

你要是说你不待我好，即使我明知是真也一定不肯相信。但你说你待我很好，我何尝而不相信呢？但我很希望听你说一万遍，如果你不嫌嘴酸的话。

你一定不要灰心失望，有勇气把眼睛睁得大大的，藐视一切，[illegible]

我拍拍你的肩头。

Villain

LEBENSMISSIONSVORSITZENDERSTELLVERTRETER
([illegible])

Llanfairpwllgwyngyllgogerychwyrndrobwllllan-
dysiliogogogoch（这是英国 Anglesea 的一个村名）

中间放一块炙热的炭，自然也会变热起来。但最好的办法还是给它一个不理睬，因为事实上你是待我很好的，冷灰热灰又有什么相干呢？

你要是说你不待我好，即使我明知是真也一定不肯相信。但你说你待我很好，我何乐而不相信呢？但我很希望听你说一万遍，如果你不嫌嘴唇酸的话。

你一定不要害怕未来的命运，有勇气把眼睛睁得大大的，凝视一切；没勇气闭上眼睛①，信任着不可知的势力拉着你走，幸福也罢，不幸也罢，横竖结局总是个 The end②。等我们走完了生命的途程，然后透一口气相视而笑③。好像经过了一番考试，尽管成绩怎样蹩脚，总算卸却了重负，唉呵！

我拍拍你的肩头。

Villain

LEBENSMISSIONSVORSITZENDERSTELLVERTRETER④

---

①“眼睛”两个字，原信是画的一只眼睛。 ②The end：很可能是指影片结束时出现在银幕上的“剧终”。 ③“笑”字，原信是画了一张张大了嘴笑的脸。 ④这是一个德文词，意思是“粮食分配结束委员会委员长”，德文的复合词很长，这是朱生豪故意构造的一个长词 。

第[023]封 要赖

小亲亲：

昨夜写了一封信，因天冷不跑出去寄，今天因为觉得那信写得……呃，这个……那个……呢，有点……呃，所以，……所以扣留不发。

天好像是很冷是不是？你有没有吱吱叫？

▭①

因为……虽则……但是……所以……然而……于是……哈哈哈！

做人顶好不要发表任何意见，是不是？

我不懂你为什么要……你猜要什么？

有人喜欢说这样的话，“今天天气好像似乎有点不大十分很热”，“他们两口子好像似乎颇颇有点不大十分很要好似地的样子”。

你如不爱我，我一定要哭。你总不肯陪我玩。

小瘌痢头 三月二日②

---

①此处原件中显示缺失。以下类似这种情况还有几处，我们将原件中长段文字缺失的用“▭”表示，有个别文字模糊看不清的用“□”表示。以后不再赘述。 ②三月二日，原信中月是画了一个“月亮”，日是画了一个“太阳”。

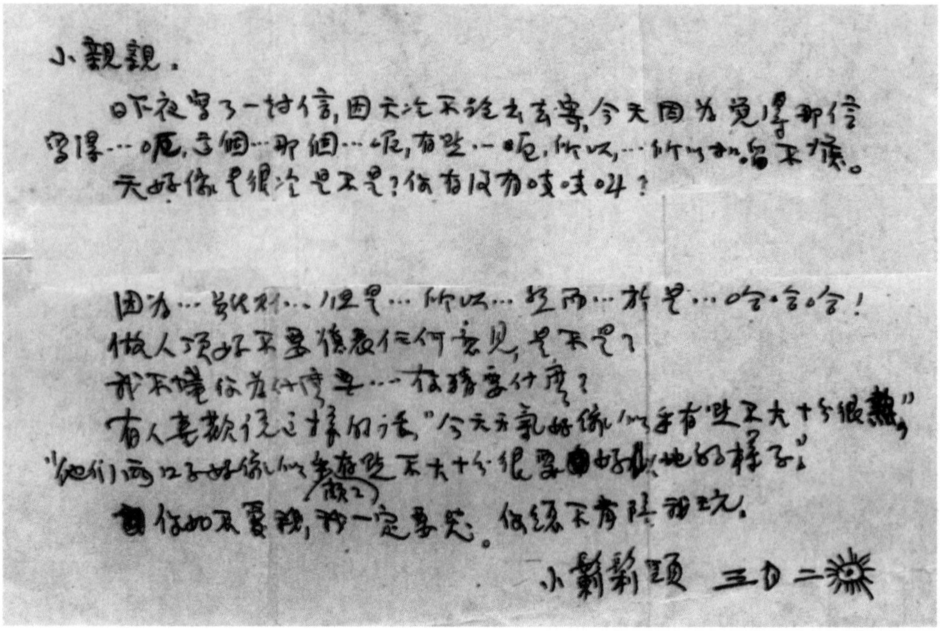
小親親：

昨夜写了一封信，因天冷不能去去寄，今天因为觉得那信写得……呃，这個……那個……呢，有些……呃，所以，……所以就不寄。

天好像也很冷是不是？你有没有咳咳咳？

因为……然而……但是……所以……然而……於是……哈哈哈！

做人顶好不要發表任何意見，是不是？

我不懂你为什么要……老猜要什麼？

有人喜歡說这样的话"今天天氣好像似乎有些不大十分很熱"，"她们两口子好像似乎多少有些不大十分很要好似的样子"。

你如不要我，我一定要哭。你總不肯陪我玩。

小鬎鬎頭 三月二日

第[024]封 读书

清如：

读来信，甚慰，希望格外珍摄。短短几天，要受跋涉之累，回家去很不值得。能够读读书当然很好，你应该读读书的。

做人是那样乏力的事，像我每天回来，就是要读书，也缺少了精神兴致，心里又是这样那样乱得很，难得有安静的一天，纵是生活比止水还寂寞。感到的只是莫名的疲倦，更恐惧着日子将永不会变样。常常心里的热望使我和你写信，然而每回写时是一个悲哀，我总是希望能告诉你一些新的言语，然而笔下只有空虚。烦杂的思绪，即使勉强表现出来，也是难堪的丑恶。

今天他们去看《姊妹花》，回来十分称赞。我是已经看过了，那是张通俗的伦理片，略带一些社会意义的，演出的技巧很好，对白也清晰得可喜，获得太太小姐甚至于先生们的眼泪，大概不是偶然。在新光里已映了快四十天，哄动的力量，前比联华的《人生》还瞠乎其后。联华的片子，一般的说，在我们眼中虽还有些浅薄，然而已经有不大通俗的地方，《人生》如此，前次看的一张《都会的清晨》也是如此。天一的陈玉梅①，我还不曾敢领教过，一般人说她很坏，我只知道她是个难看的女人。

好片子不常有，然而往往容易错过，一张《吉诃德先生》不看很可惜，还有如 *Song of Songs*②，《梵音情侣》等，也是极富诗趣的名构。虽则一些极伟大热闹的歌

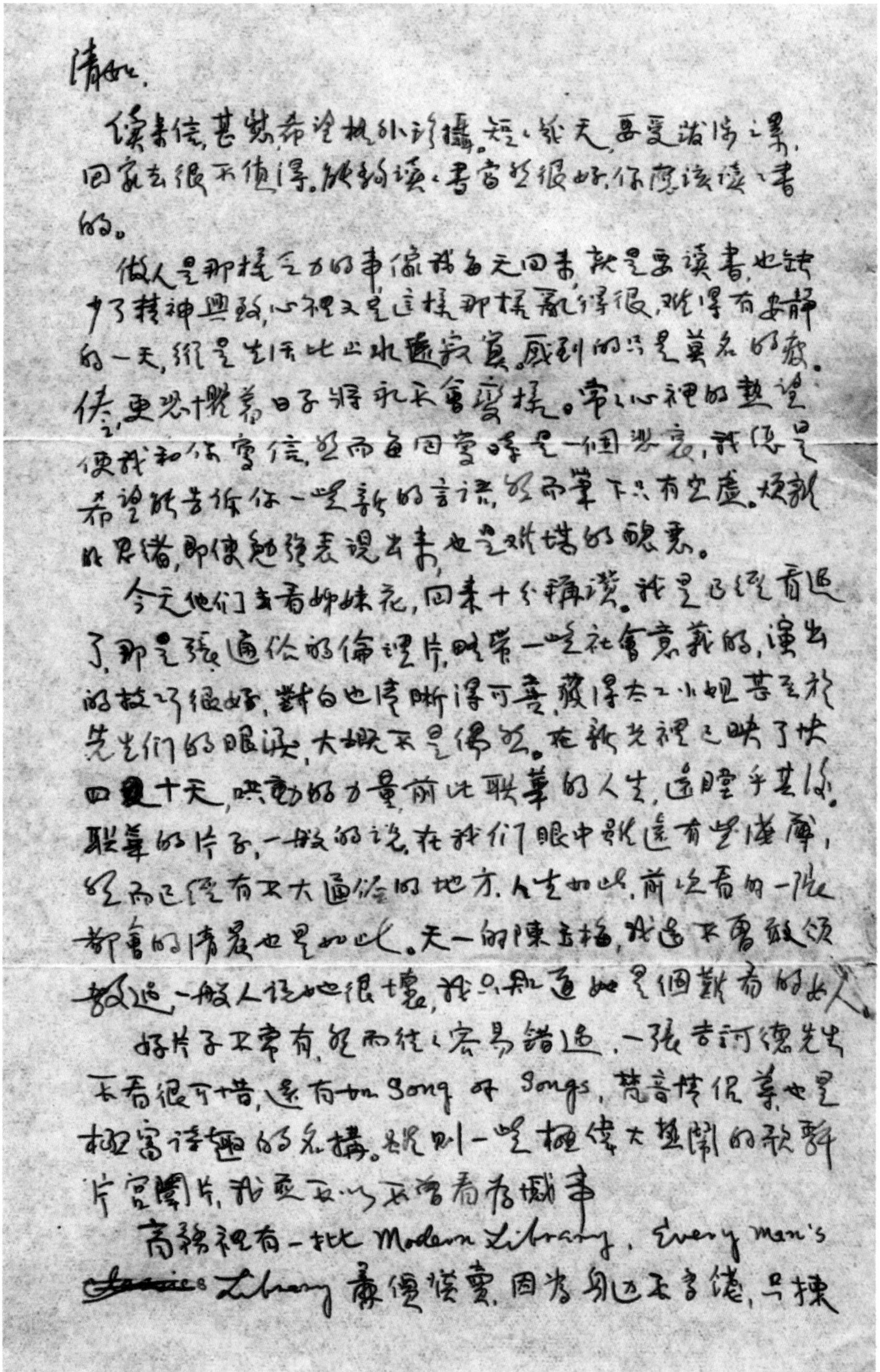

清如：

读来信，甚慰，希望好好珍摄。短短几天要受点学分课，回家去很不值得。能够读读书当然很好，你应该读读书的。

做人是那样乏力的事，像我每天回来就是要读书，也缺少了精神兴致，心里又是这样那样乱得很，难得有安静的一天，总是生活也无聊寂寞。感到的只是莫名的疲倦，更思揣着日子将永不会变样。常常心里的热望便我和你写信，然而每回写时是一个艰辛，我总是希望能告诉你一些新的言语，然而笔下只有空虚。烦乱的思绪，即使勉强表现出来也是难堪的酸苦。

今天他们去看姊妹花，回来十分称赞。我是已经看过了，那是张通俗的伦理片，略带一些社会意义的，演出的技巧很好，对白也清晰得可喜，获得太太小姐甚至于先生们的眼泪，大概不是偶然。在新光里已映了快四星十天，哄动的力量前此联华的人生，远胜乎其次(?)。联华的片子，一般的说，在我们眼中就远有些深度，然而已经有不大通俗的地方。人生如此，前次看的一张都会的清晨也是如此。天一的陈玉梅，我总不曾领教过，一般人说她很坏，我只知道她是个欢喜的女人。

好片子不常有，然而往往容易错过，一张吉诃德先生未看很可惜，还有如Song of Songs，梵音情侣(?)等也是极富诗趣的名構。其他则一些极伟大热闹的歌舞片宫闱片，我更可以不曾看有趣事

商务里有一批Modern Library，Every man's ~~classics~~ Library廉价发卖，因为身边不富馀，只拣

了一本Swinburne诗选，一本Silas Marner。读书也不容易，像我们简直没福气读新出的书籍。Silas Marner照理是应该早已读过了的，况且George Eliot也算是我十分欢喜的人，可是我偏偏不曾读她的这一本代表作。两天功夫读完之后，有些失望，觉得并不像Mill on the Floss写得好，故事比较简单一些也是一个理由，总之很比不上我的期望。Mill on the Floss可真是好，我读时曾流泪，里面的女主角即是著者自己的影子，是一个好强好胜，想像丰富，感情热烈，玻璃样晶莹而脆薄易碎，带着悲剧性的女孩子，他的爱人则属于很passive的性格，有病态美的苍白少年，带有多量女性的柔弱，惹人怜惜的那种人。故事很长很复杂很错综，而且读了多久也已模糊了，但这本书想起来很动人。在维多利亚三大家中，Eliot最长于性格描写，Dickens描写主角往不及描写配角的出色，后者的好处是温情和谐趣的融和，以天真的眼睛叙述世故，把一切人都cartoon化起来，但却不是冷酷的讽刺，文章也许是Thackeray写得好。但小说在英国无论如何比不上法国同俄国，像Flaubert，Turgenev一类的天才，英国毕竟没有。

之江图书馆里英文书也是陈旧的多，所以看见近代文艺创作的简直少得很。我还是欢喜读舞片宫闱片，我并不以不曾看为憾事。

商务里有一批*Modern Library*③，*Every Man's Library*④廉价发卖，因为身边不多钱，只拣了一本Swinburne⑤诗选，一本*Silas Marner*⑥。读书也不容易，像我们简直没福气读新出的书籍。*Silas Marner*照理是应该早已读过了的，况且George Eliot⑦也算是我十分欢喜的人，可是我偏偏不曾读她的这一本代表作。两天工夫读完之后，有点失望，觉得并不像*Mill on the Floss*⑧写得好，故事比较简单一些也是一个理由，总之很比不上狄更司。*Mill on the Floss*可真是好，我读时曾流泪，里面的女主角即是著者自己的影子，是一个好强好胜、想像丰富、感情热烈、玻璃样晶莹而脆薄易碎，带着不羁的野性的女孩子，她的恋人则属于很passive⑨的性格，有病态美的苍白少年，带有多量女性的柔弱，逗人怜悯的那种人。故事很长很复杂很错综，而且读了长久也已模糊了，但这情形想起来很动人。在维多利亚三大家中，Eliot最长于性格描写，Dickens⑩描写主角，总不及描写配角的出色，后者的好处是温情和谐趣的融和，以天真的眼睛叙述世故，把一切人都Cartoon⑪化起来，但却不是冷酷的讽刺。文章也许是Thackerey⑫写得好。但小说在英国，无论如何赶不上法国同俄国，像Flaubert⑬、Turgenev⑭一类的天才，英国毕竟没有。

之江图书馆里英文书也是陈旧的多，可以看见近代文艺潮流的简直少得很。我还是喜欢读几本近代戏剧的选集，觉得读戏剧比读小说有趣得多。其实你也该用点功，想法子多看一点外国的东西。这是个人享受上的问题，不一定是为着自己将来的成就。我有一个成见，觉得女孩子特别怕看书，先生指定的东西也许翻得比男孩子格外起劲，但总不肯自己找书读。说是用功也全是被动的。

天又下雨了。

虔诚的祝福！我永不愿忘记你。

朱 廿三夜

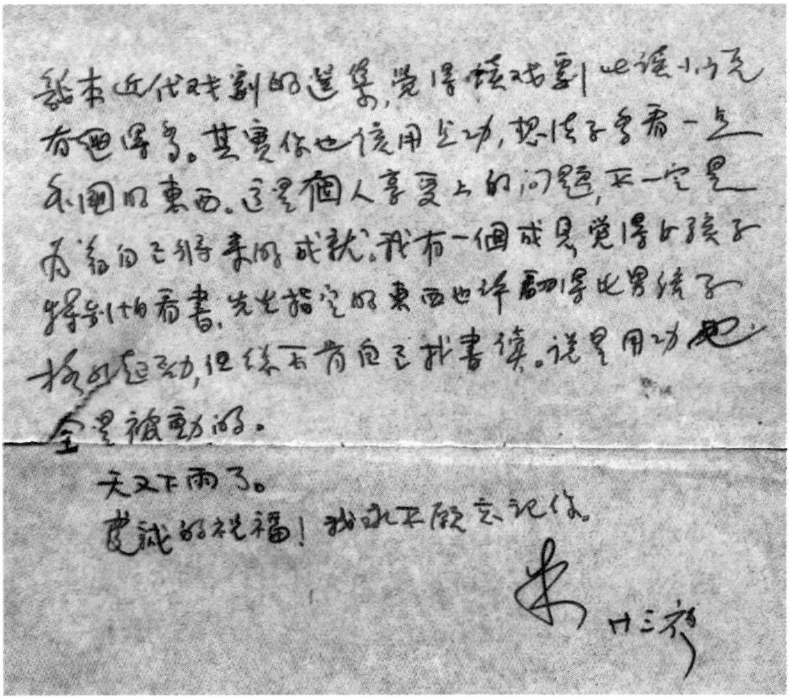
几本近代戏剧的选集，觉得读戏剧比读小说有趣得多。其实你也该用点功，想法子多看一点外国的东西。这是個人享受上的问题，不一定是为着自己将来的成就。我有一個成見觉得女孩子特别怕看書，先生指定的東西也许翻得比男孩子格外起劲，但总不肯自己找書读。说是用功也全是被動的。

天又下雨了。

虔诚的祝福！我永不愿忘记你。

朱 廿三夜

①"天一"是当时的制片厂，陈玉梅是其台柱演员。②*Song of Songs*：《雅歌》，《旧约》中的一章，这里是影片名。(《梵音情侣》很可能是该片的译名)。③*Modern Library*："现代书库"。④*Every Man's Library*："人人书库"。⑤Swinburne：史文本，19世纪末英国诗人。⑥*Silas Marner*：《织工马南传》，小说名。⑦George Eliot：乔治·艾略特，19世纪英国女小说家。⑧*Mill on the Floss*：《弗洛斯河上的磨坊》，小说名，和《织工马南传》均为乔治·艾略特的代表作。⑨passive：驯顺的。⑩Dickens：狄更斯，19世纪英国小说家。⑪Cartoon：即卡通。⑫Thackerey：萨克雷，19世纪英国小说家。⑬Flaubert：福楼拜，19世纪法国小说家。⑭Turgenev：屠格涅夫，19世纪俄罗斯小说家。

第[025]封 · 幸福

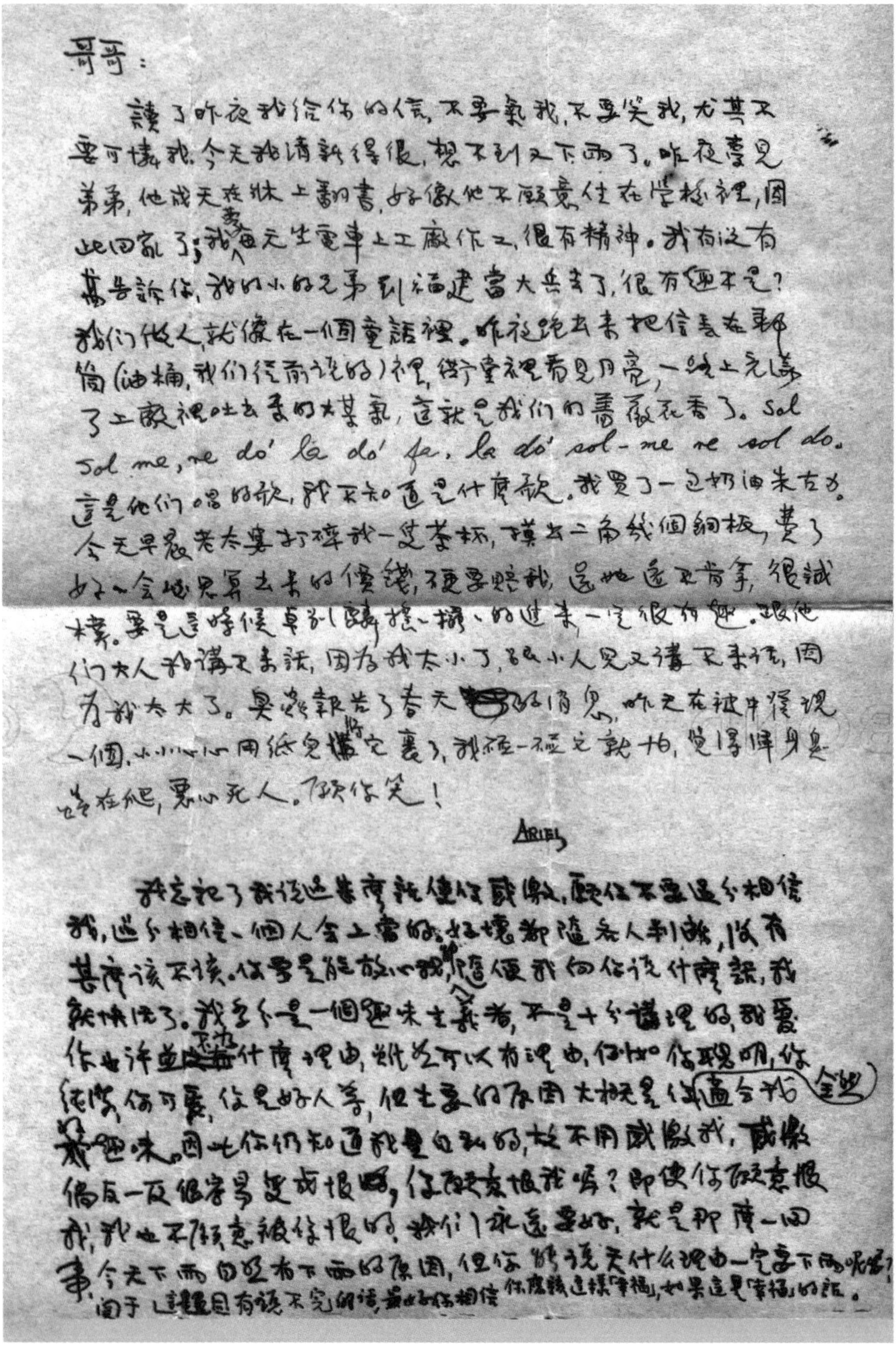

哥哥：

讀了昨夜我給你的信，不要氣我，不要笑我，尤其不要可憐我。今天我清新得很，想不到又下雨了。昨夜夢見弟弟，他成天在牀上翻書，好像他不願意住在學校裏，因此回家了；我夢見每天坐電車上工廠作工，很有精神。我有沒有告訴你，我的小的兄弟到福建當大兵去了，很有趣不是？我們做人就像在一個童話裏。昨夜跑出去把信丟在郵筒（油桶，我們從前說的）裏，從窗裏看見月亮，一綫上充滿了工廠裏吐出去的煤氣，這就是我們的薔薇花香了。Sol Sol me, re do' la do' fa, la do' sol-me re sol do. 這是他們唱的歌，我不知道是什麼歌。我買了一包奶油朱古力。今天早晨老太婆打碎我一只茶杯，摸出二角錢個銅板，費了好一會兒算出來的價錢，硬要賠我，送她送不肯拿，很誠樸。要是這時候卓別林搖搖擺擺的進來一定很有趣。跟他們大人我講不來話，因為我太小了，跟小人兒又講不來話，因為我太大了。黃鶯報告了春天的消息，昨天在被中發現一個，小小心心用紙包將它裹了，我每一碰它就怕，覺得渾身是蟲在爬，噁心死人。隨你笑！

ARIEL

我忘記了我說過甚麼話使你感激，要你不要過分相信我，過分相信一個人會上當的。好壞都隨各人判斷，沒有甚麼該不該。你要是能放心我隨便我向你說什麼話，我就快活了。我多分是一個趣味主義者，不是十分講理的，我要你也許不為什麼理由，然後可以有理由，何如你聰明，你純潔，你可愛，你是好人等，但主要的原因大概是你適合我全然的趣味。因此你們知道我是自私的，故不用感激我，感激偏反一反很容易變成恨的，你願意恨我嗎？即使你願意恨我，我也不願意被你恨的。我們永遠要好，就是那麼一回事。今天下雨自然有下雨的原因，但你能說天什么理由一定要下雨呢？關于這題目有說不完的話，最好你相信你應該這樣「幸福」，如果這是「幸福」的話。

哥哥：

读了昨夜我给你的信，不要气我，不要笑我，尤其不要可怜我。今天我清新得很，想不到又下雨了。昨夜梦见弟弟，他成天在床上翻书，好像他不愿意住在学校里，因此回家了；我要每天坐电车上工厂做工，很有精神。我有没有告诉你，我的小的兄弟到福建当大兵去了，很有趣不是？我们做人，就像在一个童话里。昨夜跑出来把信丢在邮筒（油桶，我们从前说的）里，弄堂里看见月亮，一路上充满了工厂里吐出来的煤气，这就是我们的蔷薇花香了。Sol sol me，re do’ la do’ fa，la do’ sol-me re sol do。这是他们唱的歌，我不知道是什么歌。我买了一包奶油朱古力。

今天早晨老太婆打碎我一只茶杯，摸出二角几个铜板，费了好一会心思算出来的价钱，硬要赔我，还她还不肯拿，很诚朴。要是这时候卓别麟摇摇摆摆的进来，一定很有趣。跟他们大人我讲不来话，因为我太小了，跟小人儿又讲不来话，因为我太大了。臭虫报告了春天的消息，昨天在被中发现一个，小小心心用纸儿将它裹了，我碰一碰它就怕，觉得浑身臭虫在爬，恶心死人。愿你笑！

Ariel①

我忘记了我说过甚么话使你感激，愿你不要过分相信我，过分相信一个人会上当的。好坏都随各人判断，没有甚么该不该。你要是能放心我，能随便我向你说什么话，我就快活了。我多分是一个趣味主义者，不是十分讲理的，我爱你也许并不为什么理由，虽然可以有理由，例如你聪明，你纯洁，你可爱，你是好人等，但主要的原因大概是你全然适合我的趣味。因此你仍知道我是自私的，故不用感激我，感激倘反一反很容易变成恨，你愿意恨我吗？即使你愿意恨我，我也不愿意被你恨的。我们永远要好，就是那么一回事，今天下雨自然有下雨的原因，但你能说天什么理由一定要下雨呢？

关于这题目有说不完的话，最好你相信，你应该这样“幸福”，如果这是“幸福”的话。

① Ariel：爱丽儿，莎剧《暴风雨》中的小精灵。

第[026]封 艺术

好人：

你不懂写信的艺术，像“请你莫怪我，我不肯嫁你”这种句子，怎么可以放在信的开头地方呢？你试想一想，要是我这信偶尔被别人在旁边偷看见了，开头第一句便是这样的话，我要不要难为情？理该是放在中段才是。否则把下面“今天天气真好，春花又将悄悄地红起来”二句搬在头上做帽子，也很好。“今天天气真好，春花又将悄悄地红起来，我没有什么意见”这样的句法，一点意味都没有；但如果说“今天天气真好，春花又将悄悄地红起来，请你莫怪我，我不肯嫁你”，那就是绝妙好辞了。如果你缺少这种poetical instinct[①]，至少也得把称呼上的“朱先生”三字改做“好友”，或者肉麻一点就用“孩子”；你瞧“朱先生，请你莫怪我，我不肯嫁你”这样的话多么刺耳；“好友，请你莫怪我，我不肯嫁你”，就给人一个好像含有不得不苦衷的印象了，虽然本身的意义实无二致；问题并不在“朱先生”或“好友”的称呼上，而是“请你莫怪我……”十个字，根本可以表示无情的拒绝和委婉的推辞两种意味。你该多读读《左传》。

我没有要你介绍女朋友的意思，别把我的话太当真。你的朋友（指我）是怎样一宗宝货你也知道，介绍给人家人家不会感激你的，至于我则当然不会感激你。

我待你好，你也不要不待我好。

---

① poetical instinct：诗的直觉。

第[027]封 续命

阿姊：

不许你再叫我朱先生，否则我要从字典上查出世界上最肉麻的称呼来称呼你。特此警告。

你的来信如同续命汤一样，今天我算是活转来了，但明天我又要死去四分之一，后天又将成为半死半活的状态，再后天死去四分之三，再后天死去八分之七……等等，直至你再来信，如果你一直不来信，我也不会完

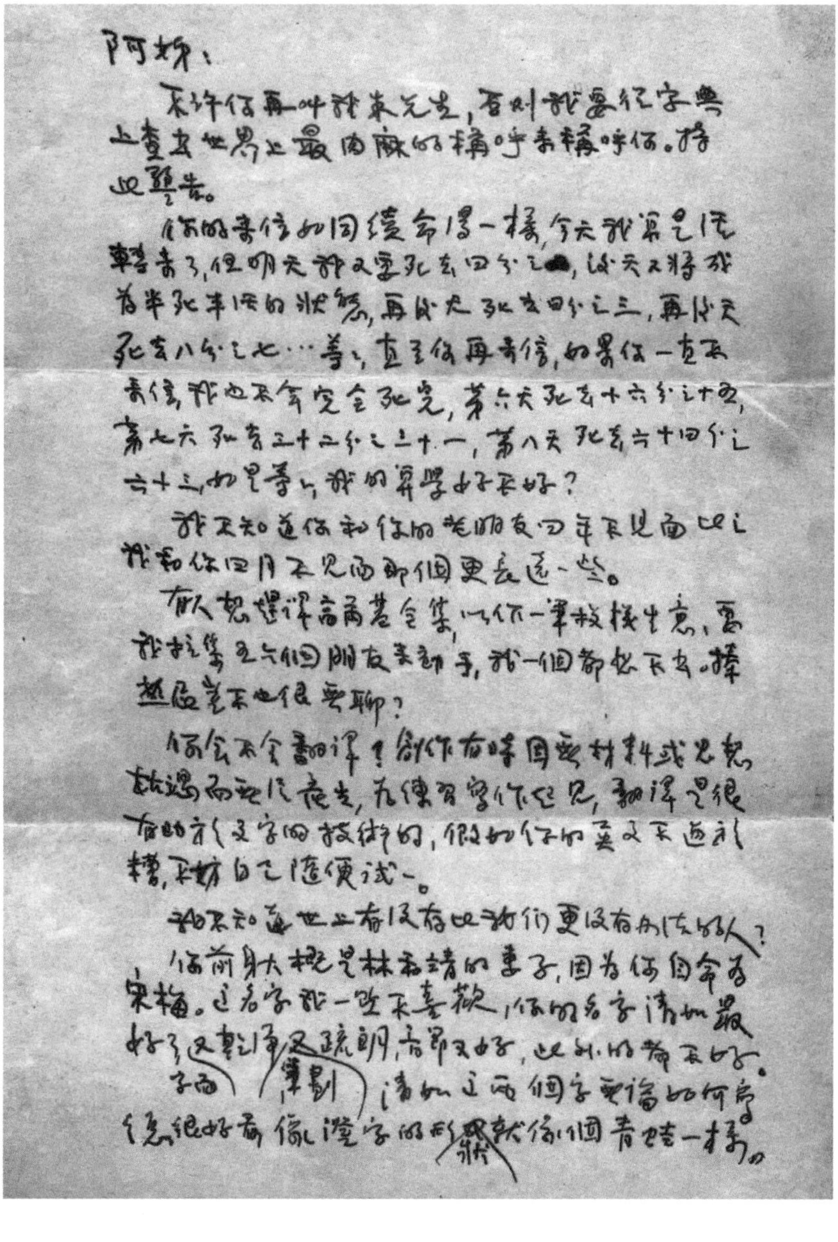

阿姊：

不許你再叫我朱先生，否則我要從字典上查出世界上最肉麻的稱呼來稱呼你。特此警告。

你的來信如同續命湯一樣，今天我算是活轉來了，但明天我又要死去四分之一，後天又將成為半死半活的狀態，再後天死去四分之三，再後天死去八分之七……等等，直至你再來信，如果你一直不來信，我也不會完全死完，第六天死去十六分之十五，第七天死去三十二分之三十一，第八天死去六十四分之六十三，如是等等，我的算學好不好？

我不知道你和你的朋友四年不見面比之我和你四月不見面哪個更長遠一些。

有人想選譯莎翁全集，以作一筆投機生意，要我拉集三個朋友來動手，我一個都找不出。[illegible]居然不也很無聊？

你會不會翻譯？創作有時因為材料或思想缺竭而無從產生，不妨可以作作，翻譯是很有助於文字的技術的，假如你的英文不過於糟，不妨自己隨便試試。

我不知道世上有沒有比我們更沒有辦法的人？

你前身大概是林和靖的妻子，因為你自命為宋梅。這名字我一點不喜歡，你的名字清如最好了，又乾淨又疏朗，音節又好，此外的都不好。清如這兩個字無論如何寫總很好看，像澄字的形狀就像個青蛙一樣[illegible]

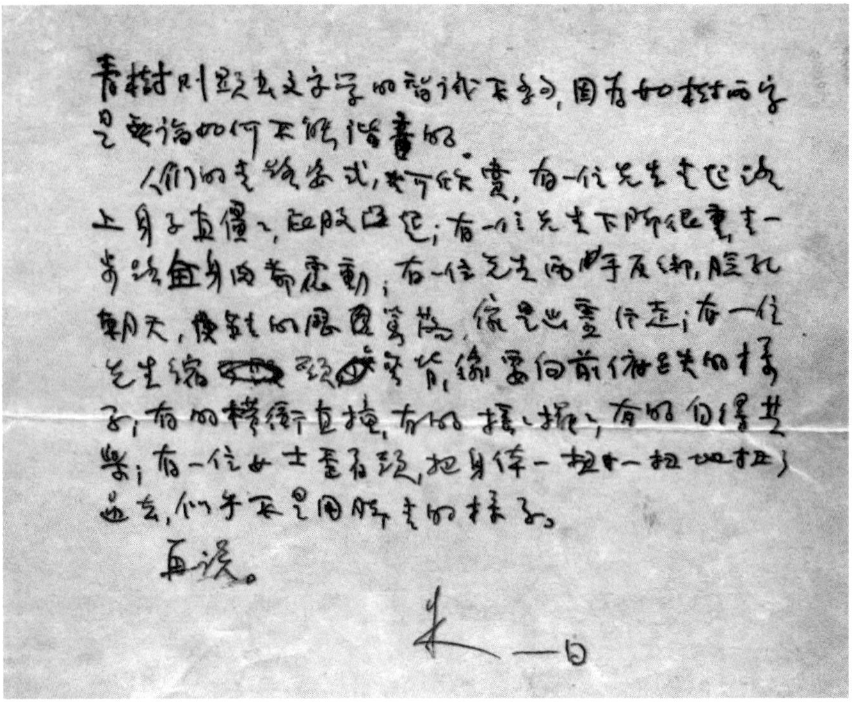
青樹則顯出文字学的智識不够，因为如樹两字
是無論如何不能諧音的。
人們的走路姿式，大可欣賞，有一位先生走起路
上身子直僵僵，屁股凸起；有一位先生下脚很重，走一
步路全身肉都震動；有一位先生兩手反綁，臉孔
朝天，皮鞋的歷篤落，像是幽靈行走；有一位
先生縮頸彎背，像要向前俯跌的樣
子；有的橫衝直撞，有的搖搖擺擺，有的自得其
樂；有一位女士歪着頭，把身体一扭一扭地扭了
過去，似乎不是用脚走的樣子。
再說。
朱 一日

全死完，第六天死去十六分之十五，第七天死去三十二分之三十一，第八天死去六十四分之六十三，如是等等，我的算学好不好？

我不知道你和你的老朋友四年不见面，比之我和你四月不见面哪个更长远一些。

有人想赶译高尔基全集，以作一笔投机生意，要我拉集五六个朋友来动手，我一个都想不出。捧热屁岂不也很无聊？

你会不会翻译？创作有时因无材料或思想枯竭而无从产生，为练习写作起见，翻译是很有助于文字的技术的。假如你的英文不过于糟，不妨自己随便试试。

我不知道世上有没有比我们更没有办法的人？

你前身大概是林和靖的妻子，因为你自命为宋梅。这名字我一点不喜欢，你的名字清如最好了，字面又干净，笔画又疏朗，音节又好，此外的都不好。清如这两个字无论如何写总很好看，像澄字的形状就像个青蛙一样。青树则显出文字学的智识不够，因为如树两字是无论如何不能谐音的。

人们的走路姿式，大可欣赏，有一位先生走起路上身子直僵僵，屁股凸起；有一位先生下脚很重，走一步路全身肉都震动；有一位先生两手反绑，脸孔朝天，皮鞋的历笃落，像是幽灵行走；有一位先生缩颈弯背，像要向前俯跌的样子；有的横冲直撞，有的摇摇摆摆，有的自得其乐；有一位女士歪着头，把身体一扭一扭地扭了过去，似乎不是用脚走的样子。

再说。

朱 一日

第[028]封 称呼[1]

傻丫头：

我不要向你表敬意，因为我不要和你谈君子之交。如果称“朱先生”是表示敬意，“愿你乖”是不是也算表示敬意？你说如果有人称你宋先生你决不嫌客气，这里自从陆经理以下至于用人都和你一样称我为朱先生（除了我们的主任称我为“生豪公”，英文部一二个同事称我为“密斯脱朱”，因为他们懂得英文的缘故，一位茶房亲热地称我为“朱”，大概自以为这样叫法很时髦，不知全然缺乏了“敬意”），我又何尝嫌他们客气？问题只是在你称我为朱先生是否合式这一点上。就常识而言，先生二字是对于尊长者及陌生或疏远者的敬称， 在俚俗的用法中，亦用于女人对他人称自己的丈夫或称他人的丈夫的代名词， 如云“我家先生不在家”，“你的先生有没有回来？”等。用于熟识的朋友间，常会有故意见疏的意味，因此是不能容忍的。

今天，没有什么好说的，上午满想睡半天，可是到十点钟仍旧起来了，读了一些……下午……天晓得我真要无聊死。

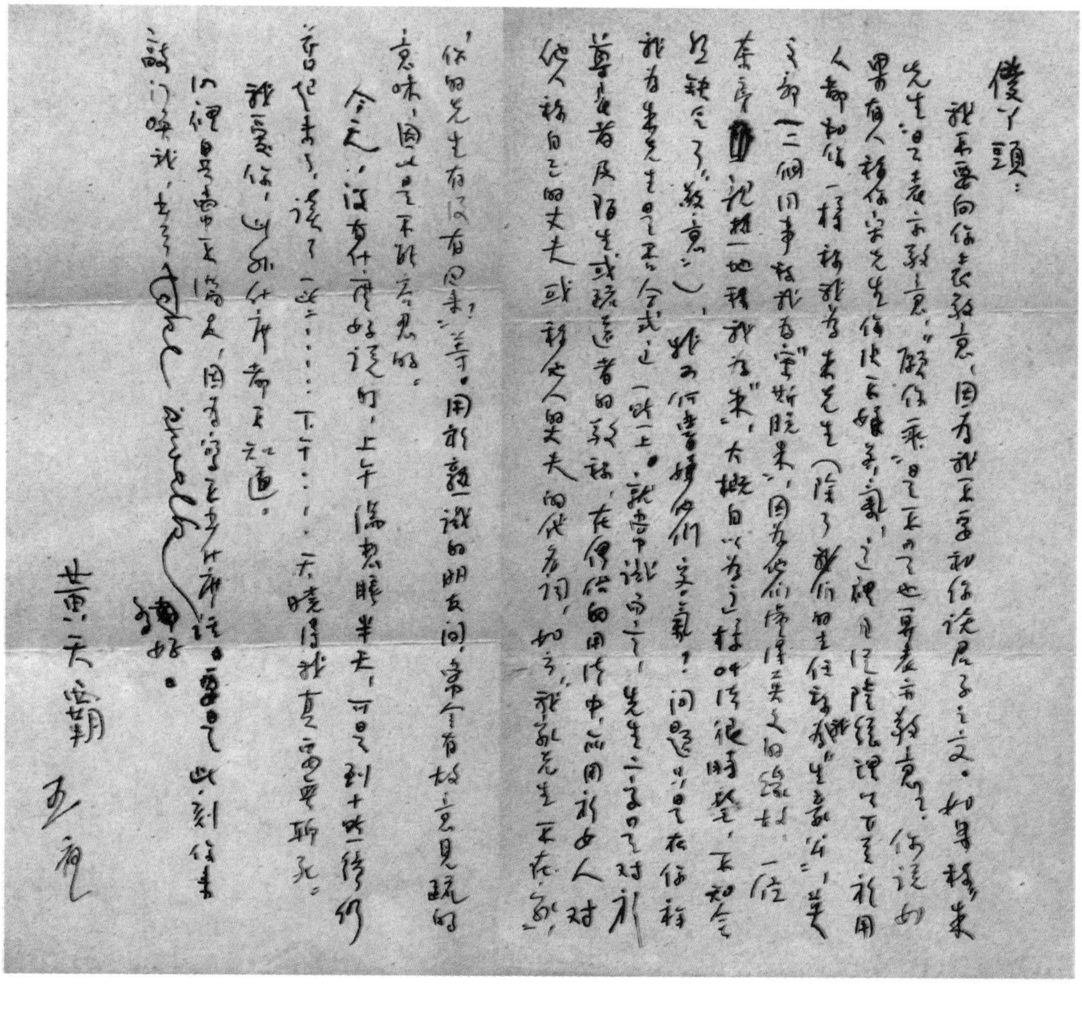

我爱你，此外什么都不知道。

心里异常不满足，因为写不出什么话。要是此刻你来敲门唤我，出去 take a walk②多好。

黄天霸 五夜

①此信原件上宋清如注：1934年。②take a walk：散步。

第[029]封 负气

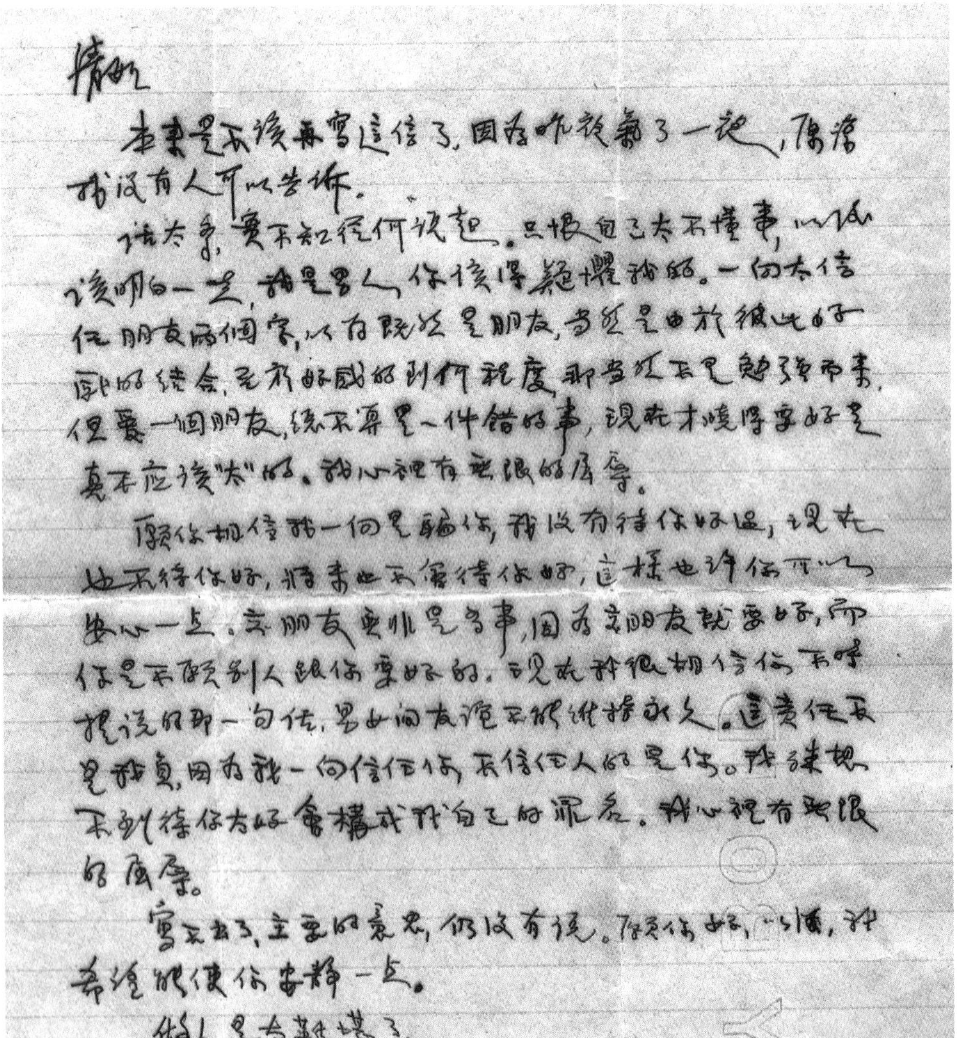
清如：

本來是不該再寫這信了，因為昨夜氣了一晚，除了我沒有人可以告訴。

話太多，實不知從何說起。只恨自己太不懂事，也應該明白一些，我是男人，你該得絕對地好。一向太信任朋友兩個字，以為既然是朋友，當然是由於彼此好感的結合，至於好感到何程度，那當然不是勉強而來，但要一個朋友，總不算是一件錯的事，現在才曉得要好是真不應該"太"的。我心裏有無限的屈辱。

願你相信我一向是騙你，我沒有待你好過，現在也不待你好，將來也不會待你好，這樣也許你可以安心一點。交朋友並非是易事，因為交朋友就要好，而你是不願別人跟你要好的。現在我很相信你不時提說的那一句話，男女間友誼不能維持永久。這責任不是我負，因為我一向信任你，不信任人的是你。我真想不到待你太好會構成我自己的罪名。我心裏有無限的屈辱。

寫不出了，主要的意思，仍沒有說。願你好，……，我希望能使你安靜一點。

做人，是太難堪了。

清如：

本来是不该再写这信了，因为昨夜气了一夜，原谅我没有人可以告诉。

话太多，实不知从何说起。只恨自己太不懂事，以后该明白一些，我是男人，你该得疑惧我的。一向太信任朋友两个字，以为既然是朋友，当然是由于彼此好感的结合，至于好感的到何程度，那当然不是勉强而来。但爱一个朋友，总不算是一件错的事，现在才晓得要好是真不应该“太”的。我心里有无限的屈辱。

愿你相信我一向是骗你，我没有待你好过，现在也不待你好，将来也不会待你好，这样也许你可以安心一点。交朋友无非是多事，因为交朋友就要好，而你是不愿别人跟你要好的。现在我很相信你不时提说的那一句话，男女间友谊不能维持永久。这责任不是我负，因为我一向信任你，不信任人的是你。我殊想不到待你太好会构成我自己的罪名。我心里有无限的屈辱。

写不出了，主要的意思，仍没有说。愿你好，以后，我希望能使你安静一点。

做人，是太难堪了。

第[030]封 梦魇

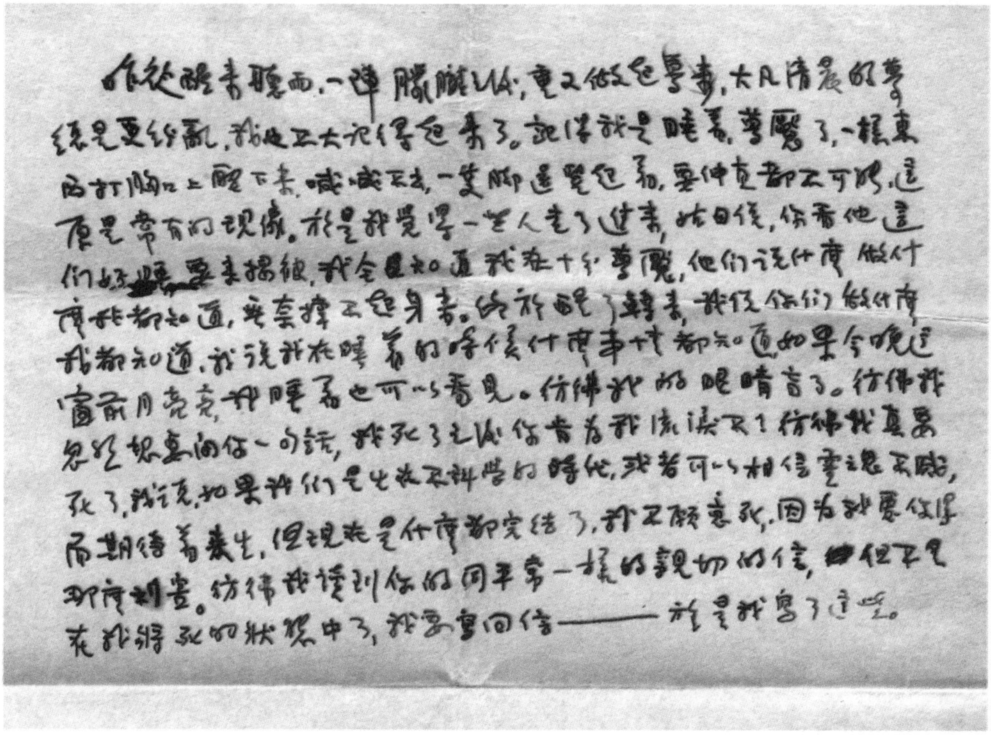
昨夜醒来听雨，一阵朦胧以后，又做起梦来，大凡清晨的梦
总是更纷乱，我也不太记得起来了。记得我是睡着，梦魇了，一样东
西打胸口上压下来，喊喊不出，一只脚还翘起着，要伸直都不可能，这
原是常有的现像。于是我觉得一些人走了进来，好的坏的，你看他这
们好[illegible]要来揭被，我全然知道我在十分梦魇，他们说什么做什
么我都知道，无奈挣不起身来。终于醒了转来，我说你们做什么
我都知道，我说我在睡着的时候什么事情都知道，如果今晚这
窗前月亮亮，我睡着也可以看见。仿佛我的眼睛盲了。仿佛我
忽然想来问你一句话，我死了之后你肯为我流泪么？仿佛我真要
死了，我说，如果我们是生在不科学的时代，我肯可以相信灵魂不灭，
而期待着来生，但现在是什么都完结了，我不愿意死，因为我要保
那么刻画。仿佛我读到你的同平常一样的亲切的信，但不是
在我将死的状态中了，我要写回信——于是我写了这些。

昨夜醒来听雨，一阵朦胧之后，重又做起梦来，大凡清晨的梦总是更纷乱，我也不大记得起来了。记得我是睡着，梦魇了，一样东西打胸口上压下来，喊，喊不出，一只脚还竖起着，要伸直都不可能，这原是常有的现象。于是我觉得一些人走了进来，姑母说，你看他这么好睡，要来揭被，我全知道，我在十分梦魇，他们说什么做什么我都知道，无奈撑不起身来。终于醒了转来，我说你们做什么我都知道，我说我在睡着的时候什么事情都知道，如果今晚这窗前月亮亮，我睡着也可以看见。仿佛我的眼睛盲了。仿佛我忽然想要问你一句话，我死了之后，你肯为我流泪不？仿佛我真要死了。我说，如果我们是生在不科学的时代，或者可以相信灵魂不灭，而期待着来生，但现在是什么都完结了，我不愿意死，因为我爱你得那么厉害。仿佛我读到你的同平常一样的亲切的信，但不是在我将死的状态中了，我要写回信——于是我写了这些。

第[031]封 钟情

你相不相信“一见钟情”这句话？如果不相信，我希望你相信。因为昨天有一个人来看我，我们看影戏，我们逛公园，她非常可爱，我交关喜欢她。我说，她简直跟你一样好，只不知道她是不是便是你？也许我不过做了个梦也说不定。

亲爱的小鬼，我要对你说些什么肉麻的话才好耶？我只想吃了你，吃了你。

鸭 廿五

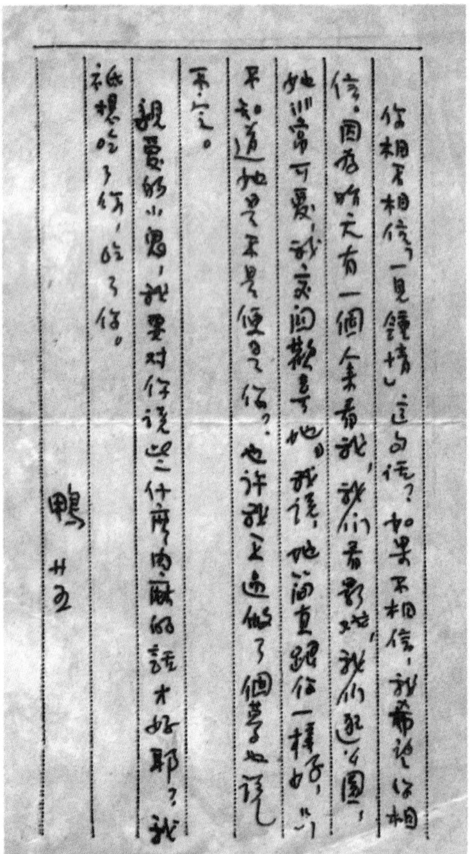
你相不相信"一見鍾情"這句話？如果不相信，我希望你相信。因為昨天有一個人來看我，我們看影戲，我們逛公園，她非常可愛，我交關歡喜她。我說，她簡直跟你一樣好，只不知道她是不是便是你？也許我不過做了個夢也說不定。

親愛的小鬼，我要對你說些什麼肉麻的話才好耶？我祇想吃了你，吃了你。

鴨 廿五

第[032]封 · 眼泪

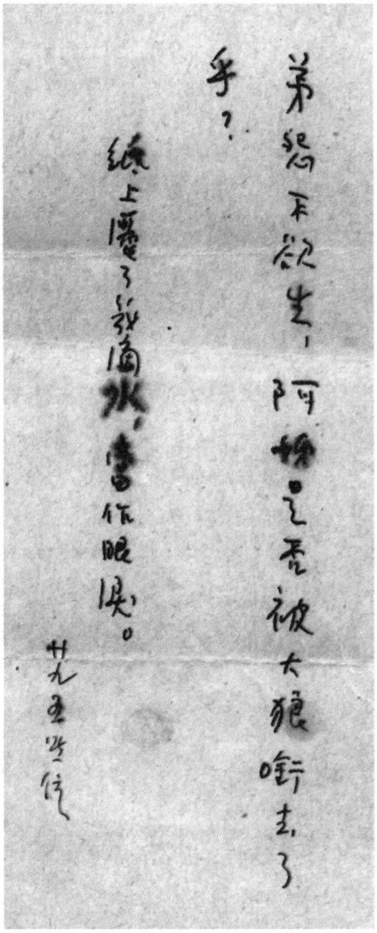

弟怨不欲生，阿姊是否被大狼衔去了乎？

纸上洒了几滴水，当作眼泪。

廿九五点钟

第[033]封 · 记念①

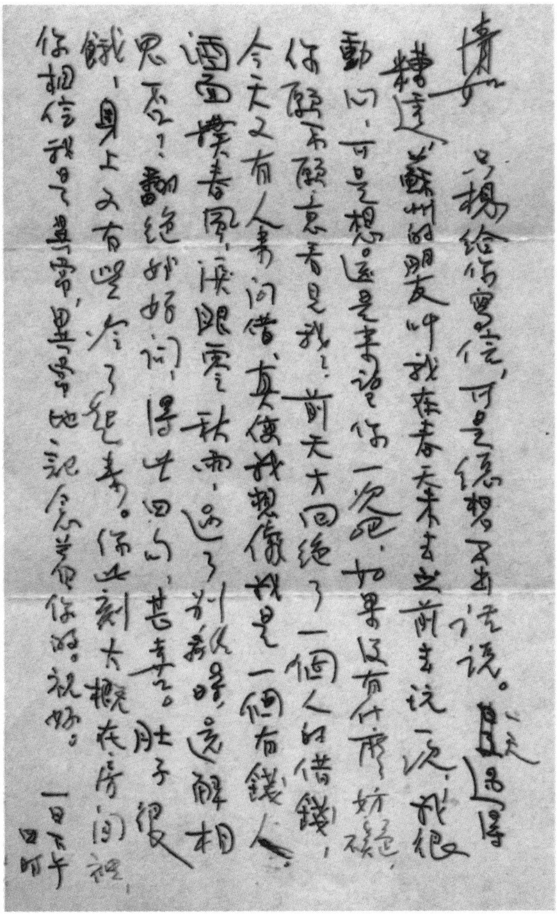

清如：

只想给你写信，可是总想不出话说。一天过得糟透，苏州的朋友叫我在春天未去之前去玩一次，我很动心，可是想还是来望你一次吧，如果没有什么妨碍，你愿不愿意看见我？前天才回绝了一个人的借钱，今天又有人来问借，真使我想像我是一个有钱人。酒面扑春风，泪眼零秋雨，过了别离时，还解相思否？翻绝妙好词，得此四句，甚喜。肚子很饿，身上又有些冷了起来。你此刻大概在房间里，你相信我是异常，异常地记念着你的。祝好。

一日下午四时

①此信原件上宋清如注：1934年。

第[034]封 星期

宋姑娘：

读到芳札之后，不想再说什么话，因为恐怕你又要神经。

这星期过得特别快，因为中间夹着一个五一劳动节。其实星期制很坏。星期日玩了一天之后，星期一当然不会有甚么心向工作，星期二星期三是一星期中最苦闷的两天，一到这两天，我总归想自杀，活不下去；星期四比较安定一些，工作成绩也要好些，一过了星期四，人又变成乐天了，可是一个星期已过去大半，满心想玩了；星期五放了工，再也安身不住，不去看电影，也得向四马路[①]溜达一趟书坊，再带些东西回来吃，或许就在电车里吃，路上吃；星期六简直不能做工，人是异样不安定，夜里总得两点钟才睡去；可是星期日，好像六天做苦工的代价就是这一天似的，却是最惨没有的日子。星期日看的电影，总比非星期日看的没兴致得多，一切都是空虚，路一定走了许多，生命完全变得不实在，模糊得很，也乏味得很；这样过去之后，到星期一灵魂就像是一片白雾；星期二它醒了转来，发现仍旧在囚笼里，便又要苦闷了。

你总有一天会看我不起，因为我实在毫无希望，就是胡思乱想的本领，也比从前差得多了，如果不是因为今天是星期五之故，我真不想活。

不骗你，我很爱你，仍旧想跟你在一起做梦。

朱

①四马路：即现在的福州路，是当时上海书店最集中的一条街。

第[035]封 看剧

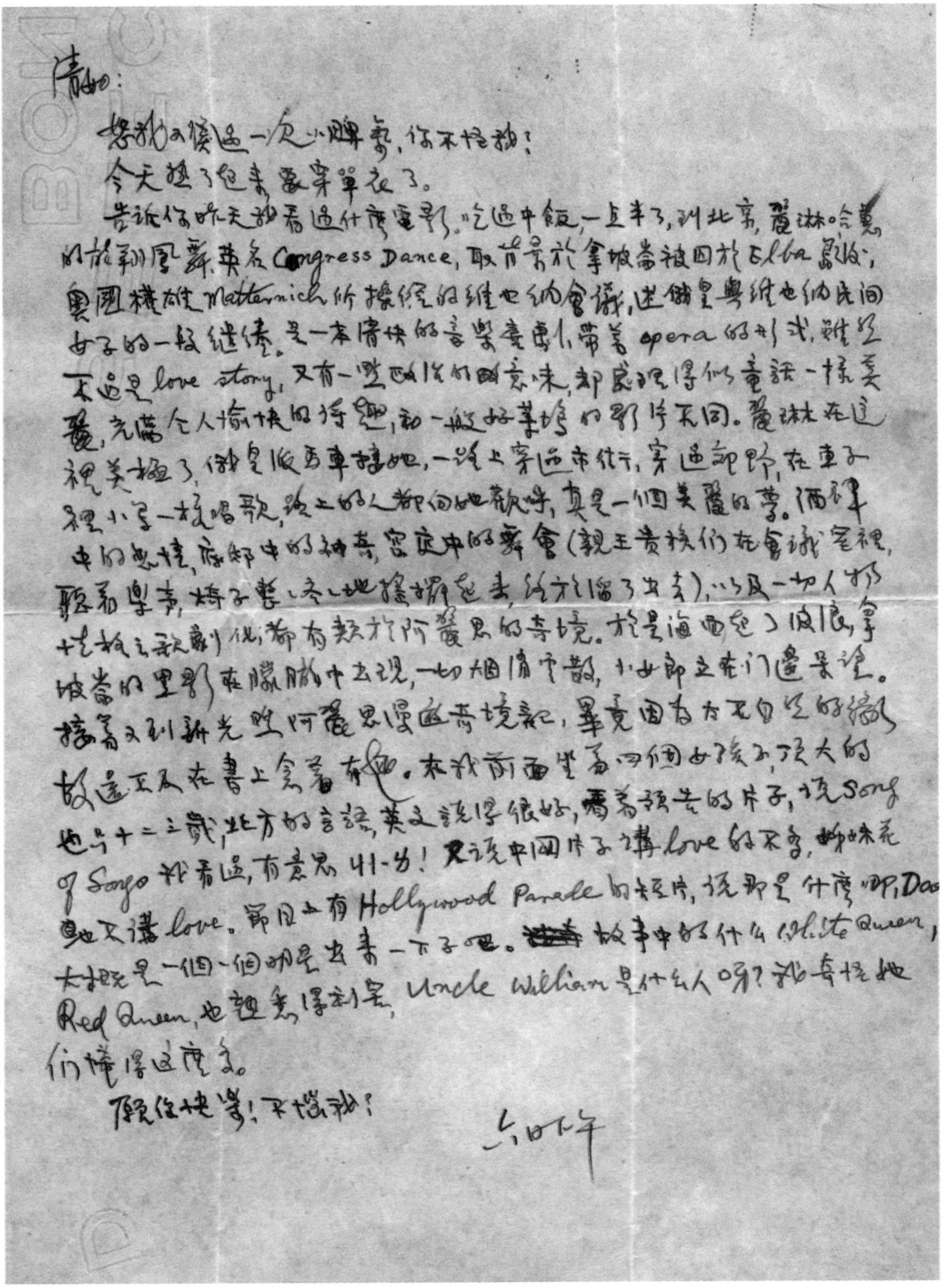

清如：

恕我又發過一次小脾氣，你不怪我？

今天熱了起來，要穿單衣了。

告訴你昨天我看過什麼電影。吃過中飯，一點半了，到北京，麗琳哈蕙的龍翔鳳舞，英名Congress Dance，取背景於拿破崙被囚於Elba島後，奧國權相Matternich所操縱的維也納會議，述俄皇與維也納民間女子的一段戀愛。是一本愉快的音樂喜劇，帶着opera的形式，雖然不過是love story，又有一些政治的諷刺意味，卻表現得似童話一樣美麗，充滿令人愉快的詩趣，和一般好萊塢的影片不同。麗琳在這裡美極了，俄皇派馬車接她，一路上穿過市街，穿過郊野，在車子裡小鳥一樣唱歌，路上的人都向她歡呼，真是一個美麗的夢。酒館中的戀情，廊榭中的神奇，宮庭中的舞會（親王貴族們在會議室裡聽着樂聲，椅子整整齊齊地搖擺起來，紛紛溜了出去），以及一切人物情節之歌劇化，都有類於阿麗思的奇境。於是消息傳來了說，拿破崙的黑影在朦朧中出現，一切烟消雲散，小女郎立在門邊呆望。接着又到新光看阿麗思漫遊奇境記，畢竟因為有了自己的認識，故遠不及在書上念着有趣。在我前面坐着四個女孩子，頂大的也只十二三歲，北方的言語，英文說得很好，看着預告的片子，說Song of Songs我看過，有意思得很！又說中國片子講love的不多，姊妹花也不講love。節目上有Hollywood Parade的短片，說那是什麼呀，Dad 大概是一個一個明星出來一下子吧。故事中的什么White Queen，Red Queen，也知道得清楚，Uncle William是什么人呀？我奇怪她們懂得這麼多。

願你快樂！不惱我？

六日下午

清如：

恕我又发过一次小脾气，你不怪我？

今天热了起来，要穿单衣了。

告诉你昨天我看过什么电影。吃过中饭，一点半了，到北京剧院看丽琳哈蕙的《龙翔凤舞》，英文名 *Congress Dance*，取背景于拿破仑被囚于 Elba ①岛之后，奥国权雄 Matternich 所操纵的维也纳会议，述俄皇与维也纳民间女子的一段缱绻。是一本清快的音乐喜剧，带着opera②的形式，虽然不过是love story③，又有一点政治的意味，却处理得似童话一样美丽，充满令人愉快的诗趣，和一般好莱坞的影片不同。丽琳在这里美极了，俄皇派马车接她，一路上穿过市街，穿过郊野，在车子里小鸟一样唱歌，路上的人都向她欢呼，真是一个美丽的梦。酒肆中的恋情，府邸中的神奇，宫庭中的舞会（亲王贵族们在会议室里，听着乐声，椅子整整齐齐地摇摆起来，终于溜了出去），以及一切人物性格之歌剧化， 都有类于阿丽思的奇境。于是海面起了波浪，拿破仑的黑影在朦胧中出现，一切烟消云散，小女郎立在门边呆望。

接着又到新光瞧《阿丽思漫游奇境记》，毕竟因为太不自然的缘故，还不及在书上念着有趣。在我前面坐着四个女孩子， 顶大的也只十二三岁，北方的言语，英文说得很好，看着预告的片子，说 *Song of Songs* 我看过，有意思ㄐㄧ·ㄌ④！又说中国片子讲love的不多，《姊妹花》也不讲love。节目上有 Hollywood Parade⑤的短片， 说那是什么哪， 大概是一个一个明星出来一下吧。故事中的什么 White Queen，Red Queen⑥，也熟悉得厉害，Uncle William⑦是什么人呀？我奇怪她们懂得这么多。

愿你快乐！不恼我！

六日下午

---

①Elba：爱尔巴岛，地中海中一小岛。 ②opera：歌剧。 ③love story：爱情故事。 ④ㄐㄧ·ㄌ：汉语旧注音符号，是“极了”的注音。 ⑤Hollywood Parade：好莱坞展示。 ⑥White Queen，Red Queen：白桃皇后，红桃皇后（《阿丽思漫游奇境记》里的两张扑克牌）。 ⑦Uncle William：威廉大叔。

第[036]封 恋慕

昨天上午安乐园冰淇淋上市，可是下午便变成秋天，风吹得怪凉快的。今天上午，简直又变成冬天了。太容易生毛病，愿你保重。

昨夜梦见你、郑天然、郑瑞芬等，像是从前同学时的光景，情形记不清楚，但今天对人生很满意。

我希望你永远待我好，因此我愿意自己努力学好，但如果终于学不好，你会不会原谅我？对自己我是太失望了。

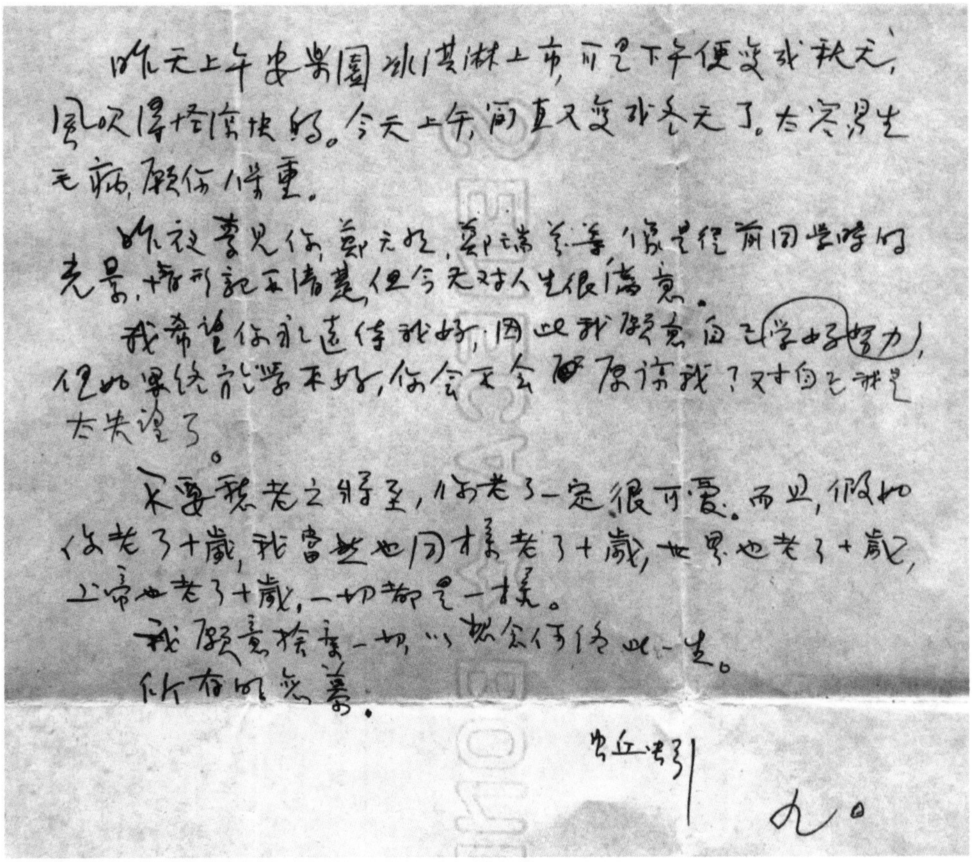

昨天上午安乐园冰淇淋上市，可是下午便变成秋天，风吹得格外快的。今天上午简直又变成冬天了。太容易生毛病，愿你保重。

昨夜梦见你郑元姐、郑瑞芬等，像是从前同学时的光景，情形记不清楚，但今天对人生很满意。

我希望你永远待我好，因此我愿意自己学好努力，但如果终于学不好，你会不会原谅我？对自己就是太失望了。

不要愁老之将至，你老了一定很可爱。而且，假如你老了十岁，我当然也同样老了十岁，世界也老了十岁，上帝也老了十岁，一切都是一样。

我愿意舍弃一切，以想念你终此一生。

所有的恋慕。

蚯蚓 九日

不要愁老之将至，你老了一定很可爱。而且，假如你老了十岁，我当然也同样老了十岁，世界也老了十岁，上帝也老了十岁，一切都是一样。

我愿意舍弃一切，以想念你终此一生。

所有的恋慕。

蚯蚓 九日

第[037]封 满足

青女：

我不很快乐， 因为你不很爱我。但所谓不很快乐者并不等于不快乐， 正如不很爱我不等于不爱我一样。而且一个人有时是“不很”知道自己的，也许我以为我爱你，其实我并不爱你；也许你以为不很爱我，其实很爱我也说不定，因此这一切不必深究。如果你不接受我的欢喜，你把它丢了也得，我不管。因为如果你把“欢喜”还给我，那即

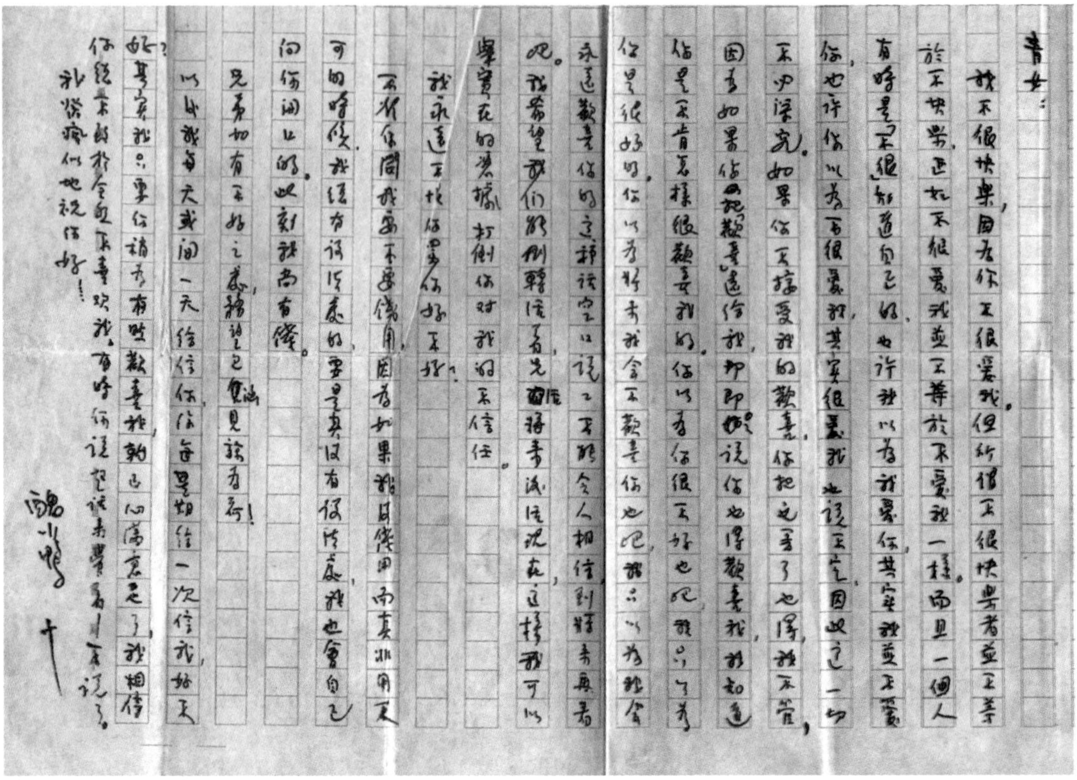

是说你也得欢喜我，我知道你是不肯怎样很欢喜我的。你以为你很不好也吧，我只以为你是很好的。你以为将来我会不欢喜你也吧，我只以为我会永远欢喜你的。这种话空口说说不能令人相信，到将来再看吧。我希望我们能倒转活着，先活将来，后活现在，这样我可以举实在的凭据打倒你对我的不信任。

我永远不恨你骂你好不好？

不准你问我要不要钱用，因为如果我没钱用而真非用不可的时候，我总有设法处的。要是真没有设法处，我也会自己向你开口的。此刻我尚有钱。

兄弟如有不好之处，务望包涵见谅为荷！

以后我每天或间一天给信你，你每星期给一次信我，好不好？其实我只要你稍为有点欢喜我，就已心满意足了，我相信你终不至于全然不喜欢我，有时你说起话来带着——不说了。

我发疯似地祝你好！

丑小鸭

第[038]封 惴惴

清如：

我希望你不是生病了，心里很有些惴惴。但愿你没有信来是为着别的各种理由，忙、懒、不高兴、生我气，或是嫁了人了都好，只不要是生病。我卜了一下，明天后天都仍然无信，顶早星期四，顶迟要下星期五才会有信，这不要把我急死吗？

How like a winter hath my absence been
From thee, the pleasure of the fleeting year!
What freezings have I felt, what dark days seen!
What old December's bareness everywhere!
And yet this time removed was summer's time;
The teeming autumn, big with rich increase,

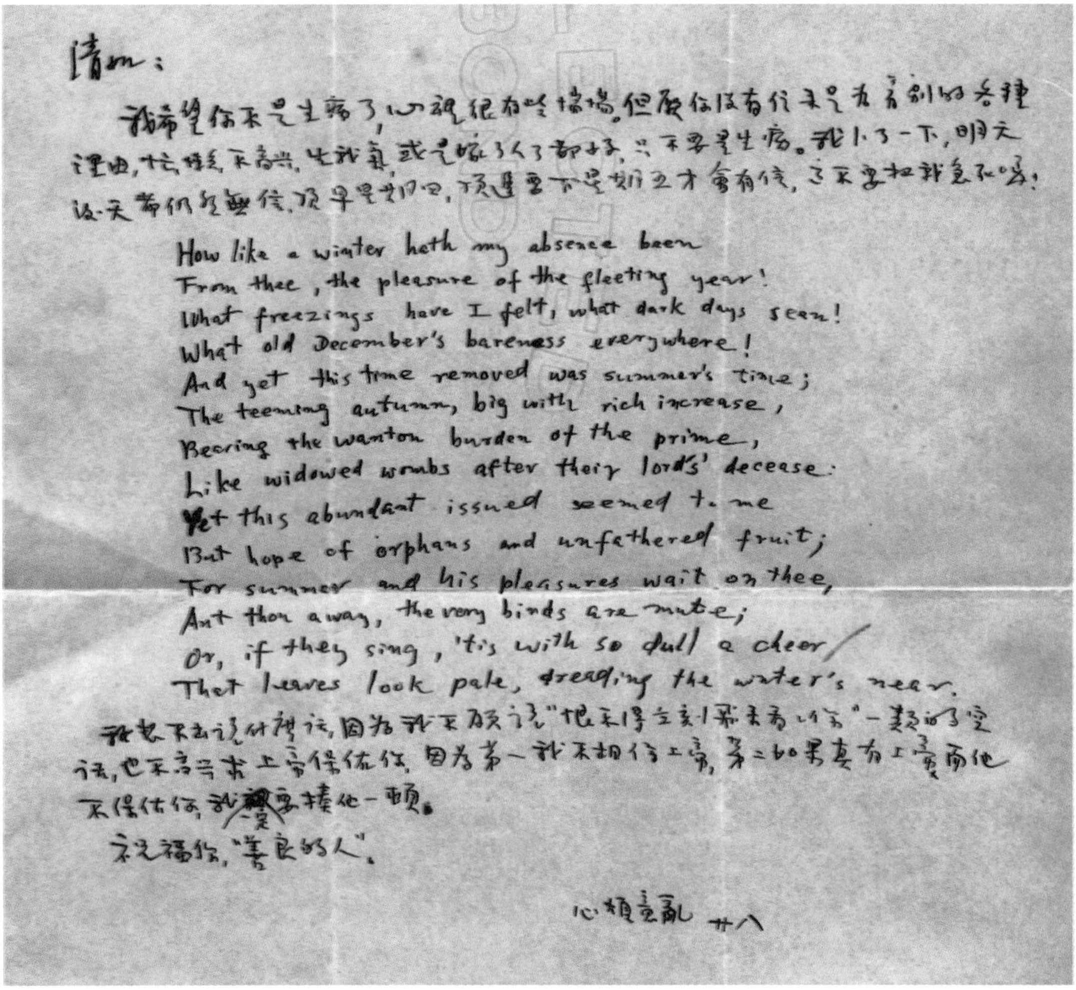

清如：

我希望你不是生病了，心里很有些惴惴。但愿你没有信来是为着别的各种理由，忙、懒、不高兴、生我气，或是嫁了人了都好，只不要是生病。我卜了一下，明天后天都仍然无信，顶早星期四，顶迟要下星期五才会有信，这不要把我急死吗？

How like a winter hath my absence been
From thee, the pleasure of the fleeting year!
What freezings have I felt, what dark days seen!
What old December's bareness everywhere!
And yet this time removed was summer's time;
The teeming autumn, big with rich increase,
Bearing the wanton burden of the prime,
Like widowed wombs after their lord's decease:
Yet this abundant issue seemed to me
But hope of orphans and unfathered fruit;
For summer and his pleasures wait on thee,
And thou away, the very birds are mute;
Or, if they sing, 'tis with so dull a cheer,
That leaves look pale, dreading the winter's near.

我也不去说什么话，因为我不愿说"求天保佑你"一类的空话，也不高兴求上帝保佑你，因为第一我不相信上帝，第二如果真有上帝而他不保佑你，我一定要揍他一顿。

祝福你，"善良的人"。

心烦意乱 廿八

Bearing the wanton burden of the prime,
Like widowed wombs after their lord's decease.
Yet this abundant issue seemed to me
But hope of orphans and unfathered fruit;
For summer and his pleasures wait on thee,
And thou away, the very birds are mute;
Or, if they sing, 'tis with so dull a cheer
That leaves look pale, dreading the winter's near.①

我想不出说什么话，因为我不愿说“恨不得立刻飞来看看你”一类的空话，也不高兴求上帝保佑你，因为第一我不相信上帝，第二如果真有上帝，而他不保佑你，我一定要揍他一顿。

祝福你，“善良的人”。

心烦意乱 廿八

①这里朱生豪抄录了莎士比亚的第97首十四行诗，借以抒发自己的情感。
这首十四行诗的参考译文如下（屠岸译）：不在你身边，我就生活在冬天，/你啊，迅疾的年月里唯一的欢乐！/啊！我感到冰冷，见到阴冻天！/到处是衰老的十二月，荒凉寂寞！/可是，分离的时期，正夏日炎炎；/多产的秋天呢，因受益丰富而充实，/像死了丈夫的寡妇，大腹便便，/孕育着春天留下的丰沛的种子；/可是我看这繁茂的产物一齐/要做孤/——生来就没有父亲；/夏天和夏天的欢娱都在伺候你，/你不在这里，连鸟儿都不爱歌吟；/鸟即使歌唱，也带着一肚子阴霾，/使树叶苍黄，怕冬天就要到来。

第[039]封 烦恼

好友：

心里烦得写不出话来，可是又非写不可。我直到此刻都在恼，因为你说了“实在我这人很不好，免得你将来不欢喜我的时候要恨我骂我”的话。如果你提到将来，当然我起誓给你听也是没用的，但你如以为我对于你的友谊的发生是由于一时盲目的好感的驱使，那么你从开始就得拒绝和我做朋友的；你如以为我们的友谊是基于深切的了解，那么你就得信任这段友谊。除非你将来变了样堕落了，那时我为着过去友谊的关系一定要恨你骂你，否则我将没有不欢喜你的理由。至于我们自己好不好是各个人眼光判断的不同。如果你以自己为很不好，也没有不许我以你为很好的理由。而且一个人不该太把自己看轻，如果你能使一个人倾心相爱，你总有特别使他钦佩的地方，不见得是因为他实在找不到朋友了才要找到你。以我自己说吧，我知道我是极无聊极不好的家伙，然而至少我相信即使我常爱说诳，心性轻浮，而且失去天真的心已沾上人世的污秽，但我对你的一片心总是可以向上帝交代，是真挚而纯洁的，因此当我赢得你的信赖时，我并不因为我不够和你攀朋友而觉得近乎僭越，我决不肯相信将来有一天你会翻脸不

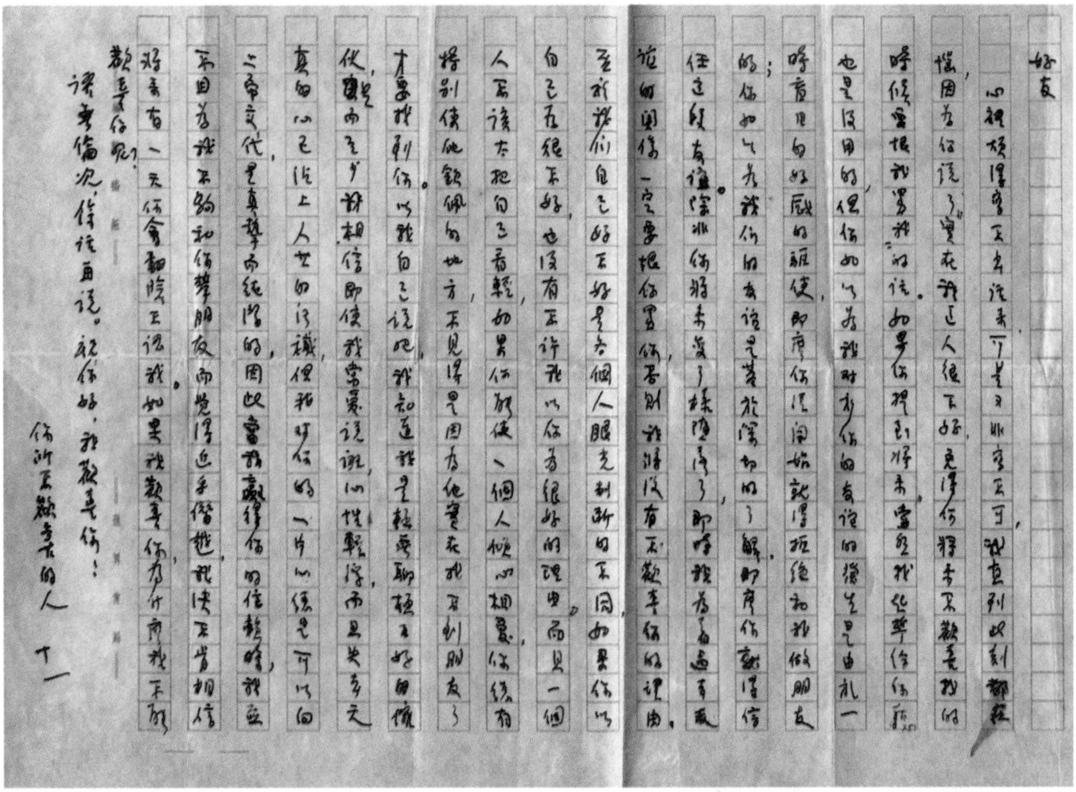

认我。如果我欢喜你，为什么我不能欢喜你呢？

语无伦次，余话再说。祝你好，我欢喜你！

你所不欢喜的人 十一

第[040]封 相思

好朋友：

你知不知道我夜夜给你写信， 然而总是写了一点， 不是太无聊， 就是话支蔓得无从收拾，本来可以写很长很长的信的，但是那很吃力，因此就去睡了。

我听见人家说，春天已快完了。今年这春天过的很有趣。其实觉得天气暖也只是不久的事，春天不春天本不干我甚么事，日子能过得快总是好，即使我们都快要老了。无论如何，我们老了之后，总要想法子常在一起才好。

今天到杨树浦底头跑了一回，看见些菜花和绿的草。静静的路上老头儿推着空的牛头车，有相当的意味。工厂里放工出来，全是女人，有许多穿着粗俗的颜色，但是我简直崇拜她们。

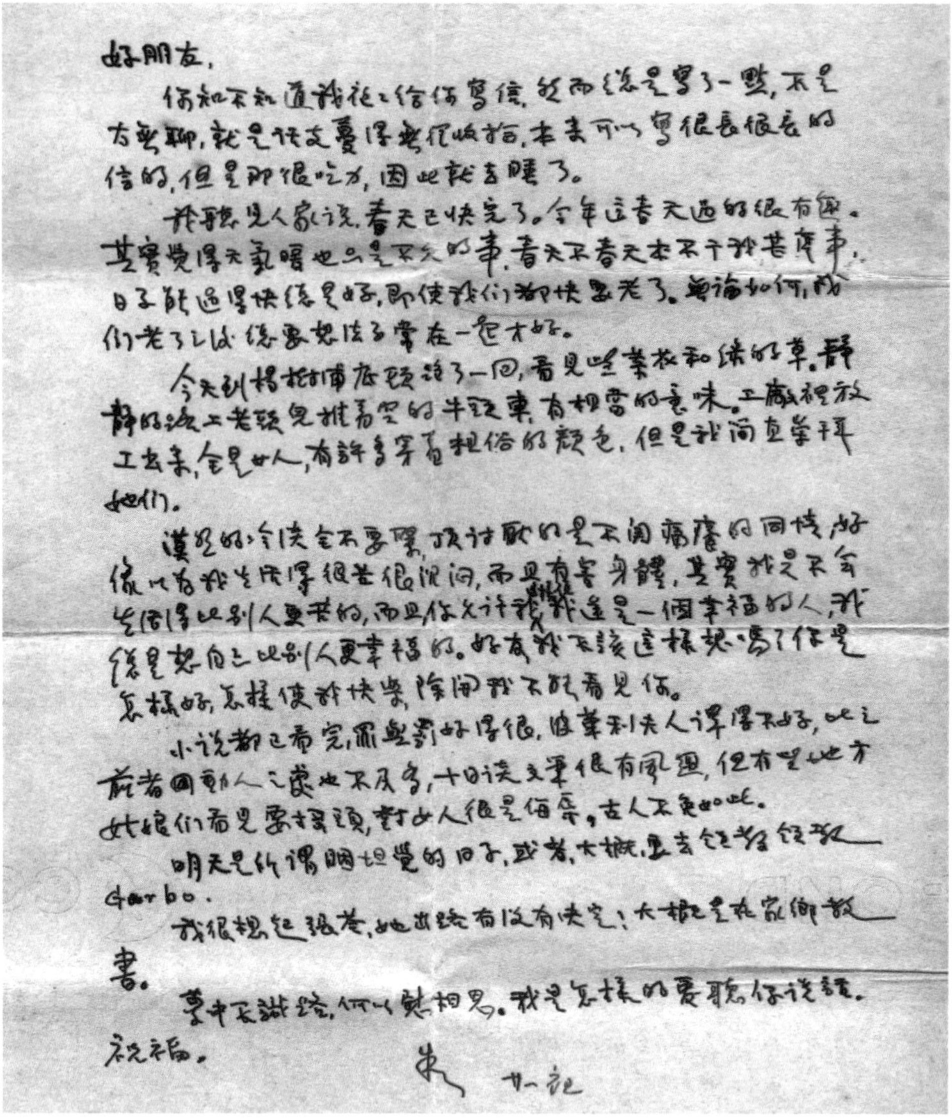
好朋友，
你知不知道我天天给你写信，然而总是写了一点，不是太无聊，就是话又觉得无从收拾，本来可以写很长很长的信的，但是那很吃力，因此就去睡了。
我听见人家说，春天已快完了。今年这春天过得很有趣。其实觉得天气暖也只是不久的事，春天不春天本来不干我甚么事，日子能过得快总是好，即使我们都快要老了。无论如何，我们老了以后总要想法子常在一起才好。
今天到杨树浦底头转了一回，看见些菜花和绿的草，静静的路上老头儿挑着空的牛粪车，有相当的意味。工厂里放工出来，全是女人，有许多穿着粗俗的颜色，但是我简直崇拜她们。
漠然的冷淡全不要紧，顶讨厌的是不关痛痒的同情，好像以为我生活得很苦很沉闷，而且有害身体，其实我是不会生活得比别人更苦的，而且你允许我这样说，我还是一个幸福的人，我总是想自己比别人更幸福的。好友，我不该这样想吗？你是怎样好，怎样使我快乐，除开我不能看见你。
小说都已看完，罪与罚好得很，波华利夫人译得不好，比之前者动人之处也不及多，十日谈文笔很有风趣，但有些地方姑娘们看见要摇头，对女人很是侮辱，古人不免如此。
明天是所谓睏坦觉的日子，或者，大概，要去领教领教Garbo。
我很想起张荃，她出路有没有决定？大概是在家乡教书。
梦中不识路，何以慰相思。我是怎样的爱听你说话。
祝福。
朱 廿一夜

漠然的冷淡全不要紧，顶讨厌的是不关痛痒的同情，好像以为我生活得很苦很沉闷，而且有害身体，其实我是不会生活得比别人更苦的，而且你允许我这样说，我还是一个幸福的人，我总是想自己比别人更幸福的。好友，我不该这样想吗？你是怎样好，怎样使我快乐，除开我不能看见你。

小说都已看完，《罪与罚》好得很，《波华利夫人》译得不好，比之前者动人之处也不及多，《十日谈》文笔很有风趣，但有些地方姑娘们看见要摇头，对女人很是侮辱，古人不免如此。

明天是所谓睏坦觉的日子，或者，大概，要去领教领教Garbo。

我很想起张荃，她出路有没有决定？大概是在家乡教书。

梦中不识路，何以慰相思。我是怎样的爱听你说话。

祝福。

朱 廿一夜

回应

蝶恋花

愁到旧时分手处 一桁秋风 簾幙无重数
梦散香消谁共语 心期便恐常相负

落尽千红啼杜宇 楼外鹦哥 犹作当年语
一自姮娥天上去 人间到处潇潇雨

满庭芳①

宋清如

南浦烟低 西山雾乱 群峰无雨冥冥 单衣团
扇 江上暮凉轻 为问春归何处 萋萋草绿满
沙汀 茅亭畔 离樽共引 暗惜别时情

年时携手地 塔铃风磬 几度同听 旧江山如
画 新恨共潮生 此后六和月满 鸥飞远孤艇
谁迎 沉吟再 长亭莺语 为我说叮咛

①朱生豪毕业以后，宋清如发表在《之江年刊》上的这两首词，表达了对当年在一起学习生活的日子的追忆，以及对朱生豪的思念之情。

《第叁卷》拌嘴抬杠

朱生豪1933年大学毕业后到上海世界书局工作，在他的信中，占据比重最大的内容无疑是诉说对宋清如的思恋之情，免不了拌个嘴、抬个杠，这成了这一杯爱情醇酒中的调味佳品。

通过书信往来，时不时来个小情调，两人的感情在不断升华，同时也缓解着朱生豪在工作上的苦闷和烦恼，给予他心灵的慰藉。『寂寞常是啮着我，唯你能给我感奋。』在尘嚣的大都市，在烦闷的工作中，只有宋清如的信才能使朱生豪漂泊的心得到宁静。

第[041]封 我们

我们的清如：

我们不知道几时才能再读到你一首较好的诗。如果我们是梦里的人们，我们要对那只作怪的夜莺说："谢谢你，还是闭住你的嘴吧，我们希望你唱着歌带我们到神奇的美梦里去，你却要哗啦哗啦唤我们醒来。到天亮的时候，云雀会来唤醒我们的，此刻夜冷静得如止水，还没有到应该醒的时候哩。要是玫瑰已褪了色，就请你用血和泪把它染红了好不好？老实说，要是我们醒来看见玫瑰已褪了色，还是不醒来的好。"

我们待你好。

朱朱和我 廿八夜

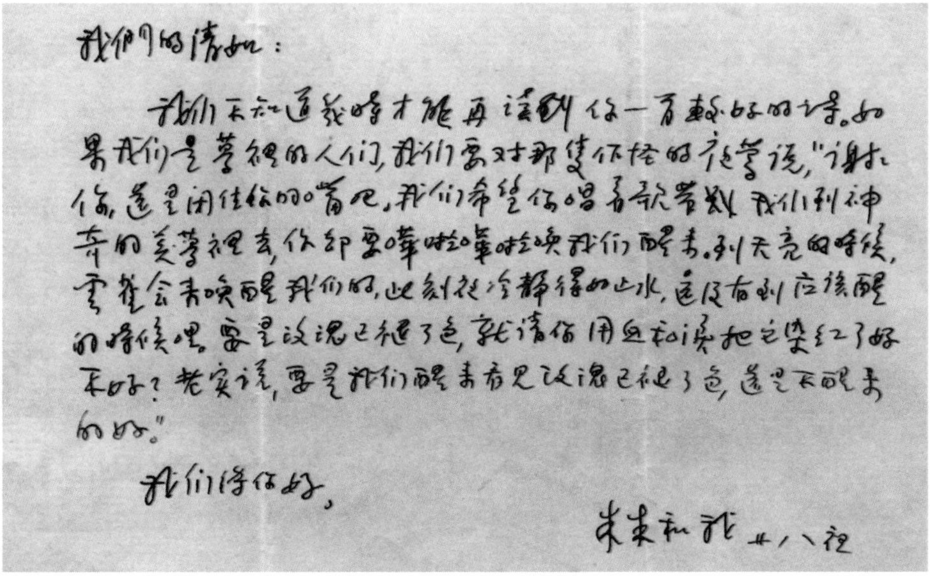
我們的清如：

我們不知道幾時才能再讀到你一首較好的詩。如果我們是夢裡的人們，我們要對那隻作怪的夜鶯說，"謝謝你，還是閉住你的嘴吧，我們希望你唱著歌帶我們到神奇的美夢裡去，你卻要嘩啦嘩啦喚我們醒來。到天亮的時候，雲雀會來喚醒我們的，此刻夜冷靜得如止水，還沒有到應該醒的時候哩。要是玫瑰已褪了色，就請你用血和淚把它染紅了好不好？老實說，要是我們醒來看見玫瑰已褪了色，還是不醒來的好。"

我們待你好，

朱朱和我 廿八夜

第[042]封 无望

清如：

William Davies说的：

What is this life，if，full of care，

We have no time to stand and stare?①

如果我向上帝祈求，我将说，给我充分的悠暇吧！看云的悠暇，听雨的悠暇，赤脚在椅背上打盹的悠暇，做诗、谈恋爱、自寻烦恼的悠暇，或者就是全无思虑的，在一两点钟内给朋友写一封无所不谈的随笔的信的悠暇。然而我的心是那么空虚又那么惶惑，那么寂寞又那么懒。实在我有许多偶然触及的思想，一些偶然忆起的琐事，我闷得很，我很需要告诉你，然而总似乎没有气力把这些搬到纸上。给你写信是乐事也是苦事，我也说不出我是如何思念你。

生涯是全然的无望。

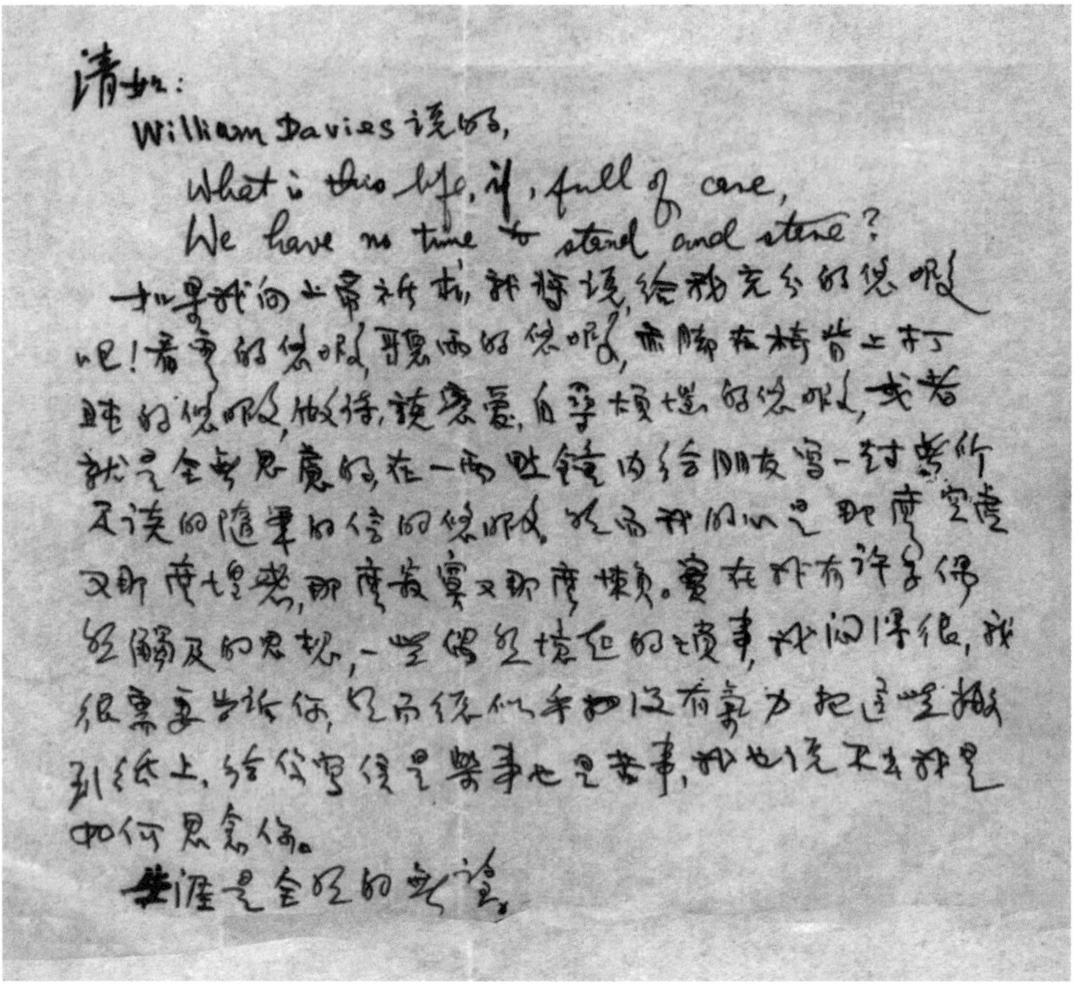
清如：
William Davies说的，
What is this life, if, full of care,
We have no time to stand and stare?
如果我向上帝祈求，我将说，给我充分的悠暇吧！看云的悠暇，听雨的悠暇，赤脚在椅背上打盹的悠暇，做诗，谈恋爱，自寻烦恼的悠暇，或者就是全无思虑的，在一两点钟内给朋友写一封无所不谈的随笔的信的悠暇。然而我的心是那么空虚又那么惶惑，那么寂寞又那么懒。实在我有许多偶然触及的思想，一些偶然忆起的琐事，我闷得很，我很需要告诉你，然而总似乎没有气力把这些搬到纸上。给你写信是乐事也是苦事，我也说不出我是如何思念你。
生涯是全然的无望。

①这是诗人William Davies（威廉·大卫）的两句诗，大意为：如果什么都要操心，生活将会是什么样？/我们将再没有时间驻足观望。

第[043]封 气馁

宝贝：

我倦眼朦胧地给你写信，现在是下午四点三十三分。昨夜看小说看到二点多，今天倦得想死。我不想骂你，第一因为我倦；第二因为你叫我不要骂你；第三因为我并不比你好，不配骂你；第四即使我不倦，即使你叫我骂你，即使我配骂你，我也不愿意骂你，因为你是宝贝。

为什么我不会欢喜你向我饶舌呢？你自己懒得动笔，莫要推在我身上，我不要你那样体谅我。我多希望你一天到晚在我耳朵边咭咭呱呱，那么我永远不会神经衰弱。只要你不嫌吃力，一天对我讲四十八个钟点的话我都不会厌倦。

越是想你，越没有梦，福薄缘悭，一至于此！昨夜好容易到将醒来时才梦见接到你一封薄如蝉翼的信，还来不及拆开看时已经醒了，这种梦简直不值一个大[1]。

我只盼望星期，我愿意什么事都不做，只是玩，吃东西，活着一点不快乐。

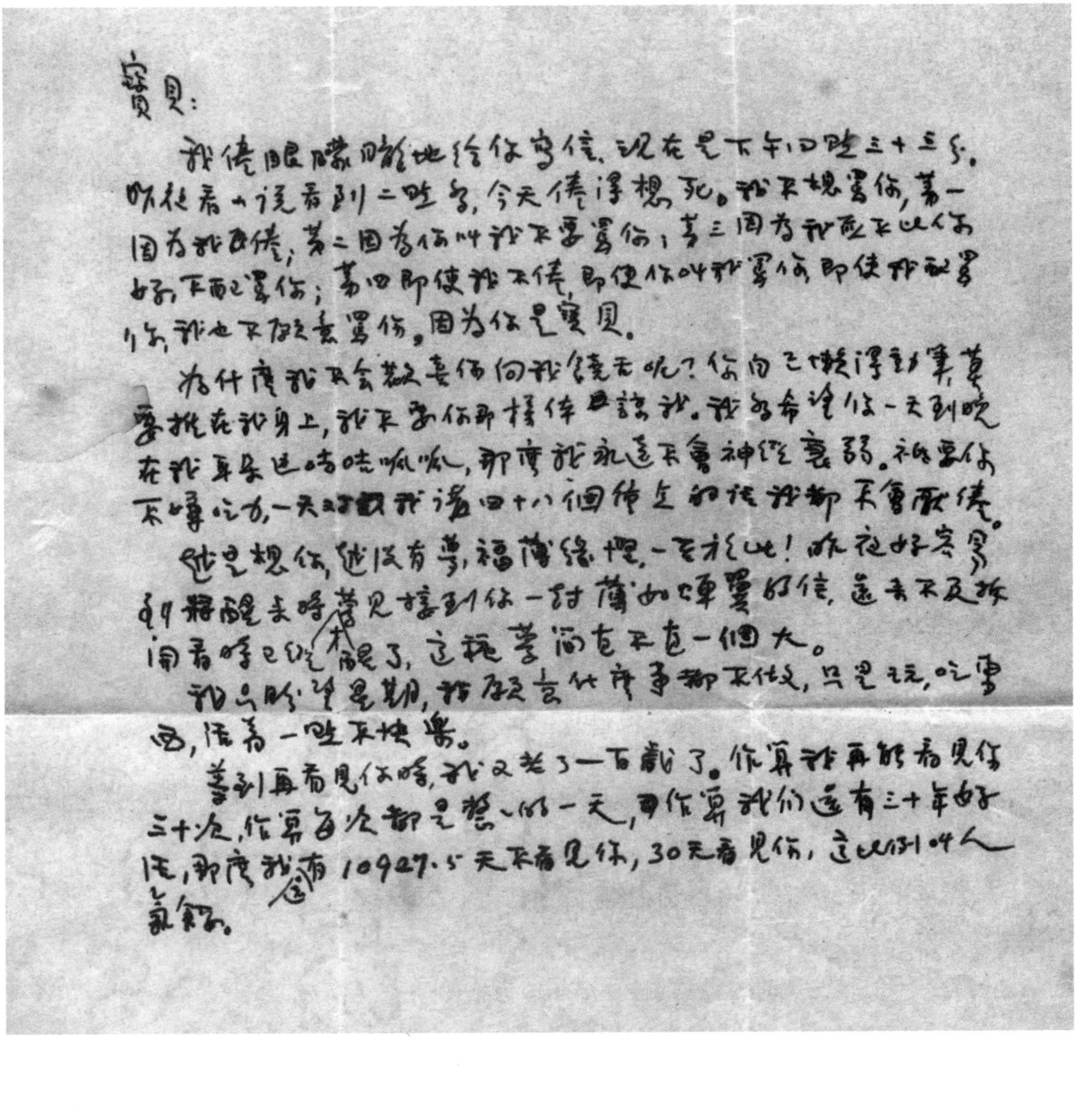

寶貝：

我倦眼朦朧地給你寫信，現在是下午四點三十三分。昨夜看小說看到二點多，今天倦得想死。我不想罵你，第一因為我倦；第二因為你叫我不要罵你；第三因為我並不比你好，不配罵你；第四即使我不倦，即使你叫我罵你，即使我配罵你，我也不願意罵你，因為你是寶貝。

為什麼我不會歡喜你向我饒舌呢？你自己懶得動筆，莫要推在我身上，我不要你那樣體諒我。我多希望你一天到晚在我耳朵邊咭咭呱呱，那麼我永遠不會神經衰弱。只要你不嫌吃力，一天對我講四十八個鐘點的話我都不會厭倦。

越是想你，越沒有夢，福薄緣慳，一至於此！昨夜好容易到將醒來時才夢見接到你一封薄如蟬翼的信，還未及拆開看時已經醒了，這種夢簡直不值一個大。

我只盼望星期，我願意什麼事都不做，只是玩，吃東西，活着一點不快樂。

等到再看見你時，我又老了一百歲了。作算我再能看見你三十次，作算每次都是整整的一天，那作算我們還有三十年好活，那麼我有10927.5天不看見你，30天看見你，這比例叫人氣餒。

等到再看见你时，我又老了一百岁了。作算我再能看见你三十次，作算每次都是整整的一天，作算我们还有三十年好活，那么我还有10927.5天不看见你，30天看见你，这比例叫人气馁。

---

① “不值一个大”的讲法，在朱生豪的信中多次出现，是当时口语中的一种习惯说法，“一文不值”的意思。

第[044]封 呈教

好友：

诗一首呈教。

下星期尾我来看你，你允不允许我？本星期尾要回家去。

不用再告诉你我是多么想你。做人是整个儿的无聊，也不知你把日子怎样挨过去。

我待你好，待你好，你好，好。

太保阿书

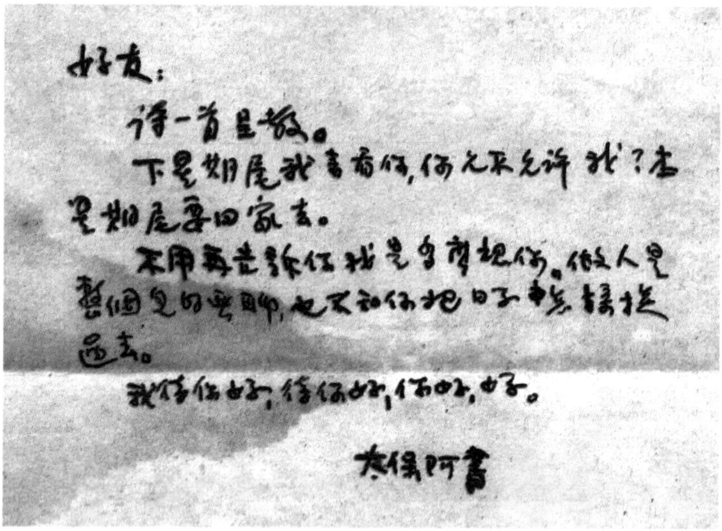

好友：

诗一首呈教。

下星期尾我来看你，你允不允许我？本星期尾要回家去。

不用再告诉你我是多么想你。做人是整个儿的无聊，也不知你把日子怎样挨过去。

我待你好，待你好，你好，好。

太保阿书

第[045]封 渴念①

时间过得却快，现在三点半钟了。好友！我对你只有感激的欢慰和祝福的诚挚。几天的期望，换得一整天相聚的愉快，虽而今遗留给我的只是无穷的怅惘，我已十分满足。我不欲再留恋于此，已定坐七点十五分快车一个人悄悄地离校。我知道这次我不该来，在外边轻易引不起任何的感伤，一到此便轻轻拨起了无可如何的恋旧之思。这是我自寻烦恼，你不用为我不安（老鼠爬到身上来）。这环境于我不适，我宁愿回到嚣尘的沪上。望就给信我。（老鼠爬到头上）

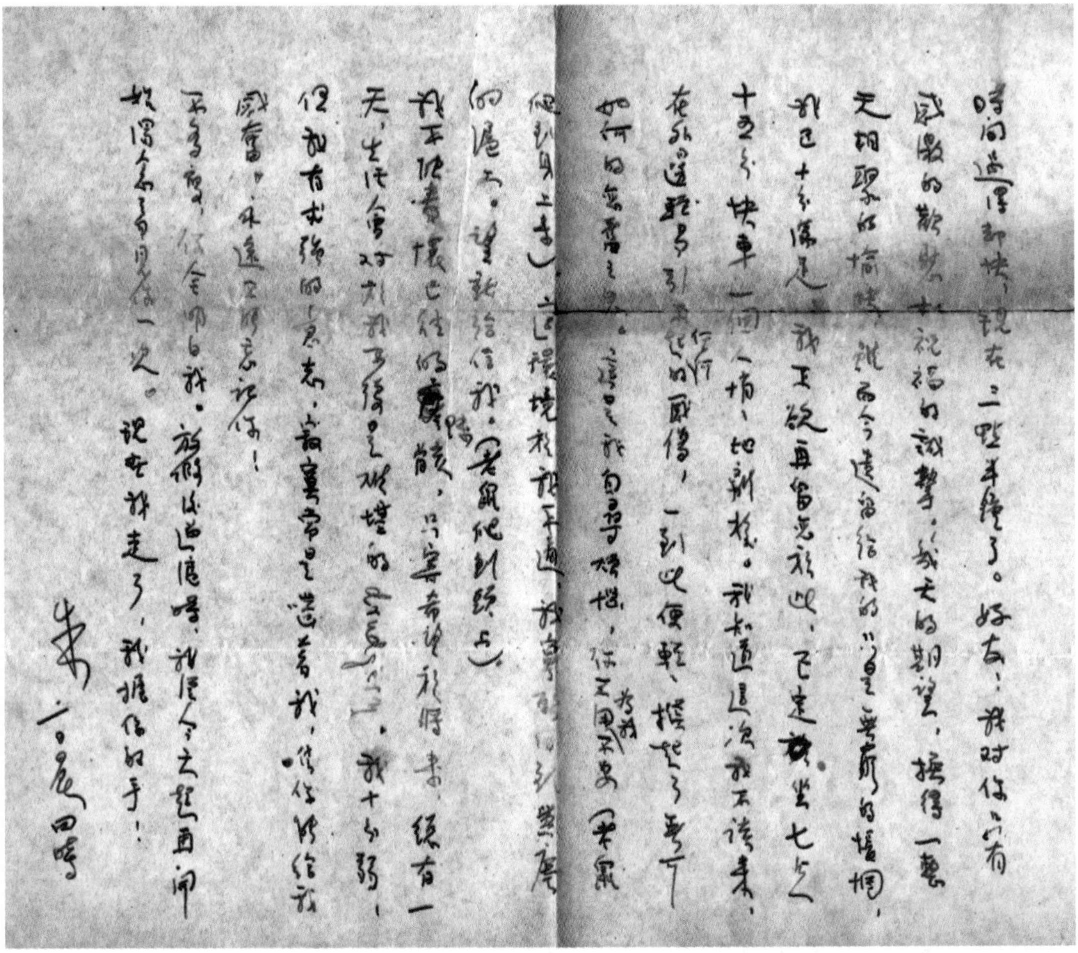

我不能眷怀已往的陈骸，只寄希望于将来，总有一天，生活会对于我不复是难堪的drudgery②。我十分弱，但我有求强的意志。寂寞常是啮着我，唯你能给我感奋，永远不能忘记你！

不多写，你会明白我。放假后过沪时，我从今天起再开始渴念着见你一次。现在我走了，我握你的手！

朱 二日晨四时

①此信原件上宋清如注：1933下半年。 ②drudgery：苦工。

第[046]封 将来①

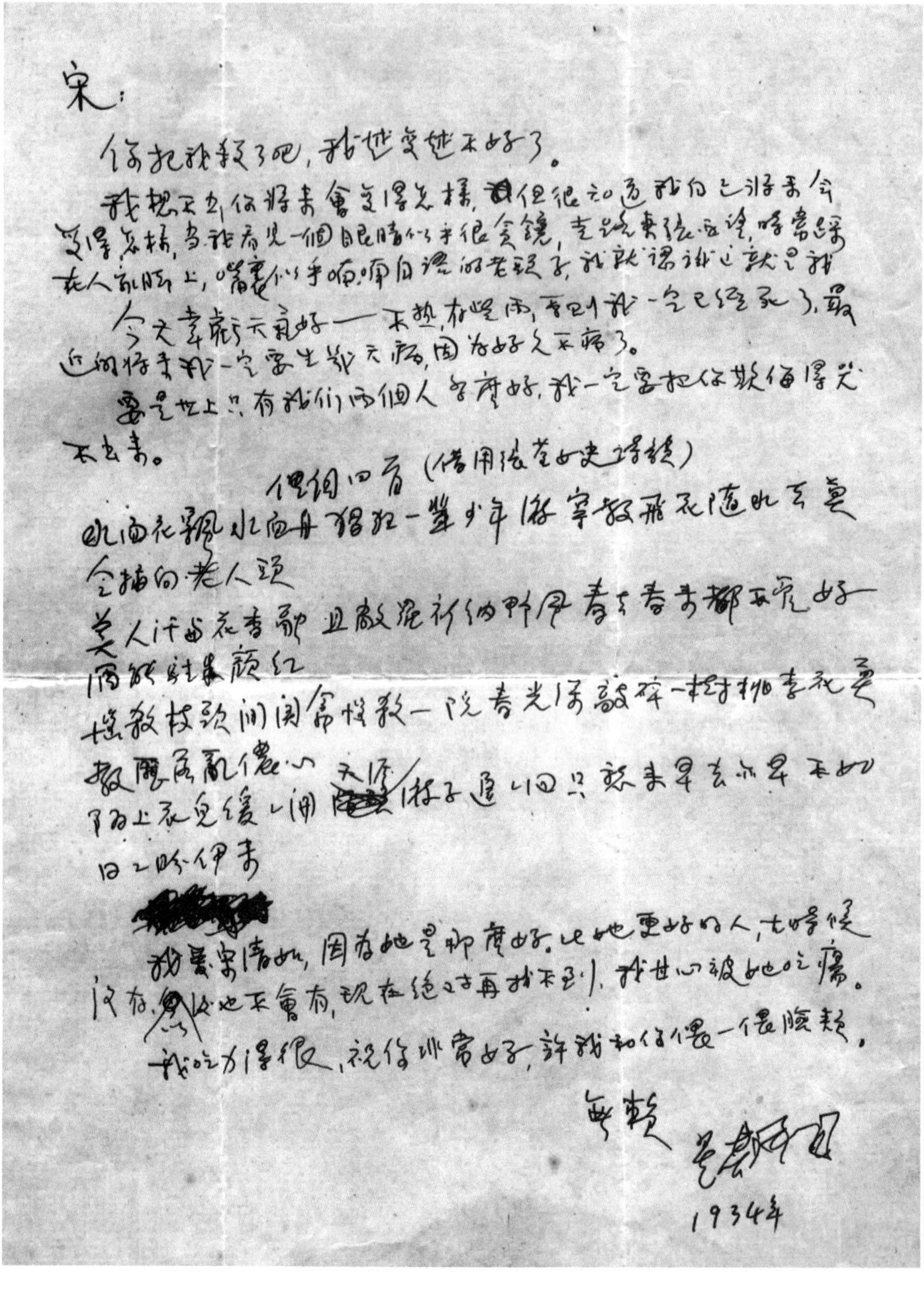

宋：

你把我杀了吧，我快变得不好了。

我想不出你将来會变得怎样，但很知道我自己将来会变得怎样，当我看见一個眼睛似乎很会镜，走路来很有诗意，嘴常挂在人家脸上，嘴里似乎喃喃自语的老头子，我就说这就是我。

今天幸亏天气好——不热，有些雨，否则我一定已经死了。最近的将来我一定要生几天病，因为好久不病了。

要是世上只有我们两個人多么好，我一定要把你欺负得哭不出来。

偶成四首（借用张荃女史诗题）

昨夜花飘水面舟 猖狂一辈少年游 宁教飞花随风去 莫令插向老人头

美人汗出花香郁 且敞罗衣纳野风 春去春来都不究 好酒能驻旧颜红

堪教枝头闲闹 令怜教一院春光 何敲碎一树桃李花 莫教醒后乱侬心

天涯游子远心回 只恐来早去亦早 不如陌上花开缓缓归 日日盼伊来

我最爱清如，因为她是那么好。比她更好的人，古时候没有，以后也不會有，现在绝对再找不到。我甘心被她吃瘪。

我吃力得很，祝你非常好，许我和你偎一偎脸颊。

无赖 [illegible]

1934年

宋：

你把我杀了吧，我越变越不好了。

我想不出你将来会变得怎样，但很知道我自己将来会变得怎样，当我看见一个眼睛似乎很贪馋，走路东张西望，时常踩在人家脚上，嘴里似乎喃喃自语的老头子，我就认识，这就是我。

今天幸亏天气好——不热，有些雨，否则我一定已经死了，最近的将来我一定要生几天病，因为好久不病了。

要是世上只有我们两个人多么好，我一定要把你欺侮得哭不出来。

俚词四首（借用张荃女史诗韵）

水面花飘水面舟　猖狂一辈少年游　宁教飞花随水去　莫令插向老人头
美人汗与花香融　且敞罗衫纳野风　春去春来都不管　好酒能驻朱颜红
恼杀枝头间关禽　恼杀一院春光深　敲碎一树桃李花　莫教历落乱侬心
陌上花儿缓缓开　天涯游子迟迟回　只愁来早去亦早　不如日日盼伊来

我爱宋清如，因为她是那么好。比她更好的人，古时候没有，以后也不会有，现在绝对再找不到，我甘心被她吃瘪。

我吃力得很，祝你非常好，许我和你偎一偎脸颊。

无赖 星期日

①此信原件上宋清如注：1934年。

第[047]封 拮据

好人，

我想你昨天并没回家，因为这里不下雨，天气凉爽，正宜游玩。

今日仍无薪水发下，颇感恐慌，前代定《建筑月刊》之钱，请即寄下（定单早寄在栏杆桥，有没有看见？）。否则我将不写信给你了，不是因为不待你好，而是因为没有邮票。

好像夏天已过去了的样子。我今天早上不曾吃粥，因为粥菜恶劣极了，一碟臭乳腐，一碟干菜，真难为情得很。

我待你好。

和尚 六日上午

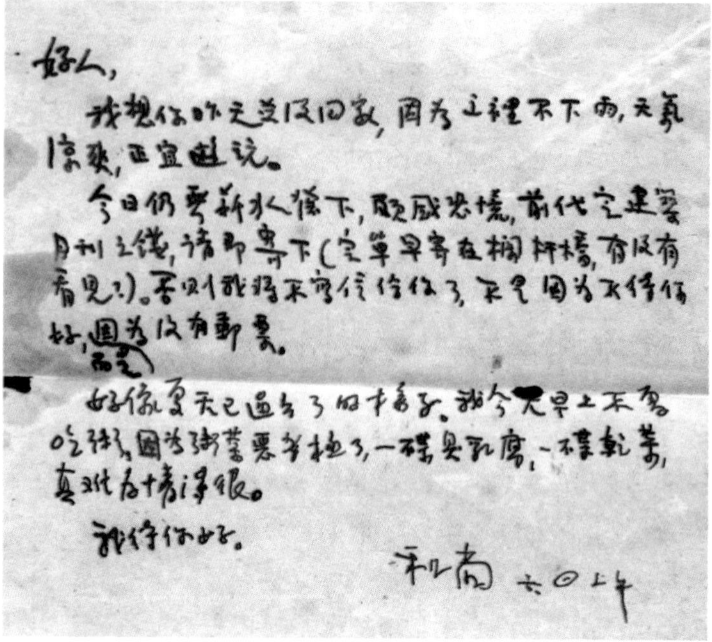

好人，

我想你昨天没有回家，因为这里不下雨，天气凉爽，正宜游玩。

今日仍要靠人接下，颇感悲怆，前代定建築月刊之钱，请即寄下（它单早寄在柳圃桥，有没有看见？）。否则我将不写信给你了，不是因为不待你好，而是因为没有邮票。

好像夏天已过去了的样子。我今天早上不高兴吃粥，因为粥菜恶劣极了，一碟臭乳腐，一碟乾菜，真难为情得很。

我待你好。

朱朗 六日上午

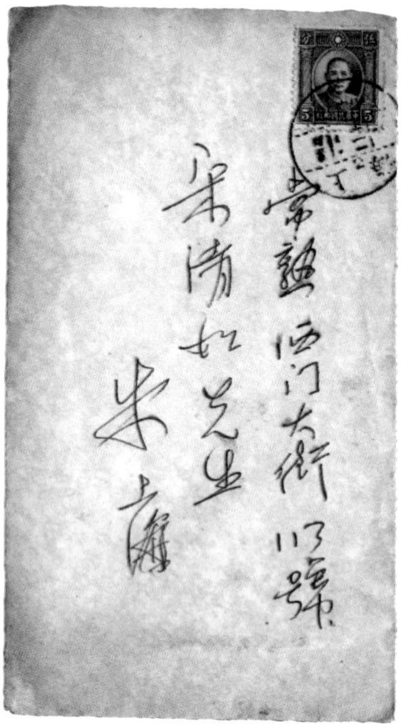

常熟西门大街117号

宋清如先生

朱缄

第[048]封 恋爱

清如贤弟：

昨天夜里看Booth Tarkington[1]的《十七岁》，看到第二百页的时候，已经倦得了不得，勉强再看了三四十页，不觉昏昏睡去，做了许多乱梦，其中有一个梦五彩缤纷，鲜丽夺目（你有没有做过五彩的梦？），迨到睡醒，忽然看见电灯尚未扭熄，大吃一惊，如果给居停看见了，又要痛心电费。一看表已快五点钟，熄了灯，天也已亮，于是把《十七岁》看完，再睡下去，梦魇了起来，照例是身子压得不能动弹，心里知道在梦魇，努力想挣扎醒来，似乎费了九牛二虎之力把半身抬起，其实仍旧是躺在床上那一套。

在良友里用廉价把《十七岁》买来，作者B.T.或者不能说是美国第一流的作家，但总是第二流中的佼佼者。描写十七岁男孩子在初恋时种种呆样子，令人可笑可怜，至少很发松，大可供消遣之用。“大华烈士”以论语派的文字把它译出，译文也不讨厌。如果你不讨厌我只会向你献些无聊的小殷勤，便寄给你。实在！让疯头疯脑的十七岁做做恋爱的梦，也尚可原谅，如果活过了二十岁还是老着脸皮谈恋爱，真太不识羞了，因此我从来不曾和你恋过爱，是不是？

今天希望有你的信（但似乎是没有的样子）。我待你好。

吃笔[2]者 十四

①Booth Tarkington：布斯·塔金屯，美国作家。 ②朱生豪在信中常常故意把“吃瘪”写作“吃笔”。

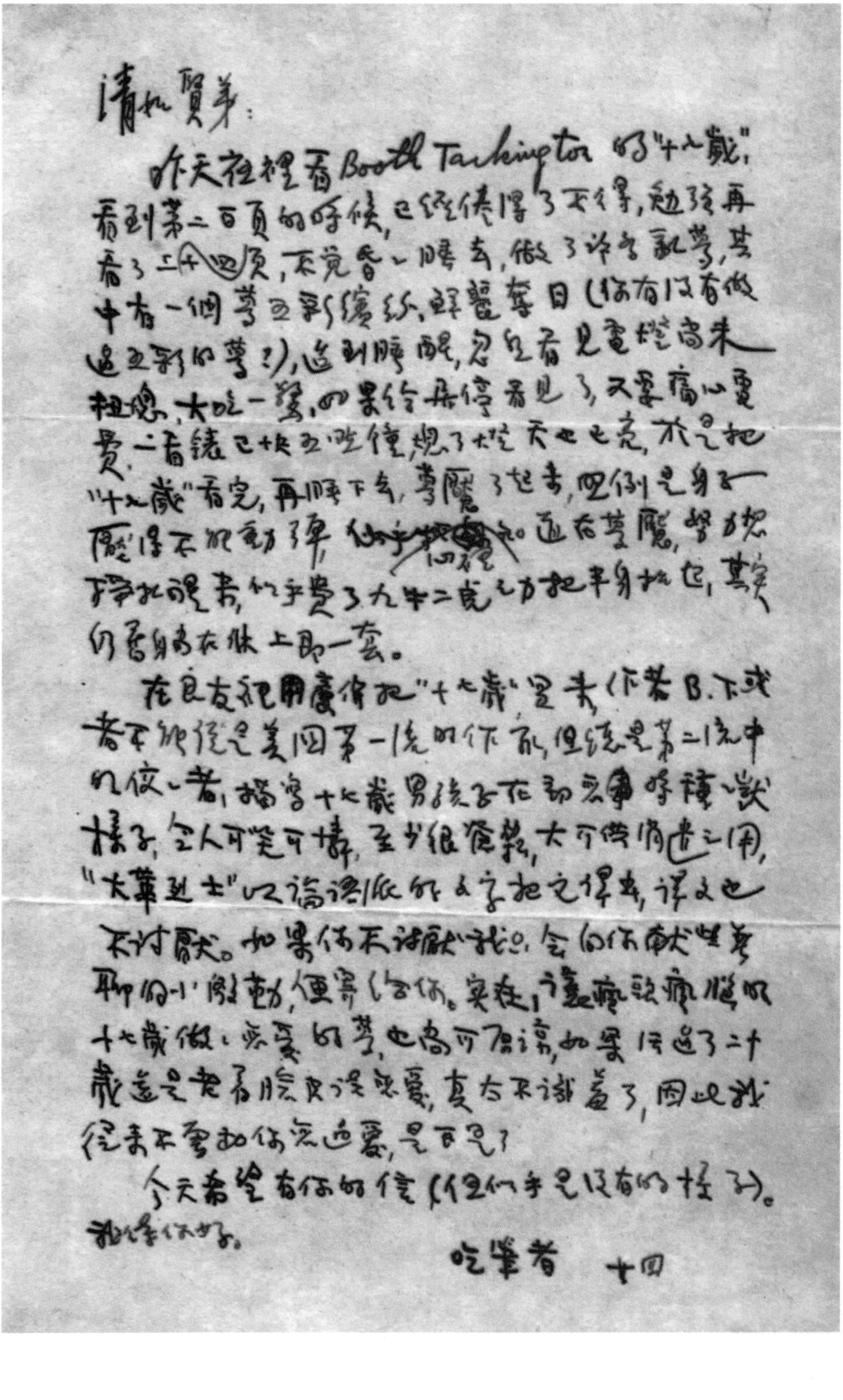

清机贤弟：

昨天在裡看Booth Tarkington的"十七岁"，看到第二百页的时候，已经倦得了不得，勉强再看了二十四页，不觉昏昏睡去，做了许多乱梦，其中有一个梦五彩缤纷，鲜艳夺目（你有没有做过五彩的梦？），直到睡醒，忽然看见电灯尚未扭熄，大吃一惊，如果给房东看见了，又要痛心电费，一看錶已快五点钟，想了想天也已亮，於是把"十七岁"看完，再睡下去，梦魇了起来，四肢是身子魇得不能动弹，知道在梦魇，努力挣扎醒来，似乎费了九牛二虎之力把半身抬起，其实仍旧躺在床上一动。

在良友纪用广告把"十七岁"算书，作者B.T.或者不能说是美国第一流的作家，但总是第二流中的佼佼者，描写十七岁男孩子在初恋中种种样子，令人可笑可怜，至少很有趣，大可供消遣之用，"大华烈士"以谐谑的文字把它译来，译文也不讨厌。如果你不讨厌我，总会向你献些美聊作小小的劝，便寄给你。实在，…的十七岁做做痴气的梦，也尚可原谅，如果过了二十岁还是老着脸皮说梦话，真太不该当了，因此我从来不要和你谈这些，是不是？

今天希望有你的信（但似乎是没有的样子）。

祝你好。

吃菜者　十四

第[049]封 怨你①

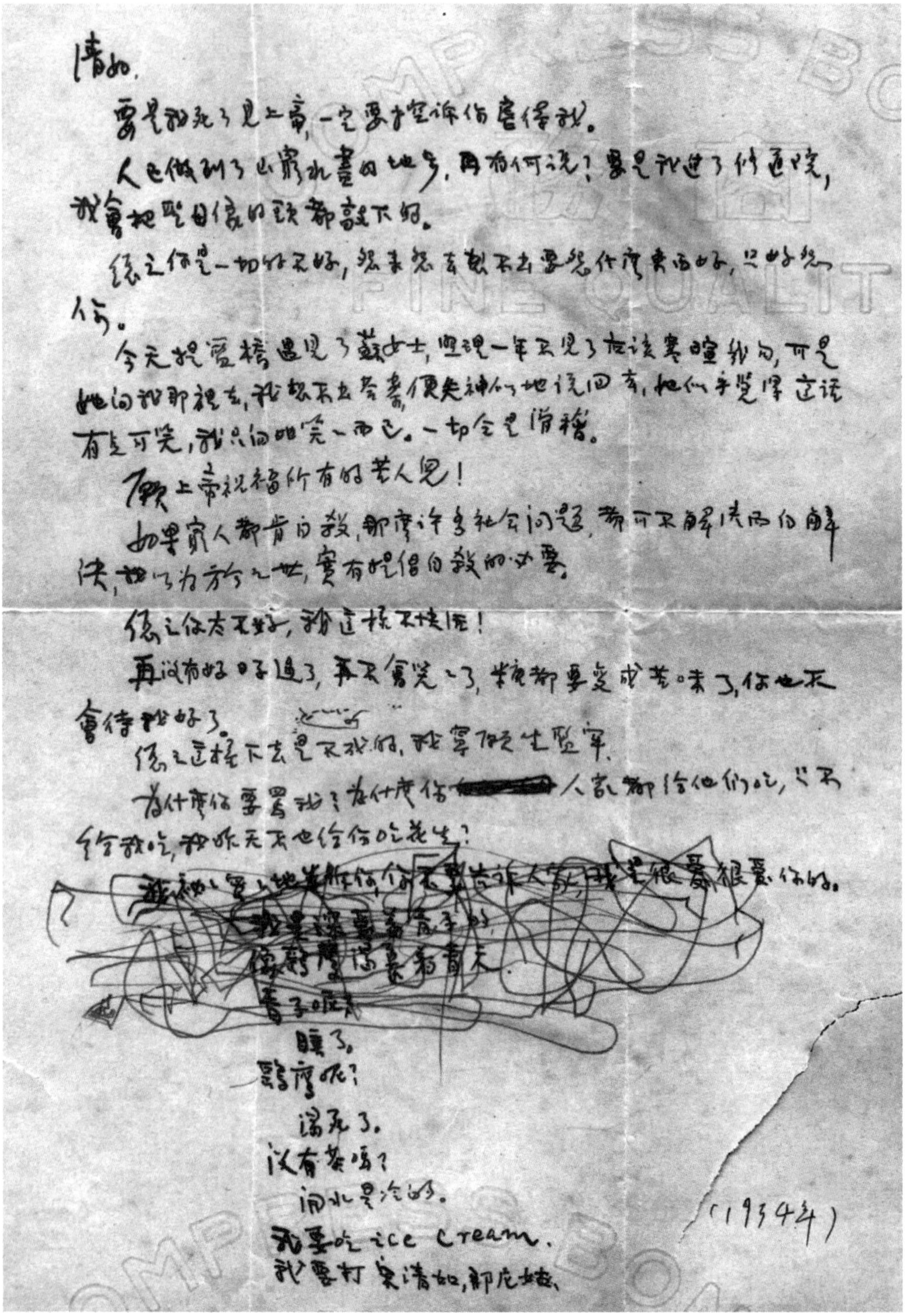

清如：

要是我死了见上帝，一定要控诉你虐待我。

人已做到了山穷水尽的地步，再有何说？要是我进了修道院，我会把圣母像的头都敲下的。

总之你是一切的不好，想来想去想不出要怨什么东西好，只好怨你。

今天在观音桥遇见了苏女士，想想一年不见了应该寒暄几句，可是她问我那里去，我想不出答案，便失神似地说回去，她似乎觉得这话有点可笑，我只得也笑一笑而已。一切全是滑稽。

愿上帝祝福你有好老人儿！

如果穷人都肯自杀，那么许多社会问题，都可不解决而自解决，故以为方今之世，实有提倡自杀的必要。

总之你太不好，我这样不快活！

再没有好日子过了，再不会笑笑了，糖都要变成苦味了，你也不会待我好了。

总之这样下去是不成的，我宁愿坐监牢。

为什么你要骂我？为什么你[redacted]人家都给他们吃，只不给我吃，我昨天不也给你吃花生？

谁被人家欺侮你，你不要告诉人家，我是很爱很爱你的。

我是深爱着青子的

像骆驼渴着青天

青子呢？

睡了。

骆驼呢？

渴死了。

没有茶吗？

开水是冷的。

我要吃ice cream.

我要打宋清如，郁尼姑。

(1934年)

清如：

要是我死了见上帝，一定要控诉你虐待我。

人已做到了山穷水尽的地步，再有何说？要是我进了修道院，我会把圣母像的头都敲下的。

总之你是一切的不好，怨来怨去想不出要怨什么东西好，只好怨你。

今天提篮桥遇见了苏女士，照理一年不见了应该寒暄几句，可是她问我那里去，我想不出答案，便失神似的说回去，她似乎觉得这话有点可笑，我只向她笑笑而已，一切全是滑稽。

愿上帝祝福所有的苦人儿！

如果穷人都肯自杀，那么许多社会问题，都可不解决而自解决，我以为方今之世，实有提倡自杀的必要。

总之你太不好，我这样不快活！

再没有好日子过了，再不会笑笑了，糖都要变成苦味了，你也不会待我好了。

总之这样下去是不成的，我宁愿坐监牢。

为什么你要骂我？为什么你……人家都给他们吃，只不给我吃，我昨天不也给你吃花生？

我秘秘密密地告诉你，你不要告诉人家，我是很爱很爱你的。

我是深爱着青子的，
像鹞鹰渴慕着青天，
青子呢？
睡了。
鹞鹰呢？
渴死了。
没有茶吗？
开水是冷的。
我要吃 ice cream②。
我要打宋清如，那尼姑。

①此信原件上宋清如注：1934年。 ②ice cream：冰激凌。

第[050]封 · 祝福

好澄：

希望这封信能先你到家，等候着你。

路上平安？回家欢喜？母亲婉弟都好？以一颗热爱你的心，愿你得到最大的幸福，在母亲的怀里。

我的心是早该冷了的，为你的缘故，还不敢忘却春天的美丽。我不愿有更舒服的生活环境，因既已有你友情的抚慰，那是远宝贵过于一切的。

期待着你将给我更大的（但永不要给我最大的，因最大之上，将无可希望了）欢喜，当我看见你的时候。

祝福。

朱 十七

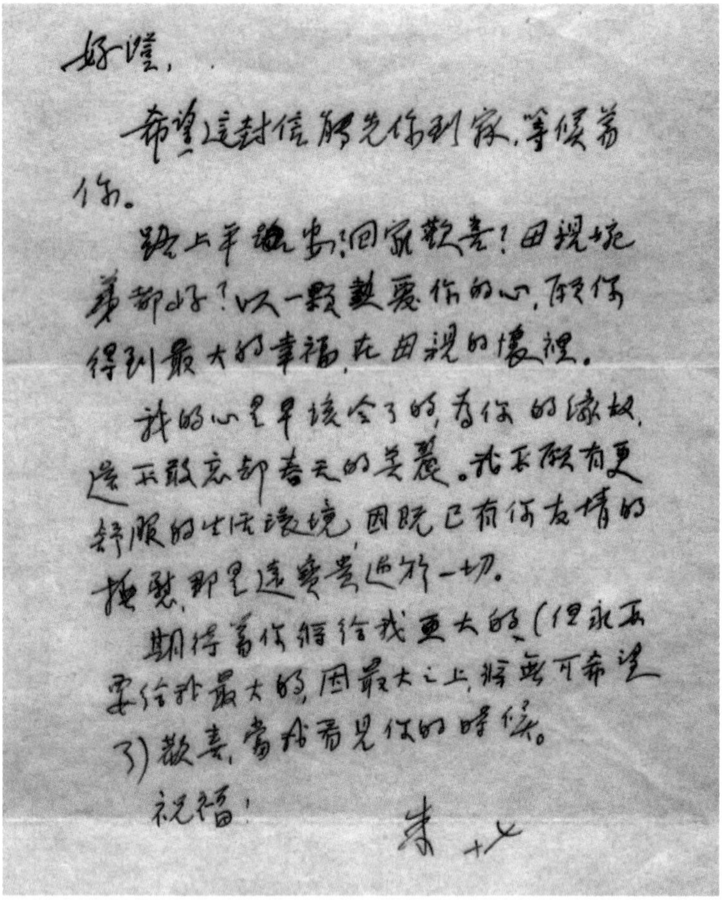

好澄，

希望這封信能先你到家，等候着你。

路上平安？回家歡喜？母親婉弟都好？以一顆熱愛你的心，願你得到最大的幸福，在母親的懷裡。

我的心是早該冷了的，為你的緣故，還不敢忘卻春天的美麗。我不願有更舒服的生活環境，因既已有你友情的撫慰，那是遠寶貴過於一切。

期待着你將給我更大的（但永不要給我最大的，因最大之上，將無可希望了）歡喜，當我看見你的時候。

祝福！

朱 十七

第[051]封 · 无理

宋：

于是你安然到了家里，我也安然活着。当然我并不愿你来，也不盼你希望你来。今天又是下雨，但你不来而以因为我不愿你来作理由，却太使我恼，因为这是你第一回听我的话。如果我说，我愿你爱我，你愿不愿爱我呢？世上的事都是这样的，你如向人请求点恩惠，人家便将白眼报之，要是请他打一记耳光，人家便会欣然应命的。

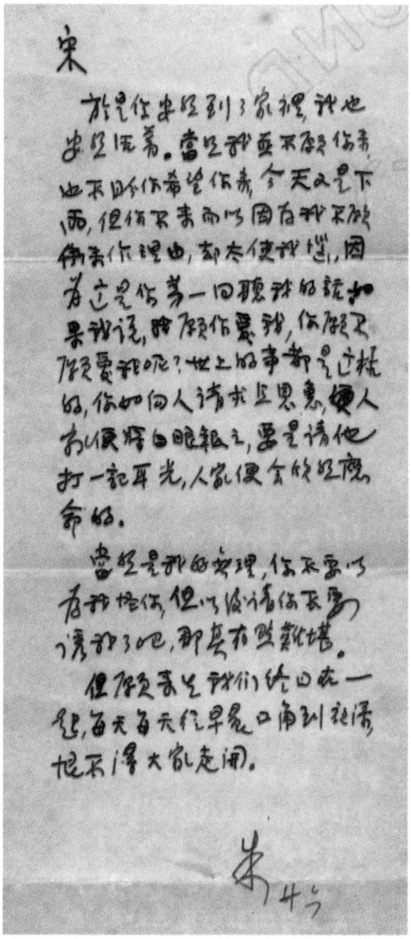
宋

于是你出发到了家里，我也出发回去。当然我并不愿你来，也不盼你希望你来，今天又是下雨，但你不来而以因为我不愿作为你理由，却太使我恼，因为这是你第一回听我的话，如果我说，我愿你爱我，你能不能爱我呢？世上的事都是这样的，你如向人请求其恩惠，便人家便将白眼报之，要是请他打一记耳光，人家便会欣然应命的。

当然是我的无理，你不要以为我怪你，但以后请你不要诱我了吧，那真有点难堪。

但愿来生我们终日在一起，每天每天从早晨口角到夜深，恨不得大家走开。

朱 廿六

当然是我的无理，你不要以为我怪你，但以后请你不要诱我了吧，那真有点难堪。

但愿来生我们终日在一起，每天每天从早晨口角到夜深，恨不得大家走开。

朱 廿六

第[052]封 苦闷

虞山[①]小宋

何以为生，简直闷得死去活转来。

他生未卜此生休，实做人之已而已而也。

足下亦自以为无愁乎？我辈行垂垂老矣。

拉底带拉底带。

绣水[②]朱君

①虞山，系宋清如家乡常熟城的一处名胜，用以代称常熟。 ②绣水，嘉兴的古称。

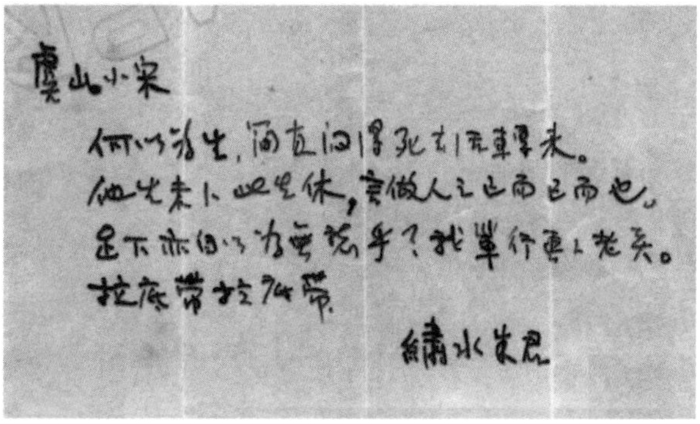
虞山小宋

何以为生，简直闷得死去活转来。

他生未卜此生休，实做人之已而已而也。

足下亦自以为无愁乎？我辈行垂垂老矣。

拉底带拉底带

绣水朱君

第[053]封 折磨①

好：

我希望世上有两个宋清如，我爱第一个宋清如，但和第二个宋清如通着信，我并不爱第二个宋清如，我对第二个宋清如所说的话，意中都指着第一个宋清如，但第一个宋清如甚至不知道我的存在。要你知道我爱你，真是太乏味的事，为什么我不从头开始起就保守秘密呢？

为什么我一想起你来，你总是那么小，小得可以藏在衣袋里？我伸手向衣袋里一摸，衣袋里果然有一个宋清如，不过她已变成一把小刀（你古时候送给我的）。

我很悲伤，因为知道我们死后将不会在一起，你一定到天上去无疑，我却已把灵魂卖给魔鬼

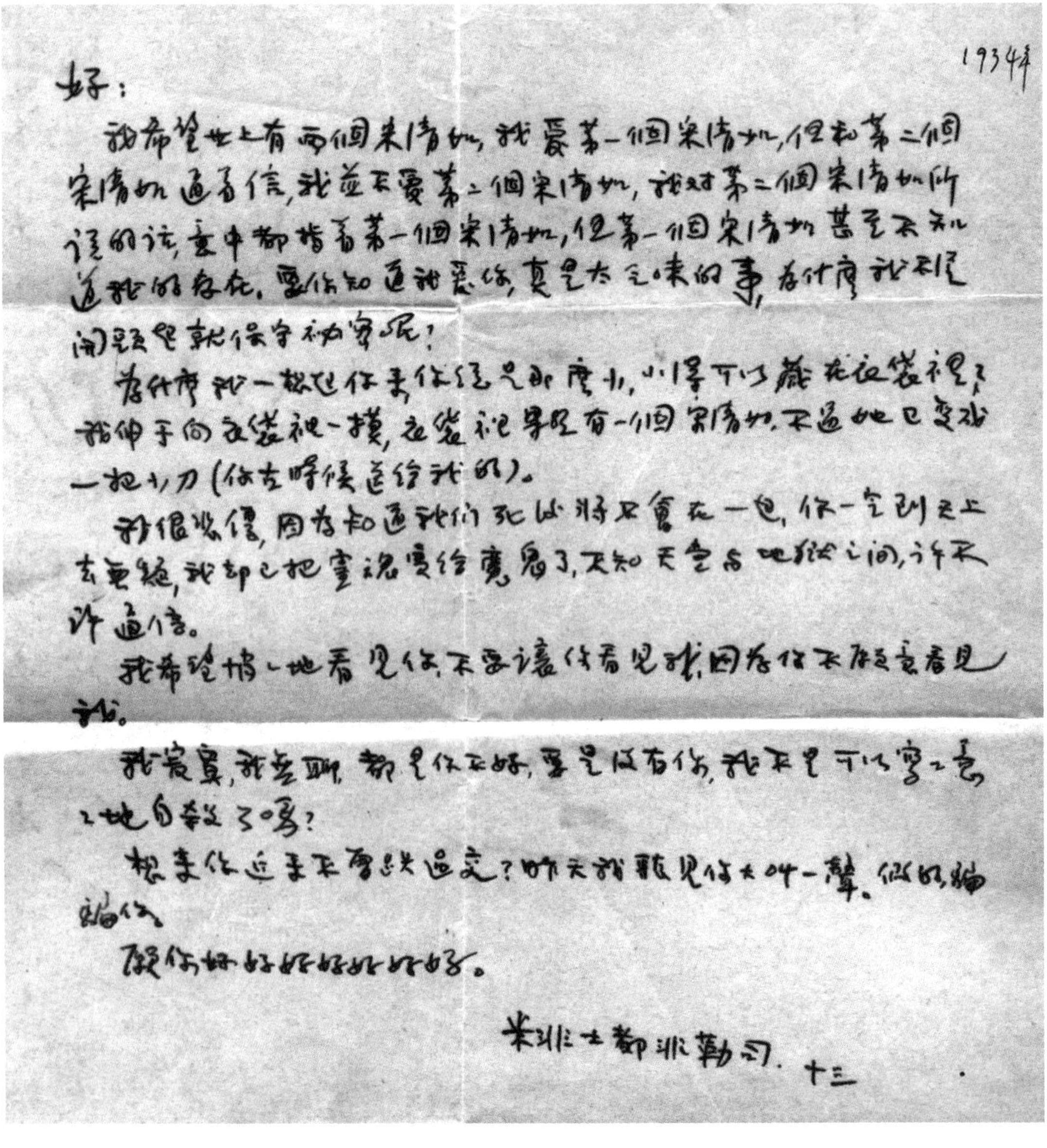

1934年

好：

我希望世上有兩個宋清如，我愛第一個宋清如，但和第二個宋清如通着信，我並不愛第二個宋清如，我對第二個宋清如所說的話，意中都指着第一個宋清如，但第一個宋清如甚至不知道我的存在。要你知道我愛你，真是太乏味的事，為什麼我不從開頭起就保守秘密呢？

為什麼我一想起你來你總是那麼小，小得可以藏在衣袋裡？我伸手向衣袋裡一摸，衣袋裡果然有一個宋清如，不過她已變成一把小刀（你古時候送給我的）。

我很悲傷，因為知道我們死後將不會在一起，你一定到天上去無疑，我却已把靈魂賣給魔鬼了，天知道會在地獄之間，許不許通信。

我希望悄悄地看見你，不要讓你看見我，因為你不願意看見我。

我寂寞，我無聊，都是你不好，要是沒有你，我不是可以寫寫意意地自殺了嗎？

想來你近來不會跌過交？昨天我聽見你大叫一聲，似的，騙騙你。

願你好好好好好好好。

米非士都非勒司　十三

了，不知天堂与地狱之间，许不许通信。

我希望悄悄地看见你，不要让你看见我，因为你不愿意看见我。

我寂寞，我无聊，都是你不好。要是没有你，我不是可以写写意意[2]地自杀了吗？

想来你近来不曾跌过跤？昨天我听见你大叫一声。假的，骗骗你。

愿你好好好好好好好。

米非士都非勒斯[3] 十三

①此信原件上宋清如注：1934年。②写写意意：嘉兴上海一带方言，意为舒舒服服。③米非士都非勒斯：Mephistopheles，歌德著名诗剧《浮士德》中和浮士德做交易的魔鬼。现通译为“靡非斯特”。

第[054]封 快活

我不知道是什么东西，卢骚的《新哀洛绮思》（师范英文选第三册选入，这种物事[1]好教学生！以文章而论，歌德的《维特》当然好得多了），恋爱，恋爱，那种半生不熟，十八世纪式的恋爱，幼稚而夸张，无谓的sentimentalism[2]，佳人+才子+无事忙热心玉成好事的朋友+扭扭捏捏不嫉妒的“哲学的”丈夫，这位丈夫，是卢骚特创的人物，篇中谁都佩服他，实际是最肉麻的一个。

你不用赌神发咒我也早相信你了，前回不过是寻晦气的心情，其实我总不怪你。

我顶讨厌中国人讲外国话，并不因为我是个国粹主义者，如果一个人能够讲外国话，讲得比他的本国话更好的话，那么他尽有理由讲外国话，否则不用献丑为是。

好人，我永远不对你失望，你也不要失望自己。

我希望你不要用女人写的信纸。

我以为理发匠非用女人不可，有许多理发匠太可怕，恶心的手摸到脸上，还要碰着嘴唇，叫你尝味它的味道。嘴里的气味扑向你鼻孔里，使人非停止呼吸不可。中国人欢喜捶背狠命扒耳朵，真是被虐待狂。

伤风好了没有？你真太娇弱。

我不笑，不是不快活，无缘无故笑，岂不是发疯。

后天星期日。

接到你的信，真快活，风和日暖，令人愿意永远活下去。世上一切算得什么，只要有你。

我是，我是宋清如至上主义者。

人去楼空，从此听不到“爱人呀，还不回来呀”的歌声。

愿你好。

Sir Galahad[3]

P.S.我待你好

我不知道是什么东西，卢骚的新爱洛绮思（师范英文选第二册选入，这种物事好教学生！以文章而论，哥德的维特要好得多了），思想、见解都抱来生不熟，十八世纪式的思想，幼稚而夸张，所谓的sentimentalism，佳人＋才子＋无事忙感心不成功的事的朋友＋加上捏了一下就嫉妒的"哲学的"丈夫，这位丈夫是卢骚特创的人物，而书中人都佩服他，实际是最肉麻的一个。

你不用赌神发咒我也早相信你了，前回不过是寻晦气的心情，其实我错怪你。

我顶讨厌中国人讲外国话，并不因为我是个国粹主义者，如果一个人能够讲外国话讲得比他的本国话更好的，那么他尽有理由讲外国话，否则不用献丑为是。[illegible]

好人，我永远不对你失望，你也不要失望自己。

我希望你不要用女人用的信纸。

我以为理发匠非用女人不可，有许多理发匠太可怕，恶心的手摸到脸上，还要不断的喘气，叫你尝尝他的味道，嘴里的气味搽回你鼻孔里，使人非停止呼吸不可。中国人欢喜搥背根和扒耳朵，真是神经病狂。

伤风好了没有？你真太娇弱。

我不笑，正是天大快活，无缘无故笑，岂不是疯癫。

今天是星期日。

接到你旧信，真快活，风和日暖，令人愿意永远活下去。世界上一切算得什么，只要有你。

我是，我是宋清如至上主义者。

人去楼空，从此听不到"爱人呀，还不回来呀"的歌声。

愿你好。

Sir Galahad

P.S. 我待你好

①物事：上海方言，意为"东西"。
② sentimentalism：感伤主义。
③Sir Galahad：亚瑟王传说中的圆桌骑士之一，是纯洁勇敢的象征。

第[055]封 问题

回答我几个问题：

1、我与小猫哪个好？

2、我与宋清如哪个好？

3、我与一切哪个好？

如果你回答我比小猫比宋清如比一切好，那么我以后将不写信给你。

4、我要不要认得你？

5、小猫要不要认得你？

6、小猫要不要认得我？

说起来很惭愧昨夜我做梦　梦里我总是英雄而且比醒的时候多情得多　因为英雄自古必多情　醒时不过是阿Q的兄弟阿R　自然只好不多情了　想想看多么好笑　我不给你信　你就会干死枯死　那么我即使不爱你也只得爱你了　好　后天晚上同你捷克斯拉夫京城里看电影去

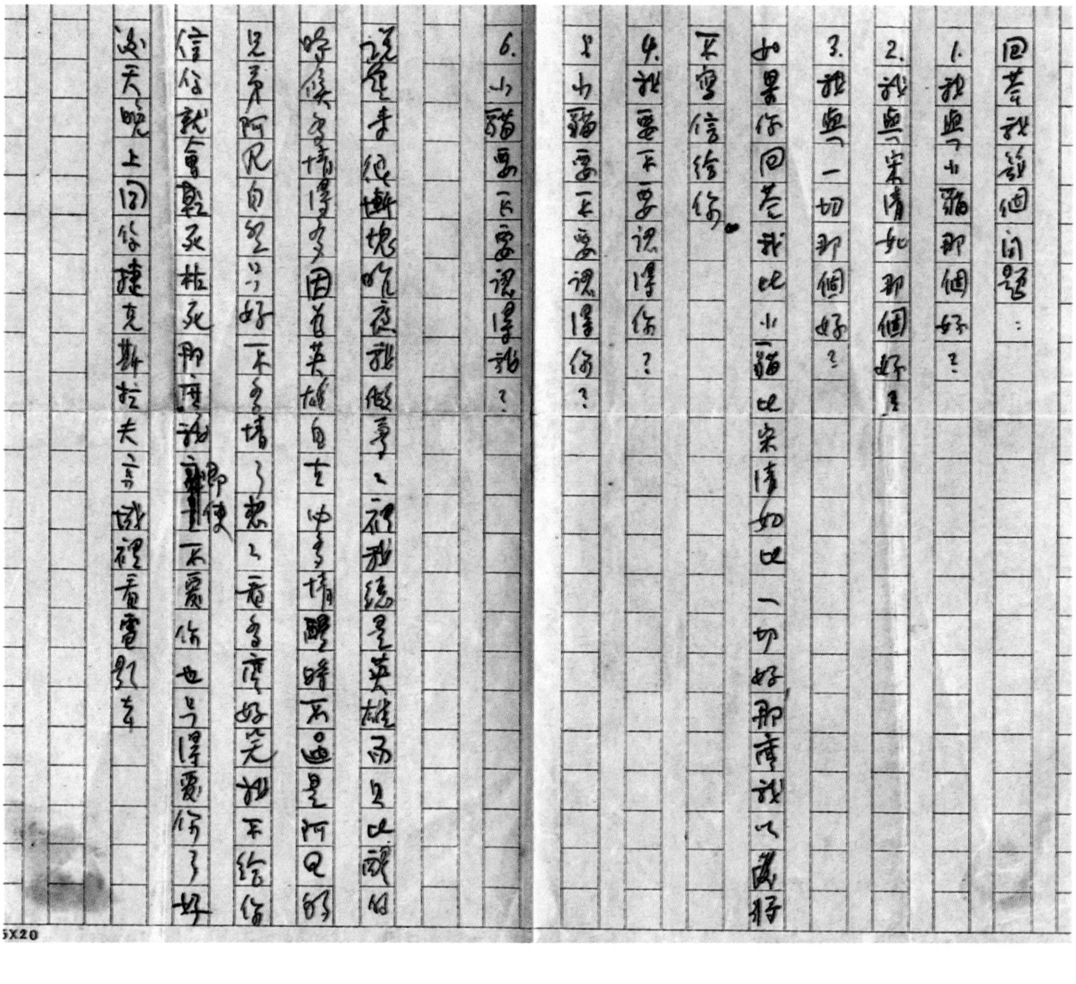

回答我幾個問題：

1. 我與小貓那個好？

2. 我與宋清如那個好？

3. 我與一切那個好？

如果你回答我比小貓比宋清如比一切好那麼我以後將不寫信給你。

4. 我要不要認得你？

5. 小貓要不要認得你？

6. 小貓要不要認得我？

說起來很慚愧昨夜我做夢夢裡我總是英雄而且比醒的時候多情得多因為英雄自古必多情醒時不過是阿Q的兄弟阿R自然只好不多情了想想看多麼好笑我不給你信你就會乾死枯死那麼我即使不愛你也只得愛你了好後天晚上同你捷克斯拉夫京城裡看電影去

5X20

第[056]封 恶梦

昨夜做了一夜恶梦，看见许多家族，祖先的鬼，我家园后那间破厅成了他们的聚集所，我也看见母亲的鬼，想叫姆妈，喊不出，苦闷地叫着m—m—m—，不是欣快，也不是惊怖，只是绝望，因为她也是那么冰冷地，像从棺材中跑出来的样子。

在宗法社会的旧家庭中，我似乎还算是比较自由的一个，因为一切我无需听命于父母亲族，但实际上鬼的势力仍是在暗中操纵着，逢时节祭辰，你必须向那些既不认识又无感情的的祖先下拜，便是屈服的象征。他们说我非讨老婆不可，并非为我个人的幸福打算，只因为我是大房的长子。但我当然没有做孝子顺孙的野心，至少我不希望我身后有人祭奠。

四日晨

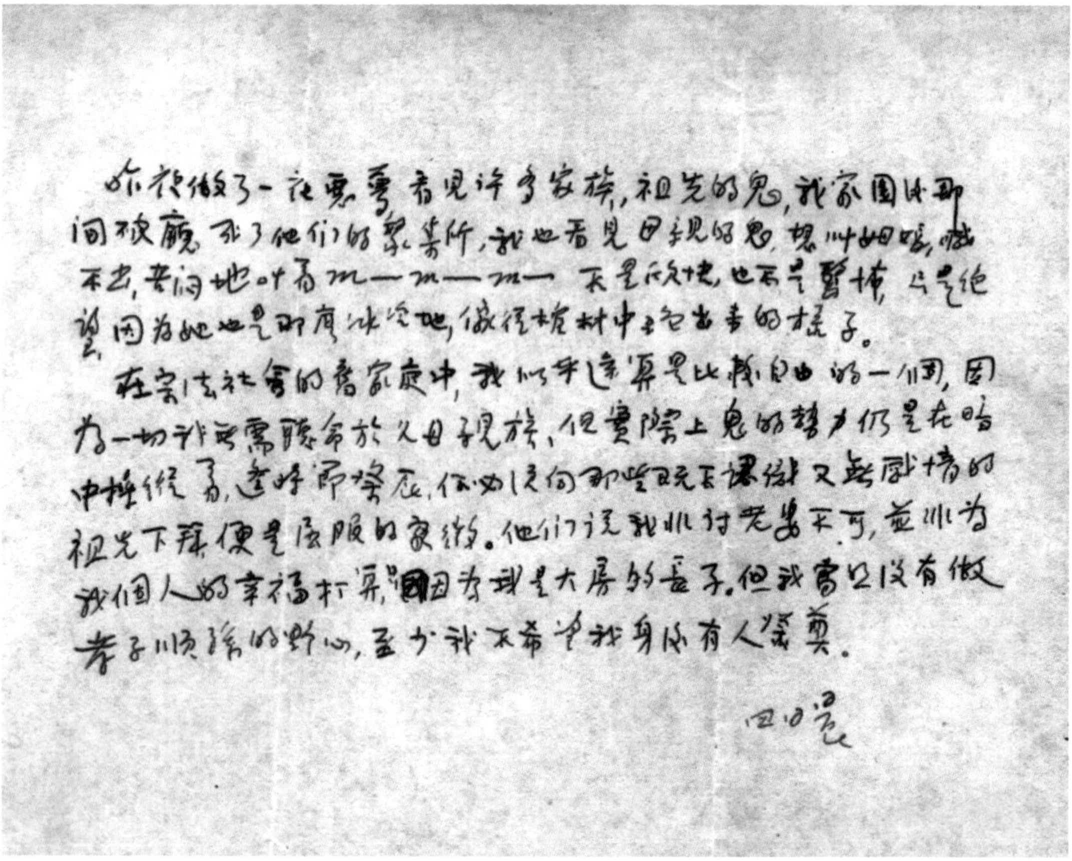

昨夜做了一夜惡夢看見許多家族，祖先的鬼，我家園後那間破廳成了他們的聚集所，我也看見母親的鬼，想叫姆媽，喊不出，苦悶地叫着m——m——m—— 不是欣快，也不是驚怖，只是絕望因為她也是那麼冰冷地，像從棺材中跑出來的樣子。

在宗法社會的舊家庭中，我似乎還算是比較自由的一個，因為一切我無需聽命於父母親族，但實際上鬼的勢力仍是在暗中操縱着，逢時節祭辰，你必須向那些既不認識又無感情的祖先下拜便是屈服的象徵。他們說我非討老婆不可，並非為我個人的幸福打算，只因為我是大房的長子。但我當然沒有做孝子順孫的野心，至少我不希望我身後有人祭奠。

四日晨

第[057]封 激怒

清如：

你的几句话狠狠激怒了我。什么是普通的祝福，什么是不普通的祝福，我不甚清楚。说你待我好的话，不过是因为我在这里很寂寞，谁也不待我好，只你肯频频给信我，故心理上觉得你待我顶好，我不可以这样想吗？凡你对我说过的话，我总相信；不曾说过的，我不想知道也不欲妄

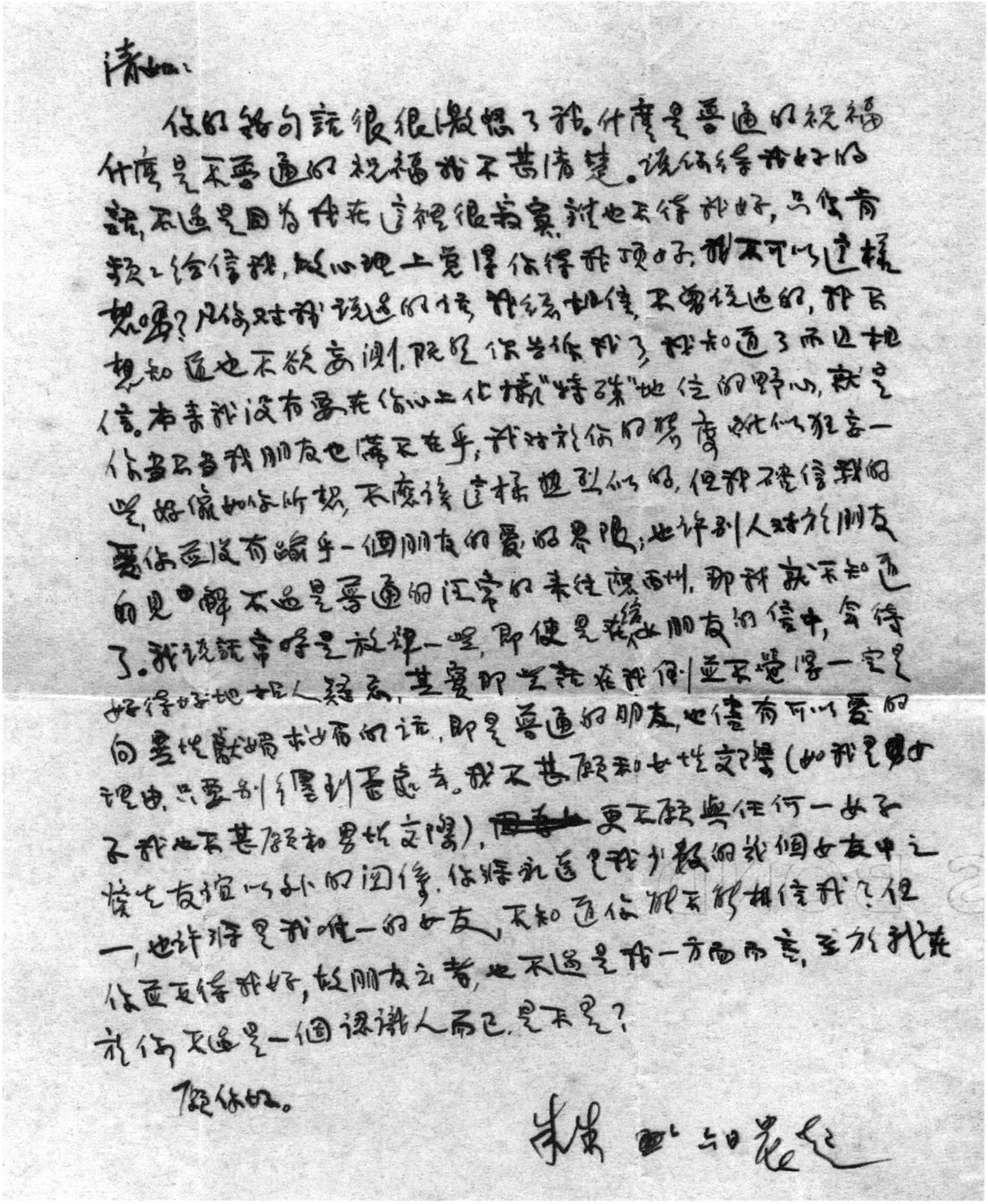

清如：

你的幾句話狠狠激怒了我。什麼是普通的祝福
什麼是不普通的祝福我不甚清楚。說你待我好的
話，不過是因為我在這裡很寂寞，誰也不待我好，只你肯
頻頻給信我，故心理上覺得你待我頂好，我不可以這樣
想嗎？凡你對我說過的話，我總相信，不曾說過的，我不
想知道也不欲妄測。既是你告訴我了，我知道了而且相
信。本來我沒有要在你心上佔據"特殊"地位的野心，就是
你當不當我朋友也滿不在乎，我對於你的態度說你狂妄一
些，好像如你所想，不應該這樣提到你的，但我確信我的
愛你並沒有踰乎一個朋友的愛的界限；也許別人對於朋友
的見解不過是普通的泛泛的來往應酬，那我就不知道
了。我說話常好是放肆一些，即使是給女朋友的信中，會待
好得好地招人疑忌，其實即此我們並不覺得一定是
向異性獻媚求好而的話，即是普通的朋友，也儘有可以愛的
理由，只要別纏到惡意去。我不甚願和女性交際（如我是男
子我也不甚願和男性交際），更不願與任何一女子
發生友誼以外的關係。你說你是我少數的幾個女友中之
一，也許你是我唯一的女友，不知道你能不能相信我？但
你並不待我好，說朋友云者，也不過是指一方面而言，至於我在
於你不過是一個認識人而已，是不是？

願你好。

[illegible]

测。既然你告诉我了，我知道了而且相信。本来我没有要在你心上占据“特殊”地位的野心，就是你当不当我朋友也满不在乎；我对于你的态度虽似狂妄一些，好像如你所想，不应该这样热烈似的，但我确信我的爱你并没有逾乎一个朋友的爱的界限；也许别人对于朋友的见解不过是普通的泛常的来往应酬，那我就不知道了。我说话常时①是放肆一些，即使是在给女朋友的信中，会待好待好地招人疑忌。其实那些话在我倒并不觉得一定是向异性献媚求媚的话，即是普通的朋友，也尽有可以爱的理由，只要别缠到歪处去。我不甚愿和女性交际（如我是女子，我也不甚愿和男性交际），更不愿与任何一女子发生友谊以外的关系。你将永远是我少数的几个女友中之一，也许将是我唯一的女友，不知道你能不能相信我？但你并不待我好，故朋友云者，也不过是我一方面而言。至于我在于你，不过是一个认识人而已，是不是？

愿你好。

朱朱 六日晨起

①常时：上海方言，意为“有时”。

第[058]封 寡情

朋友

今天你也显出你的弱点来了。我还以为你真是“寡情”的，然而寡情的人是应该无爱亦无恨的，那么发狠做什么。

你骂我，我会嬉皮涎脸向你笑；你捶我，虽然鸡肋不足以当尊拳，但你的小拳头估量起来力气也无多，不至于吃不消；你要看我气得呕血，也许我反会快乐得流眼泪。我猜想你一定想念我，否则该已忘了我（已经四五十年不通信了呢，把一天当作三年计算）。我早已对你说过我向你说的是谎话，因此你不该现在才知道。你不要我怜悯，我偏要怜悯你，小宝贝怎么好让你枯死渴死萎死呢？天那么暖，冰冻死是暂时不会的。

一个人只被人家当作淡烟一样看待，想想看也真乏味得很，我倒愿做一把烈火把你烧死了呢。做人如此无聊，令人不高兴写信。

寄奉图画杂志两本，并内附图画数幅，亦小殷勤之类。你如嫌嘴酸，不要骂我也罢，如嫌手痛，不要捶我也罢，如怕自己心痛，不要看我呕血也罢。

老鼠（因不及小猫故名）

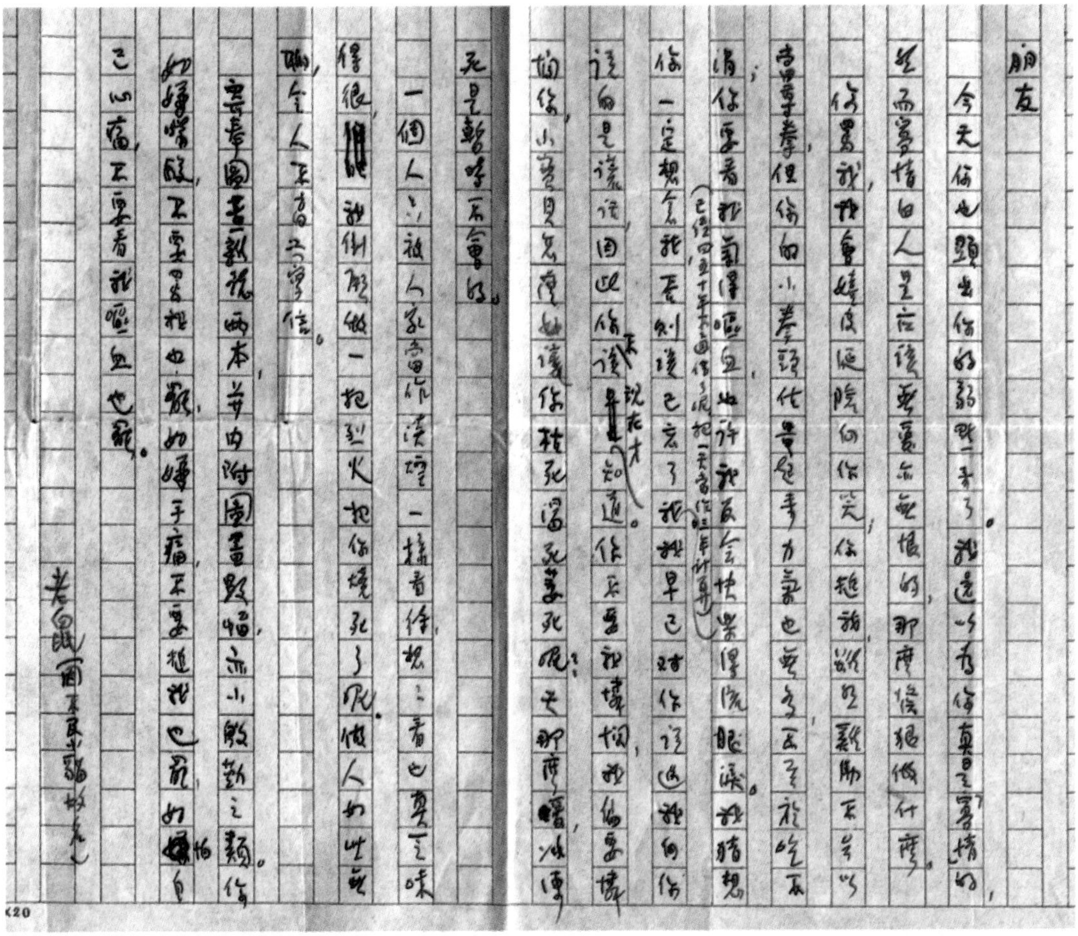

第[059]封 夜梦

昨夜的梦：

我弟弟非常nervous[1]，因为他一个人睡在一间房间里，本来的两个同房间，一个生病回去，一个已死了。这房间是在顶楼的角落里，狭小而长，椽子板壁窗棂等都未加油漆，老鼠非常多，房间里堆着许多零乱的东西。在这房间的底端有一口年深日久的棺材，旁边点着一盏黝暗的琉璃灯。这棺材的盖是永远盖不拢的，总是掀开着一条缝。你猜睡在这棺材里的是谁，原来就是故英国诗人雪莱的遗体。白天人走出之后，常常有一位女客走进这房间里去，她穿着紫貂裘，长个儿的，但显得有些憔悴，偶尔和人们见面的时候，也点首招呼，但人家对她总有些神秘的惊惧。原来她便是雪莱的弃妻曼丽，跳在河里死的。往往她进入房间后不久，便见她和他一起出来到街上去。弟弟说："今晚把洋灯捻得亮一些吧，因为我怕。"

记得去年在上海有一批白俄的智识阶级举行普希金的逝世百年纪念，当时有一班中国文化界的志士激于义愤，大骂他们无耻，说他们污辱了普希金。很是好笑。

星期三

昨夜的梦：

我来看你，身上的衣服穿得褴褛不堪，像个叫花子。人家背后指着说，“宋清如真倒霉，跟这个人做朋友！”

人要懒死了的样子。想来想去觉得做人太麻烦，简直做不来，你要是懂得些做人之道，请告诉我，老这样糊涂着活下去或死下去，很可怕。

星期四

① nervous：神经质。

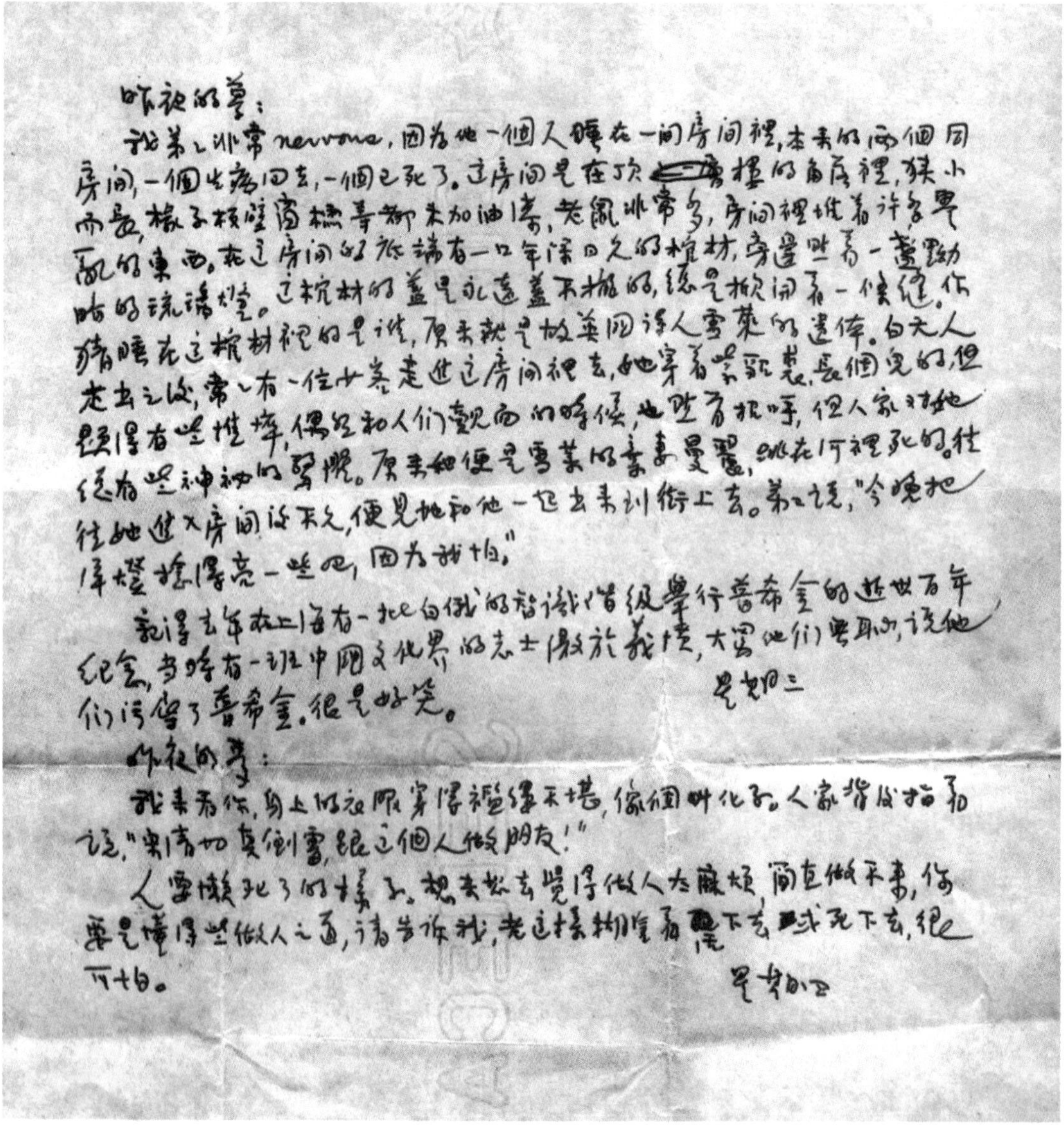
昨夜的夢：

我弟弟非常nervous，因为他一個人睡在一间房间裡，本来的兩個同房间，一個出去了，一個已死了。这房间是在頂層樓的角落裡，狭小而長，板子板壁窗檻等都未加油漆，老鼠非常多，房间裡堆着許多零亂的東西。在这房间的旅端有一口年深日久的棺材，旁邊照着一盞黯昏的琉璃燈。这棺材的蓋是永遠蓋不攏的，總是揿開着一條縫。你猜睡在这棺材裡的是誰，原来就是故英国詩人雪萊的遺体。白天人走出之後，常常有一位女客走進这房间裡去，她穿着黑衣裳，長個兒的，但顯得有些憔悴，偶然和人們覿面的時候，也點首招呼，但人家对她總有些神秘的驚懼。原来她便是雪萊的妻子曼麗，跳在河裡死的。往往她進了房间後不久，便見她和他一起出来到街上去。弟弟說，"今晚把這燈撚得亮一些吧，因为我怕。"

記得去年在上海有一批白俄的智識階級舉行普希金的逝世百年紀念，当時有一班中国文化界的志士激於義憤，大罵他們無恥，說他們污辱了普希金。很是好笑。

星期三

昨夜的夢：

我来看你，身上的衣服穿得襤褸不堪，像個叫化子。人家背後指着說，"宋清如真倒霉，跟这個人做朋友！"

人要懒死了的樣子。想来想去覺得做人太麻煩，简直做不来，你要是懂得些做人之道，請告訴我，老这樣糊塗着活下去或死下去，很可怕。

星期四

第[060]封 可爱

老弟：

我的意像，

腐烂的花，腐烂的影子，

一个像哭的微笑，

说不清的一些乱七八糟的梦，

加上一张你的负气的面孔，

构成一幅无比拙劣的图画。

说绝交在理论上完全赞成，事实上能不能实行是一个问题，因为如果单是面子上装做绝交，大家不通信不见面，这是很容易的，但能不能从心理上绝交呢？至少我没有要下这一个决心的意思。你的没用你的可怜的怯弱除了你自己以外就我知道得最清楚，大英雄无可无不可，决不会像你那样倔强好胜的。我是怎样一种人你也大部分都知道，有些地方和你很相近，也有些地方和你不同，要是你以为我是个了不得的人，当然你不敢称我做孩子的。如果我们不想以幻像自欺自慰，那么要获得一个比真相更美的印像是不必的。我不知道你会不会有一天要讨厌我起来，但我

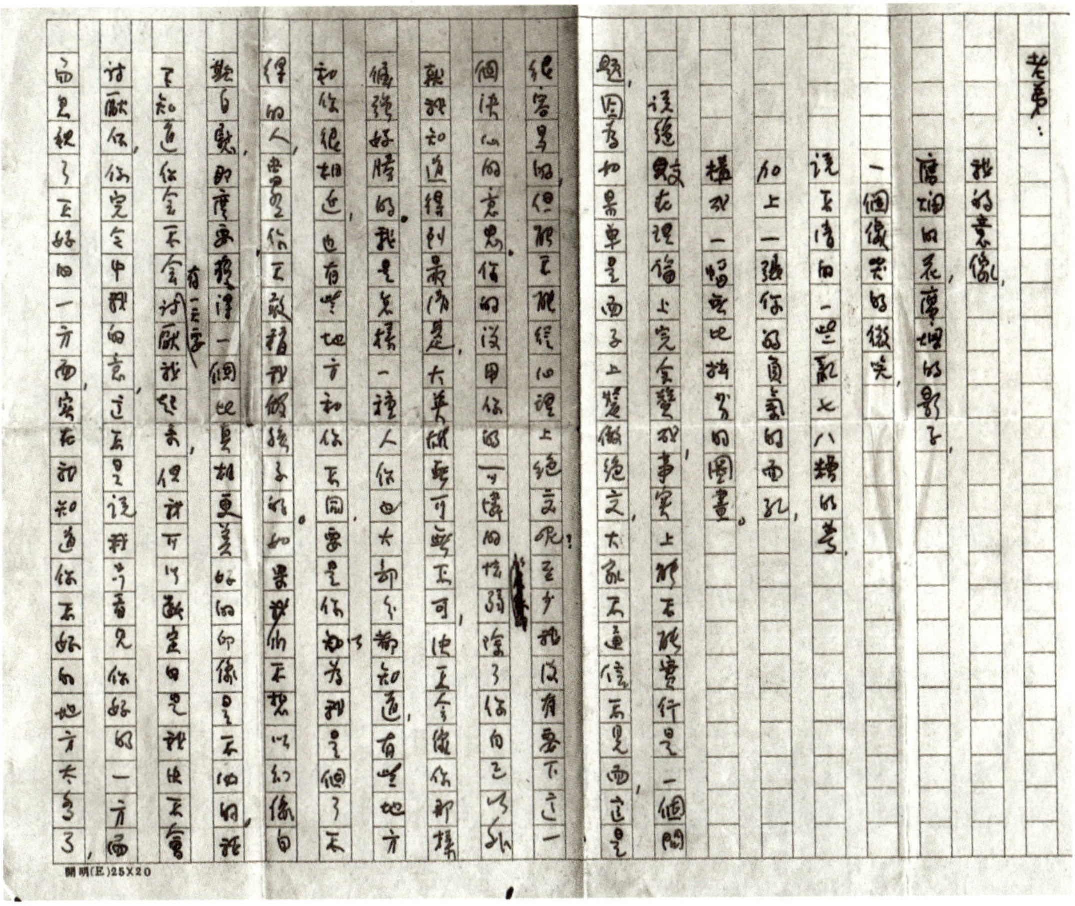
老弟：

我的意像，

腐爛的花，腐爛的影子，

一個像哭的微笑，

說不清的一些亂七八糟的夢，

加上一張你的負氣的面孔，

構成一幅無比拙劣的圖畫。

說絕交在理論上完全贊成，事實上能不能實行是一個問題，因為如果單是面子上裝做絕交，大家不通信不見面，這是很容易的，但能不能從心理上絕交呢？至少我沒有要下這一個決心的意思。你的沒用你的可憐的怯弱除了你自己以外就我知道得最清楚，大英雄無可無不可，決不會像你那樣倔強好勝的。我是怎樣一種人你也大部分都知道，有些地方和你很相近，也有些地方和你不同，要是你以為我是個了不得的人，當然你不敢稱我做孩子的。如果我們不想以幻像自欺自慰，那麼要獲得一個比真相更美的印像是不必的。我不知道你會不會有一天要討厭我起來，但我可以斷定自己決不會討厭你，你完全中我的意，這不是說我只看見你好的一方面，而是我了解好的一方面，實在認知道你不好的地方太多了，

開明(E)25X20

有些地方简直跟我的趣味相反，但如果你的好处只能使我低头膜拜的话，你的不好处却使我发生亲切的同情，如果你是一个完美的人，我将永不敢称你做朋友。三分之二的不好加上三分之一的好，这样而成的一个印像对于我觉得是无比的美妙，因为她不缺乏使我赞美之点，同时是非常可以同情的，如果把这印像再修得好一些，反而会破坏她的可爱，因为她将使我觉得高不可及了。

我所说的你的不好处不过是以客观的标准而评定，在我主观的眼中，那么它们是完全可爱完全好的。

因此我说，不要绝交好不好？

十日午后

可以断定的是我决不会讨厌你，你完全中我的意，这不是说我只看见你好的一方面而忽视了不好的一方面，实在我知道你不好的地方太多了，有些地方简直跟我的趣味相反，但如果你的好处只能使我低头膜拜的话，你的不好处却使我发生亲切的同情，如果你是一个完美的人，我将永不敢称你做朋友。三分之二的不好加上三分之一的好，这样而成的一个印象对于我觉得是无比的美妙，因为她不缺乏使我赞美之点，同时是非常可以同情的，如果把这印像再修得好一些，反而会破坏她的可爱，因为她将使我觉得高不可及了。

我所说的你的不好处不过是以客观的标准而评定，在我主观的眼中，那么它们是完全可爱完全好的。

因此我说，不要绝交好不好？

十日午后

第[061]封 情书

爱人：

用了两天工夫给或友①写了一封英文的情书，计长五六大页。告诉你，这是一件登天的工作。要是有人问起我来："你善于踢足球呢，还是善于写情书？"我一定说，"比较说起来，我还是善于踢足球②。"

世上最无聊的事便是写情书，如果有写之之必要的话，最好像圣诞卡片一样，由出版家请人设计一些现成的情书，或者由诗人们写上一些丁香玫瑰夜莺的诗句，附上些花啊月啊，邱匹德之类的图案，印好之后发卖，寄信者只要填上姓名就好了，因为就是信的开端的称呼，如亲爱的挚爱的热爱的疼爱的宠爱的眷爱的……小麻雀小松鼠小天使小猪猡……以及末尾的自称，你的忠实的你的唯一的你的永远的……等等，都已印好，这样就非常方便，横竖如果对方是聪明的话，早知道这些不过是顽意儿罢了。

可怜的就是那些天真的男女们，总以为人家写给他的信所说的是真话，或者自以为自己所写的是真话。一个人没有理由相信他自己，正如他没有理由相信人家一样。

（以下七十五字检查抽去）

祝你发福。你不要我来看你是不是？我待你好。

①“或”在书面语中有“某位”之意，“或友”即“某位朋友”。②朱生豪在学校时极不喜欢体育，也决不会染指足球，所以这里用“踢足球”来表示其不善于写情书。

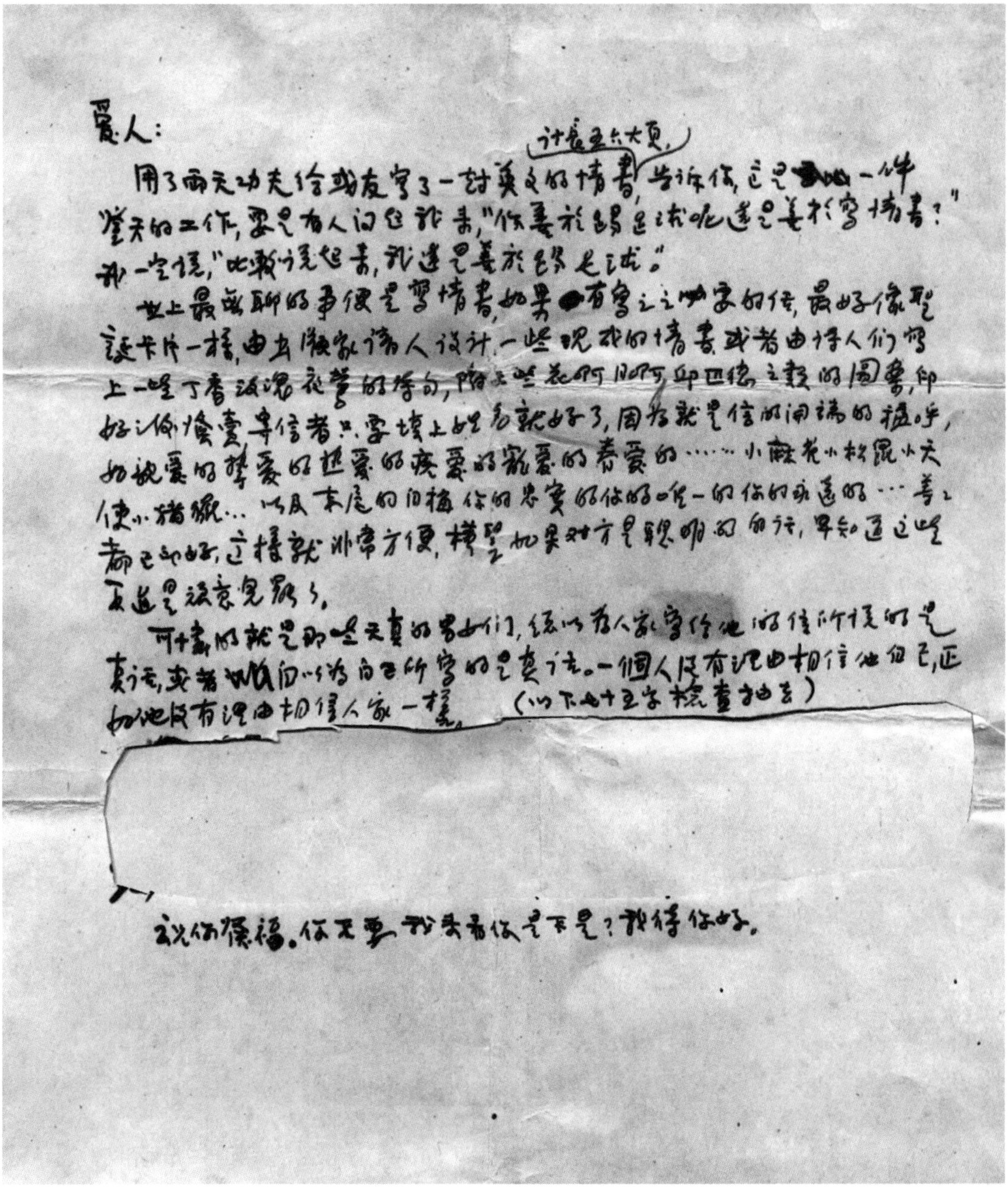
爱人：

用了两天功夫给或友写了一封英文的情书（计长五六大页），告诉你，这是一件繁重的工作，要是有人问我说：“你善于踢足球呢还是善于写情书？”我一定说：“比较说起来，我还是善于踢足球。”

世上最无聊的事便是写情书，如果[illegible]家的信，最好像圣诞卡片一样，由出版家请人设计一些现成的情书，或者由诗人们写上一些丁香玫瑰夜莺的诗句，附上些花啊鸟啊印些结了彩的图案，印好以后出卖，寄信者只要填上姓名就好了，因为就是信的开端的称呼，如说爱的挚爱的甜爱的亲爱的宝爱的眷爱的……小麻雀小松鼠小天使小猫猫……以及末尾的自称你的忠实的你的唯一的你的永远的……等等都已印好，这样就非常方便，横竖如果对方是聪明的人的话，早知道这些不过是顽意儿罢了。

可怜的就是那些天真的男女们，总以为人家写给他的信所说的是真话，或者自以为自己所写的是真话。一个人没有理由相信他自己，正如他没有理由相信人家一样。（以下七十五字检查抽去）

祝你发福。你不要我来看你是不是？我待你好。

第[062]封 不许

老姊：

来信只有“□若说□没有写别字的先生，那来写别字的学生”一句话算是可爱的诡辩，此外似乎很有些缺少sportsmanship①的样子。

□

你自己对于自己的批评我是向来不要听的，你说你笨，你坏，你不好，你无情，你凶，都是太恭维了你自己，因为我最佩服这类人，而你则尚不够资格。至于说我给你装饰，那么不知道几时我曾给你涂过脂粉画过眉毛？

你知不知道一句古老的话，太阳底下没有新的事物？我不用再告诉你宇宙是一个大的

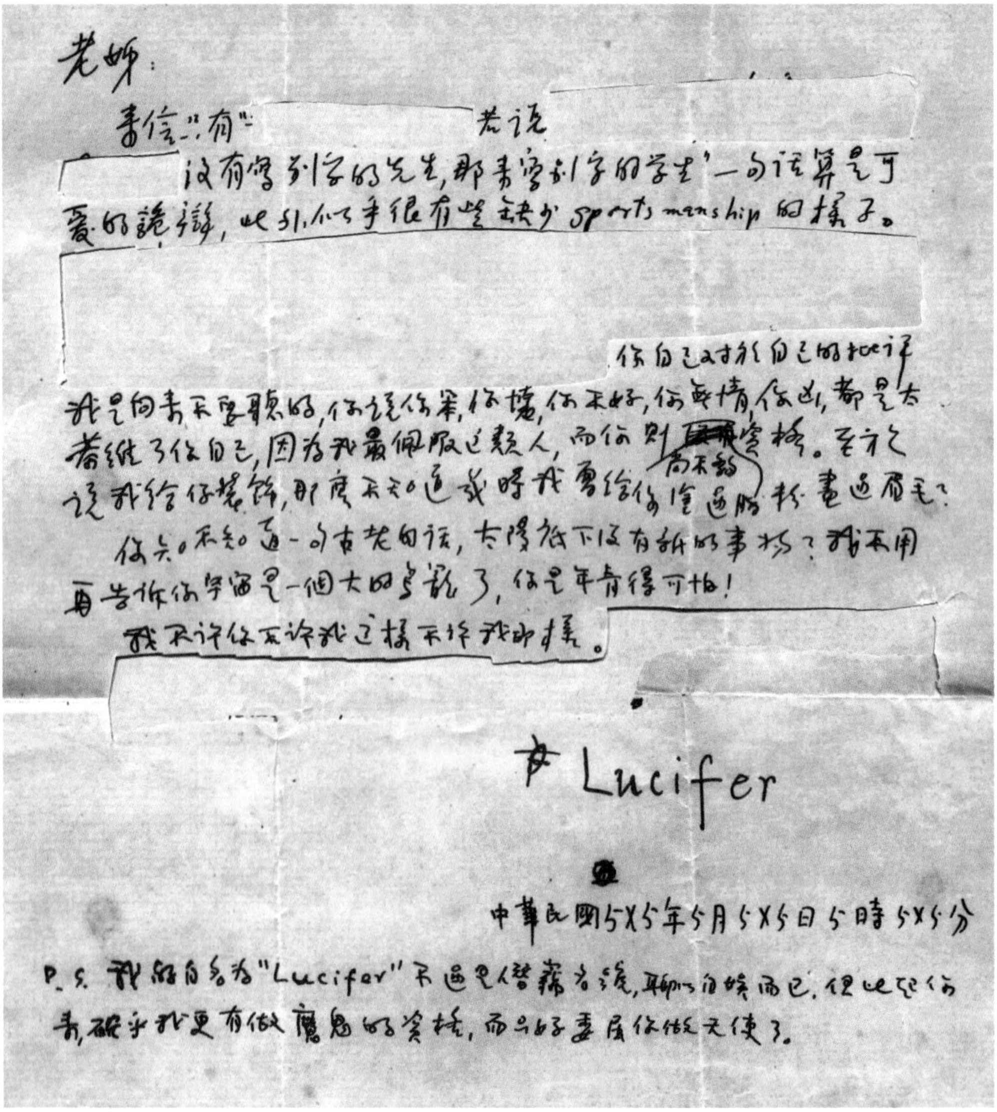

老姊：

來信只有“ 若說 沒有寫別字的先生，那來寫別字的學生”一句話算是可愛的詭辯，此外似乎很有些缺少sportsmanship的樣子。

你自己對於自己的批評我是向來不要聽的，你說你笨，你壞，你不好，你無情，你凶，都是太恭維了你自己，因為我最佩服這類人，而你則尚不夠資格。至於說我給你裝飾，那麼不知道幾時我曾給你塗過脂粉畫過眉毛？

你知不知道一句古老的話，太陽底下沒有新的事物？我不用再告訴你宇宙是一個大的笑話了，你是年青得可怕！

我不許你不許我這樣不許我那樣。

Lucifer

中華民國5X5年5月5X5日5時5X5分

P.S. 我所以自名為“Lucifer”不過是僭竊名號，聊以自娛而已，但比起你來，確乎我更有做魔鬼的資格，而只好委屈你做天使了。

鸟笼了，你是年青得可怕！

我不许你不许我这样不许我那样。□

Lucifer

中华民国5×5年5月5×5日5时5×5分

P.S.我的自名为“Lucifer”不过是僭窃名号，聊以自娱而已，但比起你来，确乎我更有做魔鬼的资格，而只好委屈你做天使了。

---

① sportsmanship：运动员精神。

第[063]封 肉麻

□

你怕不怕肉麻？如果不怕肉麻，我便把一切肉麻的称呼用来称呼你。

□

我相信我将不能认识你，因为现在我确已完全忘记你的面貌，下回得再把你看得仔细些记得牢些。你愿意我在什么时候来看你？今天下午？大后天？下一个月？明年？还是一百年之后？我真疼你疼你，希望没有大狼会来驮了你去。

你说我们将来会如何结局？还是我不要了你，你不要了我，大家自然而然地彼此冷淡下去，还是永久跟现在一样要好，或是有什么其他的变化？我相信将来也许你会被我杀死也说不定。照你想来，如果我们在一块儿生活，会不会是一件很可怕的事？

我觉得我很“滑稽”（这滑稽两字不是说富于幽默，善诙谐之意，而是指一种莫明其妙但也并非莫明其妙的状态），我把自己十分看轻，这是一件很可怜的事，自命不凡固然讨厌，但自己看轻自己则更没出息，如之何？

总之你是非常好非常好的，我活了二十多岁，对于人生的探讨的结果，就只有这一句结论，其他的一切都否定了。

当然我爱你。

综合牛津字典 十三

注意：如果你不喜欢这封信，当然你可以假定这不是写给你的，而且我也可以否认这是我写的。

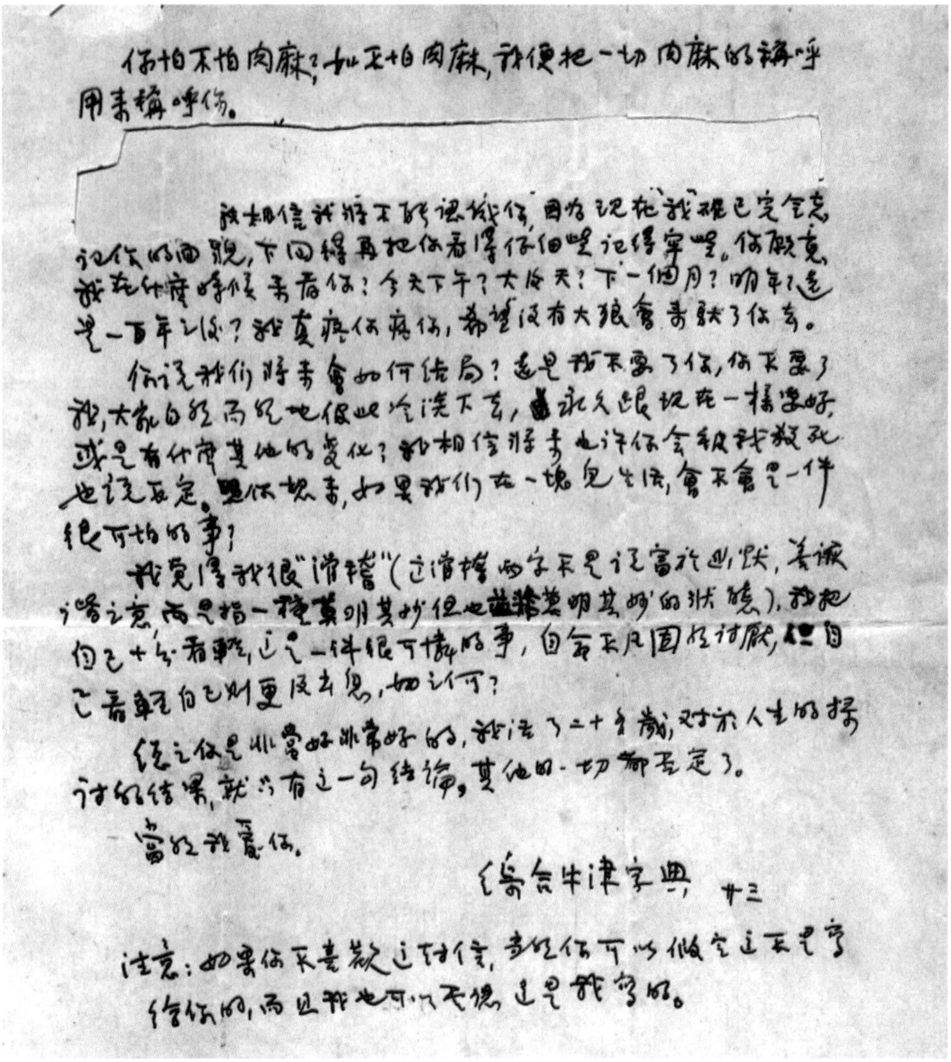

你怕不怕肉麻？如不怕肉麻，我便把一切肉麻的称呼用来称呼你。

我相信我将不能认识你，因为现在我已完全忘记你的面貌，下回得再把你看得仔细些记得牢些。你猜究竟我在什么时候来看你？今天下午？大后天？下一个月？明年？还是一百年以后？我爱疼你疼你，希望没有大狼会来欺了你去。

你说我们将来会如何结局？还是我不要了你，你不要了我，大家自然而然地彼此冷淡下去，还永久跟现在一样要好，或是有什么其他的变化？我相信将来也许你会叫我欺死也说不定。照你想来，如果我们在一块儿生活，会不会是一件很可怕的事？

我觉得我很"滑稽"（这滑稽两字不是说富于幽默，善诙谐之意，而是指一种莫明其妙但也莫明其妙的状态），我把自己十分看轻，这是一件很可怜的事，自命不凡固然讨厌，但自己看轻自己则更没出息，如之何？

总之你是非常好非常好的，我活了二十多岁，对于人生的探讨的结果，就只有这一句结论，其他的一切都否定了。

当然我爱你。

[illegible]牛津字典 廿三

注意：如果你不喜欢这封信，当然你可以假定这不是写给你的，而且我也可以不认这是我写的。

第[064]封 平凡

天如愿地冷了，不是吗？

我一定不笑你，因为我没有资格笑你。我们都是世上多余的人，但至少我们对于彼此都是世上最重要的人。

我一天一天明白你的平凡，同时却一天一天愈更深切地爱你。你如照镜子，你不会看得见你特别好的所在，但你如走进我的心里来时，你一定能知道自己是怎样好法（这是一个很古怪的说法，不是？）。

一切不要惶恐，都有魔鬼作主。

我真的非常想要看看你，怎么办？你一定要非常爱你自己，不要让她消瘦，否则我不依，我相信你是个乖。

Lucifer

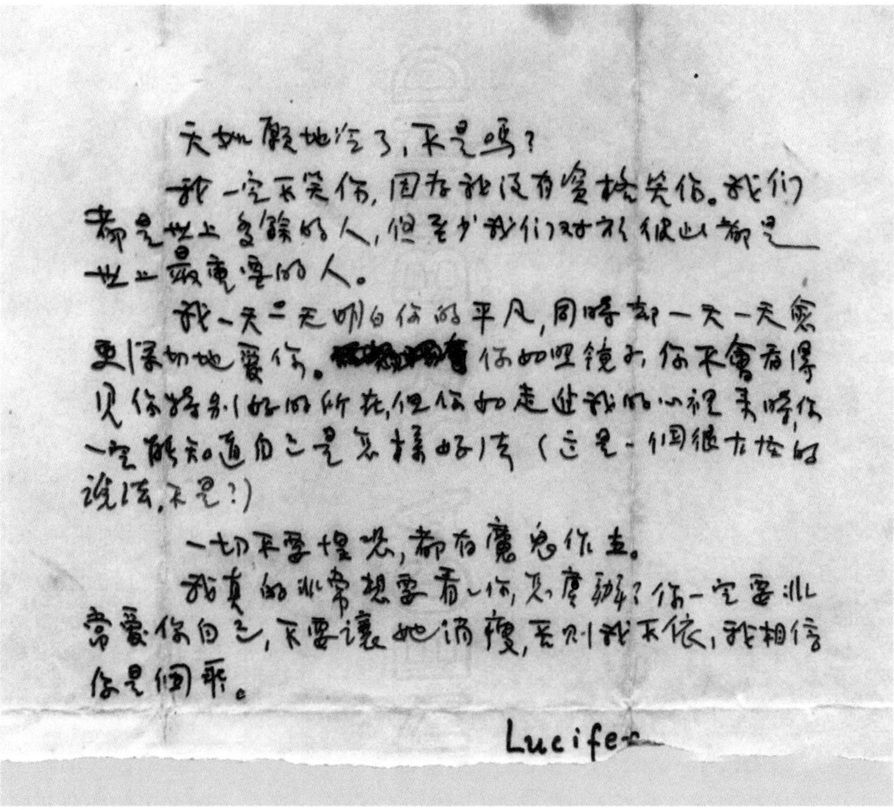

天如愿地写了，不是吗？

我一定不笑你，因为我没有资格笑你。我们都是世上多馀的人，但至少我们对于彼此都是世上最重要的人。

我一天一天更明白你的平凡，同时却一天一天更深切地爱你。[illegible]你如照镜子，你不会看得见你特别好的所在，但你如走进我的心里来时你一定能知道自己是怎样好法（这是一个很古怪的说法，不是？）

一切不要惶恐，都有魔鬼作主。

我真的非常想要看看你，怎么办？你一定要非常爱你自己，不要让她消瘦，否则我不依，我相信你是个乖。

Lucifer

第[065]封 干杯

Drink to Me Only with Thine Eyes ①

今日融合无间的灵魂

也许明日便会被高山阻隔

红叶上的盟言是会消褪了的

过去的好梦是会变成零星的残忆了的

自夸多情的男女

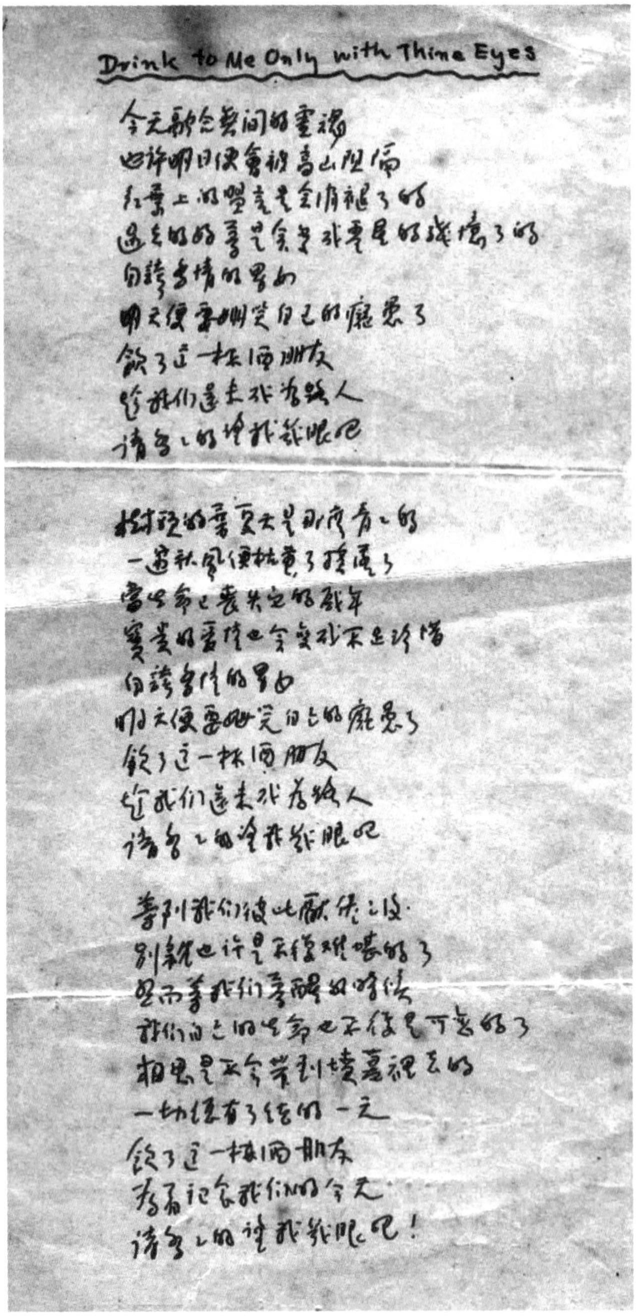

明天便要姗笑自己的痴愚了
饮了这一杯酒朋友
趁我们还未成为路人
请多多的望我几眼吧

树头的叶夏天是那么青青的
一遇秋风便枯黄了摇落了
当生命已丧失它的盛年
宝贵的爱情也会变成不足珍惜
自夸多情的男女
明天便要姗笑自己的痴愚了
饮了这一杯酒朋友
趁我们还未成为路人
请多多的望我几眼吧

等到我们彼此厌倦之后
别离也许是不复难堪的了
然而等我们梦醒的时候
我们自己的生命也不复是可恋的了
相思是不会带到坟墓里去的
一切总有了结的一天
饮了这一杯酒朋友
为着纪念我们的今天
请多多的望我几眼吧！

①英文标题意思是“就用你的眼睛为我干杯吧”。出自文艺复兴时期英国著名剧作家、诗人本·琼生的手笔。

第[066]封 吃笔[1]

宋：

庄××君很可同情，我对于吃笔的人总是抱同情的。我相信他一定没有读过追求学，因此而遭惨败，实深遗憾。凡追求，第一要知己知彼，忖量有没有把握；第二要认清对方的弱点“进攻”；第三要轻描淡写，不露痕迹；第四须有政治家风度，可进则进，不可进则须看风收帆，别寻出路，不给被追求者以惹厌的印象。硬弄总是要弄僵的，寻死觅活的手段，只能施于情窦初开，从来不曾见过男人的深闺少女，柔弱的心也许会被感动。College girl[2]大多是hard boiled[3]，

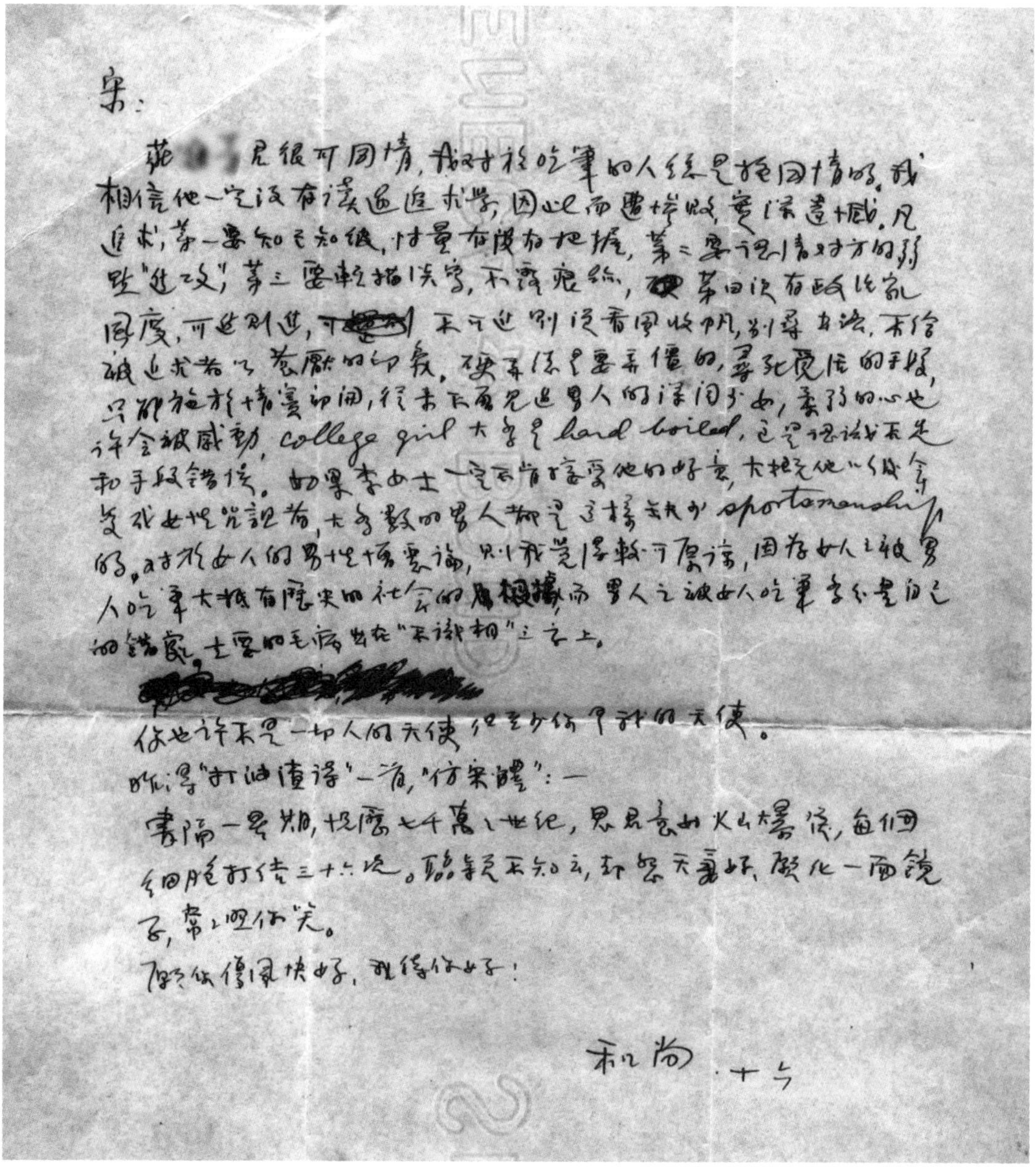

宋：

庄[redacted]君很可同情，我对于吃笔的人总是抱同情的。我相信他一定没有读过追求学，因此而遭惨败，实深遗憾。凡追求，第一要知己知彼，忖量有没有把握，第二要认清对方的弱点"进攻"，第三要轻描淡写，不露痕迹，第四须有政治家风度，可进则进，不可进则须看风收帆，别寻出路，不给被追求者以惹厌的印象。硬弄总是要弄僵的，寻死觅活的手段，只能施于情窦初开，从来不曾见过男人的深闺少女，柔弱的心也许会被感动。college girl大多是hard boiled，这是理论[illegible]和手段错误。如果李女士一定不肯接受他的好意，大概是他[illegible]女性觉说者，大多数的男人都是这样缺少sportsmanship的。对于女人的男性情爱论，则我觉得较可原谅，因为女人之被男人吃笔大概有历史的社会的根据，而男人之被女人吃笔多分是自己的错误，主要的毛病出在"不识相"之一字上。

[redacted]

你也许不是一切人的天使，但至少你是我的天使。

昨写"打油渣诗"一首，"仿宋體"：——

素隔一张纸，恍隔七千万万世纪，思君念如火山爆发，每個细胞打结三十六次。聪明不知云，却怨天妒好，變化一面鏡子，常常照你笑。

願你傷風快好，我待你好！

和尚 十六

这是认识不足和手段错误。如果李女士一定不肯接受他的好意，大概他以后会变成女性咒诅者，大多数的男人都是这样缺少 sportsmanship 的。对于女人的男性憎恶论，则我觉得较可原谅，因为女人之被男人吃笔大抵有历史的社会的根据，而男人之被女人吃笔，多分是自己的错处，主要的毛病出在"不识相"三字上。

你也许不是一切人的天使，但至少你是我的天使。

昨得"打油渣诗"一首，"仿宋体"：——

书隔一星期，恍历七千万万世纪，思君意如火山爆发，每个细胞打结三十六次。临颖不知云，却怨天气好，愿化一面镜子，常常照你笑。

愿你伤风快好，我待你好。

和尚 十六

①吃笔，即吃瘪。 ②College girl：女大学生。 ③hard boiled：老练的、不动感情的。

回应

迪娜的忆念①

宋清如

落在梧桐树上的，
是轻轻的秋梦吧？
落在迪娜心上的，
是迢远的怀念吧？
四月是初恋的天，
九月是相思的天，
继着蔷薇凋零的，
已是凄艳的海棠了！
东方刚出的朝阳，
射出万丈的光芒，
迪娜的忆念，
在朝阳的前面呢，
在朝阳的后面呢？

①1935年，詹文浒建议朱生豪翻译莎士比亚戏剧，朱生豪接受了这一建议以后，把这件事写信告诉宋清如，并说他准备把译著献给她作为礼物。宋清如很感动，写了一首诗《迪娜的忆念》寄给朱生豪，后来朱生豪为这首诗谱了曲。

《第肆卷》 刻骨相思

浙水东流无尽沧，人间暂聚易参商。阑珊春去羁魂怨，挥手征车送夕阳。

梦已散，手空扬，尚言离别是寻常。谁知咏罢河梁后，刻骨相思始自伤。

在世界书局工作了一年多以后，朱生豪逐渐熟悉了社会生活，在信中谈及的面更广泛了，信中较多地描写了当时的各种生活片段，但对宋清如的思恋仍然是信中最主要的内容。在社会上打拼，现实和理想的差距越来越大，这种差距使朱生豪感到自己和周围的环境格格不入，因此『抑郁』、『寂寞』和『孤独』的情绪越来越多地出现在书信中，更加剧了他对宋清如的刻骨思念。宋清如曾说：『我给生豪的信不多，约一个星期一封。他两三天就给我一封，一天一封是难得。』

第[067]封 等候

清如：

我知道你不爱见我，但不曾想到你要逃避我，我只是你一个平常的朋友，没有要使你不安或怅惘的理由。见一见你，我认为或者是尚可容许的我的仅余的权利，当然我也辨不出是悲是喜，但我总不能抑制着不来看你，即使自己也知道是多事。倘使我的必须是被剥夺去一切生人的乐趣，永远流放在沙漠中的命运，必须永远不再看见一面亲爱的人，那么我等候你的吩咐，我希望那会使你不感到不安。

我不要休息，也不能休息。有钱的人，休息的意义是享福，可以把身体养得胖些；对于我们这种准无产阶级者，休息的意义是受难，也许是挨饿。我相信我更需要的是一点鼓舞，一点给人勇气的希望。我太缺少一切少年人应该有的热情。

在你母亲的身旁，不要想到我，我不要损害你神圣的快乐。

为你祝福。

朱 十九

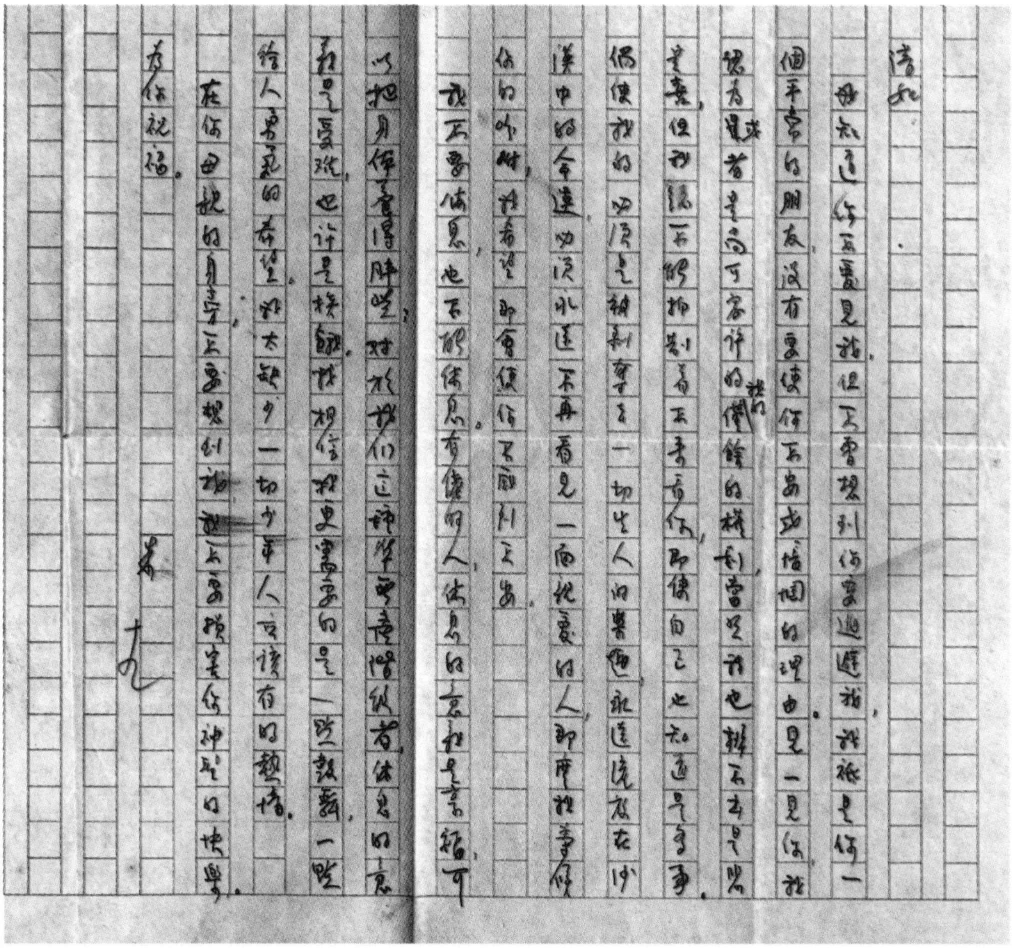

第[068]封 · 空虚

宋：

再过五天是星期日。今天，星期一，中午从厂里出来，就在盼望星期日了。星期日是不会有甚么乐趣的，但希望日子快些过去而已。我真不知道怎样把时间 while away①，没有一种方法能使自己快乐。看小说也感沉闷，跑出门，不知走到何处去好。歌旧的已唱腻，新的不上口，写信完全不高兴，朋友一个也不要看，无缘无故，想哭也哭不出，好吃的东西一样也没有。星期日最大的希望是身边有钱，走到外面一个人吃一顿中饭，买一大批书回来，再影戏院有好片子映，整下午葬在里面，因为此外似乎没有可以忘却自己的存在的方法。

心里完全是这样的空虚，不知给你说什么话好。明天也许你有信来，但愿你不要因我而不快，我收回一切的话。希望你幸福，接受我不尽的眷慕。

希特勒 廿一夜

① while away：消磨掉。

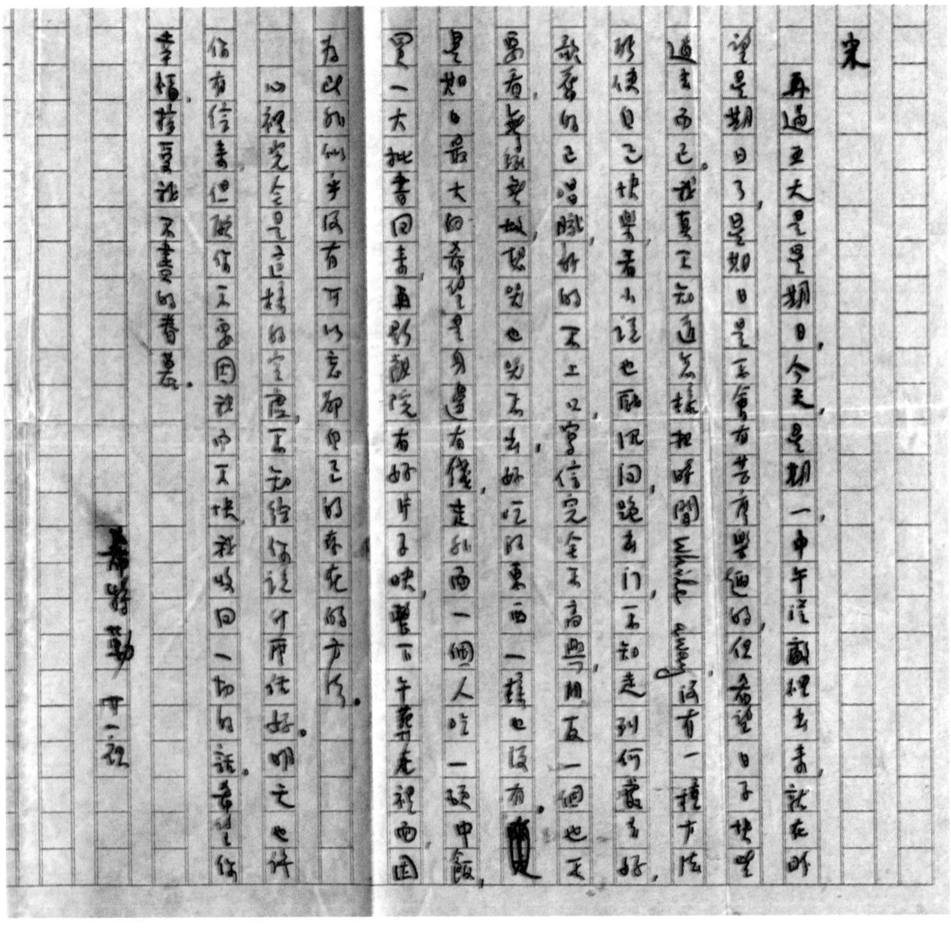
宋

再過五天是星期日。今天，星期一，中午從廠裡出來，就在盼望星期日了。星期日是不會有甚麼樂趣的，但希望日子快些過去而已。我真不知道怎樣把時間while away，沒有一種方法能使自己快樂。看小說也感沉悶，跑出門，不知走到何處去好，歌舊的已唱膩，新的不上口，寫信完全不高興，朋友一個也不要看，無緣無故想哭也哭不出，好吃的東西一樣也沒有。星期日最大的希望是身邊有錢，走到外面一個人吃一頓中飯，買一大批書回來，再影戲院有好片子映，整下午葬在裡面，因為此外似乎沒有可以忘卻自己的存在的方法。

心裡完全是這樣的空虛，不知給你說什麼話好。明天也許你有信來，但願你不要因我而不快，我收回一切的話。希望你幸福，接受我不盡的眷慕。

希特勒 廿一夜

第[069]封 不快

宋：

心里不痛快的时候，也真想把你抓起来打一顿才好。

朱 廿四

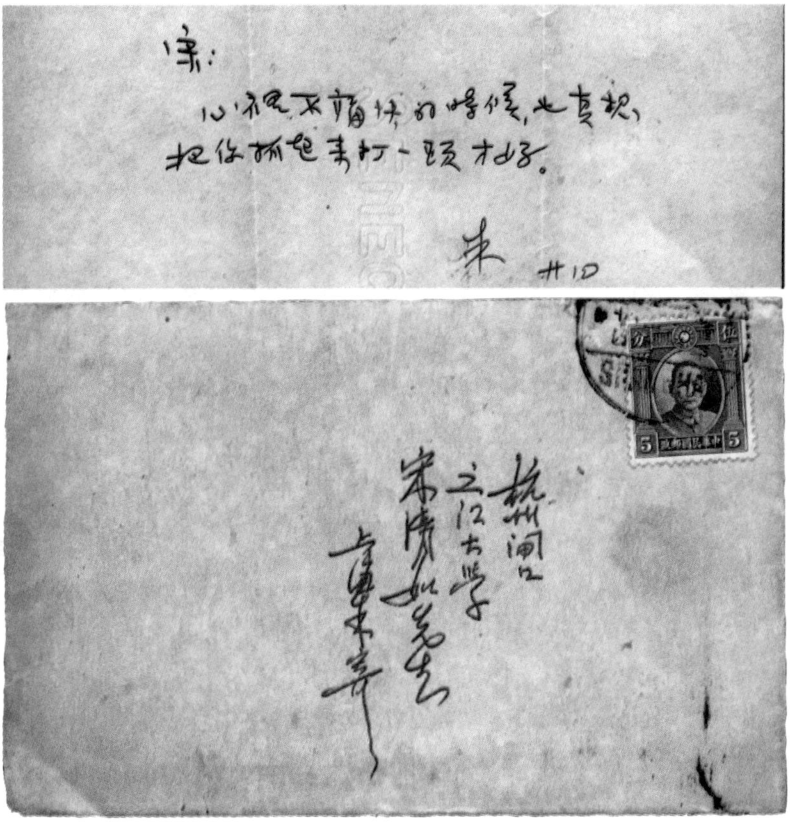

第[070]封 失眠

我实在是不值得可怜的，上星期又懒了一个星期。多极端，少调和，这实在足以影响我身体及精神上的健康。比如说吧，前夜整夜不睡，昨夜整整睡了一夜。失眠并不怎样痛苦，整夜不睡我还很少遭到过。两点钟上了床，很快就是三点钟，夜里的时间常比白天格外快一些，这是使我常晏睡的原因，虽我其实不愿意晏睡。于是起来捉臭虫，那时我便变成警捷狠辣的警察当局，一个个巨盗小窃都被我夹在纸头里捏杀了，一直杀得伏尸盈野，流血遍地，再关上了电灯，而天已经在发亮，计一小时四十余分钟，比有名的三十年战争①还长久一些。昨天人并不倦，可是一到晚上九点钟，书是怎样也看不下去了，于是一睡到大清早，从来不曾这样甜法。

读完了吉辛随笔四卷（*Private Paper of Henry Ryecroft*），因此还算用功。

①三十年战争（1618～1648）：是欧洲历史上第一次大规模的多国战争。这里是指朱生豪看过的一部关于三十年战争的影片，此片的放映时间还不到一小时四十分钟。

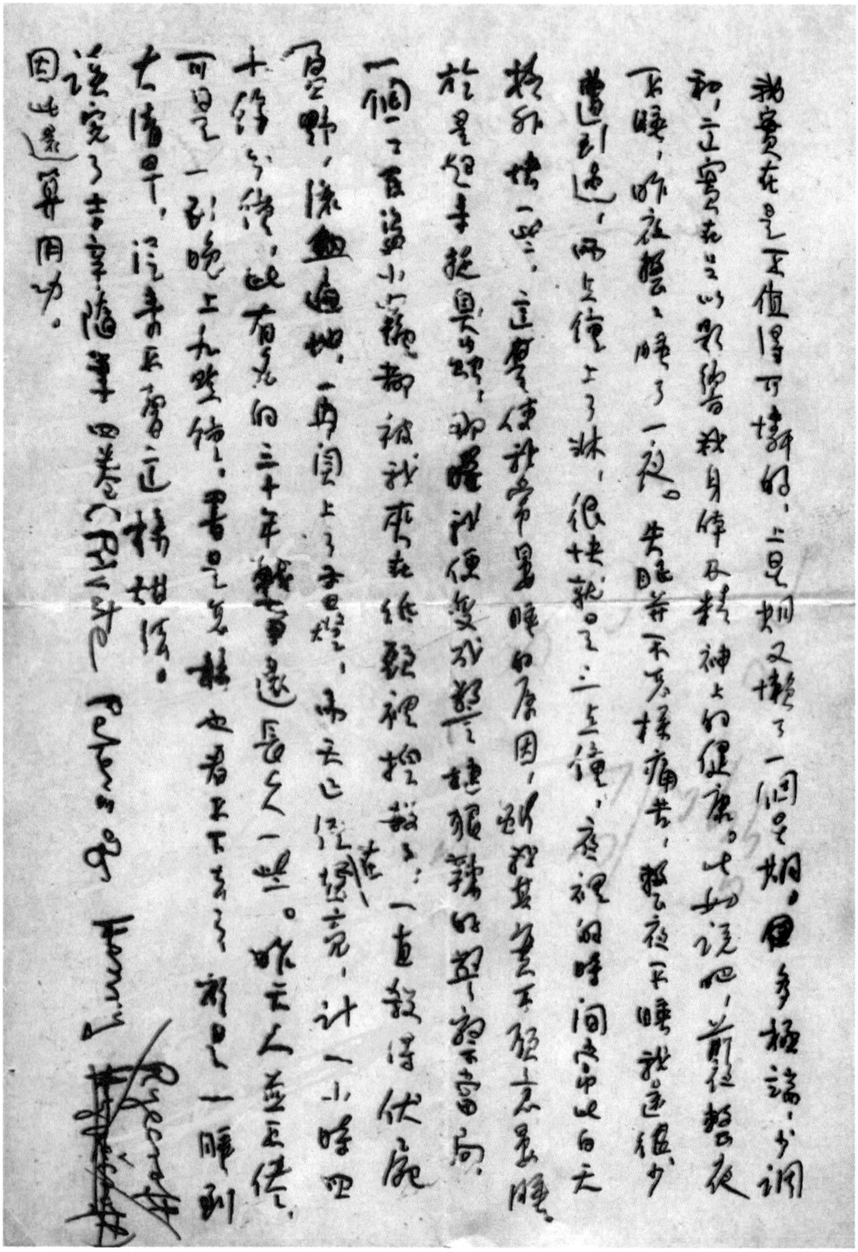

第[071]封 秋风

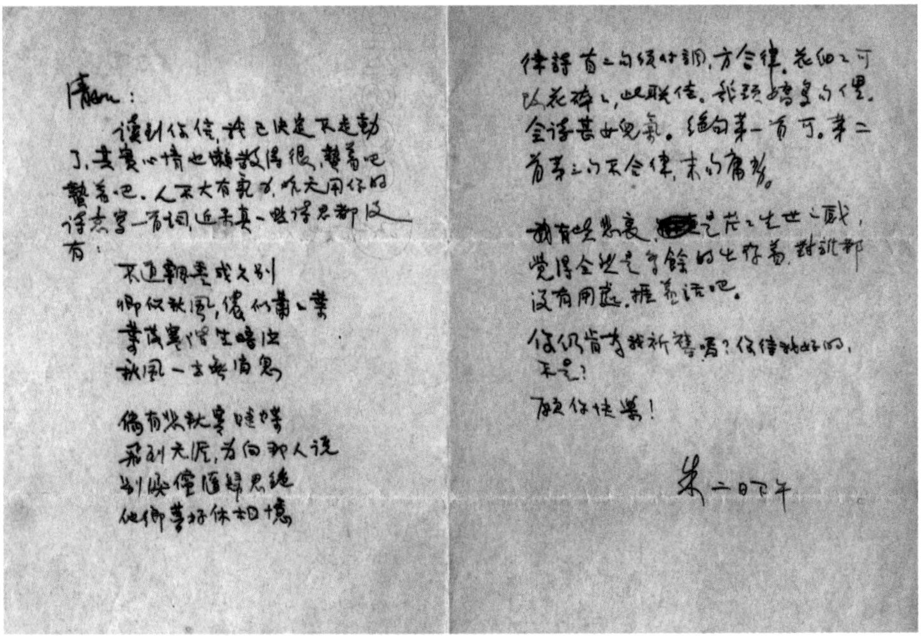

清如：

读到你信，我已决定不走动了，其实心情也懒散得很，蛰着吧蛰着吧。人不大有气力，昨天用你的诗意写一首词，近来真一点诗思都没有：

不道飘零成久别
卿似秋风，侬似萧萧叶
叶落寒阶生暗泣
秋风一去无消息

倘有悲秋寒蛱蝶
飞到天涯，为向那人说
别泪倘随归思绝
他乡梦好休相忆

律诗首二句须对调，方合律。花细细可改花碎碎，此联佳。几头娇鸟句俚。全诗甚女儿气。绝句第一首可。第二首第三句不合律，末句庸劣。

我有些悲哀，是茫茫生世之感，觉得全然是多余的生存着，对谁都没有用处，捱着活吧。

你仍肯为我祈祷吗？你待我好的，不是？

愿你快乐！

朱 二日下午

清如：

读到你信，我已决定不走动了，其实心情也懒散得很，蛰着吧，蛰着吧。人不大有气力，昨天用你的诗意写一首词①，近来真一点诗思都没有：

不道飘零成久别／卿似秋风，侬似萧萧叶／叶落寒阶生暗泣／秋风一去无消息

倘有悲秋寒蛱蝶／飞到天涯，为向那人说／别泪倘随归思绝／他乡梦好休相忆

律诗首二句须对调，方合律。花细细可改花碎碎，此联佳。几头娇鸟句俚。全诗甚女儿气。绝句第一首可。第二首第三句不合律，末句庸劣。

我有些悲哀，是茫茫生世之感，觉得全然是多余的生存着，对谁都没有用处。捱着活吧。

你仍肯为我祈祷吗？你待我好的，不是？

愿你快乐！

朱 二日下午

①此前宋清如曾在信中寄给朱生豪一些新写的新诗和旧体诗，朱生豪除对其中一些旧体诗作了讲评外，还写了《蝶恋花》一首为宋清如的一首新诗作答。他们在诗词中以“秋风”和“萧萧叶”自喻，后来竟成了预言他们一生命运的谶语。宋清如后来记得她的诗前半首是：假如你是一阵过路的西风／我是西风中飘零的败叶／你悄悄地来，又悄悄地去了／寂寞的路上只留下落叶寂寞的叹息

第[072]封 男女[1]

清如：

假使你再跟我多接触一点，那么我仍然会变成你所鄙弃之群中的一个，这话你相不相信。我实在是个坏人，但作为你的朋友的我，却确实是在努力着学做好人，我很满足，因为这努力已获得极大的报酬，可以死无遗憾的了。

说起来有些那个，每回接到你信，虽是很快活，但也有些害怕，生怕你会说嗔怪我的话。我太不天真，心里有太多的尘埃，话如果不经滤过而说出来，有时会使自己回想起来很难为情，到那时侯，也只好涎着脸说“说过的话不算”而已。人要是不能原谅，那么世间将无一个可以称为好朋友的人，如果不是相信你能忽视我的愚蠢可笑的地方，我一定永远不愿意看见你，因为见了你我将无地自容。

以前我最大的野心，便是想成为你的好朋友，现在我的野心便是希望这样的友谊能继续到死时（把这称为野心，我想是一点也不过分），同时我希望自己能变好一些，使你更欢喜我。

人总是那么一种动物，你无论到那里总脱离不了可厌的诸相，少理会理会他们就是。厌恶是不必，因为你厌恶了人，人也要厌恶你，但你如不理会人，那么人也不理会你，这就很清净了。骂女同学不值三角三的人，其实原来他不会如此无礼，都是因为他在人眼中自身也不值三角三之故，因此这算不得是侮辱，只能说是阿Q式的复仇。

和异性相处，最好的方法，便是不要过立崖岸，稍为跟他们随和一些，但不要太狎近。有许多女同学遭人嫉骂，都是因为过于矜持，不大方之故。在男女同学的环境中，太装出不屑为伍的神气，的确是足以令人难堪的（当然不屑为伍也许有不屑为伍的理由，但人总是昧于责己，只知道你神气，而不知道反察自身）。我在之江读了四年书，同班的女生，也有到最后一学期，路上相遇如不相识的，这种人我总不知道为什么要到有男人的学校里来念书。男人有时确是很下流，但这是因为他们从未学得尊重女性之故，在他们的经验中，只以为女子是另外一种人类，要把这种思想打翻，男女同学的学校实在是一个最适宜的改造观念的场所，但因为女子一方面的性格上的消极性质，在学问上少合作，课外活动方面不和男生竞争，学校当局则务为不彻底的防闲，对于正规的异性间友谊不加以奖励（他们都以为这些青年们是挺会交朋友的，其实有些只会瞎谈谈恋爱，有些非常面嫩，而有些则对于异性有着成见的憎恶），这些都足以阻碍双方理解的成立，而使男女同学一句话成为虚名，甚至只有坏处而无好处。我以为比如说在之江一类学校里毕业了出来，如果是男子，那么不曾交到一个女朋友还不算奇怪，因为女同学人数少，在较少人数中选择一个朋友，机会是要少些，但如是一个女学生，那么至少也得有二三个以上的男朋友（不是说谈恋爱的人），因为二三百男子中，说是没有人配作她的朋友，这样的女子未免自

清如：

假使你再跟我多接觸一些，那麼我們終會變成你所鄙棄之群中的一個，這話你相不相信。我實在是個壞人，但作為你的朋友的我，卻確實是在努力着要做好人，我很滿足因為這努力已獲得極大的報酬，可以死無遺憾的了。

說起來有些那個，每回接到你信，總是很快活，但也有些害怕，生怕你會說嗔怪我的話。我太不天真，心裏有太多的塵埃，話如果不經濾過而說出來，有時會使自己回想起來很難為情，到那時候，也只好涎着臉說，"說過的話不算"而已。人要是不能原諒，那麼世間將無一個可以稱為好朋友的人，如果不是相信你能忽視我的愚蠢可笑的地方，我一定永遠不願意看見你，因為見了你我將無地自容。

以前我最大的野心便是想成為你的好朋友，現在我的野心便是希望這樣的友誼能繼續到死時（把這稱為野心，我想是一點也不過分），同時我希望自己能變好一些，使你更歡喜我。

人總是那麼一種動物，你無論到哪裏總脫離不了可厭的諸相，少理會理會他們就是。厭棄是不必，因為你厭棄了人人也要厭棄你，但你如不理會人，那麼人也不理會你，這就很清淨了。男女同學不值一笑的人，其實原來他不會如此無禮，都是因為他在人眼中自身也不值一笑之故，因此這算不得是侮辱，只能說是可見我的修養。

和異性相處最好的方法，便是不要過分拘謹，稍為跟他們隨和一些，但不要太親近。有許多女同學遭人嫉罵，都是因為過於矜持不大方之故，在男女同學的環境中，太端着不屑為伍的神氣，的確是足以令人難堪的。當然不屑為伍也許有不屑為伍的理由，但人總是喜歡說長道短，祇知道你神氣而不知道反省自身。我在之江讀了四年書，同班的女生，也有到最後一學期，路上相遇也不相識的，這種人我總不知道為什麼要到有男人的學校裏來念書。男人有時確是很下流，但這是因為他們從未學得尊重女性之故，在他們的經驗中，只以為女子是另外一種人類，要把這種思想打翻，男女同學的學校實在是一個最適宜的改造觀念的場所，但因為女子一方面的性格上的消極性質，在學問上少合作，課外活動方面不和男生接近，學校當局則務為不[illegible]的防閑，對於正常的異性間友誼不加以獎勵（他們都以為這些青年們只想會交朋友的，其實有些只會瞎談戀愛，有些非常兩嫩，而有些則對於異性有着成見的憎惡），這些都足以阻礙雙方理解的成熟而使男女同學一方認為虛名，甚至只有壞處而無好處。我以為比如說在之江一類學校裡畢業了出來，如果是男子，那麼不曾交到一個女朋友這不算奇怪，因為女同學人數少，在較少人數中選擇一個朋友，機會是要少些，但如是一個女學生，那麼至少也

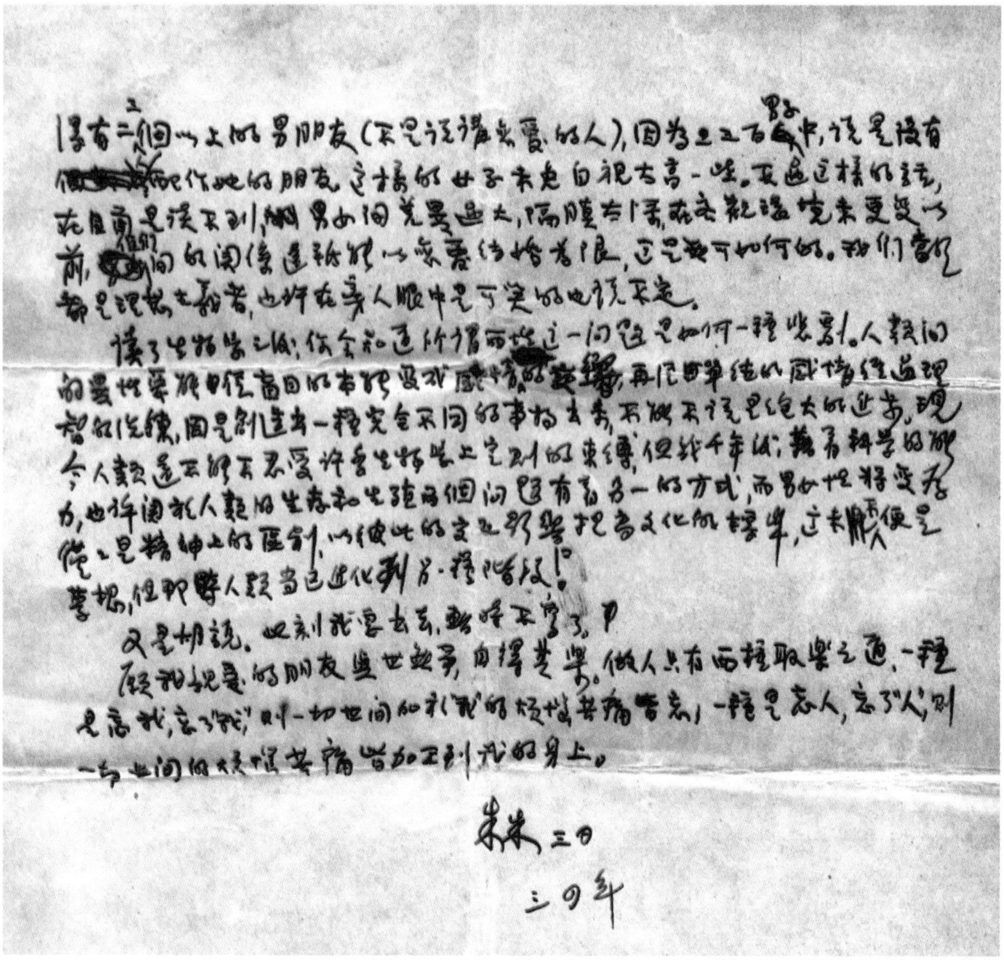
还有三四个以上的男朋友（不是谈恋爱的人），因为在五百男子中，总是没有[illegible]作她的朋友。这样的女子未免自视太高一些。不过这样的话，在目前是谈不到，男女间差异过大，隔膜太深，在客观环境未更变以前，他们间的关系还只能以恋爱结婚为限，这是无可如何的。我们当然都是理想主义者，也许在旁人眼中是可笑的也说不定。

读了生物学之后，你会知道所谓两性这一问题是如何一种悲剧。人类间的异性爱能从盲目的本能变成感情的交响，再从单纯的感情经过理智的洗练，因是创造出一种完全不同的事物出来，不能不说是绝大的进步。现今人类还不能不忍受许多生物学上定则的束缚，但几千年后，借着科学的能力，也许关于人类的生存和生殖两个问题有着另一的方式，而男女性将变为仅仅是精神上的区别，以彼此的交互影响提高文化的标准，这未不便是梦想，但那时人类当已进化到另一种阶段！

又是胡说。此刻我要出去，暂时不写了。

愿我亲爱的朋友与世无争，自得其乐。做人只有两种取乐之道，一种是忘我，忘了"我"，则一切世间加于"我"的烦恼苦痛皆忘！一种是忘人，忘了"人"，则一切世间的烦恼苦痛皆加不到我的身上。

朱朱 三日

三四年

视太高一些。不过这样的话，在目前是谈不到，男女间差异过大，隔膜太深，在客观环境未更变以前，他们间的关系还只能以恋爱结婚为限，这是无可如何的。我们当然都是理想主义者，也许在旁人眼中是可笑的也说不定。

读了生物学之后，你会知道所谓两性这一问题是如何一种悲剧。人类间的异性爱能从盲目的本能变成感情的交响，再从单纯的感情经过理智的洗练，因是创造出一种完全不同的事物出来，不能不说是绝大的进步。现今人类还不能不忍受许多生物学上定则的束缚，但几千年后，借着科学的能力，也许关于人类的生存和生殖两个问题有着另一的方式，而男女性将变为仅仅是精神上的区别，以彼此的交互影响提高文化的标准，这未不便是梦想，但那时人类当已进化到另一种阶段！

又是胡说。此刻我要出去，暂时不写了。

愿我亲爱的朋友与世无争，自得其乐。做人只有两种取乐之道，一种是忘我，忘了"我"，则一切世间加于"我"的烦恼苦痛皆忘！一种是忘人，忘了"人"，则一切世间的烦恼苦痛皆加不到我的身上。

朱朱 三日

①此信原件上宋清如注：三四年。即 1934 年。

第[073]封 释疑

小弟弟：

你才真傻，我又不问你爱不爱我，不过嚷嚷而已，其实你自己早对我说过了，我何必再问你？这正和我说我爱你一样，都不过是随口唱的山歌。而且你如真爱我，那你一定是个大傻子。（其实你不许我问你是你的自由，我问你也是我的自由，是不是？）

我已有充分的证据证实你生于民国元年岁次壬子，西历一千九百十二年，跟我同年岁，但我比你长三个多月的样子[2]，这是毫无疑义的。说谎即使说得不合情理，至少不要自己露出马脚来才是，你有什么资格叫我弟弟？

我说你解除婚约一回事[3]真不聪明，我承认一切都没有意思，代定婚姻，自由恋爱，以及独身主义三件事的价值同样等于零，因此何不一切随其自然？毕竟你还有点革命精神，不够做一个哲学家（比较起来，我觉得代定婚姻比自由恋爱好些，假如那父母是真有识见而真爱儿女的话，而且即使结果不美满，也可以归咎别人，不似自己上了自己当的有苦说不出）。

我不愿说吴大姐[4]甚么坏话，其实她也没有什么不好，除了太女人气一点，我总没有法子使她了解我，你瞧我如不向她提说你，她便会猜疑我对她不忠实，我如向她提说你，说你很有趣很可爱，她又要生气不快活。当初我什么心腹话都给她说，我对你有了好感第一个便告诉她，她说："可笑！"那时我便伤透了心，我懂不出为什么她跟我做朋友便不可笑，而我跟别人做朋友便可笑。后来我知道她宁愿让我瞒着她跟人家要好而她自己假装不知道，这种态度虽也值得矜怜，但和我的主义太不合了。假如现在有一个人和你发生了很热烈的感情，初知道时我也许有点不快，但如你把他介绍给我以后，我也一定会和他成为好朋友，因为如果我爱你，你爱他，那么照逻辑推下去，我也一定得爱你所爱的人。我跟吴大姐有一个共通的朋友，他比我先跟她有交情，因为他是一个很忠厚而有道德（不像我一样轻狂）的人，已娶了妻子，因此不曾和她走上所谓恋爱的阶段。后来他对我的感情比对她的感情还好，但直到现在他对她都是一样的热情。当初我们三个人都说过彼此以同性朋友看待，我总不以为我跟你交朋友和跟郑天然任铭善交朋友或她跟陈敏学交朋友有什么不同，但这种思想也许只是傻子才会有，她不是傻子，因此不能懂我。说起来很奇怪，在我和她第一年同学的时候，彼此还根本说不上有甚么交情，但已经常有人对我说，"吴大姐很爱你哩，"我当时不过以为人家开我的玩笑，其实我总觉得她不够爱我，她很难得给我说推心布腹的话，一切总是讳莫如深的样子，又常常要生我的气，我知道她是爱我的（现在她一定不肯承认），但那种爱很不能惬合我的心理，因为我要的是绝对没有猜疑的那种交情。

也许我十四下午仍会来杭州。我待你好。

阿弥陀佛

---

①此信原件上宋清如注：1933年。②实际上宋清如出生于1911年7月13日，比朱生豪大半岁许，这里是朱生豪故意要和宋清如拌嘴。③宋清如幼年时娘家曾将她许配过人家，长大后在她的坚持下，退掉了这门亲事。④这里的吴大姐和郑天然、任铭善和陈敏学都是朱生豪在之江大学时的同学。

小弟弟：

你真傻，我又不问你爱不爱我，不过嘻嘻而已，其实你自己早对我说过了，我何必再问你？这正和我说我爱你一样，都不过是随口唱的山歌。而且你如真爱我，那你一定是个大傻子。（其实你不许我问你是你的自由，我问你也是我的自由，是不是？）

我已有充分的证据证实你生于民国元年岁次壬子西历一千九百十二年，跟我同年岁，但我比你长三个多月的样子，这是毫无疑义的。说谎即使说得不合情理，至少不要自己露出马脚来才是，你有什么资格叫我弟弟？

我说你解除婚约一回事真不聪明，我承认一切都没有意思，代定婚姻、自由恋爱以及独身主义三件事的价值同样等于零，何不一切随其自然？毕竟你还有些革命精神，不能做一个（因此）彻底哲学家。（比较起来，我觉得代定婚姻比自由恋爱好些，假如父母是真有识见而能体贴儿女的话，而且即使结果不美满，也可以归咎别人，不似自己上了自己当的有苦说不出）。

我不愿说吴[redacted]甚么坏话，其实她也没有什么不好，除了太女人气一点，我[illegible]没有法子使她了解我，你呢，我如不向她提说你，她便会猜疑我对她不忠实，我如向她提说你，说你很有些很可爱，她又要生气不快活。当初我什么心腹话都给她说，我对你有了好感第一个便告诉她，她说"可笑！"那时我便伤透了心，我懂不出为什么她跟我做朋友便不可笑而我跟别人做朋友便可笑。后来我知道她曾经瞒着我跟人家要好而她自己假装不知道，这种态度我也值得称赞，但我和她的友谊[illegible]太不会了。假如现在有一个人和你发生了很热烈的感情，而知道了我也许有些不快，但如你把他介绍给我认识，我也一定会和他成为好朋友，因为如果我爱你，你爱他，那么照道理

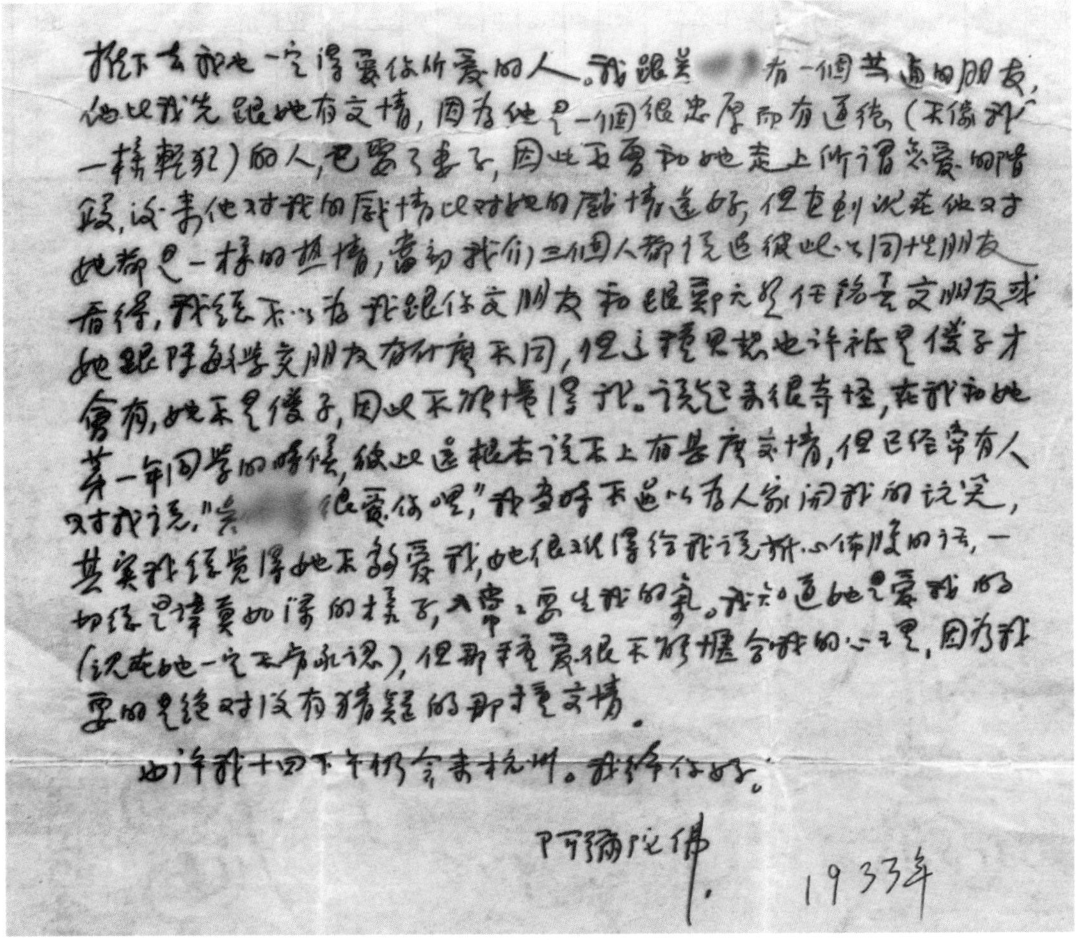
拋下去那也一定得要你所爱的人。我跟吴[illegible]有一個普通的朋友，他比我先跟她有交情，因为他是一個很忠厚而有道德（不像我一樣輕狂）的人，也要了妻子，因此不曾和她走上所谓恋爱的階段，說来他对我的感情比对她的感情还好，但直到现在他对她都是一樣的热情，當初我们三個人都係这彼此之间的朋友看待，我總不以為我跟你交朋友和跟[illegible]交朋友或她跟[illegible]交朋友有什么不同，但这種思想也許祇是傻子才會有，她不是傻子，因此不能懂得我。說起来很奇怪，在我和她第一年同学的時候，彼此還根本說不上有甚麽交情，但已经常有人对我說，"吴[illegible]很爱你呢，"我当時不过以為人家开我的玩笑，其实我總觉得她不會爱我，她很难得给我說[illegible]的話，一切總是[illegible]的様子，大家常常要生我的氣。我知道她是爱我的（我相信她一定不肯承認），但那種爱很不能堪合我的心理，因为我要的是絶对没有猜疑的那種交情。

也許我十四下午仍会来杭州。我祝你好。

阿彌陀佛。

1933年

第[074]封 怅惘

清如：

凄惶地上了火车，殊有死生契阔之悲，这次，怕真是最后一次来之江了。颇思沉浸六个钟头的征途于悲哀里，但旋即为车厢内的嘈杂所乱，而只剩得一个徒然的空虚之怅惘了。八点多钟回到亭子间里，人平安。

你会不会以为我这次又是多事的无聊？我愧不能带给你一点美好的或物，并不能使自己符合你的期望。每次给你看的一个寒伧的灵魂，我实不能不悲哀自己的无望。我没有创造一个新运命的勇气，不，志愿，又不能甘心于忍耐。正同你说的，我惟蕲速死，但苦无死法，人生大可悲观。人云，难得糊涂，虽糊涂的骨子里实具有危险，我苦于不能糊涂。

但只你我的友情存在一天，我便愿意生活一天。如果我有时快乐，那只是你美丽的光辉之返照。我不能设想有一天我会失去你，那是卑劣的患得患失的心理，我知道。我相当的爱我每一个朋友以及熟识的人，可能的话，我也愿爱人生和举世一切的人，但我是绝对的爱你，我相信。我希望这不是一个盲目的冲动，我该不能再受感情的欺骗了。

这次给我一个极度美丽的记忆，我不能不向你致无量感激敬爱之忱。我害怕我终不会成为你的一个真的好朋友，因我是一个不好的人，但我愿意努力着，只要你不弃绝我。

谁知道我们以后还会不会会见了！哀泣着的是这一个失去了春天的心。春天虽然去了，还能让它做着春天的梦吗？虽然是远隔着，在梦里我不愿离开你，永远。

愿你真的快乐，好人！

朱 十八夜

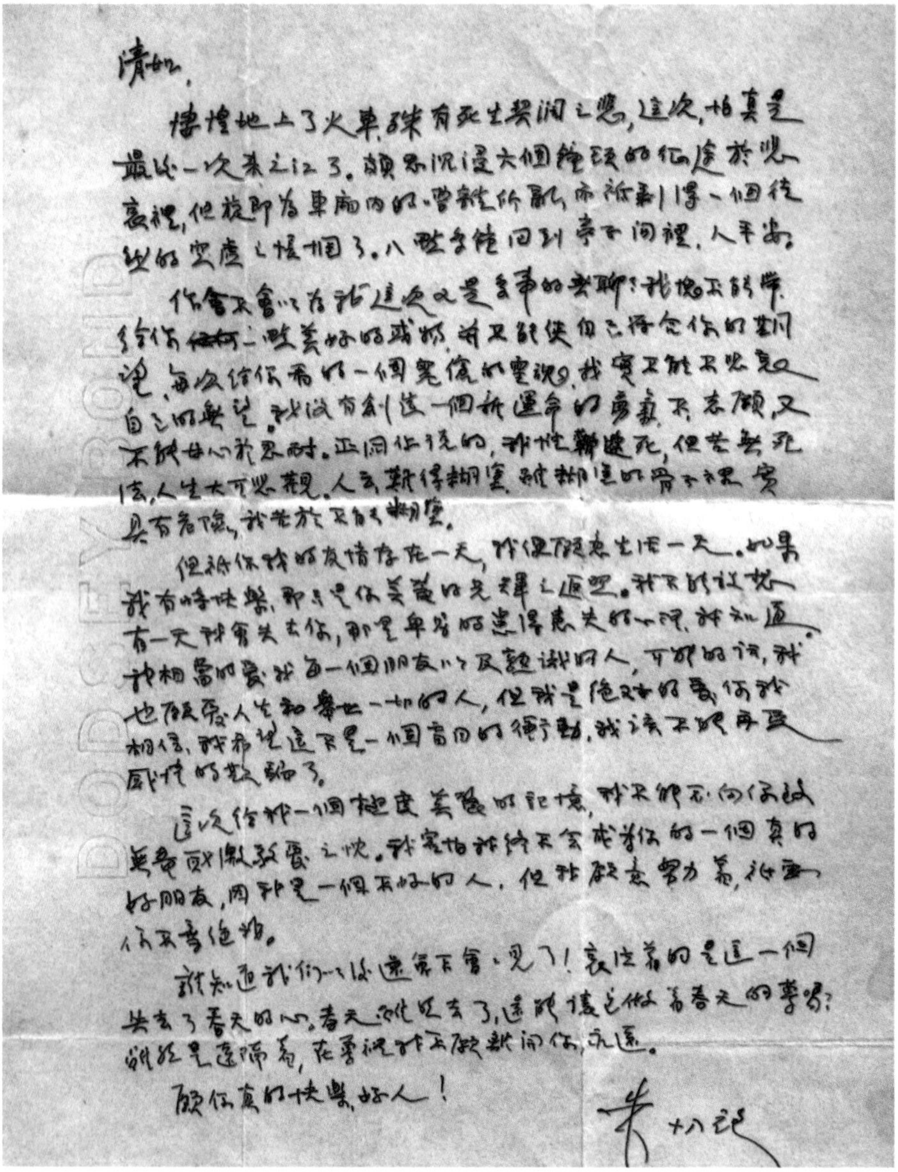

第[075]封 有你

阿宋：

今天是星期，你猜想我很无聊吧？无聊是有些的，还不难过。我心里有歌唱，有希望，有你。

昨天回来，看完了顽童汤姆莎耶的故事，唱唱歌，很高兴，不曾忘记你。夜里做乱梦，姑母赶来上海责我在外面游荡，很怨。在把三年来的新旧诗词整理抄集起来，约有三百面光景，你看过的居多，等你来的时候，托你代我保存。

朱

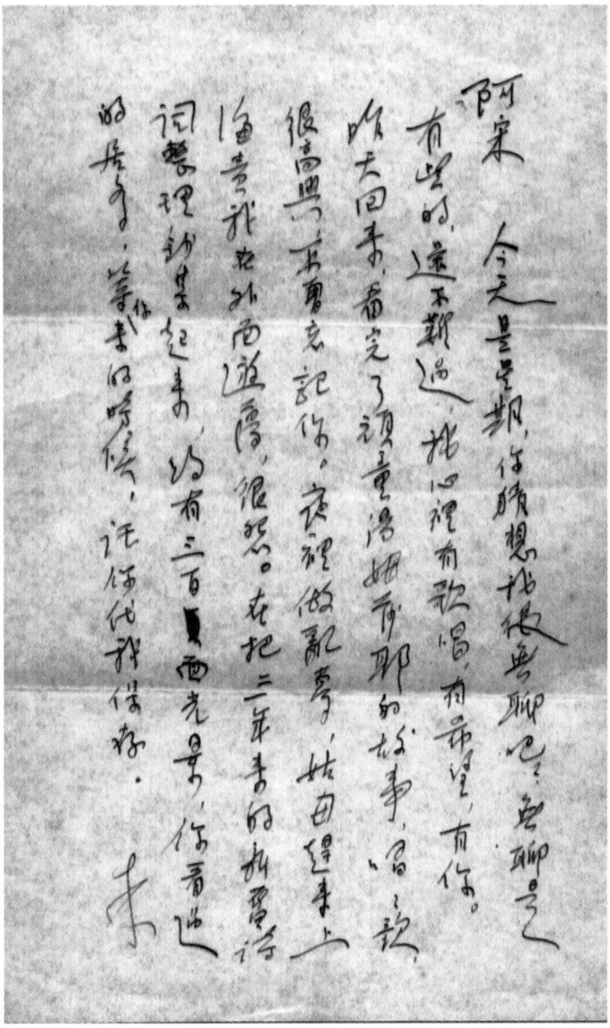

阿宋

今天是星期，你猜想我很無聊吧？無聊是有些的，還不難過。我心裡有歌唱，有希望，有你。昨天回來，看完了頑童湯姆莎耶的故事，唱唱歌，很高興，不曾忘記你。夜裡做亂夢，姑母趕來上海責我在外面遊蕩，很怨。在把三年來的新舊詩詞整理鈔集起來，約有三百面光景，你看過的居多，等你來的時候，託你代我保存。

朱

第[076]封 评词

一半儿词做得不好，咏秋海棠，其实也等于不曾咏，没有奇警的作意或深沉的寄慨，把笔尖绕来绕去也总脱不了稚嫩的闺秀气。冷露两字不叶律，当全用平声字，把全句改作“一半儿飘零一半儿红”，不知好不好。

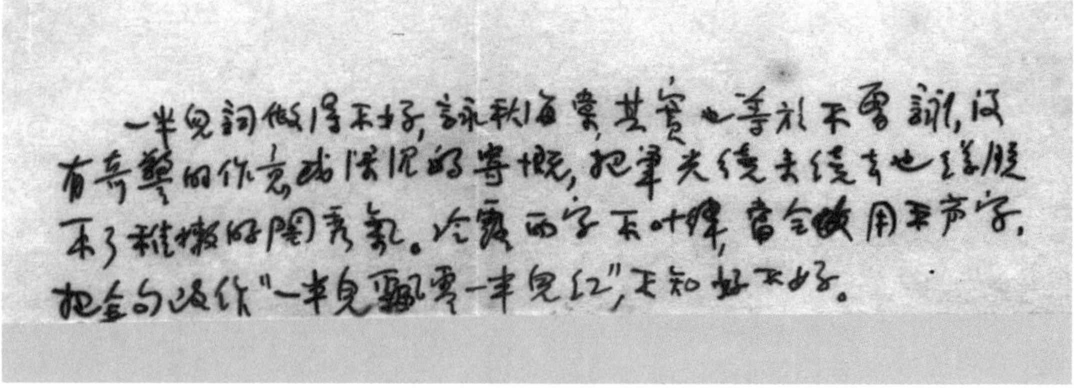
一半儿词做得不好，咏秋海棠其实也并不要咏，没有奇警的作意或深沉的寄慨，把笔尖绕去绕去也总脱不了稚嫩的闺秀气。冷艳两字不叶韵，当全改用平声字，把全句改作"一半儿飘零一半儿红"，不知好不好。

第[077]封 乏味

好人：

挨过了一个无聊的聚餐，回到斗室里剥去衣裳（我不想对你讲究无聊的礼貌，一定要衣冠端正而写信），便在纸上写上了好人两个字，这光景正像受了委屈的孩子扑到娘怀里便哇的一声哭起来一样，除了这我也想不出什么安慰自己的办法了。

委屈是并没有什么委屈，不过觉得乏味得很，跟别人在一起的时候，我总是格外厌世的。今晚是本级在上海的同学欢送陈尧圣出国，虽然都是老同学，我却觉得说不出的生疏；坐在那里，尽可能地一言不发，如果别人问我什么，便用最简短的字句回答，能用点头摇头或笑笑代替则以之代替。我总想不出人为什么要讲那些毫无意义毫无必要的"你好"、"忙不"、"放假了没有"、"几时来拜访"、"不敢当，请过来玩玩"一类的话。

只有你好像和所有的人完全不同，也许你不会知道，我和你在一起时较之和别人在一起时要活泼得多。与举世绝缘的我，只有你能在我身上引起感应。

建筑月刊从最近期定起，计洋五元六角，定单上的5字写得不大容易辨认，故再写一笔，免得查问。

我爱你永远爱不完，愿蚊子不要叮你。

朱 廿七

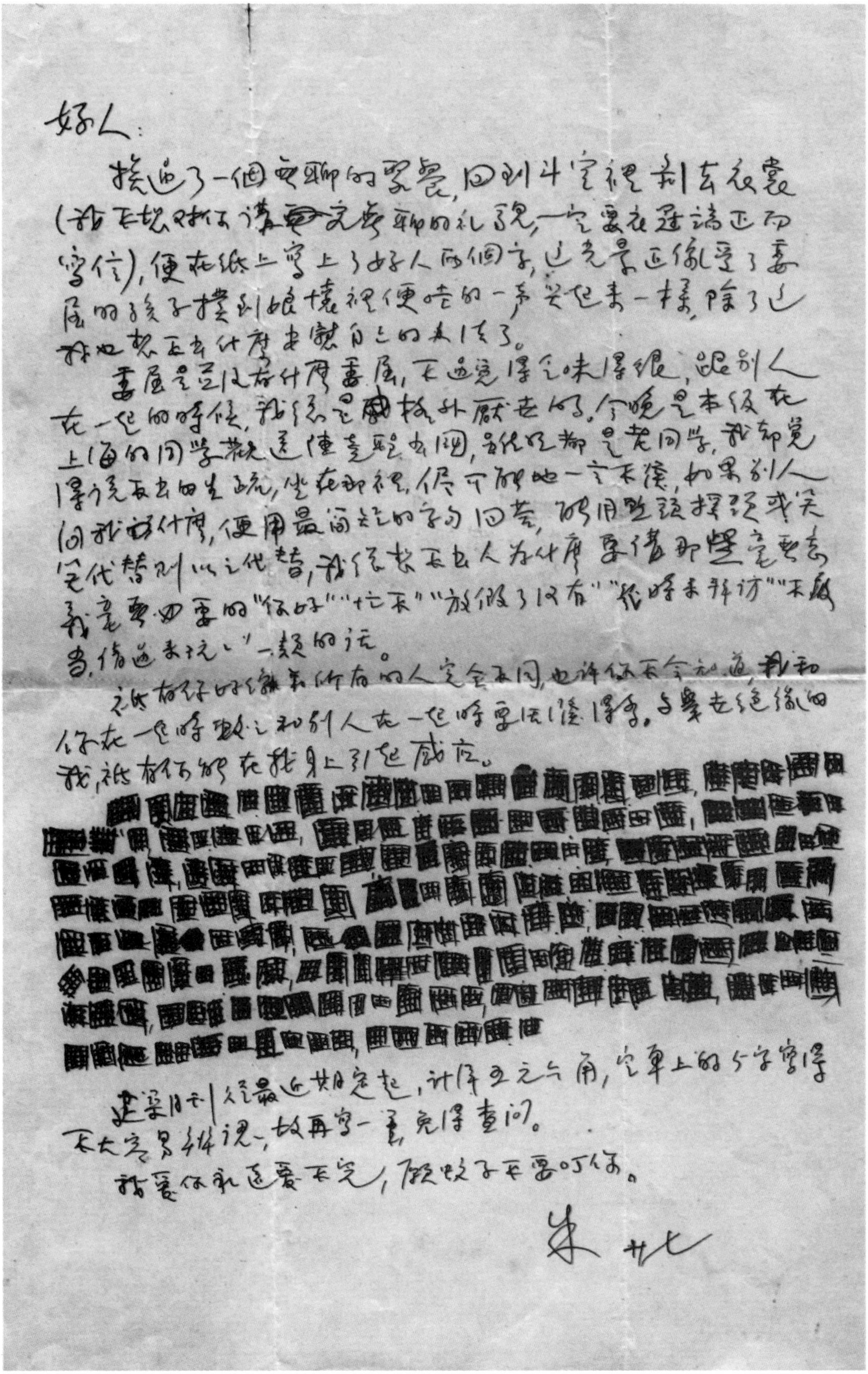

好人：

捱過了一個無聊的宴會，回到斗室裡剝去衣裳（我不能對你講究無聊的禮貌，一定要在這請正兩字位），便在紙上寫上了好人兩個字，這光景正像受了委屈的孩子撲到娘懷裡便哇的一聲哭起來一樣，除了這我也想不出什麼來慰自己的[illegible]了。

委屈是沒有什麼委屈，不過覺得乏味得很，跟別人在一起的時候，我總是躲在局外默看的。今晚是本級在上海的同學歡送陳[illegible]出國，雖然都是老同學，我卻覺得[illegible]生疏，坐在那裡，儘可能地一言不發，如果別人問我些什麼，便用最簡短的字句回答，能用點頭搖頭或笑容代替則以之代替，我總想不出人為什麼要借那些毫無意義毫無需要的"你好""忙不""放假了沒有""幾時來拜訪""不敢當，借過來玩玩"一類的話。

祇有你好像和所有的人完全不同，也許你不會知道，我和你在一起時默默和別人在一起時要活潑得多。與[illegible]絕緣的我，祇有你能在我身上引起感應。[redacted]

建築月刊從最近期訂起，計洋五元六角，定單上的字寫得不大容易辨認，故再寫一遍，免得查問。

我要你永遠愛不完，懶煞了不要叮你。

朱 廿七

第[078]封 发明

二姊已经睡得好好的了，小弟刚看卓别麟回来，胡闹得有趣。

雁歌暝归霞　楼凤惨瘗残　屏墨香尘老　轻灯舞往还
宿酒愁难却　旅尘染鬓寒　临江慵写黛　病却盼花残
素缕委尘白　软绡染水红　春归絮舞苦　花老燕飞慵
千里无情月　尚临别梦明　断魂残酒后　掩泪倚青灯
——拼字集句成四首

这玩意儿是我发明的，即是把一些诗词抄在纸上，然后一个一个字剪下来，随意把各字拼凑成一些不同的诗句，如上例。很费心思，你一定不耐烦试。然而我待你好。

廿八夜　爱丽儿

我想要是世上有一个人，比你更要好得多，而且比你更爱我，那么我一定会忘了你的。不过那是谎话，如果真有那样一个人，我一定要咒诅那人，因为比你更好，即是不好。而且我为什么要人爱我呢？你倘不待我好我也一样待你好，除了你之外，我不许任何人待我好，但你待不待我好全随你便。

如果我忘了你，你会不会“略为有一点”伤心呢？我知道你一定会说“绝不！”为着这缘故，我更不肯忘了你，因为一个人如被人遗忘了而一点不伤心，这表示那忘记她的人对她会不值一个大，这是何等的侮辱呢。

莫名其妙的，日常我觉得我很难看，今天却美了一些。

你的鼻子有些笨相，太大一点，你试照照镜子看，你的眼睛最美，那么清澈而聪明，眉毛的表情也可爱。脸孔的全部轮廓，在沉静和愠怒时最好看，笑起来时，却有些凄惶相。是不是胡说呢？你的手跟你写的字一样太不文雅，不过仍然是女性的，令人怜疼，想要吻吻它们。

廿九晨

二姊已經睡得好好的了，小弟剛看卓別麟回來，胡鬧得有趣。

雁啟暝綠霞　樓風燈塵殘　屋寒香塵老　輕烟暮杜遠
宿回暮晚鄉　枕塵紫燕寒　臨江墻空登　霜劫斷花殘
雲綠香塵白　軟綃紫水紅　春綠紫氣老　衣光玉飛墻
千里無情月　尚臨別夢明　斷魂殘雨風　掩隔倚春燈

——拼字集句成四首

這玩意兒是我發明的，即是把一些詩詞抄在紙上，然後一個一個字剪下來，隨意把各字拼湊成一些不同的詩句，如上例。很覺有意思，你一定不耐煩試。然而我待你好。[redacted]！

廿八夜，愛麗兒。

我想要是世上有一個人，比你更好更美，而且比你更愛我，那麼我一定會忘了你的。不過那是謊話，如果真有那樣一個人，我一定要咒詛那人，因為比你更好即是不好。而且我為什麼要人愛我呢？你即使不待我好我也一樣待你好，除了你之外，我不許任何人待我好，但你待不待我好全隨你便。

如果我忘了你，你會不會略為有一些傷心呢？我知道你一定會說，"絕不！"為着這緣故，我更不肯忘了你。因為一個人如被人遺忘了而一點不傷心，這表示那忘記她的人對她全不值一個大，這是何等的侮辱呢。

莫名其妙的，日常我覺得我很難看，今天卻美了一些。

你的鼻子有些笨相，太大一點，你試照照鏡子看。你的眼睛最美，那麼清澈而聰明，眉毛的表情也可愛。臉孔的全部輪廓，在沉靜和惺忪時最好看，笑起來時，卻有些傻里相。是不是胡說呢？你的手跟你寫的字一樣秀麗文雅，不過仍然是女性的，令人憐愛，想要吻吻它們。

廿九晨

第[079]封 感觉

宋：

信不知怎样写法。有时我常惭愧我自己，也会觉得我不配作你的朋友，有时。

我本来不算生病，人照常好。我想我并不太苦，也许有点太幸福，我想。

在这世上，比宋再好的人，我想是没有了。

今天不放假也好。天仍是阴，心里仍是闷。但无论如何，我算在友情里（可不可以说你的？）找到了活在世上的意义，寂寞实在是够人耐的。让我永远想望那一点天外的星光过活，纵便看不见他，在梦里我要给他无数吻。

我们人类的感觉，许多是在自己的感觉里夸张了的，我们正也需要这类的夸张。

愿你有一切的快乐，我是你的。

朋友 五日

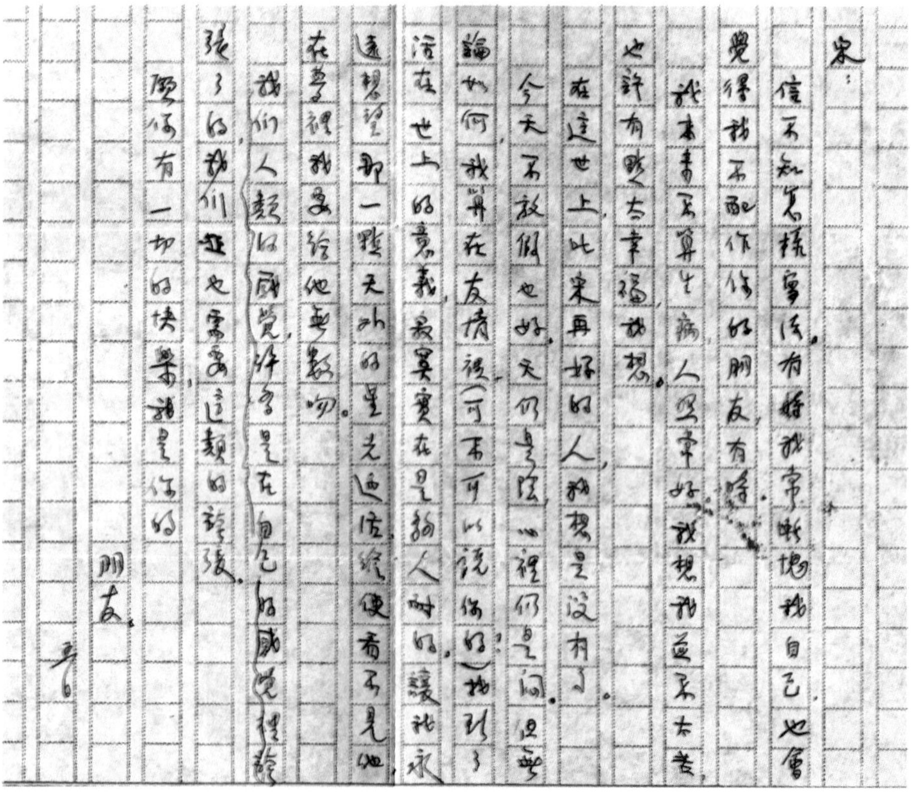

宋：

信不知怎樣寫法，有時我常慚愧我自己，也會覺得我不配作你的朋友，有時。

我本來不算生病，人照常好，我想我並不太苦，也許有點太幸福，我想。

在這世上，比宋再好的人，我想是沒有了。

今天不放假也好，天仍是陰，心裡仍是悶。但無論如何，我算在友情裡（可不可以說你的）找到了活在世上的意義，寂寞實在是夠人耐的。讓我永遠想望那一點天外的星光過活，縱便看不見他，在夢裡我要給他無數吻。

我們人類的感覺，許多是在自己的感覺裡誇張了的，我們正也需要這類的誇張。

願你有一切的快樂，我是你的

朋友。

五日

第[080]封 借钱

祖母大人：

请借给我五块钱，好久以后还你。

请讲个故事给我听，Once upon a time there was a king[①]。

请不要哭。

请待我好。

出须官官 十七

①英文，意思为“从前有一个国王”。

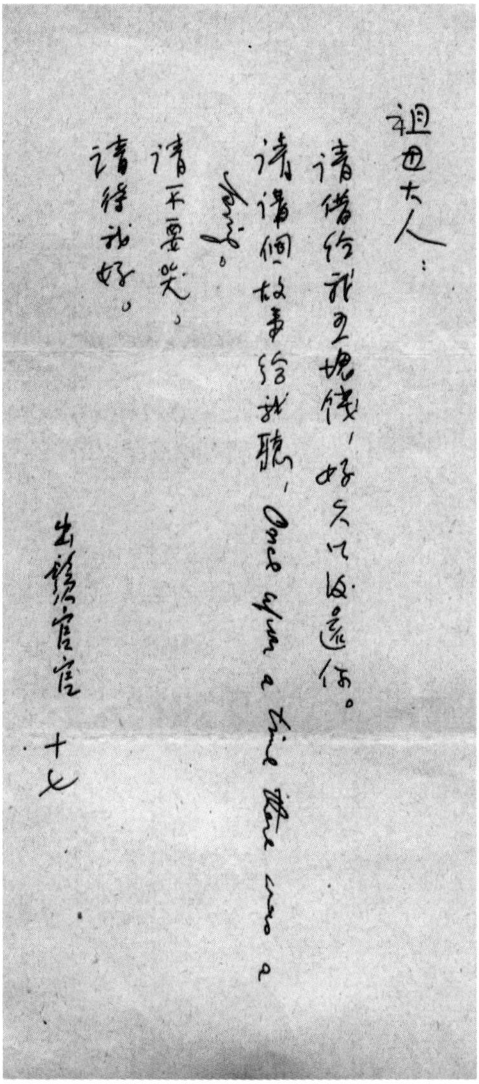

第[081]封 作诗[①]

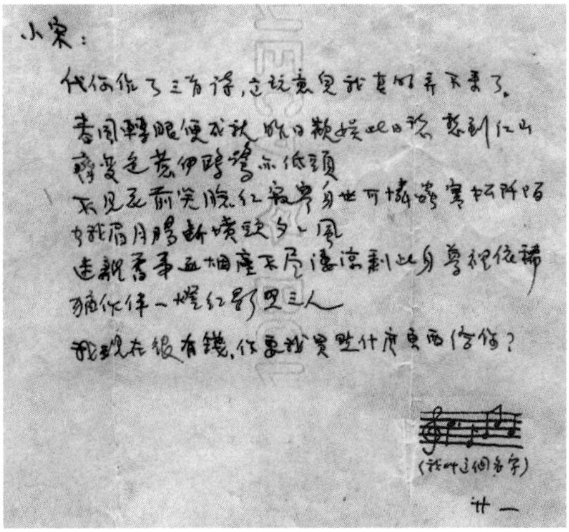

小宋：

代你作了三首诗，这玩意儿我真的弄不来了。

春风转眼便成秋
昨日欢娱此日愁
愁到江山齐变色
惹伊鸥鹭亦低头

不见花前笑脸红
寂寥身世可怜虫
寒松阡陌娥眉月
肠断坟头夕夕风

迷离旧事逐烟尘
不尽凄凉剩此身
梦里依稀犹作伴
一灯红影照三人

我现在很有钱，你要我买点什么东西给你？

（我叫这个名字）

廿一

①此信原件上宋清如注：1934年。

第[082]封 丧气[1]

好人：

你简直是残忍，一天难挨过似一天，今天我卜过仍不会有你的信来。我渴想拥抱你，对你说一千句温柔的蠢话， 然这样的话只能在纸上我才能好意思写写， 即使在想像中我见了你也将羞愧而低头，你是如此可爱而残忍。

我决定这封信以情书开头，因此就有如上的话，但这写法于我不大合适，虽则我是真的爱你，如同我应该爱你一样。

如果到三十岁我还是这样没出息， 我真非自杀不可。所谓有出息不是指赚三百块钱一月，有地位有名声这些。常常听到人赞叹地或感慨地说，“什么人什么人现在很得法了”， 我就不肚热那种得法，我只要能自己觉得自己并不无聊就够了。像现在这样子，真令人丧气。读书时代自己还有点自信和骄矜，而今这些都没有了，自己讨厌自己的平凡卑俗， 正和讨厌别人的平凡卑俗一样， 趣味也变低级了，感觉也变滞钝了。从前可以凭着半生不熟的英文读最艰涩的 Browning[2]的长诗， 而得到无限的感奋，现在见了诗就头痛，反之有时看到了那些又傻又蠢气的电影，倒要流流眼泪，那时我便要骂我自己，“你看看你这个无聊的家伙，有什么好使你感动的呢，那些无灵魂的机械式的表演？”真的我并不曾感动，然而我却感动了。一个人可以和妻子离婚，但永远不能和自己脱离关系，我是多么讨厌和这个无聊的东西天天住在一个躯壳里！如果我想逃到你的身边，他仍然紧跟着我，因此我甚至不敢来看你，因为不愿带着他来看你。我多么想回到我们在一处作诗（不管是多么幼稚）的“古时候”，我一生中只有那一年是真的快乐，真的满足，满足自己也满足世界， 除了太过渺茫了的我的童年， 那还是太古以前的事，几乎是不复能记忆的了。

你知道火炉会使人脸孔变惨白，但你不知道人即使在火炉旁也会冻死的， 如果有人不理他。杭州已下雪了，这里只有雨，那种把人灵魂沾满了泥泞的雨。冬天唯一的好处是没有臭虫， 夜里可以做梦，虽然我的梦也生了锈了。

寄与你一切的思慕。

朱儿

①此信原件上宋清如注：1934 年冬。 ② Browning：勃郎宁，19 世纪英国诗人。

好人：

你簡直是笨透，一天說接連你一天，今天我以為你不會有你的信來。我渴想擁抱你，對你說一千句溫柔的蠢話，但這樣的話祇能寫在紙上我才覺好意思寫，即使在想像中我見了你也將羞愧而低頭，你是如此可愛而笨透。

我決定這封信以情書開頭，因此就有如上的話，但這種體裁似乎不大合式，就好比我甚的愛你，如同我應該愛你一樣。

如果到三十歲我還是這樣沒出息，我真非自殺不可。所謂有出息不是指賺三百塊錢一月，有地位有名聲之謂，要是聽到人驚嘆地感慨地說，"什麼人什麼人現在很得法了，"我就不眼熱那種得法，我只要我自己覺得自己並不無聊就夠了。像現在這樣子，真令人喪氣，讀書時代自己還有點自信和驕傲，而今這些都沒有了，自己討厭自己的平凡卑俗，正如討厭別人的平凡卑俗一樣。趣味也變低級了，感覺也變遲鈍了。從前可以啃幾本艱深的英文詩，最難讀的Browning的長詩，而得到無限的感奮，現在見了詩便頭痛，從前有時看到了那些又傻又蠢的電影，倒要流流眼淚，那時我便要罵我自己，"你看看你這個無聊的傢伙，有什麼好使你感動的呢，那些無靈魂的機械式的表情？"真的我是不要感動，然而我卻感動了。一個人可以和妻子離婚，但永遠不能和自己脫離關係，我是多麼討厭和這個無聊的東西天天住在一個軀殼裏！如果我想逃出到你的身邊，他仍然要跟着我，因此我甚至不敢去看你，因為不願帶着他來看你。我多麼想回到我們在一處作詩（不管是多麼幼稚）的"古時候，"我一生中只有那一年是真的快樂，真的偉大，偉大得自己也偉大得世界，除了太過浪費了好好的我的黃金年，那是已太久以前的事，幾乎已不復能記憶了。

你知道火爐會使人臉孔變得白，但你不知道人即使在火爐旁也會凍死的，如果有人不理他。杭州已下雪了，這裏只有雨，那種把人靈魂浸濕了似的雨。冬天唯一的好處是夜很長很長，夜裡可以做夢，雖然我的夢也老了舊了。

寄與你一切的思慕。

朱兒 1934冬

第[083]封 年龄

清如：

元旦早上到家，过了两夜，今晚回上海，读了你的信，很快活。

家里当然并没有趣儿，来了几个客人，吃吃东西发发闷，想给你写信也没心思，一半因为没有钢笔墨水我写不出。夜里仍做些梦，都不记得了，今天早上睏晏觉，在被中想想你，曾经哭哭，不是为伤心或相思得苦，只是无聊而已。

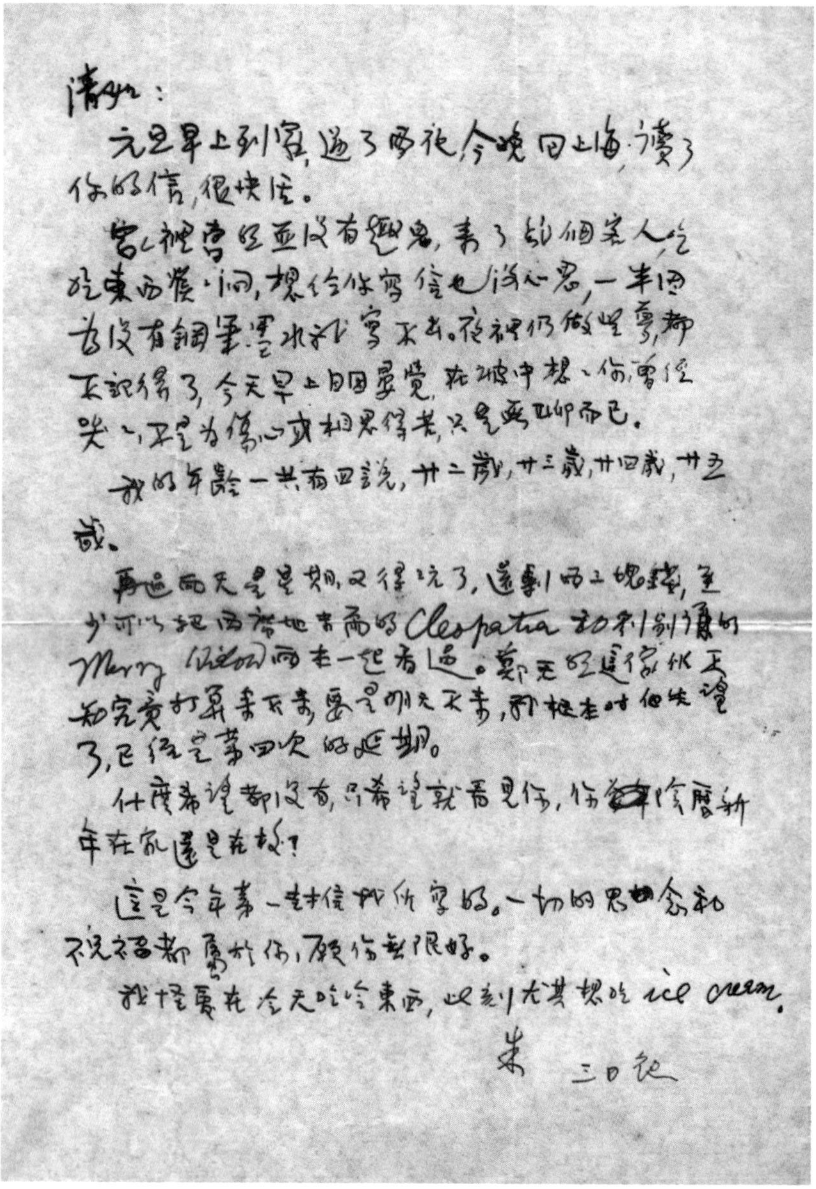

清如：

元旦早上到家，過了兩夜，今晚回上海，讀了你的信，很快活。

家裡當然並沒有趣兒，來了幾個客人，吃吃東西發發悶，想給你寫信也沒心思，一半因為沒有鋼筆墨水我寫不出。夜裡仍做些夢，都不記得了，今天早上睏晏覺，在被中想想你，曾經哭哭，不是為傷心或相思得苦，只是無聊而已。

我的年齡一共有四說，廿二歲，廿三歲，廿四歲，廿五歲。

再過兩天是星期，又得忙了，還剩一兩塊錢，至少可以把兩部他寄來的Cleopatra和剛剛讀的Merry Widow兩本一起看過。鄭天然這傢伙不知究竟打算來不來，要是明天不來，那根本對他失望了，已經是第四次的延期。

什麼希望都沒有，只希望就看見你，你陰曆新年在家還是在校？

這是今年第一封信我所寫的。一切的思念和祝福都屬於你，願你[illegible]很好。

我怪喜歡在冬天吃冷東西，此刻尤其想吃ice cream.

朱 三日夜

我的年龄一共有四说，廿二岁，廿三岁，廿四岁，廿五岁。

再过两天是星期，又得玩了，还剩两三块钱。至少可以把西席地米尔的*Cleopatra*①和刘别谦的*Merry Widow*②两本一起看过。郑天然这家伙不知究竟打算来不来，要是明天不来，我根本对他失望了，已经是第四次的延期。

什么希望都没有，只希望就看见你，你阴历新年在家还是在校？

这是今年第一封信我所写的。一切的思念和祝福都属于你，愿你无限好。

我怪爱在冷天吃冷东西，此刻尤想吃ice cream。

朱 三日夜

① Cleopatra：影片名，当时译为《倾国倾城》，现在译为《埃及艳后》，讲述古埃及女王克莉奥佩特拉七世的生平艳事。 ② Merry Widow：《风流寡妇》，影片名。

第[084]封 阿Q

宋：

今夜我非常口渴。

从前有一个阿Q式的少年，某个女郎是他的爱人，但他并不是她的爱人，因此你可以知道他们的是一种什么关系。然而他是个乐观的人，他说，她不过是嘴里说不爱我，其实心里是很爱很爱的；因此他非常幸福地生活下去，直到有一天她把他完全冷淡了。他说，真的爱情是渊默的，真的热力是内燃的，而外表像是蒙上一重冰冷的面幕；因此他仍然非常幸福地生活下去，直到有一天她嫁了人了。他说，爱不是占有，无所用妒嫉而失望，而且她嫁人是一回事，爱我又是一回事，她的心是属于我的；因此他仍然非常幸福地生活下去，时时去访候她，直到因为太频繁了而一天被飨闭门羹。他说这是因为她要叫我不要做傻子，既然我们的灵魂已经合成一体，这种形式上的殷勤完全是无谓而多事的；因此他仍然非常幸福地生活下去，直到老死，梦想着在天堂里和她在一起。横竖天堂并没有这回事，只要生前自己骗得过自己，便是精神上的胜利了。我说这样的人，非常受用。

真是从心底里感谢你给我的那两张照片，取景、位置、光线，都很好，那女郎可爱极了，你愿不愿为我介绍？看她的样子很聪明，很懂事，而且会做诗，也许很凶（？）

读书要头痛，最好的办法，就是不读，等不痛的时候再读。可惜你不多跟我在一起，对于应付功课债方面我是顶在行的，在大考的时候，我惯是最悠闲

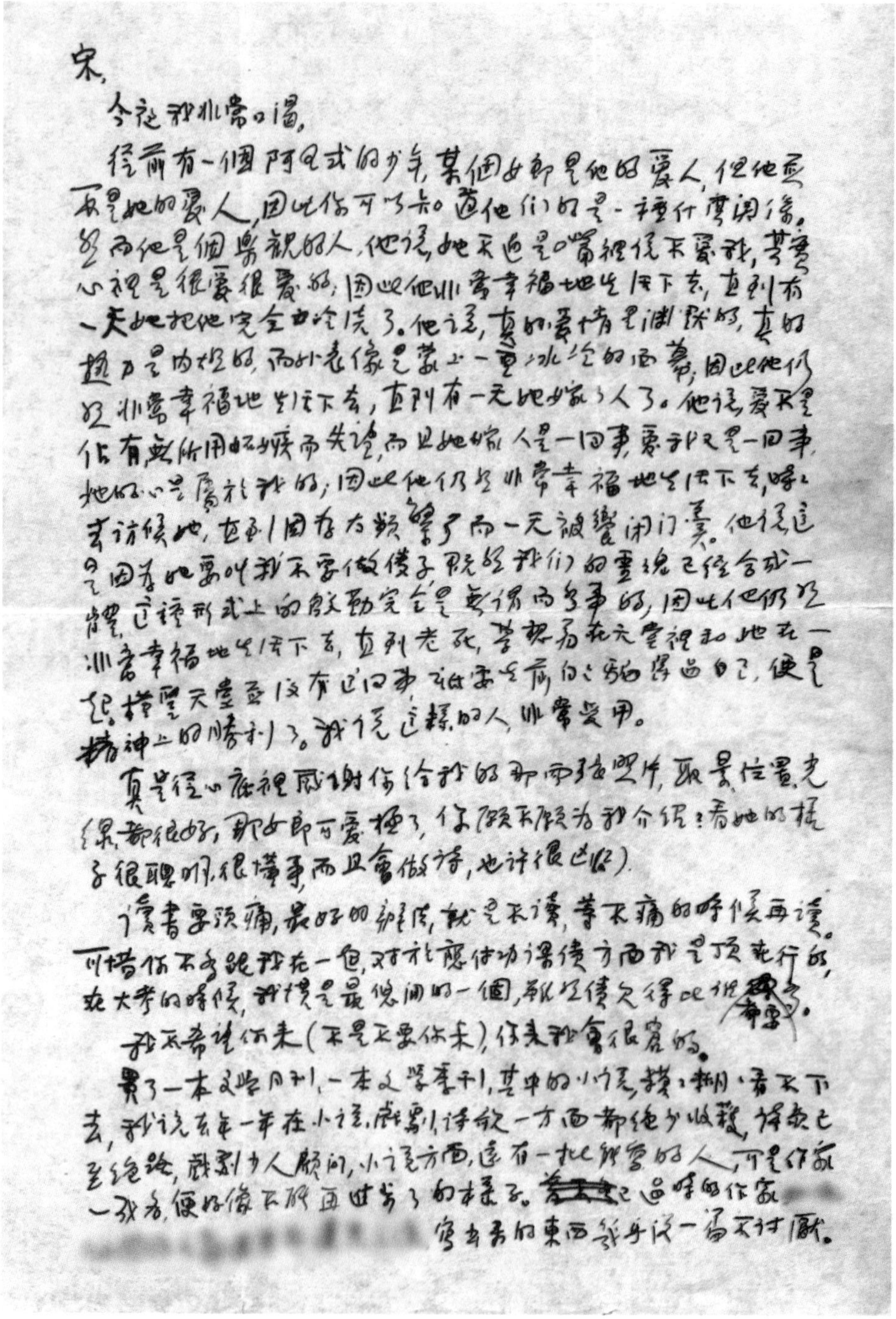
宋，

今天我非常口渴，

从前有一个阿Q式的少年，某个女郎是他的爱人，但他並不是她的爱人，因此你可以知道他们的是一种什么关系。然而他是个乐观的人，他说，她不过是嘴里说不爱我，其实心里是很爱很爱的，因此他非常幸福地生活下去，直到有一天她把他完全忘记了。他说，真的爱情是沉默的，真的热力是内蕴的，而外表像是蒙上一重冰冷的面幕，因此他仍旧非常幸福地生活下去，直到有一天她嫁了人了。他说爱不是占有，无所用其嫉妒和失望，而且她嫁人是一回事，爱我又是一回事，她的心是属于我的，因此他仍旧非常幸福地生活下去，嗳嗳，去访候她，也因为太频繁了而一天被赏闭门羹。他说这是因为她要叫我不要做傻子，既然我们的灵魂已经合成一体，这种形式上的殷勤完全是无谓而多事的，因此他仍旧非常幸福地生活下去，直到老死，梦想着在天堂里和她在一起。总想天堂並没有这回事，能够欺骗自己骗得过自己，便是精神上的胜利了。我说这样的人，非常受用。

真是从心底里感谢你给我的那两张照片，取景位置光线都很好，那女郎可爱极了，你愿不愿为我介绍介绍？看她的样子很聪明，很懂事，而且会做诗，也许很凶的）。

读书要头痛，最好的办法，就是不读，等不痛的时候再读。

可惜你不能跟我在一起，对于应付功课债方面我是顶老行的，在大考的时候，我总是最悠闲的一个，虽然债欠得比谁都要多。

我不希望你来（不是不要你来），你来我会很窘的。

买了一本文学月刊，一本文学季刊，其中的小说，模模糊糊看不下去，我说去年一年在小说，戏剧，诗歌一方面都绝少收获，诗歌已至绝路，戏剧少人顾问，小说方面，还有一批能写的人，可是作家一成名，便好像不能再进步了的样子。过时的作家写出来的东西几乎没一篇不讨厌。

的一个，虽然债欠得比谁都要多。

我不希望你来（不是不要你来），你来我会很窘的。

买了一本《文学月刊》，一本《文学季刊》，其中的小说，模模糊糊看不下去，我说去年一年在小说、戏剧、诗歌一方面都绝少收获，诗歌已至绝路，戏剧少人顾问，小说方面，还有一批能写的人，可是作家一成名，便好像不能再进步了的样子。过时的作家写出来的东西几乎没一篇不讨厌。

前夜去看《风流寡妇》影片，我不曾看过《璇宫艳史》，很抱歉，刘别谦的作品一部也不曾看过，我以为一定是很好的，至少在技巧上画面上，不能怎样说它坏。但希望过奢，不免有些失望。故事不算不发松，不知为什么总觉得很空虚，不似《云台春锁》那样讽嘲得泼辣淋漓。歌舞场面的富丽，则别的影片如《奇异酒店》等中也已见过。希佛莱我本来相当的欢喜的，虽则他不是美少年，这里仍然是他的顽皮。但麦唐纳在任何一方面都不能使我满意，第一她完全不美，不动人，简直有些难看，第

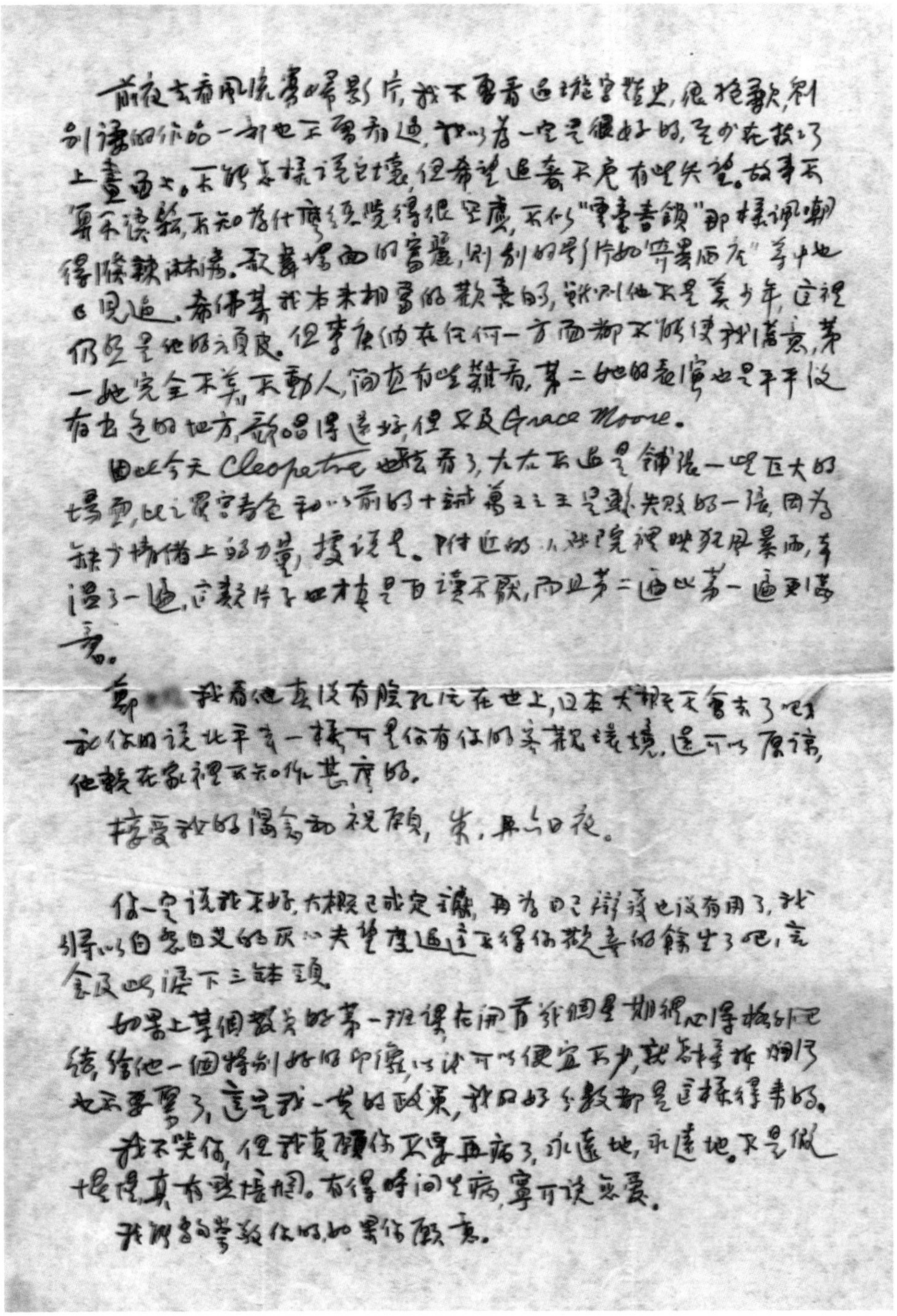

前夜去看風流寡婦影片，我不曾看過璇宮艷史，很抱歉，劉別謙的作品一部也不曾看過，我以為一定是很好的，至少在技巧上畫面上，不能怎樣說它壞，但希望過奢，不免有些失望。故事不算不鬆懈，不知為什麼總覺得很空虛，不似"雲臺春鎖"那樣諷嘲得潑辣淋漓。歌舞場面的富麗，則別的影片如"奇異酒店"等中也已見過。希佛萊我本來相當的歡喜的，雖則他不是美少年，這裡仍然是他的頑皮。但麥唐納在任何一方面都不能使我滿意，第一她完全不美，不動人，簡直有些難看，第二她的表演也是平平沒有出色的地方，歌唱得還好，但不及Grace Moore。

因此今天Cleopatra也該看了，大而不過是鋪張一些巨大的場面，比之羅宮春色和以前的十誡萬王之王是最失敗的一張，因為缺少情緒上的力量，據說是。附近的小戲院裡映狂風暴雨，去溫了一遍，這數片子如此才真是百讀不厭，而且第二遍比第一遍更滿意。

鄭[redacted]我看他真沒有臉孔活在世上，日本大概不會去了吧，和你的說北平去一樣，不是你有你的客觀環境，這可以原諒，他賴在家裡不知作甚麼的。

接受我的憂念和祝願，朱，卅六日夜。

你一定說我不好，大概已成定讞，再為自己辯護也沒有用了，我將以自怨自艾的灰心失望度過這不得你歡喜的餘生了吧，完全反此湛下三昧頭。

如果上某個教員的第一班課在開首那個星期裡心得極好的話，給他一個特別好的印像，以後可以便宜不少，就為棒棍也不要買了，這是我一貫的政策，我的好分數都是這樣得來的。

我不笑你，但我真願你不要再病了，永遠地，永遠地。不是做慢慢真有點擔憂。有得時間生病，寧可談戀愛。

我們當的學教你的，如果你願意。

二她的表演也是平平，没有出色的地方，歌唱得还好，但不及 Grace Moore[①]。

因此今天 *Cleopatra* 也不去看了，左右不过是铺张一些巨大的场面，比之《罗宫春色》和以前的《十诫》、《万王之王》是较失败的一张，因为缺少情绪上的力量，据说是。附近的小戏院里映《狂风暴雨》，去温了一遍，这类片子才真是百读不厌，而且第二遍比第一遍更满意。

郑 × × 我看他真没有脸孔活在世上，日本大概不会去了吧？和你的说去北平一样，可是你有你的客观环境，还可以原谅，他赖在家里不知作甚么的。

接受我的渴念和祝愿。

朱 六日夜

你一定说我不好，大概已成定谳，再为自己辩护也没有用了，我将以自怨自艾的灰心失望度过这不得你欢喜的余生了吧，言念及此，泪下三钵头。

如果上某个教员的第一班课，在开首几个星期里，必得格外巴结，给他一个特别好的印象，以后可以便宜不少，就怎样拆烂污也不要紧了，这是我一贯的政策，我的好分数都是这样得来的。

我不笑你，但我真愿你不要再病了，永远地，永远地。不是假惺惺，真有点怅惘。有得时间生病，宁可谈恋爱。

我能够崇敬你的，如果你愿意。

① Grace Moore：格雷丝 · 摩尔，一演员名。

第[085]封 不该

清如仁姊大人芳鉴：

我希望你能再稍为待我好一些，这对我本无关系，因为我是个死人，随人家怎样待我都是一样，所以如此希望你者，不过为着你良心上的安宁起见而已，将来末日审判的时候，也庶几可以无疚于圣父圣子圣灵之前。

举今天的事情来说，我抱着万一的希望奔到了汽车站，迟了七步半，废然而归，本来希望只是万一，因此失望也只是万一，所有的损失，也不过是半身臭汗、一顿中饭、二角车钱、三刻钟迟到而已，但告诉了你，你岂不要不安乎？

你瞧，你如不希望我来看你，就不该告诉我时刻，告诉我时刻，就表示你的不希望我来看你并无诚意，此足下之一不该也；你如不愿见我，就不该特地从上海过有心逗我气恼，此足下之二不该也；你应该早一点发信或再迟一点发信，偏

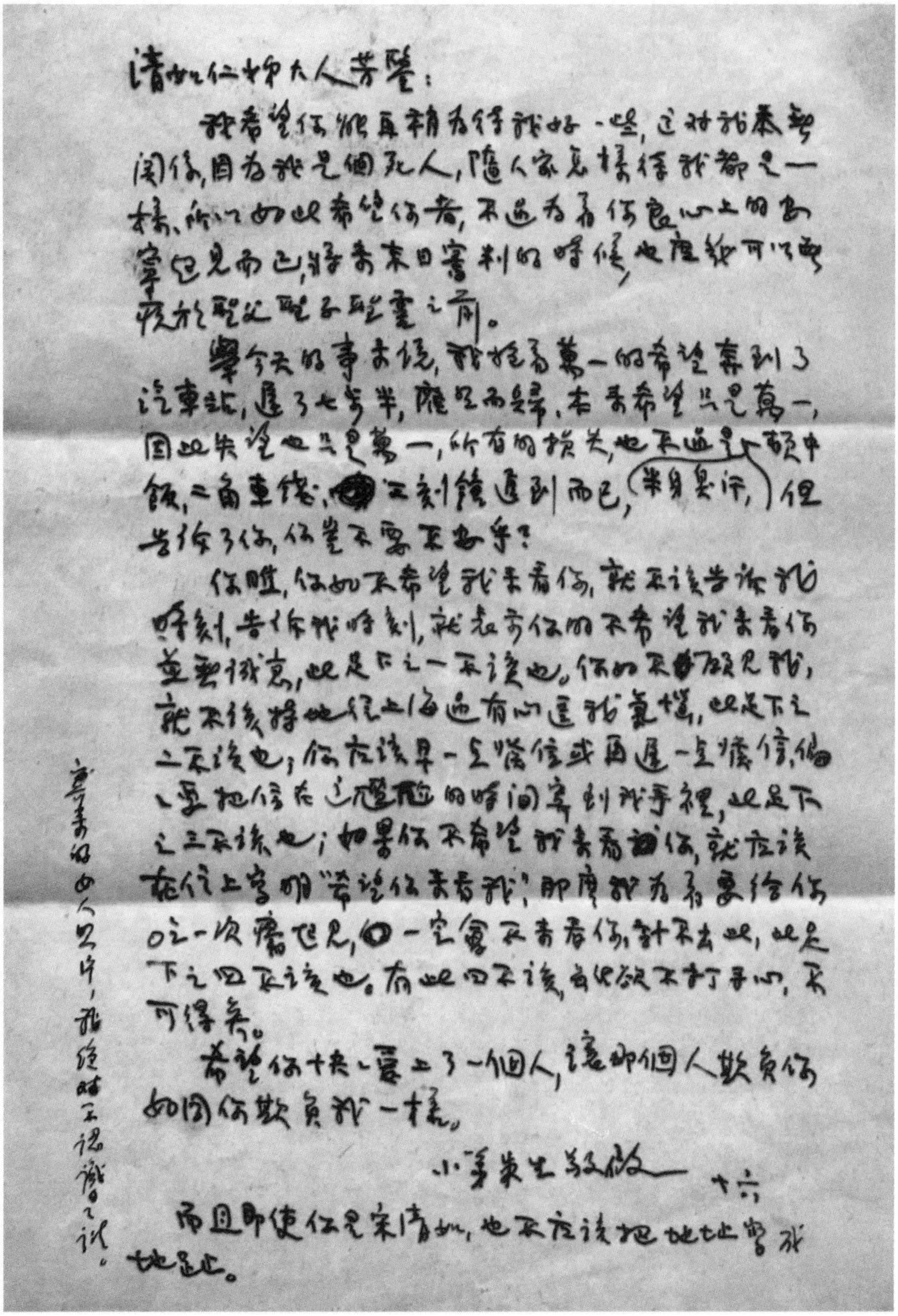
清如仁姊大人芳鉴：

我希望你能再稍为待我好一些，这对于我本无关系，因为我是个死人，随人家怎样待我都是一样，所以如此希望者，不过为着你良心上的安宁起见而已，将来末日审判的时候，也应该可以略减罪于圣父圣子圣灵之前。

譬今天的事来说，我抱着万一的希望来到了汽车站，逗了七点半，废然而归，本来希望只是万一，因此失望也只是万一，所有的损失，也不过是一顿中饭，二角车钱，三刻钟逗留而已，（半身照片，）但告你了你，你岂不要不安乎？

你瞧，你如不希望我来看你，就不该告诉我时刻，告诉我时刻，就表示你的不希望我来看你并无诚意，此足下之一不该也。你如不愿见我，就不该特地往上海逃有心逗我气恼，此足下之二不该也；你应该早一点发信或迟一点发信，偏偏要把信在这尴尬的时间寄到我手里，此足下之三不该也；如果你不希望我来看你，就应该在信上写明"希望你来看我"，那么我为着要给你吃一次瘪起见，一定会不来看你，计不出此，此足下之四不该也。有此四不该，虽欲不打手心，不可得矣。

希望你快快爱上了一个人，让那个人欺负你，如同你欺负我一样。

小弟朱生敬启 十六

而且即使你是宋清如，也不应该把地址写成地趾。

寄来的女人照片，我绝对不认识是谁。

偏要把信在这尴尬的时间寄到我手里，此足下之三不该也；如果你不希望我来看你，就应该在信上写明“希望你来看我”，那么我为着要给你吃一次瘪起见，一定会不来看你，计不出此，此足下之四不该也。有此四不该，虽欲不打手心，不可得矣。

希望你快快爱上了一个人，让那个人欺负你，如同你欺负我一样。

小弟朱生敬启 十六

而且即使你是宋清如，也不应该把地址写成地趾。

寄来的女人照片，我绝对不认识是谁。

第[086]封 回家

亲爱的“英雄”：

英雄总是舍不得家的，终于回到娘怀里吃奶去了。想途次平安，到家快乐。

几时回来？大概未必肯来看我，我也决心不望你了。免得再使自己生气。

暂时只写这些。愿你好。

朱

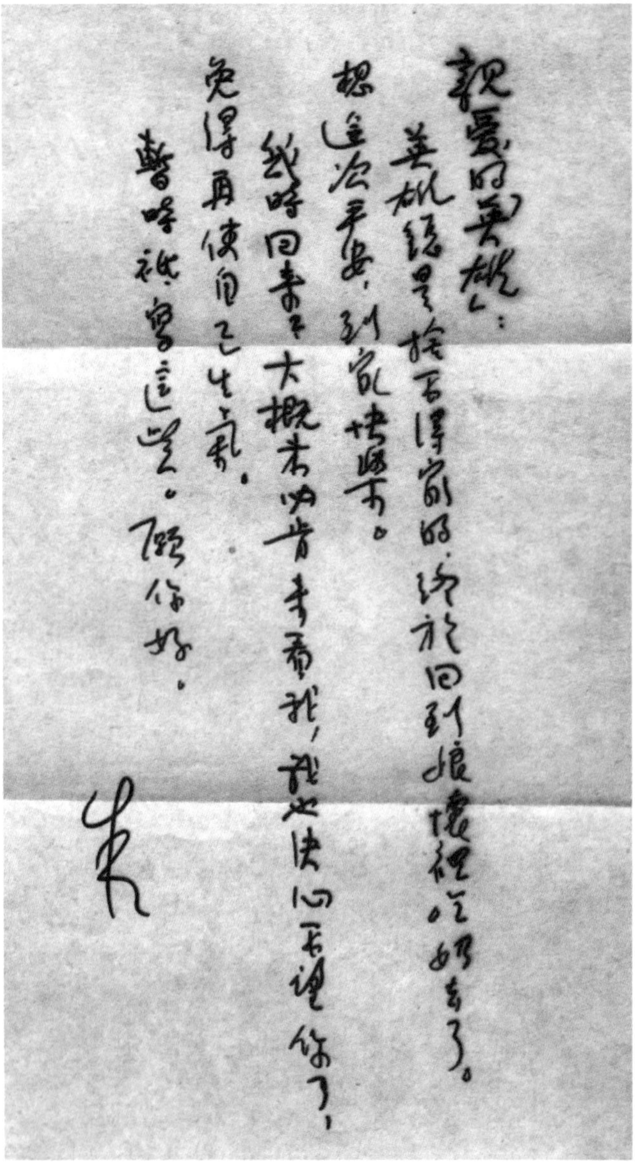

親愛的英雄：

英雄總是捨不得家的，終於回到娘懷裡吃奶去了。想途次平安，到家快樂。幾時回來？大概未必肯來看我，我也決心不望你了，免得再使自己生氣。暫時衹寫這些。願你好。

朱

第[087]封 悒郁[1]

清如：

我心里很悒郁很悒郁。你的信来了，拿在手里，心微微的痛。读了之后，更懊恼得说不出话来。我已写过两封信，寄在栏杆桥。现在写信，又忘记了你常熟的地址号数， 得还家翻了出来才能付寄。心真急，话，今天说了要隔天才能听到，已不痛快。

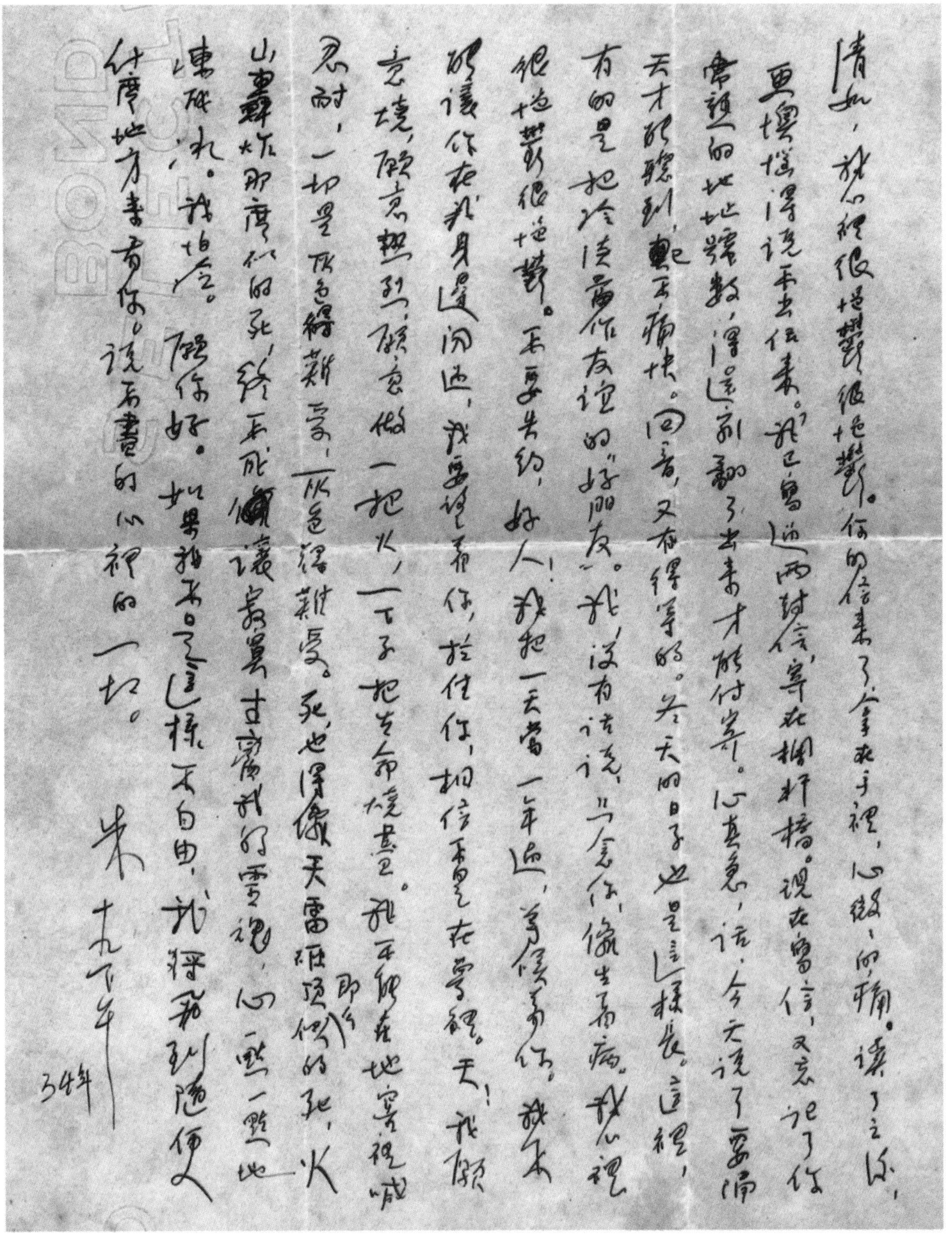

清如，我心裡很悒鬱很悒鬱。你的信來了，拿在手裡，心微微的痛。讀了之後，更懊惱得說不出話來。我已寫過兩封信，寄在欄杆橋。現在寫信，又忘記了你常熟的地址號數，得還家翻了出來才能付寄。心真急，話，今天說了要隔天才能聽到，已不痛快。回看，又在得等的。今天的日子也是這樣長。這裡，有的是把冷淡當作友誼的好朋友。我沒有法說，"念你，像生着病。"我心裡很悒鬱很悒鬱。不要告訴好人！我把一天當一年過，等候着你。我不願讓你在我身邊溜過，我要抓着你，拴住你，相信着在我懷裡。天！我願意燒，願意熱烈，願意做一把火，一下子把生命燒盡。我不能在地窖裡喊忍耐，一切是灰色得[illegible]，灰色得[illegible]。死，也得像天雷炸頂那樣似的死，火山爆炸那麼似的死，絕不能讓寂寞[illegible]我的靈魂，心一點一點地燒死了。我怕念。願你好。如果指着這樣不自由，我得找到隨便什麼地方去看你，說不盡的心裡的一切。

朱[illegible]

34年

①此信原件宋清如注：1934年。

回音，又有得等的。冬天的日子也是这样长。这里，有的是把冷淡当作友谊的“好朋友”。我，没有话说，只念你，像生着病。我心里很悒郁很悒郁。不要失约，好人！我把一天当一年过，等候着你。我不能让你在我身边闪过，我要望着你，拉住你，相信不是在梦里。天！我愿意烧，愿意热烈，愿意做一把火，一下子把生命烧尽。我不能在地窖里喊忍耐，一切是灰色得难受，灰色得难受。死，也得像天雷砸顶那么似的死，火山轰炸那么似的死，终不成让寂寞寸脔我的灵魂，心一点一点地冻成冰。我怕冷。愿你好。如果我不是这样不自由，我将飞到随便什么地方来看你。说不尽的心里的一切。

朱 十九下午

第[088]封 孺慕

宋：

孺慕这两个字也许用得很不适当，但没有别的名词比这更好地道出我对你的怀念，那不能是相思，一定是孺慕。

你走了一礼拜了，仿佛经过了好几月，前夜写了封信，却不曾发出。话是没有什么可说，只告诉你我虽不快活，也不比一向更不快活，日子尚不至于到不能挨过的地步。其次你到家后还未有信给我，已经在望了。我不要你怎样费工夫给我写信，只草草告诉我安好就是。我只盼快点放假回家，虽然也不会有甚么趣味，或者到杭州望望铭善[1]去。

以全心祝你快乐健康。

朱 廿三

假如有人问我烦忧的缘故，

我不敢说出你的名字。[2]

① 任铭善：朱生豪在之江大学的同学与好友。 ②“假如有人问我烦忧的缘故，我不敢说出你的名字”：这是戴望舒的诗《烦忧》中的句子。

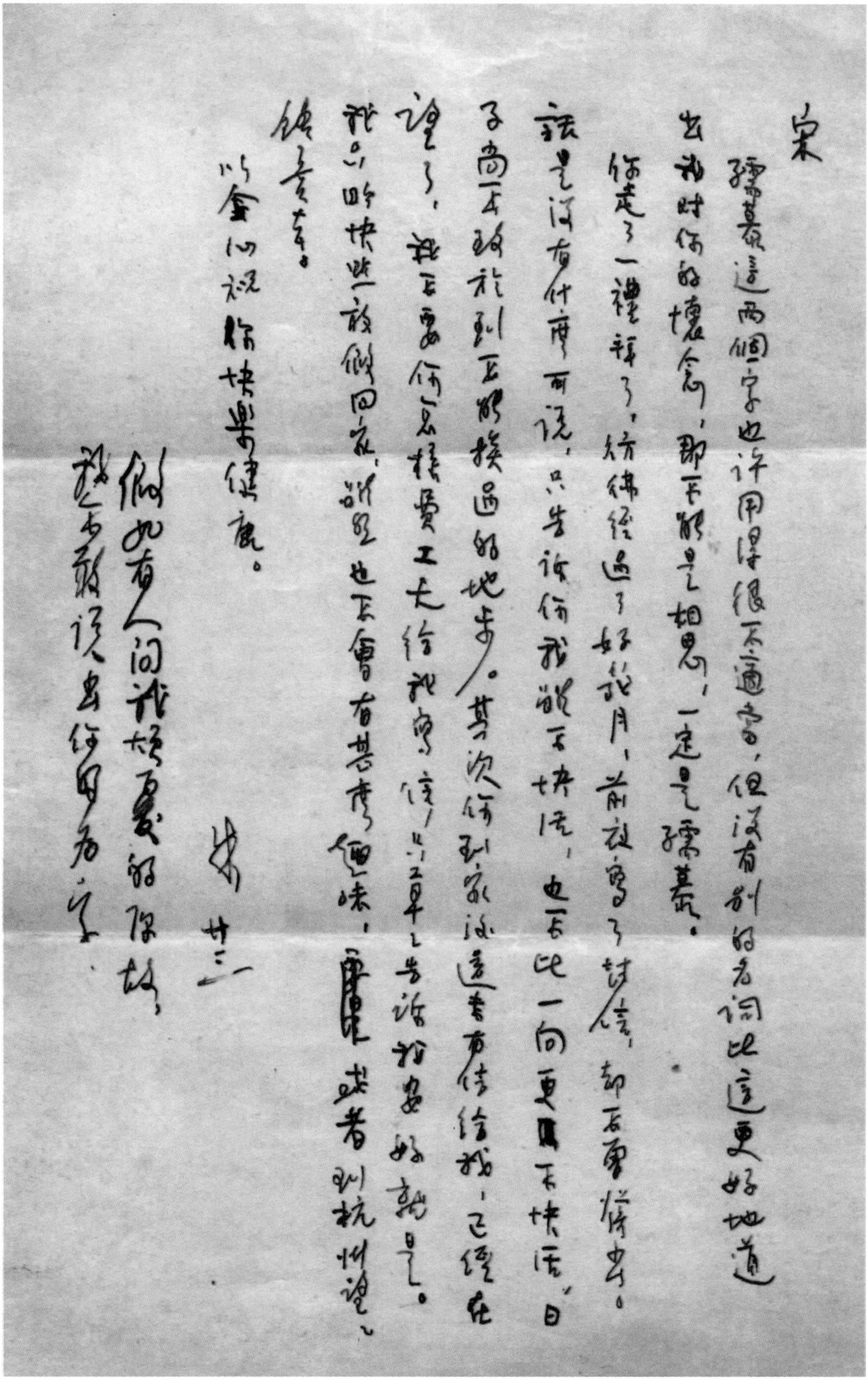

宋：

孺慕這兩個字也許用得很不適當，但沒有別的名詞比這更好地道出我對你的懷念，那不能是相思，一定是孺慕。

你走了一禮拜了，彷彿經過了好幾月，前夜寫了封信，卻不曾寄出。該是沒有什麼可說，只告訴你我很不快活，也不比一向更不快活，日子當不致於到不能挨過的地步。其次你到家後寄有信給我，已經在談了，我不要你花很費工夫給我寫信，只草草告訴我安好就是。我只盼快些放假回家，雖然也不會有甚麼趣味，[illegible]或者到杭州望望你去罷。

以金心祝你快樂健康。

朱 廿三

假如有人問我煩憂的原故，我不敢說出你的名字。

第[089]封 答问

一九三五年一月廿三晚间

今天曾到什么地方走过？

四点半因为寄一封信出门去，茫然地坐 Bus 到外白渡桥下来，抄到北四川路邮政局前，摊头上买了一本《良友》（不好，印刷也大退步），旋即回来，总之，做人无趣。

刚才吃过夜饭吧？

是的，今夜饭菜有鸡、虾、咸肉等，虾是二阿姨从常州带来的，伯群先生也在座，看样子他们的婚期就在最近，青春过了的人，对于这种事，除了觉得必要这一个思想外，不会感到怎样的兴奋吧。总之，人生不过尔尔。

请问，足下对于婚姻的意见。

这是个无聊的发问。我只觉得看着孩子们装新郎新妇玩是怪有趣的，变成真事就没趣。总之，浮生若梦。

感慨很多吧？

没有什么感慨。有一个朋友因放学需钱，要向我告借五块，有趣得很，端整的钢笔字写了满

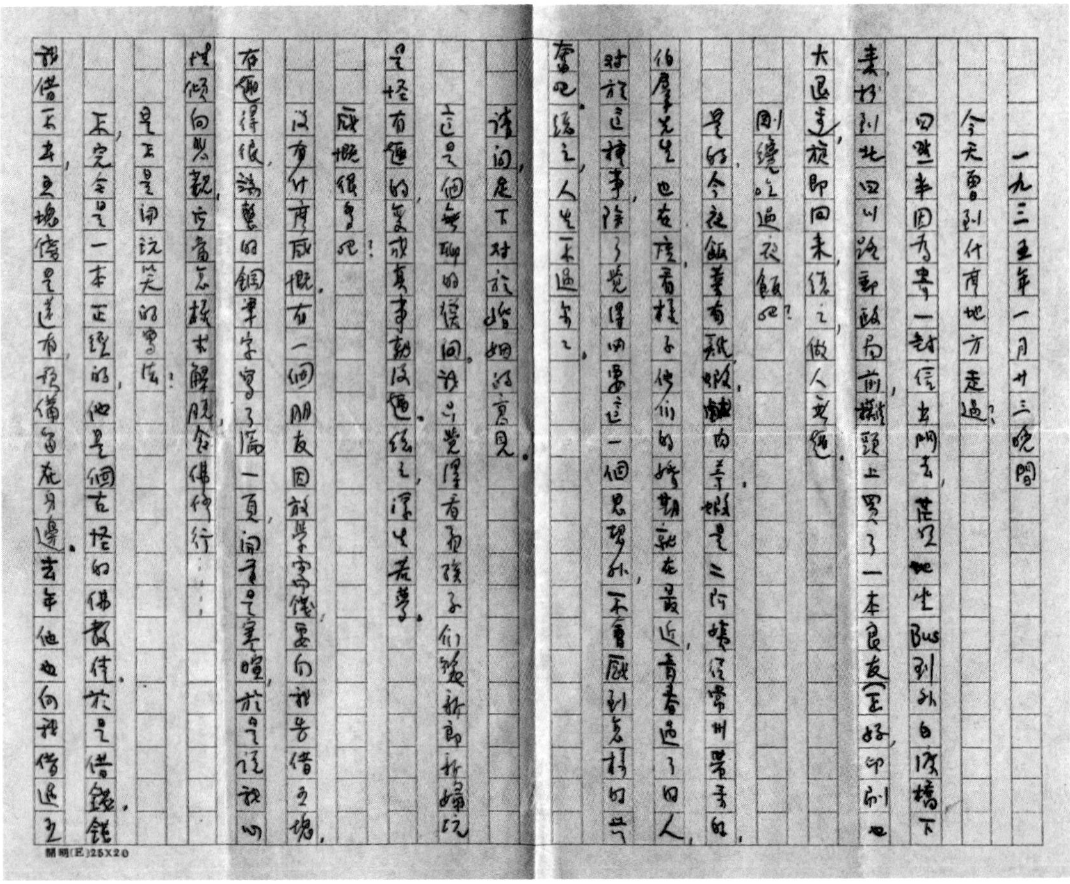

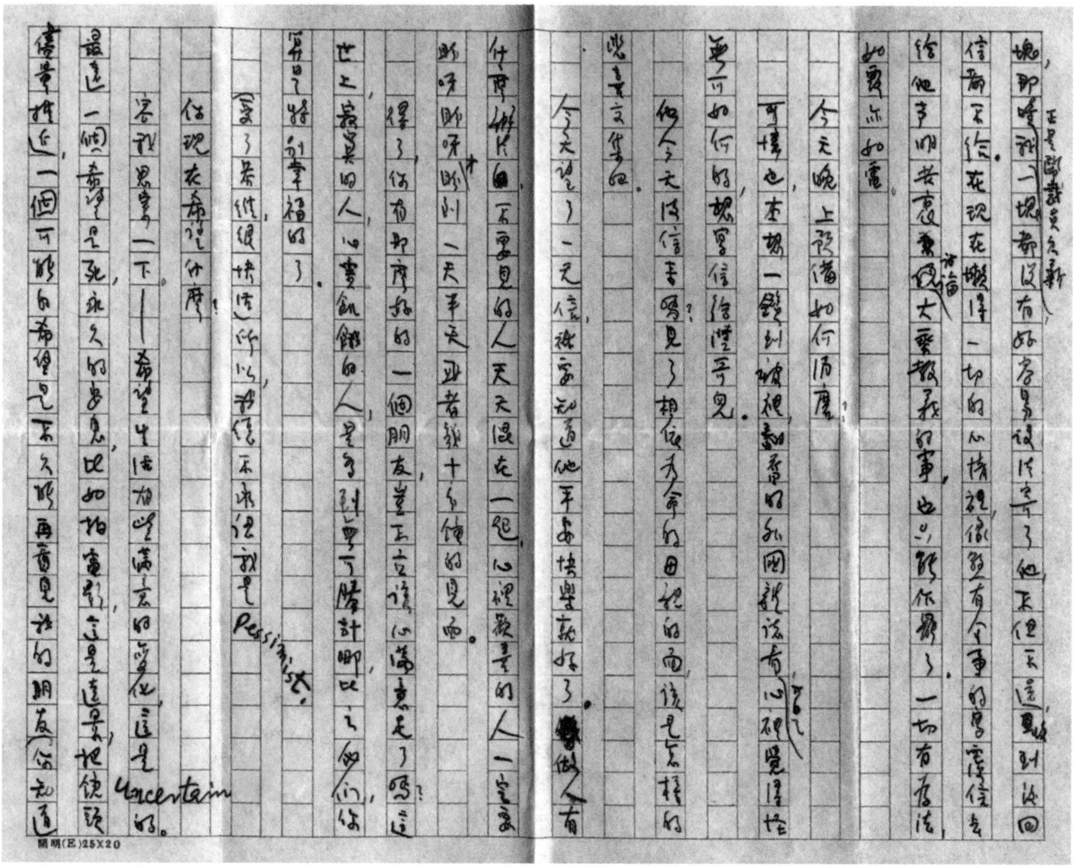

一页，开首是寒暄，于是说我心性倾向悲观，应当怎样求解脱，念佛修行……

是不是开玩笑的写法？

不，完全是一本正经的，他是个古怪的佛教徒。于是借钱。钱我借不出，五块钱是还有，预备留在身边。去年他也向我借过五块，那时正是闹裁员欠薪，我一块都没有，好容易设法寄了他，不但不还，收到后回信都不给。在现在懒得一切的心情里，像煞有介事的写复信去给他声明苦衷兼讨论大乘教义的事，也只能作罢了。一切有为法，如露亦如电。

今天晚上预备如何消磨？

可怜也，本想一（头）钻到被里翻旧的外国杂志看，可是心里觉得怪无可如何的，想写信给澄哥儿[①]。

他今天没信来吗？见了相依为命的母亲的面，该是怎样的悲喜交集吧。

今天望了一天信，只要知道他平安快乐就好了。做人有什么办法，不要见的人天天混在一起，心里欢喜的人一定要盼呀盼呀才盼到一天半天或者几十分钟的见面。

得了，你有那么好的一个朋友，岂不应该心满意足了吗？这世上，寂寞的人，心灵饥饿的人，是多到无可胜计哪，比之他们，你算是特别幸福的了。

（受了恭维，很快活）所以，我总不承认我是pessimist[②]。

你现在希望什么？

容我思索一下。——希望生活有些满意的变化，这是uncertain[③]的。最近一个希望是死，永

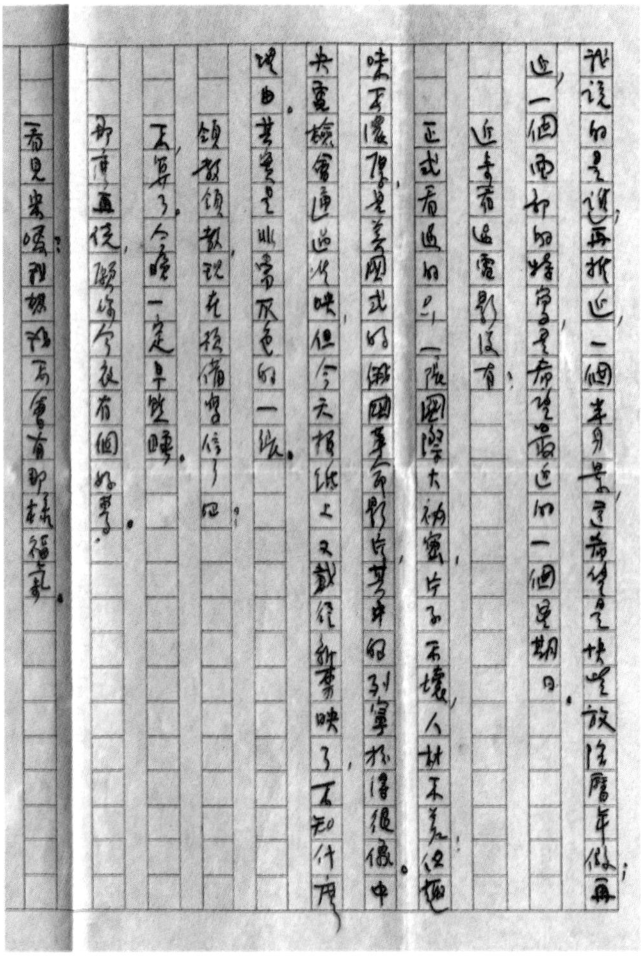

久的安息。比如拍电影，这是远景，把镜头尽量推近，一个可能的希望是不久能再看见我的朋友（你知道我说的是谁）；再推近，一个半身景，这希望是快些放阴历年假；再近，一个面部的特写，是希望最近的一个星期日。

近来看过电影没有？

正式看过的只一张《国际大秘密》，片子不坏，人材不差！但趣味不浓厚，是美国式的俄国革命影片，其中的列宁扮得很像。中央电检会通过准映，但今天报纸上又载重新禁映了，不知什么理由。其实是非常灰色的一张。

领教领教，现在预备写信了吧？

不，算了。今晚一定早点睡。

那么再说，愿你今夜有个好梦。

看见宋吗？我想我不会有那样福气。

①指宋清如。 ② pessimist：悲观主义者。 ③ uncertain：不确定的。

第[090]封 气恼[1]

二哥：

今天星期三，还有三天，星期六就放假，一共七天。要是阳历新年放那么多，岂不好，不幸而生为阴国民。五日之前，信寄我家里，如果有信的话。

你大概安好，也许很忙，读一点书，或者只是想想而已也说不定。你读一点什么书？

郑天然昨晨六点钟坐大轮船留学去，不曾来看我，当然我也没有去送她[2]。前晚我为她大气特气，电话里关照说我去看她，还想请她吃夜饭哩，巴巴的走到她旅社里，出去了。有事情得留下

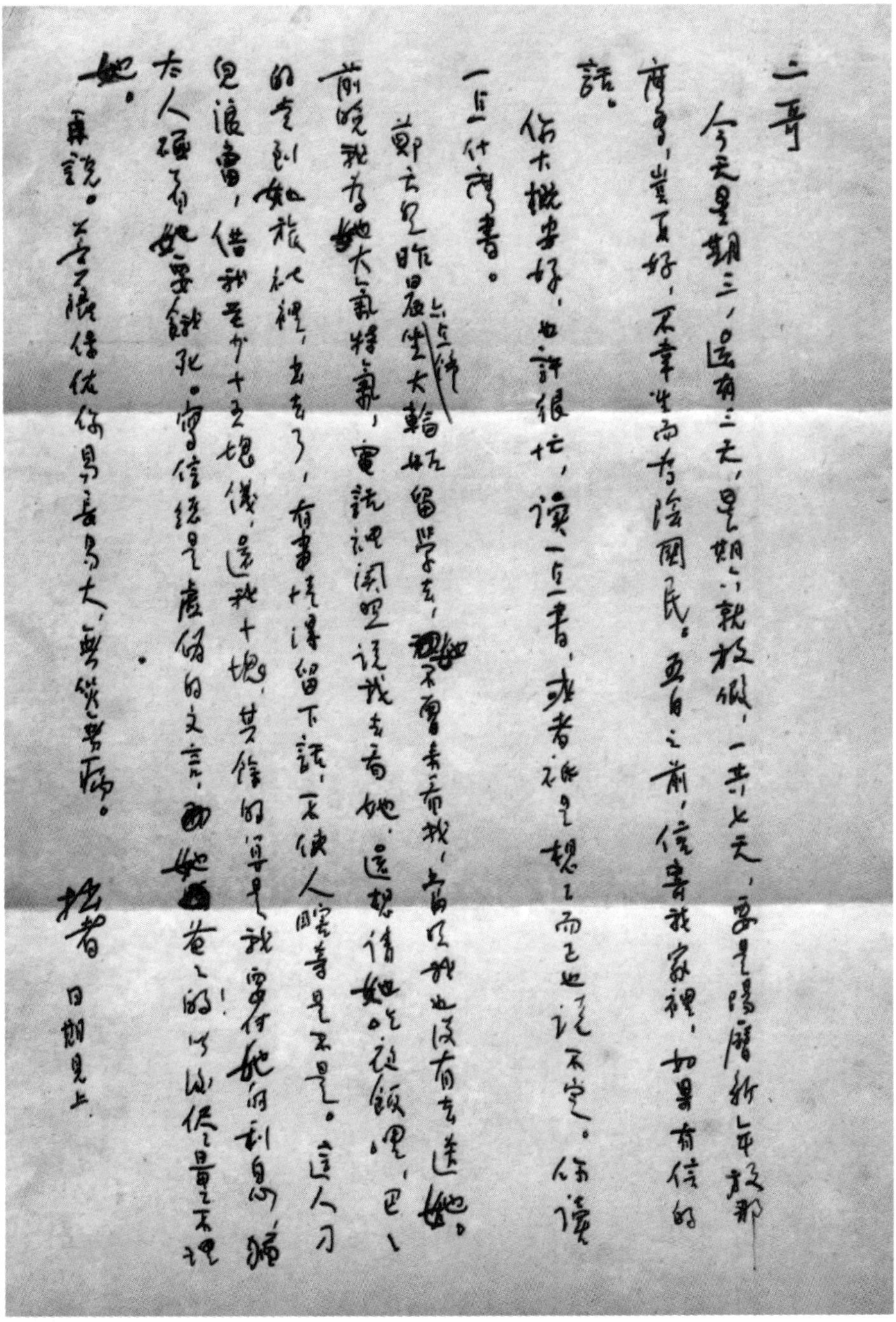

话，不使人瞎等是不是。这人吊儿郎当，借我至少十五块钱，还我十块，其余的算是我要付她的利息，犹太人碰着她要饿死。写信总是虚假的文言，她爸爸的！以后尽量不理她。

再说。菩萨保佑你易长易大，无灾无病。

拙者 日期见上

①此信写于1935年1月30日。②郑天然，是朱生豪在之江大学时的一位男同学。此信中下面的几个“她”字，都是故意先写作“他”，然后涂改成“她”。

回应

《伤逝》五章之二·我愿①

宋清如

也许你飞入天宫，
拜访历代的英豪。
莎翁向你亲切道谢，
你却以微笑致歉，
从眉根直红到脖颈。

也许你漫游地狱，
相迎你的是和善的问候，
因为那里还主持着公正，
而你是一生清白、胸怀坦荡。

也许你遨游太空，
乘寒气，驾长风，
印证名山的胜迹，
追寻太白的仙踪。

也许你眷恋乡土，
呵护孤苦的遗属，
为解放的胜利高歌，
为重重的灾难悲愤。

上天入地茫无路，
我愿你——
灵性不泯，
挟风雨作伴，
与日月同存；
我也愿你——
酣睡千秋，
超然尘俗之外，
忘怀古今得失。

①这是1985年11月宋清如为悼念朱生豪去世37周年写的诗《伤逝》五章之一，其他四章为《祭》、《你的歌》、《我怎能忘记》、《为了莎士比亚戏剧》。

我不想望什么，但愿一生有得好东西吃，他无所也不敢希冀，如祈福，我愿我有一个美满的来生，更愿来生仍能遇见今生的朋友以及永别的爱者们。

朱生豪的信中除了表达对宋清如的思念之外，人生、生活、学习、工作等也成为无话不谈的题材。在信中，他无忧无虑，敞开心扉，表达着自己对生活、社会、未来的真实想法和理解。沉默寡言的朱生豪，也只有在与宋清如的信中才会感到自由酣畅的呼吸。

第[091]封 人生[①]

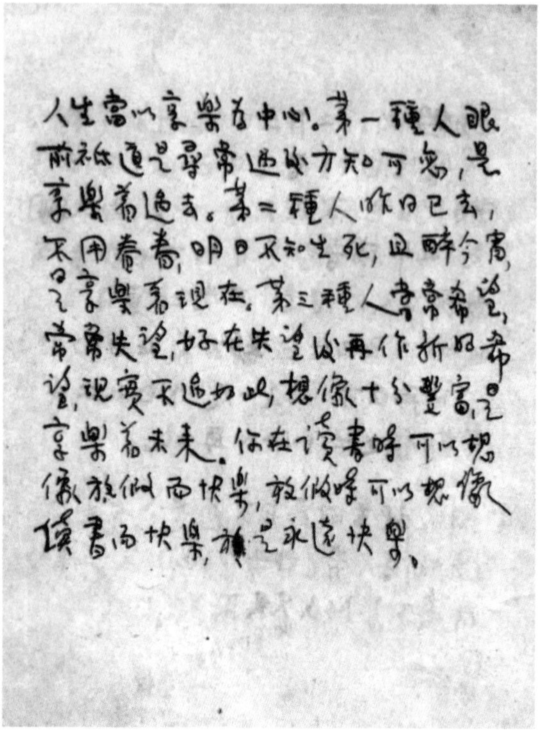
人生當以享樂為中心。第一種人眼前祇道是尋常過後方知可戀，是享樂着過去。第二種人昨日已去，不用眷眷，明日不知生死，且醉今宵，是享樂着現在。第三種人常常希望，常常失望，好在失望後再作新的希望，現實不過如此，想像十分豐富，是享樂着未來。你在讀書時可以想像放假而快樂，放假時可以想像讀書而快樂，于是永遠快樂。

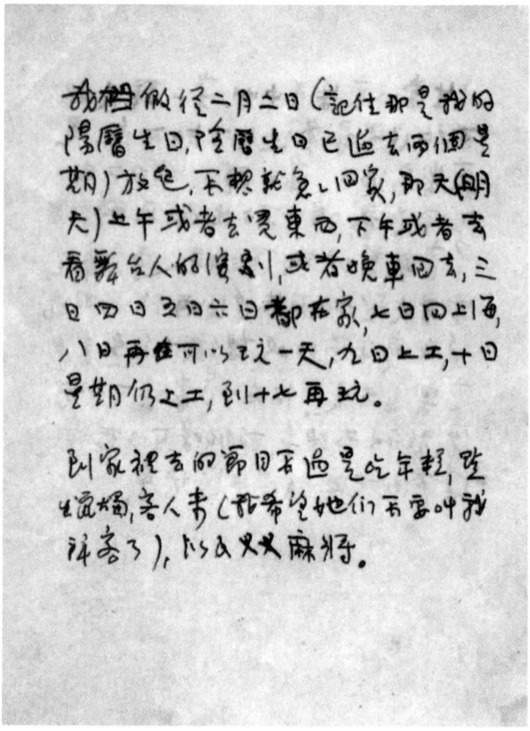
我假從二月二日（記住那是我的陽曆生日，陰曆生日已過去兩個星期）放起，不想就急急回家，那天（明天）上午或者去買東西，下午或者去看舞台人的演劇，或者晚車回去，三日四日五日六日都在家，七日回上海，八日再可以玩一天，九日上工，十日星期仍上工，到十七再玩。

到家裡去的節目不過是吃年糕，點蠟燭，客人來（我希望她們不要叫我拜客了），以及叉叉麻將。

人生当以享乐为中心。第一种人眼前只道是寻常，过后方知可恋，是享乐着过去。第二种人昨日已去，不用眷眷，明日不知生死，且醉今宵，是享乐着现在。第三种人常常希望，常常失望，好在失望后再作新的希望，现实不过如此，想像十分丰富，是享乐着未来。你在读书时可以想像放假而快乐，放假时可以想像读书而快乐，于是永远快乐。

我假从二月二日（记住那是我的阳历生日，阴历生日已过去两个星期）放起，不想就急急回家，那天（明天）上午或者去买东西，下午或者去看舞台人的演剧，或者晚车回去，三日四日五日六日都在家，七日回上海，八日再可以玩一天，九日上工，十日星期仍上工，到十七再玩。

到家里去的节目不过是吃年糕，点蜡烛，客人来（我希望她们不要叫我拜客了），以及叉叉麻将。

新近发现了一条公理：凡是巴巴的来看我的朋友，都不外是因为：1、借钱，2、托我事情；其余的朋友都不愿意见我，这最近有好几个例证：

一、一个在苏州的好几年不见但常通信的朋友到上海来，打电话叫我到中央旅社看他，我把中央误听了东亚，找不到，后来他说，本想来看我，想想见面没甚么意思，因此就走了。

二、你过上海时我来车站望你，你说我不应该来看你。

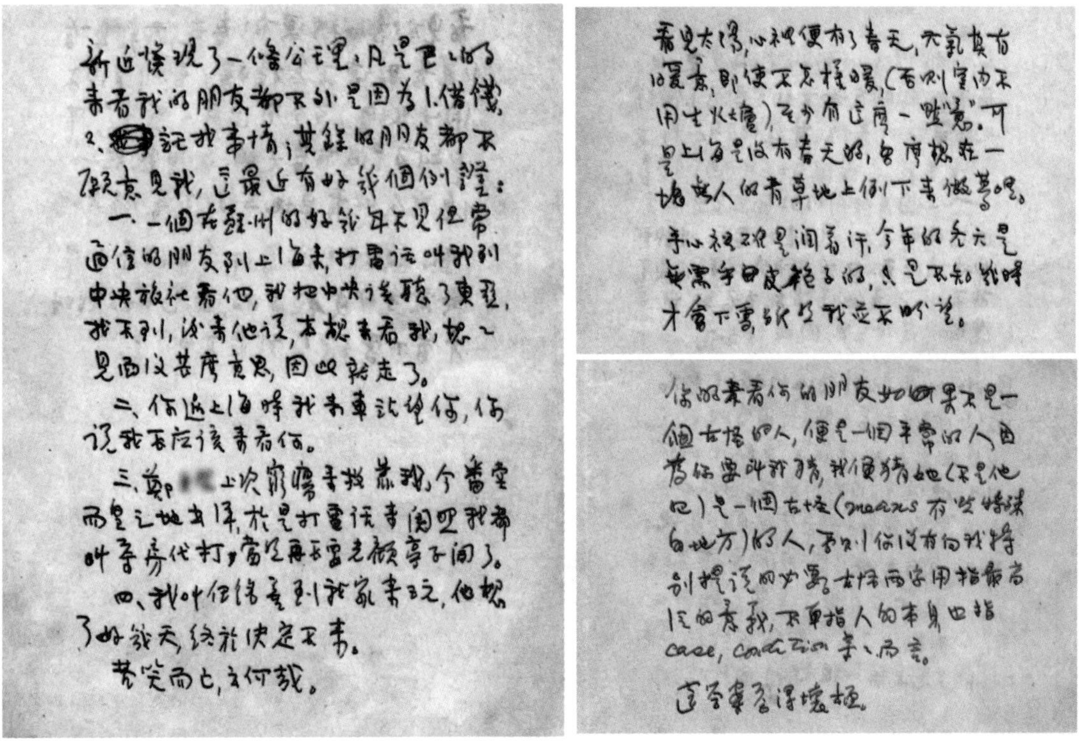
新近发现了一条公理，凡是已经来看我的朋友都不外是因为1.借钱 2.[illegible]托我事情；其余的朋友都不愿意见我，这最近有好几个例证：

一、一个在苏州的好几年不见但常通信的朋友到上海来，打电话叫我到中央旅社看他，我把中央旅社听成了东亚，找不到，后来他说，本想来看我，想了想而没甚么意思，因此就走了。

二、你过上海时我来车站接你，你说我不应该来看你。

三、郑[illegible]上次穷瘪来投靠我，今番堂而皇之地出洋，于是打电话来关照我都叫茶房代打，当然再不要光顾亭子间了。

四、我叫任铭善到我家来玩，他想了好几天，终于决定不来。

苦笑而已，云何哉。

看见太阳，心里便有了春天，天气真有暖意，即使不怎样暖（否则室内不用生火炉），至少有这么一点"意"。可是上海是没有春天的，多么想在一块无人的青草地上倒下来做梦哩。

手心里确是润着汗，今年的冬天是无需乎皮袍子的，只是不知几时才会下雪，虽然我并不盼望。

你的来看你的朋友如果不是一个古怪的人，便是一个平常的人，因为你要叫我猜，我便猜她（不是他吧）是一个古怪（means 有些特殊的地方）的人，否则你没有向我特别提说的必要。古怪两字用指最高泛的意义，不单指人的本身，也指case, condition 等等而言。

这答案答得坏极。

三、郑××上次穷瘪来投靠我，今番堂而皇之地出洋，于是打电话来关照我都叫茶房代打，当然再不要光顾亭子间了。

四、我叫任铭善到我家来玩，他想了好几天，终于决定不来。

苦笑而已，云何哉。

看见太阳，心里便有了春天，天气真有暖意，即使不怎样暖（否则室内不用生火炉），至少有这么一点"意"。可是上海是没有春天的，多么想在一块无人的青草地上倒下来做梦哩。手心里确是润着汗，今年的冬天是无需乎皮袍子的，只是不知几时才会下雪，虽然我并不盼望。

你的来看你的朋友，如果不是一个古怪的人，便是一个平常的人，因为你要叫我猜，我便猜她（不是他吧）是一个古怪（means[2]有些特殊的地方）的人，否则你没有向我特别提说的必要。古怪两字用指最高泛的意义，不单指人的本身，也指case[3]，condition 等等而言。

这答案答得坏极。

Bertram[4]的离别使她的眼里充满了眼泪，心里充满了悲伤。因为她虽是绝望地想着他，但每点钟和他相对，对于她终是很大的安慰。Helena会坐着凝望着他暗黑的眼睛，他慧黠的眉毛，他

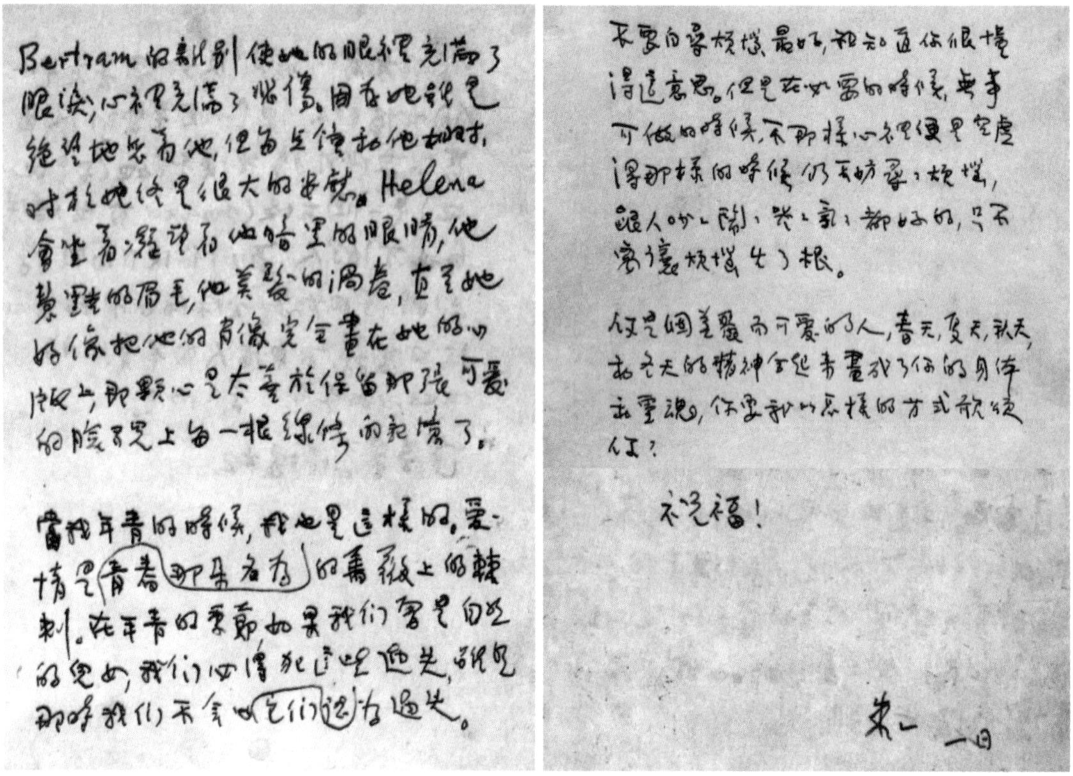
Bertram的离别使她的眼里充满了眼泪，心里充满了悲伤。因为她终是绝望地恋着他，但为着能和他相对，对于她终是很大的安慰。Helena会坐着凝望着他暗黑的眼睛，他弯弯的眉毛，他美发的涡卷，直至她好像把他的肖像完全画在她的心版上，那颗心是太善于保留那张可爱的脸貌上每一根线条的记忆了。

当我年青的时候，我也是这样的。爱情是青春那朵名为的蔷薇上的棘刺。在年青的季节如果我们曾是自然的儿女，我们必得犯这些过失，虽然那时我们不会以它们认为过失。

不要自寻烦恼，最好，我知道你很懂得这意思。但是在必要的时候，无事可做的时候，不那样心里便是空虚得那样的时候，仍不妨寻寻烦恼，跟人吵吵闹闹、哭哭气气都好的，只不要让烦恼生了根。

你是个美丽而可爱的人，春天、夏天、秋天和冬天的精神合起来画成了你的身体和灵魂，你要我以怎样的方式歌颂你？

祝福！

朱朱 一日

美发的涡卷，直至她好像把他的肖像完全画在她的心版上，那颗心是太善于保留那张可爱的脸貌上每一根线条的记忆了。

当我年青的时候，我也是这样的。爱情是那朵名为青春的蔷薇上的棘刺。在年青的季节，如果我们曾是自然的儿女，我们必得犯这些过失，虽然那时我们不会认它们为过失。

不要自寻烦恼，最好，我知道你很懂得这意思。但是在必要的时候，无事可做的时候，不那样心里便是空虚得那样的时候，仍不妨寻寻烦恼，跟人吵吵闹闹、哭哭气气都好的，只不要让烦恼生了根。

你是个美丽而可爱的人，春天、夏天、秋天和冬天的精神合起来画成了你的身体和灵魂，你要我以怎样的方式歌颂你？

祝福！

朱朱　一日

①此信写于1935年2月1日。 ②means：意思是。 ③case：和后面提到的condition，都是情形、状况的意思。 ④Bertram、Helena是莎剧《终成眷属》中的男女主人公的名字。

第[092]封 礼物[1]

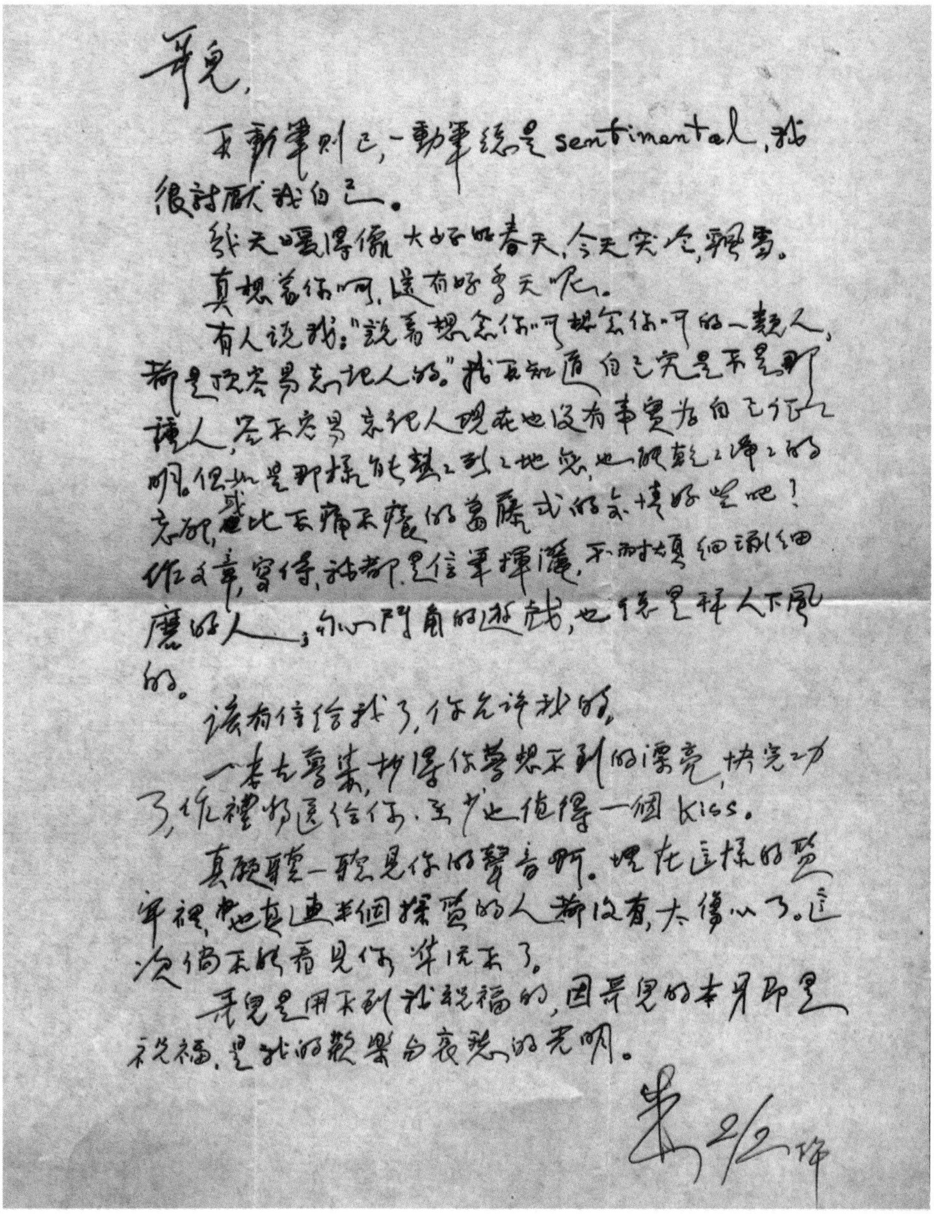

哥儿：

不动笔则已，一动笔总是 sentimental[2]，我很讨厌我自己。

几天暖得像大好的春天，今天突冷，飘雪。

真想着你啊，还有好多天呢。

有人说我：“说着想念你啊想念你啊的一类人，都是顶容易忘记人的。”我不知道自己究是不是那种人，容不容易忘记人现在也没有事实为自己证明。但如是那样能热热烈烈地恋，也能干干净净地忘却，或比不痛不痒的葛藤式的交情好些吧？作文章，写诗，我都是信笔挥洒，不耐烦细琢细磨的人；勾心斗角的游戏，也总是拜人下风的。

该有信给我了，你允许我的。

一本《古梦集》[3]，抄得你梦想不到的漂亮，快完工了，作礼物送给你，至少也值得一个kiss。

真愿听一听见你的声音啊。埋在这样的监牢里，也真连半个探监的人都没有，太伤心了。这次倘不能看见你，准活不了。

哥儿是用不到我祝福的，因哥儿的本身即是祝福，是我的欢乐与哀愁的光明。

朱 2/2 下午

①此信写于1935年2月2日。 ②sentimental：感伤的。 ③朱生豪大学毕业后曾把写的旧体诗词选编抄录装订成册，取名《古梦集》，后毁于日本侵略者的炮火中。

第[093]封 见你[1]

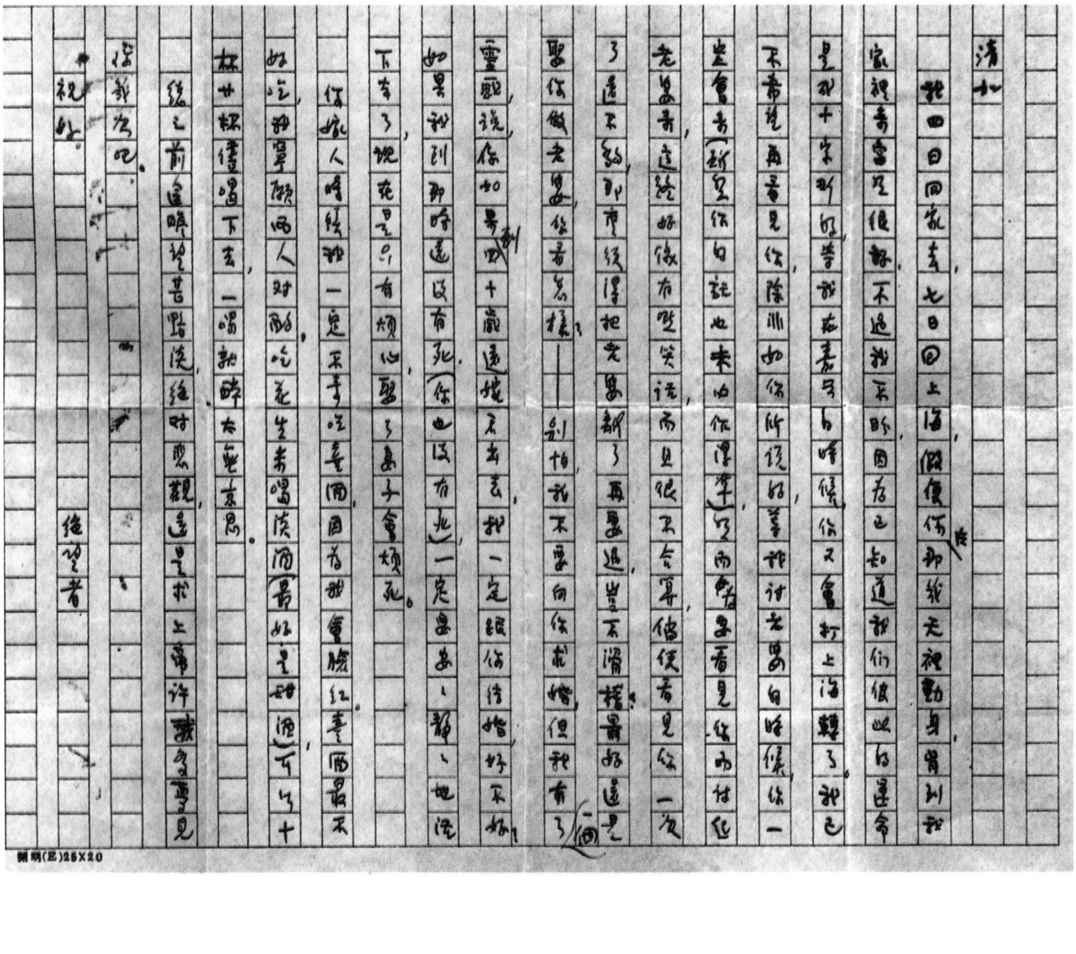

清如：

我四日回家去，七日回上海，假使你在那几天里动身，肯到我家里来当然很好。不过我不盼，因为已知道我们彼此的运命是成十字形的，等我在嘉兴的时候，你又会打上海转了。我已不希望再看见你，除非如你所说的，等我讨老婆的时候，你一定会来（虽然你的话也未必作得准），然而为要看见你而讨起老婆来，这终好像有点笑话，而且很不合算，倘使看见你一次了还不够，那么须得把老婆离了再娶过，岂不滑稽？最好还是娶你做老婆，你看怎样？——别怕，我不要向你求婚，但我有了一个灵感，说，你如果到四十岁还嫁不出去，我一定跟你结婚，好不好？如果我到那时还没有死（你也没有死），一定要安安静静地活下去了，现在是只有烦心，娶了妻子会烦死。

你嫁人时候我一定不来吃喜酒，因为我会脸红。喜酒最不好吃，我宁愿两人对酌，吃花生米喝淡酒（最好是甜酒），可以十杯廿杯尽喝下去，一喝就醉太无意思。

总之前途瞻望甚黯淡，绝对悲观，还是求上帝许我多梦见你几次吧。

祝好。

绝望者

①此信写于1935年2月3日。

第[094]封 心血①

宋：

不知怎么心里怪不如意，总觉得世界欺骗了我，不得劲，弱得希望死。能够把自己的生命弄得悲剧一些总是有意思，无可奈何的是怎么也不过是一个悲喜剧里连叫人发笑或怜悯都不配的小丑，受着运命和性格中弱点的支配，一点也做不了主宰，生活得像蚂蚁一般微末，那真太可怜了。

《古梦集》一本，已装订好，不久寄给你。捧着自己的心血，有点发抖，过去的终是再不回来了。

想着你。

祝福。

朱 五日

①此信原件上宋清如注：1935年。

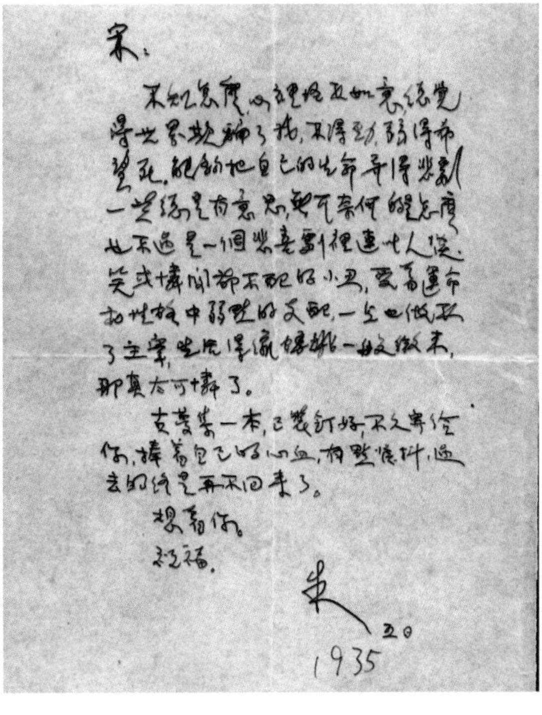
宋：
不知怎么心里怪不如意，总觉得世界欺骗了我，不得劲，弱得希望死。能够把自己的生命弄得悲剧一些总是有意思，无可奈何的是怎么也不过是一個悲喜劇裡連叫人發笑或憐憫都不配的小丑，受着運命和性格中弱點的支配，一點也做不了主宰，生活得像螞蟻一般微末，那真太可憐了。
古夢集一本，已裝訂好，不久寄給你，捧着自己的心血，有點發抖，過去的終是再不回來了。
想着你。
祝福。
朱
五
1935

第[095]封 痴望[1]

二哥：

我写不出信，真要命，你教我写些什么话。

Proud word you never spoke, but you will speak

4 not exempt from pride some future day.

Resting on one white hand a warm wet cheek

Over my open volume you will say,

“This man loved me!” Then rise & trip away.[2]

简直没办法，想什么地方抄一点写写，又没有抄处，否则真不必自讨苦吃硬要写信，可是不写信我又怎么睡得着。

我一天想你到夜，我不愿不想你，一定要想你，你真可爱可爱。信怎样写呢？

我真是那么痴望着看见你，永远是那么渴着，像一个渴慕太阳的红人。

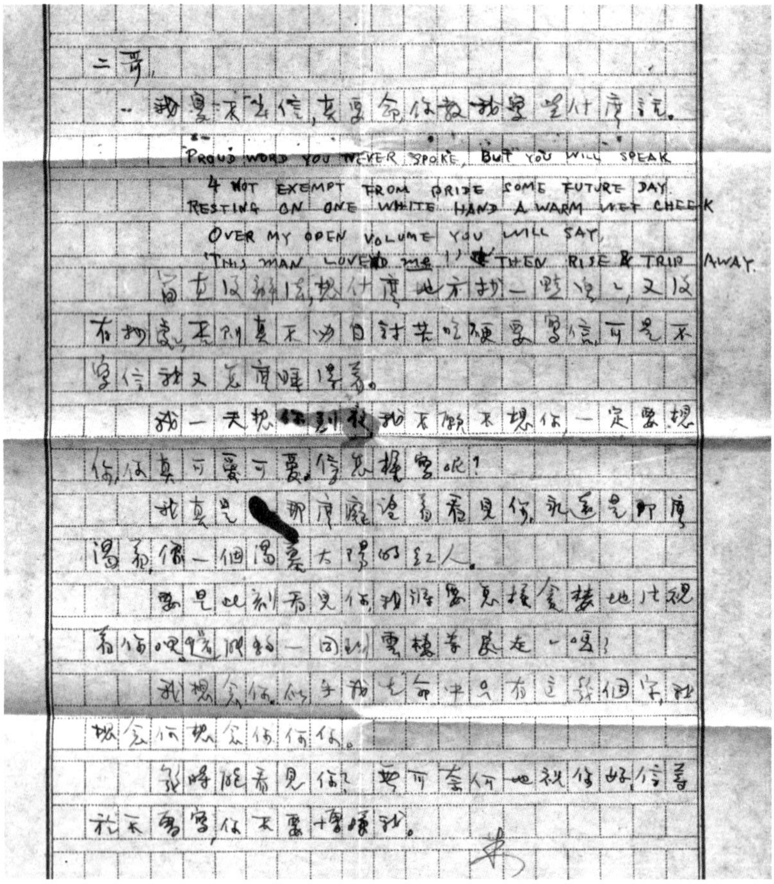
二哥，

我写不出信，真要命，你教我写些什么话。

PROUD WORD YOU NEVER SPOKE, BUT YOU WILL SPEAK
4 NOT EXEMPT FROM PRIDE SOME FUTURE DAY.
RESTING ON ONE WHITE HAND A WARM WET CHEEK
OVER MY OPEN VOLUME YOU WILL SAY,
"THIS MAN LOVED ME!" THEN RISE & TRIP AWAY.

简直没办法，想什么地方抄一点写写，又没有抄处，否则真不必自讨苦吃硬要写信，可是不写信我又怎么睡得着。

我一天想你到夜，我不愿不想你，一定要想你，你真可爱可爱，信怎样写呢？

我真是那么痴望着看见你，永远是那么渴着，像一个渴慕太阳的红人。

要是此刻看见你，我将要怎样贪婪地注视着你呢，[illegible]一同到云栖去走一遭？

我想念你，我生命中只有这几个字，想念你，想念你，你，你。

几时能看见你，无可奈何地祝你好，信[illegible]不多写，你不要怪怨我。

朱

要是此刻看见你，我将要怎样贪婪地注视着你哩。还能够一同到云栖等处走走吗？

我想念你，似乎我生命中只有这几个字，我想念你想念你你你。

几时能看见你？无可奈何地祝你好，信等于不曾写，你不要憎嫌我。

朱

①此信原信封日期为1935年2月6日，自嘉兴寄往无锡栏杆桥（宋清如家在栏杆桥，虽然隶属于常熟县，但邮件一般由无锡转，所以这样写）。②这是19世纪英国诗人兰多（W.S.Landor，1775～1864）的一首诗，其中第2行的“4”原文是“four”。对这首诗，屠岸先生的译文是：你从来不说骄傲的话，但总有一天/你仍不免要说出骄傲的话来。/你皙白的手支着发热流泪的脸，/对着我的摊开的作品，你声言：/“此人爱过我！”然后就起身离开。

第[096]封 疼你

亲爱的朋友：

今天才回上海，你一日发的信在我去后到，今天才看见，希望你眼皮上的东西已没有了。你真是苦恼子相，要不要我疼你？

已经决定今夜不写信了，可是不写总不成功，在家里，则想写想写总写不出什么话来，除了我爱你。

告诉我谁骂你是滑头，当然也许他也有他的理由，但有人说你是最甜也是最可信赖的好人，你承认不承认？（那个“有人”便是我。）

写信总是那么写不痛快，我真是盼望看见你，就是不说一句话也好。顶好是有五六天样子在一起盘桓，然后再分别。过分的幸福反而不好的，因此我不敢盼望不别的永聚，只要别得不太久远，聚得不太匆促，那么生活也就很可满足了。

生命是全然的浪费，用一个两个钟头写一封无关重要的信，能够邀得心心相印者的善情的读诵，总算是最有意义的事了。

感爱思慕的话是无从诉说的，但愿你好，康健，快乐，有一切福。

朱　八日

几时离家？

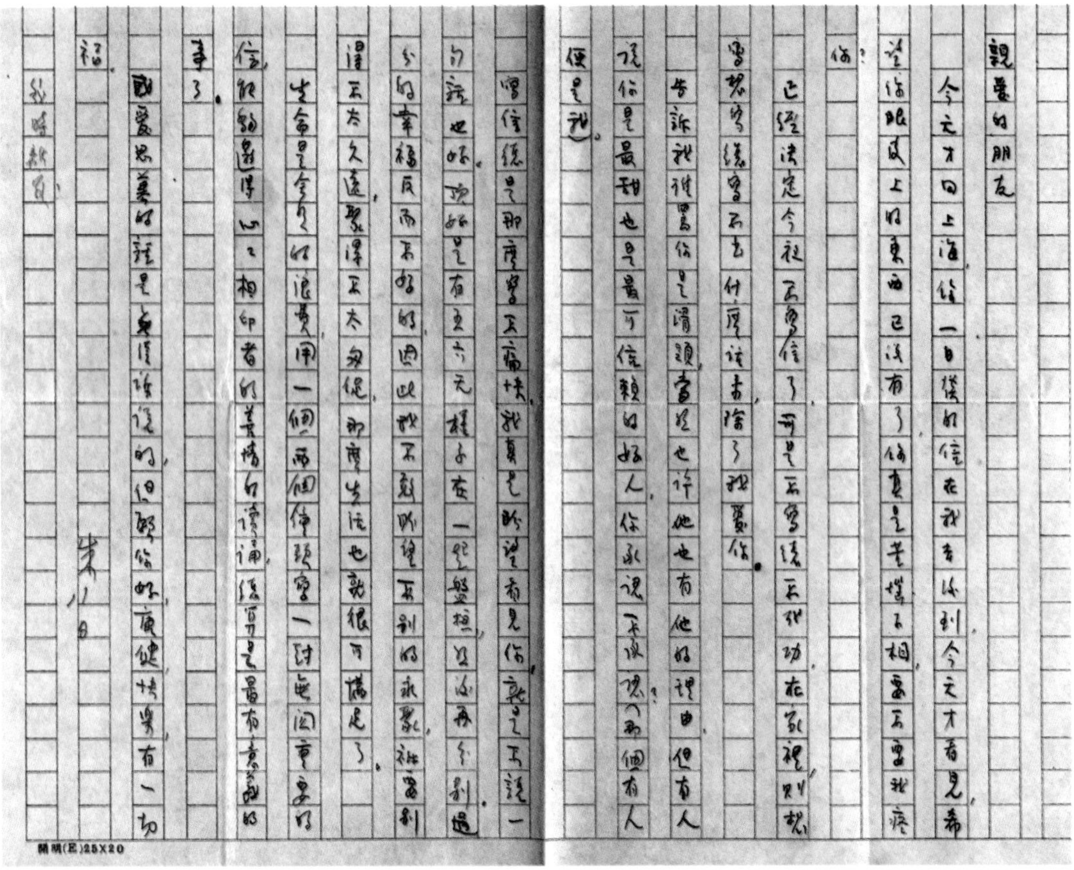

第[097]封 无聊

清如：

快用两句骗小孩子的话哄哄我，否则我真要哭了，一点乐趣都没有，一点希望都没有。今天本想听concert[①]去，害怕听不懂，对着那种高贵的音乐一定会自惭形秽，也许要打瞌铳，因此不曾去。你为什么不同我到云栖走走去？看了半张《倾国倾城》的影片，西席地米尔这老头子真该死，可以为他鸣起葬钟来了，表演的没精神，庸劣到无可复加的地步，布景的宏丽，浪费而已，偏有人会称赞它是莎翁的悲剧，该撒安东尼都是一副美国人相，可想而知了。总之一切令人生气，走到杂志公司里，翻到了一本《当代诗刊》，看见了老兄的大作[②]，也有点不高兴。回来头里发昏，今天用去两块半钱。几时我想把桌上的书全搬掉了，对于学问文艺，我已全无兴趣。人家说，原来老兄研究诗歌，一本本都是poems[③]，滚他妈妈的，我不知把它们买来做甚么，再无聊没有了。

一个心地天真读政治经济的朋友，却有了进入文坛的野心，半块钱一千字的卖给人家，其实他

清如，

接同两次寄的小孩子的话哄哄我，否则我真要哭了，一点兴趣都没有，一点希望都没有。今天本想听concert去，害怕听不懂，对着那种高贵的音乐一定会自惭形秽，也许要打瞌睡，因此不要去。你为什么不同我到里头走走？看了半张倾国倾城的影片，西席地未看完老头子真该死，可以为他鸣丧钟了，表演的没精神，虚荣到无以复加的地步，佛里的窝囊活受而已，倘有人会欣赏这是奇怪的悲剧，读托马斯东西都是一副美国人相，可想而知了。总之一切令人生气。走到新语公司那里，翻到了一本当代诗刊，看见了老兄的大作，也有些不高兴。回来躺在床上，今天用去两块半钱。我好想把桌上的书全搬掉了，对于学问文艺，我已毫无兴趣。人家说，像我这样见研究诗歌，一本本都是poems，读他们的，我不知把它们买来做甚么，再无聊没有了。一个心地天真读破你你你的朋友，都有了进入文坛的野心，半块钱一千字的卖给人家，其实他的能力很不高，但没有自知之明，失业，生活都过不去，却慷慨激昂地说："他们有钱，坐汽车住洋房，买大批的书，死了之后，谁还记得他们？看巴尔扎克，莎士比亚，塞万提斯（每回他要问我将到称赞这像美国以前家诗人），死去了多少年，他们的著作留在世上，大文永垂不朽。"可怜的上帝，我不要想同他去，汽车洋房在我看来也不是怎样了不得的东西。昨天有郑之光有趣，这是说我在一个静静的所在，安安静静地死去吧。他们问到商务里买一本钟先生的中国哲学史（又要我拿出两块半钱），他们问我什么人做的，我说是钟泰，他们说没有，中国哲学史只有冯友兰的，我说（什么钟泰，）岂不像一个同书自己翻翻图书目录呈给他们看才去找了来，了翻翻，实在也看不下去。住在市价社会里一些时，这种东西读上去真太无聊了。这些学者们躲在书房和人民隔得那么远远的，做着孔孟之道的梦，真也有些可笑。秦始皇是个好人，可惜他的火等于白烧。

上海批评界的人有硬派软派，上海的文坛也有近乎school的分别，实际即是现代派文学，施蛰存之流和傅东华之流的对立，[redacted]，施蛰存自以为（抓住时代意识潮流），[redacted]，读者[redacted]我猜想是一个叫骂懦弱无用的人，说起话来很是冲冲撞撞，因此今男女读人家说起话来，就是一批人都是typical的海派作家了。这一家论调，[?]衣和叶灵凤何家槐一批人，中国不会产生（所以有许多人是捉不到这些的）一个圈子里，实在也无意去读，的能力很不高，但没有自知之明，失业，生活都过不去，却慷慨激昂地说：“他们有钱，坐汽车，住洋房，浑天糊涂，死了之后，哼哼，谁还记得他们。看，巴尔扎克、莎士比亚、爱伦坡（每回他要向我特别称赞这位美国小说家诗人），死去了多少年，他们的著作留在世上，大名永垂不朽。”谢谢上帝，我不想身后名，汽车洋房，在我看来也不是怎样了不得的有趣，还是让我在一个静悄悄的所在，安安静静地死去吧。

昨天为郑天然到商务里买一本钟先生的《中国哲学史》（又要我挖出两块钱），他们问我什么人做的，我说钟泰，他们说什么钟泰，没有，中国哲学史只有冯友兰的，我翻图书目录点给他们看才去找了来，岂不伤心？回来自己翻了翻，实在也看不下去，住在市侩社会里一些时，这种东西读上去真太玄腐了。这些学者们独善其身，和人群隔得那么远远的，做着孔孟之道的梦，真也有点可笑。秦始皇是快人，可惜他的火等于白烧。

上海批评电影的人有硬派软派，上海的文坛也有近乎如此的分别，实际即是现代和文学，施蛰存和傅东华的对立，后者自以为意识准确，抓住时代，施蛰存现在和叶灵风何家槐一批人都是typical[4]的海派作家了。这一个圈子里实在也毫无出路（虽则有许多人是找不到进路），中国不会产生甚么大的文学家艺术家，从古以来多如此，事实上还是因为中国人太不浪漫，务实际到心理卑琐的地步的缘故，因此情感与想像，两俱缺乏。

我很不好，为什么你高兴和我做朋友？你也不好，全然不好，我知道，但我爱你，为什么你不同我玩呢？

兴登堡将军

①concert：音乐会。 ②指宋清如发表在《当代诗刊》第1卷第2期（1935年2月）上的童话诗《莉莉是一个从前的女王》。 ③poems：诗。 ④typical：典型。

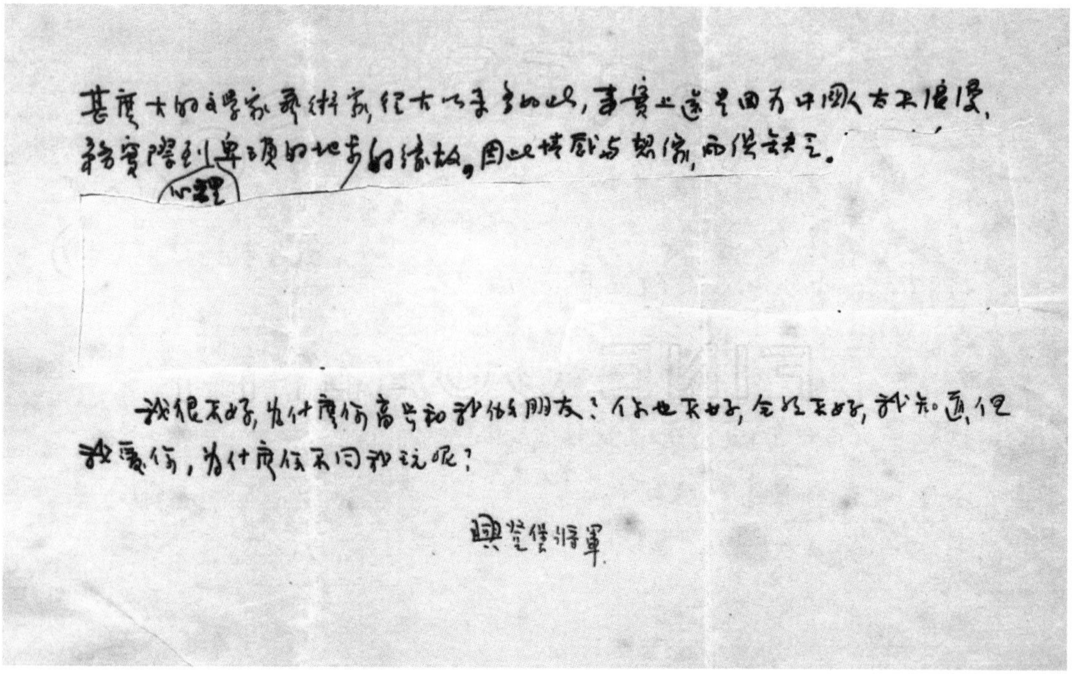
甚么大的文学家艺术家，从古以来多如此，事实上还是因为中国人太不浪漫，务实际到心理卑琐的地步的缘故，因此情感与想像，两俱缺乏。

我很不好，为什么你高兴和我做朋友？你也不好，全然不好，我知道，但我爱你，为什么你不同我玩呢？

兴登堡将军

第[098]封 苦恼

做人真寂寞，做猫狗鸟儿也是一样，有了生命就有寂寞。写不出诗，也是苦恼之一种。能无聊无聊，多好啊！

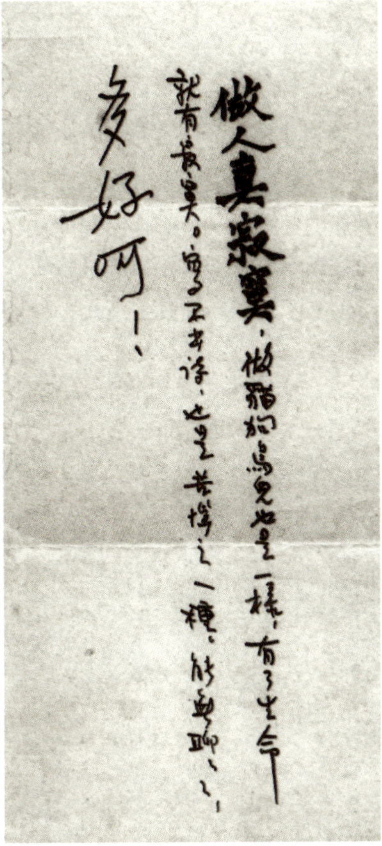

做人真寂寞，做猫狗鸟儿也是一样，有了生命就有寂寞。写不出诗，也是苦恼之一种。能无聊无聊，多好啊！

第[099]封 愁闷

姊姊：

如果我愁闷死了，大概一定和你没有什么相干的吧？我永远想不到做人会是这样无聊的，否则我一定早就叫母亲不要生我了。

云儿飘 廿日

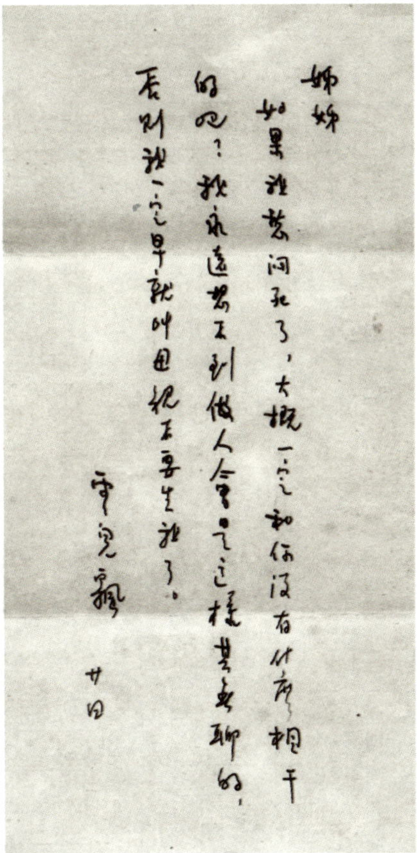

姊姊

如果我愁闷死了，大概一定和你没有什么相干的吧？我永远想不到做人会是这样无聊的，否则我一定早就叫母亲不要生我了。

云儿飘

廿日

第[100]封 焦躁

清如：

在刚从严寒中挣扎出来，有温暖而明朗感的悦意而又恼人的天气，在凄寂的他乡，无聊的环境里，心里有的是无可奈何的轻愁，不知要想些什么才好，只是惓惓地怀忆着一个不在身边的、世间最可爱的朋友，无论如何，当我铺纸握笔的时候，应该是有一些动人的话好说的，然而我能说些什么呢？

我无法安排我自己的时间，想定定心在公余做一些自己的工作，不能；随便读些书，也是有心没绪的。心里永是那么焦躁不宁。如果不是那样饥渴地想忆着你，像沉舟者在海中拼命攀住一根漂浮的桅杆一样，我的思想一定会转入无底绝望而黑暗的深渊，我觉得我的生命好像不是属于自己的，非自己所能把握。

要是此时我能赶来看看你，该是多么快活！我说如果我们能有一天同住在一个地方的话，固然最好相距得不要太远，但也不必过近，在风雨的下午或星月的黄昏走那么一段充满着希望的欢悦的路，可以使彼此的会面更有意思一些。如果见面太容易，反而减杀了趣味，你说是不是？如果真有那一天就好了！别离有时是太难排遣的。

廿九·夜

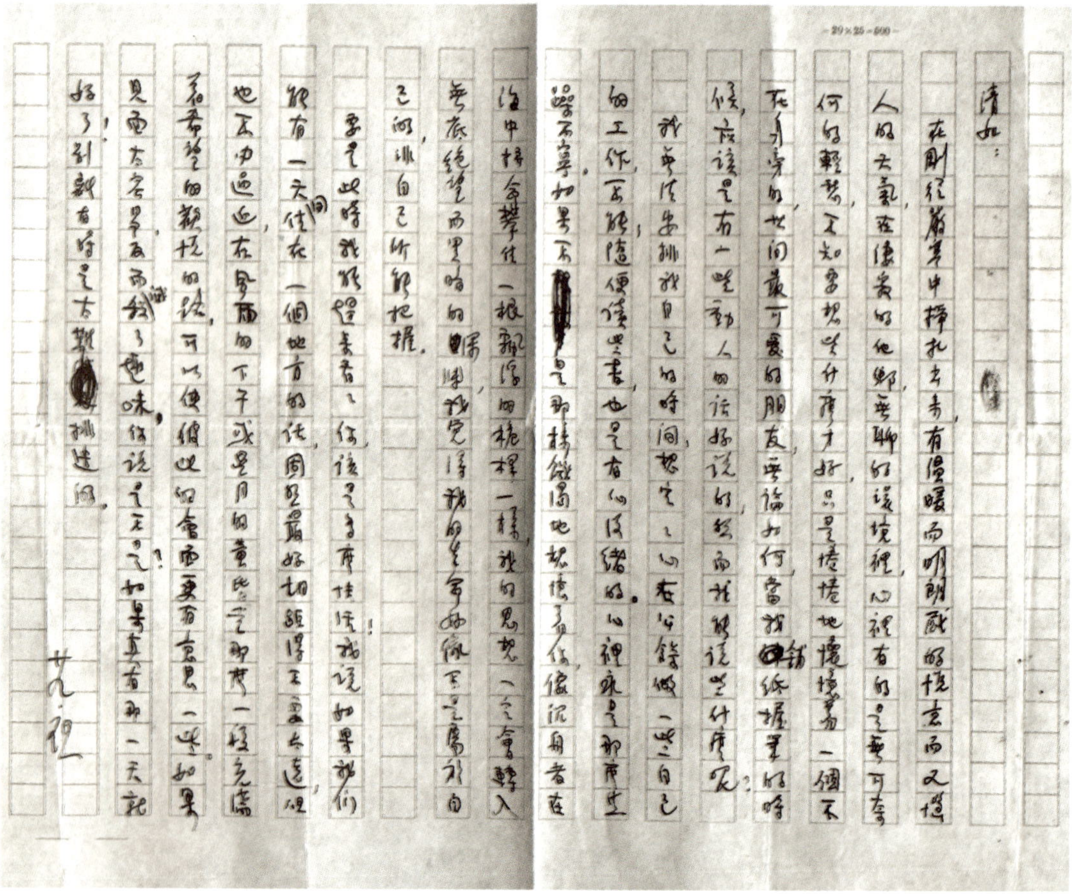

清如：

在剛從嚴寒中掙扎出來，有溫暖而明朗感的悅意而又惱人的天氣，在淒寂的他鄉，無聊的環境裡，心裡有的是無可奈何的輕愁，不知要想些什麼才好，只是惓惓地懷憶着一個不在身邊的、世間最可愛的朋友，無論如何，當我鋪紙握筆的時候，應該是有一些動人的話好說的，然而我能說些什麼呢？

我無法安排我自己的時間，想定定心在公餘做一些自己的工作，不能；隨便讀些書，也是有心沒緒的。心裡永是那麼焦躁不寧。如果不是那樣饑渴地想憶着你，像沉舟者在海中拼命攀住一根飄浮的桅杆一樣，我的思想一定會轉入無底絕望而黑暗的深淵，我覺得我的生命好像不是屬於自己的，非自己所能把握。

要是此時我能趕來看看你，該是多麼快活！我說如果我們能有一天同住在一個地方的話，固然最好相距得不要太遠，但也不必過近，在風雨的下午或星月的黃昏走那麼一段充滿着希望的歡悅的路，可以使彼此的會面更有意思一些。如果見面太容易，反而減殺了趣味，你說是不是？如果真有那一天就好了！別離有時是太難排遣的。

廿九夜

第[101]封 渴望

宋：

你前儿那封信里说的话一通也不通，懒得驳你了。世上没有什么人会爱你，因此只好自己骗骗自己说恋爱是傻了。顶聪明的人都是爱寻烦恼的，不寻烦恼，这一生一世怎么度过去？理学先生都有说不得的苦衷。活人总是常戚戚的，死人才坦荡荡。

我渴望和你打架，也渴望抱抱你。

你这恼杀人的小鬼。不要因为我不爱你而心里气苦。

岳飞 三月二日

你很苦，真是，谁也不疼你，快钻到被头里去哭吧。

三等无轨电车里两个女人打架，今天总算得到了点 thrilling[①]，女人打架，照例我总是同情比较好看一点的那个，事实是女人跟女人相打，总是彼此毫无理由的多，要判断谁曲谁直，永远是不可能的。

天实在太暖了，趁着好的太阳光，多走走路吧，不要闷着等死，你如要等死，死便不肯来的。

①thrilling：令人兴奋的事。

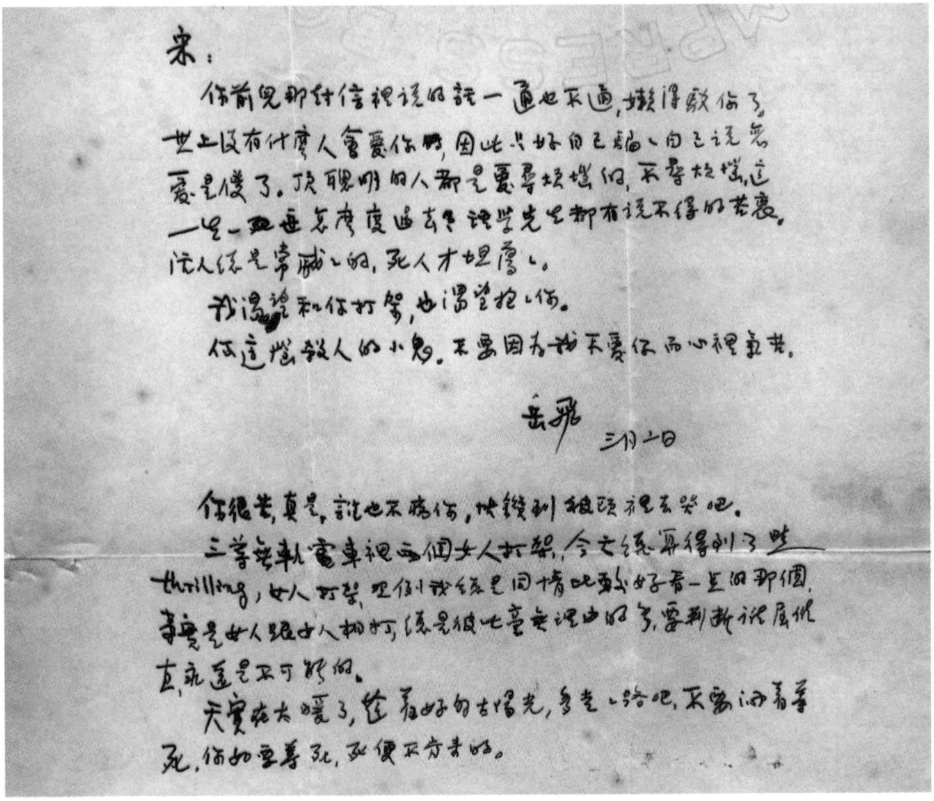
宋：

你前兒那封信裡說的話一通也不通，懶得駁你了。世上沒有什麼人會愛你，因此只好自己騙騙自己說戀愛是傻了。頂聰明的人都是愛尋煩惱的，不尋煩惱這一生一世怎麼度過去？理學先生都有說不得的苦衷。活人總是常戚戚的，死人才坦蕩蕩。

我渴望和你打架，也渴望抱抱你。

你這惱殺人的小鬼。不要因為我不愛你而心裡氣苦。

岳飛 三月二日

你很苦，真是，誰也不疼你，快鑽到被頭裡去哭吧。

三等無軌電車裡兩個女人打架，今天總算得到了些thrilling，女人打架，照例我總是同情比較好看一點的那個，事實是女人跟女人相打，總是彼此毫無理由的多，要判斷誰屈誰直，永遠是不可能的。

天實在太暖了，趁着好的太陽光，多走走路吧，不要悶着等死，你如要等死，死便不肯來的。

第[102]封 想你

清如：

今晚编辑所同人饯别某大编辑进京得意，敝人车钱尚要向人设法，此信的邮票，当然也无着落，明天如仍无希望，则脸孔非得拉到丈二长不可。你的那包糖今天要在邮局里过第四夜了。昨天接到寄来包裹通知，因为不知是那块来的什么东西，很不放在心上，今天去拿，回头[1]得向四川路总局领去，明天只得央人去拿，以后望写明提篮桥支局为盼。

这两天真是什么心思都没有，一点书也看不进，只是想你想你想你想你想你。昨夜梦见你被老虎吃了，把我哭死。

想不出什么话，而且要跑出去了。我待你好。

和尚　十

①回头，上海方言，意思是"答复、回答"。

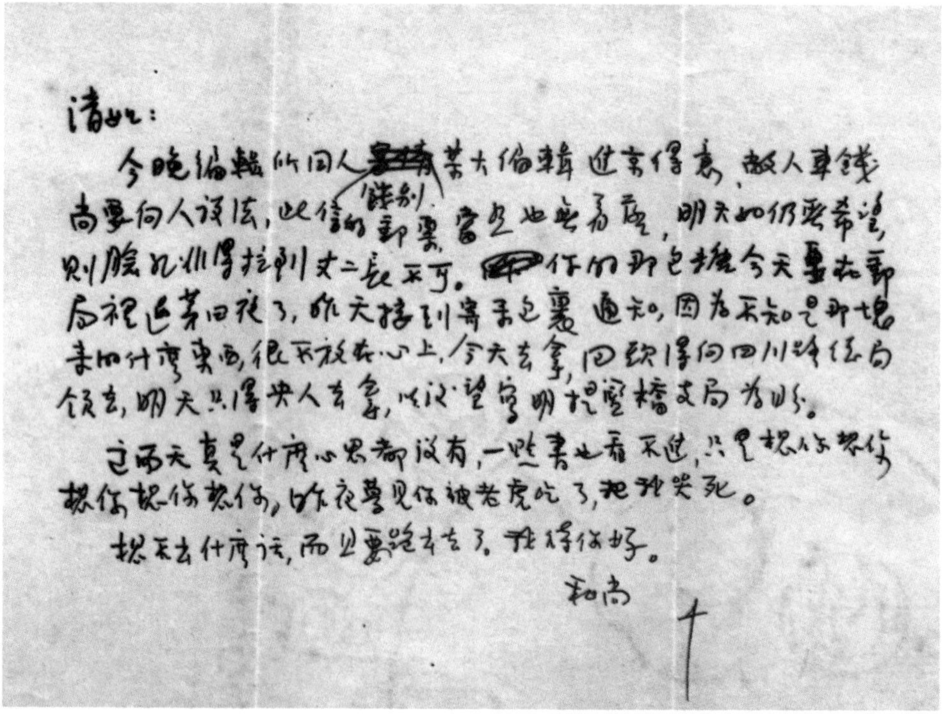

清如：

今晚编辑所同人饯别某大编辑进京得意，敝人车钱尚要向人设法，此信的邮票当然也无着落，明天如仍无希望，则脸孔非得拉到丈二长不可。你的那包糖今天要在邮局里过第四夜了，昨天接到寄来包裹通知，因为不知是那块来的什么东西，很不放在心上，今天去拿，回头得向四川路总局领去，明天只得央人去拿，以后望写明提篮桥支局为盼。

这两天真是什么心思都没有，一点书也看不进，只是想你想你想你想你想你，昨夜梦见你被老虎吃了，把我哭死。

想不出什么话，而且要跑出去了。我待你好。

和尚

十

第[103]封 祷告

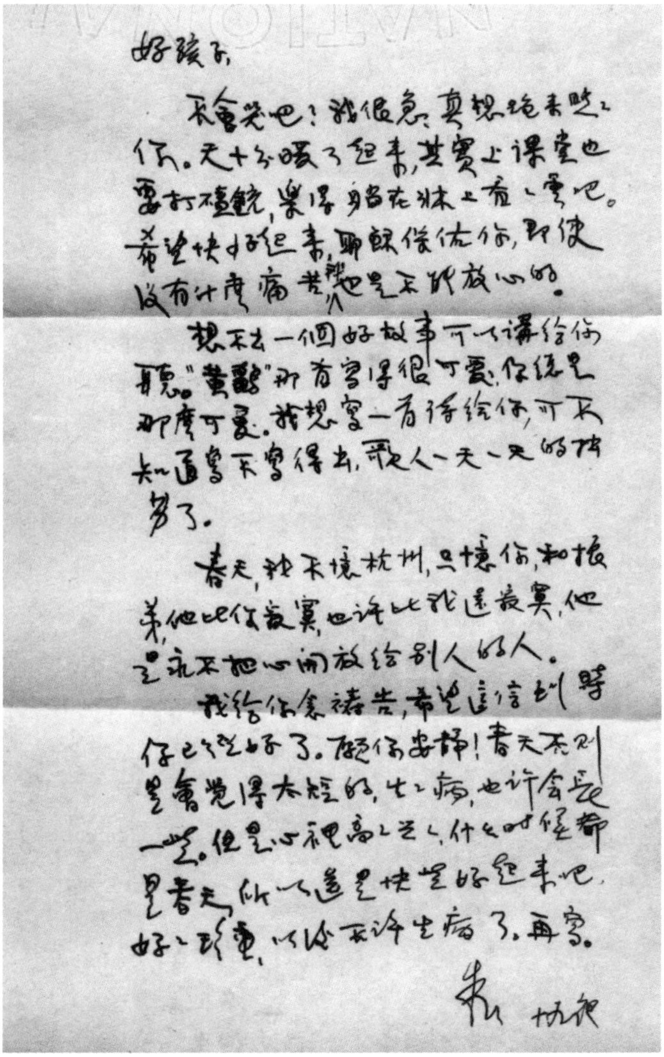
好孩子：

不會哭吧？我很急，真想跑來瞧瞧你。天十分暖了起來，其實上課堂也要打瞌銃，樂得躺在牀上看看雲吧。希望快好起來，耶穌保佑你，即使沒有什麼痛苦，我也是不能放心的。

想不出一個好故事可以講給你聽。"黃鸝"那首寫得很可愛，你總是那麼可愛。我想寫一首詩給你，可不知道寫不寫得出，歌人一天一天的拙劣了。

春天，我不憶杭州，只憶你，和振弟，他比你寂寞，也許比我還寂寞，他是永不把心開放給別人的人。

我給你念禱告，希望這信到時你已經好了。願你安靜！春天否則是會覺得太短的，生生病，也許會長一些。但是心裏高高興興，什麼時候都是春天，所以還是快些好起來吧。好好珍重，以後不許生病了。再寫。

朱 十九夜

好孩子：

不会哭吧？我很急，真想跑来瞧瞧你。天十分暖了起来，其实上课堂也要打瞌铳， 乐得躺在床上看看云吧。希望快好起来，耶稣保佑你，即使没有什么痛苦，我也是不能放心的。

想不出一个好故事可以讲给你听。“黄鹂”那首写得很可爱， 你总是那么可爱。我想写一首诗给你，可不知道写不写得出。歌人一天一天的拙劣了。

春天，我不忆杭州，只忆你，和振弟，他比你寂寞，也许比我还寂寞，他是永不把心开放给别人的人。

我给你念祷告，希望这信到时你已经好了。愿你安静！春天否则是会觉得太短的，生生病，也许会长一些。但是心里高高兴兴，什么时候都是春天， 所以还是快些好起来吧！好好珍重，以后不许生病了。再写。

朱朱 十九夜

第[104]封 牵挂[1]

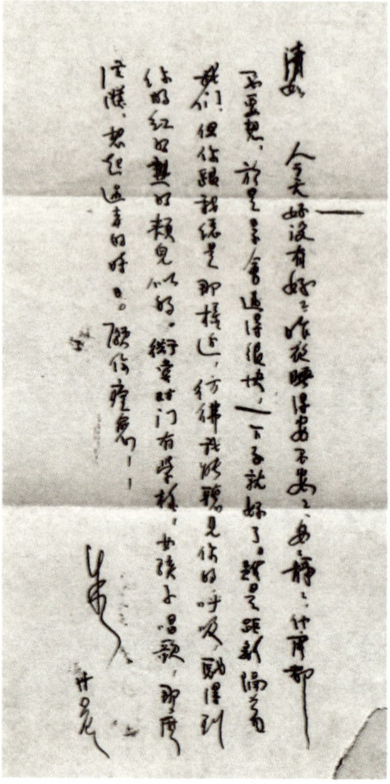

清如：

今天好没有好？昨夜睡得安不安？安安静静，什么都不要想，于是日子会过得很快，一下子就好了。虽是距离隔着我们，但你跟我总是那么近，仿佛我能听见你的呼吸，感得到你的红的热的颊儿似的。弄堂对门有学校，女孩子唱歌，那么活泼，想起过去的时日。愿你痊愈！

朱 廿晨

①此信原件信封上的邮戳日期为1935年3月20日。

第[105]封 安慰

清如：

今天上午阴了半天，果然下起雨来，心里很不痛快吧？昨夜我很早的睡了，可是睡不着，今天头痛，吃过中饭倦得很，头只是倒下来。一个小学生上课时举起手来，问他，他站起来，手背揩了揩眼睛，说，先生，我要睡觉去！

从前刘延陵有过一首诗，写小孩子陪着母亲，坐船渡河，带着鲜花去望医院里病着的姑姑。母亲叫他唱歌，小孩拍起手唱："……说得尽的安慰，我们都说过了，说不尽的安慰，我们都交付给鲜花了，……"反复着轻柔的调子，很美，有太戈尔[1]《新月集》里的调子。《新月集》

你读过没有？

你病了，想起来也心里寂寞得想哭，不十分难过还好。我愿意我能安慰你。等你爽了再给我写信吧。祝福！

二十下午

①太戈尔，即泰戈尔。

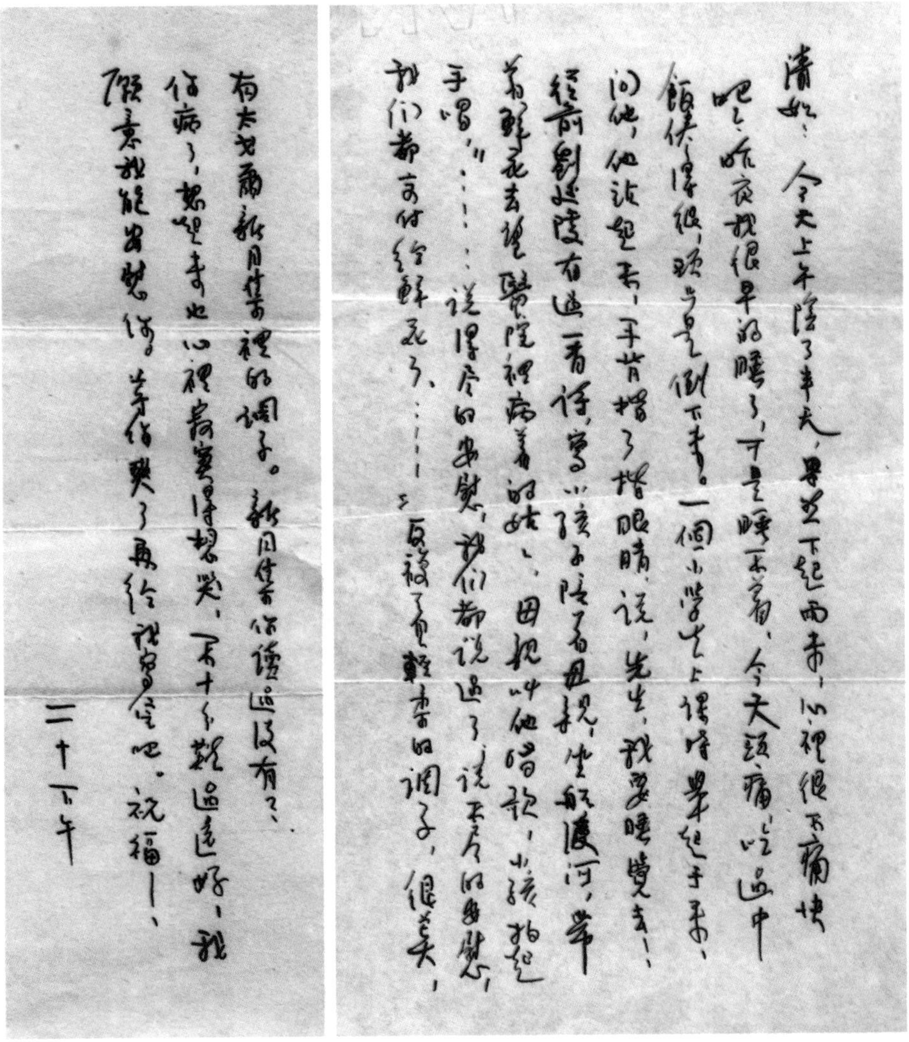
清如：今天上午除了半天，果然下起雨來，心裏很不痛快吧。昨夜我很早的睡了，可是睡不着，今天頭痛，吃過中飯倦得很，頭上是倒下來。一個小學生上課時舉起手來，問他，他站起來，手背揩了揩眼睛，說：先生，我要睡覺去！經前劉延陵有過一首詩，寫小孩子陪着母親，坐船渡河，帶着鮮花去望醫院裏病着的姑姑，母親叫他唱歌，小孩拍起手唱，"……說得盡的安慰，我們都說過了，說不盡的安慰，我們都交付給鮮花了。……"多讀了有趣者的調子，很美，有太戈爾新月集裏的調子。新月集你讀過沒有？你病了，想起來也心裏寂寞得想哭，不十分難過還好，我願意我能安慰你。等你爽了再給我寫信吧。祝福！

二十下午

第[106]封 唱歌[①]

昨夜我在梦里大唱其歌，嗓子吊到半天高，被誉为the world’s greatest tenor[②]。学校开学的第一天，我从头龙头下山吃饭去，遇见宋清如和那位inevitable[③]的某小姐以及另外一位杜撰出来的女士从宿舍里出来，我对宋清如说，“瞧你简直像个鬼”。因为她满面孔跌破抓碎，贴满了橡皮膏和布片，面色又黄又老又难看，见了怪教人心疼，禁不住要爱她，这是love

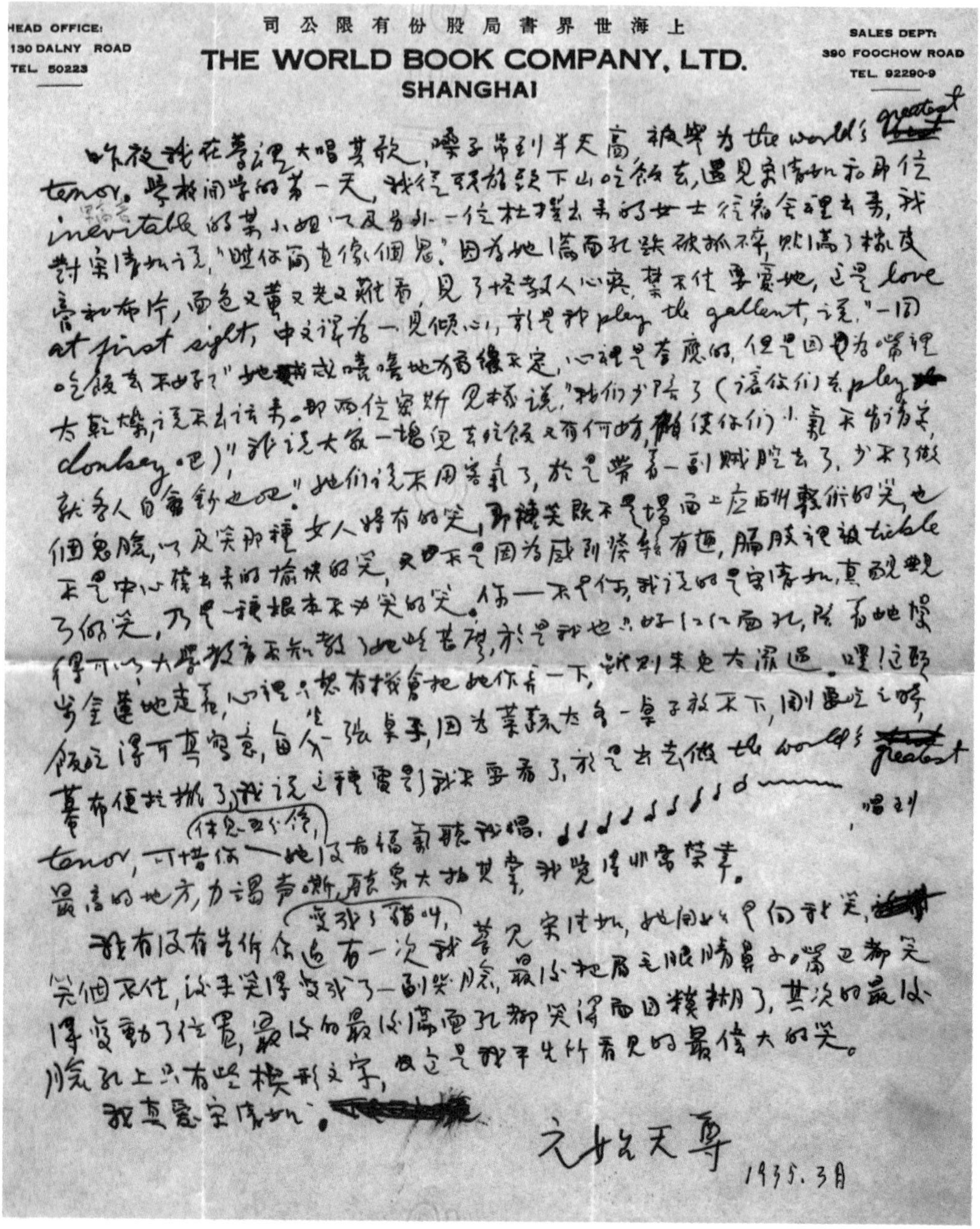

HEAD OFFICE:
130 DALNY ROAD
TEL. 50223

上海世界書局股份有限公司
THE WORLD BOOK COMPANY, LTD.
SHANGHAI

SALES DEPT:
390 FOOCHOW ROAD
TEL. 92290-9

我真爱宋清如。

元始天尊

1935.3月

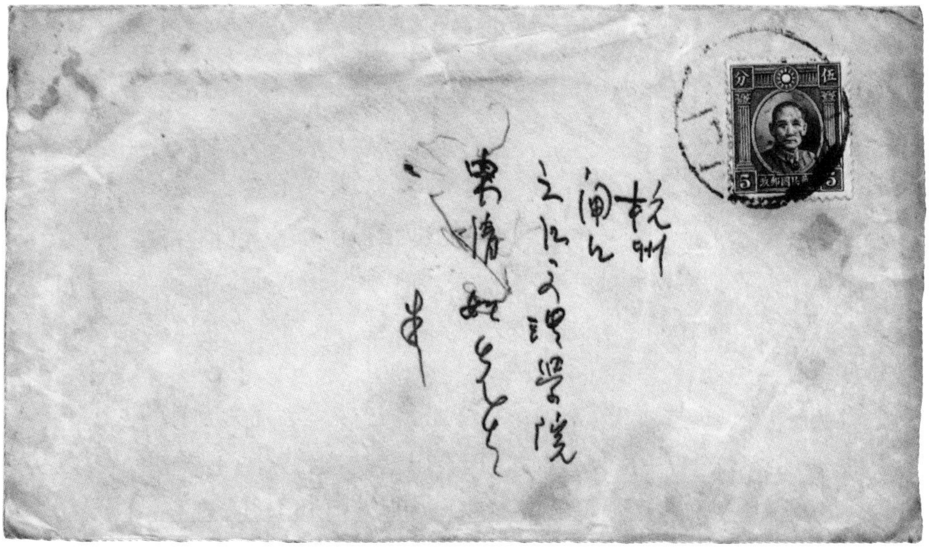

at first sight，中文译为一见倾心，于是我play the gallant[4]，说，“一同吃饭去好不好？”她贼忒嘻嘻地犹豫不定，心里是答应的，但是因为嘴里太干燥，说不出话来。那两位密斯见机说，“我们少陪了（让你们去play donkey[5]吧）”，我说“大家一块儿去吃饭又有何妨，假使你们小气不肯请客，就各人自会钞也罢”。她们说不用客气了，于是带着一副贼腔去了，少不了做个鬼脸，以及笑那种女人特有的笑，那种笑既不是场面上应酬敷衍的笑，也不是中心发出来的愉快的笑，又不是因为感到发松有趣，胳肢里被tickle[6]了的笑，乃是一种根本不必笑的笑。你——不是你，我说的是宋清如，真腼腆得可以，大学教育不知教了她些甚么，于是我也只好红红面孔，陪着她慢步金莲地走着，心里只想有机会把她作弄一下，虽则未免太罪过。嘿！这顿饭吃得可真写意，每人坐一张桌子，因为菜蔬太多，一桌子放不下。刚要吃之时，幕布便拉拢了，休息五分钟，我说这种电影我不要看了，于是出去做the world’s greatest tenor，可惜你——她没有福气听我唱，唱到最高的地方，力竭声嘶，变成了猫叫，听众大拍其掌，我觉得非常荣幸。

我有没有告诉你过，有一次我梦见宋清如，她开始是向我笑，笑个不住，后来笑得变成了一副哭脸，最后把眉毛眼睛鼻子嘴巴都笑得变动了位置，最后的最后满面孔都笑得面目模糊了，其次的最后脸孔上只有些楔形文字，这是我平生所看见的最伟大的笑。

我真爱宋清如。

元始天尊

①此信原件上宋清如注：1935年3月。 ②the world’s greatest tenor：世界上最伟大的男高音。
③inevitable：躲避不了的。④play the gallant：献殷勤。 ⑤play donkey：做傻事。 ⑥tickle：挠痒。

第[107]封 狠心

傻子：

不要自命不凡地自称为狠心的人，以使读你信的人感到滑稽而哑然失笑，如我读到你信时所感到并且哑然失笑那样吧，作为狠心的人，那尊号是女人们所永远够不到的。你是十分不够格，绝对地而且必然地。（以上全是外国句法，注意。）

在对人的感情而言，我比你要淡漠得多，自私得多，而我却自命为多情。狠心的人一定不知道狠心这两个字的，因为他心中根本无别人的感情的印象存在，即，他从不把别人的感情看作一回事，因此，他加于别人感情上的伤害，他不知道也不管，他决不向人表白他是狠心的人，仿佛要求人原谅一般。他根

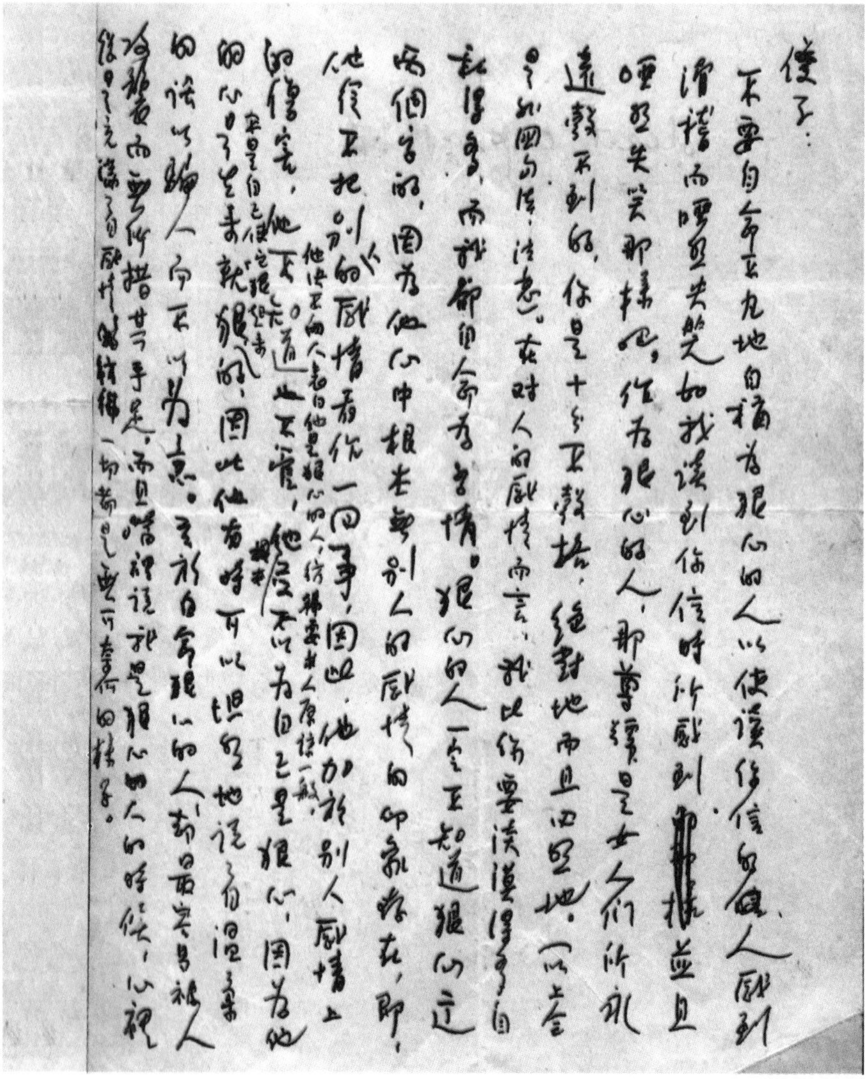
傻子：
不要自命不凡地自稱為狠心的人以使讀你信的人感到滑稽而啞然失笑如我讀到你信時所感到並且啞然失笑那樣吧，作為狠心的人，那尊號是女人們所永遠夠不到的，你是十分不夠格，絕對地而且必然地。（以上全是外國句法，注意。）在對人的感情而言，我比你要淡漠得多自私得多，而我卻自命為多情。狠心的人一定不知道狠心這兩個字的，因為他心中根本無別人的感情的印象存在，即，他從不把別人的感情看作一回事，因此，他加於別人感情上的傷害，他不知道也不管，他決不向人表白他是狠心的人，仿彿要求人原諒一般，

本并不以为自己是狠心，因为他的心是生来就狠，不是自己使它狠起来的。因此他有时可以坦然地说着温柔的话以骗人而不以为意。至于自命狠心的人，却最容易被人攻袭而无所措其手足，而且嘴里说我是狠心的人的时候，心里总是充满着感情，却仿佛一切都是无可奈何的样子。

第[108]封 爱恨

再论狠心（注意：未读附函不可看此）

女子当自命为狠心时，每有一种殉道者似的高壮的感觉，但男子中也有此种感觉者，惟所谓诗人与feeble-hearted[①]之流。男子是无往而不狠心，他看得这两字太平凡了。他们高兴用狠心对待人，但不愿意人家用狠心对待他，这是所谓男子的自私，然而这也不过是一种错觉罢了，因为实际上男子是格外欢喜对他狠心的人的。举例，厉害一些的老婆常能保持她丈夫对她的爱情，而善良的妻子常为她男人所轻厌。这或者是这世间有战争的原因，为着这种敬强凌弱的心理，为着支配这世界的是男人。但女人实际上也有这种情形，谁个女子愿意舍弃一个英雄豪迈的伟男，而跟一个阘茸卑琐脂韦谄媚的小丈夫跑呢，除非后者或者有物质上的优越条件？大凡心身健全的人，他（她）所爱慕的对象都是性格强壮（善于狠心）的人，心身有病的人，才爱温柔多情者（达官富翁之于姨太太不在此例，因为他们意在玩弄，无爱慕之可言）。心身畸形发展者，则流于虐待狂及被虐待狂的情形。对于最后一种人，你向他说一声我恨你，比说一百声我爱你要使他窝心得多。

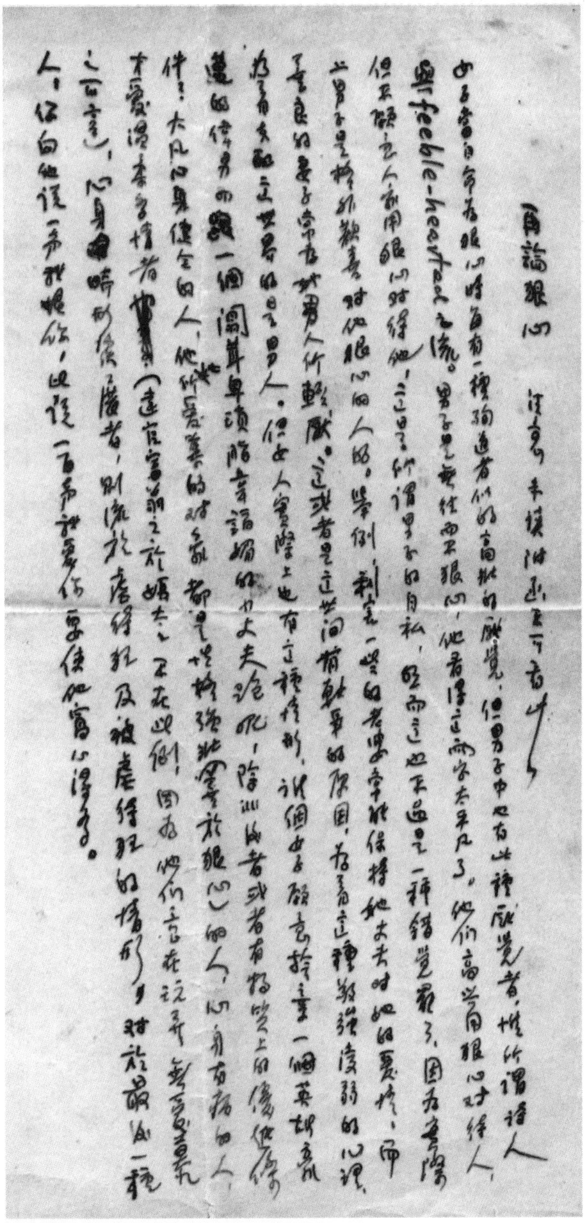
再論狠心 注意：未讀附函不可看此

女子當自命為狠心時每有一種殉道者似的高壯的感覺，但男子中也有此種感覺者，惟所謂詩人與feeble-hearted之流。男子是無往而不狠心，他看得這兩字太平凡了。他們高興用狠心對待人，但不願意人家用狠心對待他，這是所謂男子的自私，然而這也不過是一種錯覺罷了，因為實際上男子是格外歡喜對他狠心的人的。舉例，利害一些的老婆常能保持她丈夫對她的愛情，而善良的妻子常為她男人所輕厭。這或者是這世間有戰爭的原因，為着這種敬強凌弱的心理，為着支配這世界的是男人。但女人實際上也有這種情形，誰個女子願意捨棄一個英雄豪邁的偉男而跟一個闒茸卑瑣脂韋諂媚的小丈夫跑呢，除非後者或者有物質上的優越條件？大凡心身健全的人，他所愛慕的對象都是性格強壯（善於狠心）的人，心身有病的人才愛溫柔多情者（達官富翁之於姨太太不在此例，因為他們意在玩弄，無愛慕之可言），心身畸形發展者，則流於虐待狂及被虐待狂的情形。對於最後一種人，你向他說一聲我恨你，比說一百聲我愛你要使他窩心得多。

① feeble-hearted：意志薄弱的。

第[109]封 多事

孩子：

你不来，不是我又要生气了吗？事实是你不愿来看我，我知道你不过说说而已，因此这回并不怎样希望着。

朋友这称谓不很好，当我乘电车的时候，卖票的揩油，他也说，朋友，对不起。为着表示感情起见，最好称好友。

告诉你，活着全然是多事，既然活着根本就是多事了，因此有时索性不必怕多事，把一生这么闹一下子也好。

我们没有春假，但我要回家去，好像告诉过你了？也许不曾，我的弟弟

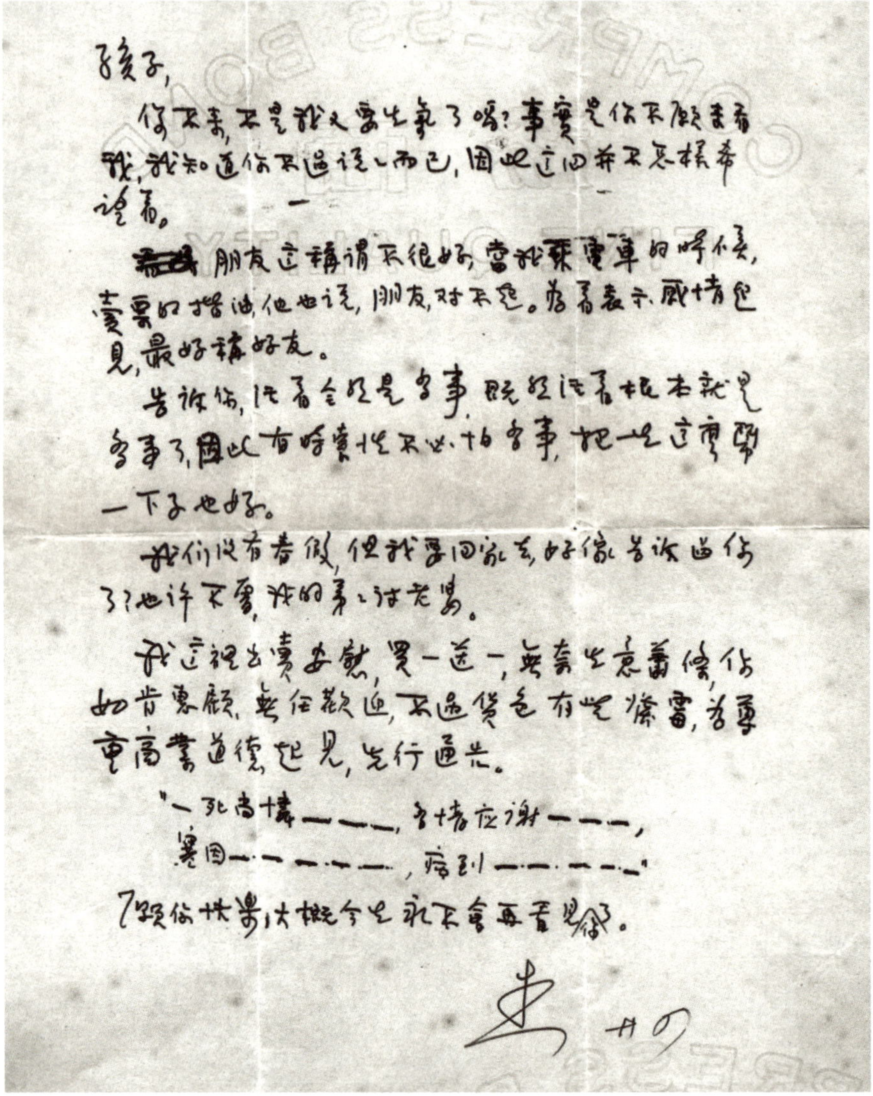

孩子，

你不来，不是我又要生气了吗？事实是你不愿来看我，我知道你不过说说而已，因此这回并不怎样希望着。

朋友这称谓不很好，当我乘電車的时候，賣票的揩油，他也说，朋友，对不起。为着表示感情起见，最好称好友。

告诉你，活着全然是多事，既然活着根本就是多事了，因此有时索性不必怕多事，把一生这么闹一下子也好。

我们没有春假，但我要回家去，好像告诉过你了？也许不曾，我的弟弟讨老婆。

我这里出賣安慰，买一送一，无本生意兼售伤，你如肯惠顾，无任欢迎，不过货色有些潮霉，为尊重商業道德起见，先行通告。

"一死尚憐———，多情应谢———，
寒囚———————，痛到———————"

了解你快乐，大概今生永不会再看见你了。

朱 廿四

讨老婆。

我这里出卖安慰，买一送一，无奈生意萧条，你如肯惠顾，无任欢迎，不过货色有些发霉，为尊重商业道德起见，先行通告，

“一死尚怜－－－，多情应谢－－－，

“寒因－－－－－，病到－－－－－。”

愿你快乐，大概今生永不会再看见你了。

朱 廿四

第[110]封 嫁人①

好好：

今天毫无疑问地得到了你的信，就像是久旱逢甘雨一样。

吃喜酒真非得要妈妈同着不可，难为情得一塌糊涂，今后誓不再吃（你的喜酒当然我一定不要吃），世上没有比社交酬酢更可怕的事（除了结婚而外）。

我希望你不要嫁人，如果你一定要嫁人的话，我希望你不要嫁像我这种男人（如果我也可以算是男人的话），要是你一定要嫁像我这种男人呢，那我也不管，横竖不关我事。

我今天要到街上去，买信封信纸墨水（全是为着给你写信用的），再买几本小说看。你有没有看过杜思退益夫斯基②的《被侮辱与被损害的》？如果商务廉价部里有这本书，我可以买来给你。

我待你好，直到你不待我好了为止。也许你不待我好了，我仍待你好的，那要等那时再说。

我要吻吻你。

魔鬼的叔父 三日

① 此信原件上宋清如注：1935年4月。 ② 杜思退益夫斯基，现译为陀思妥耶夫斯基。

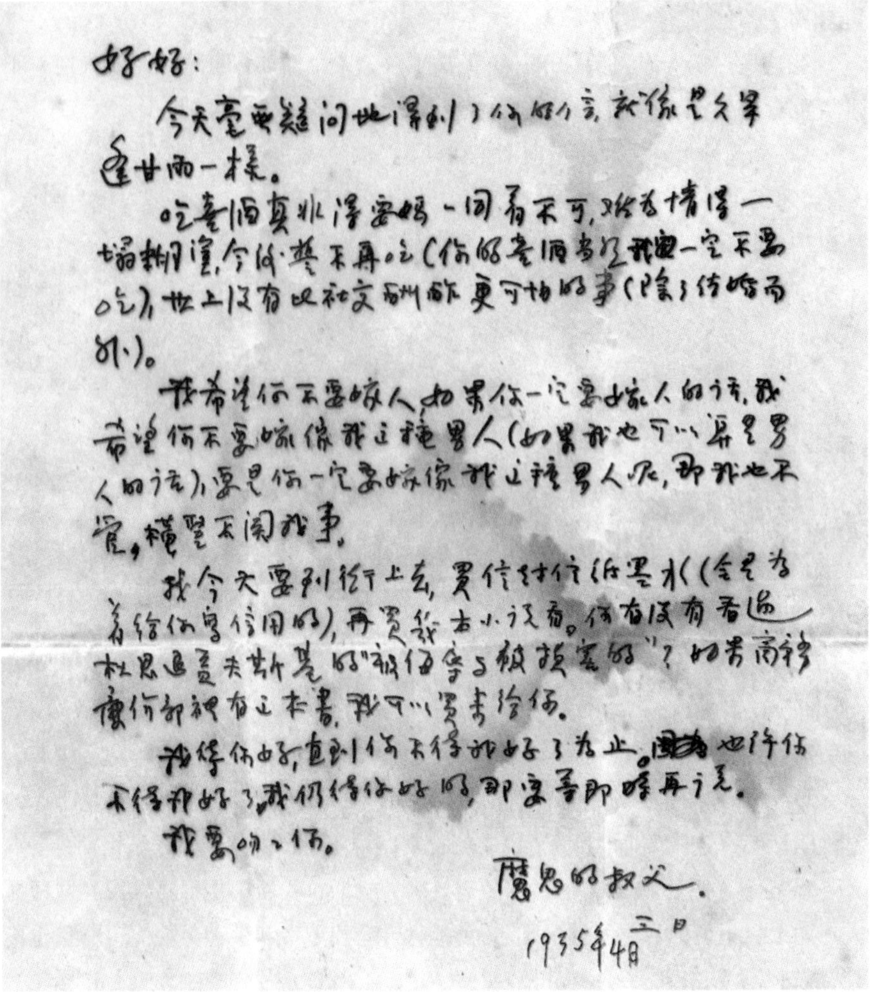
好好：

今天毫无疑问地得到了你的信，就像是久旱逢甘雨一样。

吃老酒真非得要好一同看不可，况且情得一塌糊涂，今后誓不再吃（你的老酒当然我一定不要吃），世上没有比和文明戏更可怕的事（除了结婚而外）。

我希望你不要嫁人，如果你一定要嫁人的话，我希望你不要嫁像我这种男人（如果我也可以算是男人的话），要是你一定要嫁像我这种男人呢，那我也不管，横竖不关我事。

我今天要到街上去，买信封信纸墨水（全是为着给你写信用的），再买几本小说看。你有没有看过杜思退益夫斯基的"被侮辱与被损害的"？如果[illegible]你那里有这本书，我可以买来给你。

我待你好，直到你不待我好了为止。也许你不待我好了，我仍待你好的，那要看那时再说。

我要吻吻你。

魔鬼的叔父。

1935年4月三日

第[111]封 写意

清如：

在家里过了三夜，倒并不如想像的那样无聊，全然忘了一切，无所为地高兴起来，家里的婚事只是小热闹一下，一切像儿戏般玩着，那位弟妇我不知叫她什么好，终于叫她做嫂嫂，比你大得多，不是孩子样儿。大表姐的第六个孩子，最小的甥女，和我很要好，陪着她玩。她的四哥在兄弟姐妹间乡气最重，是个戆大①，人很忠厚，但不惹人欢喜，被妹妹欺侮得哭起来，我过意不去，领他到乡野里走，他很快活，虽然似乎很笨，对于大自然却很敏感，看见骑在牛背上的牧童，很是羡慕，说脱下长衫去做看牛童子，一定很写意②。徘徊旧游

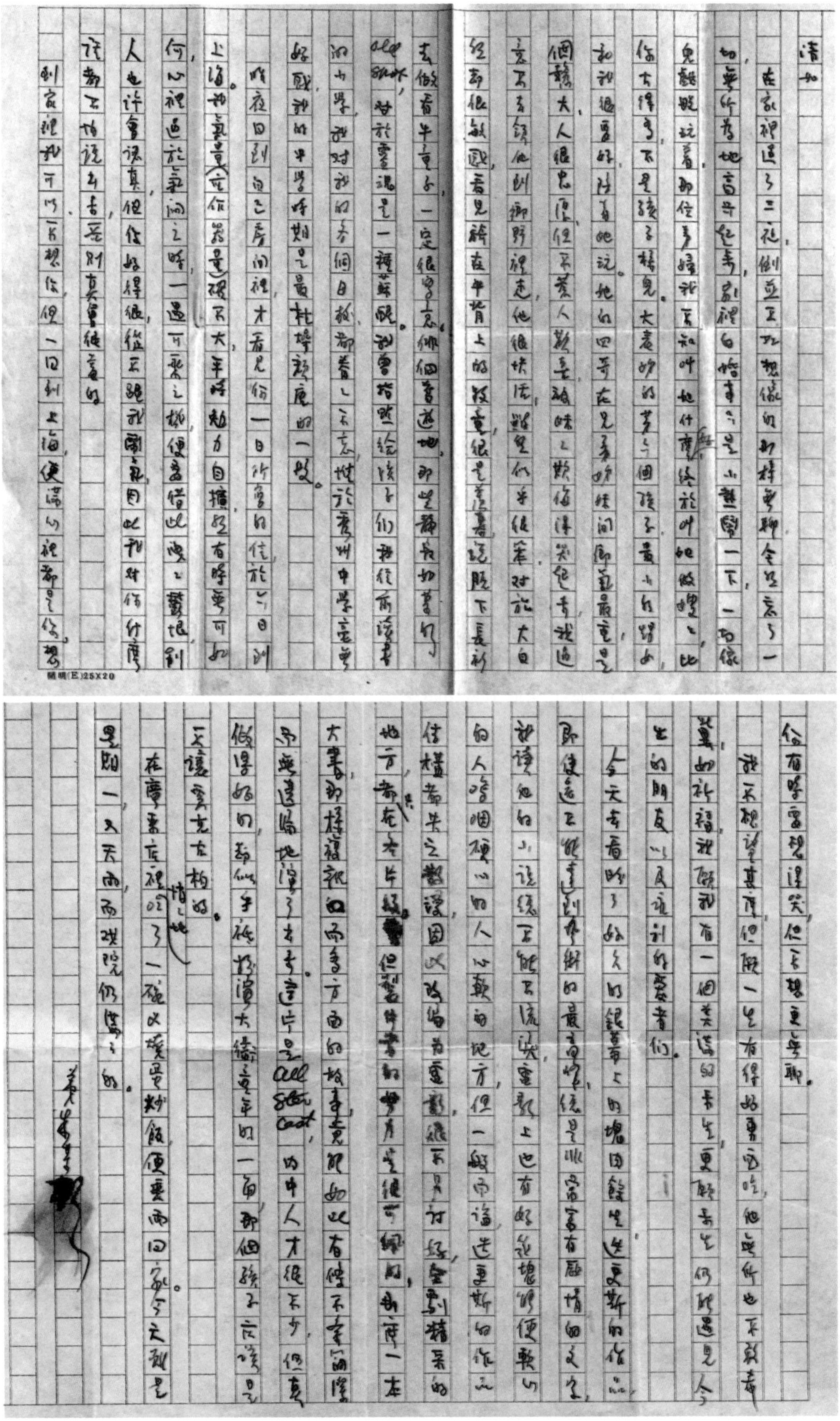
清如：
在家裡過了三天，倒並不如想像的那樣無聊。今天忘了一切，無所為地消磨光陰，家裡的婚事一一是小燕瞑一下，一切依兒龍瞧玩着那位新婦，我不知叫她什麼，終於叫她做嫂嫂，比你大得多，不是孩子樣兒。大表妹的第三個孩子最小的那個女，和我很要好，除有她說，她的四哥在兄弟姊妹間卻算最重，是個聽大人很忠厚，但不善人歡喜，被妹妹欺侮，得笑紀者，我這麼不喜歡他到鄉野裡走，他很快活，雖然他手很笨，對於大自然都很敏感，看見螞蟻在牛背上的蜓蜻，很是羨慕說脫下長衫去做看牛童子，一定很有意思。那個遠地，那些靜寂如夢的old [illegible]，甘於靈魂是一種蘇醒。我曾指點給孩子們我往前讀書的小學，我對我的各個日期都看了不忘，憶於秀州中學毫無好感，我的中學時期是最枯燥頹廢的一段。

昨夜回到自己房間裡，才看見你一日所寫的信，於六日到上海。我的氣量（定價器量）得不大，平時魅力自擴，好有時無可如何，心裡過於氣悶之時，一遇可乘之機，便會借此洩洩氣，別人也許會認真，但你好得很，從不跟我鬧氣，因此我對你什麼話都不怕說出去，要別真會後悔的。

到家裡我可以不想你，但一日到上海，便滿心裡都是你，想你有時害得裡得笑，但不想更無聊。

我不想望甚麼，但願一生有得好東西吃，他無所也不就奢望，如祈福，就願我有一個美滿的書生，更願書生們能遇見今生的朋友，以及我的愛者們。

今天去看了好久的銀幕上的塊肉餘生述，迭更斯的作品，即使遠不能達到藝術的最高峰，總是非常富有感情的文字，我讀他的小說總不能不流淚，電影上也有好的場便較以的人喝咽揮心的人心軟的地方，但一般而論，迭更斯的作品結構都失之散漫，因此改編為電影，總不易討好。全劇精采的地方，都在前半部，但整個看起來覺得可憐的，我看一本大書，那樣複雜的多方面的故事竟能如此有條不紊的擺布並這篇地演了去年。這究竟是All Star Cast，的中人才很不少，但真做得好的，都似乎被埋沒了大編年的一角，那個孩子應該是一不讓實在在太可怕的。

在摩里店裡吃了一碗叉燒蛋炒飯，便要雨回家。今天就是陰一又天雨，而我總仍懶懶的。

朱[illegible]

地，那些静寂如梦的old spot[③]，对于灵魂是一种苏醒。我曾指点给孩子们我从前读书的小学，我对我的各个母校都眷眷不忘。我的中学时期是最枯燥颓唐的一段。

昨夜回到自己房间里，才看见你一日所写的信，于六日到上海。我气量（应作器量）确不大，平日勉力自扩，然有时无可如何，心里过于气闷之时，一遇可乘之机，便要借此泄泄郁恨，别人也许会认真，但你好得很，从不跟我闹气，因此我对你什么话都不怕说出来，否则真会很羞的。

到家里我可以不想你，但一回到上海，便满心里都是你，想你有时要想得哭，但不想更无聊。

我不想望什么，但愿一生有得好东西吃，他无所也不敢希冀，如祈福，我愿我有一个美满的来生，更愿来生仍能遇见今生的朋友以及永别的爱者们。

今天去看盼了好久的银幕上的《块肉余生》[④]，迭更斯的作品，即使还不能达到艺术的最高峰，总是非常富有感情的文字，我读他的小说总不能不流泪，电影上也有好几块能使软心的人呜咽、硬心的人心软的地方，但一般而论，迭更斯的作品结构都失之散漫，因此改编为电影，很不易讨好，全剧精彩的地方，都只在各片段。但制片者的努力是很可佩的，那么一本大书，那样复杂而多方面的故事，竟能如此有条不紊简洁而无遗漏地演了出来。这片是All Star Cast[⑤]，内中人才很不少，但真做得好的，却似乎只扮演大卫童年的一角，那个孩子应该是不让贾克古柏的。

在广东店里悄悄地吃了一碗叉烧蛋炒饭，便乘雨回家。今天虽是星期一，又天雨，而戏院仍满满的。

弟 朱某顿

①戆大：上海、嘉兴一带方言，意为“呆子”。 ②写意：嘉兴、上海一带方言，意思为“舒服”。 ③old spot：陈迹。 ④《块肉余生》：狄更斯的作品，现译为《大卫·科波菲尔》。 ⑤All Star Cast：全明星阵容。

回应

有些人的一生①

宋清如

有些人的一生，
是用彩色渲染的巨像，
是一阕胜利的凯歌；
而你的清影呢？
只是淡墨的泼写，
谱下一支凄怨的悲歌。

韶华、流水的冲刷，
鲜艳一时的画幅，
会出现斑斓的锈迹，
但是一声微弱的虫吟，
有时会激起诗人的叹息，
叮咚的泉鸣不断在山谷回旋。

三十六年的风花雪月，
太阳底下多少生生灭灭，
你的音容笑貌，
不时萦回在我的梦寐，
你的斑斑残简，
不断闪现着泪影和□□

从你第一代的身上，
我读着你的纯朴和□□
从你第二代的眼里，
读着你智慧的余辉。
从莎士比亚的译文里，
读着你搏动的心弦。

①这是宋清如去世后在她的遗物中发现的诗稿（修改未竟），约写于1980年前后。

《第陆卷》切磋诗词

朱生豪、宋清如除最初曾请中间人传递诗作外，切磋学问，交流诗文，是他们以后交往中的重要内容，也是朱生豪毕业离校后书信交流的重要内容之一。

在切磋中，朱生豪常常是老师，对宋清如的作品时时指点。两人不时地交换新作，在作品交流中增进着彼此的情感，希望有朝一日合编一本诗集是他们的心愿。不管当时环境多么恶劣，即使两地相隔，仍通过切磋诗词来传递着爱的誓言。

第[112]封 不幸

清如，

为什么不来信呢？不是因为气我吧？我所说过的话都是假的，你一定不要相信我。

星期日对于我往往是最不幸的一日，因为它全然是浪费而毫无用处，寂寞的人是不该有星期日的。

你现在快活吗？也许很有点倦怠是不是？你有不有点看不起我？

祝你一切的好。

无聊者 九日晚

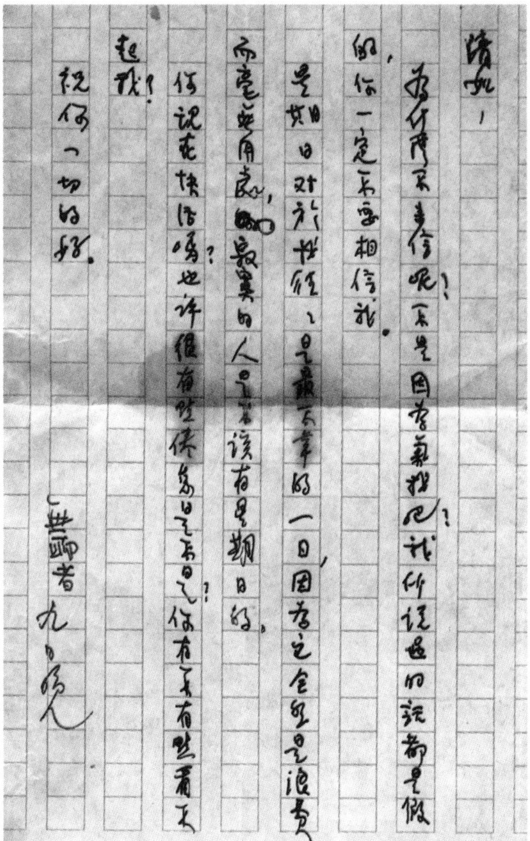
清如，

为什么不来信呢？不是因为气我吧？我所说过的话都是假的，你一定不要相信我。

星期日对于我往往是最不幸的一日，因为它全然是浪费而毫无用处，寂寞的人是不该有星期日的。

你现在快活吗？也许很有些倦怠是不是？你有不有些看不起我？

祝你一切的好。

無聊者 九日晚

第[113]封 知己

清如：

气好了吧？即使不是向我生气我也很怕。什么委屈大概你不肯向我说，虽我很愿知道。我心里很苦，很抑郁，很气而不知要气谁，很委屈而不知委屈从何而来，很寂寞，生活的孤独并非寂寞，而灵魂的孤独无助才是寂寞。我很懂得，寂寞之来，有时会因与最好的朋友相对而加甚。

实际人与他朋友之间，即使是最知己的，也隔有甚遥的途程，最多只能如日月之相望，而要走到月亮里去总不可能，因为在稀薄的大气之外，还隔着一层真空。所以一切的友谊都是徒劳的，至多只能与人由感觉而生的相当的安慰，但这安慰远非实际的，所谓爱尽是对影子的追求，而根本并无此物。人间的荒漠是具有必然性的，只有苦于感情的人才不能不持憧憬而生存。

愿你快乐，虽我的祝福也许是无力而无用的。

汝友

清如：

气好了吧？即使不是向我生气我也很怕。什么事呢大概你不肯向我说，虽然我很愿知道。我心里很苦，很抑郁，很气而不知要气谁，很委屈而不知委屈从何而来，而很寂寞。生活的孤独并非寂寞，而灵魂的孤独无助才是寂寞，我很懂得寂寞之味，有时会因与最好的朋友相对而加甚。实际人与他朋友之间，即使是最知己的，也隔有甚远的途程，最多只能如日月之相望，而要走到月亮里去终不可能，因为在大气稀薄的之外，还隔有一层真空。所以一切的友谊都是徒劳的，至多只能与人由感觉所生的相当的安慰，但这安慰远非实际的，所谓爱画是对影子的追求，而根本并无此物。人间的荒漠是具有必然性的，只有善于感情的人才能不待懂得而先知。

愿你快乐，虽然我的祝福也许是无力而无用的。

此友

第[114]封 电影

宋清如，

我觉得，“小姐”比“女士”不肉麻得多，你以为如何？

“她”字完全是多事；“他对她说”固然明白，“她对她说”岂不仍旧弄不清楚，还要分写作“老她”和“少她”？

今晚□没事做，因此写信，虽然并不高兴写。

从前星期日也可以整天住在家里，近来老想“到上海去”（在我们这里是这样说的），太费时间，从提篮桥到抛球场一段电车总得一二十分钟，等车子的时间不算，到法租界去得四十分钟，没有特别的事总不大上算。我最常到的两条路是四马路和北四川路，四马路自然是因为书店的缘故，其实那是最最俗气的一条马路。静安寺路霞飞路[1]是上海最好的两条路了，但我不能常去，北四川路颇有名士风趣，夹在广东人和日本人之中间，有一种说不出的吊儿郎当。南京路是《东方杂志》，四马路是小报，霞飞路是画报，北四川路是《论语》、《人间世》。

昨天一下火车便去看电影，华雷斯皮莱的《自由万岁》，这是张难得的片子，我勉强使眼泪不流下来。虽然以个人的好恶而论，对于这位莽汉型的主角，我并无特殊的好感，如有人所批评的，

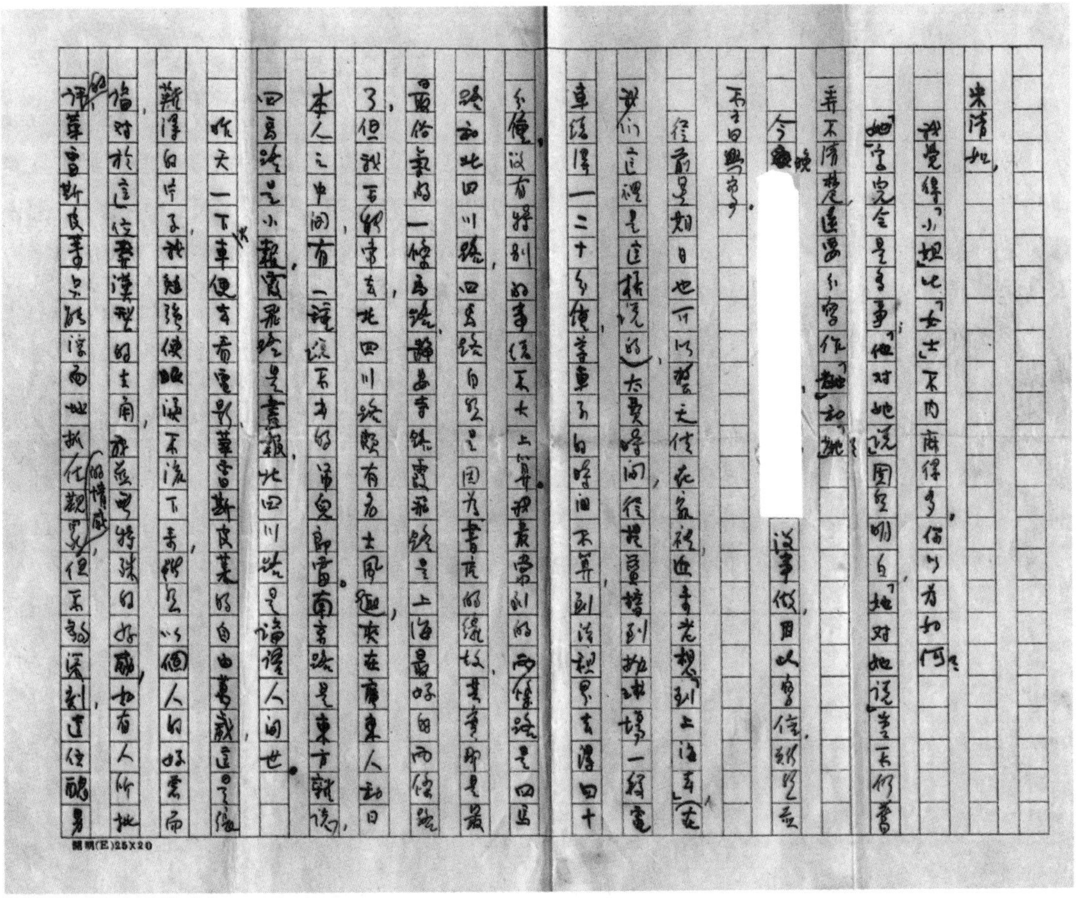

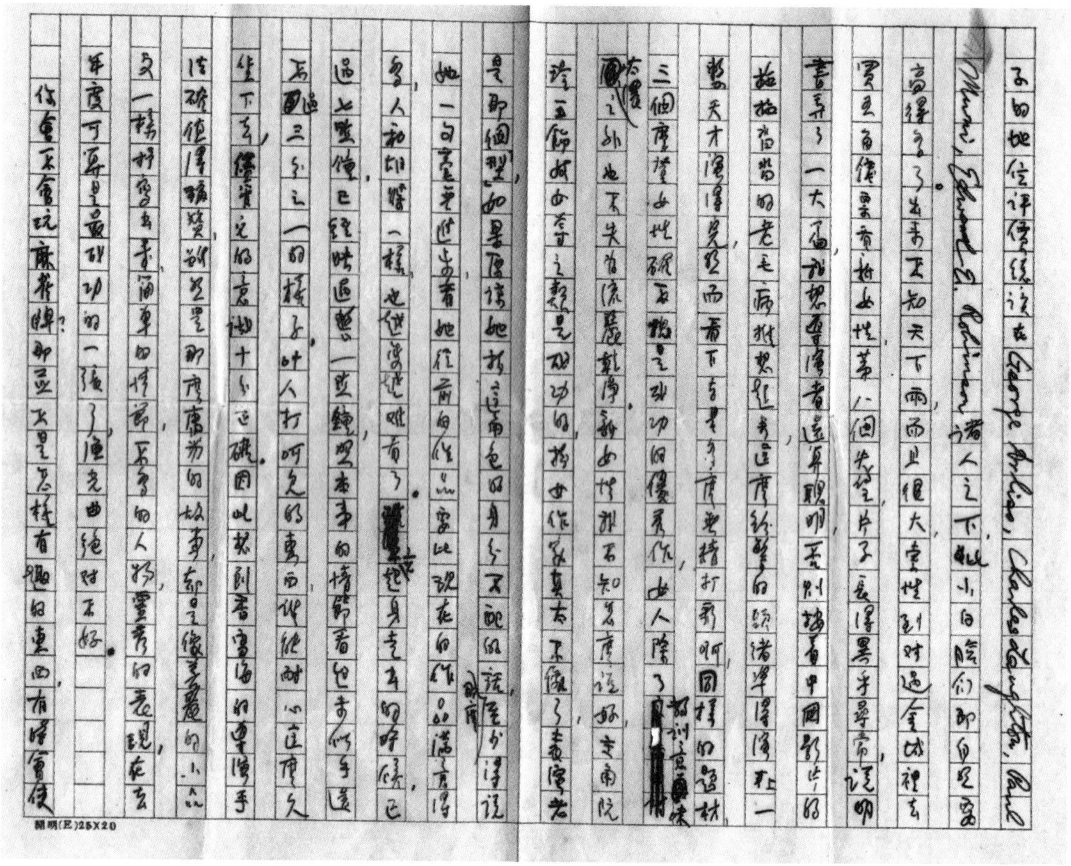

华雷斯皮莱只能浮面地抓住观众的情感，但不够深刻。这位丑男子的地位评价，总该在 George Arliso, Charles Laughton, Paul Muni, Edward E, Robinson[2]诸人之下，比小白脸们那自然要高得多了。出来不知天下雨，而且很大，索性到对过金城里去买五角钱票看《新女性》，第八个失望，片子长得异乎寻常，说明书弄了一大篇，我想导演者还算聪明，否则按着中国影片的拖拖沓沓的老毛病推想起来，这么纷繁的头绪准得演上一整天才演得完，然而看下去是多么无精打采啊！同样的题材，《三个摩登女性》确不愧是成功的优秀作，女人除了教训意味太浓之外，也不失为流丽干净。

《新女性》我不知怎么说好，主角阮玲玉[3]饰妓女等之类是成功的，扮女作家真太不像了，表演老是那个“型”，如果原谅她扮这角色的身份不配的话，那么至少得说她一句毫无进步，看她从前的作品要比现在的作品满意得多。人和蝴蝶一样，也越变越难看了。立起身走出的时候，已过七点钟，已经映过整一点钟，照本事的情节看起来，似乎还不过三分之一的样子，叫人打哈欠的东西，谁能耐心这么久坐下去，尽管它的意识十分正确。因此想到《香雪海》的导演手法确值得称赞，虽然是那么庸劣的故事，却是像美丽的小品文一样抒写出来，简单的情节，不多的人物，灵秀的表现，在去年度可算是最成功的一张了。

你会不会玩麻将牌？那并不是怎样有趣的东西，有时会使你非常心烦，但一陷入方阵之后，简直无法摆脱，完全不想罢手了，因此是费时失业的东西，并且能使亲人暂时变为冤家，因赌牌而两亲家母争吵或母女不和，是最普通不过的事。如外国的纸牌之类，如果目的不是为赌钱，只是游戏而已，那不久就会厌倦的，但麻雀牌的魔力要大得多，它需要更复杂的勾心斗角，同时又要看

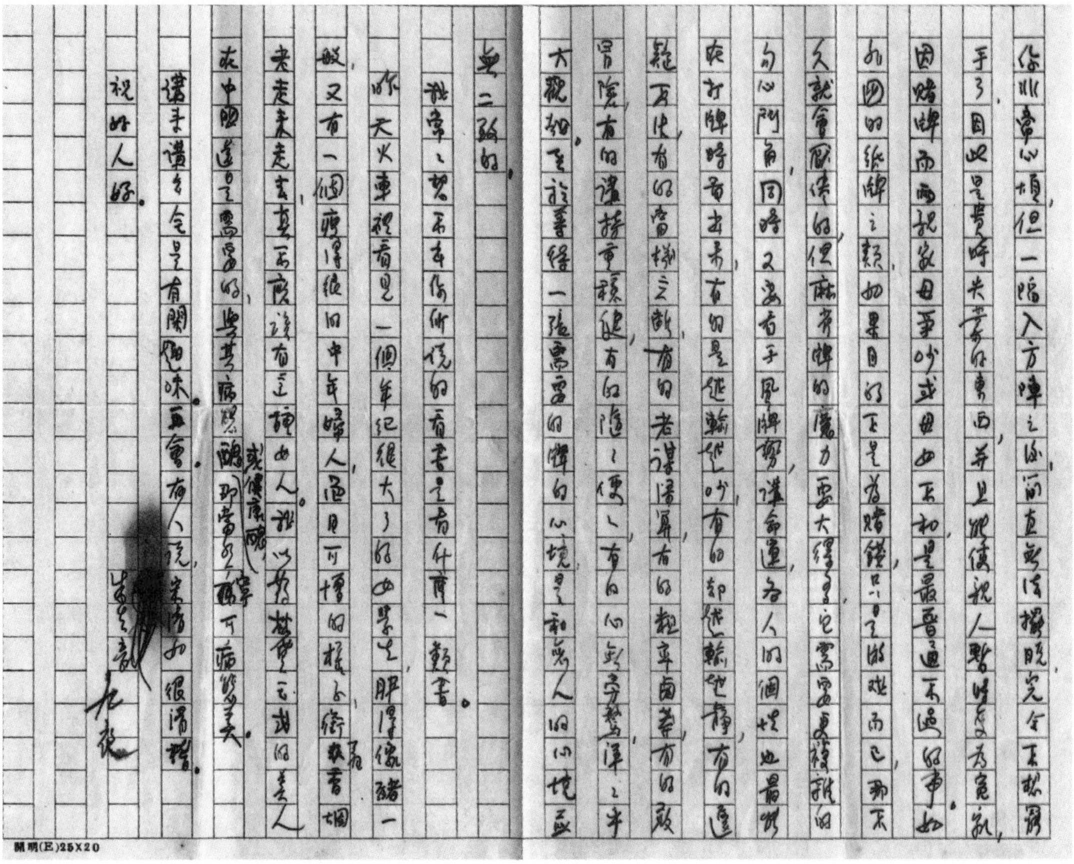

手风牌势，讲命运，各人的个性也最能在打牌时看出来，有的是越输越吵，有的却越输越静，有的迟疑不决，有的当机立断，有的老谋深算，有的粗率卤莽，有的敢冒险，有的讲持重稳健，有的随随便便，有的心无旁骛，洋洋乎大观哉。至于等待一张需要的牌的心境，是和恋人的心境并无二致的。

我常常想不出你所说的看书是看什么一类书。

昨天火车里看见一个年纪很大了的女学生，胖得像猪一般，又有一个瘦得很的中年妇人，面目可憎的样子，衔着香烟老走来走去，真不应该有这种女人。我以为林黛玉式的美人在中国还是需要的，与其病态丑或健康丑，那当然宁可病态美。

讲来讲去全是有闲趣味。再会。有人说，宋清如很滑稽。

祝好人好。

朱生豪 九夜

①霞飞路即现在的淮海路，当时属法租界，是比较时髦的一条街。②都是当时的一些知名电影演员。③阮玲玉：上世纪三十年代著名女影星，塑造了当时社会中被侮辱与被损害的以及走向进步的各类妇女形象，演技自然细腻，很受朱生豪喜爱，1935年自杀并留下“人言可畏”的遗书，轰动一时。

第[115]封 吃糖

爱人：

“爱人”两字是随便叫叫，并不因为我爱你之故。

昨天拿了薪水，便到上海去，先是到中国国货公司买了一张礼券，随后到上海杂志公司，空手而出，终于在开明书店里买了一本《文学季刊》，回来买了各种的糖四只角子，为这心中有些得意，路上发生了两种感想：

一、在书店里，值得我化钱买的书，真是太少了。一天我去买一折七扣的书，三四角洋钱买了厚厚的五六本，计《金瓶梅》四册、《虞初新志》一册、《萤窗异草》一册。实实在在，中国书真太不能引起我的兴趣，我小说读过得太多了，秽亵的作品也看过不少，但《金瓶梅》却不曾看过，这四册，真是太干净了，原来是把本来的样子删净碍目的地方，名之为“古本”，这颇有点滑稽，既然买来原是为看看这一本中国小说的名著，不一定为要看那些那个的地方，所以这一点也就原谅了吧，读过几回之后，彻头彻脑地令人打瞌睡，毫无可取的地方，因此翻了翻就丢了。《虞初新志》，你也许也知道是一些轶事杂文的选录，著名的《板桥杂记》、《影梅庵忆语》、《小青传》等都在里面，文章有好的，也有全不足取的，没有什么大意思。《萤窗异草》是仿《聊斋志异》一类的书，文笔自

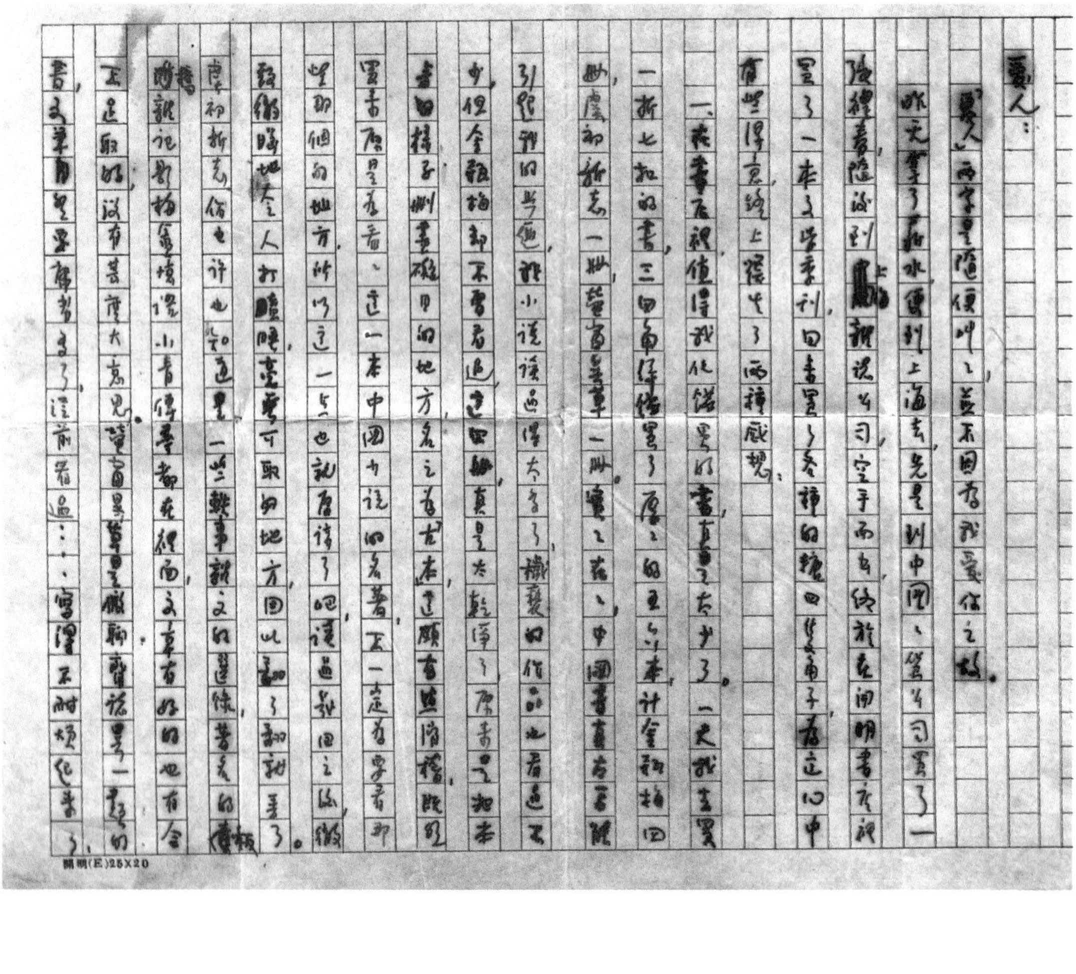
愛人：
“愛人”兩字是隨便叫叫，並不因為我愛你之故。
昨天拿了薪水，便到上海去，先是到中國國貨公司買了一張禮券，隨後到上海雜誌公司，空手而出，終於在開明書店裡買了一本文學季刊，回來買了各種的糖四只角子，為這心中有些得意，路上發生了兩種感想：
一、在書店裡，值得我化錢買的書，真是太少了。一天我去買一折七扣的書，三四角洋錢買了厚厚的五六本，計金瓶梅四冊，虞初新志一冊，螢窗異草一冊。實實在在，中國書真太不能引起我的興趣，我小說讀過得太多了，穢褻的作品也看過不少，但金瓶梅卻不曾看過，這四冊，真是太乾淨了，原來是把本來的樣子刪淨礙目的地方，名之為古本，這頗有點滑稽，既然買來原是為看看這一本中國小說的名著，不一定為要看那些那個的地方，所以這一點也就原諒了吧，讀過幾回之後，徹頭徹腦地令人打瞌睡，毫無可取的地方，因此翻了翻就丟了。虞初新志你也許也知道是一些軼事雜文的選錄，著名的板橋雜記、影梅庵憶語、小青傳等都在裡面，文章有好的，也有全不足取的，沒有甚麼大意思。螢窗異草是仿聊齋誌異一類的書，文筆自然要算好了，這前看過……寫得不耐煩纔丟了。
開明(E)25X20

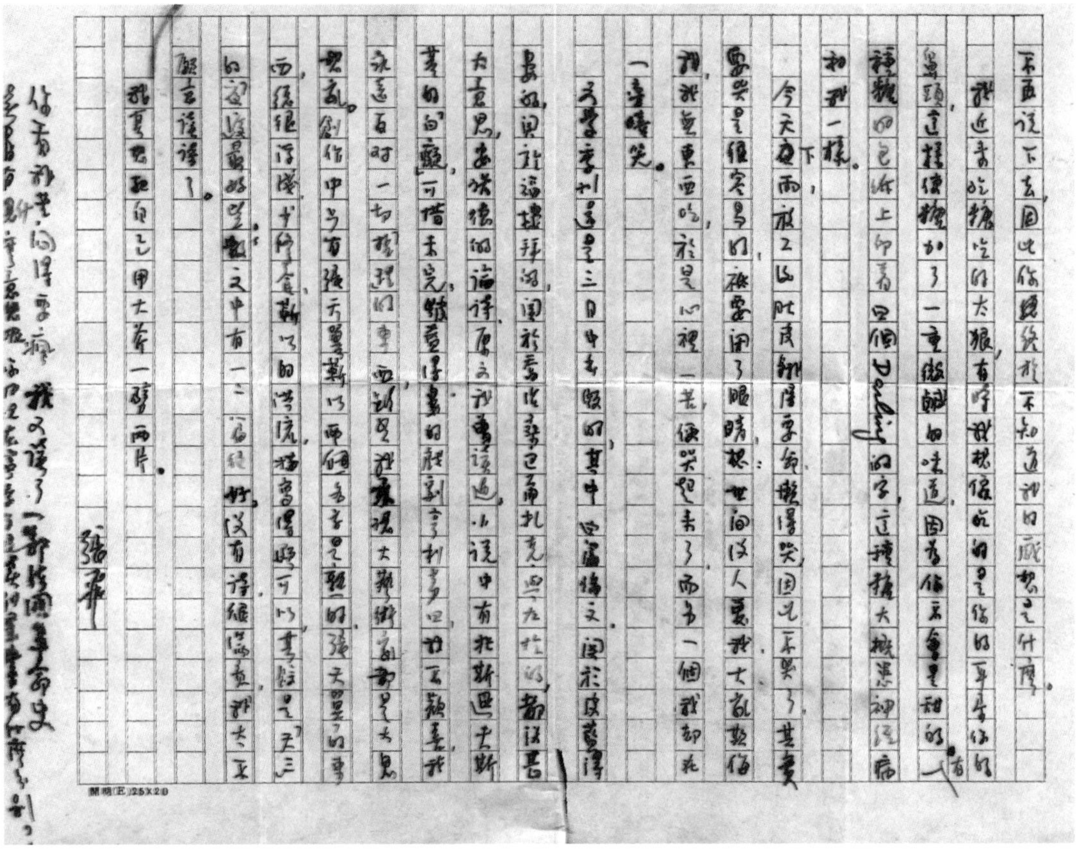

然要庸劣多了，从前看过……写得不耐烦起来了，不再说下去，因此你终于不知道我的感想是什么。

我近来吃糖吃得太狠，有时我想像吃的是你的耳朵你的鼻头，这样使糖加了一重微咸的味道，因为你不会是甜的。有一种糖的包纸上印着四个 Darling 的字，这种糖大概患神经病和我一样。

今天下雨，放工后肚皮饿得要命，懒得哭，因此不哭了，其实要哭是很容易的，只要闭了眼睛，想：世间没人爱我，大家欺侮我，我无东西吃，于是心里一苦，便哭起来了，而另一个我却在一旁嬉笑。

《文学季刊》还是三月中出版的，其中四篇论文，关于皮蓝得娄①的，关于福楼拜的，关于乔治桑、巴尔扎克与左拉的，都没甚大意思，安诺德的《论诗》，原文我曾读过。小说中有托斯退夫斯基的《白痴》，可惜未完，皮蓝得娄的戏剧《亨利第四》，我不欢喜，我永远反对一切“哲理”的东西，虽然我承认大艺术家都是大思想家。创作中只有张天翼靳以两个名字是熟的，张天翼的东西，总很浮浅，少修养，靳以的《洪流》，描写得颇可以，其余是“天三”的《夜渡》最好些。散文中有一二篇很好。没有诗，很满意，我太不愿意读诗了。

我真想把自己用大斧一劈两片。

张飞

你看我苦闷得要疯，我又读了一部法国革命史。

读书有什么意思呢？你如现在停学了跟读到毕业有什么分别？

①皮蓝得娄：今译为“皮兰德娄”，意大利小说家，剧作家。

第[116]封 暴雨

每夜有很好的睡眠，工作時間之外，只是看看書，一切都似乎遼遠起來遼遠起來，又寧靜又柔和。昨夜做了很多的夢，似乎生活因夢而豐富起來，今天有如此之感，夢，我看我自己做夢，自己是主演者，又是旁觀者，在夢中我總知道自己在做夢，然而並不因此而削弱了夢的真實性。今晨大雨，誰知道下午一定有好太陽，這樣夏天太陽若跟雨賽跑。

我在你們那裡買了三本舊書，每本大洋一角。一本是巴爾札克的短篇小說，一本是高爾斯華綏的雜文，一本是S. Maugham的南海故事集，都已看完了。Maugham是說故事的英國通俗性作家，我們的文學家們似乎不大願意提起他，不過在中國人對他當不很生疏，因為他的小說演成影片的很多。這本南海故事也以南洋群島為背景的短篇小說，頗有夢魅的情調，像吸鴉片一樣地。

剛才又落過一陣暴雨。要是在青島的時節，看滿山暴雨打荷花，一定很熱鬧。勞倫思的小說裡女主人公裸著身在大雨中淋著奔跑，很是一個理想，昨夜我在夢裡也曾在雨中奔，但不曾脫去衣服。

每夜有很好的睡眠，工作时间之外，则忙着看书，一切都似乎辽远起来，辽远起来，又宁静又柔和。昨夜做了很多的梦，似乎生活因梦而丰富起来，今天有如此之感。我看我自己做梦，自己是主演者，又是旁观者，在梦中我总知道自己在做梦，然而并不因此而削弱了梦的真实性。今晨大雨，我知道下午一定有好太阳，这几天太阳老跟雨赛跑。

我在俄国人那里买了三本旧书，每本大洋一角。一本是巴尔扎克的短篇小说，一本是马克吐温的幽默杂文，一本是S.Maughem①的《南海故事集》，都已看完了。Maughem是现存的英国通俗性作家，我们的文学家们似乎不大愿意提起他，不过实在中国人对他算不得生分，因为他的小说演成影片的很多。这本南海故事是以南洋群岛为背景的几篇小说，颇有梦魅的情调，像吸鸦片一样地。

刚才又洒过一阵暴雨。要是在春暮时节，看满山暴雨打落花，一定很热闹。劳伦思的小说里女主人公裸着体在大雨中淋着奔跑，很是一个理想，昨夜我在梦里也曾在雨中奔，但不曾脱去衣服。

---

①S.Maughem：S.毛姆，英国现代作家。

第[117]封 恭维

张荃中毒太深，已无法救治，让她去吧。

我的意见是恋爱借条件而成立，剥夺了条件，便无所谓恋爱，这是皮之不存，毛将附焉的道理，因此恋爱是没有“本身”的。所谓达到情感的最高度，有何意义呢？聪明人是永不会达到情感的最高度的。究竟你仍然是一个恋爱至上论者，把它看得那么珍重。

不懂得说懂得，是现代处世唯一的吹牛要诀，未读过经济学ABC的侈谈马克思《资本论》，不是顶出风头的人吗？五千年前孔先生的说话居然还会引用，可见你头脑陈腐。

因为你不喜欢恭维，我得恭维恭维你。你是娇小玲珑（这属于别人的批评）的富家小姐，性情既温良，人又聪明又有才干，因此不必失望，更不用痛哭流涕了。心跳两字非我妄造，因曾听你说起过，为着鳜生某次的一封信。

情书我本来不懂，后来知道凡是男人写给女人或女人写给男人的信（除了父母子女间外），统称情书，这条是《辞源》上应当补入的，免得堂堂大学生连这两字也不懂。

阮玲玉之死，足下倘毫不动心，何必辱蒙提起？她死后弟曾为她痛哭七昼夜。

假如我说，我因为知道你不喜欢恭维，而故意和你反对，借为反面讨好的手段，你将作如何感想呢？

郑天然只送过我一张画片，如果我是女人，当然非吃醋不可。

咳嗽了几天，昨天真的病了，幸而没有死，今天仍照常办公，虽然不很写意。

愿你好。

朱朱

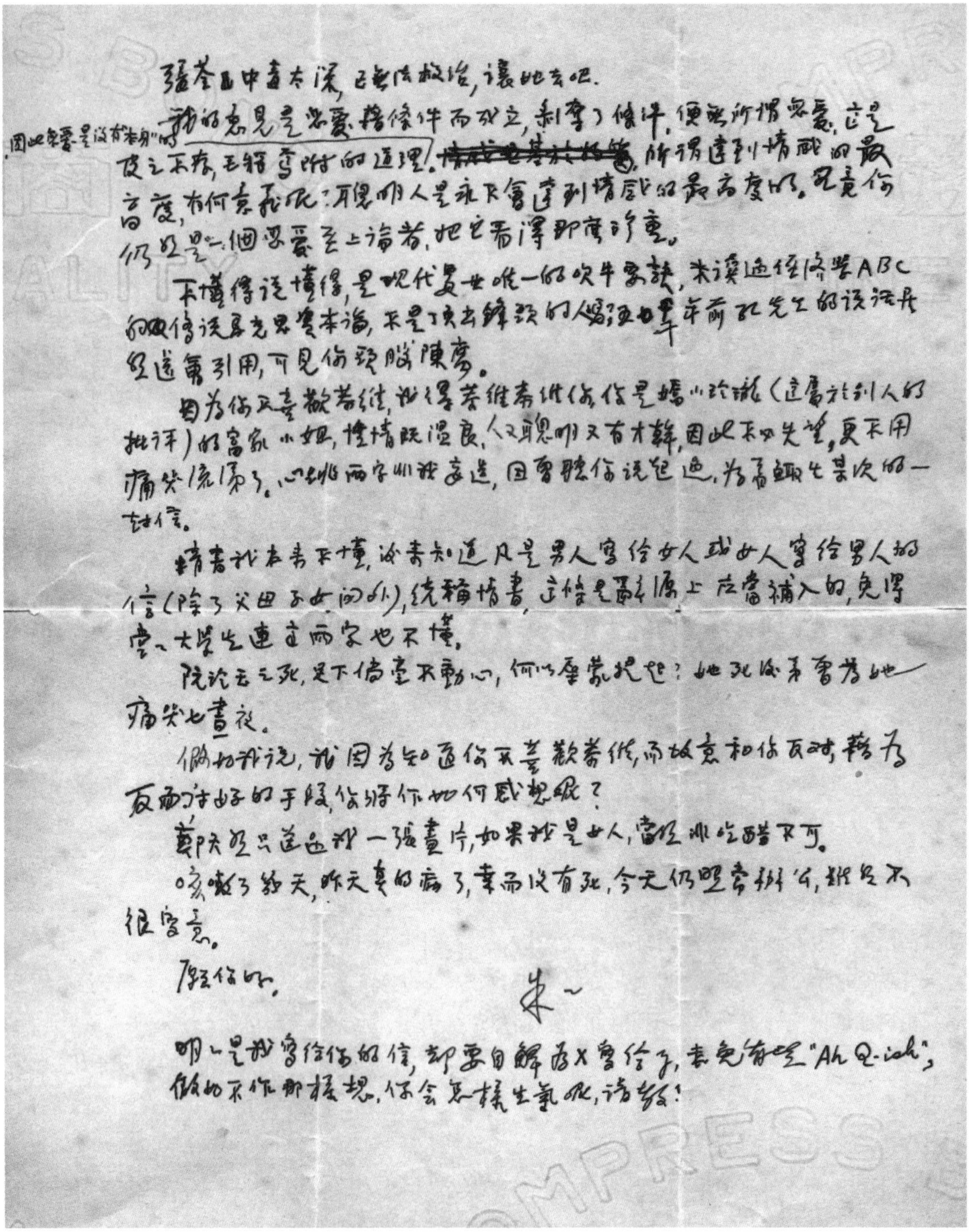
张荃中毒太深，已无法救治，让她去吧。

我的意见是恋爱据条件而成立，剥夺了条件，便无所谓恋爱，这是颠扑不破，无须争辩的道理。（因此恋爱是没有永久的）~~[illegible]~~，所谓达到情感的最高度，有何意义呢？聪明人是永不会达到情感的最高度的。究竟你仍旧是一个恋爱至上论者，把它看得那么珍重。

不懂得说情话，是现代男女唯一的吹牛家诀，朱湘过往情书ABC的情话[illegible]本论，不是顶出锋头的人物[illegible]年前X先生的说话早经过几多引用，可见你头脑陈腐。

因为你不喜欢黄维，我得替[illegible]你介绍一位是娇小玲珑（这属于别人的批评）的富家小姐，性情既温良，人又聪明又有才干，因此不如失望，更不用痛哭流涕了。心跳两字非我杜造，因曾听你说起过，为着郑先生某次的一封信。

情书我本来不懂，后来知道凡是男人写给女人或女人写给男人的信（除了父母子女间以外），统称情书，这条是辞源上应当补入的，免得堂堂大学生连这两字也不懂。

阮玲玉之死，足下倘毫不动心，何以要哭起她？她死后弟曾为她痛哭七昼夜。

假如我说，我因为知道你不喜欢黄维，而故意和你反对，称为反面讨好的手段，你将作如何感想呢？

郑天然只送我一张画片，如果我是女人，当然非吃醋不可。

咳嗽了几天，昨天真的病了，幸而没有死，今天仍照常办公，不过不很写意。

愿你好。

朱

明明是我写给你的信，却要自解为X写给Y，未免有点"Ah Q-ish"，假如不作那样想，你会怎样生气呢，请教！

明明是我写给你的信，却要自解为X写给Y，未免有点“Ah Q-ish”[1]，假如不作那样想，你会怎样生气呢，请教！

① Ah Q-ish：阿Q精神。

第[118]封 笑话

清如（规规矩矩）：

王守伟兄很有意思，叫他编年刊，他就在年刊的弁言上斥年刊的无谓，说要是把出年刊的钱化在别种有意思的事情上，一定好得多。你为什么诗刊作序，也可以这样说，说做诗是顶难为情的事情，诗人等于一只狗，要是把写诗的精神去提倡新生活，一定有意思得多。要是有钱办诗刊，宁可吃几碗豆腐浆。我请求你千万不要再说什么诗是人类灵感的最高流露一类孩子说的话了。

我咳嗽了一声，在桌上的你的信纸吓了三跳。

笑话，真是笑话，恋爱没有条件，如何能成立。条件有种种不同，以金钱美貌为条件，我以为未必便比以学问道德为条件卑鄙，after all, this is 20th century[1]，恋爱已不是浪漫的诗意的了。为什么你要说是恋爱的外婆？你的思想总是半生不熟，既然上了台，就该大言不惭，何客气之有。after all, this is 20th century。姑娘们不屑谈恋爱，是表示神气，但如暴露自己无人与之谈恋爱，未免使人听了伤心。万一男同学们听了你的自谦，信以为真，同情你起来，预备给你经验，你岂不又要心跳？唯物论者讲实际，艺术家们讲taste[2]，唯物论的艺术家们讲灵肉一致，总之需要条件，不见得恋爱至上主义者们会恋爱一条癞皮狗。你如袒护反面，我一定得给你一顿教训。

Shall I thus wait suffocatingly for death[3]？于是我读到你诗意的叙述，哎，流落四方，梦花幻灭在不同的土原上，夕阳的光辉下望着蓝空微笑死去，能作这样的想头，不也是幸福吗？我希望我在一间狭小的斗室里，人声的喧嚣中，乌烟瘴气的周围，红着眼睛，白着嘴唇，脸上一抽一搐地喘着气死去。

这两夜，每夜做乱梦，我实在是不爱安静地睡去的，夜静后毫无声息，我会觉得很寂寞，巴不得汽车、无线电、哭、喊、救火车的哭声尤其有趣，打牌、闹，一齐响了起来。因此我也是不喜欢无梦之睡眠，早晨无梦而醒，觉得把一夜工夫白白耗费了似的。这两夜每夜做乱梦，因此使我对睡觉有了热情，顶有趣的一个梦是在经理室里撒尿，尿桶刚放在经理的背后，完事之后大家对我看看，我有点惶愧又有点快乐。

当然你尽管说“我不想望你到杭州来”好了，因为即使你想望，我也是不会来的。

福我已经太多了，以后你得祝我长寿，我希望活一百五十岁，看你曾孙的女儿怎样和人家恋爱。

我的信都写得太无赖，你如不喜欢这些，我以后也可以用八行书端楷恭书吾姊安好的，虽然纸墨笔砚都得买起来。

总之，我知道你所用的信纸是专为写情书用的，可惜不曾再撒一些香粉在上头，至少我闻不出。信封尤其有趣，那个黑小弟弟活像你。总之这是一个人的taste问题。

完了，再向你说一声口是心非的“我爱你”。

朱朱

①after all, this is 20th century：不管怎样，现在已经是20世纪了。 ②taste：品味、爱好。 ③Shall I thus wait suffocatingly for death：我是否要这样窒息地等待死亡？

清如（魏魏）：

王守伟兄很有意思，叫他编年刊，他就在年刊的弁言上骂年刊的无谓，说要是把出年刊的经费花到种种有意思的事情上，一定好得多。你为什么诗刊作序，也可以这样说，说做诗是顶难看的事情，诗人等于一只狗，要是把写诗的精神去提倡排字，一定有意思得多，要是有钱办诗刊，宁可吃[illegible]。我请求你千万不要再说什么诗是人类灵魂的最高表现一类小孩子说的话了。

我咳嗽了一声，把桌上的你的信纸嚇跳了三尺儿。

笑话，真是笑话，恋爱没有条件，如何能行之，条件有种种不同，以金钱为条件，我以为未必便比以学问道德为条件卑鄙，after all, this is 20th century，无论[illegible]是浪漫的话意的了。你什么你要说是恋爱的门外汉，你的思想总是[illegible]不较，既然上了，就该大言不惭，何妨气之有。after all, this is 20th century，我们不屑谈恋爱是表示[illegible]，但如果离开自己的人[illegible]空谈恋爱，未免使人听了伤心。所谓论者[illegible]，所谓论的艺术家们讲灵肉一致，艺术家们讲taste，不见得恋爱至上主义者们会变成一条癞皮狗。因你总之需要条件，如[illegible]反面，我一定得给你一顿教训。

Shall I thus waiting suffocatingly for death?
我是指[illegible]你得意的叙述，哎，[illegible]花红的[illegible]不同的土壤上，[illegible]的光辉下[illegible]窒息地笑死去，能像这样的想头，不也是幸福吗？我希望我在一间[illegible]的斗室里，人[illegible]的喧嚣[illegible]周围，红着眼睛[illegible]，脸上一抽一搐地[illegible]死去。

这两夜每夜做乱梦，我实在是不要安静地睡去的，夜静以后听见汽车，无线电，哭喊，救火车的哭声[illegible]，我会觉得很寂寞，也不得汽车，无线电，哭喊，救火车的哭声[illegible]，打牌，闹，一早[illegible]了[illegible]，因此我也是不喜欢无梦之睡眠，早晨无梦而醒，觉得把一夜工夫白白[illegible]了似的。这两夜每夜

第一男同学们听了你的自传，任你为真，同情你的遭遇，预备给你[illegible]你岂不又要[illegible]吗？

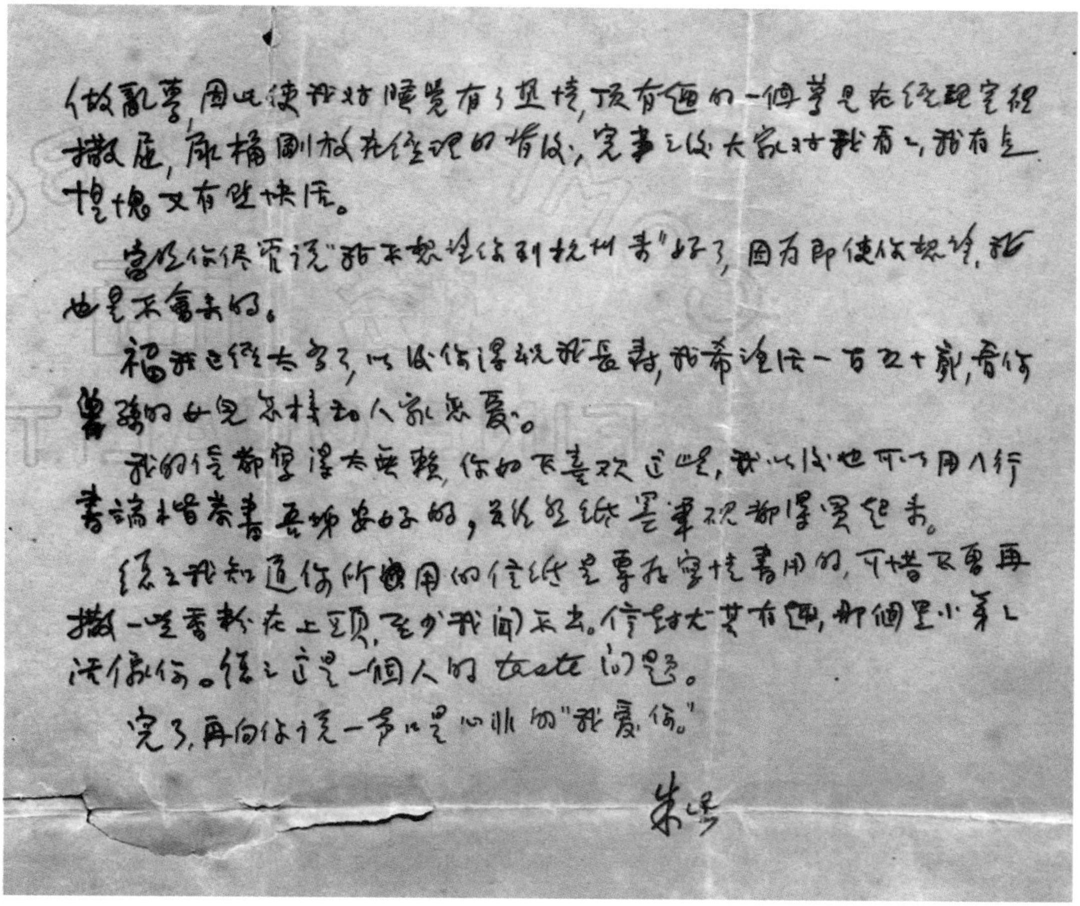
做乱梦，因此使我对睡觉有了恐惧，顶有趣的一个梦是在经理室里撒尿，尿桶刚放在经理的背后，完事之后大家对我看看，我有点惶愧又有些快活。

当然你仍宜说"我不想望你到杭州去"好了，因为即使你想望，我也是不会去的。

福我已经太多了，所以你得祝我长寿，我希望活一百五十岁，看你曾孙的女儿怎样和人家恋爱。

我的信都写得太无聊，你如不喜欢这些，我以后也可以用八行书端楷恭书"吾姊安好"的，并红纸黑笔都得买起来。

总之我知道你所常用的信纸是专在写情书用的，可惜不曾再撒一些香粉在上头，至少我闻不出。信封大大有趣，那個黑小弟弟活像你。总之这是一個人的taste问题。

完了，再向你说一声口是心非的"我爱你"。

朱朱

第[119]封 唯一

第一，我不能承认半生不熟即是中庸之道，中庸之道完全是经验，是成熟，懂得中庸之道的，都是处世已达到炉火纯青，熟透了的程度，而半生不熟则是涉世未深者的本色，所谓半生者，仅别于全然的乳臭而言。

其次，中国文化得以保存至今，完全是侥幸，从前未和西洋文化接触，因为一切天然的优势，邻近各民族都成为文化上的附庸，但西方势力一进来之后，不是就显出了岌岌可危的形势了吗？

如果你一定要让，那么我让你去让吧。

来不来要探询别人的意见，岂不无谓！高兴便来，不高兴便不来，何必管别人愿不愿。要是你来了，不是因为你乐意来看我，不过因为我希望你来的缘故，借着感情的关系硬拉人家作一次非本心的探望，有甚么快活呢。

你当然是很好的，否则我怎会爱你？至少你是如此中我的意，使我不再希望有一个比你更好的人。你以为我这话是不是诚实的？我告诉你是的，我眷恋着唯一的你。

我不愿意你来，因为我看见女人很难为情。

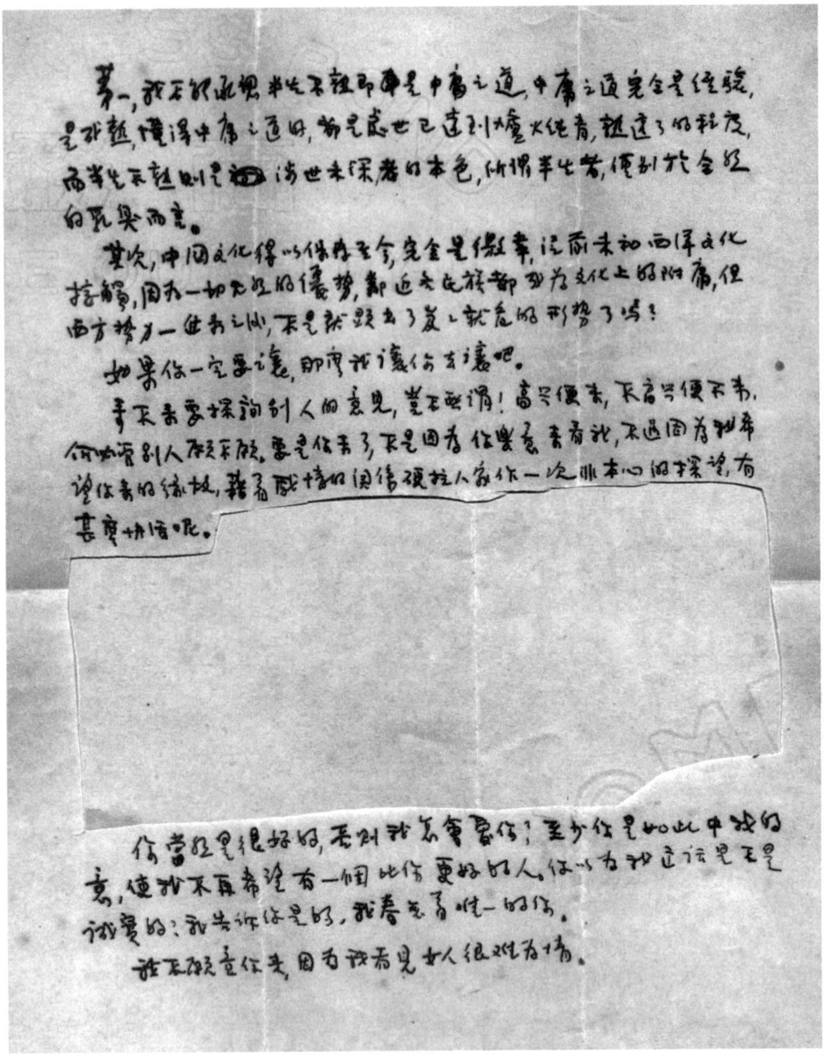

第一，我不能承认半生不熟即算是中庸之道，中庸之道完全是经验，是成熟，懂得中庸之道的，都是处世已达到炉火纯青，超过了的程度，而半生不熟则是涉世未深者的本色，所谓半生者，便别于全熟的成熟而言。

其次，中国文化得以保存至今，完全是侥幸，从前未和西洋文化接触，因为一切先进的优势，邻近各民族都成为文化上的附庸，但西方势力一进来之后，不是就显出了岌岌就危的形势了吗？

如果你一定要读，那末我让你去读吧。

去不去要探询别人的意见，岂不无谓！高兴便去，不高兴便不去，何必管别人赞成不赞成。要是你去了，不是因为你要来看我，不过因为我希望你去的缘故，若为感情的关系被人家作一次非本心的探望，有甚意味呢。

你当然是很好的，要不然我怎会爱你？至少你是如此中我的意，使我不再希望有一个比你更好的人。你以为我这话是不是诚实的？我告诉你是的，我眷恋着唯一的你。

我不愿意你来，因为我看见女人很难为情。

第[120]封 · 生熟

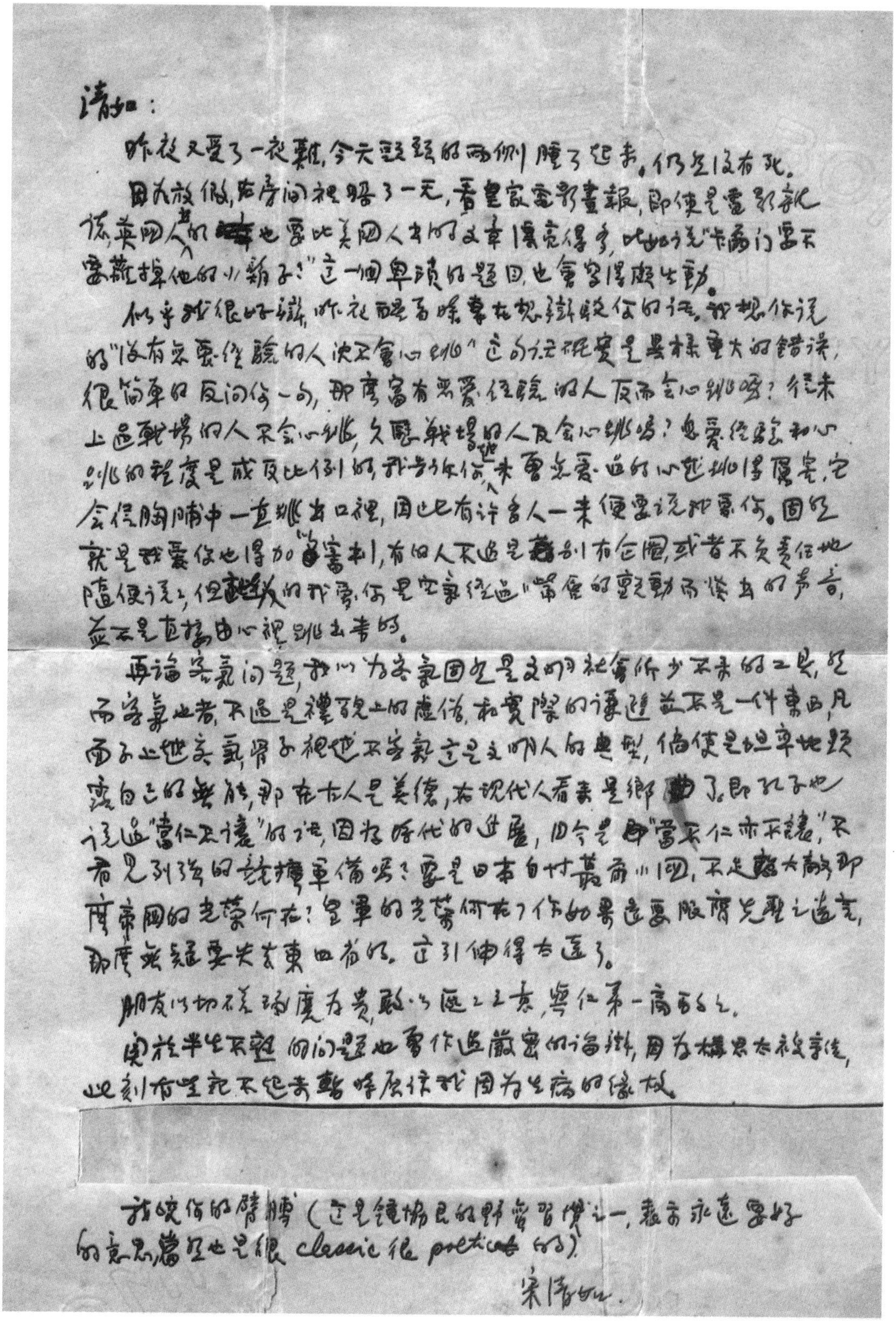

清如：

昨夜又要了一夜鼻涕，今天鼻头的两侧肿了起来，仍然没有死。

因为放假，在房间里躲了一天，看皇家电影画报，即使是电影新闻，英国人写的也要比美国人写的文章漂亮得多，比如说"卡萧们要不要丢掉他的小箱子？"这一个卑贱的题目也会写得颇生动。

你来我很好玩，昨夜醒着睡着在想辩驳你的话，我想你说的"没有恋爱经验的人决不会心跳"这句话确实是异样重大的错误，很简单的反问你一句，那么富有恋爱经验的人反而会心跳吗？从来上过战场的人不会心跳，久历战场的人反会心跳吗？恋爱经验和心跳的程度是成反比例的，我告诉你，从来未曾恋爱过的心跳得厉害，它会从胸脯中一直跳出口里，因此有许多人一来便要说我爱你。因此就是我要你也得加以审判，有的人不过是剧剧布仑圈，或者不负责任地随便说说，但我的我爱你是它家经过"革命的震动而发出的声音，并不是直接由心里跳出来的。

再论客气问题，我以为客气固然是文明社会所少不了的工具，然而客气也者，不过是礼貌上的虚伪，和实际的谦逊并不是一件东西，凡面子上做客气骨子里也不客气这是文明人的典型，倘使是坦率地显露自己的丑态，那在古人是美德，在现代人看来是乡[illegible]了。即孔子也说过"当仁不让"的话，因为时代的进展，如今是"当不仁亦不让"，不看见列强的竞扩军备吗？要是日本自甘为弱小国，不去蚕大敌那么帝国的光荣何在？皇军的光荣何在？你如果还要服膺先圣之遗言，那么无疑要失去东西有的。这引伸得太远了。

朋友们切磋琢磨为贵，敢以区区之意，与你第一商榷之。

关于半生不熟的问题也曾作过严密的论据，因为构思太被牵强，此刻有些记不起来，暂时原谅我因为生病的缘故。

捏捏你的臂膊（这是钟协民的野蛮习惯之一，表示永远要好的意思，当然也是很 classic 很 poetical 的）。

宋清如.

清如：

昨夜又受了一夜难，今天头颈的两侧肿了起来，仍然没有死。

因为放假，在房间里躲了一天，看皇家电影画报，即使是电影杂志，英国人出的也要比美国人出的文章漂亮得多。比如说《卡尔门要不要剃掉他的小胡子》这一个卑琐的题目，也会写得颇生动。

似乎我很好辩，昨夜醒着时，专在想辩驳你的话，我想你说的“没有恋爱经验的人决不会心跳”这句话确实是异样重大的错误，很简单地反问你一句，那么富有恋爱经验的人反而会心跳吗？从未上过战场的人不会心跳，久历战场的人反会心跳吗？恋爱经验和心跳的程度是成反比例的。我告诉你，越未曾恋爱过的心越跳得厉害，它会从胸脯中一直跳出口里，因此有许多人一来便要说我爱你。固然就是我爱你也得加以审判，有的人不过是别有企图，或者不负责任地随便说说，但这些人的我爱你是空气经过嘴唇的颤动而发出的声音，并不是直接由心里跳出来的。

再论客气问题，我以为客气固然是文明社会所少不来的工具，然而客气也者，不过是礼貌上的虚伪，和实际的谦逊并不是一件东西，凡面子上越客气，骨子里越不客气，这是文明人的典型，倘使是坦率地显露自己的无能，那在古人是美德，在现代人看来是乡曲了。即孔子也说过“当仁不让”的话，因为时代的进展，目今是“当不仁亦不让”，不看见列强的竞扩军备吗？要是日本自忖蕞尔小国，不足临大敌，那么帝国的光荣何在？皇军的光荣何在？你如果还要服膺先圣之遗言，那么无疑要失去东四省的。这引申得太远了。

朋友以切磋琢磨为贵，敢以区区之意，与仁弟一商酌之。

关于半生不熟的问题，也曾作过严密的论辩，因为构思太复杂，此刻有些记不起来，暂时原谅我，因为生病的缘故。

我咬你的臂膊（这是钟协良的野蛮习惯之一，表示永远要好的意思，当然也是很 classic[1]，很 poetic[2]的）。

关于半生不熟的思想问题，我的论辩如下：

我知道你不单恋爱缺少经验，就是吃东西也缺少经验，否则不会说出半生不熟的东西人家最爱吃的话来，至少一般人和你并无同嗜。固然煮鸡要煮得嫩，但煮得嫩不就是半生不熟，最好是恰到火候，熟而不过于熟，过于熟便会老，会枯，会焦。所谓过犹不及，过即是太老，不及即是半生不熟。同样所谓思想上的调和、折衷、妥协等等，固然革命的青年们是绝对应该唾弃的，但在处世上仍然有很大的用处。调和、折衷、妥协的人都可以说是你所谓的聪明人，然而你要明白，调和、折衷、妥协并不就是半生不熟，前者完全是政策关系，或阳左此而阴就彼，或阴左此而阳就彼，运用得十分圆滑，便能两面讨好。

然而半生不熟是思想的本身问题，在个人方面会使自己彷徨无出路，在应关于半生不熟的思想问题，我的论据如下：

我知道你不单是缺少经验，就是吃东西也缺少经验，否则不会说出半生不熟的东西人家最爱吃的话来，至少一般人和你并无同嗜。固然煮熟了煮得烂，但煮得嫩不就是半生不熟，最妙是恰到火候，熟而不过于熟，过于熟便会老，会枯，会焦。所谓过犹不及，过即是太老，不及即是半生不熟。同样所谓思想上的调和，折衷，妥协等等，固然革命的青年们是绝对应该唾弃的，但在处世上仍然有很大的用处，调和，折衷，妥协的人都可以说是你所谓的聪明人。然而你要明白，调和，折衷，妥协并不就是半生不熟，前者完全是政策问题，或阳左此而阴就彼，而阴左此而阳就彼，运用得十分圆滑，便能两面讨好，然而半生不熟是思想的本身问题，在个人方面会使自己彷徨无出路，在应付环境一方面恰恰是两面皆不讨好。后者可以胡适之为例子，前者可以阮玲玉为例子。胡适之在以前是新思想的领袖人物，为旧人所痛恨，为新人所拥戴，总算讨好了一面，而今呢，老顽固嫌恶他仍旧，青年们骂他落伍，便是因为思想上不能与时偕进，成为半生不熟的缘故。阮玲玉的死，是死在社会的半生不熟和自己个人的半生不熟两重迫害之下。何以谓这社会是半生不熟的呢？可以从阮的时候逼她死，死了之后再奉她为圣母一样的事实见之。要是在完全守旧的社会里，这样一个傻作下贱，又不能从一而终，没有一个人敢会公然说她好话的；在更新的时代里，那么，第一，她不会自杀；第二，即使自杀了，社会对她也因为只有冷静的批判，而不是猖獗的狂热。这种畸形的现象，当然是半生不熟的社会里才会有，然而要适应这种半生不熟的社会，却应当用调和折衷妥协的手段，要是再以自己的半生不熟碰上去，鲜有不危殆的。何以谓阮玲玉自己是半生不熟的？我们知道她是个未受充分教育，骨子里尚承袭着旧社会中一切女子的弱点，因此是怯懦，胆小，做事不决断，要面子，其实和第一个男子脱离了以后很可以独立了，而仍然要依附于另一个铜臭丈夫的怀中；同时她却比普通女子多一些人生的经验，多有在社会上活动的机会，对于妇女的本身问题不无自觉，反而她要想做一个新女性（当然怎样算是新女性是说都模糊的，这名词简直滥成一团了，好像说单单进工厂去做女工便就算新女性了更是简单得有些笑话），因为她没有勇气，没有勇气的原因是自己心理上半生不熟的矛盾。因为一死表明心迹很近乎古烈女的行为，便激起了多情人们的悼惜，其实是多么孩子气得可笑啊。

这样的说法已和我本来批评你的半生不熟的原意有些出入了，但也可以当作引伸。你不为你自己矜夸而为半生不熟辩护，这也是失着。我不知道你究竟是否是半生不熟？

付环境一方面恰恰是两面皆不讨好。后者可以胡适之为例子，前者可以阮玲玉为例子。胡适之在以前是新思想的领袖人物，为旧人所痛恨，为新人所拥戴，总算讨好了一面；而今呢，老头子憎恶他仍旧，青年们骂他落伍，便是因为思想上不能与时俱进，成为半生不熟的缘故。阮玲玉的死，是死在社会的半生不熟和自己个人的半生不熟两重迫害之下。

何以谓这社会是半生不熟的？可以从活的时候逼她死，死了之后再奉她为圣母一样的事实见之。要是在完全守旧的社会里，这样一个优伶下贱，又不能从一而终，没有一个人敢会公然说她好话的；在更新的时代里，那么，第一，她不会自杀；第二，即使自杀了，社会对她的死也只有冷静的批判，而不是发疯的狂热。这种畸形的现象，当然是半生不熟的社会里才会有，然而要适应这种半生不熟的社会，却应当用调和、折衷、妥协的手段，要是再以自己的半生不熟碰上去，鲜有不危哉殆矣的。

何以谓阮玲玉自己是半生不熟的？我们知道她是个未受充分教育，骨子里尚承袭着旧社会中一切女子的弱点，因此是怯懦、胆小、做事不决裂、要面子，其实和第一个男子离开了以后很可以独立了，而仍然要依附于另一个铜臭之夫的怀中；同时她却比普通女子多一些人生的经验，多有在社会上活动的机会，对于妇女的本身问题不无自觉，然而她不够做一个新女性（当然怎样算是新女性是谁都模糊的，这名词不过喊喊罢了，如其说单单进工厂去做女工便成为新女性了，更是简单得有些笑话），因为她没有勇气，没有勇气的原因是自己心理上半生不熟的矛盾。因为一死表明心迹很近乎古烈士的行为，便激起了多情人们的悼惜，其实是多么孩子气得可笑啊。

这样的说法已和我本来批评你的半生不熟的原意有些出入了，但也可以当作引申，你不为你自己辩护而为半生不熟辩护，这也是失着，我不知道你究竟是不是半生不熟？

① classic：经典的。 ② poetic：诗意的。

第[121]封 寂寞

其实老早倦得想睡了，可是到底发了那么半天呆。

我说，我不高兴写信了，因为写不出话来。可惜我不是未来派画家，否则把一块红的一块绿的颜色在白纸上涂涂，也好象征象征心境。

总之是一种无以名之的寂寞，一种无事可做，即有事而不想做，一切都懒，然而又不能懒到忘怀一切，心里什么都不想，而总在想着些不知道什么的什么，那样的寂寞。不是嫠妇守空房的那种寂寞，因为她们的夫君是会在梦中归来的；也不是游子他乡的寂寞，因为他们的心是在故乡生了根的；也不是无家飘零的寂寞，因为他们的生命如浮萍，而我的生命如止水；也不是死了爱人的寂寞，因为他们的心已伴着逝者而长眠了，而我的则患着失眠症；更不是英雄失志，世无知己的寂寞，因为我知道我是无用的。是所谓彷徨吧？无聊是它的名字。

吴梦窗的词，如果稍为挑几首读读的确精妙卓绝，但连读了十来首之后不由你不打呵欠，太吃力。

没有好杂志看好电影看也真是苦事，我一点不想看西席地米尔的《十字军英雄记》，左右不过又是一部大而无当的历史影片。我在盼望着堇纳倾全力摄制的莎士比亚《仲夏夜之梦》，卓别麟的新作，嘉宝的*Anna Karenina*①，和自然色试验作的Becky Sharp②。上海不大容易看到欧洲大陆的影片，就是英国的作品也不多，从德国意国来的极少几部，都是宣传的东西，我很希望看一些法国的名制。

有点要伤风的样子，老打喷嚏写不来。

傻瓜，我爱你。

想你想得我口渴，因此我喝开水；想得我肚皮饿了，alas③，无东西吃。我愿意做梦和你打架儿，把你吃扁得喊爹爹，我顶希望看你哭。

心里不满足。祝你好。

小三麻子

①Anna Karenina：根据俄国著名小说《安娜·卡列尼娜》改编成的同名影片。 ②Becky Sharp：据英国作家萨克雷名作《名利场》改编的影片，Becky Sharp是小说的女主人公。 ③alas：英文感叹词，相当于“唉”。

其实老早便得想睡了，可是倒底挨了那么半天去。

我说，我不高兴写信了，因为写不出话来。可惜我不是未来派画家，否则把一块红的一块绿的颜色在白纸上涂涂，也好象征象征心境。

总之是一种无以名之的寂寞，一种无事可做，即有事而不想做，一切都懒，然而又不能懒到忘怀一切，心里什么都不想，而总在想着些不知道什么的什么，那样的寂寞。不是嫠妇守空房的那种寂寞，因为她们的丈夫是会在梦中归来的；也不是游子他乡的寂寞，因为他们的心是在故乡生了根的；也不是老年鳏寡的寂寞，因为他们的生命如浮萍，而我的生命如止水；也不是死了爱人的寂寞，因为他们的心已伴着逝者而长眠了，而我的则患着失眠症；更不是英雄失志，世无知己的寂寞，因为我知道我是无用的。是所谓彷徨吧？要就是它的名字。

吴梦窗的词，如果精力充沛地读读，的确精妙卓绝，但连读了十首之后，未由你不打呵欠，太吃力。

没有好影片看，好电影看也真是苦事，我一点不想看而实地去看的"十字军英雄记"，充其量不过是一部大而无当的历史影片。我所盼望看的是华纳公司全力摄制的莎士比亚"仲夏夜之梦"，卓别麟的新作，嘉宝的Anna Karenina，和自然色试验作的Becky Sharp。上海不大容易看到欧洲大陆的影片，就是美国的作品也不多，但德国意国来的极少影片，都是宣传的东西，我很希望看一些法国的名片。

有些要伤风的样子，老打喷嚏，写不出。

傻瓜，我爱你。

想你想得我口渴，因此我喝开水；想得我肚皮饿了，alas，无东西吃。我愿意做梦和你打架儿，把你咬扁得喊爹爹，我顶希望看你哭。

心里不满足。祝你好。

小三麻子

第[122]封 主义

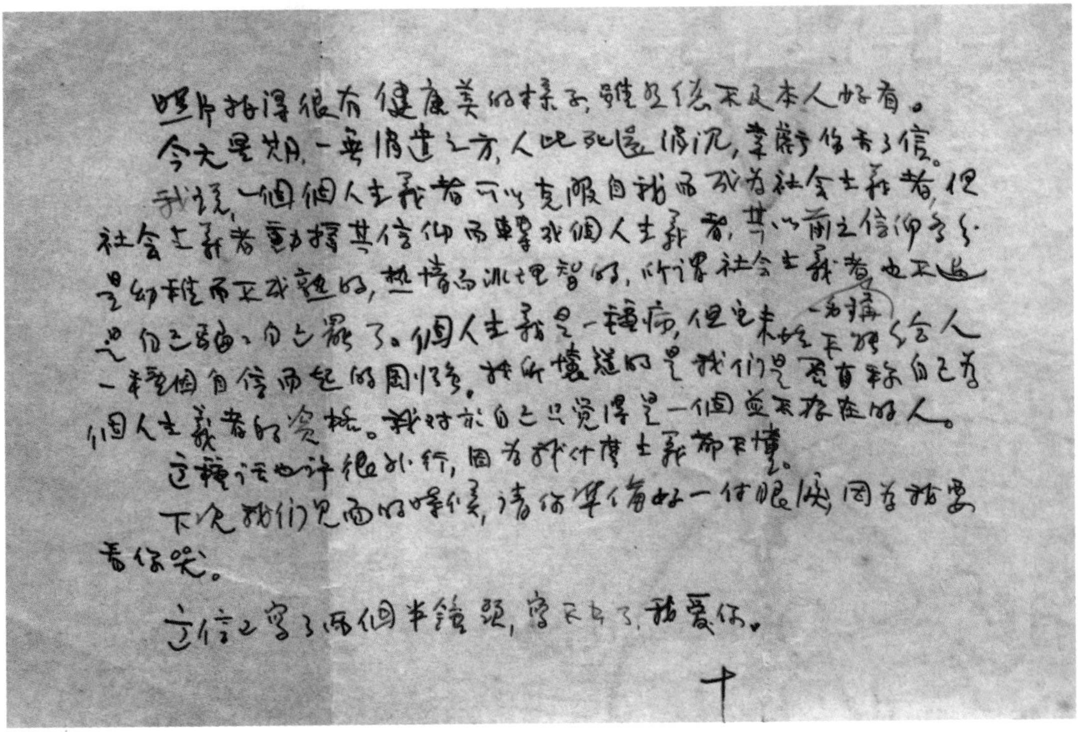

照片拍得很有健康美的樣子，雖然總不及本人好看。

今天星期，一無消遣之方，人比死還消沉，幸虧你來了信。

我說，一個個人主義者可以克服自我而成為社會主義者，但社會主義者動搖其信仰而轉成個人主義者，其以前之信仰多分是幼稚而不成熟的，熱情而非理智的，所謂社會主義者一名稱，也不過是自己騙騙自己罷了。個人主義是一種病，但它未始不能給人一種因自信而起的剛強。我所懷疑的是我們是否有稱自己為個人主義者的資格。我對於自己只覺得是一個並不存在的人。

這種話也許很外行，因為我什麼主義都不懂。

下次我們見面的時候，請你準備好一付眼淚，因為我要看你哭。

這信已寫了兩個半鐘頭，寫不出了，我愛你。

十

照片拍得很有健康美的样子，虽然总不及本人好看。

今天星期，一无消遣之方，人比死还消沉，幸亏你来了信。

我说，一个个人主义者可以克服自我而成为社会主义者，但社会主义者动摇其信仰而转成个人主义者，其以前之信仰多分是幼稚而不成熟的，热情而非理智的，所谓社会主义者一名称，也不过是自己骗骗自己罢了。个人主义是一种病，但它未始不能给人一种因自信而起的刚强。我所怀疑的是我们是否有称自己为个人主义者的资格。我对于自己只觉得是一个并不存在的人。

这种话也许很外行，因为我什么主义都不懂。

下次我们见面的时候，请你准备好一付眼泪，因为我要看你哭。

这信已写了两个半钟头，写不出了，我爱你。

第[123]封 • 两人

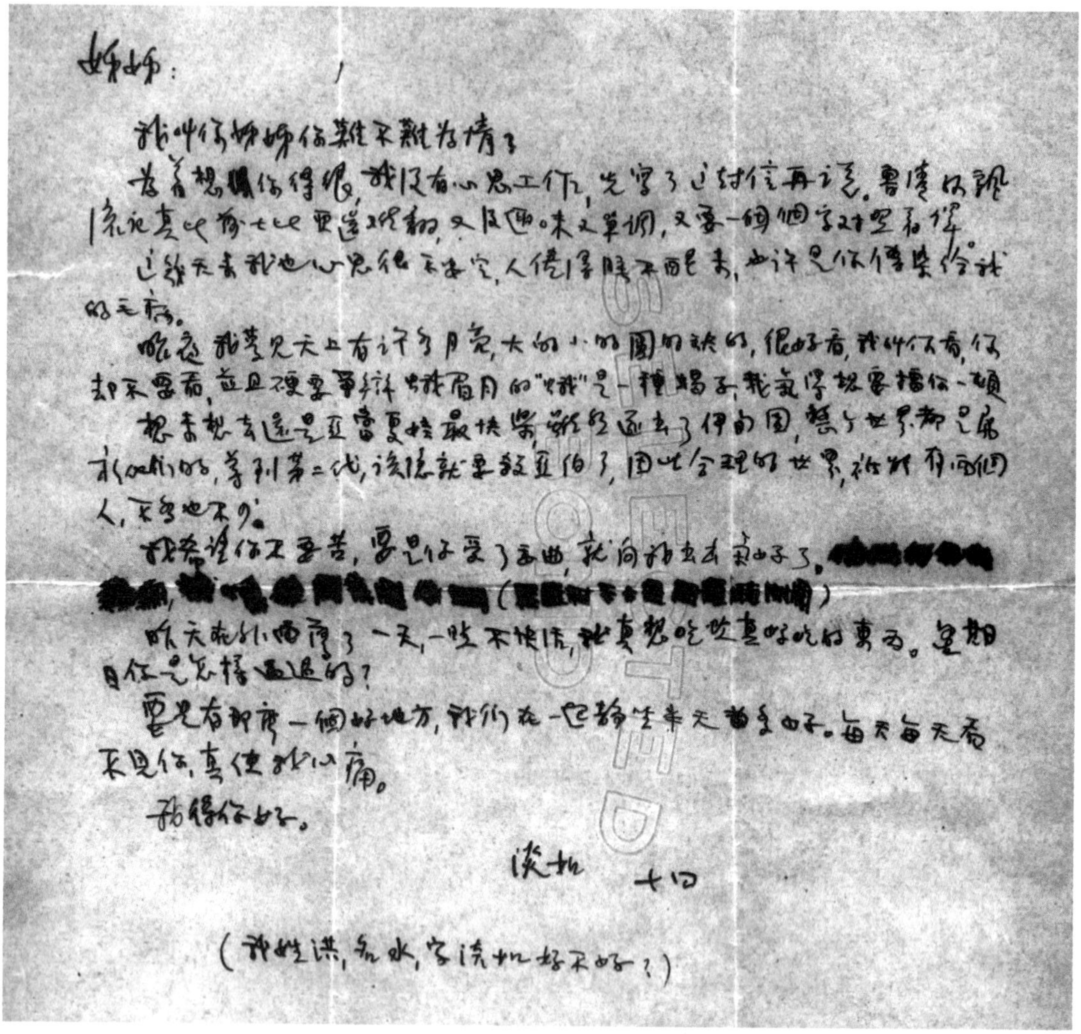

姊姊：

我叫你姊姊你难不难为情？

为着想你得很，我没有心思工作，先写了这封信再说。鲁滨孙漂流记真比莎士比亚还难翻，又没趣味又单调，又要一个个字对照着译。

这几天来我也心思很不安定，人倦得睡不醒来，也许是你传染给我的毛病。

昨夜我梦见天上有许多月亮，大的小的圆的缺的，很好看，我叫你看，你却不要看，并且硬要争辩蛾眉月的"蛾"是一种蝎子，我气得想要擂你一顿。

想来想去还是亚当夏娃最快乐，虽然逐出了伊甸园，整个世界都是属于他们的，等到第二代，该隐就要杀亚伯了，因此合理的世界，只能有两个人，不多也不少。

我希望你不要苦，要是你受了委曲，就向我出出气好了。[redacted]

昨天我闷了一天，一些不快活，我真想吃些甚么好吃的东西。星期日你是怎样过的？

要是有那么一个好地方，我们在一起静坐半天都多么好。每天每天看不见你，真使我心痛。

祝你好。

淡如 十日

（我姓洪，名水，字淡如好不好？）

姊姊：

我叫你姊姊你难不难为情？

为着想你得很，我没有心思工作，先写了这封信再说。《鲁滨孙漂流记》真比莎士比亚还难翻，又没趣味又单调，又要一个个字对照着译。

这几天来我也心思很不安定，人倦得睡不醒来，也许是你传染给我的毛病。

昨夜我梦见天上有许多月亮，大的小的圆的缺的，很好看，我叫你看，你却不要看，并且硬要争辩蛾眉月的"蛾"是一种蝎子，我气得想要擂你一顿。

想来想去还是亚当夏娃最快乐，虽然逐出了伊甸园，整个世界都是属于他们的，等到第二代，该隐就要杀亚伯了，因此合理的世界，只能有两个人，不多也不少。

我希望你不要苦，要是你受了委屈，就向我出出气好了。

昨天在外面荡了一天，一点不快活，我真想吃点真好吃的东西。星期日你是怎样过过的？

要是有那么一个好地方，我们在一起静坐半天多好。每天每天看不见你，真使我心痛。

我待你好。

淡如 十四

（我姓洪，名水，字淡如好不好？）

第[124]封 责任

好人：

我深信我是世上第一个龌龊臭男子（这话有点像贾宝玉，是不是？我不管），愿你不要欢喜我。

不负责任也是我的一个大毛病，但有时却是因为太……责任的缘故，而不敢负起责任来，一个人要负责任总是太吃力，你说是不是？

聪明的女子应该早早结婚，聪明的男人应该不结婚，你想得出想不出这两句话的理由？

天一晴，我又希望它立刻下雨。凡春夏天气微雨最佳，秋冬则宜晴朗。即使是要游山玩水吧，在这种欲睡的困人天气也不能有十分清新的兴致。这意见你不至于反对吧？

我待你好，明天也待你好。让我亲亲你的笨手。

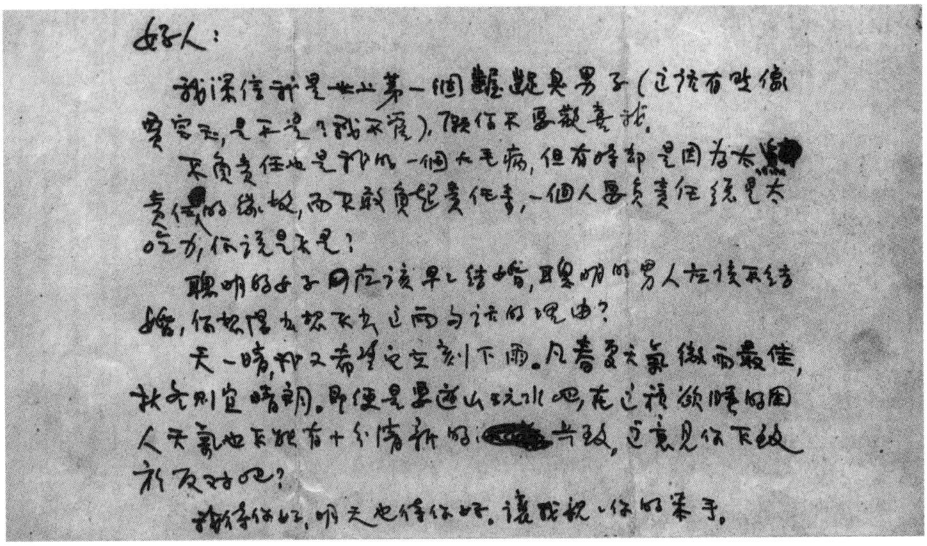
好人：

我深信我是世上第一個齷齪臭男子（這話有些像賈寶玉，是不是？我不管），願你不要歡喜我。

不負責任也是我的一個大毛病，但有時卻是因為太責任的緣故，而不敢負起責任來，一個人要負責任總是太吃力，你說是不是？

聰明的女子應該早早結婚，聰明的男人應該不結婚，你想得出想不出這兩句話的理由？

天一晴，我又希望它立刻下雨。凡春夏天氣微雨最佳，秋冬則宜晴朗。即使是要游山玩水吧，在這種欲睡的困人天氣也不能有十分清新的興致，這意見你不致於反對吧？

我待你好，明天也待你好。讓我親親你的笨手。

第[125]封 · 诗人

宋：

你不来信，很可恨。

三首贺新凉词，做是做得很吃力，越看越不像样，简直是狗屁不通，你劝我以后不要妄想做诗人了好不好？

彭重熙①称赞你很安分守己，我倒希望你惹事招非。

你实在太好，你简直不是女人。

否则此刻我在杭州了，虽则也许你还不曾知道。总之是你不好，明天等待着我的仍然是一整天的空虚。

矮小的中国女子，穿着西式晚礼服，很不好看。

圣灵赐给你满心的喜悦，愿你仍旧待我好。

朱

浅薄的人，人家的仆役，和狗，是世界上最神气的三种动物。

星期六之夜

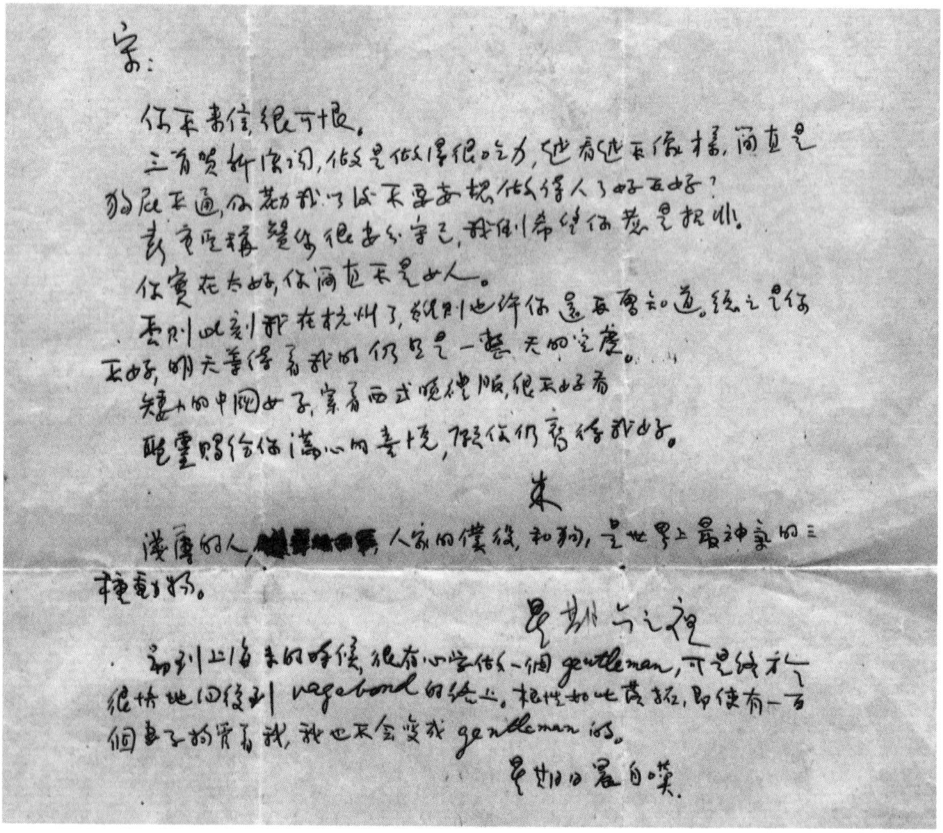
宋：

你不来信很可恨。

三首贺新凉词，做是做得很吃力，越看越不像样，简直是狗屁不通，你劝我以后不要妄想做诗人了好不好？

彭重熙称赞你很安分守己，我倒希望你惹是招非。

你实在太好，你简直不是女人。

否则此刻我在杭州了，虽则也许你还不曾知道。总之是你不好，明天等待着我的仍然是一整天的空虚。

矮小的中国女子，穿着西式晚礼服，很不好看

圣灵赐给你满心的喜悦，愿你仍旧待我好。

朱

浅薄的人，人家的仆役，和狗，是世界上最神气的三种动物。

星期六之夜

初到上海来的时候，很有心学做一个gentleman，可是终于很快地回复到vagabond的路上。根性如此莫救，即使有一百个妻子的管着我，我也不会变成gentleman的。

星期日晨自叹。

初到上海来的时候，很有心学做一个gentleman，可是终于很快地回复到vagabond②的路上。根性如此落拓，即使有一百个妻子拘管着我，我也不会变成gentleman的。

星期日晨自叹

①彭重熙：朱生豪在之江大学的同学与好友，擅长词。 ② vagabond：浪子、流浪者。

第[126]封 鬼脸①

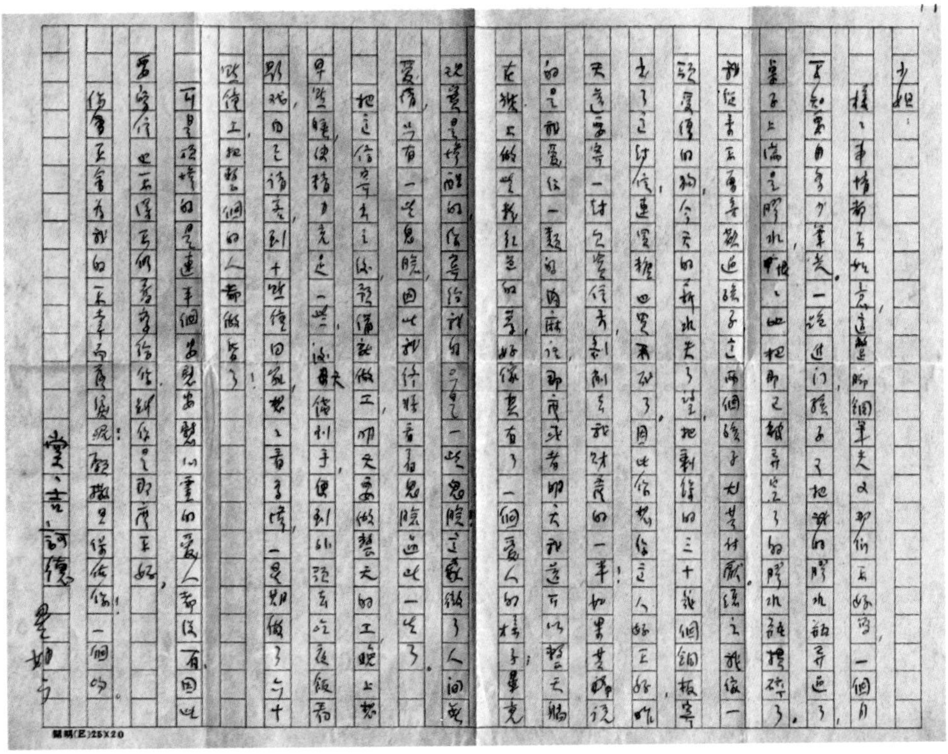

小姐：

样样事情都不如意，这蹩脚钢笔尖又那么不好写，一个月不知要用多少笔尖。一跑进门，孩子又把我的胶水瓶弄过了，桌子上满是胶水，狠狠地把那已被弄空了的胶水瓶掼碎了。我从来不曾喜欢过孩子，这两个孩子尤其讨厌。总之我像一头受伤的狗，今天的薪水失了望，把剩余的三十几个铜板寄出了这封信，连买糖也买不成了。因此你想你这人好不好，昨天还要寄一封欠资信来，剥削去我财产的一半！如果其中说的是我爱你一类的肉麻话，那么或者明天我还可以整天躺在床上做些粉红色的梦，好像真有了一个爱人的样子；毕竟现实是惨酷的，你寄给我的只是一些鬼脸！这象征了人间无爱情，只有一些鬼脸，因此我终将看着鬼脸过此一生了。

把这信寄出之后，预备就做工，明天要做整天的工，晚上想早点睡，使精力充足一些，后天钱到手，便到外头去吃夜饭看影戏，自己请客，到十点钟回家。想想看多惨，一星期做了六十点钟工，把整个的人都做昏了！

可是顶惨的是连半个安慰安慰心灵的爱人都没有，因此要写信也不得不仍旧写给你，虽你是那么不好。

你会不会为我的不幸而落泪呢？愿撒旦保佑你！一个吻。

堂·吉诃德 星期六

①此信原件上宋清如注：1934年。

第[127]封 漫画

宋：

我想得你好苦，你为什么不想我？

第[128]封 鳗鲡

有一夜，我梦见你做新娘，你猜我送你什么礼物？我送给你一条大鳗鲡（写了这两个字才觉得这东西确实有一个很好的名字，你瞧，除去了鱼旁不便是一个漂亮的洋化的女人名字）。本来我很高兴地赶来吃喜酒，以为你会接待我，然而你哪里有工夫，一句话都不曾对我讲。我很懊恼此行，身上的一件长衫背后又破了一个洞，怕被人见笑，于是一个人上三层楼看火烧去。醒来尚有些悲哀。

吉诃德先生已看了八分之六（六百页），第二部较第一部写得好。昨天看了两本小书，《日本近代小品文选》和《夏目漱石集》。所谓《夏目漱石集》实际只有一篇《哥儿》（已看过了的），一篇《伦敦塔》，和一篇序跋文。可看的也就是那篇《哥儿》而已，因此把它重看了一遍。

下星期日是一定要家里去走走了，这星期日不预备出去。我已定下紧缩政策二十条，今后每月零用只准用十五块钱（连书籍及日用必需的在内）。

我非常绝望而苦恼。

愿你好。

雨

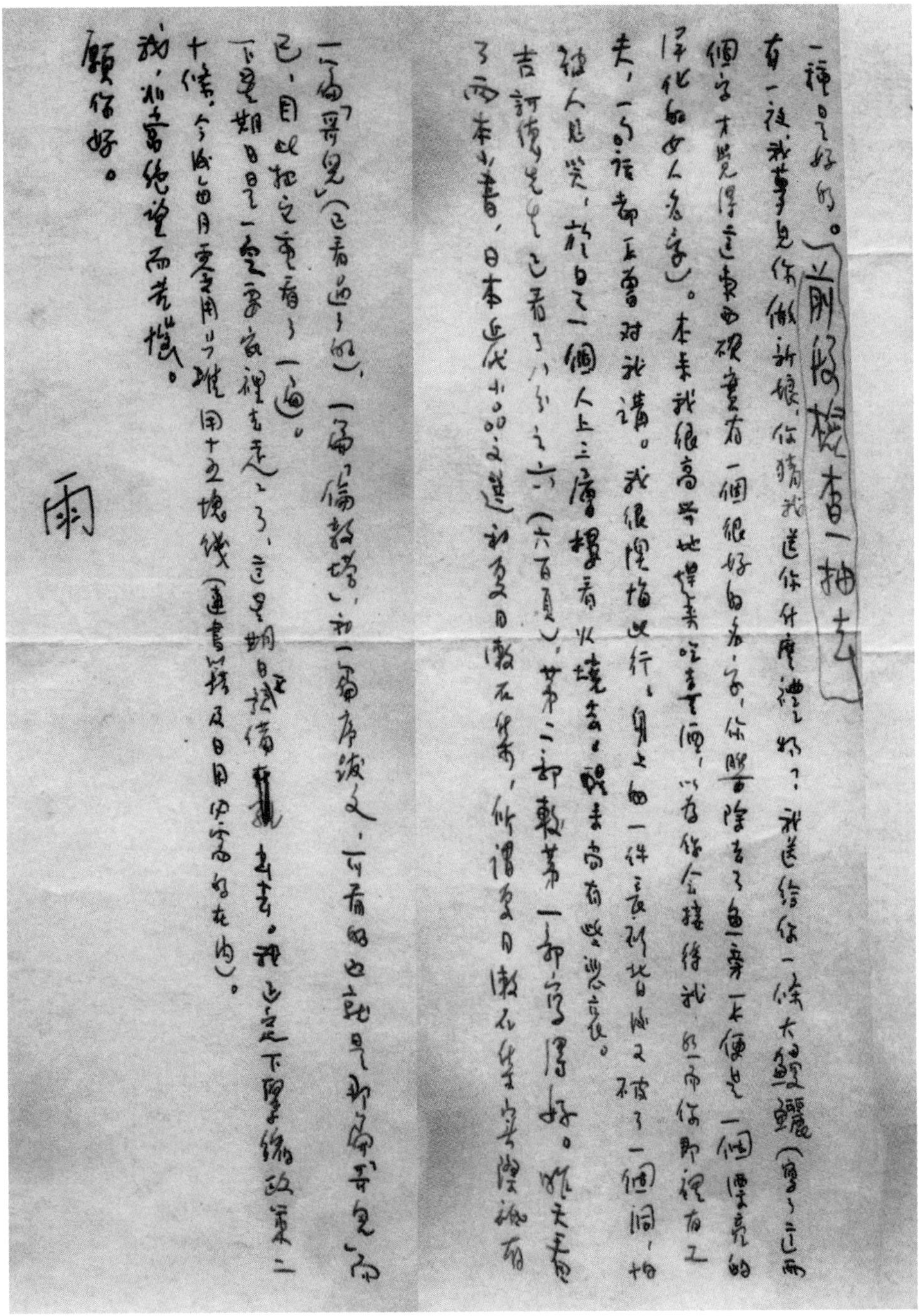
一种是好的。（前段校者抽去）有一夜，我梦见你做新娘，你猜我送你什么礼物？我送给你一条大鳄鱼（写了这两个字才觉得这东西倒还有一个很好的名字，你瞧，除去了鱼一旁不便是一个漂亮的洋化的女人名字）。本来我很高兴地想来吃喜酒，以为你会接待我的，而你那里有了一个丈夫，一句话都不曾对我讲。我很懊恼地走了，身上的一件长衫背后又破了一个洞，被人见笑，于是一个人上三层楼看火烧去，醒来倒有些悲哀。

吉诃德先生已看了八分之六（六百页），第二部较第一部写得好。昨天看了两本小书，日本近代小品文选和夏目漱石集，所谓夏目漱石集实际只有一篇《哥儿》（已看过了的），一篇《伦敦塔》，和一篇序跋文，可看的也就是那篇《哥儿》而已，因此把它重看了一遍。下星期日是一定要家里去走走了，这星期日不预备出去。我已定下紧缩政策二十条，今后每月零用只准用十五块钱（连书籍及日用必需的在内）。我非常绝望而苦恼。

愿你好。

雨

第[129]封 绝望

What shall I say, Mademoiselle[1]?

I am a tedious bore, a born liar, a useless fool, an unwelcome guest, and one that does not worth the least of anyone's care, particularly of you. It is better for me to seal my mouth, kick away my pen, and bury myself in some forgotten place and eat my heart up. Why must I write you? Why? Why? Why? But oh! These rainy days! I'm feeling like a dying dog.

(in some sort of desperation)

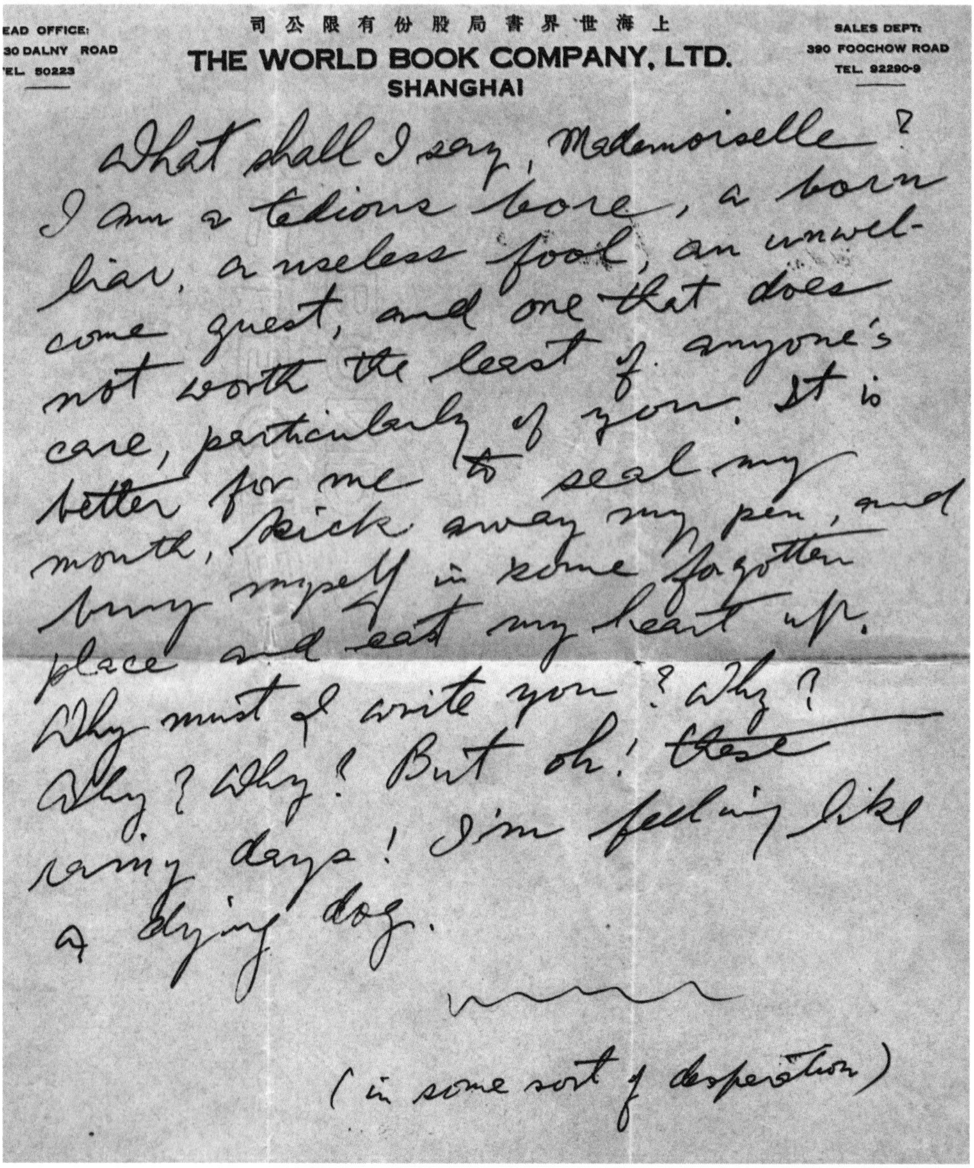

EAD OFFICE: 30 DALNY ROAD TEL. 50223

上海世界書局股份有限公司

THE WORLD BOOK COMPANY, LTD.

SHANGHAI

SALES DEPT: 390 FOOCHOW ROAD TEL. 92290-9

What shall I say, Mademoiselle?
I am a tedious bore, a born liar, a useless fool, an unwel-come guest, and one that does not worth the least of anyone's care, particularly of you. It is better for me to seal my mouth, kick away my pen, and bury myself in some forgotten place and eat my heart up. Why must I write you? Why? Why? Why! But oh! these rainy days! I'm feeling like a dying dog.

(in some sort of desperation)

大意[②]：

我该说什么好呢，小姐？

我是一个乏味的讨厌鬼、一个生来的撒谎者、一个无用的傻瓜、一个不受欢迎的客人，而且是一个不配任何人，特别是你的哪怕一点点关心的人。对我来说最好把我的嘴巴封住，把我的笔踢开，把我自己埋到一个被人遗忘的地方去，并且把我的心吃掉。为什么我一定要写信给你呢？为什么？为什么？为什么？哦，该死的下雨天！我感到就像是一条快要死的狗。

（于某种绝望的心境中）

①Mademoiselle：法文，“小姐”或“女士”。 ②这段译文是朱尚刚先生提供的。

第[130]封 天才

然则为什么不抛开书本，畅快地玩一下去？

“欣赏”不可写作“兴赏”。

诗最好是不读。

如果欣赏诗需要天才，那么看电影岂不也要天才？对于艺术的理解力的深浅，完全资于个人的素养，依浸润的程度的深浅而定，与天才无关。正如吃冰淇淋一样，发明制冰淇淋者自然是一个天才，但晓得冰淇淋好吃的人却根本无需乎天才。第一次吃冰淇淋的时候，牙齿冷得发痛，吃了一口便不敢再吃下去，后来我却成为冰淇淋的饕餮者，这便是因为对于吃冰淇淋的素养丰富起来，而理解力也有了进步了。吸鸦片烟也是这样，我们一闻到鸦片烟气味便欲作呕，正如读理科的人看见了诗要摇头一样。但嗜于此者，则醺醺焉有登仙之感。这不是他们有吸鸦片的天才而我们没有，只是因为我们缺少吸鸦片的素养的缘故。

至于批评任何事物的主要条件，只要不怕难为情，随便怎样瞎话一泡，总能言之成理。如果胆子一小，害怕自己说得不对，便没有希望了。

如果没有课，不要老躲在宿舍里，实梗[①]用功啥事体？

《江苏教育》大概是江苏省教育厅出版的吧，今天不曾到四马路去，明后天也许去。

我说你不要太客气，无论如何，从你那首“奈何天，雨丝风片”的宝塔诗[②]起直到现在能填词的长调，而且居然很不坏，这进步不能说是不快，即使不好意思说你是绝世的诗才，至少也不能不承认你有些小小的天才。不过以后或许你不会再有什么进步，我觉得。

女孩子当中像你这样有意味的人的确很难得。她们有些只好作作摆供，有些是天生成的玩物，有些连作摆供玩物都不配；好一点的，或者能够在家庭内作一个贤妻良母，或者也能够服务社会。但前者又往往是心胸眼光见解一切都狭隘得很，后者又往往老气横秋，令人敬而远之，都是一些失然則為什麼不找閑書來，暢快地玩一下去？

「欣賞」不可寫作「興賞」。

詩最好是不讀。

如果欣賞詩需要天才，那麼有意義不也要天才？對於藝術的理解力的深淺完全資於個人的素養，依浸潤的程度的深淺而定，與天才無關。正如吃冰淇淋一樣，識別冰淇淋是一個天才，但嘗得冰淇淋好吃的人卻根本無需乎天才。第一次吃冰淇淋的時候，牙齒冷得發痛，吃了一口便不敢再吃下去，以後我們都為冰淇淋的饕餮者，這便是因為對於吃冰淇淋的素養豐富起來，而理解力也有了進步了。吸鴉片煙也是這樣，我們一聞到鴉片煙氣味便欲作嘔，正如讀理科的人看見了詩要掉頭一樣，但嗜於此者，則醰醰有登仙之感，這不是他們有吸鴉片的天才而我們沒有，只是因為我們缺少吸鴉片的素養的緣故。

至於批評任何事物的主要條件，只要不怕難為情，隨便怎樣瞎說一泡，總說得成理。如果膽子一小，害怕自己說得不對，便沒有話講了。

如果沒有課，不要老躲在宿舍裡，實梗用功啥事体？

「江蘇教育」大概是江蘇省教育廳出版的，今天不曾到回去跑，去，明後天也許去。

我說你不要太客氣，無論如何，從你那首寫何天，西風作的寫時候起直到現在能填詞的長詞，而且居然很不壞，這進步不能說是不快，即使不好意思說你是絕世的詩才，至少也不能說不凡，況你有些小小的天才。不過以後我許你不會再有什麼進步，我覺得。

女孩子當中像你這樣有意味的人自然很難得。她們有些只好作作擺設，有些是先生們的玩物，有些連作我們玩物都不配；好一些的，或者能夠在家庭中作一個賢妻良母，或者也能夠活躍於社會，但前者又往往是心胸眼光見解一切都狹隘得很，後者又往往是老氣橫秋，令人敬而遠之，都是一些「失去女性」的女性。因此所謂找尋一個異性的朋友，實在並不是一件容易的事。

再說下去，又是瘋話了。你使我快活，我喜歡你！

「喜歡」這兩個字意味太單薄，無論如何我還是想用「愛」字。

十七，夜間

去“女性”的女性。因此所谓找寻一个异性的“朋友”，实在并不是一件容易的事。

再说下去，又是痴话了。你使我快活，我多么高兴（“高兴”这两个字意味太薄，无论如何我还是想用“爱”字。）你！

十六夜间

①实梗，嘉兴方言，意为“这样”。 ②宋清如刚进之江大学不久，参加了“之江诗社”的活动。第一次参加时，她写了一首“宝塔诗”，自以为在形式上还有一点新意。但是诗社只交流旧体诗词，“宝塔诗”拿出来之后，诗社的“老夫子”们大都不屑一顾，只有朱生豪觉得她颇有才气，看后低头一笑，给了宋清如很大的安慰，从此两人开始了交往。后来朱生豪在《鹧鸪天》词中用“低头一笑意已倾”来记述他们那段难忘的经历。

第[131]封 离思

弟弟：

《江苏教育》是江苏省政府教育厅出版的。

今天发薪水，买了一块钱邮票，一本信笺，一札信封。跑书店的结果，只买了两角钱一本薄薄的《六艺》，这是现代派作家们继《文艺风景》、《文艺画报》、《文饭小品》诸夭折刊物之后的又一个花样儿，编制和文艺画报相同。据我所知道他们本来是预备把《现代》复活的，后来仍改出这个杂拌儿的“综合性刊物”，包括文学绘画戏剧电影等东西。施蛰存现在是不声不响着标点国学珍本丛书，起劲干着的，还是叶灵凤穆时英刘呐鸥诸公子，《晨报》（被封禁后现改名《诚报》发行，尚未见过）的《晨曦》便是他们的地盘，常和生活书店一批人寻相骂①。

《六艺》等我加批后寄给你看。

在读Lawrence②的*Sons and Lovers*③，如题目所表示，其中所写的是母爱与情人爱的冲突。Lawrence是写实主义的尖端的作家，完全着重于心理分析（再进一步就要钻进牛角尖里去了），而不注意故事，这本书较之去年所读的他的*Lady Chatterley's Lover*④（据说是外国《金瓶梅》）要好些，因为后者除了几乎给人压抑感的过量的性行为描写外，很干燥而无味，但这本*Sons and Lovers*的各个人物的性格剖析，都极精细而生动。

我想不出老读小说有什么意思，但是读什么好呢？

有时我真忙得分不出身来，又想写信，又想作些活，又想看书，又想闭了眼睛沉思，又想在夜之街上徘徊。最是黄昏的时候，最想你得厉害，要是此刻能赶来和你默默相对半点钟而作别，我情愿放弃一切所要做的事。

无尽的离思呵！祝你好！

弟弟

我猜想你近来比较很沉默。

①寻相骂：上海方言，吵架的意思。 ②Lawrence：劳伦斯（1885～1930），20世纪前期英国颓废派作家。 ③*Sons and Lovers*：《儿子与情人》，劳伦斯写的一部小说。 ④*Lady Chatterley's Lover*：《查泰莱夫人的情人》，劳伦斯写的一部小说。

弟弟：

"江苏教育"是江苏省政府教育厅出版的。

今天发薪水，买了一块钱邮票一本信笺一札信封。跑书店的结果，只买了两角钱一本薄薄的"六艺"，这是现代派作家们继"文艺风景""文艺画报""文饭小品"诸夭折刊物之后的又一个花样儿，编制和文艺画报相同。据我所知道他们本来是预备把现代复活的，后来他们改出这个新鲜样儿的"综合性刊物"，包括文学绘画戏剧电影等东西。施蛰存说他是不声不响在标点国学珍本丛书，起劲干着的，这是叶灵凤穆时英刘呐鸥诸位公子，晨报（被封禁后改名诚报发行，尚未见过）的晨曦便是他们的地盘，常和生活书店一批人寻相骂。

"六艺"等我加批后寄给你看。

在读Lawrence的Sons and Lovers，如题目所表示，其中所写的是母爱与情人爱的冲突。Lawrence是写实主义的尖端的作家，完全着重于心理分析（直述一切秘密，钻进牛角尖里去了），而不注意故事，这本书较之去年所读的他的Lady Chatterley's Lover（据说是外国金瓶梅）要好些，因为后者除了几乎令人肉麻感的过量的性行为描写外，很干燥而无味，但这本Sons and Lovers的每个人物的性格剖析，都极精细而生动。

我想不去老读小说有什么意思，但是读什么好呢？

有时我真忙得不出身来，又想写信，又想作工作，又想看书，又想闭了眼睛沉思，又想在街上徘徊。最是黄昏的时候，最想你得利害，要是此刻能跑来和你默默相对半点钟而作别，我情愿放弃一切所要做的事。

无尽的祝福呀！祝你好！

弟弟

我猜想你近来比较很沉默。

回应

高阳台（步玉田原韵）①

宋清如

（改前）

云气初收 湖光半暝 再寻不见归船
远逝飞鸥 难凭后约来年 东风不向
花间住 任南国零落堪怜 倍凄然
红舞荒林 紫乱清烟

别来初识离愁苦 怅晨风飘露 梦断
斜川 浅笑低歌 何时重上筵边 伤
心不共芳莺语 怕娇声更恼愁眠 自
障帘 独自沉吟 独自听鹃

（改后）

云气初收 湖光半暝 重寻不见归船
远逝飞鸥 难凭后约来年 东风不向
花间住 任南国飘零谁怜 各凄然
红舞长林 紫乱荒烟

别来初识离愁苦 怅晨风飘去 断梦
随川 浅笑低歌 何时相见芳筵 伤
心不共流莺语 怕声声更恼愁眠 自
开帘 独数残花 独听残鹃

①这是宋清如在之江大学初学写古体诗词时的一页词稿，稿纸的背面用毛笔字工整地写着“录呈余师请正 清如始学稿”。朱生豪认真地在原稿上作了十多处修改，确实使这首词增色不少。这页稿纸宋清如珍藏终身，也是在她的遗物中发现的。

《第柒卷》知心交心

朱生豪在信中对宋清如的称呼变化多样：『阿姊、傻丫头、青女、无比的好人、宝贝、小弟弟、小鬼头儿、昨夜的梦、宋神经、小妹妹、哥儿、清如我儿、女皇陛下』等，信末的落款署名更是百花齐放：『你脚下的蚂蚁、伤心的保罗、快乐的亨利、丑小鸭、吃笔者、阿弥陀佛、和尚、绝望者、蚯蚓、老鼠、堂·吉诃德、罗马教皇、魔鬼的叔父、哺乳类脊椎动物之一、臭灰鸭蛋、牛魔王』等。如果不是把对方当做知己，恐怕很难有这些幽默活泼的称呼。两人敞开心扉，坦诚地交流彼此对人生的感受和想法。

第[132]封 诚意

老弟：

昨夜我简直想怨命，开始是因为今天明天有两天假放，日子无法过去，后来是怨恨你，我说我一定要变成恶鬼和你缠绕，世上没有比你更可恨的人。

顶不好的就是那种说着不确定的话的人，今天任小鬼说“或许”来看我，你想我能欢迎他吗？既不决定，对我说什么，自然啦我不能出去，因为一出去他来了，那是我的不好；然而不出去他不来，他却不负责任，还有比这种更不公平的事吗？你也哄过我不少次了。其实你决不会来看我的，何必说那种来看你不来看你的话呢。不给人希望也不给人失望，这是fair play①，给了人希望再叫人失望，这不是明明作弄人？

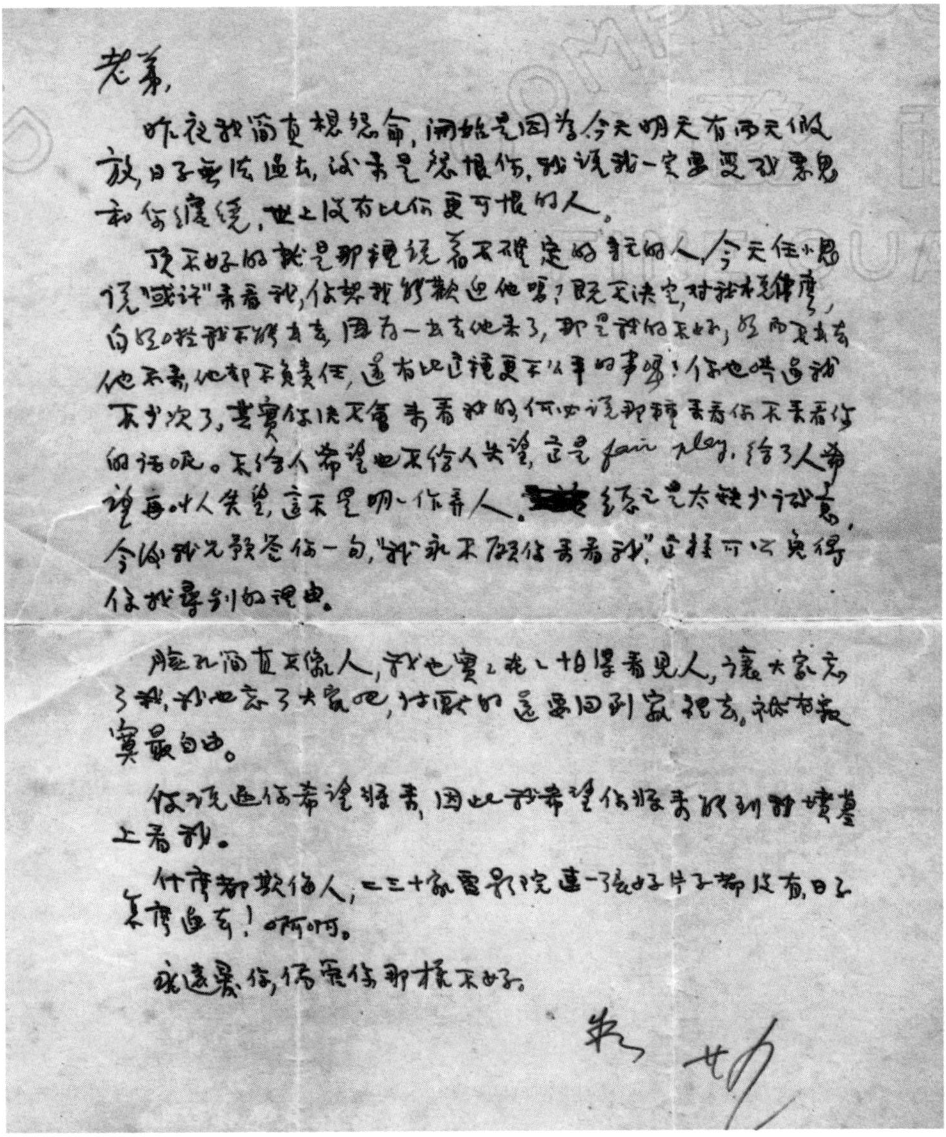
老弟，

昨夜我简直想怨命，开始是因为今天明天有两天假放，日子无法过去，后来是怨恨你，我说我一定要变成恶鬼和你缠绕，世上没有比你更可恨的人。

顶不好的就是那种说着不确定的话的人，今天任小鬼说“或许”来看我，你想我能欢迎他吗？既不决定，对我说什么，自然啦我不能出去，因为一出去他来了，那是我的不好；然而不出去他不来，他却不负责任，还有比这种更不公平的事吗？你也哄过我不少次了，其实你决不会来看我的，何必说那种来看你不来看你的话呢。不给人希望也不给人失望，这是fair play，给了人希望再叫人失望，这不是明明作弄人。[redacted] 总之是太缺少诚意，今后我先预备你一句，“我永不愿你来看我”，这样可以免得你找寻到的理由。

脸孔简直不像人，我也实实怕怕见人，让大家忘了我，我也忘了大家吧，讨厌的还要回到家里去。只有寂寞最自由。

你说过你希望好来，因此我希望你好来跑到我坟墓上看我。

什么都欺侮人，二三十家电影院连一张好片子都没有，日子怎么过哟！呵呵。

永远恨你，为你那样不好。

朱生

总之是太少诚意，今后我先预答你一句："我永不愿你来看我"，这样可以免得你找寻别的理由。

脸孔简直不像人，我也实实在在怕得看见人，让大家忘了我，我也忘了大家吧，讨厌的还要回到家里去。只有寂寞最自由。

你说过你希望将来，因此我希望你将来能到我坟墓上看我。

什么都欺侮人，二三十家电影院连一张好片子都没有，日子怎么过去！啊啊。

永远爱你，尽管你那样不好。

朱 廿九

① fair play：公平比赛。

第[133]封 · 鬼话

好人：

昨天梦你到嘉兴来玩，我爱你，凡不爱你的人都是傻子。在我的心中眼中以及一切感官中，你都是美到无可言喻。

天这两天变凉了，我毫无意见，随它冷热，都与我无干。

前天买了一本有趣的旧西书，"*House-boat on the Styx*"①，Styx是通阴阳两界的河名。其中当然尽是些鬼话，荷马莎士比亚孔夫子伊里沙伯女王哈孟来特拿坡仑华盛顿等等都在一起清谈口角，最被挖苦得厉害的是Dr.Samuel Johnson②。书的作者是完全无名的，出版于一八九零年。莎士比亚和约翰生博士争论莎士比亚戏曲是否莎士比亚本人所作，不能解决，去问Francis Bacon③，Bacon说是他作的，莎士比亚是他的"打字员"，因为稿子由他打字，便冒认为己作，一个连自己姓名都弄不清楚（莎士比亚的亲笔签名式共有六七种不同的拼法，后来有一位先生著过一本书，发现这个名字一共可以有四千种拼法！）的人，怎么会著出*Hamlet*④来呢？老莎大发急，再去问Sir Walter Raleigh⑤，Raleigh笑笑说*Hamlet*既不是培根做的，也不是老莎做的，那作者正是我哩。莎士比亚说，怎么，莎士比亚的作品都不是莎士比亚作的，那么究竟有没有我这个人呢？又有一个笑话，一次莎士比亚回到阳间去，在伦敦登台演*Hamlet*，大受批评家的白眼，说他完全不懂莎士比亚。一晚他们举行讲故事会，预先派定约翰生博士做主席，因为他这个人惯会刻薄人，要是叫他等别人说过后插入一两句批评，那是非常够味的，但要他自己讲起来，便三日三夜讲不完，冗长得叫人异样头痛。第一个立起来讲的是Goldsmith⑥（他是个不会讲话的人），红红脸孔说了一些反反复复的话，便说要宣读《威克斐牧师传》前五个Chapter，大家急了起来，主席先溜

好人：

昨夜梦你到嘉兴来玩，我爱你，凡不爱你的人都是傻子。在我的心中眼中以及一切感官中，你都是美到无可言喻。

天这两天变冷了，我毫无意见，随它冷热，都与我无干。

前天买了一本有趣的旧西书，"House-boat on the Styx"（冥河中的屋船），Styx是通阴阳两界的河名。其中角色尽是些鬼话，有莎士比亚孔夫子伊丽莎白女王哈姆莱特拿破仑华盛顿等等都在一起清谈口角，最被挖苦得利害的是Dr. Samuel Johnson。书的作者是完全无名的，出版于一八九〇年。莎士比亚和约翰生博士争论莎士比亚戏曲是否莎士比亚本人所作，不能解决，去问Francis Bacon，Bacon说是他作的，莎士比亚是他的"打字员"，因为稿子由他打字，便冒认为己作，一个连自己姓名都弄不清楚（莎士比亚的亲笔签名式共有六七种不同的拼法，据说有一位先生著过一本书，谓现在这个名字再一共可以有四千种拼法！）的人，怎么会著出Hamlet来呢！莎翁大发急，再去问Sir Walter Raleigh，Raleigh笑笑说，Hamlet既不是培根做的，也不是莎翁做的，那作者正是我哩。莎士比亚说，怎么，莎士比亚的作品都不是莎士比亚作的，那么究竟有没有我这个人呢？又有一个笑话，一次莎士比亚回到阳间去，在伦敦鉴赏Hamlet，大受批评家的白眼，说他完全不懂莎士比亚。一天晚他们举行讲演会，预先假定约翰生博士做主席，因为他这个人惯会刻薄人，要是叫他等别人说过后插入一两句批评，那是非常有趣味的，但要他自己讲起来，便三日三夜讲不完，定要弄得人异样头痛。第一个主张去请的是Goldsmith（他是个不会讲话的人），红了脸孔说了一些不知所云的话，便说要宣读威克斐牧师传前五个Chapter，大家急了起来，主席先溜走了，因恐侍者等他读完了来唤他，这是拿破仑和华盛顿么哥商量出一个办法，假装因警报而吵闹起来，把会场闹得一场胡涂，总算免去Goldsmith的读威克斐牧师传。拿破仑尝问Frederick大帝有没有读过Carlyle所著的Frederick传记（一部奇长得骇的著作），他说不曾（因为没有功夫），拿破仑说你现在死了，你只读到eternity，难道还没有功夫！他说你读了三日便知道了。

说我亲亲你，说我爱爱你，无数的肉麻。

朱儿 二〇

走了，关照从者等他读完了来唤他。还是拿坡仑和威灵顿公爵商量出一个办法，假装因旧恨而吵闹起来，把会场闹得一塌糊涂，才避免去 Goldsmith 的读《威克斐牧师传》。拿坡仑问 Frederick[7]大帝有没有读过 Carlyle[8]所著 Frederick 传记（一部卷帙浩繁的著作），他说不曾，因为没有工夫，拿坡仑说你现在永生了，尽管读到 eternity[9]，难道还没有工夫？他说，你读了三四页便知道了。

让我亲亲你，让我爱爱你，无数的肉麻。

朱儿　三〇

① *House-boat on the Styx*：《冥河中的船屋》。②Dr.Samuel Johnson：塞缪尔·约翰逊博士，18 世纪英国作家和文学批评家，曾编著《莎士比亚戏剧集》。③Francis Bacon：弗朗西斯·培根，英国 17 世纪著名哲学家。④*Hamlet*：莎士比亚著名剧本及剧中主角名，“哈姆雷特”。⑤Sir Walter Raleigh：“沃尔特·雷利爵士”。⑥Goldsmith：戈德斯密，18 世纪英国作家，著有小说《威克斐牧师传》等。⑦Frederick：应为 Friederich，腓特烈大帝，18 世纪普鲁士国王。⑧Carlyle：卡莱尔，19 世纪英国作家，历史学家。⑨eternity：永远。

第[134]封　看雨

我想要在茅亭里看雨、假山石边看蚂蚁，看蝴蝶恋爱，看蜘蛛结网，看水，看船，看云，看瀑布，看宋清如甜甜地睡觉。

我觉得我已跟残废的人差不多了，五官（想来想去只有四官，眼耳口鼻之外，还有那一官不知是简任官还是特任官）都已毁损，眼睛的近视在深起来，鼻子的左孔常出鼻血，左耳里面近来就睡时总要像风车一样哄隆哄隆搧了一阵，嘴里牙齿又有毛病，真是。

一切兴味索然，活下去全无指望，横竖顶多也不过再有十年好活，我真不想好好儿做人，恨起来简直想把自己狠狠地糟蹋一阵。

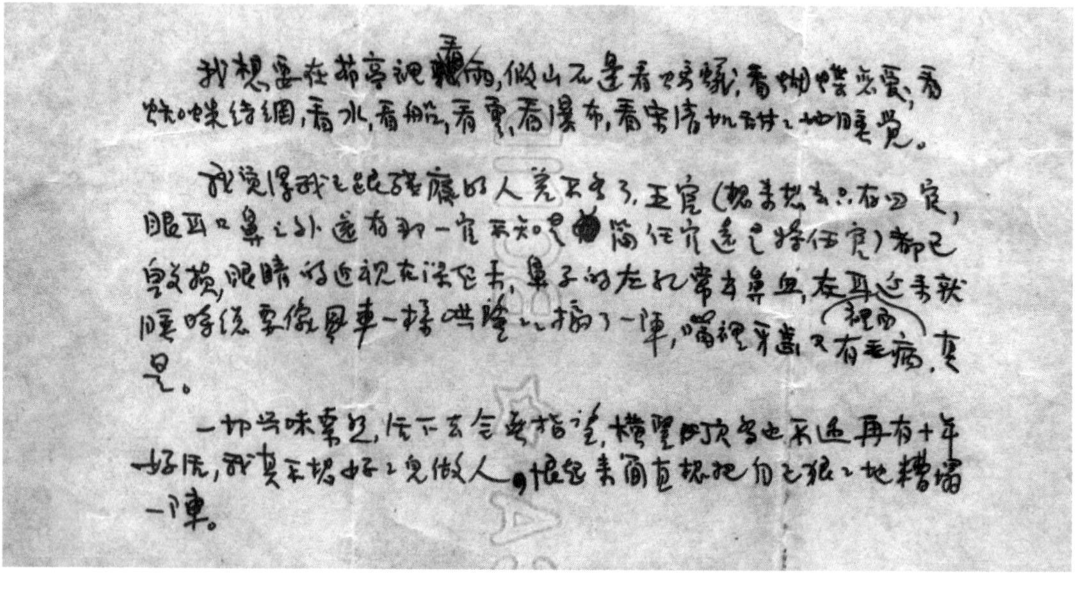

我想要在茅亭裡看雨，假山石邊看螞蟻，看蝴蝶戀愛，看蜘蛛結網，看水，看船，看雲，看瀑布，看宋清如甜甜地睡覺。

我覺得我已跟殘廢的人差不多了，五官（想來想去只有四官，眼耳口鼻之外，還有那一官不知是簡任官還是特任官）都已毀損，眼睛的近視在深起來，鼻子的左孔常出鼻血，左耳裡面近來就睡時總要像風車一樣哄隆哄隆搧了一陣，嘴裡牙齒又有毛病，真是。

一切興味索然，活下去全無指望，橫豎頂多也不過再有十年好活，我真不想好好兒做人，恨起來簡直想把自己狠狠地糟蹋一陣。

第[135]封 · 婚姻

宋：

本来我知道你一定不会答应到我家里来，但我确痴心地盼你打上海过，还望你带好东西来我吃呢。又是这么像是特意要避过我似的，连安慰也不留一句地走了，怎不叫人耿耿呢？你或许以为车站上几分钟的相对没有什么意思，徒然引起一些惆怅，但在我，就是惆怅也好，日复一日的枯燥的生活，多么想望一些小小的兴奋，即使不一定是快乐，也总比空虚的想望好些。而且我是那么不自由，要来看你一次，总得顾虑着钱，顾虑着时间。一共在世上我们也没有多少年岁好活，见面的机会是那么稀少得令人伤心，更能禁得起多少次的失望呢？

我常常不大愿意提起关于结婚的一个问题，尤其是在一个要好的女朋友之前，但今天却想以纯粹朋友的立场，提供你一些意见。唯一我替你担心的，便是你对于一切都抱着得过且过的态度，害怕想到将来，甚至于想借着短命来逃避（也许我也有些如此），其实将来也许并非一定那样可怕也说不定。在此刻，我们的处境很有些相仿，我们的家庭方面都在盼望我们赶快结婚，而我们自己则都在托辞敷衍着。关于我自己，我抱着不结婚的理想，少说些也已有五六年了；起初还只是一个理想主义者的诗意的想头，伴着对于现社会婚姻制度的不满，而近年来生活的困苦的暗影更加强

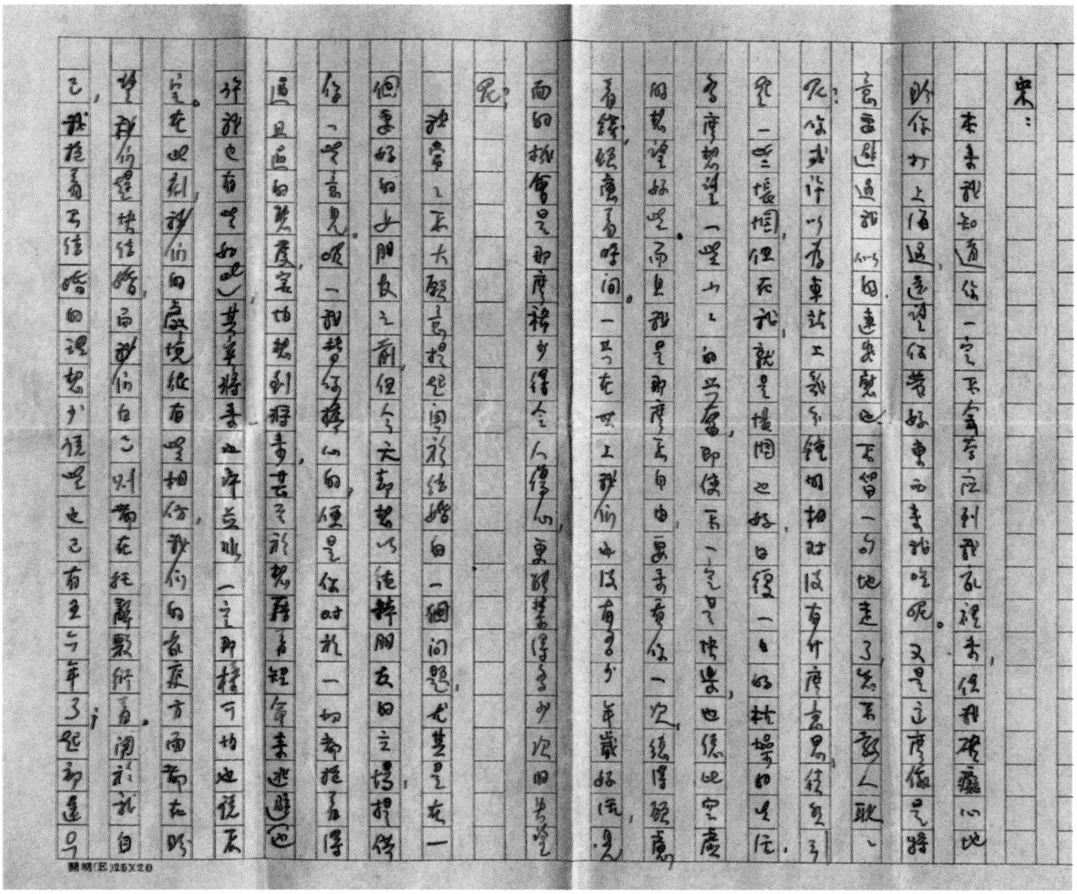

宋：

本來我知道你一定不會答應到我家裏來，但我確痴心地盼你打上海過，還望你帶好東西來我吃呢。又是這麼像是特意要避過我似的，連安慰也不留一句地走了，怎不叫人耿耿呢？你或許以為車站上幾分鐘的相對沒有什麼意思，徒然引起一些惆悵，但在我，就是惆悵也好，日復一日的枯燥的生活，多麼想望一些小小的興奮，即使不一定是快樂，也總比空虛的想望好些。而且我是那麼不自由，要來看你一次，總得顧慮着錢，顧慮着時間。一共在世上我們也沒有多少年歲好活，見面的機會是那麼稀少得令人傷心，更能禁得起多少次的失望呢？

我常常不大願意提起關於結婚的一個問題，尤其是在一個要好的女朋友之前，但今天却想以純粹朋友的立場，提供你一些意見。唯一我替你擔心的，便是你對於一切都抱着得過且過的態度，害怕想到將來，甚至於想借着短命來逃避（也許我也有些如此），其實將來也許並非一定那樣可怕也說不定。在此刻，我們的處境很有些相仿，我們的家庭方面都在盼望我們趕快結婚，而我們自己則都在托辭敷衍着。關於我自己，我抱着不結婚的理想，少說些也已有五六年了；起初還只

開明(E)25X20

是一個理想主義者的得意的失敗，他看對於現社會婚姻制度的不滿，而近年來生活的困苦的暗影更加強了他的信心。姑母她們以為我現在不願結婚是有所期待，或者因為嫌現在所入菲薄，要等經濟方面有些寬裕再說，因此倒是相當地嘉許我。但我如說出永遠不結婚的話來，她們便要說我是傻子，而且也不肯相信，照她們的這種的邏輯，你不娶妻生子又白生下你來做甚麼？在這種訓條之下，一個男人所受的責備要比女子利害得多；而我自己相信我是聰明的，斷定未免會藐視了「人生的義務」，同時我對自己也很有把握，即使我由於環境遭遇任擇手段硬要逼我盡我所不願盡的職，我也不情[redacted]做一個孝順的兒子，去犧牲自己最少限度的自由。關於你，那麼似乎你的理由只是因為怕和平常女人陷於同樣命運之故，然而這並不是充足的理由，因為命運的平凡不平凡和婚姻並無絕對的關係，真是一個能自己有所樹立的女子，那麼就算結了婚也不害她為一個不平凡者。不是的話，你能說一般的獨身婦人比結婚者的命運更可羨些更幸福些嗎？是不是反而更寂寞些？你是寂寞的因故的，如果推諉到無可推諉，敷衍到無可敷衍的時候，為了不忍傷她的心，會不會乖乖地聽從了呢？如果終不免有那一天，那麼寧願早些嫁個總是一個理想的男人和一個理想的朋友不一樣，祇要人格高尚，有思想，能負責，經濟寬裕的人就合式了。如果有這種人，這是不要放棄機會的好（一見面感情注隨的人是靠不住的）。有了安定的小家庭生活（少年時的行徑好的其實都是生活不能安定之故），能安下心來看看兒子，自己計劃着一種有意義的生活方式，或找些不繁重的工作，或研習學問，何嘗不能獲得甚大的興趣（如果有了計劃做不到，那是自己本身的無能，這種人無論結不結婚，皆要失敗）。我不知道你對於自身的將來能下一番透澈的考慮，目前要我的因循是不幸的。我的意思並不是要你結婚或不結婚，但無論結婚不結婚，都得立定斬截的主意，不要含糊過去。我以為你的身體不是個耐得起辛苦重擔的人生戰士的身體，事實上你需要一個較溫柔的環境。我這種話也許會使你很生氣，但這完全是我對於你的誠摯的友情中所發出的一些忠誠的意見。我相信你如真結了婚，一定會使我感到甚大的悲哀，因為也許我們本來不痛快的交往將更要隔一重，要可如何的結束，但我對你太關切了，我總不願見你永遠是一頭彷徨歧路的迷羊。我自己是那麼無能為力，除了為你之外時你一定用最審慎的。

[redacted]你當然也不要太用功（我知道你不會用功的），但在之後這種地方如果說稍為讀讀書就會對健康有礙的話，我總不

了我的决心。姑母她们以为我现在不愿结婚是有所期待，或者因为嫌现在所入菲薄，要等经济方面有恃无恐后再说，因此倒是相当地嘉许我，但我如说出永远不结婚的话来，她们便要说我是傻子，而且也不肯相信（按照我们的道德的逻辑，你不娶妻生子，父母生下你来做甚么？在这种训条之下，一个男人所受的责备要比女子厉害得多），然而我自己相信我是聪明的，虽然未免贪懒规避了“人生的义务”。同时我对自己也很有把握，即使我母亲从坟墓里复活转来硬要逼我尽我所不愿尽的职，我也不惜做一个忤逆的儿子，为着保持自己最少限度的自由。

关于你，那么似乎你的理由只是因为怕和平常女人陷于同样命运之故，然而这并不是怎么充足的理由，因为命运的平凡不平凡和婚姻并无绝对的关系，真是一个能够自己有所树立的女子，那么虽结了婚也不妨害她为一个不平凡者。不然的话，你能说一般的独身妇人比结婚者的命运更可傲些更幸福些吗？多分是反而更悲惨些。你是爱你的母亲的，如果搪饰到无可搪饰，敷衍到无可敷衍的时候，为了不忍伤她的心，会不会乖乖地听起话来呢？如果终不免有那一天，那么宁愿早些留心为是。一个理想的男人和一个理想的朋友不一样，只要人格高尚，有思想，诚实负责，经济宽余的人就合式了，如果有这种人，还是不要放弃机会的好（一见面感情泛滥的人是靠不住的）。

有了安定的小家庭生活（少年时的彷徨烦闷其实都是生活不能安定之故），只要不忙着养儿子，自己计划着一种有意义的生活方式或找些不烦重的工作，或研习学问，何尝不能获得甚大的乐趣（如果有了计划做不到，那是自己本身的劣根性，这种人无论结不结婚皆无办法）。我不知道你对于自身的将来能不能下一番透彻的考虑，因为无主义的因循是不幸的。我的意思并不是要劝你结婚，或不结婚，但无论结婚不结婚，都得立定斩截的主意，不要含糊过去。我以为你的身体不是个耐得起辛苦磨练的人生战士的身体，事实上你需要一个较温柔的环境。我这种话也许会使你很生气，但这些全是我对于你的诚挚的友情中所发出的一些无我的意见。我相信你如真结了婚一定会使我感到甚大的悲哀，因为也许我们本来不痛快的交往将更受到一重无可如何的拘束，但我对你太关切了，我殊不愿见你永远是一头彷徨歧路的迷羊。我自己又是那么无能为力，除了爱你之外，对你一点用处都没有的。

你当然也不要太用功（我知道你不会用功的），但在之江这种地方如果说稍为读读书就会对健康有碍的话，我总不能相信。我自己的体格，谁都说我很不好，但在如今这种不健康的环境里过着不健康的生活，两年了，身体也不见坏到什么地方去。太娇养了也是不对的。

我是个理想家，想到现实会使我黯然，但

我也不想躲避现实，一切凭着上帝或魔鬼的旨意吧！

一切的祝福，你知道我将爱你到永远，像爱一个最喜欢的兄弟姊妹一样。

朱　五日晚

先还你五块钱，因需要付房租等没得多，其余的五块过两星期后准还你，虽然我知道你并不要紧。

第[136]封 出息

宝贝：

要是我的母亲“宝贝、心肝、肉肉、阿肉、阿宝、囡囡、弟弟、阿囡、好囡、乖囡、乖宝、小囡”地叫我，我一定要喊她“不要肉麻”。用一种喊法已够，一连串地叫起来，不亦过甚乎？

我伤心得很。

最好我们逃到一个荒岛上去，我希望死在夕阳中，凝望着你的出神的脸。

世上竟有没出息的男子如小生者乎？我最怕人家对我说两句话，一句话是“不要浪费你的时间，好好努力”，一句话是“年纪不小了，快快结婚”。结婚的成为问题不只单单在于成为一个女人的丈夫，还得兼为她的父母的女婿，她的伯叔的侄婿，她的兄弟姊妹的姊夫妹夫，她的姊夫妹夫的连襟，以及说不清的种种关系，以及她的儿子女儿的父亲，岂不难于上青天乎？

Chief[①]诚意地要介绍“女朋友”给我，我说不要，因为这种事情太Awkward[②]。

□

我一点学问也没有，学问是可以求得的，我的毛病是我看不起学问。你看怎么办？要我做起文章来，著起书来，一来都不来。我想不出我有什么用处。

唯一的自慰是你并不比我高明。

我待你好，不许骂我。

□十六

有的好花是短寿的，但好花不一定都短寿。蔷薇你又写成了“薇薇”。

你顶待我好而且待我顶好是不是？

这封信被刀挖得多么可怜，你疼不疼它？

① Chief：单位或部门的长官。 ② Awkward：为难、尴尬。

宝贝：

要是我的母亲说"宝贝，心肝，肉肉，阿肉，阿宝，囡囡，弟弟，阿囡，好囡，乖囡，乖宝，小囡"地叫我，我一定要喊她"不要肉麻"。用一种喊法已够，一连串地叫出来，不亦过甚乎？

我信心得很。

最好我们逃到一个荒岛上去。我希望死在你怀中凝望着你的出神的脸。

世上竟有像这么急的男子如此生着手？我最怕人家对我说两句话，一句什么"不要浪费你的时间，好好努力"，一句什么"年纪不小了，快快结婚"。结婚的我为问题不在单单在于我为一个女人的丈夫，还得兼为她的父母的女婿，她的伯叔的侄婿，她的兄弟姊妹的姊夫妹夫，她的姊夫妹夫的连襟，以及说不清的种种关系，以及她的儿子女儿的父亲，岂不难于上青天乎？

Chief诚恳地要介绍"女朋友"给我，我说不要，因为这种事情太awkward。

我一些学问也没有，学问是可以求得的，我的毛病是能看不起学问。你看怎么办？要我做文章去，著作去，一本都不写。我想不出我有什么用处。

唯一的自觉是你并不比我高明。

我信你好，不许骂我。

有的好花是短寿的，但好花不一定都短寿。蔷薇你又写做了"薇薇"！

你须待我好而且待我顶好是不是？

这封信被刀挖得多么可怜，你瞧不瞧完！

第[137]封 看海

如果我自杀了，依利安那，发表声明说，“我因被臭虫咬得难过而自杀”，大家将会失笑吧，其实这理由并不比经济压迫不充分，因为被臭虫咬，除了身体上的痛苦之外，还要因此失眠，失眠则精神不佳，精神不佳则工作无力，工作无力则生活无趣味，生活无趣味则厌世，厌世则自杀。

我寂寞得很，然而跟别人在一起，实在还是孤独的好。昨天，钱又没了，一个人来看我，和大多数人一样，这也是一个不能使我欢喜的人，满口洋话，却又有几分“寿”①。先是拉我跑出去吃冰，于是说到park去，我说没有pass②，他说不要紧，撞进去好了，结果是被拦了回来。天微微下着雨，在路上流浪着，他的话题不脱love and marriage③，因为听说而且知道我有一个sweetheart④，故很以我为幸福。我因为讲不来外国话，所以回答也回答不出来，心里想说，即使我有一百个sweetheart，我也看得像白开水一样平淡无味。最后决定到Ritz⑤看影戏，约摸有经二龙头到虎跑⑥那样一段路完全在微雨中步行了去，走得他吃力煞，老落在我后面，到了戏院，天便下起大雨来。片子是*No Greater Glory*⑦，全是由孩子做的，趣味很少，但表演颇深刻，意义有些ambiguous⑧，因为要说它是提倡战争或反对战争，都说得过去。或则因为其中没有少女（女角只孩子的母亲一人，一个中年妇人）的缘故，那位朋友很摇其头，说是funny⑨。出来天仍雨，他给了我四角钱坐黄包车而回，真倒霉。

我真想在海滨筑一间小屋，永远住在这里面，请一个管家妇，一切庶务银钱等事全给她管理，再领一个贫家无父母的孤儿女作我的孩子，每天和他一起看海。你要是高兴，一年中可以来望我一次，我不预备招待任何朋友。

---

①“寿”：上海方言，表示一个人愚钝，不合时宜，不受欢迎。 ②pass：门票。 ③love and marriage：恋爱和婚姻。 ④sweetheart：恋人。 ⑤Ritz：“利兹”，电影院名。 ⑥二龙头是之江大学所在地的地名，虎跑是杭州一个著名风景点，离二龙头约2公里许。 ⑦No Greater Glory：《最大的光荣》，电影名。 ⑧ambiguous：含糊。 ⑨funny：好笑。

如果我自殺了，依利安那，務請聲明說，"我因被臭蟲咬得吃不消而自殺"，大家總會失笑吧，其實這理由並不比經濟壓迫更不充分，因為被臭蟲咬，除了身體上的痛癢之外還要因此失眠，失眠則精神不佳，精神不佳則工作無力，工作無力則生活無趣味，生活無趣味則厭世，厭世則自殺。

我寂寞得很，但不願跟別人在一起，實在還是孤獨的好。昨天，倒又沒了，一個人來看我，和大多數人一樣，這也是一個不能使我歡喜的人，滿口洋話，卻又有點兒"壽"。先是拉我絕去去吃冰，於是是說到park去，我說沒有pass，他說不要緊，擠進去好了，結果是被攔了回來。天陰陰下着雨，在路上流浪着，他的話題不脫love and marriage，因為聽說而且知道我有一個sweetheart，說很以我為幸福。我因為講不來外國話，所以回答也回答不出來，一記就說，即使我有一百個sweetheart，我也看得像白開水一樣平淡無味。最後決定到Ritz看影戲，約摸有二英里路則走路那樣一段路完全在微雨中步行了去，走得他吃不消，若非我說時，到了戲院，天便下起大雨來。片子是No Greater Glory，全是由孩子們做的，趣味很少，但表演很深刻，意義有些ambiguous，因為要說它是提倡戰爭或反對戰爭，都說得過去。或則因為其中沒有少女（女角僅孩子的母親一人，一個中年婦人）的緣故，那位朋友很搔其頭，說是funny。出來天仍雨，他給了我四角錢坐黃包車而回，真倒霉。

我真想在海濱築一間小屋，永遠住在這裡面，僱一個管家婦，一切產務銀錢等事全給她處理，再領一個貧家無父母的孤兒女作我的孩子，每天和她一起看海，你要是高興，一年中不妨來望我一次，我不預備招待任何朋友

第[138]封 飞鸣

心里烦躁起来，想要咆哮，这种生活死人才过得惯，我猜想活在世上的都是死人，因为活人决活不下去。一切的无意义是无意义到透顶，感伤是滑稽，深情是 ridiculous[①]，眼泪是愚人的法宝，同情哀怜都是弱者的道德。我只想首触不周山，把愤慨的火烧尽整个宇宙。死在洪水里，死在大火里，死在刑场上，都比死在母亲或爱人怀里痛快得多，我想像着古代人被九牛分尸的惨痛的快活，整个儿的身体在一声鞭响下支解开来，把血肉模糊的印象遗给别人灵魂上的悚栗。活着总得飞总得鸣，不飞不鸣，与死何异。然而翅膀生锈了，喉咙也生锈了，脑袋在腐烂，心在发着霉，如今冀望一个清新的死也再不可得了。

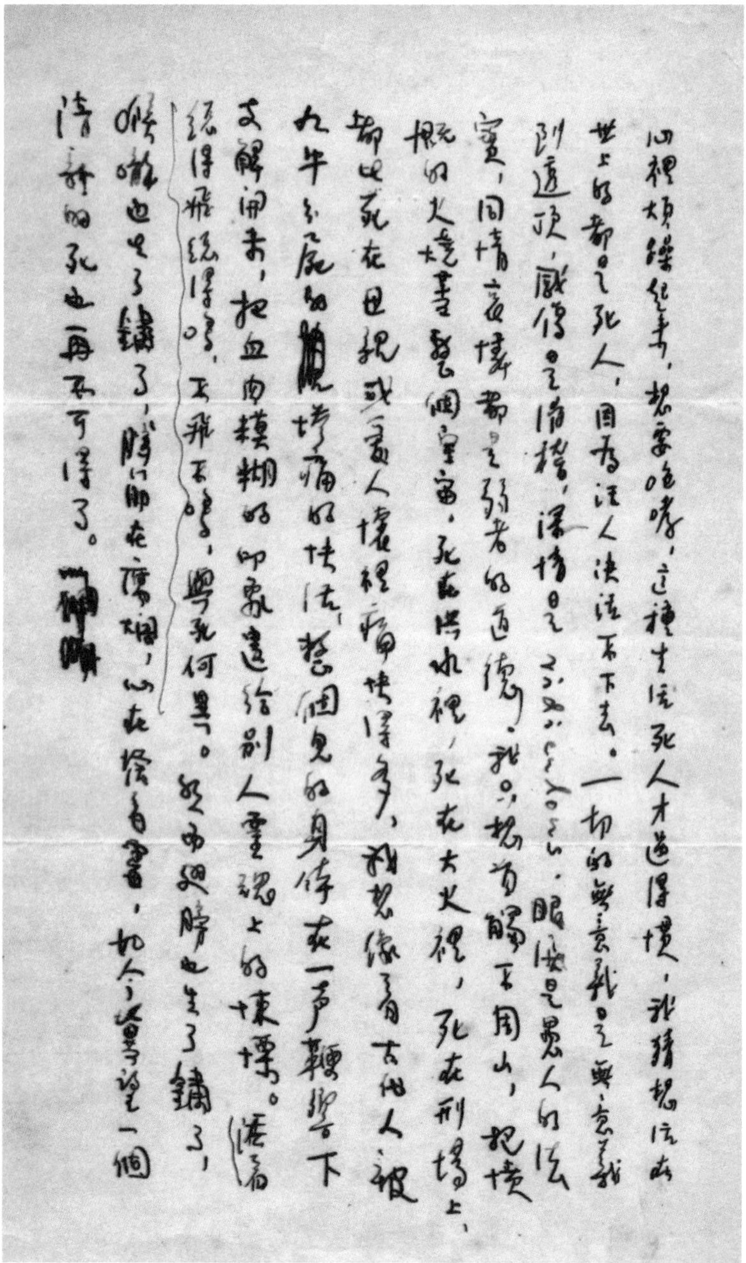
心裡煩躁起來，想要咆哮，這種生活死人才過得慣，我猜想活在世上的都是死人，因為活人決活不下去。一切的無意義是無意義到透頂，感傷是滑稽，深情是ridiculous，眼淚是愚人的法寶，同情哀憐都是弱者的道德。我只想首觸不周山，把憤慨的火燒盡整個宇宙。死在洪水裡，死在大火裡，死在刑場上，都比死在母親或愛人懷裡痛快得多，我想像着古代人被九牛分屍的慘痛的快活，整個兒的身體在一聲鞭響下支解開來，把血肉模糊的印象遺給別人靈魂上的慄慄。活着總得飛總得鳴，不飛不鳴，與死何異。然而翅膀也生了鏽了，喉嚨也生了鏽了，腦袋在腐爛，心在發着霉，如今冀望一個清新的死也再不可得了。

① ridiculous：荒谬的。

第[139]封 虚空

:

昨夜梦见红红面孔，有趣得来，你猜是谁？

子曰，如之何，如之何，alack-a-da!①

Vanity of vanities, all is vanity. What profit hath a man of all his labour which he taketh under the sun? One generation passeth away, and another generation cometh, but the earth abideth forever. The sun also ariseth, and the sun goeth down, and hasteth to his place where he arose. All the rivers run into the sea, yet the sea is not full, into the place from whence the rivers come, thither they return again. All things are full of labour, man cannot utter it, the eye is not satisfied with seeing, nor the ear filled with hearing. The thing that hath been it is that which shall be, and that which is done is that which shall be done, and there is no new thing under the sun. There is no remembrance of former things, neither shall there be any remembrance of things that are to come with those that shall come after. I have seen all the works that are done under the sun, and behold, all is vanity and vexation of spirit. And I gave my heart to know wisdom, and to know madness and folly. I perceived that this also is vexation of spirit. For in much wisdom is much grief, and he that increaseth knowledge increaseth sorrow.②

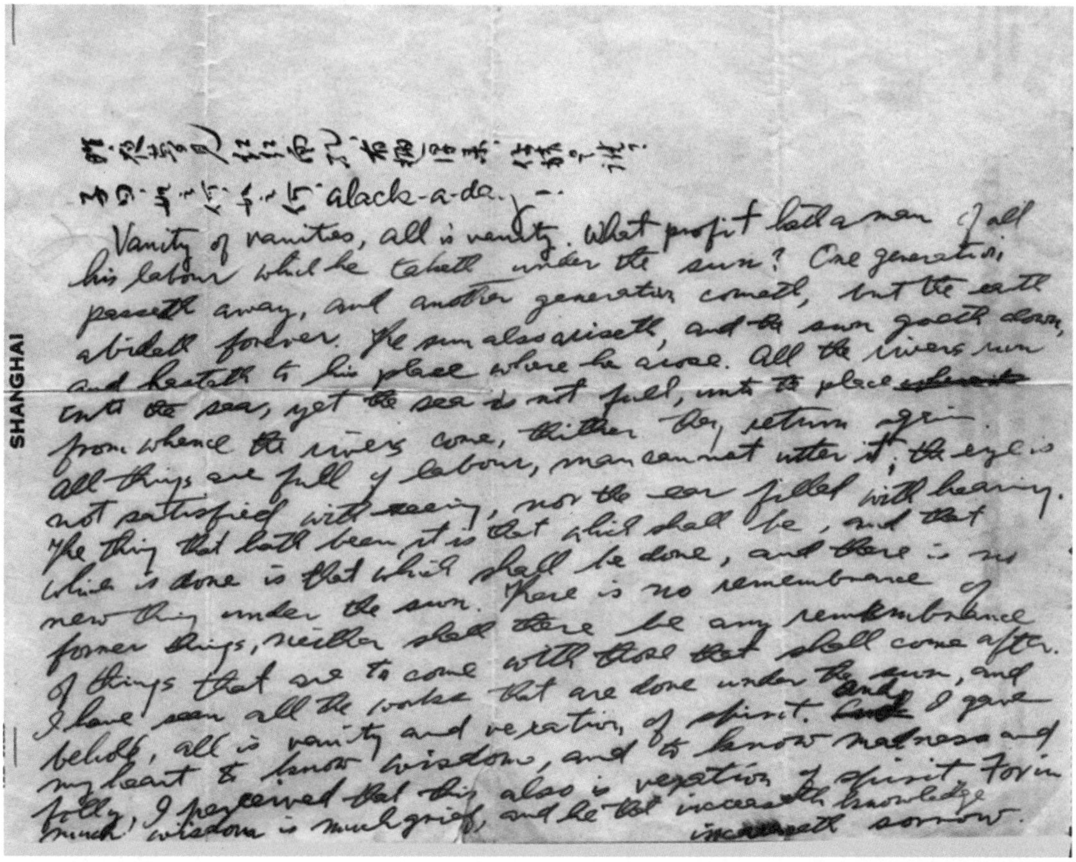
SHANGHAI

昨夜梦见红红面孔，有趣得来，你猜是谁？

子曰，如之何，如之何，alack-a-da.

Vanity of vanities, all is vanity. What profit hath a man of all his labour which he taketh under the sun? One generation passeth away, and another generation cometh, but the earth abideth forever. The sun also ariseth, and the sun goeth down, and hasteth to his place where he arose. All the rivers run into the sea, yet the sea is not full, into the place from whence the rivers come, thither they return again. All things are full of labour, man cannot utter it, the eye is not satisfied with seeing, nor the ear filled with hearing. The thing that hath been it is that which shall be, and that which is done is that which shall be done, and there is no new thing under the sun. There is no remembrance of former things, neither shall there be any remembrance of things that are to come with those that shall come after. I have seen all the works that are done under the sun, and behold, all is vanity and vexation of spirit. And I gave my heart to know wisdom, and to know madness and folly, I perceived that this also is vexation of spirit. For in much wisdom is much grief, and he that increaseth knowledge increaseth sorrow.

① alack-a-da：英语感叹词，意思是“呜呼”。 ② 这段话出自《旧约·传道书》第一章，稍有删改。大意是：虚空的虚空，凡事都是虚空。人一切的劳碌，就是他在日光之下的劳碌，有甚么益处呢？一代过去，一代又来，地却永远长存。日头出来，日头落下，急归所出之地。江河都往海里流，海却不满；江河从何处流，仍归还何处。万事令人厌烦，人不能说尽。眼看，看不饱；耳听，听不足。已有的事，后必再有；已行的事，后必再行。日光之下，并无新事。已过的世代，无人记念；将来的世代，后来的人也不记念。我见日光之下所作的一切事，都是虚空，都是捕风。我又专心察明智慧、狂妄和愚昧，乃知这也是捕风。因为多有智慧，就多有愁烦。加增知识的，就加增忧伤。

第[140]封 · 凤凰

好友：

真不开心，老是那么的那么的，乖乖的好起来了吧，以后就是要生病，也分点给我生生吧，不要太小气。没气力多休息休息，功课马虎点没有关系。

你妒忌不妒忌都好，总之我用不到你也已经和她相熟了，而且要好得一塌糊涂，她是个挺好的（比我还好），你不能冤枉她，要是我告诉你我怎样爱她法，你如不妒忌便会气破肚子，如妒忌一定会变成大皮球满地滚。

你生肖属凤凰，我知道。否则属风，属星星，属月亮，你还没有资格属太阳，虽则我常唱' *O Sole Mio* ①！想着你，因为你一点不健康。

还有话，留着。愿你不要病，上帝也不允许的。

路易十六　十日

① *'O Sole Mio*：意大利文，《我的太阳》，是一首著名歌曲。

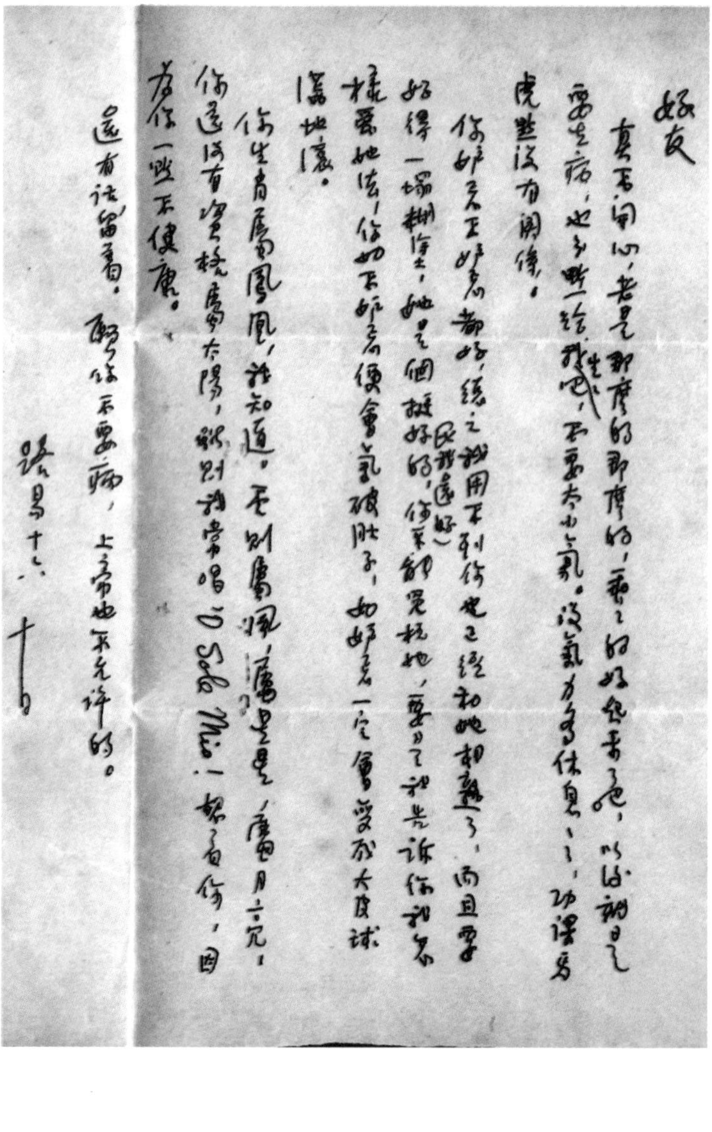
好友
真不開心，老是那麼的那麼的，乖乖的好起來了吧，以後就是要生病，也分點給我生生吧，不要太小氣。沒氣力多休息休息，功課馬虎點沒有關係。
你妒忌不妒忌都好，總之我用不到你也已經和她相熟了，而且要好得一塌糊塗，她是個挺好的（比我還好），你不能冤枉她，要是我告訴你我怎樣愛她法，你如不妒忌便會氣破肚子，如妒忌一定會變成大皮球滿地滾。
你生肖屬鳳凰，我知道。否則屬風，屬星星，屬月亮，你還沒有資格屬太陽，雖則我常唱O Sole Mio！想着你，因為你一點不健康。
還有話留着。願你不要病，上帝也不允許的。
路易十六
十日

第[141]封 孩子

Kid,

Don't worry alright just a bit of being angry about everything ever adore you want to kiss your big nose.

ARIEL

大意①:

孩子,

别担心，一切都好，只是对一切都有点生气。永远喜欢你，想要吻你的大鼻子。

爱丽儿

①此译文由朱尚刚先生提供。

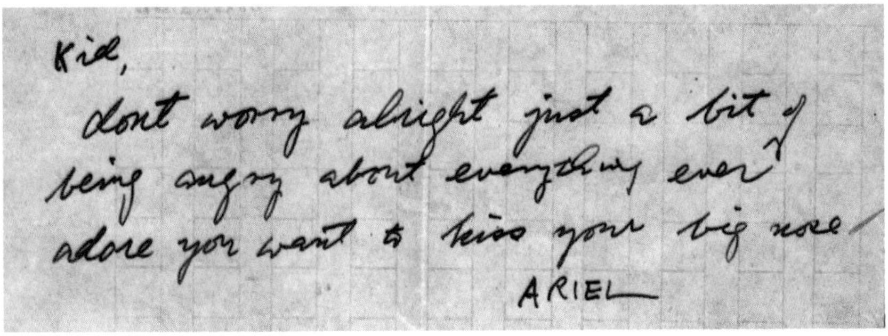
Kid,
dont worry alright just a bit of
being angry about everything ever
adore you want to kiss your big nose
ARIEL

第[142]封 灰心

宋:

今天四点半一人到常去吃东西的广东馆子里喝茶吃点心看小说，并没有什么趣味，我不知怎样找快乐，life always the same①。

人家送了我一本Lawrence的小说，一本禁得很厉害的东西，全是描写性交的文字。告诉我你是不是好宝贝，不曾读过一本“秽亵”的书?

我又要忙起来了，工作已逼上身，damn it②!

几时你写长一点的信给我，写三张信纸，我回答你六张。女人们常爱多话，可是信总写不长，不知什么缘故，也有会写得比较长一些的，但都是把同一的意思反复述说着，加上许多啊字呢字哩字。

你知道我刚才搁了笔想些什么？我想你诚然是很美的，不过那不是几何学上所能说明的那种匀称的美，也不是用任何标准可以丈量的美，你有一种敏感的纤细的笔触，我简直不敢碰你（我想你如果胖了，一定要不动人得多）。即使从你的恶劣的字体中，也仍然可以体味出你的美来。

你是世上顶可爱的宝贝，遥遥无期的见面，想起来怪不快活，但我不想再到杭州来。我有点恨，我太容易灰心。

四日

①life always the same：生活老是一个样。 ②damn it：该死的。

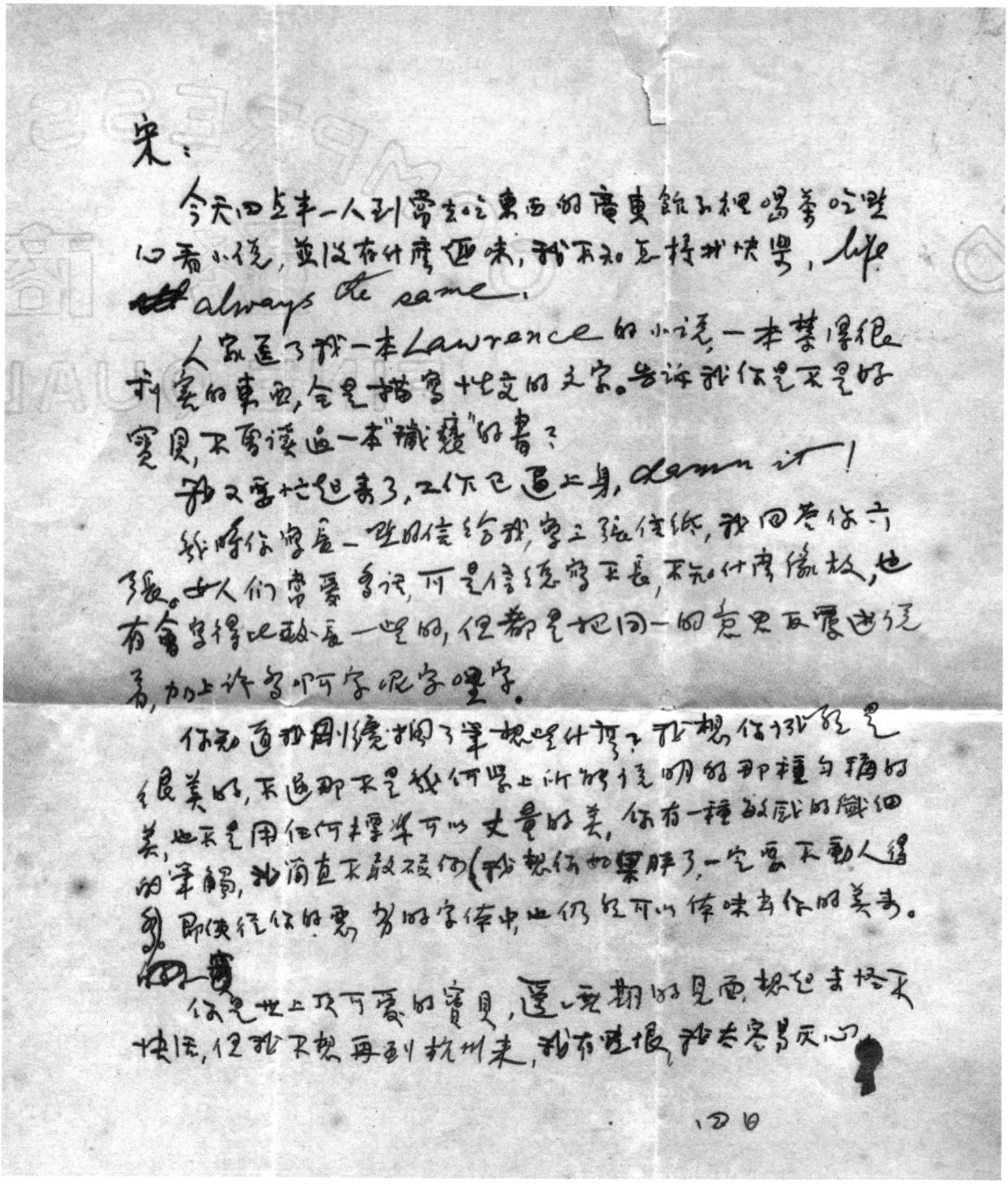
宋：

今天四点半一人到常去吃东西的广东馆子里喝茶吃点心看小说，并没有什么趣味，我不知怎样才快乐，life always the same.

人家送了我一本Lawrance的小说，一本禁得很利害的东西，全是描写性交的文字。告诉我你是不是好宝贝，不要读这一本"猥亵"的书？

我又要忙起来了，工作已逼上身，damn it!

我叫你写长一些的信给我，写三张信纸，我回答你六张。女人们常要多话，可是信总写不长，不知什么缘故，也有会写得比较长一些的，但都是把同一的意思反复述说着，加上许多啊字呢字哩字。

你知道我刚才搁了笔想些什么？我想你诚然是很美的，不过那不是几何学上所能说明的那种匀称的美，也不是用任何标准可以丈量的美，你有一种敏感的纤细的笔触，我简直不敢碰你（我想你如果胖了，一定要不动人得多）。即使从你的恶劣的字体中，也仍然可以体味出你的美来。

你是世上顶可爱的宝贝，遥遥无期的见面，想起来怪不快活，但我不想再到杭州来，我有点恨，我太容易灰心。

四日

第[143]封 · 穿衣

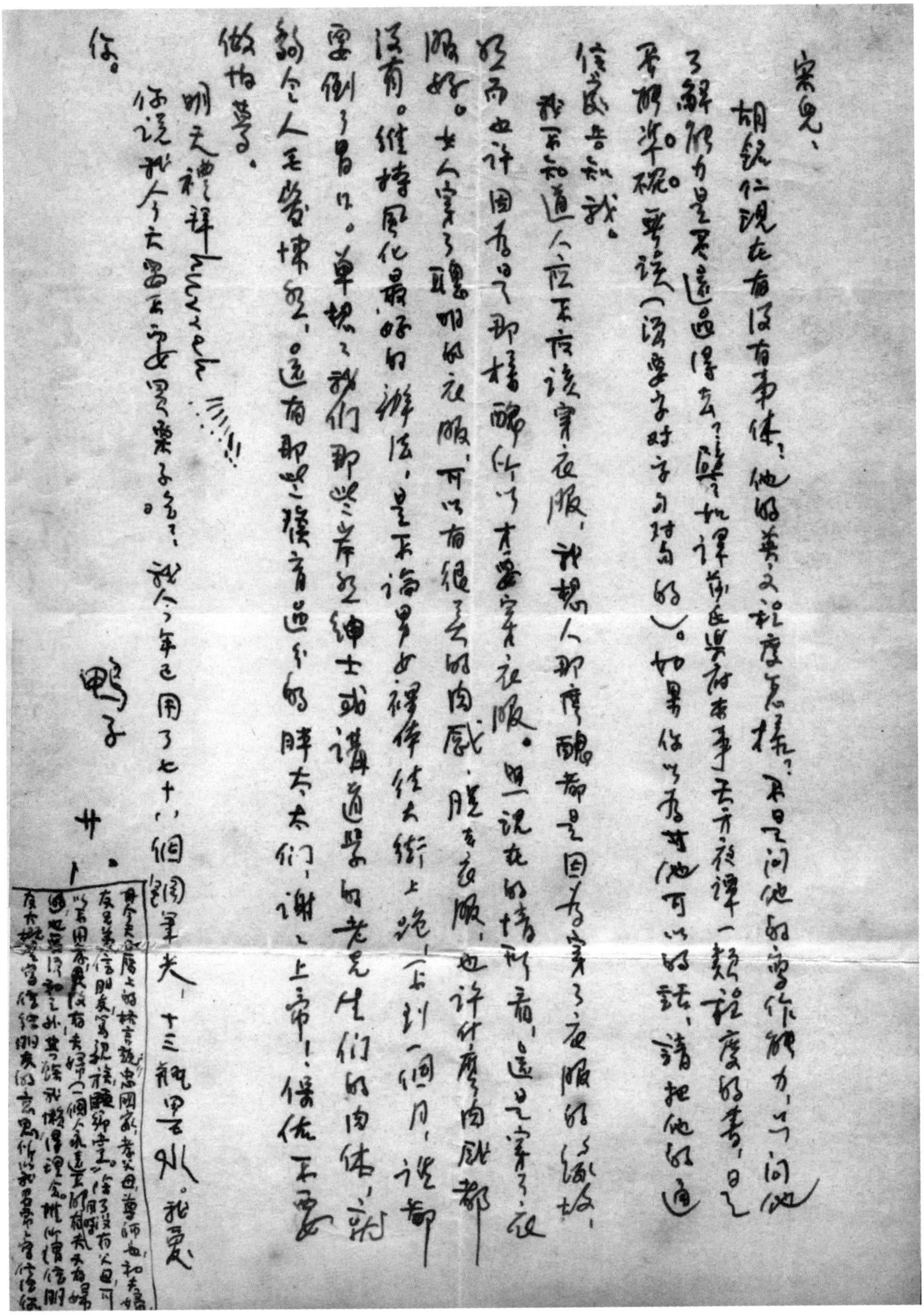

宋兒、

胡銘仁現在有沒有事做？他的英文程度怎樣？不是問他的寫作能力，只問他了解能力是不是還過得去？[illegible]天方夜譚一類程度的書，只要能讀。要讀（須要字好字句對的）。如果你以為對他可以的話，請把他的通信處告知我。

我不知道人應不應該穿衣服，我想人那麼醜都是因為穿了衣服的緣故，然而也許因為早已那樣醜所以才要穿衣服。照現在的情形看，還是穿了衣服好。女人穿了聰明的衣服，可以有很美的肉感，脫去衣服，也許什麼肉感都沒有。維持風化最好的辦法，是不論男女裸體在大街上跑，（不到一個月，誰都要倒了胃口。）單想想我們那些岸然紳士或講道學的老先生們的肉體，就夠令人毛髮悚然，還有那些發育過分的胖太太們，謝謝上帝！保佑不要做怕夢。

明天禮拜 Hurrah!!!

你說我今天要不要買栗子吃吃？我今年已用了七十八個鋼筆尖，十三瓶墨水。我愛你。

鴨子 廿十

我今天看見牆上的標語說"忠國家，孝父母，尊師長，和夫婦，友兄弟，信朋友"，[illegible]"。"信"我沒有父母，可以不用孝敬；沒有夫婦（一個人永遠[illegible]），[illegible]

宋儿：

胡铭仁①现在有没有事体？他的英文程度怎样？不是问他的写作能力，只问他了解能力是否还过得去？譬如译《莎氏乐府本事》、《天方夜潭》一类程度的书，是否能准确无误（须要字对字句对句的）。如果你以为他可以的话，请把他的通信处告知我。

我不知道人应不应该穿衣服，我想人那么丑都是因为穿了衣服的缘故，然而也许因为是那样丑，所以才要穿衣服。照现在的情形看，还是穿了衣服好。女人穿了聪明的衣服，可以有很美的肉感，脱去衣服，也许什么肉感都没有。维持风化最好的办法，是不论男女裸体往大街上跑，不到一个月，谁都要倒了胃口。单想想我们那些岸然绅士或讲道学的老先生们的肉体，就够令人毛发悚然，还有那些发育过分的胖太太们，谢谢上帝！保佑不要做怕梦。

明天礼拜 hurrah②！！！！！！！

你说我今天要不要买栗子吃？我今年已用了七十八个钢笔尖，十三瓶墨水。我爱你。

鸭子 廿八

今天日历上的格言说："忠国家，孝父母，尊师长，和夫妇，友兄弟，信朋友，笃亲族，睦乡党。"除了没有父母，可以不用孝，没有夫妇（一个人永远不能同时有夫又有妇的），也无须和之外，其余我懒得理会。惟所谓信朋友大概是写信给朋友的意思，所以我要常常写信给你。

①胡铭仁：之江大学国文系同学，常熟人（宋清如的同乡），1935 年毕业，这时刚毕业正在找工作。
② hurrah：英语象声词，表示欢呼。

第[144]封 等你①

沪杭甬线上行车京闸联运快车十二点廿五分上海到
京沪线上行车京闸联运快车三点正上海开
实足耽搁两小时
我预备十一点半出来，吃过一点物事就到车站等你（作兴②是你等我）
在高兴地盼着！

朱

①此信原信封邮戳日期为 1935 年 6 月 17 日。 ②作兴：上海、嘉兴一带方言，意思是"也许、可能"。

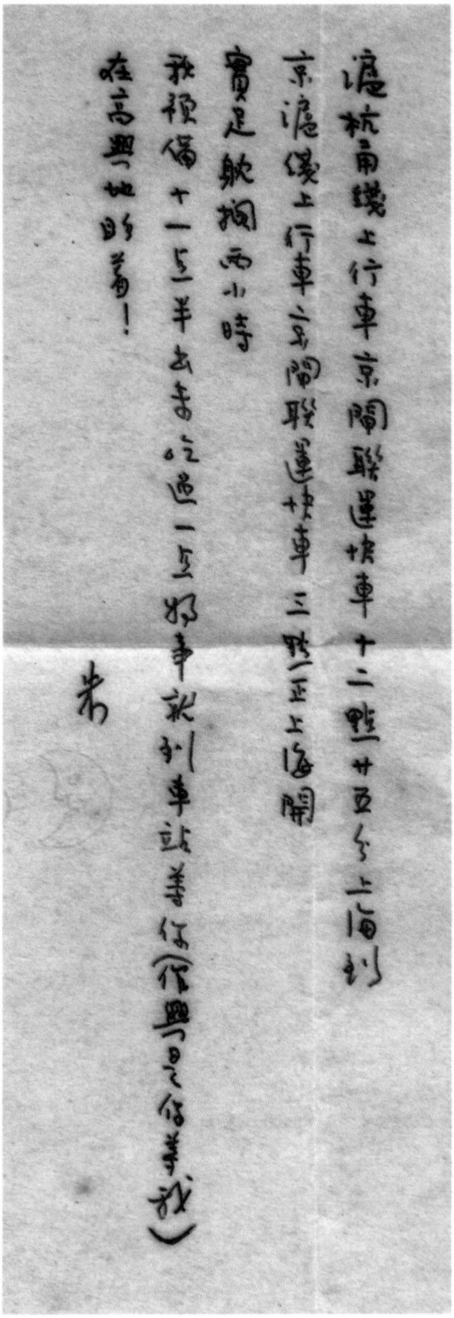

第[145]封 建议

宋：

你真可怜，闹了两年的到北平去，到现在还决定来。我贡献你四条路：

一、不转学，留在之江，免得投考等麻烦。

二、转学近处，南京、上海、或索性苏州，好常常见母亲。但苏州你已住久，上海我不劝你，南京也没甚大意思。

三、转学远处，北平、青岛、武汉、广州……一样走远路，当然如你原来的理想，北平去最好。

四、停学一年，作一次远程旅行，几次小旅行，余下时间，在家读书休息，养得胖胖后再上学。

如果转学，不要抱但求换换空气的思想，无论如何要拣比较好一点的学校，如果进和之江差不多或不如的地方，那很不上算，还是留着不走的好。

好人以为如何？

热天真使人懒，坐在office里，眼睛只是闭上来。想像着在一个绿荫深深的院内，四周窗子上幔着碧色的湘帘，在舒适的卧榻之上，听着细细的鸟声，睡了又醒醒了又睡的生活着。但无论如何，初夏的黄昏是可爱的。在之江，此刻也是顶美丽的时刻了。但这样的时间也只能在忆念里过去，心里很有点怨。祝福那些不懂得相思的人，至于我，则愿意永远想念着你。我，永是那么寂寞的。

还有的话，留着以后说。祝快乐。

朱

宋：

你真可憐，讀了兩年的書，到現在還決定不來。我貢獻你四條路：

一、不轉學，留在之江，免得投考等麻煩。

二、轉學近處，南京、上海，或索性蘇州，好常常見母親。但蘇州你已住久，上海我不勸你，南京也沒甚大意思。

三、轉學遠處，北平、青島、武漢、廣州……，一樣走遠路，當然如你原來的理想，北平去最好。

四、停學一年，作一次遠程旅行，幾次小旅行，餘下時間，在家讀書休息，養得胖胖地再上學。

如果轉學，不要抱但求換換空氣的意思，無論如何要揀比較好一點的學校，如果進和之江差不多或不如的地方，那很不上算，還是留著不走的好。

好人以為如何？

熱天真使人懶，坐在椅子裡，眼睛只是閉上來，想像著在一個綠陰深深的院內，四周窗子上幔著碧色的湘簾，在舒適的藤榻之上，聽著細細的鳥聲，睡了又醒醒了又睡的生活著。但無論如何，初夏的黃昏是可愛的，在之江，比之他處是頂美麗的時候了。但這樣的時間也祇能在懷念裡過去，心裡很有些怨。祝福那些不懂得相思的人，至於我，則願意永遠想念著你。

我就是那麼寂寞的。

還有的話，留著以後說。祝快樂。

朱

第[146]封 · 讨价[1]

宋：

下星期日（八月二十五日）我到常熟来，好不好快回答我。

今天玩得很经济而实惠。上午往北四川路跑旧书店，第一家找到了一本 Dickens：*Oliver Twist*[2]（有插图），一本 Jane Austin：*Pride and Prejudice*[3]，他要价二元三角，我还一块钱，他摇摇头把书插到架子上去了，我对这两本书并无怎样热情，因此也扬长而去。他们在收买的时候，这一类非教科用的书简直看得连废纸不如。讨价一块两块的书，买进来不过一角两角。其实在提篮桥俄国人那里，一角钱也照样能买到很好的书。上星期五我去买得的一本 Hawthone：*House of the Seven Gables*[4]，印刷纸张都很好，插图也精美，如果在那个书商手里，至少也要六角钱才能让你拿到手。第二家无所得。第三家找到一本 Oxford Pocket Classic[5]本的英国小品文选，他要三角大洋，索价不算太高，我还价两角小洋，又加至三角小洋，因为他说一定没有还价，我也弃之而去。第四家找到一本 Daudet: *Sapho*[6]和一本拿破仑传，前者讨价四角大洋，我还四角小洋，就买成功了，后者未买。出来在一家饮冰室坐下，两角小洋的冰淇淋，分量多得令人吓了一跳。下午两角

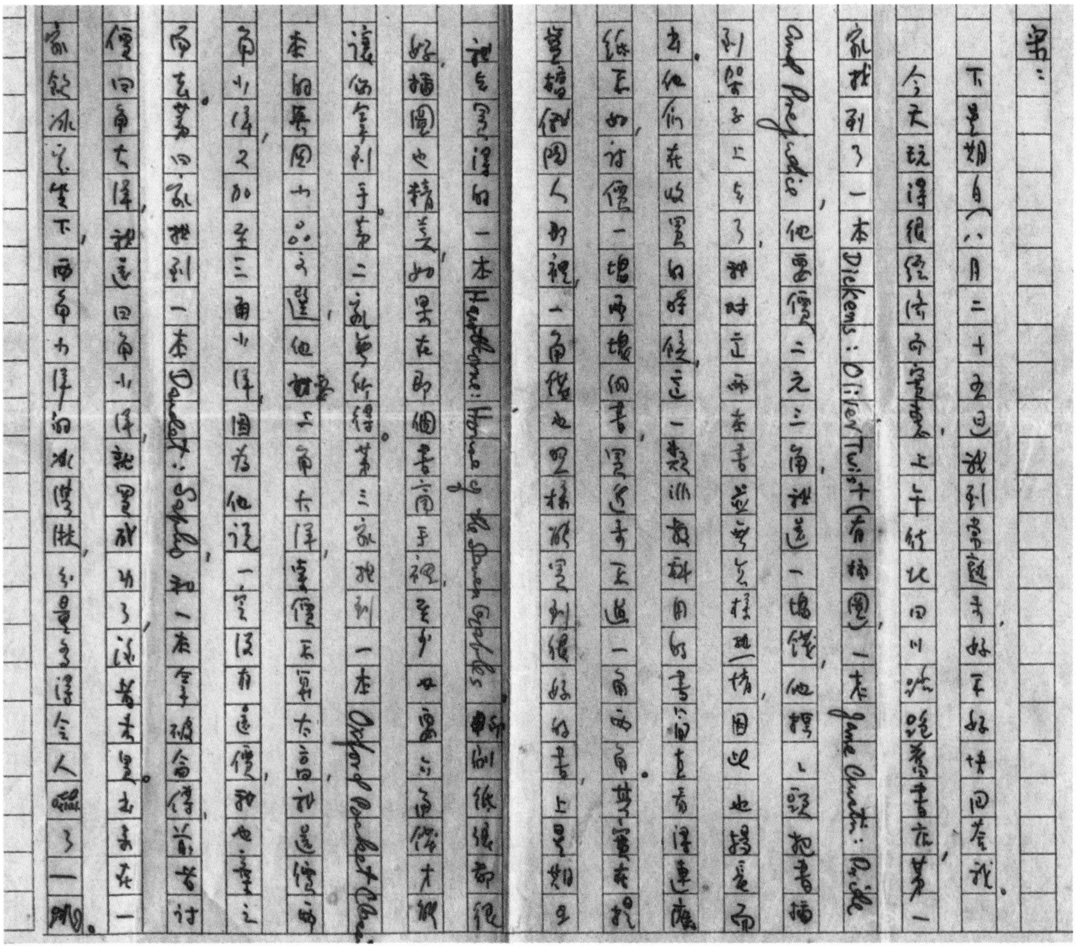
宋：
下星期日（八月二十五日）我到常熟来，好不好快回答我。
今天玩得很经济而实惠。上午往北四川路跑旧书店，第一家找到了一本 Dickens: Oliver Twist（有插图），一本 Jane Austin: Pride and Prejudice，他要价二元三角，我还一块钱，他摇摇头把书插到架子上去了，我对这两本书并无怎样热情，因此也扬长而去。他们在收买的时候，这一类非教科用的书简直看得连废纸不如。讨价一块两块的书，买进来不过一角两角。其实在提篮桥俄国人那里，一角钱也照样能买到很好的书。上星期五我去买得的一本 Hawthone: House of the Seven Gables，印刷纸张都很好，插图也精美，如果在那个书商手里，至少也要六角钱才能让你拿到手。第二家无所得。第三家找到一本 Oxford Pocket Classic 本的英国小品文选，他要三角大洋，索价不算太高，我还价两角小洋，又加至三角小洋，因为他说一定没有还价，我也弃之而去。第四家找到一本 Daudet: Sapho 和一本拿破仑传，前者讨价四角大洋，我还四角小洋，就买成功了，后者未买。出来在一家饮冰室坐下，两角小洋的冰淇淋，分量多得令人吓了一跳。

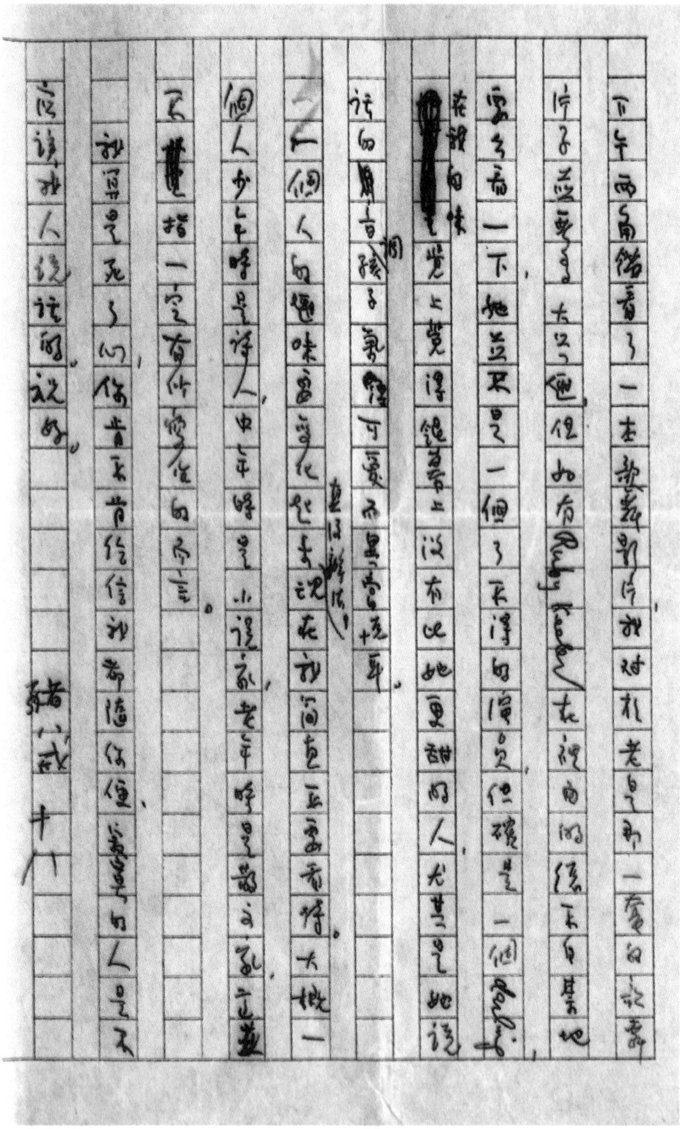
下午两角钱看了一本歌舞影片，我对于老是那一套的歌舞片子并无多大兴趣，但如有Ruby Keeler在里面的总不自禁地要去看一下。她并不是一个了不得的演员，但确是一个darling，在我的味觉上觉得银幕上没有比她更甜的人，尤其是她说话的音调，孩子气得可爱而异常悦耳。一个人的趣味要变化起来真没办法，现在我简直不要看诗。大概一个人少年时是诗人，中年时是小说家，老年时是散文家，这并不指一定有所写作的而言。我算是死了心，你肯不肯给信我都随你便，寂寞的人是不应该找人说话的。祝好。

猪八戒 十八

钱看了一本歌舞影片，我对于老是那一套的歌舞片子并无多大兴趣，但如有Ruby Keeler⑦在里面的总不自禁地要去看一下。她并不是一个了不得的演员，但确是一个darling，在我的味觉上觉得银幕上没有比她更甜的人，尤其是她说话的音调，孩子气得可爱而异常悦耳。

一个人的趣味要变化起来真没办法，现在我简直不要看诗。大概一个人少年时是诗人，中年时是小说家，老年时是散文家，这并不指一定有所写作的而言。

我算是死了心，你肯不肯给信我都随你便，寂寞的人是不应该找人说话的。祝好。

猪八戒 十八

①此信写于1935年8月18日。②Dickens: Oliver Twist：狄更斯的《雾都孤儿》。③Jane Austin: Pride and Prejudice：简·奥斯汀的《傲慢与偏见》。④Hawthone: House of the Seven Gables：霍桑的《带有七个尖角阁的房子》。⑤Oxford Pocket Classic：牛津袖珍经典。⑥Daudet: Sapho：都德的《萨福》。⑦Ruby Keeler：茹碧·凯勒，朱生豪十分喜爱的一位电影演员。

第[147]封 梦境①

昨夜我真的梦见了你，我们都还在之江山上。你对我的态度冷得很，见了我常常不理我。后来在茅亭那边我看见你，你坐在小儿车里，说要回家去。我自告奋勇推着小儿车下山，可是推来推去推了半天还不曾下得山，却推到我自己的房间里来了。你很恼，我很抱歉。我于是把满房间的花盆都搬开，撬起一块楼板来，说从这里下去一定可以下山。可是你嘟着小嘴唇走了，我的心也扑的一声碎了。

星期日，如果我此地在八点半出发，十一时许可以到常熟，你还不忙就上学校去吧？

伤风有没有好？日子过得太慢，你有没有老些了？我真想疼疼你。

罗马教皇 廿一

①此信写于1935年8月21日。

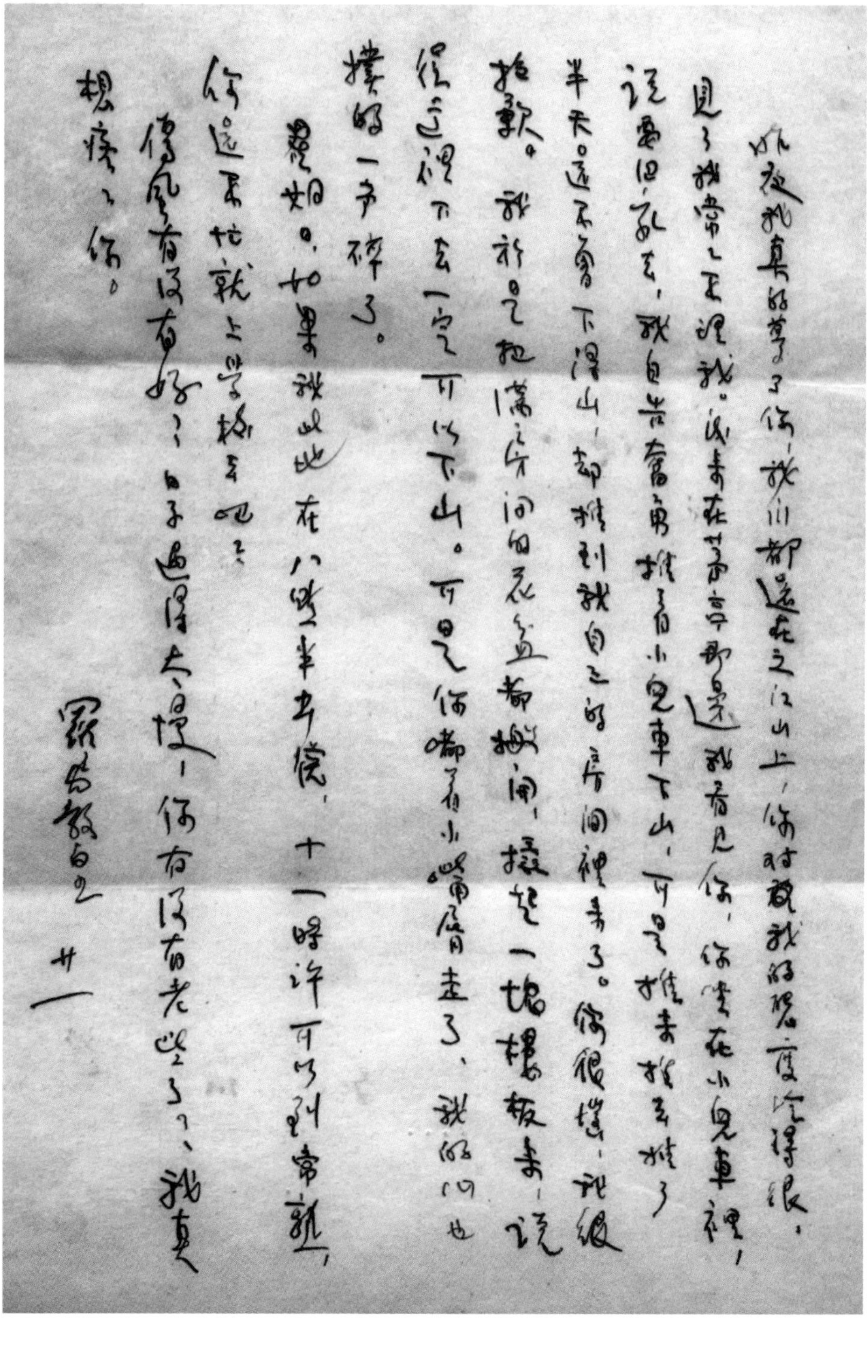
昨夜我真的梦了你，我们都还在之江山上，你对待我的态度冷得很，见了我常常不理我。后来在茅亭那里我看见你，你坐在小儿车里，说要回家去，我自告奋勇推着小儿车下山，可是推来推去推了半天还不曾下得山，却推到我自己的房间里来了。你很恼，我很抱歉。我就把满房间的花盆都搬开，撬起一块楼板来，说从这里下去一定可以下山。可是你嘟着小嘴唇走了，我的心也扑的一声碎了。

星期日，如果我此地在八点半出发，十一时许可以到常熟，你还不忙就上学校去吧？

伤风有没有好？日子过得太慢，你有没有老些了？我真想疼疼你。

罗马教皇 廿一

第[148]封 常熟

DarlingBoy:

千言万语，不知从何处说起。第一你说我是不是个好孩子，一到上海，连两三钟点都不放弃，寓所也没去，就坐在办公室里了。这简直不像是从前爱好逃学旷课的我了，是不是？事实是，下车时一点钟，因为车站离家太远，天又在临下阵头雨之际，便在北四川路广东店里吃了饭并躲雨，且吃冰淇淋。雨下个不停，很心焦，看看稍小些，便叫黄包车回家。可是路上又大落特落起来，车蓬遮不住迎面的雨，把手帕覆在脸上，房屋树街道都在一片白濛濛中过去，像一个小孩子似的，衷心地感到喜悦。（这是因为我与雨极有缘分的缘故，我做的诗中不常说雨？）本来在汽车中我一路像受着极大的委屈似的，几回滴下泪来，可是一到上海，心里想着毕竟你是待我好的，这次来游也似乎很快乐，便十分高兴起来。——车过了书局门口，忽然转计想就在这里停下吧，因此就停下了。

为着礼貌的缘故，但同时也确是出于衷心的，容我先道谢你们的招待。你家里的人都好，我想你母亲一定非常好，你的弟弟给我的直接印象，比之你以前来信中所说及的所给我的印象好得多。

唉，我先说什么呢？我预备在此信中把此时的感想，当时欲向你说而没有机会，因当着别人而讲不出来的话，实际还无宁是当时的未形成语言的思想，以及一切一切，都一起写下来。明明见了面而不说话，一定要分手之后，再像个健谈者似的絮絮叨叨起来，自然有些反乎常情，然而有什么办法呢，我一点不会说话！你对别人有许多话说，对我又说不出什么话来，又有甚么办法呢？横竖我们会少离多，上帝（魔鬼也好）要是允许给我一支生花的笔，比之单会说话不会动笔也许确要好得多，无如我的笔并不能达出我所有的感情思想来何？但无论如何，靠着我们这两张嘴决不能使我们谅解而成为朋友，然则能有今日这一天，我能在你宝贵的心中占着一个位置（即使是怎样卑微的都好），这支笔岂不该值千万个吻？我真想把从前写过给你的信的旧笔尖都宝藏起来，我知道每一个用过的笔尖都曾为我做过如此无价的服务。

最初，我想放在信的发端上说的，是说你借给我的不是二块钱而是十块钱，这一回事是绝大的错误，当我一发现这，我简直有些生气，我想一回到上海之后，便立刻把我所不需要的八块钱寄还给你，说这种方面的你的好意非我所乐意接受，那只能使我感到卑辱。如果我所需要的是要那么多，为什么我不能便向你告借那么多呢？如果我不需要那么多，你给我不需要的东西做甚么呢？……如果我这样，你会不会嫌我作意乖僻？我想我总不该反而嫌怪起你的好意（即使这样的好意我不欢迎）来而使你懊恼，因此将暂时保存着尽力不把

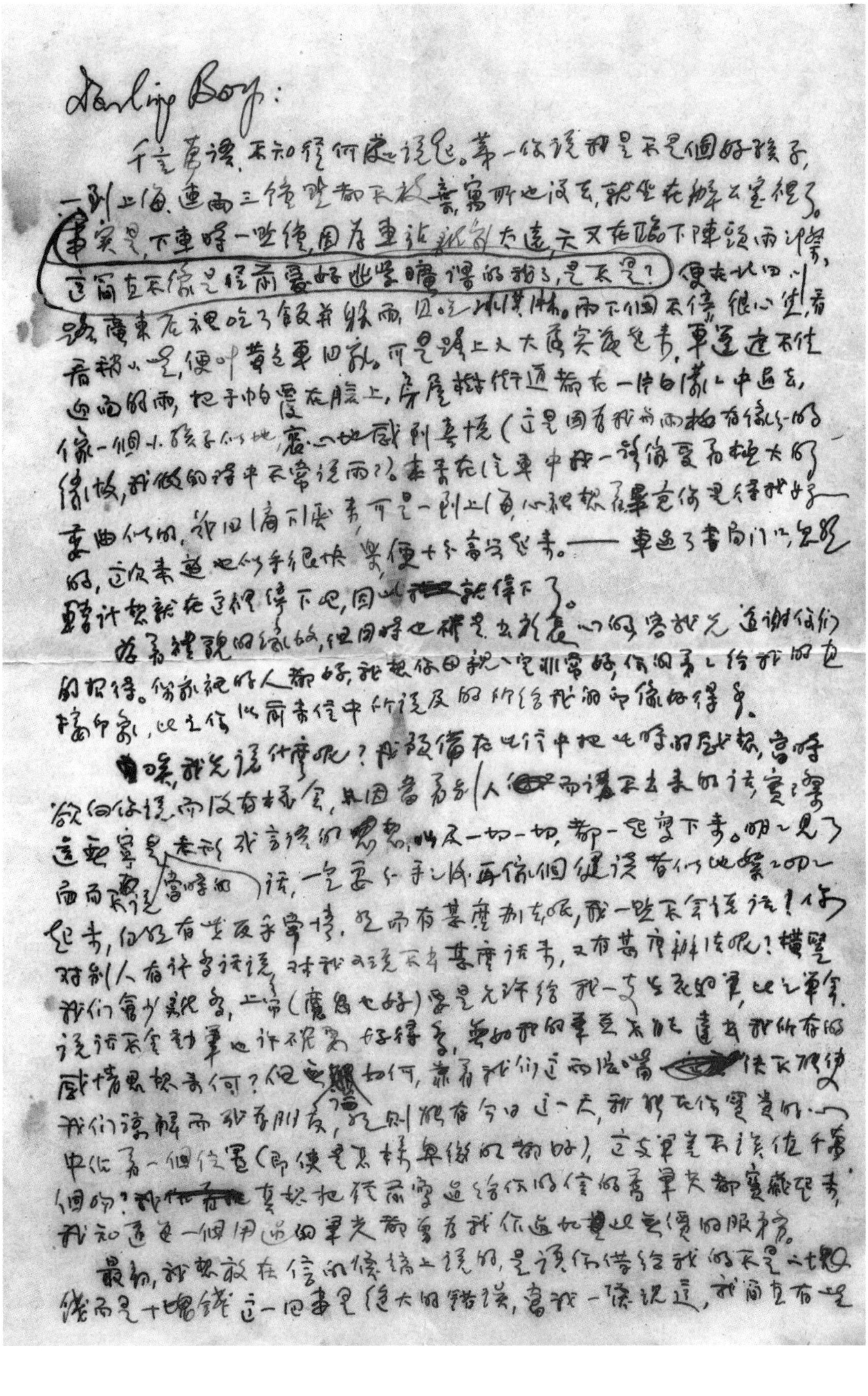

Darling Boy:

千言万语，不知从何处说起。第一你说我是不是个好孩子，一到上海，连两三条路都不敢走，寓所也没去，就坐在那么家里了。事实是，下车时一些信，因为车站离家太远，天又在临下阵头雨的样子，这简直不像是从前最好出去瞎撞的孩子了，是不是？便去北四川路广东店里吃了饭并躲雨，但吃不惯。雨下个不停，很心焦，看看稍小些，便叫黄包车回家。可是路上又大雨突然起来，车篷遮不住迎面的雨，把手帕覆在脸上，身体缩作一团，在一片白濛濛中过去，像一个小孩子似地，窘而感到喜悦（这是因为我前两天有信给你的缘故，我做的梦中不常说两句。本来在汽车中我一路想要有极大的……前回偏不要去，可是一到上海，心里想着毕竟你是待我好——要由你的，这次来过也似乎很快，便十分高兴起来。——车过了书局门口，忽然想到计划就在这里停下吧，因此就停下了。

好看礼貌的缘故，但同时也补充去表心的客观先道谢你们的招待。你家里的人都好，我想你回家一定非常好，你们当然给我的印象，比之你以前来信中所说及的所给我的印象好得多。

唉，我先说什么呢？我预备在此信中把些时的感想，当时欲向你说而没有机会，或因为有别人在而说不出来的话，实在这些写是来的我言语的思想，以及一切一切，都一起写下来。明明见了面而不说，当时的话，一定要分手以后再倚侗健说着什么地絮絮叨叨，你想来，何以有些反而常情，说而有甚么关系呢，我一些不会说话！你对别人有许多话说，对我却说不出甚么话来，又有甚么办法呢？横竖我们会少离多，上帝（魔鬼也好）要是允许给我一点生气勇气，此之单会说话不会动笔也许就写好得多，要如我的笔竟不能达出我所有的感情思想来何？但无论如何，靠着我们这两张嘴……使你我便我们谅解而成为朋友，否则哪有今日这一天，我能在你宝贵的心中占有一个位置（即使是不怎样卑微的都好），这究竟不该使千万个人吗？真想把从前写过给你的信的每个字都宝藏起来，我知道每一个用过的字都曾为我作过如此无价的服务。

最初，我想放在信的结尾上说的，是该你借给我的不是六块钱而是十块钱这一回事是很大的错误，当我一读此处，我简直有些之氣，我想一回到上海以後，便立刻把我所不需要的八塊錢寄還給你，說這種方面的你的好意我所不樂意接受，那樣便使我感到卑辱。如果我所需要的是要那麼多，為什麼我不好便向你告借那麼多呢？如果我不需要那麼多，你給我不需要的東西做甚麼呢！……如果我這樣，你會不會嫌我作意乖僻？我想我總不接受而辜負你的好意（即使這樣的好意我不歡迎）而使你懊惱，因此暫時儲存着，儘力不把它動用（縱然飯店裏已經停了一塊，那我想總是你請我的客，因此吃得很有味），以後儘早還你。本來這月的用途已細心計畫好，因為這次實在的決心，又不知道車費那麼貴，所以缺了些，但總也如此，我總不願欠人家一塊錢，即使（尤其）是最好的朋友，這個「好」朋友是假使你了解我。你要不要知道此刻我所有的全部財產？自從父親死了之後，家裏當然絕沒有什麼收入，祖產是有限得可憐，僅有一所不算小的房子，一部分自居，一部分分租給三家人家和一爿油行，但因她們租不起錢，一年統共也不過三百多塊錢，全部充作家中伙食和祭祀之用，我們弟兄們都是絕不動用分文的。母親的千把塊錢和首飾一直維持我從中學到大學，到畢業為止計用完了百把塊錢；兄弟的求學則賴着應歸他承襲的叔祖名下一注少少的遺產。此刻我已不欠債，有二百幾十塊錢積蓄，由表叔執管着，我知道自己絕對用不着這些錢，不過作為安慰，如果兄弟讀書的錢不夠時可以補貼補貼，自己全然把它看作不是自己的錢一樣。除了這，那麼此刻以同方面欠我的稿費百元，月薪四十五元，我欠房飯錢未付的十二元，此外別人借我去的約五六十元，粗不希望他們還了。這些都不算，則我此刻有現金$7.25，欠朋友的下$10.00，計全部財產為—$2.75。你想我是不是個unpractical的人！

話一離題，便分開了心，真有些對你說了這些不相干的話。我說，這回到常熟來我很有些感到寂寞，最難受的是今天同我上茶館去的學生的朋友我也不知多少時候，那時我真是literally一言不發（看這些人當我像個傻子的樣子），坐着等候着時間的浪費。昨晚你們的談天，我一部分聽着，一部分因為講的全是我所不知道的人們，又不全能聽得明白，即使聽着也不能懂是甚麼，因此所聽見的祇是聲音而不是言語，但使我奇怪人們會有這麼多的nonsense要講這個人那個人的平凡瑣事。但無論如何，處在這一種環境裏，我也感到有些魅力，因為雖然我不能自己從旁插身，如同僅是兩人在一起時所感到的那樣，但感到和你心靈上的交流，我遠離你在神秘的夜色中瞻望你的姿態，靜聽你的笑語，雖然有時不知道你在說些什麼，但我以得聽見你的聲音為滿足，因為如果音樂是比語言更好，那麼聲音確實比言語更好，也許你所說的是全無意它动用（虽然饭店里已兑碎了一块，那我想像是你请我的客，因此吃得很有味），以后尽早还你。本来这月的用途已细心计划好，因为这次突然的决心，又不知道车费竟是那么贵，所以短绌了些，但除非必要，我总不愿欠人家一块钱，即使（尤其）是最好的朋友；这个"好"脾气愿你了解我。

你要不要知道此刻我所有的全部财产？自从父亲死了之后，家里当然绝没有什么收入，祖产是有限得可怜，仅有一所不算小的房子，一部分自居，一部分分租给三家人家和一爿油行，但因地僻租不起钱，一年统共也不过三百来块钱，全部充作家中伙食和祭祀之用，我们弟兄们都是绝不动用分文的。母亲的千把块钱私蓄，一直维持我从中学到大学，到毕业为止计用空了百把块钱；兄弟的求学则赖着应归他承袭的叔祖名下一注小小的遗产。此刻我已不欠债，有二百几十块钱积蓄，由表姐执管着，我知道自己绝对用不着这些钱，不过作为交代而已。如果兄弟读书的钱不足时可以补济补济，自己则全然把它看作不是自己的钱一样。除了这，那么此刻公司方面欠我稿费百元，月薪四十三元，我欠房饭钱未付的十二元，此外别人借我去的约五六十元，我不希望他们还了。这些都不算，则我此刻有现金 $7.25，欠宋清如名下 $10.00，计全部财产为 -$2.75。你想我是不是个 Unpractical①的人？

话一离题，便分开了心，莫名其妙地说了这些不相干的话。我说，这回到常熟来我很有点感到寂寞，最颓丧的是令弟同我上茶馆去坐的那我也不知多少时候，那时我真是 literally②一言不发（希望他原谅我性子的怪僻），坐着怨恨着时间的浪费。昨晚你们的谈天，我一部分听着，一部分因为讲的全是我所不知道的人们，又不全听得明白，即使听着也不能发生兴趣，因此听见的只是声音而不是言语，很使我奇怪人们会有这么多的 nonsense③，爱谈这个人那个人的平凡琐事。但无论如何，自己难得插身在这一种环境里，确也感到有些魅力，因为虽然我不能感到和你心灵上的交流，如同仅是两人在一起时所感到的那样，但我还能在神秘的夜色中瞻望你的姿态，聆听你的笑语，虽然有时不知道你在说些什么，但我以得听见你的声音为满足，因为如果音乐是比诗更好，那么声音确实比言语更好。也许你所说的是全无意思的话，但你的语声可以在我的心上绘出你的神态来。

半悲半喜的心情，觉得去睡觉是一件很不情愿的事，因为那时自己所能感觉到摸触到的，就只有自己的饥渴的寂寞的灵魂了。After 怨恨自己不身为女人（为着你的缘故，我宁愿作如此的牺牲，自己一向而且仍然是有些看不起女人的），因为异性的朋友是如此之不痛快多拘束，尽管在不见面时在想像中忘记了你是女人，我是男人，纯情地在无垢的友情中亲密地共哭共笑，称呼着亲爱的名字，然而会面之后，你便立刻变成了宋小姐，我便立刻变成了朱先生，我们中间不能不守着若干的距离，这种全然是魔鬼的工作。当初造了亚当又造夏娃的家伙，除了魔鬼没有第二个人，因为作这样恶作剧的，决不能称为上帝。——之后，我便想：人们的饥渴是存在于他们的灵魂内里，而引起这种饥渴来，使人们明白地感到苦恼，otherwise hidden and unfelt[④]的，是所谓幸福，凡幸福没有终极的止境，因此幸福愈大，则饥渴愈甚。因是我在心里说，清如，因为我是如此深爱你，所以让我们（我宁愿）永远维持着我们平淡的友谊啊！

撇开这些傻话，我觉得常熟和你的家虽然我只是初到，却一点也没有陌生之感，当前天在车中向常熟前行的时候，我怀着雀跃的似被解放了的一颗心，那么好奇地注意地凝望着一路上的景色，虽然是老一样的绿的田畴，白的云，却发呆似地头也不转地看着看着，一路上乡人们的天真的惊奇，尤其使我快活得感动。在某站停车时一个老妇向车内的人那么有趣地注视着时，我真不能不对她 beam a smile[⑤]；那天的司机者是一个粗俗的滑稽的家伙，嘴巴天生的合不拢来，因为牙齿太长的缘故，从侧面望去，真“美”。他在上海站未出发之前好多次学着常熟口音说，“耐伲到常熟”，口中每每要发出“×那娘”的骂人话，不论是招呼一个人，或抱怨着过站停车的麻烦时。他说，“过一站停三分钟，过十几站便要去了半个钟点”。其实停车停得久一些的站头自然也有，但普通都只停一分钟许，没有人上下的，不停的也有。因此他的话有点 moderately exaggerated[⑥]，总之是一个可爱的东西，当时我觉得。

过站的时候，有些挥红绿旗的人因为没有经验，很有些手足无措的样子，而且所有的人都有些悠闲而宽和的态度，说话与行动都很文雅，一个人同着小孩下车，小孩应该买半票的，却没有买，收票的除了很有礼地说一声要买半票之外，也就一声不响地让他走了。有两站司机人提醒了才晓得收票，某次一个乡妇下车后扬长而去，问那土头土脑的收票者，他说那妇人他认识的。最可笑的是一个乡下人，汗流浃背，手中拿着几张红绿钞票，气急匆忙地奔上车子，开到半路，忽然他在窗外看见了熟人，车子疾驶的时候，他发疯似向窗外喊着，连忙要求司机人把车子停下开开放他下车，吃了几句臭骂，便飞奔出去了，那张车票所花的冤钱，可有些替他肉痛。——这一切我全觉得有趣。

可是唯一使我快活的是想着将要看见你。我对自己说，我要在下车后看见你时双手拉住你，端详着你的“怪脸”，喊你做宝宝，虽然明知道我不会那样的；当然仍带着些忧虑，因为不知道你身体是否健爽。实在，如果不是星期六接到你的信，知道你又在受着无情的磨折，也许我不会如此急于看你，为着钱的问题要把时间捺后一些；而且你说过你要来车站候我，我怎么肯使你扑空呢？

车子过了太仓之后，有点焦躁而那个起来，直到了常熟附近的几个村站，那照眼的虞山和水色使眼前突然添加了无限灵秀之气，那时我真是爱了你的故乡。到达之后，望车站四周走了一转，看不见你，有点着急，担心你病倒，直至看见了你（真的看见了你），well then，我的喜乐当然是不可言说的，然而不自禁地 timid[⑦]起来。

回去就不同了，望了最后的一眼你，凄惶地上了车，两天来的寂寞都堆上心头，而快乐却全忘记了，我真觉得我死了，车窗外的千篇一律的风景使我头大思的话，使你的印象可以在我的心上像出你的神情来，半悲半喜的心情，觉得去睡觉是一件很不情愿的事，因为那时自己似乎就觉到模糊到的，我只有自己的饥渴的寂寞的灵魂了。after 我恨自己不生为女人（为着你的缘故我宁愿你如此的描摹自己个句而且仍然有些看不见的的），因为异性的朋友是如此之痛快写结束，尽管在不见面时在我想像中忘记了你是女人我是男人，纯情地在无垢的友情中亲密地共哭共笑，称呼着亲爱的名字，但可会有一次，你便立刻要称了宋小姐，我便立刻要称了朱先生，我们中间不能不守着若干的距离，这种全然是魔鬼的工作。当初造了五官又造男女的家伙，除了魔鬼没有第二个人，因为他这样要作弄人，决不能让与上帝。一次次，我便想到那些人们的饥渴是存在着人们的灵魂里，而引起这种饥渴者，使人们明白地感到苦恼，otherwise hidden and unfelt，的，是所谓幸福，但幸福没有终极的止境，因此幸福愈大，饥渴愈甚。因是我在心里说，请你，因为我是如此深爱你，所以让我们（我宁愿）永远维持着我们淡淡的友谊啊！

想问这些你说我喜欢常熟和你的家乡？我总是初到，却一点也没有陌生之感。当前天在车中向常熟前行的时候，我怀着老迈的似被解放了的一颗心，那么好奇地注意着一路上的景色，就像是老一样的，看惯了都市的眼睛也不转地看着看着，一路上乡人们的天真的声音尤其使我快活得感动，在某站停车时一个老妇向车内的人那么有趣地注视着时，我真不能不对她 beam a smile；那个司机者是一个粗俗的滑稽的家伙，嘴中也不是吸着香烟，因为他是近视的缘故，往侧面望去，真"美"，他在上海和未开之前便很多次地喊着常熟！常熟！"到常熟"口中自己要读出"X那地"的乡人话，不论是招呼一个人，或抱怨着这站停车的麻烦时。他说，"这一站停三分钟，这十几站便要去了半个钟头"。其实停车停得久一些的站头好几也有，但普通都只停一分钟许，没有人上下的不停的也有，因此他的话有些 too exaggerated，总之是一个可爱的东西，当时我觉得。这站的时候有些穿着红绿衣服的人因为没有经验，很有些手足无措的样子，而且所有的人都有些傻，但有宽和的态度，说话与行动都很文雅，一个人同着小孩下车，小孩应该买半票的，却没有买，收票的除了这一声要买半票之外就一点不管地让他走了。有一站司机人提醒（很有礼地）了那睡得收票，某次一个妇女下车后扬长而去，问那土头土脑的收票者，他说那妇人他很认识的。最可笑的是一个乡下人，件衣佝背，手中拿着两张红绿的车票，气急败坏地跳上车子，问到什么地方，原来他在车外看见了熟人，车子开动的时候他慌

4

看你向窗外喊着，连忙要求司机人把车停一停让他下车，吃了我的…便飞奔出去了，那张车票什么的白费，可有些替他肉痛。——这一切我全觉得有趣，可是唯一使我快活的是想着将要看见你，我想象在下车后看见你时双手拉住你（请读者原谅这样的描写）喊你宝宝，虽然明知道我不会那样的，当然仍带着些忧虑，因为不知道你身体是否健爽。实在，如果不是早期与接到你的信，知道你又在受着要情的磨折，也许我不会如此急切着你，为着你的问题要把时间缩短一些；而且你说过你会来车站候我，我怎能（肯）使你扑空呢？

车子过了吉余之后，有些焦躁，而那个纪念直到了常熟附近的几个村站，那些眼前的虞山和水色使眼前突然添加了无限灵秀之气，那时我真是爱了你的故乡。到达之后，从车站回头走了一转看不见你，有些着急，担心你病倒，直至看见了你（真的看见了你），well then，我的喜悦当然是不可言说的，只是不自禁地timid起来。

回去就不同了，望了最后的一眼你，怅惘地上了车，一大套的寂寞都堆上心头，而快乐都全忘记了，我真觉得我孤了，车窗外的千篇一律的风景使我头大（其实即使是美的风景也不能引起我的注意了），我只能头疼着痴。车内人多很挤，而且一切使我烦恼。初上车时，这里有一个漂亮的少女（法国式的），她不久下车，但代替了一个个儿高的清秀的少年以外，一车子都是来货商人市侩之流，一个瘦的司机人陪着我们这辆车到上海，先就有些恶心，不久上来了一个三家村学究回家在朝拜式的人，因为忙着和人谈，视乱坐位在车子颠簸中浑身跌在一个女人的身上，这还不过令人笑以外，他只有些恶心而已，其后他总是自鸣得意地遇事大呼小叫，也不管别人睬不睬他，真令人不耐。在我身边那个人，打瞌睡常常靠压到我的身上，也讨厌得很。后来有那个老妇人上来，我立起身让了坐，那个高个儿少年也立起，但其余的些年轻力壮的男人们，都只望着看看，把身体坐得更稳些。我简直愤慨起来，而觉着中国人毫无规矩，其实这不是规矩，只是一种正当的行动。我以为让老弱坐，让贤者坐，让美貌的少女及可爱的小孩子坐，都是千该万该的，让贤者坐是因为尊敬，让美貌的女郎坐是因为敬爱（我承认我是好色，但与平常的所云好色有所不同，我以为美人总是世间的瑰宝，而真美的人，总是从灵魂里一直美到外表上，若世俗所谓肤浅之美观，一眼看去就知道浅薄（而灵魂美的人，外表未有不美者，即使不合于机械的标准与世俗的眼光，我绝不认之为美人），让小孩坐是因为爱惜，让老弱坐是因为怜悯。一个缠着小脚背着包袱的乡曲妇人，自然不能令人发生好感，但见了她不能不起立，这是人类所以为人类的地方，但中国人大多数是自私到得

(其实即使是美的风景也不能引起我的赞叹了)。我只低头发着痴。车内人多很挤，而且一切使我发恼。初上车时，还有一个漂亮的少女(洋囡囡式的)，她不久下车，此后除了一个个儿高的清秀的少年之外，一车子都是蠢货商人市侩之流。一个(有)病的司机人搭着我们这辆车到上海，先就有点恶心。不久上来了一个三家村学究四家店朝奉式的人，因为忙着在人缝里轧坐位，在车子颠簸中浑身跌在一个女人的身上，这还不过令人笑笑(虽然有些恶心)而已，其后他总是自鸣得意地遇事大呼小叫，也不管别人睬不睬他，真令人不耐。在我旁边那个人，打瞌铳常常靠压到我的身上，也惹气得很。后来有几个老妇人上来，我立起身让了座，那个高个儿少年也立起，但其余的那些年轻力壮的男人们，却只望着看看，把身体坐得更稳些。我简直愤慨起来，而要骂中国人毫无规矩，其实这不是规矩，只是一种正常的冲动。

我以为让老弱坐，让贤长者坐，让美貌的女郎及可爱的小孩子坐，都是千该万该的。让贤长者坐是因为尊敬，让美貌的女郎坐是因为敬爱(我承认我好色，但与平常的所云好色有所不同。我以为美人总是世间的瑰宝，而真美的人，总是从灵魂里一直美到外表上，而灵魂美的人，外表未有不美者，即使不合机械的标准与世俗的准绳。若世俗所惊眩之美貌，一眼看去就知道浅薄庸俗的，我决不认之为美人)，让小孩坐是因为爱怜，让老弱坐是因为怜悯。一个缠着小脚步履伶仃的乡曲妇人，自然不能令人生出好感，但见了她不能不起立，这是人类所以为人类的地方，但中国人有多数是自私得到那么卑劣的地步。这种自私，有人以为是个人主义，那是大谬不然。个人主义也许不好，但决不是自私，即使说是自私，也是强性的英雄式的自私，不是弱性的卑劣的自私，个人主义要求超利害的事物，自私只是顾全利害。中国没有个人主义，只有自私。

对于常熟的约略的概念，是和苏州相去不远，有闲生活和龌龊的小弄，崎岖的街道，都是我所不能惬意之点。但两地山水秀丽，吃食好，人物美慧(关于吃食，我要向你complain⑧，你不该不预备一点好吃的东西给我吃，甚至于不好吃的东西也不给我吃，今天早晨令弟同我出去吃的鸭面，我觉得并不好吃，而且因为分量太多，吃不下，只吃了二分之一；至于公园中的菱，那么你知道，嘉兴唯一的特产，便是菱了，这种平庸的是不足与比的，虽然我也太难得吃故乡的菱了。买回的藕，陆师母大表满意，连称便宜，可是岂有此理的(是)她也不给我吃。实在心里气愤不过，想来想去想要恨你)，都是可以称美的地方。如果两地中我更爱常熟，那理由当然你明白，因为常熟产生了你。

常熟和吾乡比起来，自然更是个人文之区，以诗人而论，嘉兴只有个朱竹垞(冒一个“我家”)可以和你们的钱牧斋一较旗鼓，但此外便无人了。就是至今你到吾乡去，除了几个垂垂老者外，很难找出一打半风雅的人来，嘉兴报纸副刊的编辑，大概是属于商人阶级的人或浅薄少年之流，名士一名词在嘉兴完全是绝响的。子弟们出外读书，大多是读工程化学或者无线电什么之类，读文学是很奇怪的。确实的，嘉兴学生的国文程度，皆不过尔尔的多，因为书香人家不甚多，有的亦已衰微，或者改业从商了。常熟也许士流阶级比商人阶级更占势力，嘉兴则全是商人的社会，因此也许精神方面要比前者整饬一点，略为刻苦勤勉一点。此外则因为同属于吴语区域，一切风俗都没有什么两样。

要是我死了，好友，请你亲手替我写一墓铭，因为我只爱你的那一手“孩子字”，不要写在什么碑版上，请写在你的心上，“这里安眠着一个古怪的孤独的孩子”，你肯吗？我完全不企求“不朽”，不朽是最寂寞的一回事，古今来一定有多少天才，埋没而名不彰的，然而他们远较得到荣誉的天才们为幸福，因为人死了，名也没了，一切似同一个梦，完全不曾存在，但一个成功的天才的功绩作品，却牵萦着后世人的心。试想，一个大诗人知道他的作品后代一定有人能十分了解它，也许远过于同时代的人，如果和他生在同时，一定会成为最好的朋友，但是时间把他们隔离得远远的，创作者竟不能知道他的知音是否将会存在，不能想像那将是一个何等相貌性格的人，无法以心灵的合调获取慰勉，这在天才者不能不认为抱恨终天的事，尤其如果终其生他得不到人了解，等死后才受人崇拜，而那被崇拜者已与虫蚁无异了，他怎还能享受那种崇拜呢？与其把心血所寄的作品孤凄凄地寄托于渺茫中的知音，何如不作之为愈呢？在天才的了解者看来呢，那么那天才是一个无上的朋友，能传达出他所不能宣述的隐绪，但是他永远不能在残余的遗迹以外去认识，去更深切地同情他，他对于那无上的朋友，仅能在有限范围内作着不完全的仰望，这缺陷也是终古难补的吧？而且，他还如一个绝望的恋人一样，他的爱情是永远不会被她知道的。

说着这样一段话，我并不欲自拟为天才（实在天才要比平常人可怜得多），但觉得一个人如幸而能逢到一个倾心相交的友人，这友人实比全世界可贵得多；自己所存留的忆念，随着保有这些忆念的友人的生命而俱终，也要比“不朽”有意思些。我不知道我们中谁将先谁而死，但无论谁先死总使我不快活，要是我先死的话，那么我将失去可宝贵的与你同在的时间之一段。要是你先死的话，那么我将独自孤零地在忆念中度着无可奈何的岁月。如果我有希望，那么我希望我们不死在同一空间，只死在同一时间。

话越说越傻了，我不免很有些sentimental⑨，请原谅我。这信是不是我所写给你中的最长的？然而还是有许多曾想起而遗落了的思想。

在你到杭州之前，我无论如何还希望见你一面。愿你快快痊好，我真不能设想，你要忍受这许多痛苦与麻烦。

无限热烈的思念。盼你的信息。

朱朱　廿六夜

你们称第三身“他”为gay，很使我感到兴味，大约是“渠”音之转。

我所以拙于说话的原因，第一是因为本来懒说话，觉得什么话都没有意思，别人都那样说我可不高兴说。第二是因为脑中的话只有些文句，说出来时要把它们翻成口语就费许多周章，有时简直不可能。第三我并不缺少sense of humor⑩，也许比别人要丰富得多，但缺少ready wit⑪，人家给我讲某事的时候，有时猝然那麼卑劣的地步。這種自私，有人以為是個人主義，那是大謬不然。個人主義也許不一定好，但決不是自私，要說是自私，也是強者的十足的英雄式的自私，不是卑劣的人的自私，個人主義要求達到完美的事物，自私只是顧念利害。中國沒有個人主義，只有自私。

對於常熟的嚮往的概念，是和蘇州相去不遠，有閒生活和遺老遺少的小市鎮的代表，那是我所不願意去之點，但兩地山水秀麗，吃食好，人物美。關於吃食，我要向你complain，你不該不預備一些好吃的東西給我吃，甚至於不好吃的東西也不給我吃，今天早晨全家同我去吃的麵，我覺得並不好吃，而且因為分量太多，吃不下，祇吃了三分之一；至於公園中的茶，那麼你知道，嘉興唯一的特產便是茶了，這種平常的是不足與比，縱然我也太吃得慣故鄉的茶了。是因的緣陸師母太太客氣，連糖便宜，可是靠有些甜的她也不給我吃。實在心裡氣憤不過，想來想去想要恨你），都是可以稱美的地方。如果兩地中我更愛常熟，那理由當然你明白，因為常熟有了你。

常熟和嘉興比起來，自然更是個文人之區，以詩人而論，嘉興只有個竹垞（有一個"我家"）可以和你們的錢牧齋一較旗鼓，但此外便無人了。就是至今你到過嘉興去，除了我這個素人著名外，很難找出一打擅風雅的人來；嘉興報紙副刊的編輯，大概是屬於商人階級的人或洋場少年之流，名士一名詞在嘉興完全是絕跡的，子弟們出外讀書，大多是讀工程化學或者電機什麼之類，讀文學是很奇怪的，根本的嘉興學生的國文程度，普通總不很高，因為書香人家不甚多，有的亦已衰微，或者改業商了。常熟也許士紳階級比商人階級更占勢力，嘉興則全是商人的社會，因此也許精神方面要墮落一些。此外則因為同屬於吳語區域，一切風俗都沒有什麼兩樣。

要是我死了，好友，請你親手替我寫一墓銘，因為我只愛你的那一手孩子字，不要寫在甚麼碑版上，請寫在你的心上，"這裡埋著一個古怪的孤獨的孩子"你肯嗎？我完全不希望"不朽"，不朽是最寂寞的一回事，古今來一定有多少天才，埋沒而不彰的，但倒也他們運氣，得到無知的人們的幸福，因為人死了，名也沒了，一切的同一個夢，完全不要存在，但一個成功的天才的功績作品，卻牢牢記在世人的心中。試想一個大詩人知道他的作品後代一定有人能十分了解它，也許遠過於同時代的人，如果和他生在同時，一定會成為最好的朋友，但是時間把他們隔離得遠遠的，創作者竟不能知道他的知音是否將會存在，不能想像那將是一個何等相貌性格的人，無法以心靈的合同獲取慰勉，這在天才者不能不說是很悲惨的事，尤其如果终其一生他得不到人了解，更使他成为一个孤独的人。象什么斯托芬那样的天才，被英雄崇拜之类的崇拜着，他不是仍享受到很多崇拜么？至于把心血所寄的作品孤独地寄托于渺茫中的知音，何如不作之为愈呢？在天才的了解者看来，那天才是一个世上的朋友，传达出他所不能宣述的隐绪，但是他永远不能在了解他的意识以外去认识，去更深切地同情他，他对于他那世上的朋友，仍然在有限范围内作着不完全的仰望，这缺陷也是终古难补的吧？而且，他正如一个绝望的恋人一样，他的爱情是永远不会被她知道的。

说了这样一段话，我并不敢自拟为天才（实在天才要比平常人可怜得多），但觉得一个人如幸而能遇到一个倾心相交的友人，这友人实比全世界可贵得多，自己所存留的记忆会随着友人的生命而保续，也要比"不朽"有意思些。我不知道我们中谁将先死，但假使我不快活，竟是我先死的话，那么我将失去一段可宝贵的时间；要是你先死的话，那么我将独自孤寂地在记忆中度着与你同在的一段宝贵的岁月。但如果我有希望，那么我希望我们不死在同一空间，而死在同一时间。

说些这种傻话，我不是很有些sentimental，请原谅我。这信是不是我们通信中的最长的信而不是，有许多要想的也全遗漏了，不想。

在你到杭州之前，我无论如何还希望见你一面。愿你快快痊好，我真不愿说起你害病这件可痛苦的麻烦。

无限热烈的思念。盼你的信息。

朱 廿二夜

你们讲第三身为"他"gay，很使我感到兴味，大约是"佐""渠"音之转。

我所以懒于说话的原因，第一是因为本来懒于说话，觉得什么话都没有意思，别人都那样说我可不高兴说。第二是因为肚里的话只有些文句，说出来时要把它们翻成口语就觉得很困难，有时简直不可能。第三我并不缺少sense of humor，也许比别人要丰富得多，但缺少ready wit，人家给我讲某事的时候，有时我简直不知所答，只能点着头，等到想出话来时，已经用不着说了。就是关于电影方面的也是如此，陆先生曾问起我最近很欢喜的滑稽电影明星Will Rogers的作风如何，和上海有什么片子，一下子我只能说他是专门描述人情世故以温和幽默的形式表现银幕上，作品一时记不起名字来，我还不曾看过他的片子。等到想要补充说他是美国电影中头一个的幽默家，富于人情的趣味，为美国人最喜欢的之一，但在中国却颇受冷落，他的作品难以拙劣不知所答，只能应着唯唯，等到想出话说来时，已经用不着说了，就是关于常识方面的也是如此，陆先生曾问起我最近从飞机上坠下来跌死的滑稽电影明星 Will Rogens 的作风如何，到过上海有什么片子，一下子我只能说他善于描述人情世故，以乡曲似的形式出现银幕上，作品一时记不起名字来，我还不曾看过他的片子。等到想要补充着说他是美国电影中别树一派的幽默家，富于冷隽的趣味，为美国人最爱戴的红星之一，但在中国却颇受冷落，他的作品较近而成功的有 *Handy Andy*（人生观），*Judge Priest*⑫（中译名不详）等等，凡我的“渊博”的头脑中所有的关于这位我并未与谋一面的影星的智识时，这场谈话早已结束了。——此外，我纵声唱歌时声音很高亮，但说话时则低沉得甚至于听不大清楚。姑母说我讲起话来蚊子叫，可是一唱起歌来这股劲儿又不知从那里来的，我读英文也能读得很漂亮，但说绝对不行。大概在说话技术一方面太少训练。每年中估计起来成天不说话的约有一百天，每天说不上十句话的约有二百天。说话最多的日子，大概不至于过三十句。

虽然再想不出什么话来，可是提着笔仍旧恋恋着不肯放下来，休息吧，笔！快一点钟了。此刻你正在梦中吧，知道不知道，或者想得起想不起我在写着写着？你那里雨下得大不大？如果天凉了，仔细受寒。

快两点钟哩，你睡得好好儿的吗？我可简直的不想睡。昨夜我从两点钟醒来后，安安静静的想着你，一直到看天发亮，今天又是汽车中颠了三个钟点，然而此刻兴奋得毫不感到疲乏，也许我的瘦是由于过度的兴奋所致，我简直不能把自己的精神松懈片刻，心里不是想这样就是想那样，永远不得安闲，一闲下来便是寂寞得要命。逢到星期日没事做，遂我的心意，非得连看三场电影不可。因此叫我在茶馆里对着一壶茶坐上十五分钟，简直是痛苦。喝茶宁可喝咖啡，茶那样带着苦意的味道，一定要东方文明论者才能鉴赏，要我细细的品，完全品不出什么来，也许觉得白开水倒好吃些。

我有好多地方真完全不是中国人，我所嗜好的也全是外国的东西，于今已一年多不磨墨了，在思想上和传统的中国思想完全相反，因为受英国文学的浸润较多，趣味是比较上英国式的，至于国粹的东西无论是京戏胡琴国画国术等一律厌弃，虽然有时曾翻过线装书（那也只限于诗赋之类），但于今绝对不要看这些，非孔孟，厌汉字，真有愿意把中国文化摧枯拉朽地完全推翻的倾向，在艺术方面，音乐戏剧的幼稚不用说，看中国画宁可看西洋画有趣味得多，至于拓几笔墨作兰花竹叶自命神韵的，真欲嗤之以鼻，写字可以与绘画同成为姊妹艺术，我尤其莫名其妙。这些思想或者有些太偏激，但目睹今日之复古运动与开倒车，不能不对于这被诩为五千年的古文化表示反对。

让外国人去赞美中国文化，这是不错的，因为中国文化有时确还可以补救他们之敝，但以中国人而嫌这种已腐化了的中国文化还不够普及而需待提倡，就有些夜郎自大得丧心病狂了。我想不说下去了，已经又讲到文化的大问题，而这些话也还是我的老生常谈，卑卑无甚高论。你妈来了没有？妈来了你可以要她疼疼了，可是我两点半还不睡，谁来疼我呢？

①Unpractical：不实际的。②literally：不夸张地。③nonsense：无意义的事。④otherwise hidden and unfelt：另外隐藏着和未感觉到的。⑤beam a smile：微笑。⑥moderately exaggerated：适度的夸张。⑦timid：羞怯。⑧complain：抱怨。⑨sentimental：感伤。⑩sense of humor：幽默感。⑪ready wit：快捷的机智。⑫*Judge Priest*：影片名，中文译名为《普里斯特法官》。

7

还有"Handy Andy"(人生观)，"Judge Priest"(中译名不详)"等等，凡我的"旧情"的电影中所有的圆形这位我并未与谋一面的影界的哲学家，这些电影我早已结束了。——此外我和唱歌时声音很高亮，但说话时对他们甚至我听不大清楚。你因说我们电话来较多些，可是一唱起歌来这股劲儿又不知往那里去的，我读英文也能读得很漂亮，但说话却不行。大概我说话技术一方面太少训练：每年中估计起来我天天说话的约有一百天，每天说不上十句话的约有二百天。说话最多的日子，大概不至于超过三十句，

难得再想不出什么话来，可是想着半个钟头、看不肯放下来，休息吧，算！快一些睡了。此刻你正在梦中吧，知道不知道，或者想着想也想不起我来看看？你那里雨下得大不大？如果凉天冷了，你回家来。

快两点钟了，你睡得好好儿的吗？我可简直的不想睡。昨夜我经两点钟睡来的，安安静静的想着你一直到看天亮，今天又是汽车中熬了三个钟头，可而此刻兴奋得还不感到疲乏，也许我的疲劳是由于过度的兴奋所致，我简直不能把自己的精神松懈片刻，心里只是想这样就是那样，永远不得安闲，一闲下来便是寂寞得要命。逢到星期日的事，填我的心意，非得连看三场电影不可。因此昨我在茶馆里对着一壶茶坐上十五分钟，简直是痛苦，喝茶宁可喝咖啡，茶那种带着苦涩的味道，一定要东方文明论者才能赞赏，象我细细的品，实在品不出什么来，也许觉得白开水倒好吃些。我有好多地方真完全不是中国人，我所嗜好的也全是外国的东西，我今年一年多不看书了，在思想上和传统的中国思想完全相反，因为受英国文学的浸润太深，趣味是比较的英国式的，至于国粹的东西无论是京戏胡琴国医国术等一律厌恶，我只有一时看翻过线装书(那也是从很小起得到的书)，但我今绝对不要看这些，非但厌恶，真有点想把中国文化根根拔拔地完全推翻的倾向，在艺术方面，音乐我到的知识不用说(恐怕只有的古风琴除了外国人的好奇心以外不能有第二种解释)，看中国画实在不看西洋画有趣得多，至于插花里是你闲花什么自命神气的，真欲嗤之以鼻，写字可以算绘画的艺术中我尤其莫名其妙。这些思想或者有些太偏激，但目睹今日之复古运动与开倒车，不能不对于这种讴歌五千年的古文化表示反对。让外国人去赞美中国文化这是不错的，因为中国文化有许多地方可以补救他们之缺，但以中国人而赞美这种已僵化了的国粹文化无非是到尽成而骄傲抱住就有些夜郎自大得要心病狂了。我也不说下去了，已经由文论到文化的大问题，而这些话也还是我的老生常谈，多说无甚多论。你妹来了没有？妹来了你可不要她疼疼了，可是我两肚子还不睡，谁来疼我呢！

第[149]封 灵魂[①]

宋：

离放工还有半小时。星期三欠四页，星期四欠一页，今天做了十五页，一起拼命赶完了。只想给你写信，好像要把我的心我的脑子一起倒出掏空才痛快的样子，你厌不厌烦，笑不笑我呢？要是我能把我的灵魂封在信封内寄给你，交给你保管着（你爱顾他也好，冷丢②他也好），那么让我这失去灵魂的形骸天

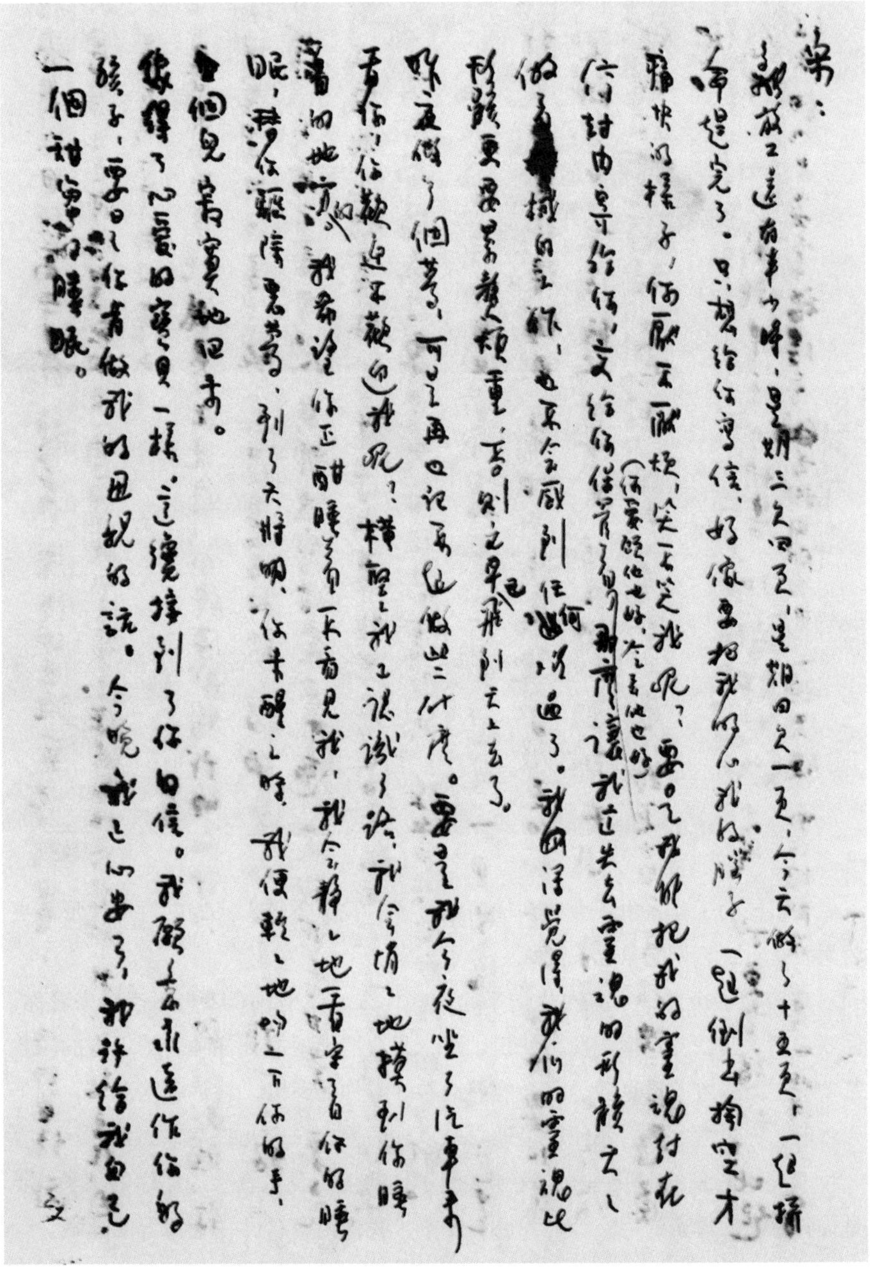
宋：
離放工還有半小時。星期三欠四頁，星期四欠一頁，今天做了十五頁，一起拼命趕完了。只想給你寫信，好像要把我的心我的腦子一起倒出掏空才痛快的樣子，你厭不厭煩，笑不笑我呢？要是我能把我的靈魂封在信封內寄給你，交給你保管着（你愛顧他也好，冷丟他也好），那麼讓我這失去靈魂的形骸天天

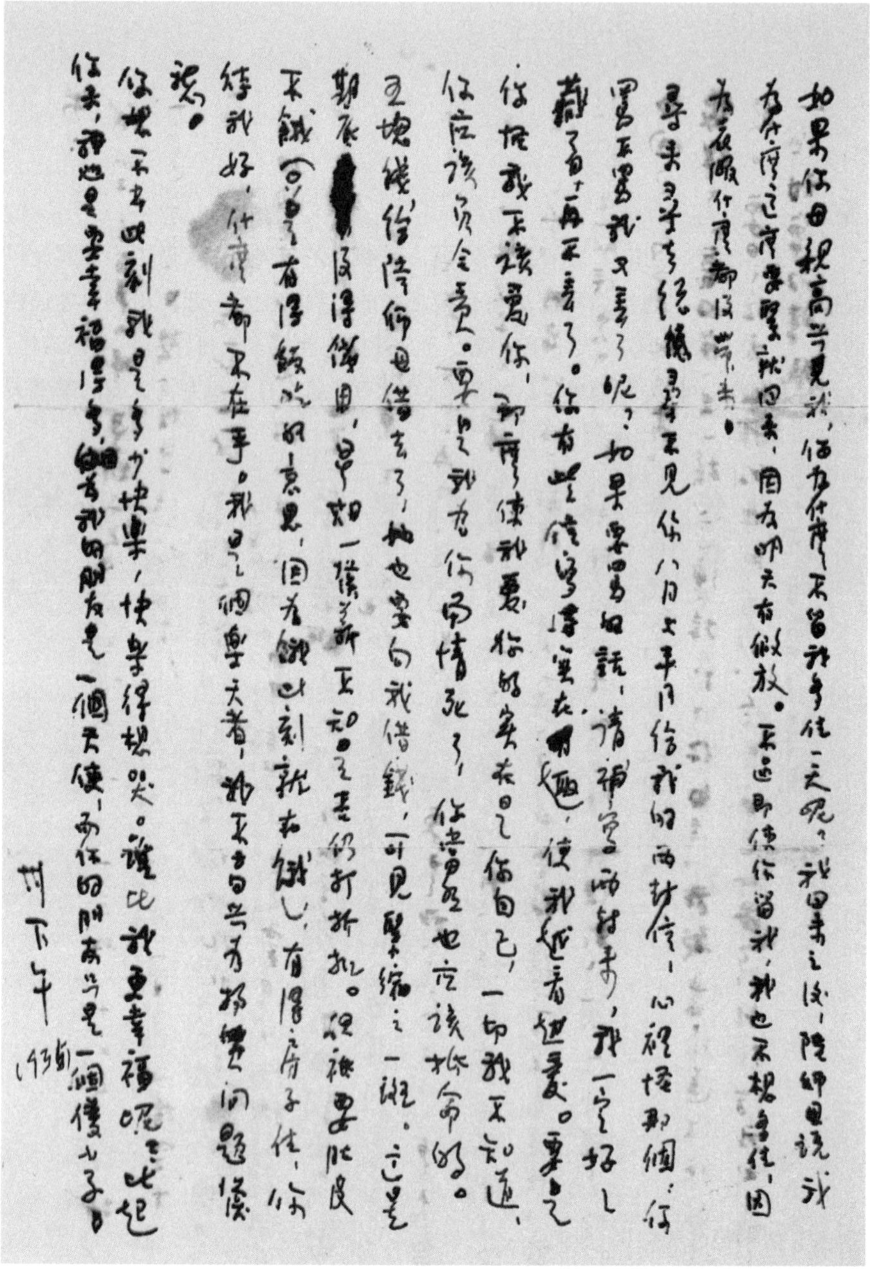

如果你母亲高兴见我，你为什么不留我多住一天呢？我回来之后，随即便说我为什么这么要紧就回来，因为明天有做教。不过即使你留我，我也不想多住，因为在家什么都没带来。

寻来寻去总寻不见你八月七十号给我的两封信，心里怪那个，你骂不骂我又丢了呢？如果要骂的话，请补写两封来，我一定好好藏着再不丢了。你有些信写得实在好极了，使我越看越爱。要是你说我不该爱你，那么使我爱你的实在是你自己，一切我不知道，你应该负全责。要是我为你而精死了，你要是也应该拼命的。

王娘几位借你母借去了，她也要向我借钱，可见紧缩之一斑。这是期底[redacted]没得借因，早知一样的不知道要打折扣。但我要比皮不饿（可是有得饭吃的意思，因为饿时刻就有饿），有得房子住，你待我好，什么都不在乎。我是个乐天者，我不大肯去为将来的问题忧虑。

你共不知此刻我是多少快乐，快乐得想哭。谁比我更幸福呢？比起你来，我也是要幸福得多，因为我的朋友是一个天使，而你的朋友只是一个傻子。

卅下午（13日）

天做着机械的工作，也不会感到任何难过了。我深觉得，我们的灵魂比形骸更要累赘烦重，否则它早已飞到天上去了。

昨夜做了个梦，可是再也记不起做些什么。要是我今夜坐了汽车来看你，你欢迎不欢迎我呢？横竖我已认识了路，我会悄悄地摸到你睡着的地方的。我希望你正酣睡着不看见我，我会静静地看守着你的睡眠，替你驱除恶梦，到了天将明，你未醒之时，我便轻轻地吻一下你的手，自个儿寂寞地回来。

像得了心爱的宝贝一样，这才接到了你的信。我愿意永远作你的孩子，要是你肯做我的母亲的话。今晚我已心安了，我许给我自己一个甜蜜的睡眠。

如果你母亲高兴见我，你为什么不留我多住一天呢？我回来之后，陆师母说我为什么这么要紧就回来，因为明天有假放。不过即使你留我，我也不想多住，因为衣服什么都没带来。

寻来寻去总寻不见你八月上半月给我的两封信，心里怪那个，你骂不骂我又丢了呢？如果要骂的话，请补写两封来，我一定好好藏着，再不丢了。你有些信写得实在有趣，使我越看越爱。要是你怪我不该爱你，那么使我爱你的实在是你自己，一切我不知道，你应该负全责。要是我为你而情死了，你当然也应该抵命的。

五块钱，给陆师母借去了，她也要向我借钱，可见紧缩之一斑。这星期底没得钱用，星期一发薪不知是否仍打折扣。但只要肚皮不饿（只是有得饭吃的意思，因为饿此刻就在饿），有得房子住，你待我好，什么都不在乎。我是个乐天者，我不高兴为物质问题发愁。

你想不出此刻我是多少快乐，快乐得想哭。谁比我更幸福呢？比起你来，我也是要幸福得多，因为我的朋友是一个天使，而你的朋友只是一个傻小子。

卅下午

①此信写于1935年8月30日。原件上宋清如注：1935年8月。 ②冷丢，上海方言，意思是“弃置、不闻不问”。

第[150]封 恍惚

好友：

时间过得又快又慢，想想一星期前在你家的光景，似乎像往古的梦一般恍惚，又似乎像昨天一般亲切。

我不知道你预备不预备告诉我什么时候过上海，好让我来车站候你。是不是四号就走，如你前信所说的？那就是后天了，也许连我这封信都赶不上也说不定。

一个人要把自己的所谓“身世”来换取别人的同情，未免太无聊。但有些话对别人说了我要后悔的，对你说了却决不会后悔。因为对着一个最亲切最钟爱的人前而不能把自心的一切尽情倾吐，我总以为是太不痛快的事。矜持与掩饰对别人我也不会，更不用说是对你，虽然我也懒得向人表白我自己。（以下说了一些自己看了也生气的话，故剪去。）

二日夜

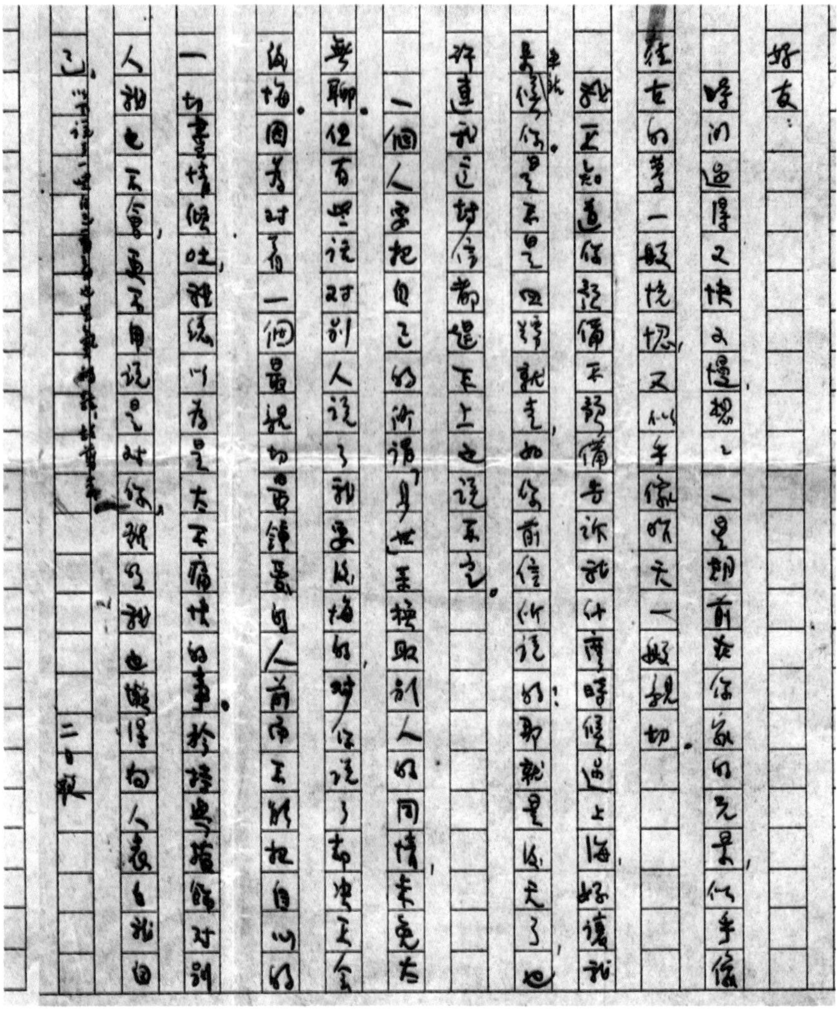
好友：

時間過得又快又慢，想想一星期前在你家的光景，似乎像往古的夢一般恍惚，又似乎像昨天一般親切。

我不知道你記得不記得預備告訴我什麼時候經過上海，好讓我見見你。是不是四號就走，如你前信所說的？那就是後天了，也許這封信都趕不上也說不定。

一個人要把自己的所謂「身世」去換取別人的同情，未免太無聊。但有些話對別人說了就要後悔的，對你說了卻決不會後悔，因為對著一個最親切最寶貴的人前面不能把自己的一切事情傾吐，總以為是太不痛快的事。於是要掩飾對別人說也不會，要不用說是對你。我也懶得向人表白我自己。[illegible]

二日夜

第[151]封 怪梦

好友：

昨夜我过了一个疯狂的月夜。

似乎躺在床上生病，一个疯医生走了进来（其实他一点不像是个医生，不过说明书——我的梦有说明书的——上这样写着，而且由Peter Lorre——最近一张恐怖影片的主角，但我并不曾去看——扮演），把我连被褥一起卷起来挟在胁下，挟到另一间房间里。我想他以为我快死了，所以把我送到太平间去。后来一阵昏惘中他出去了。有几个人跑进来，一看见我都吓得大叫起来，我很奇怪，照照镜子，我的脸平平常常，没有什么可怕的地方，转过头来一看，才见我的枕上有一个黑鬼的头。后来那个“疯医生”又要来了，我连忙去把门闩上将身子抵住，他在外面尽力轰着，像牛一样喘着气，门不很牢固，我气力又不支，这情形很尴尬。可是月色非常好，他在外面唱起歌来了，唱的词句是英文，很短，只两三句，大意是：

月亮很亮，

我很寂寞，

我的心在辽远的他乡。

他唱了一遍，我也和了一遍，一唱一和了好多次。外头常有一些人走过，渔夫水手之类，他见了他们便说，“我有一个伙计，不肯跟我跑，请你们帮忙把他拖出来”。他们听见这话便回答，“你丢了他好了”。我把门微开觑了觑，他便冲了进来，跟我扭作一团，咬我抓我，我嘴里pooh pooh[①]地嘶喊着，于是醒了。

中秋的月不如晚秋的月，中秋的月太热闹，应该是属于天伦团聚的家庭或初恋的恋人们的，再过一两个月的月亮，才是我们的月，游子的月。因为昨天拿到了几块钱，今晚已答应自己去看一本好影片，《满城风雨》，照题目是应该在重阳节映的。

愿你珍重。

朱

①pooh pooh：英语象声词，“扑、扑”。

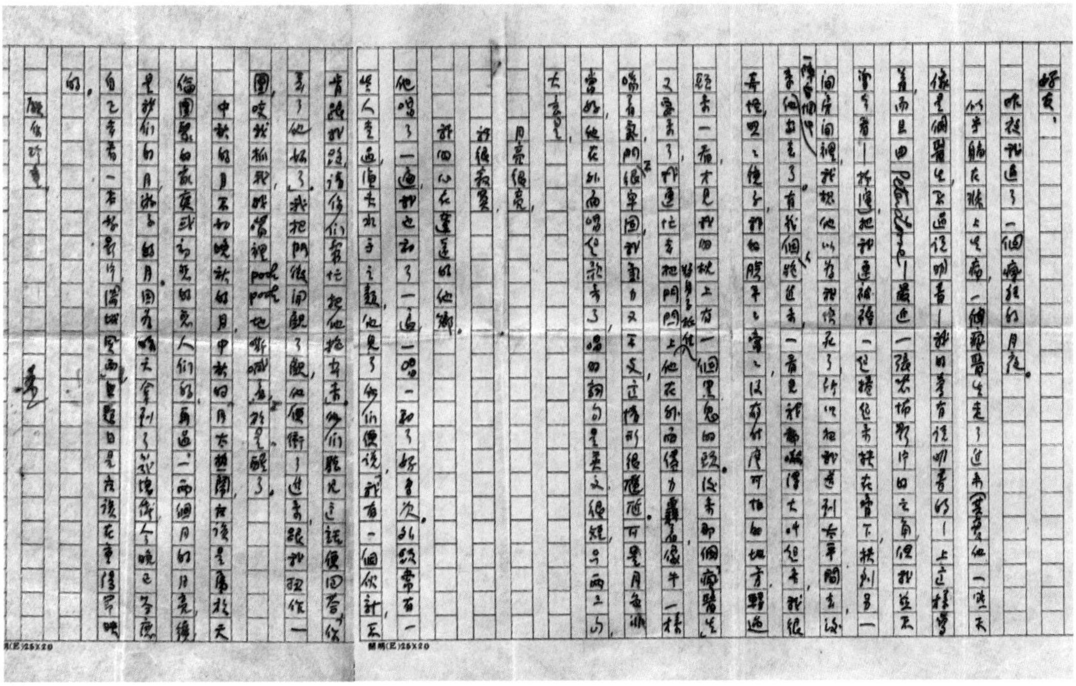

第[152]封 傻瓜①

小鬼头儿：

我太不高兴写信给你，此刻不知你在跟谁讲些什么小姐经，而我却不知道是谁逼着我硬要写些什么，写信的对象偏偏一定要是我所最讨厌的人你。要是写得好，能博你欢喜，叫我几声孩子，那么也许还可窝心窝心，骗骗自己说世上还有个人疼我。要是写得戆一些，便要惹你发神经，把朱先生哩聪明哩佩服哩知己哩劳驾哩这些化装了的侮辱堆在我身上，想想真气不过。如果你是个头号傻瓜，我准是个超等傻瓜。

自己安慰自己这句话实在可怜得很，既然决心不受人怜，又何必对影自怜呢？要是我，宁愿自己把自己虐待的。

当心伤风。

此夕

要是你是个男人，你欢喜那一种女子呢？要是我是个女子，我要跟很多男人要好，我顶欢喜那种好好先生，因为可以随便欺负他，“好人”是天生下来给人欺负的。

哥儿：

今天天气很好。不叫人兴奋也不叫人颓唐，不叫人思慕爱情也不叫人厌恨爱情，去外面跑，也不会疲劳，住在家里，也不会愁闷。今天写信，目的就是要说这两句话，多说了你又会厌烦我。

借了三本《行为主义的心理学》，希望能读得下去。

愿你乖。

次日下午

①此信原信封邮戳日期为1935年9月14日。

小鬼頭兒：

我太不高興寫信給你，此刻不知你在跟誰道些什麼小姐經，而我卻不知道是誰逼着我硬要寫些什麼，寫信比對家信、批完要是我所最討厭的人你。要是寫得好，能博你歡喜，叫我我多孩子，那麼也許還可高心高心，騙騙自己說世上還有個人疼我。要是寫得糟一些，便要惹你發神經，把朱先生哩聰明哩佩服哩知己哩尊敬哩這些化裝了的侮辱堆在我身上，想一想真氣不過。如果你是個頑皮傻瓜，我算是個超等傻瓜。

自己安慰自己這句話實在可憐得很，既然決心不要人憐，又何必對別人告憐呢？要是我寧願自己把自己磨得的。

當心傻瓜。　　此父

要是你是個男人，你歡喜哪一種女子呢？要是我是個女子，我要跟怎樣男人要好，我頂歡喜那種好好先生，因為可以隨便欺負他，好人是天生下來給人欺負的。

-20×20=400-

哥兒：

今天天氣很好。不叫人發愁也不叫人頹喪，不叫人思慕愛情也不叫人厭恨愛情，走出外面跑，也不會疲勞，住在家裡，也不會煩悶。今天寫信，目的就是要說這兩句話，多說了你又會厭煩我。

借了二本"存在主義的心理學"，希望能讀得下去。

願你乖。　　四月廿二下午

回应

霞落遥山黯淡烟

宋清如

（一）

霞落遥山黯淡烟，
残香空扑采莲船，
晚凉新月人归去，
天上人间未许圆。

（二）

无端明月又重圆，
波面流晶漾细涟，
如此溪山浑若梦，
年年心事逐轻烟。

朱生豪情書全集

【手稿珍藏本】

下

朱生豪　宋清如　著

朱尚刚　整理

中国青年出版社

图书在版编目（CIP）数据

朱生豪情书全集 / 朱生豪著；朱尚刚整理.

— 北京：中国青年出版社，2012.6

（新青年文库 · 名家名作手稿珍藏本系列）

ISBN 978-7-5153-0622-3

Ⅰ. ①朱… Ⅱ. ①朱… ②朱… Ⅲ. ①朱生豪（1912～1944）－书信集

Ⅳ. ① K825.5

中国版本图书馆 CIP 数据核字(2012)第 034512 号

书　　名：朱生豪情书全集（手稿珍藏本）

著　　者：朱生豪　宋清如

整　　理：朱尚刚

责任编辑：庄　庸　王　昕

特约策划：张瑞霞

特约编辑：于晓娟

装帧设计：都市华艺

出版发行：中国青年出版社

社　　址：北京东四十二条 21 号

邮　　编：100708

网　　址：www.cyp.com.cn

门 市 部：(010)57350370

印　　刷：北京中科印刷有限公司

经　　销：新华书店

开　　本：787 × 1092　1/16

印　　张：32.125

字　　数：600 千字

版　　次：2013 年 1 月北京第 1 版 2021年4月北京第13次印刷

印　　数：81,001~86,000 册

定　　价：68.00 元

本图书如有印装质量问题，请凭购书发票与质检部联系调换。

联系电话：（010） 57350337

爱何以如此细致入微，只因爱到深处。朱尚刚先生回忆说，老年的母亲把一切都看得很淡了，唯有父亲仍然是她心目中永远清晰的偶像，母亲在她最后一段生活道路上，把剩下不多的全部精力都用来塑造这个偶像了。

晚年的宋清如回忆着与朱生豪生前的点点滴滴，她从来没有真正离开过这些书信，沉浸在对往事的点滴回忆中，苦涩也变成了甘醇。

第[153]封 中秋

清如：

真的是满城风雨，外面冷得令人发抖，雨不单是从天上落下来，还要从地面上刮起来，全身淋湿在雨中（伞当然是撑着的），风可以把你吹倒，真令人兴奋。回到斗室中，那么温暖！无月的中秋是可爱的。

——昨夜

今天大家嚷冷，有人夹袍带草帽，有人夏长衫内罩绒线背心，无奇不有。冷我是欢迎的（你当然也赞成），可是这一下太突然，多多珍重玉体吧。

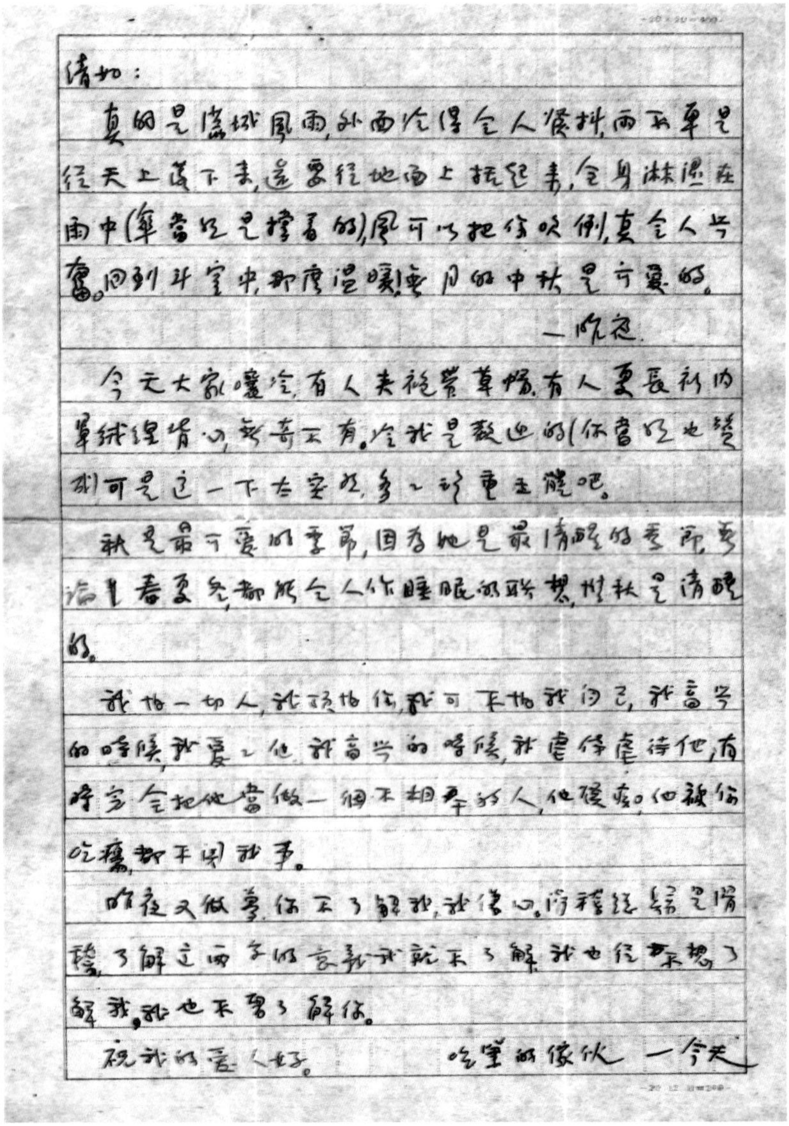
清如：

真的是满城风雨，外面冷得令人发抖，雨不单是从天上落下来，还要从地面上刮起来，全身淋湿在雨中（伞当然是撑着的），风可以把你吹倒，真令人兴奋。回到斗室中，那么温暖！无月的中秋是可爱的。

——昨夜

今天大家嚷冷，有人夹袍带草帽，有人夏长衫内罩绒线背心，无奇不有。冷我是欢迎的（你当然也赞成），可是这一下太突然，多多珍重玉体吧。

秋是最可爱的季节，因为它是最清醒的季节，无论春夏冬，都能令人作睡眠的联想，惟秋是清醒的。

我怕一切人，我顶怕你，我可不怕我自己，我高兴的时候，我爱爱他，我高兴的时候，我虐待虐待他，有时简直会把他当做一个不相干的人，他很乖。他被你吃瘪，都不关我事。

昨夜又做梦你不了解我，我伤心。仿佛结结总是谓譬了解这两字的意义我就不了解，我也从不想了解我，我也不要了解你。

祝我的爱人好。　　吃瘪的傢伙　——今天

秋是最可爱的季节，因为她是最清醒的季节，无论春夏冬，都能令人作睡眠的联想，惟秋是清醒的。

我怕一切人，我顶怕你，我可不怕我自己，我高兴的时候，我爱爱他，我不高兴的时候，我虐待虐待他，有时完全把他当做一个不相干的人，他发痴，他被你吃瘪，都不关我事。

昨夜又做梦，你不了解我，我伤心。滑稽总归是滑稽，了解这两字的意义我就不了解，我也从不想了解我，我也不曾了解你。

祝我的爱人好。

吃笔的家伙——今天

第[154]封 月饼[①]

婆婆：

今天有没有进城去呢？我不出去，很寂寞，很无聊。想着要吃月饼，买了一个“蚝黄夜月”，一个“蛋黄莲蓉”，吃到把胃口吃倒为止，现在还剩着一些些儿。无论吃什么东西，总归不快活。我想婆婆，婆婆一定不想我。

现在我倦得想睡，不写了。你说过几时带我到月亮里去，几时去呢？你要是忘记了，我不依。你讲我一个故事听好吗？

祝你老人家万福金安。

珠儿 十五夜

昨夜睡得烂极了，几乎要死。今天下雨。

婆婆上学去，要听先生话，不然打手心。

①此信原件信封邮戳日期为1935年9月17日。

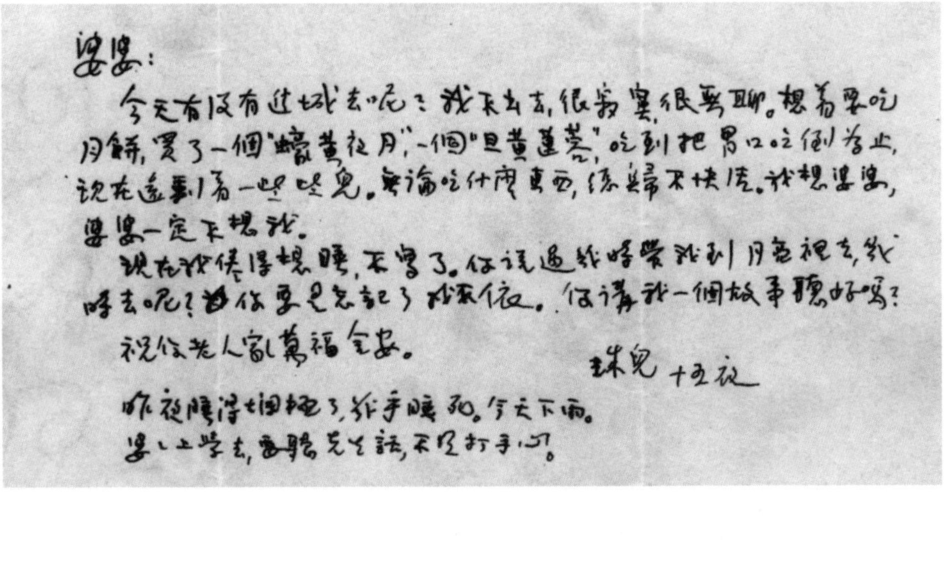
婆婆：

今天有沒有進城去呢？我不出去，很寂寞，很無聊。想着要吃月餅，買了一個“蠔黃夜月”，一個“旦黃蓮蓉”，吃到把胃口吃倒為止，現在還剩着一些些兒。無論吃什麼東西，總歸不快活。我想婆婆，婆婆一定不想我。

現在我倦得想睡，不寫了。你說過幾時帶我到月亮裡去，幾時去呢？你要是忘記了我不依。你講我一個故事聽好嗎？

祝你老人家萬福金安。

珠兒 十五夜

昨夜睡得爛極了，幾乎要死。今天下雨。

婆婆上學去，要聽先生話，不然打手心。

第[155]封 幼稚①

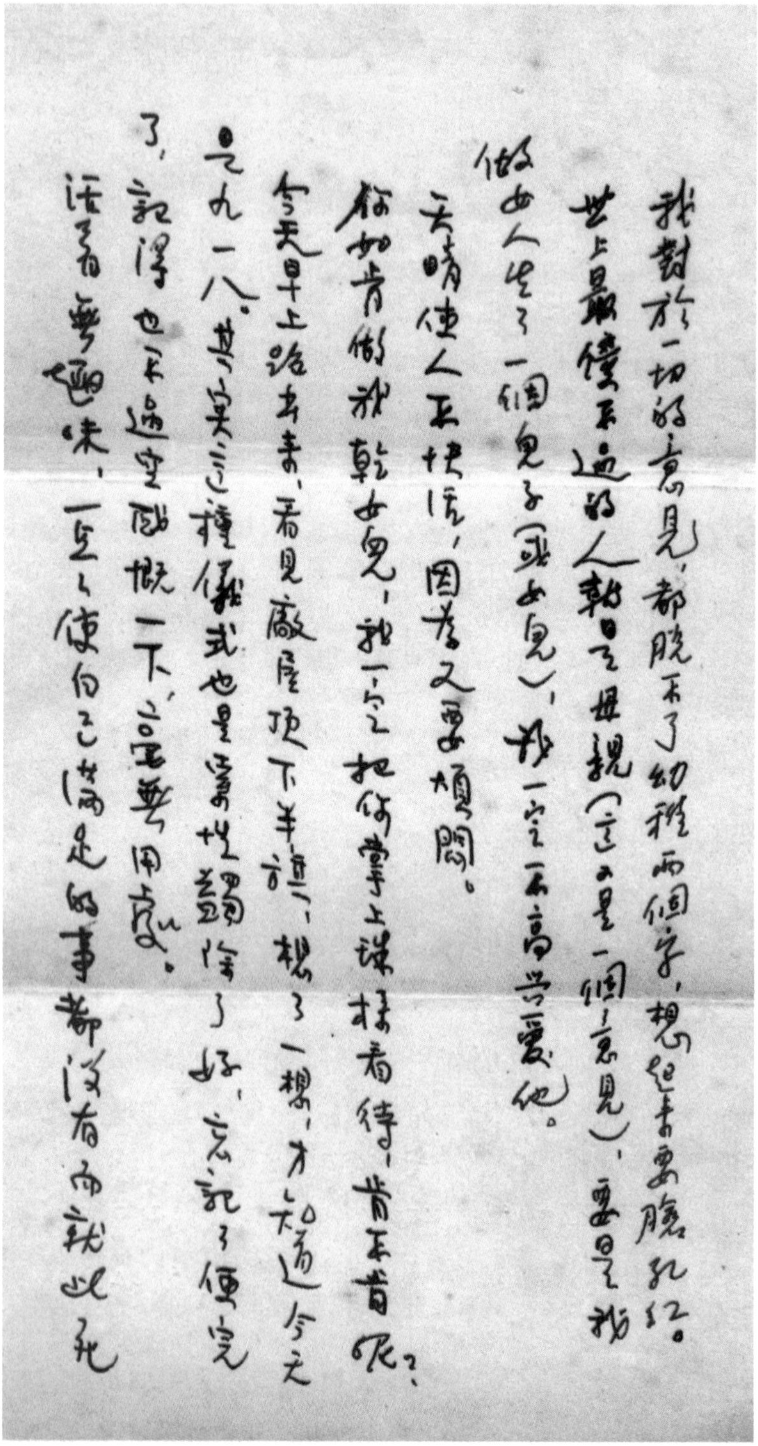
我對於一切的意見，都脫不了幼稚兩個字，想起來要臉孔紅。
世上最傻不過的人就是母親（這又是一個意見），要是我
做女人生了一個兒子（或女兒），我一定不高興愛他。
天晴使人不快活，因為又要煩悶。
你如肯做我乾女兒，我一定把你掌上珠樣看待，肯不肯呢？
今天早上跑出來，看見廠屋頂下半旗，想了一想，才知道今天
是九一八。其實這種儀式也是索性蠲除了好，忘記了便完
了，記得也不過空感慨一下，毫無用處。
活着無趣味，一點點使自己滿足的事都沒有而就此死

我对于一切的意见，都脱不了幼稚两个字，想起来要脸孔红。

世上最傻不过的人就是母亲（这又是一个意见），要是我做女人生了一个儿子（或女儿），我一定不高兴爱他。

天晴使人不快活，因为又要烦闷。

你如肯做我干女儿，我一定把你掌上珠样看待，肯不肯呢？

今天早上跑出来，看见厂屋顶下半旗，想了一想，才知道今天是九一八。其实这种仪式也不过空感慨一下，毫无用处。

活着无趣味，一点点使自己满足的事都没有，而就此死了，又不能甘心。

想来想去只觉得你比我更可怜。

我每星期中星期日除外，总有两天很兴奋，两天很安静，其余两天，则怨天尤人。出太阳的日子心里常气闷，落雨天有时很难

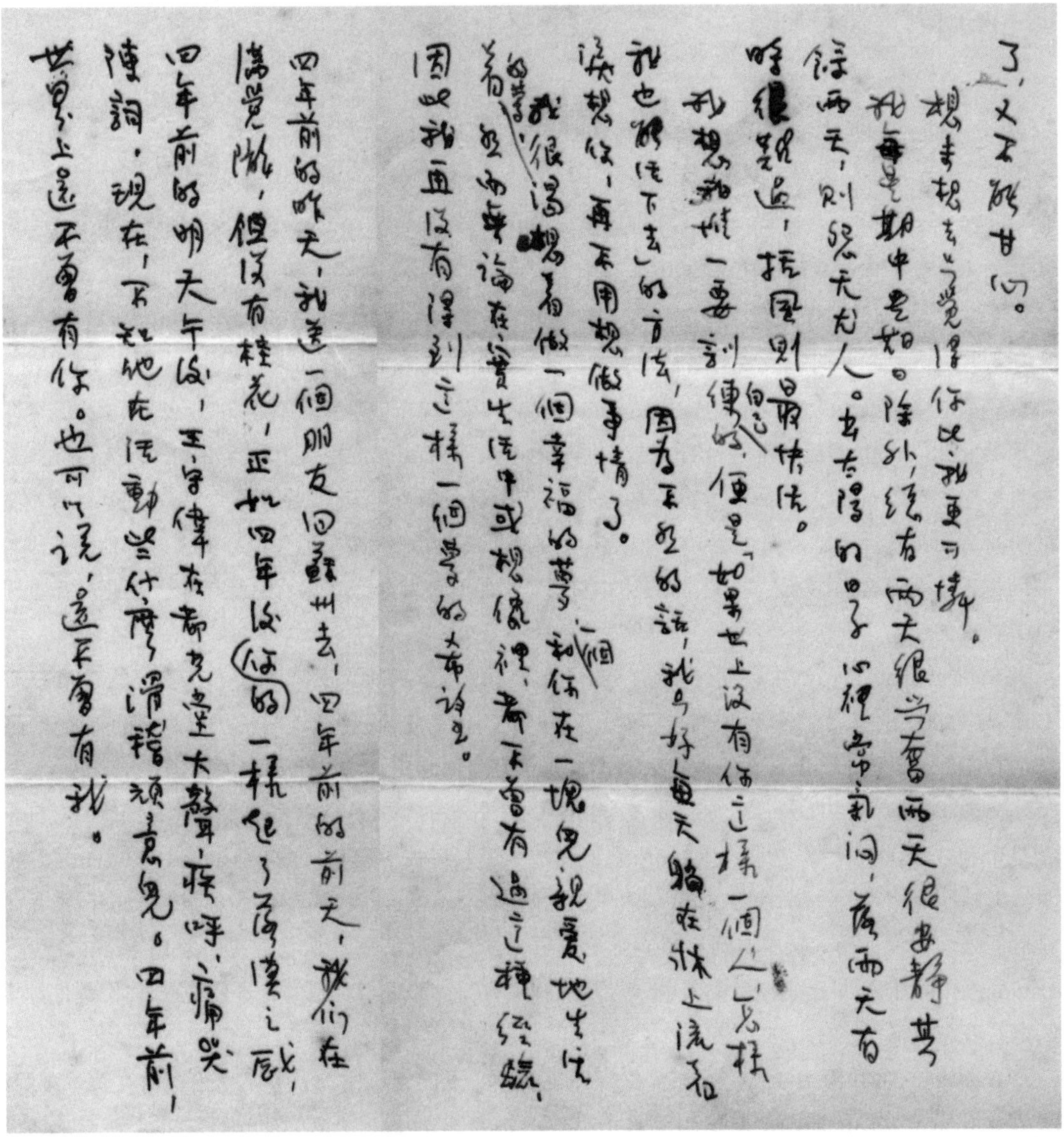
了，又不能甘心。
想来想去觉得你比我更可怜。
我每星期中总如此：除外，总有两天很寂寞，两天很安静，其
余两天，则发无名火。太阳的日子心里常气闷，落雨天有
时很寂寞，刮风则最快活。
我想我唯一要训练自己的，便是「如果世上没有你这样一个人怎样
我也能活下去」的方法，因为不然的话，我只好每天躺在床上流着
泪想你，再不用想做事情了。
我很渴想着做一个幸福的梦，一个和你在一块儿亲爱地生活
着的梦，然而无论在实生活中或想像里，都不曾有过这种经验，
因此我再没有得到这样一个梦的希望。
四年前的昨天，我送一个朋友回苏州去，四年前的前天，我们在
满觉陇，但没有桂花，正如四年后你的一样起了落漠之感，
四年前的明天午后，王守伟在都克堂大声疾呼，痛哭
陈词，现在，不知他在活动些什么滑稽顽意儿。四年前，
世界上还不曾有你。也可以说，还不曾有我。

过，刮风则最快活。

我想我唯一要训练自己的，便是“如果世上没有你这样一个人，怎样我也能活下去”的方法，因为不然的话，我只好每天躺在床上流着泪想你，再不用想做事情了。

我很渴想着做一个幸福的梦，一个和你在一块儿亲爱地生活着的梦，然而无论在（现）实生活中或想像里，都不曾有过这种经验，因此我再没有得到这样一个梦的希望。

四年前的昨天，我送一个朋友回苏州去，四年前的前天，我们在满觉陇，但没有桂花，正如四年后的你一样起了落漠之感。四年前的明天午后，王守伟在都克堂大声疾呼，痛哭陈词[2]，现在，不知他在活动些什么滑稽顽意儿。四年前，世界上还不曾有你，也可以说，还不曾有我。

①此信原件背面宋清如注：1935 年 9 月 18 日。 ②指 1931 年“九一八”事变发生的次日，之江大学爱国师生举行抗日救国集会。此后成立的抗日救国会由朱生豪同级同学王守伟任主席，朱生豪任文书股长。

第[156]封 血腥

昨夜读莎士比亚，翻到的是*Titus Andronicus*①，这是莎翁悲剧中最残酷的一本，这故事是《莎氏乐府本事》上所没有的，因此可以讲一讲。

Titus A.是罗马大将，出征Goth②人，凯旋回来，他有好许多儿子，都在各次的战役中阵亡，生还者仅四人耳。是时也，罗马皇帝新丧，二子Saturninus和Bassianus争夺皇位，因为Titus功高望重，请他决定谁应为皇，他因为Saturninus是长子，就宣布他是罗马皇帝，后者感激之余，要求娶他的女儿Lavinia为后，可是当Titus献上俘虏的时候，Saturninus一见了被俘的Goth王后Tamora，便着了迷了。Lavinia，Titus的女儿，原来是皇弟Bassianus的恋人，后者看见Titus把她许嫁给他的哥哥，便当众宣布她应属于他，而把她夺走了。Titus大为气愤，想去追夺回来，但他的儿子们都同情于这一对恋人，而拦阻他们父亲的追赶，老头子因为自己的儿子也背叛他，便把一个儿子杀了。

Saturninus皇位已到手，便翻了脸，说不要Lavinia了，并辱骂Titus，宣布以被俘的Goth王后Tamora为自己的皇后，后者是一个淫毒险恶的妇人，因为Titus曾杀她的长子以祭他的阵亡诸子，怀恨在心，佯劝Saturninus宽恕他，表面上言归于好，而暗中计划她仇家之颠覆。

一切的阴谋都由Tamora和她的情人Aaron，一个奸恶的黑人，计划发动着。大婚的次日，Titus请皇帝和Bassianus诸人出猎，Tamora乘机和她的黑人在林中幽会，被Bassianus和Lavinia所撞见，把她冷嘲热骂了一阵，而Aaron却溜了出去叫Tamora的二子来救他们的母亲，Tamora看见了她的儿子，便说那两人把她诱到这座冷僻无人的荒林里来谋杀她，二子听说便把Bassianus杀了，Lavinia则因为他们早已垂涎她的美色，被二人拖去强奸，那母亲对她的儿子们说："你们越把她干得痛快我越快活。"

Bassianus的尸身被扔在一个预先掘好的坑穴中，上面用草覆盖，看不出来。时在黄昏之际，黑人Aaron把Titus的两个儿子引到林中，二人都跌落坑中，发现了那尸身，非常惊骇。斯时Saturninus以及大队人因找寻失踪的Bassianus到此，看见了坑中的二人和尸体，便断定他们是杀人的凶手，不管老Titus怎样辩白声说，终于判处了他们的死刑。

Lavinia受了污辱之后，被那两个恶徒割去了两手和舌头，丢弃在荒野里，被她的叔父所遇见，同了回家，大家的悲伤、忿恨、痛哭、怨怒，都不必说，但无由探知下此毒手者的姓名。Aaron矫诏来说，Titus，或他的兄弟Marcus，或他的仅余的一子Lucius，肯斫去了一只手献给皇上，便可救赎他两个儿子的一死，他们三人争着各要斫自己的手，终于Titus用计赚了他们，把自己的手斫下来了。这是Aaron耍的活儿，他回去告诉了Tamora，二人快活得笑出眼泪来。

使者捧着二子的头和Titus的手还给他们，Titus明白上了当，便立誓复仇，命他的儿子Lucius到Goth人那里去借兵。自己则佯狂装疯，同时探悉了戕害Lavinia的凶手。Tamora和Aaron奸通的结果，生了一个孩子，是黑种，Aaron把那孩子挟逃到Goth人那里，被Lucius所执。

Lucius率领Goth人大举进攻，Saturninus着了慌，预备议和。Tamora因为知道Titus已气疯，便扮作复仇女神的样子到他那里去，叫他把他的儿子召来，她可以替他杀尽仇人。Titus假装痴呆昨夜读莎士比亚，读到的是Titus Andronicus. 这是莎翁悲剧中最残酷的一本，这故事是莎氏剧本本事上所没有的，因此可以讲一讲。

Titus A. 是罗马大将，去征Goth人，凯旋回来，他有好许多儿子，都在各次的战役中阵亡了，生还者仅四人耳。是时也，罗马皇帝新丧，二子Saturnine和Bassianus争夺皇位，因为Titus功高望重，请他决定谁应为皇，他因为Saturnine是长子，就宣布他是罗马皇帝，后者感激之余，要求娶他的女儿Livinia为后，可是当Titus献上俘虏的时候，Saturnine一见了被俘的Goth女后Tamora，却便看了迷了。Livinia，Titus的女儿，原来是皇弟Bassianus的爱人，后者看见Titus把她许嫁给他的哥哥，便当众宣布她应属于他，而把她夺走了。Titus大为气愤，想去追夺回来，但他的儿子们都同情于这一对爱人，而拦阻他们父亲的追赶，老头子因为自己的儿子也背叛他，便把一个儿子杀了。

Saturnine皇位已到手，便变了脸，说不要Livinia了，并当着Titus，宣布以Goth被俘的女后Tamora为自己的皇后，后者是一个阴毒险恶的妇人，因为Titus曾杀她的长子以祭他的阵亡之诸子，怀恨在心，佯劝Saturnine宽恕他，表面上言归于好，而暗中计划她仇家之颠覆。

一切的阴谋都由Tamora和她的情人Aaron，一个奸恶的黑人，计划发动着，大婚的次日，Titus请皇帝和Bassianus诸人去猎，Tamora乘机和她的黑人在林中幽会，被Bassianus和Lavinia所撞见，把她冷嘲热骂了一阵，而Aaron却溜了去，去叫Tamora的二子来援他们的母亲，Tamora看见了她的儿子，便说那两人把她诱到这座冷僻无人的荒林里来谋杀她，二子听说便把Bassianus杀了，Livinia则因为他们早已垂涎她的美色，被二人拖去强奸，那母亲对她的儿子们说，"你们能把她弄得痛快我就快活"。

Bassianus的尸身被抛在一个预先掘好的坑穴中，上面用草覆盖着树枝。时在黄昏之际，黑人Aaron把Titus的两个儿子引到林中，二人都跌落坑中，发现了那尸身，非常惊骇。斯时Saturnine以及大队人因找寻失踪的Bassianus到此，看见了坑中的二人和尸体，便断定他们是杀人的凶手，不管老Titus怎样辩白争论，终於判处了他们死刑。

Livinia受了污辱之后，被那两个恶徒割去了两手和舌头，丢弃在荒野里，被她的叔父所遇见，同了回家，大家的悲伤怨恨，痛哭怨怒，都不如[illegible]，但无由探知下此毒手者的姓名。Aaron矫诏来说，如果Titus，或他的兄弟Marcus，或他的仅余的一子Lucius，肯斫去了一只手献给皇上，便可救赎他两个儿子的一死，他们三人争着各要斫自己的手，终於Titus用计赚了他们，把自己的手斫下来了。这是Aaron耍的[illegible]儿，他回去告诉了Tamora，二人快活得笑出眼泪来。

使者捧了二子的头和Titus的手送给他们，Titus明白上了当，便立誓复仇，命他的儿子Lucius到Goth人那里去借兵。自己则佯狂装疯，同时探来了戕害Livinia的凶手。Tamora和Aaron私通的结果，生了一个孩子，是黑种，Aaron把那孩子拐逃到Goth人那里，被Lucius所执。

Lucius率领Goth人大举进攻，Saturnine着了慌，预备议和。Tamora因为知道Titus已经疯，便扮作复仇女神的样子到他那里去，叫他把他的儿子召来，她可以替他杀尽仇人。Titus假装痴呆答应了，但说她的两个侍者（一个的名字是"暴行"，一个的名字是"奸淫"）实即她的二个儿子，应当留在他家里，她也答应了，他便叫人去召唤Lucius来，Tamora走了之后，他预先伏下的人就把她的二子杀了。

Saturnine，Tamora和众臣等临Titus的府邸，和Lucius议和，在筵席之上，Titus就自扮作厨子的样子，伺候进菜。他把他的女儿拖到众人的面前，声说她已被奸人所污，并且被他们弄残废，因为不忍见她如此蒙羞而生，便亲手把她杀死了，Saturnine惊骇之余，追问了伤害她的人，他便直指着Tamora说，"你现在所吃的，便是你自己儿子的肉，"害了我女儿的就在说话的时候把那妇人也刺死了，Saturnine一见他杀了他的妻子，便杀死了Titus，Lucius一见他的父亲被杀，也把Saturnine杀死。在民众的骚扰中，他当众申述了一切，并且把Aaron提来，叫他招认一切的罪恶，无尽的阴谋，於是便拥戴Lucius为皇。

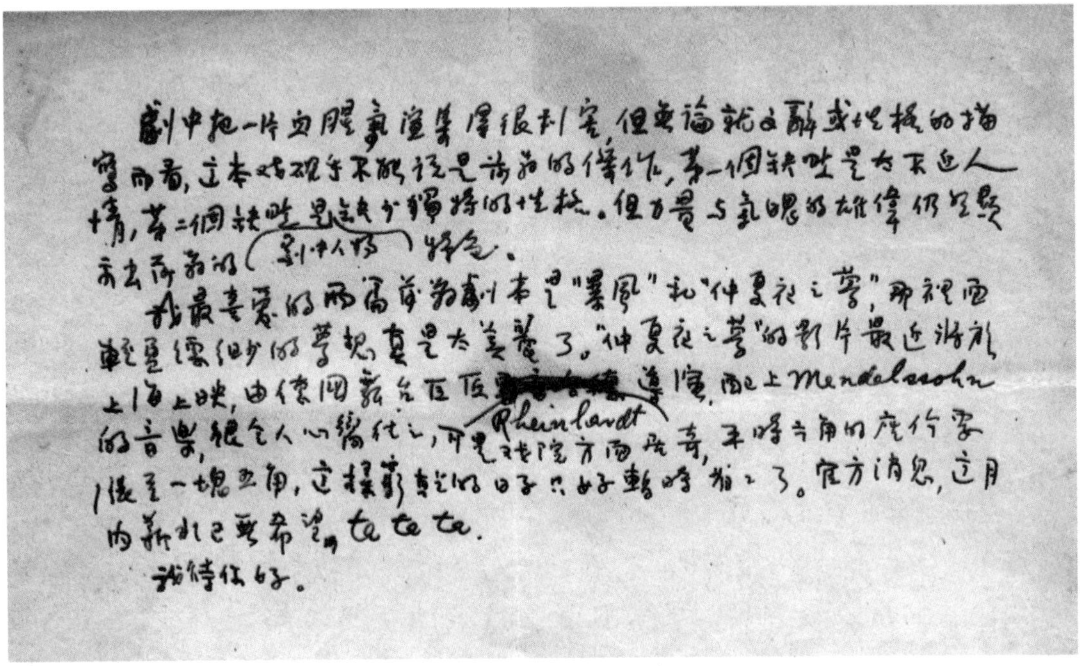

劇中把一片血腥氣渲染得很利害，但無論就文辭或性格的描寫而看，這本戲確乎不能說是莎翁的傑作，第一個缺點是太不近人情，第二個缺點是缺少獨特的性格。但力量與氣魄的雄偉仍然顯示出莎翁的（劇中人物）特色。

我最喜愛的兩篇莎翁劇本是"暴風"和"仲夏夜之夢"，那裡面輕盈縹緲的夢想真是太美麗了。"仲夏夜之夢"的影片最近將於上海上映，由德國舞台巨匠 Rheinhardt 導演，配上Mendelssohn的音樂，很令人心嚮往之，可是戲院方面居奇，平時六角的座價要漲至一塊五角，這樣窮的日子只好暫時省省了。官方消息，這月內薪水已無希望，ta ta ta.

我待你好。

答应了，但说她的两个从者（一个的名字是“谋杀”，一个的名字是“奸淫”），实即她的两个恶子，应当留在他家里，她也答应了，他便叫人去召唤Lucius来，Tamora走了之后，他预先伏下的人就把她的二子杀了。

Saturninus，Tamora和家臣驾临Titus的府邸，和Lucius议和，在筵席之上，Titus亲自扮作厨子的样子，伺候进菜。他把他的女儿拖到众人的面前，声说她已被奸人所污，并且被他们弄成残废，因为不忍让她如此蒙羞而生，便亲手把她杀死了，Saturninus惊骇之余，追问谁是贼害她的人，他便戟指着Tamora说，“你现在所吃的，便是害了我女儿的你自己儿子的肉”，就在说话的时候把那妇人也刺死了。Saturninus一见他杀了他的妻子，便杀死了Titus，Lucius一见他的父亲被杀，也把Saturninus杀死。在群众的鼓噪中，他当众申述了一切，并且把Aaron提出，叫他招认一切的罪恶，无主的罗马，于是便拥戴Lucius为皇。

剧中把一片血腥气渲染得很厉害，但无论就文辞或性格的描写而看，这本戏确乎不能说是莎翁的杰作，第一个缺点是太不近人情，第二个缺点是剧中人物缺少独特的性格。但力量与气魄的雄伟仍然显示出莎翁的特色。

我最喜爱的两篇莎翁剧本是《暴风雨》和《仲夏夜之梦》，那里面轻盈飘渺的梦想真是太美丽了。《仲夏夜之梦》的影片最近将于上海上映，由德国舞台巨匠Rhein hardt[3]导演，配上Mendelssohn[4]的音乐，很令人心向往之，可是戏院方面居奇，平时六角的座价要涨至一块五角，这样穷干的日子只好暂时省省了。官方消息，这月内薪水已无希望，ta ta ta[5]。

我待你好。

①Titus Andronicus：《泰特斯·安德洛尼克斯》，悲剧，也是该剧中主人公的名字。下面出现的许多英文名字都是这部悲剧中的人物，其中Titus Andronicus：罗马大将。Lavinia：Titus的女儿；Lucius：Titus的儿子；Marcus：Titus的兄弟。Saturninus和Bassianus：新丧罗马皇帝的两个儿子。Tamora：被俘的哥特王后；Aaron：Tamora的情人。②Goth：哥特，欧洲古国名。③Rhein hardt：莱因哈德，德国著名导演。④Mendelssohn：门德尔松，德国19世纪著名作曲家。⑤ta ta ta：象声词，“嗒、嗒、嗒”。

第[157]封 构想

昨天在附近的影戲院裡看卓別靈，覺得他大是一位
詩人。米老鼠的卡通，頗有趣。

今天過得十分寂寞，我以為會得到你的信的，上午還
是很高興。

我想像有那麼一天，譬如，我們得遇到了命定的更
遠更久長更長命運的離別，甚至於在還不曾見到最後的
一面說一聲最後的珍重之前，你就走了到不曾告訴我知
道的一個地方去。你在外面得到了新奇和幸福，我只
在無變化的環境裡維持一個孩孩無奇的地位。那時
我相信我已成為一個基督教徒（因我不能做和尚），度
着清淨的嚴肅的虔敬的清教徒的獨身生活，不大露
頭角於世上，一切的朋友也都已疏遠了。終於有一天你
厭倦歸來，在歡迎你的人群裡，有一個你幾乎已不認
識了的蒼瘦的面貌，眼睛本來是乾枯的，現在只噙着
歡喜的淚光，帶着充滿感情的沉默前來握你的手。你
忽然有些惘然，隨即認識了我，我已因過度的歡喜而
昏暈了。也許你那時已因人生的不可免而結了婚，有
了孩子，但這些全無關係，當我醒來的時候，是有你在我
的身邊。我告訴你，這許多年我用生活的虔敬崇拜你，一
切的苦難，已因瞬間的愉快而消失了，我已看見你，
的吻中睡去。於是我死去，在你眷顧的懷念和一個最後
最大的靈魂安靜的祝福裡。我將從此繼續生活着，在
你的靈魂裡，直至你也死去，那時我已沒有再要求生存
的理由了。一個可笑得要哭的構想嗎？

祝福！

朱 廿二下午

昨天，在附近的影戏院里看卓别林，觉得他大是一位诗人。米老鼠的卡通，颇有趣。

今天过得十分冤枉，我以为会得到你的信的，上午还是很高兴。

我想像有那么一天，清如，我们将遇到命定的更远更久长更无希望的离别，甚至于在还不曾见到最后的一面，说一声最后的珍重之前，你就走了，到不曾告诉我知道的一个地方去。你在外面得到新奇和幸福，我则在无变化的环境里维持一个碌碌无奇的地位。那时我相信我已成为一个基督教徒（因我不愿做和尚），度着清净的严肃的虔敬的清教徒的独身生活，不求露头角于世上，一切的朋友，也都已疏远了。

终于有一天你厌倦归来，在欢迎你的人群里，有一个你几乎已不认识了的苍癯的面貌，眼睛，本来是干枯的，现在则发着欢喜的泪光，带着充满感情的沉默前来握你的手。你起始有些愕然，随即认识了我，我已因过度的欢喜而昏晕了。也许你那时已因人生的不可免而结了婚，有了孩子，但这些全无关系，当我醒来的时候，是有你在我的旁边。我告诉你，这许多年我用生活的虔敬崇拜你，一切的苦难，已因瞬间的愉快而消失了，我已看见你像从梦中醒来。于是我死去，于你眷旧的恋念和一个最后最大的灵魂安静的祝福里。我将从此继续生活着，在你的灵魂里，直至你也死去，那时我已没有再要求生存的理由了。一个可笑罗曼斯的构想吗？

祝福！

朱 廿二下午

第[158]封 西风

看完了一本《我与文学》，读了一些Wordsworth①的诗，只是赶着一个一个字念下去，什么意味都茫然，一切寂寞得很。

研究文学这四个字很可笑，一切的文学理论也全是多事，我以为能和文学发生关系的，只有两种人，一种是创作者，一种是欣赏者，无所谓研究。没有生活经验，便没有作品，在大学里念文学史文学批评某国文学什么什么作法之类的人，都是最没有希望的人，如果考据版本校勘错字或者营稗贩业于文坛之流的都足以称为文学者，或作家，那么莎士比亚、高尔基将称为什么呢？

因为你说过你对于风有好感的话，我希望你能熟读雪莱的《西风歌》，那不也是如同“听见我们自己的呼声”一样吗？

IV

If I were a dead leaf thou mightest bear;
If I were a swift cloud to fly with thee;
A wave to pant beneath thy power, and share

看完了一本"我與文學"，讀了一些Wordsworth的詩，只是這個一個一個字念下去，什麼意味都不懂，一切茫然得很。

研究文學這四個字很可笑，一切的文學理論也全是多事，我以為能夠從文學得著些什麼的只有兩種人，一種是創作者，一種是欣賞者，無所謂研究。沒有文學天才的便沒有作品，在大學裡念文學史文學批評英國文學什麼什麼作傳之類的人，都是最沒有希望的人，如果考據版本校勘錯字或者替稗販業於文壇上流的都足以稱為文學者或作家，那麼莎士比亞而若將稱為什麼呢？

因為你說過你對於風有好感的話，我去譯給你我熟讀會背的西風歌，那天不是如同聽見我們自己的呼聲"一樣嗎？

IV

If I were a dead leaf thou ~~can~~ mightest bear;
If I were a swift cloud to fly with thee;
A wave to pant beneath thy power, and share
The impulse of thy strength, only less free
Than thou, O uncontrollable! If even
I were as in my boyhood, and could be
The comrade of thy wanderings over heaven,
As then, when to outstrip thy skiey speed
Scarce seemed a vision; I would never have striven
As thus with thee in prayer in my sore need.
Oh! lift me as a wave, a leaf, a cloud!
I fall upon the thorns of life! I bleed!
A heavy weight of hours has chained and bowed
One too like thee: tameless, and swift, and proud.

若使我是一片你所吹動的枯葉；
若使我是一朵與你同飛的流雲；
若使在你威力下喘息著，分有
你條強之衝動的浪濤，只遜於
你的自由，啊不可控束的大力！
甚至於若使我還在童年，
作做你在天上漫遊的侶伴，
以為能追得上你在天上的
迅捷；我將不會這樣懇切地
痛苦的需要，向你努力禱告：
吹我起來吧，像一道浪，一片葉，一朵雲！
我墜在人生的荊棘上！我流著血！
時光的重擔鎖住且壓著一個
太像你的人：不馴，輕捷，而驕傲！
（略改吳遇春譯文）

因為要找一本書去藤箱裡拿出了那本Modern Short Stories，這上面留著你可貴的手澤，有你給包上去的包書紙，其實當初我把它借給你時，因應該叫你代書地在它上面亂塗的，再把它翻起來一定非常有意味。我以為書本子上頂應該亂塗，這是一種很好的習慣，將來借給別人，足以引起會心的微笑。買一本新書送人，實在遠不及把自己看過的舊書，上面留著自己的手跡的，送人來得更有交情

當初我之江最後兩天的離別，你家去了，至今回憶起來，還是撲人眼眶，眼睜睜看你去了，靈魂已留下一片空虛，人真像死了一樣。實在我不能相信我們友誼的歷史還只有三年許，似乎我每次見了你並不能使到了你一百年似的。

如果世上什麼人都沒有，只有你多麼好。不，我說，世界如果只有平涼村那麼大，那多麼好。

笑嘻嘻地寫完了這封信，我願你好，因為你是無比的好。

Xygptqrsmnnrv
9/24

The impulse of thy strength, only less free
Than thou, O uncontrollable! If even
I were as in my boyhood, and could be
The comrade of thy wanderings over heaven,
As then, when to outstrip thy skiey speed
Scarce seemed a vision; I would never have striven
As thus with thee in prayer in my sore need,
Oh! Lift me as a wave, a leaf, a cloud!
I fall upon the thorns of life! I bleed!
A heavy weight of hours has chained and bowed
One too like thee: tameless, and swift, and proud.

若使我是片你能吹动的枯叶；
若使我是朵与你同飞的流云；
一丝在你威力下喘息着，分有
你浩然之气的波浪，只赶不上
你的自由，啊，不可拘束的大力！
甚至于若使我还在我的稚年，
能做你在天上漫游的侣伴，
以为能跑得比你在天上的
遨游还快；我决不会这样感到
痛切的需要，向你努力祷告：
吹我起来吧，像一丝浪，一片叶，一朵云！
我坠在人生的荆棘上！我流着血！
时光的重担锁住且压着一个
太像你的人：难训，轻捷，而骄傲！
（略改梁遇春译文）

因为要找一本书，在藤篮里拿出了那本*Modern Short Stories*②，这上面留着你可贵的手泽，有你给包上去的包书纸，其实当初我把它借给你时，应该叫你尽量地在它上面乱涂的，那现在翻起来，一定非常有意味。我以为书本子上确应该乱涂，这是一种很好的习惯，将来偶然翻看，足以引起会心的微笑。买一本新书送人，实在远不及把自己看过的旧书，上面留着自己的手迹的，送人来得更为多情。

当初在之江最后两天的恋别，印象太深刻了，至今追忆起来，还是摧人肺腑，眼睁睁看你去了，灵魂上留着一片空虚，人真像死了一样。实在我不能相信我们友谊的历史还只有三年许，似乎我每次见了你五分钟便别了你一百年似的。

如果世上什么人都没有，只有你，多么好。不，我说，世界如果只有平凉村那么大，那多么好。

叹叹气结束了这封信，我愿你好，因为你是无比的好。

Xzptqrsmnnrrs③ 9/24

①Wordsworth：华兹华斯，19世纪英国诗人。②Modern Short Stories：《现代短篇小说》。③系无意义的字母组合。

第[159]封 毋忘

Forget-me-not[①]

古昔一对男女
走到这桥上，
说，“别忘记我！”
他们手中的蓝花，
无意跌进水中，
水边伤心地长起来的，
是蓝色的毋忘我了。

撷了它，
表示相思之情。
远离的人，
记得王维的诗吗？
“红豆生南国，
南国的秋天是这样愁思着了；
红豆子是顶相思的，
多多的采哪！
多多的采哪！”
南国的春天是一样寂寞的，
赠与你，
这一束毋忘我吧！

清如：

这样的诗，算不算得诗究竟？近来颇想作诗，然Rhythm[②]的贫乏乃是生命中的根本问题，能做一个Poetaster[③]也只是由于你的感叹，故Vers Libre[④]似更适宜于我。

你将要说“几天的假期，莫名其妙地过去了”。是不是？也许，“人有点疲乏。”

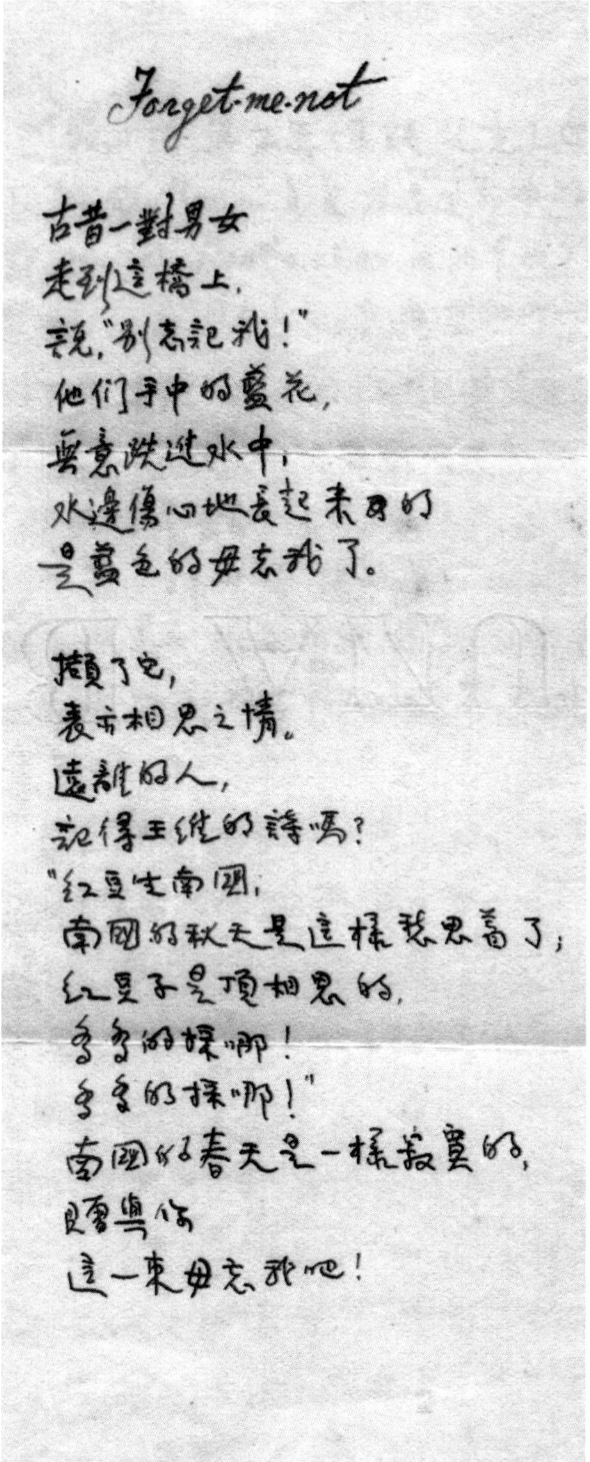
Forget-me-not

古昔一對男女
走到這橋上，
說，"別忘記我！"
他们手中的藍花，
無意跌進水中，
水邊傷心地長起來的
是藍色的毋忘我了。

擷了它，
表示相思之情。
遠離的人，
記得王維的詩嗎？
"紅豆生南國，
南國的秋天是這樣愁思着了；
紅豆子是頂相思的，
多多的採哪！
多多的採哪！"
南國的春天是一樣寂寞的，
贈與你
這一束毋忘我吧！

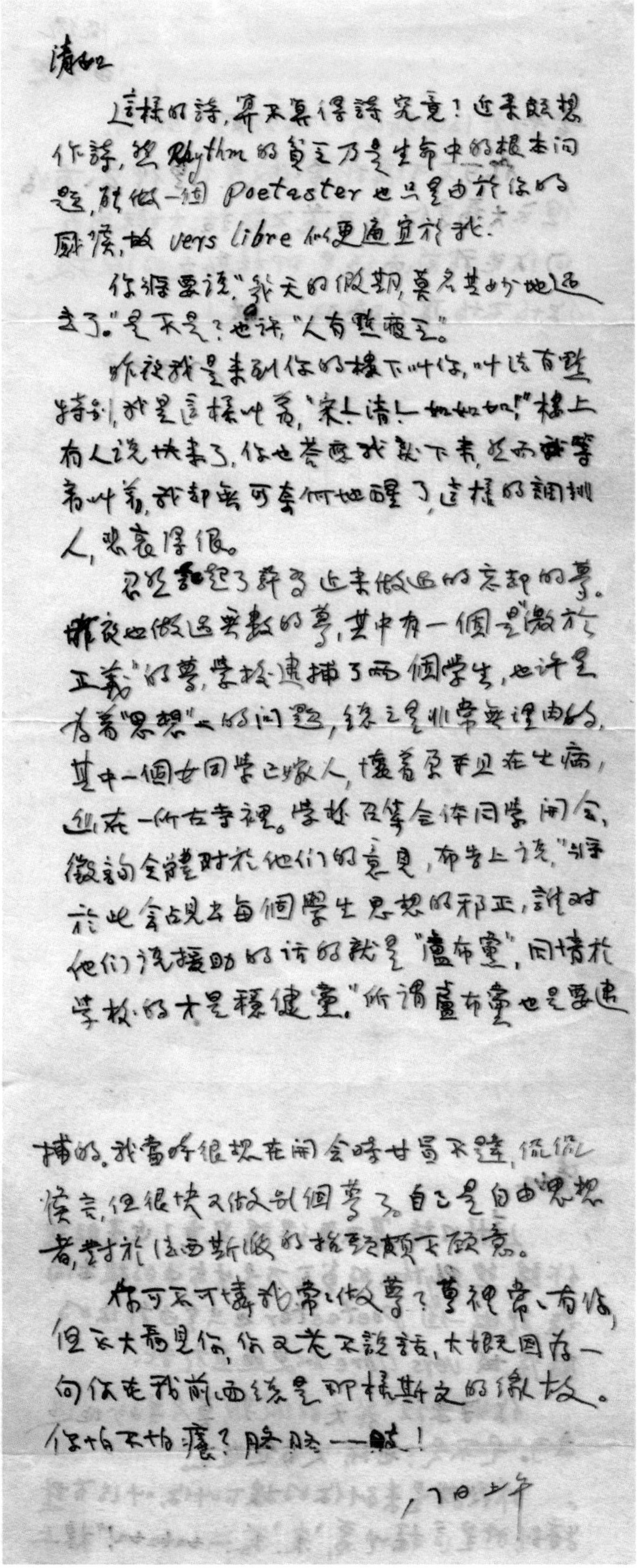
清如：

這樣的詩，算不算得詩究竟！近來頗想作詩，然Rhythm的貧乏乃是生命中的根本问題，就做一個poetaster也只是由於你的鼓勵，故vers libre似更適宜於我。

你將要說："我天天做夢，莫名其妙地過去了。"是不是？也許，"人有些痴呆。"

昨夜我是來到你的樓下叫你，叫法有些特別，我是這樣叫着，"宋！—清！—如如如！"樓上有人說快來了，你也答應我就下來，然而等着叫着，我卻無可奈何地醒了，這樣的調排人，悲哀得很。

忽然記起了許多近來做過的忘卻的夢。昨夜也做過無數的夢，其中有一個是"激於正義"的夢，學校逮捕了兩個學生，也許是為着"思想"上的问題，總之是非常無理由的。其中一個女同學已嫁人，懷着孕并且在生病，幽在一所古寺裡。學校召集全體同學開會，徵詢全體對於他們的意見，布告上說，"將於此會覘出每個學生思想的邪正，誰對他們說援助的話的就是"盧布黨"，同情於學校的才是穩健黨。"所謂盧布黨也是要逮捕的。我當時很想在開會時甘冒不韙，侃侃發言，但很快又做別個夢了。自己是自由思想者，對於法西斯派的抬頭頗不願意。

你可不可憐我常常做夢？夢裡常常有你，但不大看見你，你又老不說話，大概因為一向你在我前面總是那樣斯文的緣故。你怕不怕癢？胳胳——肢！

八日上午

昨夜我是来到你的楼下叫你，叫法有点特别，我是这样叫着："宋！—清！—如如如！"楼上有人说快来了，你也答应我就下来，然而等着叫着，我却无可奈何地醒了，这样的调排⑤人，悲哀得很。

忽然记起了许多近来做过的忘却的梦。昨夜也做过无数的梦，其中有一个是"激于正义"的梦，学校逮捕了两个学生，也许是为着"思想"上的问题，总之是非常无理由的。其中一个女同学已嫁人，怀着孕并且在生病，幽在一所古寺里。学校召集全体同学开会，征询全体对于他们的意见，布告上说，"将于此会觇出每个学生思想的邪正，谁对他们说援助的话就是'卢布党'，同情于学校的才是稳健党"。所谓"卢布党"也是要逮捕的。我当时很想在开会时甘冒不韪，侃侃发言，但很快又做别个梦了。自己是自由思想者，对于法西斯派的抬头颇不愿意。

你可不可怜我常常做梦？梦里常常有你，但不大看见你，你又老不说话，大概因为一向你在我面前总是那样斯文的缘故。你怕不怕痒？胳胳……肢！

八日上午

---

① Forget-me-not意思是"毋忘我"。 ② Rhythm：韵律。 ③ Poetaster：蹩脚诗人。④Vers Libre：自由体诗。⑤调排：上海方言，意为"作弄"。

第[160]封 史记

好人：

心烦得想死，可是不再见你一面而死，又有些不甘心。

昨夜梦见汉高祖，他要我把《史记》译为英文，费了整天工夫，我把《史记菁华录》上的《项羽本纪》译完，最后一段译不出，我便对他说可以不用译。我告诉了他两句诗句，他大为得意，连忙召集群臣，大开宴会，席上把这两句诗念了出来，说是自己做的（“年年老我春光里，片片花飞是异乡”），大家一齐喝彩。我说：“陛下，你忘了，这两句诗是我告诉你的。”他当然恼羞成怒，便把我的手指头都斫去了。他的女儿因为她父亲太残忍，和我商量把他杀死而一同逃走。未央宫前有一条黑水河，河里荡着一只不系之舟，我们预备乘黑夜坐这舟到上海租界里去……

我希望我是个乌龟，不痛快的时候把首尾手脚一齐缩进壳里，一切都不管账。

你很可怜， 因为你居然会爱我， 其实我比蚂蚁还不如。让我忘记一切一切，只记得世上有一个你吧。我疼你，我爱你，我崇拜你。

子路 十

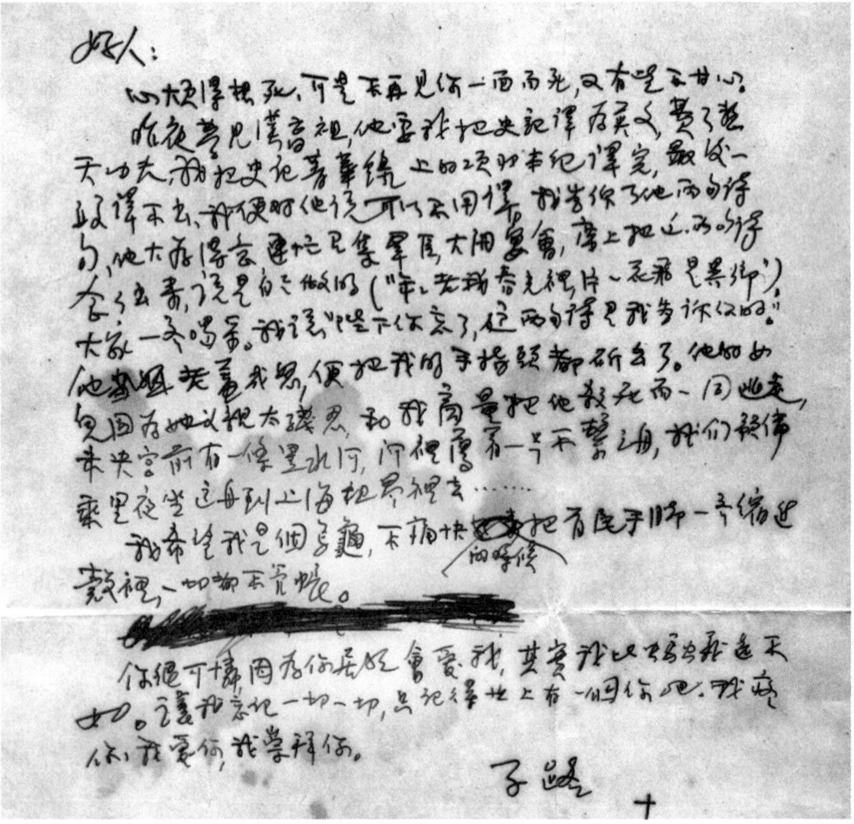

好人：

心烦得想死，可是不再见你一面而死，又有些不甘心。

昨夜梦见汉高祖，他要我把史记译为英文，费了整天功夫，我把史记菁华录上的项羽本纪译完，最后一段译不出，我便对他说可以不用译。我告诉了他两句诗句，他大为得意，连忙召集群臣，大开宴会，席上把这两句诗念了出来，说是自己做的（“年年老我春光里，片片花飞是异乡”），大家一齐喝彩。我说，“陛下，你忘了，这两句诗是我告诉你的。”他当然恼羞成怒，便把我的手指头都斫去了。他的女儿因为她父亲太残忍，和我商量把他杀死而一同逃走，未央宫前有一条黑水河，河里荡着一只不系之舟，我们预备乘黑夜坐这舟到上海租界里去……

我希望我是个乌龟，不痛快的时候把首尾手脚一齐缩进壳里，一切都不管账。

[redacted]

你很可怜，因为你居然会爱我，其实我比蚂蚁还不如。让我忘记一切一切，只记得世上有一个你吧。我疼你，我爱你，我崇拜你。

子路

十

第[161]封 男人

宋神经：

叫你神经是因为你又要说甚么凋谢的花醒了的梦一类话，再讨厌不过了。我也知道你不是诗人，但不是诗人就不该说这种诗话。我说花落了之后更好看了。至于醒来而能把梦记忆清楚，我认为是一种快乐；要是忘记了，根本已无此梦，当然无苦痛可感。你东西吃完了之后，也会感到一阵空虚而流起泪来吗？这当然是滑稽的。一个人不能老是吃东西， 因为肚子会胀，美味也会失却它的味道。同样一个人也不能老是做梦， 因为老做下去会做厌的，会使心灵不消化。但人不能不做梦，正如不能不吃东西一样，做梦吃东西，同样是使人生丰富的力量。

大凡一个标准男人，必有三个或三种不同型的女性做他爱慕的对象。第一个是远胜于他自己的，有时不一定实有其人，如果他的理想太高的话；对于她他将敬而远之，避免一切世俗的来往狎昵。第二个是和他差不多好坏的， 他把她作为亲密的朋友。第三个是及不上他的，他把她作为妻子。因为男人娶了一个比他自己好的女人， 是会杀害他的自尊的， 但女人则恒以有一个好的丈夫为荣。因为男人总是要神气神气的， 如果在外面神气不起来，不得不碰社会的钉子， 在大亨前面

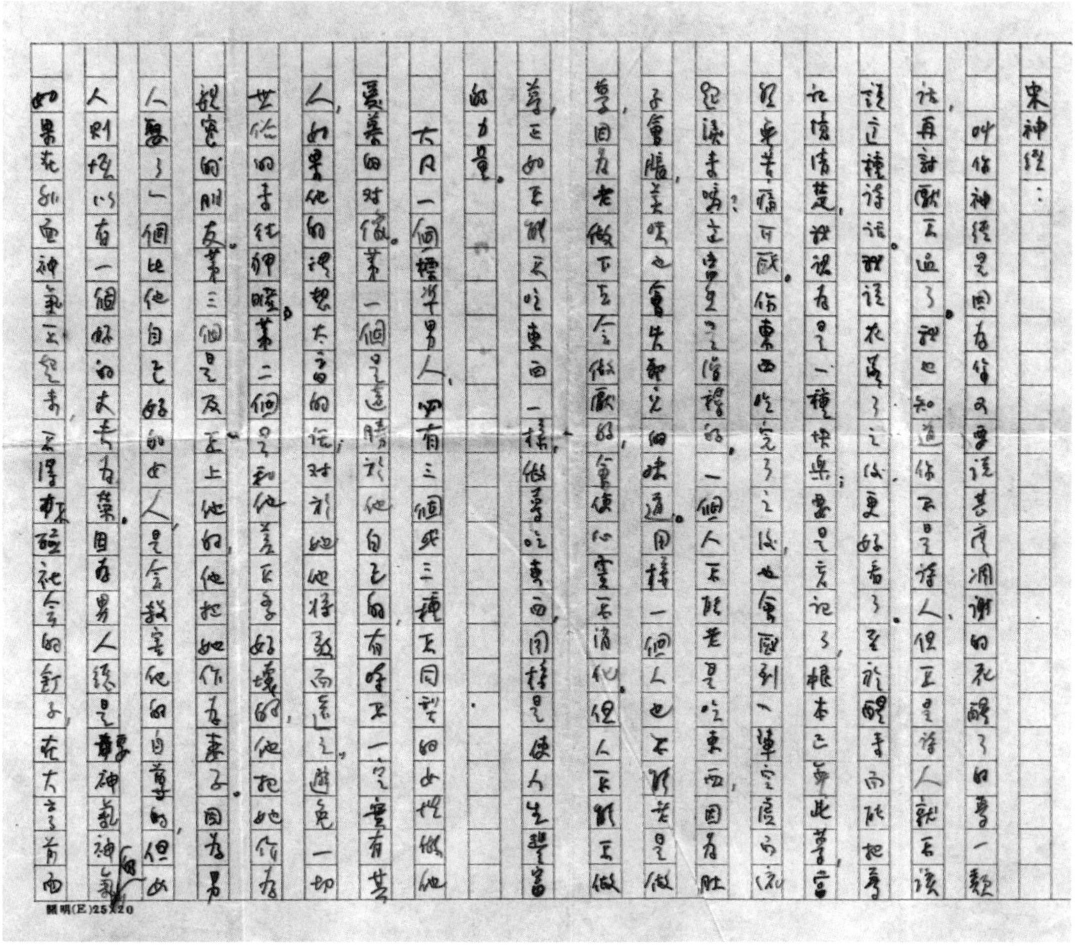
宋神經：
叫你神經是因為你又要說甚麼凋謝的花醒了的夢一類話，再討厭不過了。我也知道你不是詩人，但不是詩人就不該說這種詩話。我說花落了之後更好看了。至於醒來而能把夢記憶清楚，我認為是一種快樂；要是忘記了，根本已無此夢，當然無苦痛可感。你東西吃完了之後，也會感到一陣空虛而流起淚來嗎？這當然是滑稽的。一個人不能老是吃東西，因為肚子會脹，美味也會失卻它的味道。同樣一個人也不能老是做夢，因為老做下去會做厭的，會使心靈不消化。但人不能不做夢，正如不能不吃東西一樣，做夢吃東西，同樣是使人生豐富的力量。

大凡一個標準男人，必有三個或三種不同型的女性做他愛慕的對象。第一個是遠勝於他自己的，有時不一定實有其人，如果他的理想太高的話；對於她他將敬而遠之，避免一切世俗的來往狎暱。第二個是和他差不多好壞的，他把她作為親密的朋友。第三個是及不上他的，他把她作為妻子。因為男人娶了一個比他自己好的女人，是會殺害他的自尊的，但女人則恆以有一個好的丈夫為榮。因為男人總是要神氣神氣，如果在外面神氣不起來，不得不碰社會的釘子，在大亨前面

開明(E)25×20

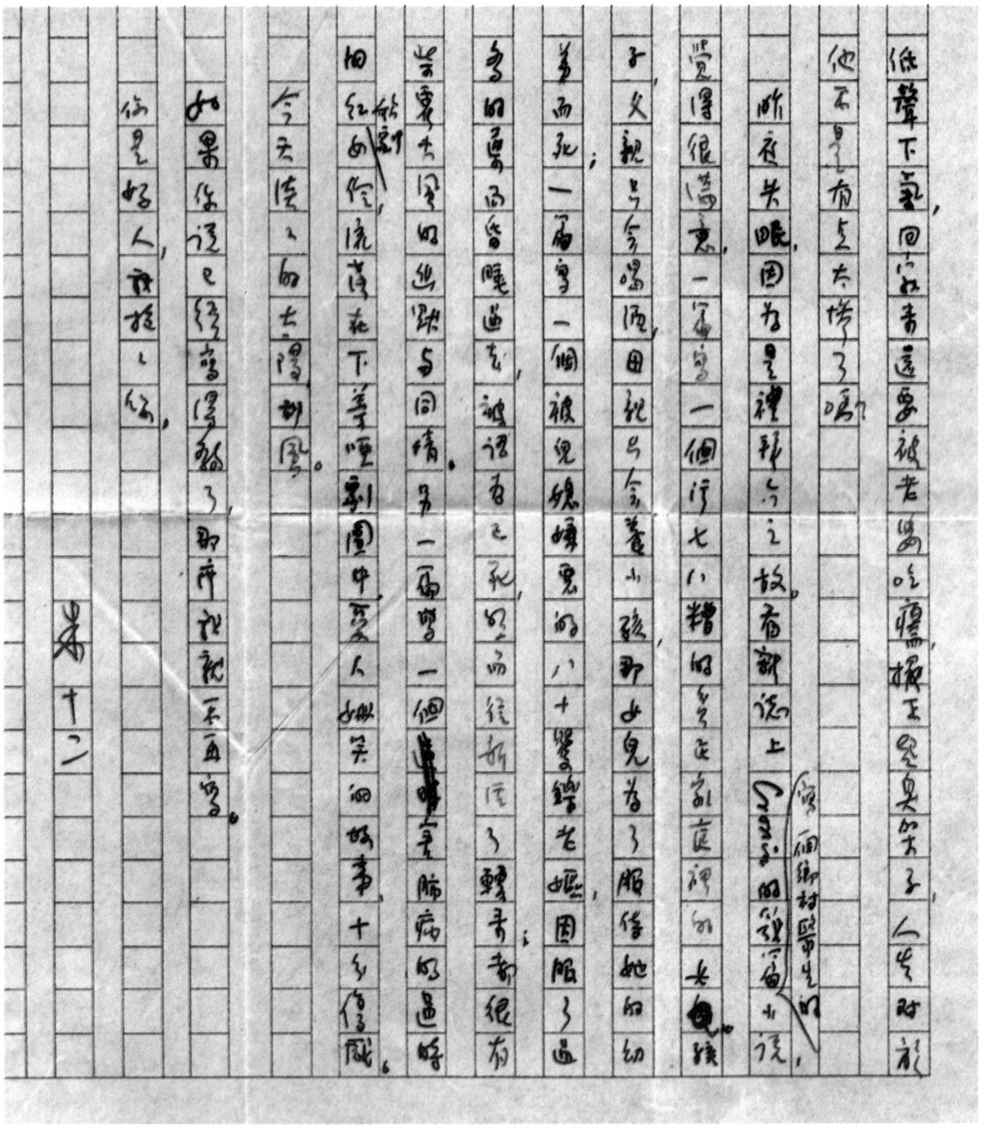

低声下气，回家来还要被老婆吃瘪，摆不起臭架子，人生对于他不是有点太惨了吗？

昨夜失眠，因为是礼拜六之故。看杂志上 Gronia 的几篇写一个乡村医生的小说，觉得很满意，一篇写一个污七八糟的贫民家庭里的女孩子，父亲只会喝酒，母亲只会养小孩，那女儿为了服侍她的幼弟而死；一篇写一个被儿媳嫌恶的八十矍铄老妪，因服了过多的药而昏睡过去，被认为已死，然而重新活了转来；都很有柴霍夫风格的幽默与同情。另一篇写一个害肺病的过时的红歌剧女伶，流落在下等哑剧团中，受人姗笑的故事，十分伤感。

今天淡淡的太阳，刮风。

如果你说已经写得够了，那么我就不再写。

你是好人，我抱抱你。

朱 十二

第[162]封 影戏

宋：

总之你不好

我爱你

我不快活，灰心，厌世，想钻到坟墓里抱死人睡觉。

想吃点什么，心里饿得慌。

儿时我们一块儿青草地上放羊去。

你不待我好，我知道的。

明天又是星期了。上星期日整天看影戏，索性连中饭夜饭完全不吃，其实自己知道那天没有一张片子值得看的，因此目的并不在看戏，除了杀时间之外，完全是为的虐待自己，我完全不要看《泰山情侣》，但偏偏去看了，如果那真也能像《爱斯基摩》一样给我意外的惊喜，那我一定要大大地失望了，幸而好，真是一张荒谬不通讲不到电影艺术的东西，耐心着看完了出来，很满意，因为我抵庄①着看坏片子，不虚此行了。一般人大概都与我有同病，因此这片打破了卖座纪录，从来不看电影的人也要看它一看，因为他们不曾看过电影，因此这一张在他们所看过的电影中间自然是顶好的一张了。

朱朱

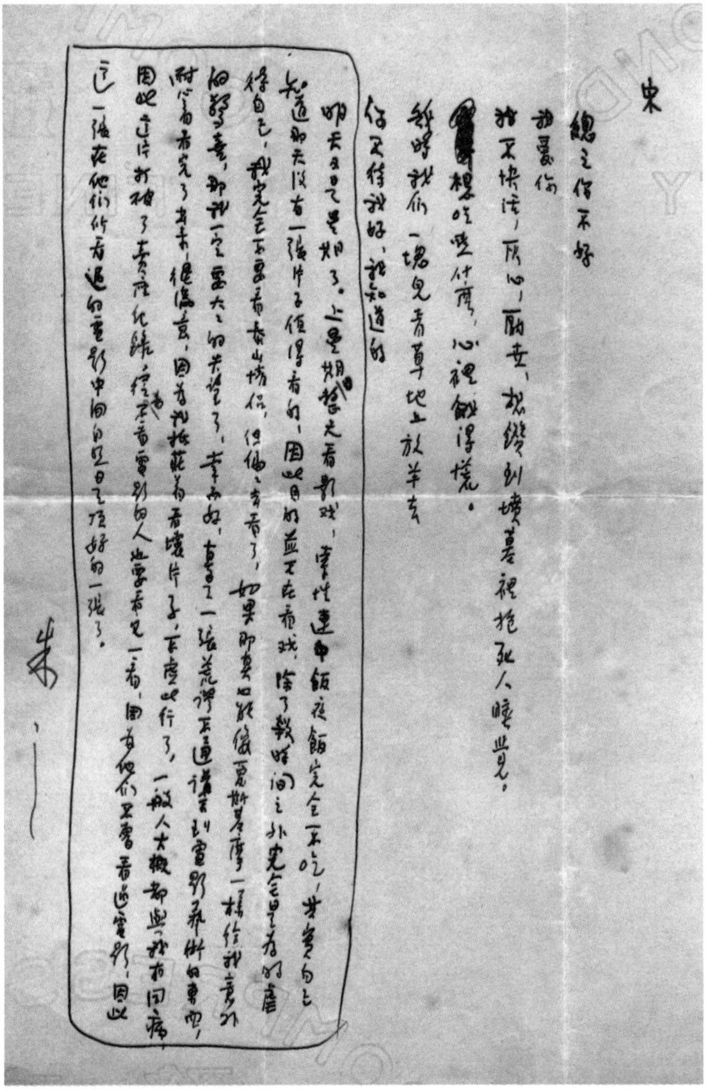

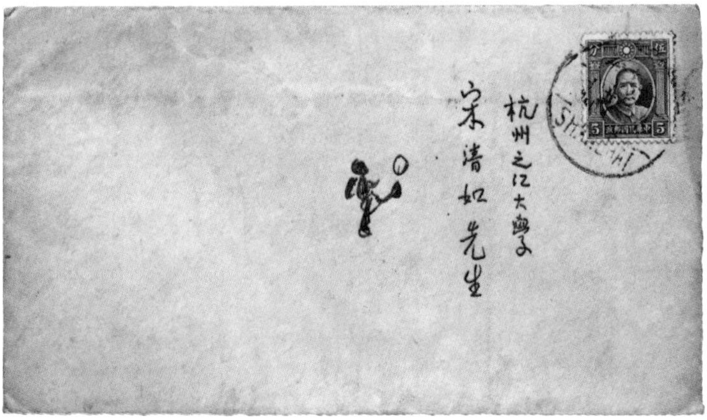

①抵庄：沪浙方言，意思为“就算、只当”。

第[163]封 平淡

宋家姊姊：

真的，不瞒你说，你的信很使我肚皮饿。

发奉

《国际关系论》一部

定价三元八角五折实洋一元九角

尊客台照

平淡得乏味，你总不肯跟我吵吵架儿。连烦恼都没有寻处，简直活不了。

祝你不安静。

小巫 十五

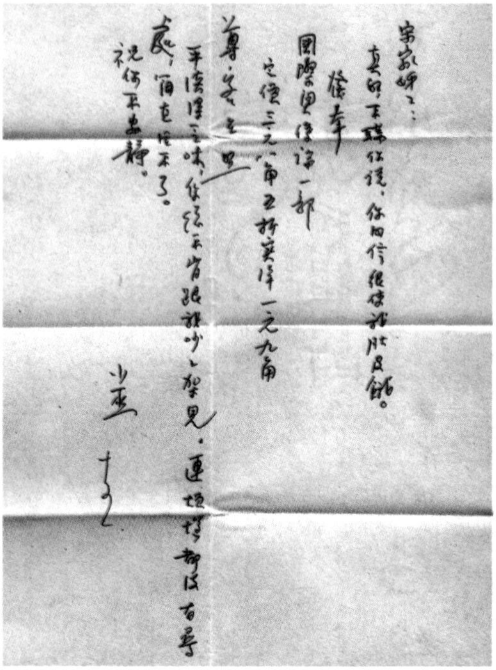

第[164]封 水仙

宋：

怨到说不出来，我一点不想痛哭，只想到什么高山顶上大笑一场，这样眼看着自己一天一天死下去真没意思。

我不懂为什么我是这样不可爱，否则做一个Narcissus[①]，也可以顾影自怜一下，可是我对自己只有唾弃和憎恶。

你应该允许我爱你，因为否则我将更无聊，但你绝对不能爱我，实在我很希望你虐待我，让我能有一些伤心的机会，你瞧我无聊到无心可伤。

①Narcissus：水仙花。古希腊神话中的美少年那耳喀索斯，爱上自己水中的倒影，死后化为水仙。

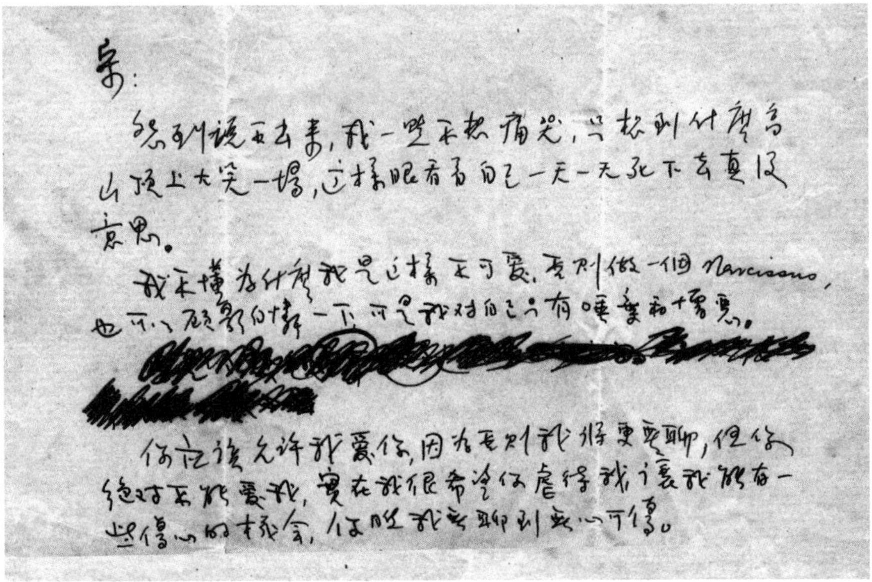
宋：

听到说要去去来，我一些不想痛哭，只想到什么高山顶上大哭一场，这样眼看自己一天一天死下去真没意思。

我不懂为什么我是这样不可爱，要我做一个Narcissus，也可以顾影自怜一下，可是我对自己只有唾弃和憎恶。[redacted]

你应该允许我爱你，因为否则我将更无聊，但你绝对不能爱我，实在我很希望你虐待我，让我能有一些伤心的机会，但愿我无聊到死心才停。

第[165]封 发呆

好友：

要是我在忧虑些什么，或是悲伤些什么，我一定不会像现在这样无聊。一点心事都没有，这使人生更为空虚。今天天闷热得有些可恨，我希望它再冷起来。上海连一个可以发发呆的地方都没有，房间里显然不是发呆的适当的地方，发呆的时候我喜欢看水，可是我不喜欢看黄浦江。心里只想跑出去，可是无处可去，而且完全没有跑出去的理由，然而好像非跑出去不可，因此我写这信，以寄信作为跑出去的理由。

一年以前，情形比现在还好一些。我很奇怪人们能那样安心于生活，有的人其实情形比我更糟，然而他们能若无其事地一天一天活下去。他们能安心于无灵魂的工作，无娱乐的生活，安心于他们又难看又蠢愚庸俗的老婆，她们的肚皮是老是隆起着的，安心于他们那一群猪一样的小孩，它们恰正是诗人所歌咏的纯洁天真的反面，龌龊的身体里包着一颗生下来就卑劣的心，教育的结果使他们变得更笨更坏。他们能安心地每天看报，从华北局势看起一直看到天蟾舞台的广告，闲时听着无线电弹词播音为消遣，能每夜足足睡九小时，能欠五个月房租而不以为意，除自己外不爱任何人，也没有任何人爱他们，身体会一年年发胖起来，尽管市面的不景气。

朱儿 六夜

好友：

要是我在考虑些什么，或是思想些什么，我一定不会像现在这样无聊。一些心事都没有，这使人生更为空虚。今天天闷热得有些可恨，我希望它再冷起来。上海连一个可以谈谈的地方都没有，房间里头绝对不是读书的适当的地方。读书的时候我喜欢看水，可是我不喜欢看黄浦江。心里只想往外去，可是无处可去，而且完全没有往外去的理由，终于好像非往外去不可，因此我写这信，以寄托作为往外去的理由。

一年以前，境形比现在还好一些。我很奇怪人们那样安心于生活，有的人甚至境形比我更糟，然而他们都若无其事地一天一天活下去。他们都安心于无意义的工作，无娱乐的生活，安心于他们又丑陋又粗俗的老婆，她们的肚皮总是老是隆起着的，安心于他们那一群猪一样的小孩子们正是诗人所歌咏的纯洁天真的天使，谁见到他们的身体里包着一颗生下来就卑劣的心，教育的结果使它们变得更深更坏，他们都安心地每天吞饭，从早上看报一直看到天晚看着新闻广告，同时听着无线电里单调的播音，他们每夜总睡九小时，他们欠五个月房租而不以为意，除自己外不爱任何人，也没有任何人爱他们，身体会一年年发胖起来，像这市面的不景气。

朱儿

六夜

第[166]封 凝望

挚爱的朋友，

我已写坏了好几张纸了，越是想写，越是不知写什么话好。让我们不要胡思乱想，好好地活着吧。在我的心目中，你永远是那样可爱的，这已然是一个牢不可拔的成见了。无论怎样远隔着，我的心永远跟你在一起，如果没有你，生命对于我将是不可堪的。

我知道寂寞是深植在我们的根性里，然而如果我的生命已因你而蒙到了祝福的话，我希望你也不要想像你是寂寞的，因为我热望在你的心中占到一个最宝贵的位置。我不愿意有一天我们彼此都只化成了一个记忆，因为记忆无论如何美妙，总是已经过去已经疏远了的。你也许会不相信，我常常想像你是多么美好多么可爱，但实际见了你面的时候，你更比我的想像美好得多可爱得多。你不能说我这是说谎，因为如果不然的话，我满可以仅仅想忆你自足，而不必那样渴望着要看见你了。

我很欢喜，“不记得凝望些什么，一天继续着一天”两句话，说得太寂寞了。但我知道我所凝望着的只是你。

祝好。

朱 十日夜

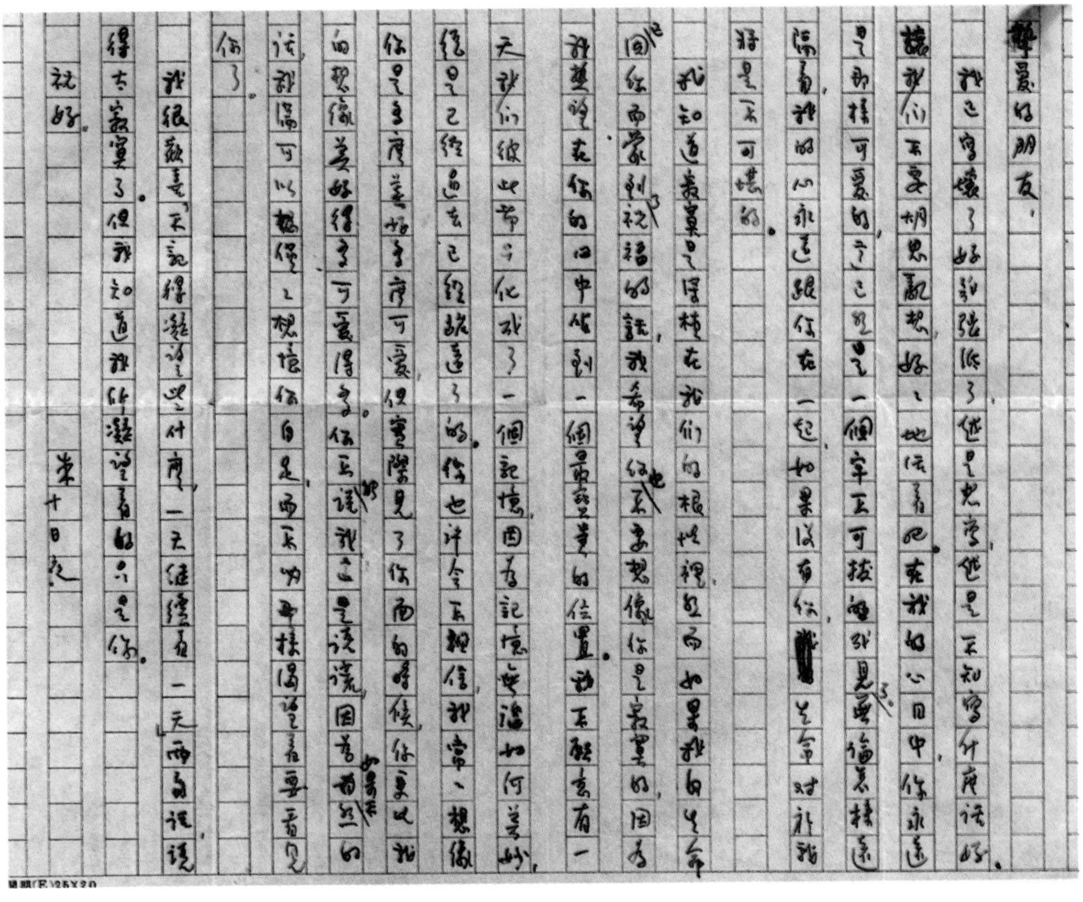

第[167]封 悲哀①

十天没有信了，虽然并不怎样盼。不知你现在如何，眼睛上的东西总退了吧。

你们镇上一家本家最近遭盗劫是不是？我有点害怕。

住在监狱里的悲哀，还不及新从监狱里释放出来的悲哀，那全然是一种冷漠荒凉之感，像独个人在秋风中等死一样。

要是医生对你说，你还有几天工夫好活，生活在那几天里应该有些刺激。

这两天早上因为鼻腔出血，他们在面盆里看见了血，以为我吐血了，叫我留心身体早些睡，说得我很无可奈何。如果每天听见这种话，一星期之后我一定会真的害了肺病。

心没处安放，寂寞得难堪。

十二

①此信原件上宋清如注：1935年。

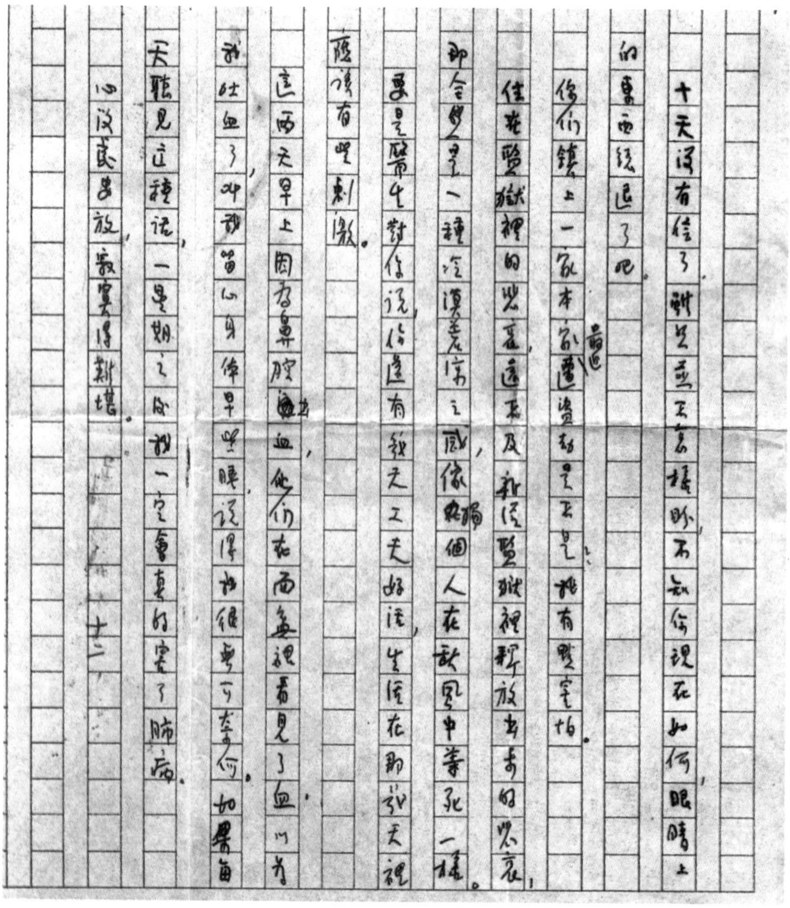
十天沒有信了，雖然並不怎樣盼，不知你現在如何，眼睛上的東西總退了吧。

你們鎮上一家本家最近遭盜劫是不是？我有點害怕。

住在監獄裡的悲哀，還不及新從監獄裡釋放出來的悲哀，那全然是一種冷漠荒涼之感，像獨個人在秋風中等死一樣。

要是醫生對你說，你還有幾天工夫好活，生活在那幾天裡應該有些刺激。

這兩天早上因為鼻腔出血，他們在面盆裡看見了血，以為我吐血了，叫我留心身體早些睡，說得我很無可奈何，如果每天聽見這種話，一星期之後我一定會真的害了肺病。

心沒處安放，寂寞得難堪。

十二

第[168]封 故居

语云，秀色可餐，这是一句东方文明的话。东方人看见一个美人，就用眼睛和灵感去餐她的秀色。而且他们不单是餐人的秀色，还要餐山水的秀色，餐花草的秀色，餐文章诗词图画的秀色！他们餐着这种无实感的东西，就像我们的祖先在祭祀时只吞些酒食的蒸汽一样。我是连茶香酒味都不能领略的人，人家如款我以秀色，我将敬谢不敏，有时我对你说的我要吃了你，那是从头到脚连衣服鞋袜一起在内整个儿的把你吞下肚里去的意思，是非常野蛮的馋欲，你会不会吓得哭起来了呢?

我知道你未必肯到我家里来玩玩，不过我很希望几时有便你能来一次。我近来对我的家很有好感。自从初小毕业之后，我因走读方便之故就寄住在姑妈家里，从高小到中学几年，大半时间都在姑妈家。我不大喜欢她家，因为她家在城内，房子不很大，因人多很有些挤，而且进出的人很热闹，我老是躲在楼上。高小一毕业，我便变成孤儿了，因此一生中最幸福的时间，便是在自己家内过的最初几个年头。

我家在店门前的街道很不漂亮，那全然是乡下人的市集，补救这缺点的幸亏门前临着一条小河（通向南湖和运河），常常可以望那些乡下人上城下乡的船只，当采桑时我们每喜成天在河边数着一天有多少只桑叶船摇过。也有渔船，是往南湖捉鱼虾蟹类去的，一只只黑羽的捉鱼的水老鸦齐整整地分列在两旁，有时有成群鸭子放过。也有往南湖去的游船，船内有卖弄风情的船娘。进香时节，则很大的香船有时也停在我们的河埠前。也有当当敲着小锣的寄信载客的脚划船，每天早晨，便有人在街上喊着“王店开船”。也有载着货色的大舢板船，载着大批的油、席子、炭等等的东西。一到朔望烧香或迎神赛会的节期，则门前拥挤得不堪，店堂内挤满了人，乡下老婆婆和娘娘们都头上插着花打扮着出来谈媳妇讲家常，有时也要到我家来喝杯茶。

往年是常有瓜果之类从乡下送来的。但我的家里终年是很静的，因为前门有一爿店，后门住着人家，居在中心，把门关起来，可以听不到一点点市廛的声音。我家全部面积，房屋和庭院各占一半，因此空气真是非常好，有一个爽朗的庭心，和两个较大的园，几个小天井，前后门都有小河通着南湖，就是走到南湖边上也只有一箭之遥。想起来，曾有过怎样的记忆呵。前院中的大柿树每年产额最高记录曾在一千只以上，因为太高采不着给鸟雀吃了的也不知多少，看着红起来了时，便忙着采烘，可是我已五六年不曾吃到自己园中的柿子了。有几株柑树，所产的柑子虽酸却鲜美，枇杷就太酸不能吃。桂花树下，石榴树下，我们都曾替死了的蟋蟀蜻蜓叫哥哥们做着坟。后园的门是常关的，那里是后门租户人家的世界，有时种些南瓜大豆青菜玉蜀黍之类。后园的井中曾死过人，禁用了多年，但近来有时也汲用着，不过乘着高兴而已，因为水是有店役给我们在河里挑起来的。有时在想像中觉得我的家简直有如在童话中一般可爱，虽然实际一到家，也只有颓丧之感，唤不起一点兴奋来。

我姑母家就不然，喧噪代替了冷静，城市人的轻浮代替了乡下人的诚朴，天天不断着牌声。谈起姑妈家的情形，也很是一幕有趣的包罗万象的大家庭的悲喜剧。姑夫

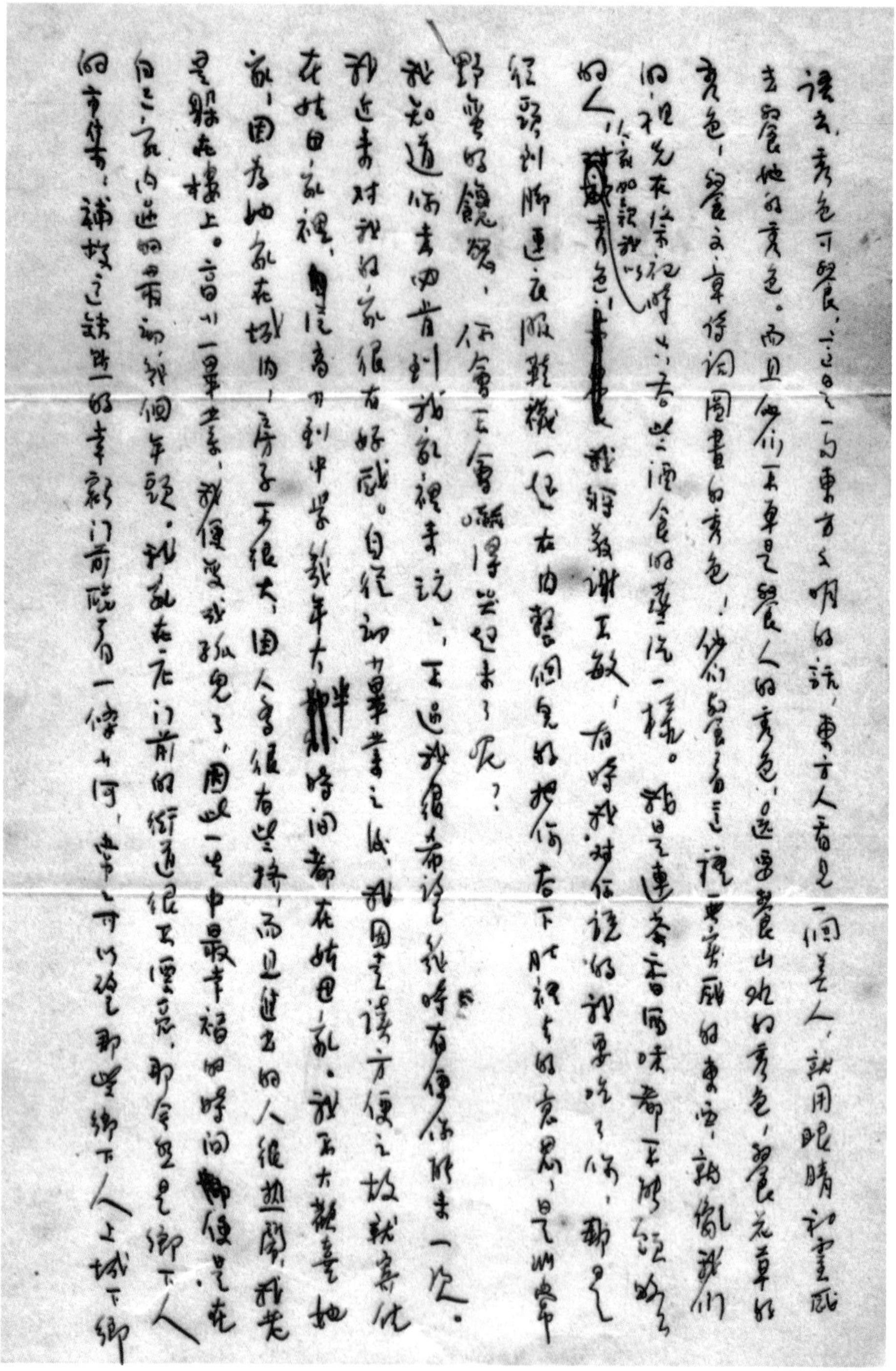

说到，青色可爱，这自是一句东方文明的话，东方人看见一个美人，就用眼睛和灵感去爱她的青色。而且我们不单是爱人的青色，还要爱山水的青色，爱花草的青色，爱文章诗词图画的青色！我们爱着这种无穷尽的东西，就乱我们的祖先在祭祀时也不香些酒食的荤腥一样。我是连茶香滋味都不懂说的的人，以前加记我以青色，我将敬谢不敏，有时我对你说的我要吃了你，那是从头到脚连衣服鞋袜一起在内整个儿的把你吞下肚里去的意思，是非常野蛮的馋态，你会不会吓得哭起来了呢？

我知道你去四月到我家里来说：不过我很希望能有时候你能来一次。

我近来对我的家很有好感。自从初小毕业之后，我因去读方便之故就寄住在姑母家里，从高小到中学几年大半时间都在姑母家。我不大欢喜她家，因为她家在城内，房子不很大，男人很有些样，而且进出的人很热闹。我老是躲在楼上。高小一毕业，我便变成孤儿了，因此一生中最幸福的时间倒便是在自己家内送的那几个年头。我家在在门前的街道很不热闹，那全是乡下人的市集，补救这缺点的是家门前临着一条小河，常常可以望那些乡下人上城下乡

是早死了，我不曾见过面，他家是历世书香，祖上做过官府，姑夫的老太爷（我曾见过面）当年也是社会闻人，在维新和革命后地方上也尽过些力，就是嘉兴有黄包车他也是最初发起的一个。他有一个相貌像老佛佛似的大太太，前几年八十多岁死了，和一个从天津娶来的姨太太（现还在着），倒是很勤苦的一个。

大太太生了七个孩子，四、六早殇，姨太太无出。我姑夫居长，也是个短命

的，他的两女一儿，我的大表姊嫁在一家富商人家，很发福，但也很辛苦，养了六个男女孩子。表哥因当年偷跑出来在陈英士手下当学生军，便和军队发生了关系，后来学了军医。曾有一时在家闲着作名士，那时他天天发牢骚，带着我上茶馆跑夜路，那种生活想起来也很有趣。后来在冯玉祥吴佩孚军中，辗转两湖西北中原各地，此刻也有了上校衔头，在汉口娶的妻是基督徒，生了儿子叫雅谷。第二个表姊也三十六七岁了，没有嫁人，姑母很着急，但我看来不嫁人也没什么关系，此刻就嫁出去也不见会嫁得着如意郎君，左右替人当当家管管孩子，有什么意思？她自己

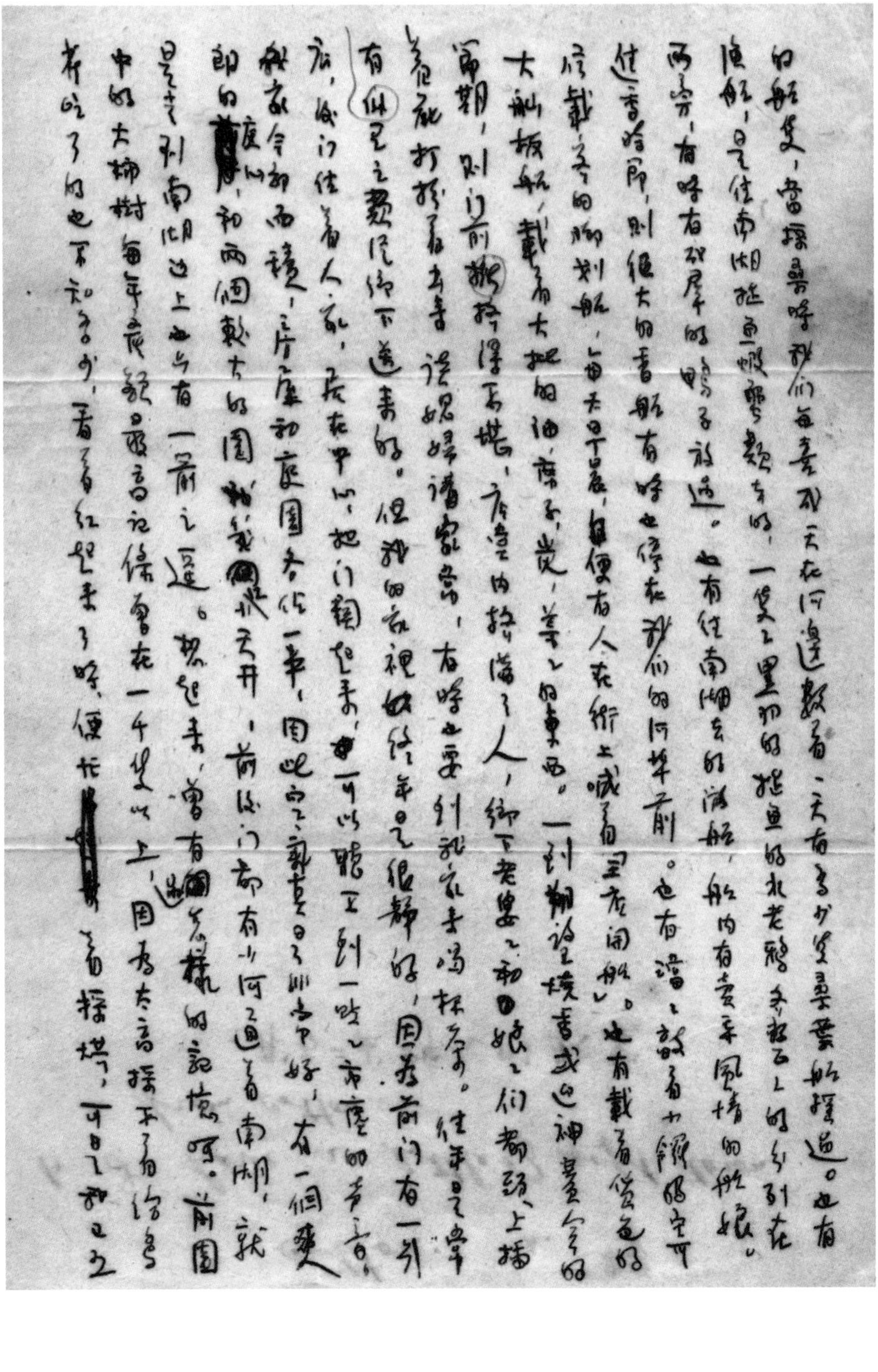

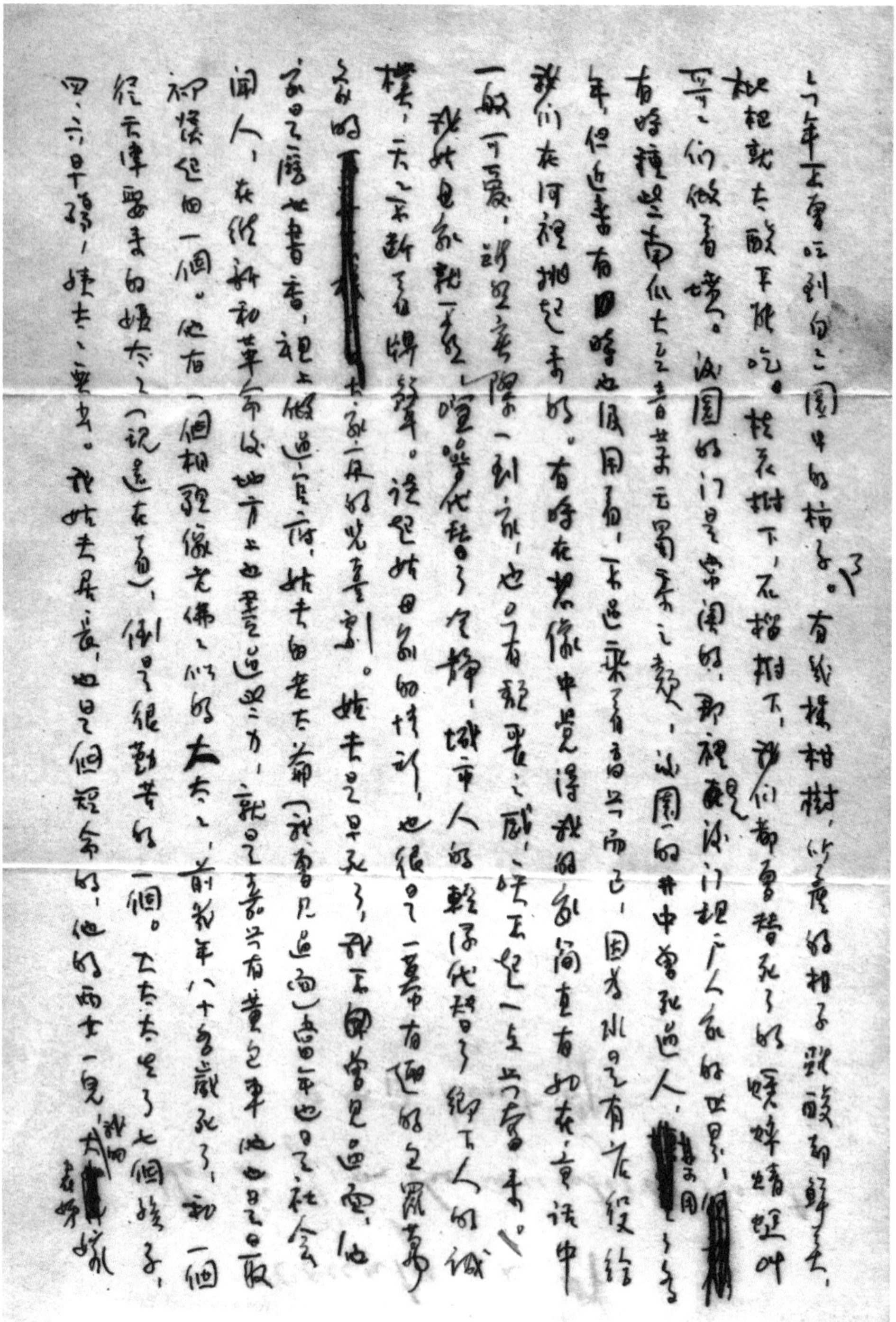

恨的是早年失学，不能自己谋生，但实在人很能干。

姑夫的第二个兄弟也不长寿， 他的寡妇是一位很随随便便的太太，生活十分清贫， 但有些自得其乐。儿子存着二个， 大的跟叔父在四川， 从不寄一个钱回来给母亲，小的在家乡米店里当伙计，吃苦耐劳，克勤克俭，把每月五六块钱工资换米来养娘，大家都称赞他。三老爷在四川做了半世穷官，殇殁他乡，生后萧条。老五是个全福之人，也在四川，当电报局长，颇有积蓄，夫妻健在，儿女无缺，儿子在北大读书，是很阔的大少爷。老七是个落魄汉，不事生产，在家乡别居着，因为文才尚可，写得一笔秀丽的字，替人写写状子，报馆里做做访员。常常衣不蔽体，履穿踵决，有时到家里去敲敲竹杠，寻寻相骂，鸦片瘾很深，牢监也坐过，女儿已卖了。我猜想在中国这种家庭也不少。

今天你还没有信来，别的没有什么，我不知你究竟人好不好？很是挂心，使我不能安定。祝福你！无限的依恋。

廿

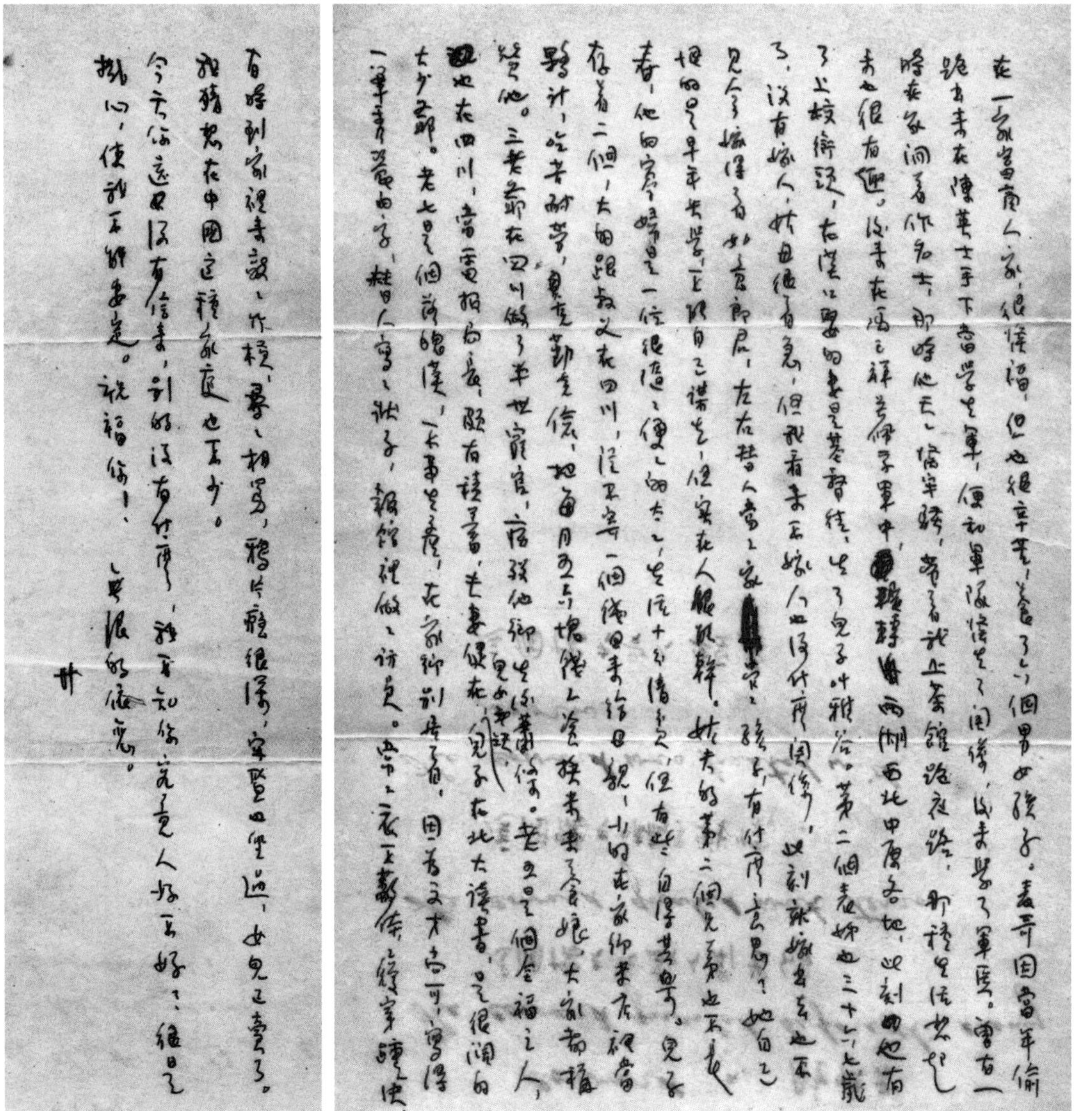

第[169]封 鬼魂

宋：

今天看了一张影戏，故事很有趣。主演者是一个英国的才子，小说家，戏曲家，舞台剧人，音乐家，而今又是电影明星的Noel Coward，他扮一个风流自赏的出版家，许多女人都为他颠倒，但是他把她们全不放在心上，高兴时便爱爱，不高兴时便给她们一个不理睬。女主角是一个年轻纯洁的女诗人，她弃了她原先的爱人而爱他，但他遇见了一个女音乐家之后，便把她冷淡了，她的眼泪和哀求只得到轻蔑的回答。他坐了飞机去追求他的新爱人，那个被弃的女郎咒他从飞机上跌下来跌死，死后没一个人哀悼他。这咒语果然实现，飞机出了事，乘客全部在海里送命。他的死讯传出以后，大家听见了都笑笑，没一个人哀悼他。然而一天晚上，他的同事在他的办公室内发现了他，神色异乎寻常。原来这是他的鬼，因为人死了之后，如果没人为他洒一点泪，鬼魂便将永远彷徨，得不到安静，因此他要回来找寻他的旧爱人，乞求她的饶恕。这个鬼于是在各地不停地出现着，最后被他访到了她的居处，她正在看护她的自己毁弃了前途，贫病交迫的原先的爱人，后者一看见他的情敌进来，便向他连放了数枪，而自己自杀了，可是那鬼仍站着不动，他知道要求她饶恕是不可能了，只好接受永久的谴罚，而祷告上帝使这一对爱人能再得到平和和幸福。这样祷告之后，那个自杀者便醒了转来，身上的枪痕也没有了。女郎感动之下，他便得到了饶恕，而灵魂安息了。

当出版家的同事发现出版家的座位上遗留着一把海草（溺水鬼的标记），惊惶地向后者追问的时候，那鬼便威吓他出去，在夜色昏暗中只见两个人的影子，狂风吹开了窗，鬼奔出去。海景，波涛汹涌，一具溺毙的尸身在水中荡着荡着，海面上有一圈白光，空中有一个声音，说“可怜的马莱，你死了，没有一个朋友，谁也不为你伤心，这是你轻薄的报应，你的灵魂将永远得不到安宁，你所需要的是别人的一点眼泪……”。很有趣。

星期五

到知味观吃了一碗片儿川，味道很亲切，因为是在西爽斋①吃惯了的。杭州面比苏州面好吃。

星期日

家里去没有意思，不要去好了。

你哭我可不哭，丽娟（一个小女孩）说我，这人老是笑。

我爱你，好不好？你叫我心疼。

第格多

①之江大学附近的一家小饭馆，在六和塔边，之江大学的学生是那里的常客，朱生豪也曾在得了稿费以后请宋清如到那里吃过饭。

安：

今天看了一張新戏，故事很有趣。主演者是一個英國的才子，小說家，戏曲家，舞臺劇人，音樂家，而今又是電影明星的Noel Coward，他扮一個風流自賞的出版家，許多女人都為他顛倒，但是他把她們全不放在心上，高興時便要，不高興時便給她們一個不理睬。女主角是一個年青純潔的女詩人，她棄了她原先的愛人而愛他，但他遇見了一個女音樂家之後，便把她冷淡了，她的眼淚和哀求只得到輕蔑的回答。他坐了飛機去追求他的新愛人，那個被棄的女郎咒他能從飛機上跌下來跌死，死後沒一個人哀悼他。這咒詛果真實現，飛機出了事，乘客全都送命。他的死訊傳來時，大家聽見了都笑笑，沒[illegible]一個人哀悼他。然而一天晚上，他的同事在他的辦公室內發現了他，神色異乎尋常。原來這是他的鬼，因為人死了之後，如果沒人為他哀一刻，鬼魂便將永遠徘徊，得不到安靜，因此他要回來找尋他的舊愛人，去求她的饒恕。這個鬼永遠在各地不停地出現着，最後被他訪到了她的去處，她正在看護她的自己受了重傷，在病之中的原先的愛人，後者一看見他的情敵進來，便向他開了數槍，而自己自殺了，可是那鬼仍站着不動，她知道他要求她饒恕是不可能了，只好接受永久的譴責，而請求上帝使這一對愛人能再得到平和和幸福，這樣禱告之後，那個自殺者便醒了轉來，身上的傷痕也沒有了，女郎感動之下，他便得到了饒恕，而靈魂安息了。

當年報家的同事看見出版家的衣住上遺留着一把海草（溺水鬼的標記），當他向談者追問的時候，那鬼便領他出去，在夜色昏暗中只見兩個人的影子，狂風吹開了窗，鬼奔出去。海景，波濤洶湧，一具溺斃的屍身在水中飄着飄着，海面

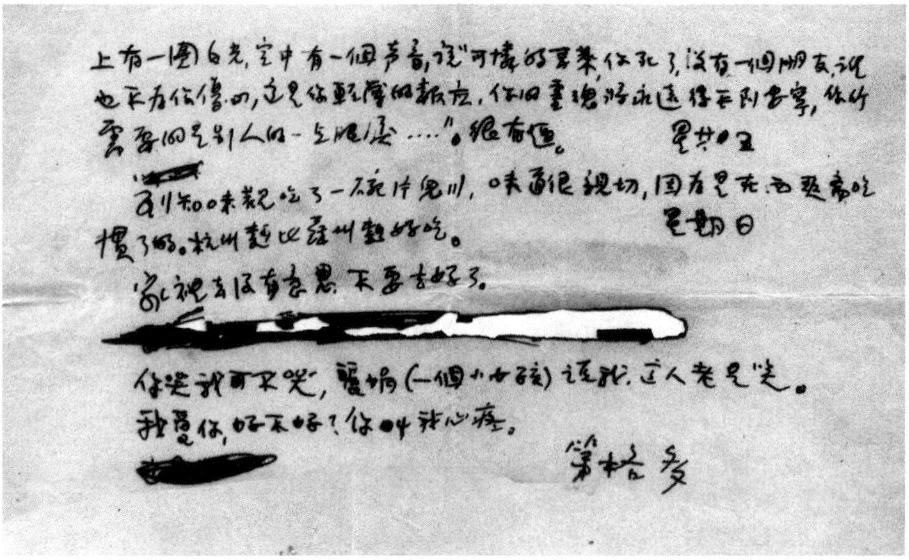
上有一圈白光，空中有一個声音说"可憐的男孩，你死了，沒有一個朋友说也不为你傷心，这是你輕薄的報应，你的靈魂將永遠徘徊在陰間受罪，你所害苦的是别人的一生幸福……"。很有趣。 星期五

[redacted]到知味觀吃了一碗片兒川，味道很親切，因为是在西湖吃慣了的。杭州麵比蘇州麵好吃。 星期日

家裡有些沒意思，不要去好了。

[redacted]

你笑我可不笑，麗娟（一個小女孩）说我这人老是笑。我愛你，好不好？你叫我心疼。

[redacted] 宋梧 爱

第[170]封 影评

澄儿：

我很气，因为昨天看《玫瑰红如此》的电影，我认为这是近年来稀有的一本精湛之作，但今天报纸上却说是金维多去年导演的三部作品中较逊色的一部，我不知道是我错还是他们错。《我们每天的面包》sorry我没有看，但《新婚之夜》我是看过的，那不过是一本较一般美国电影较优美的作品，却万及不上《玫瑰红如此》。《玫瑰红如此》里面演员的演技固然也不错，但最好的是描写的细腻和空气的渲染，摄影的美尤令人神往，至于情绪的浓郁□勃，就像喝了一杯葡萄汁一样，较之出气的啤酒是不可同日而语的。但他们说是"较为逊色"，也许我不懂电影。

昨天又接着到光陆去看《阿伯杜尔那"天杀的"》，光陆一向和国泰是最富于绅士气的影院，那里看客中国人只占一小部分，最近自从大大削价以后，连婆婆妈妈都进去看了，看见银幕上映出一个白白胖胖的小孩，台下便哄然笑起来，外国绅士太太们一定要头痛，不过总之很令人觉得有趣。一个typical①的Chinese man带了几位女眷过来，她们让他坐在中间，叫他讲给她们听，我因为怕烦，连忙赶到更前排的空位上去坐了。其实这片子不很容易看，我担心那位先生讲不上来，因为这是张很"技术的"影片，不够趣味。（以上译名都是我的杜译，《玫瑰红如此》即《铁蹄情泪》；《我们每天的面包》即《生活》，在苏联得奖列名《渔光曲》之前的；《新婚之夜》即《洞房花烛夜》；《阿伯杜尔那"天杀的"》即《土宫秘密》，土是土耳其。）

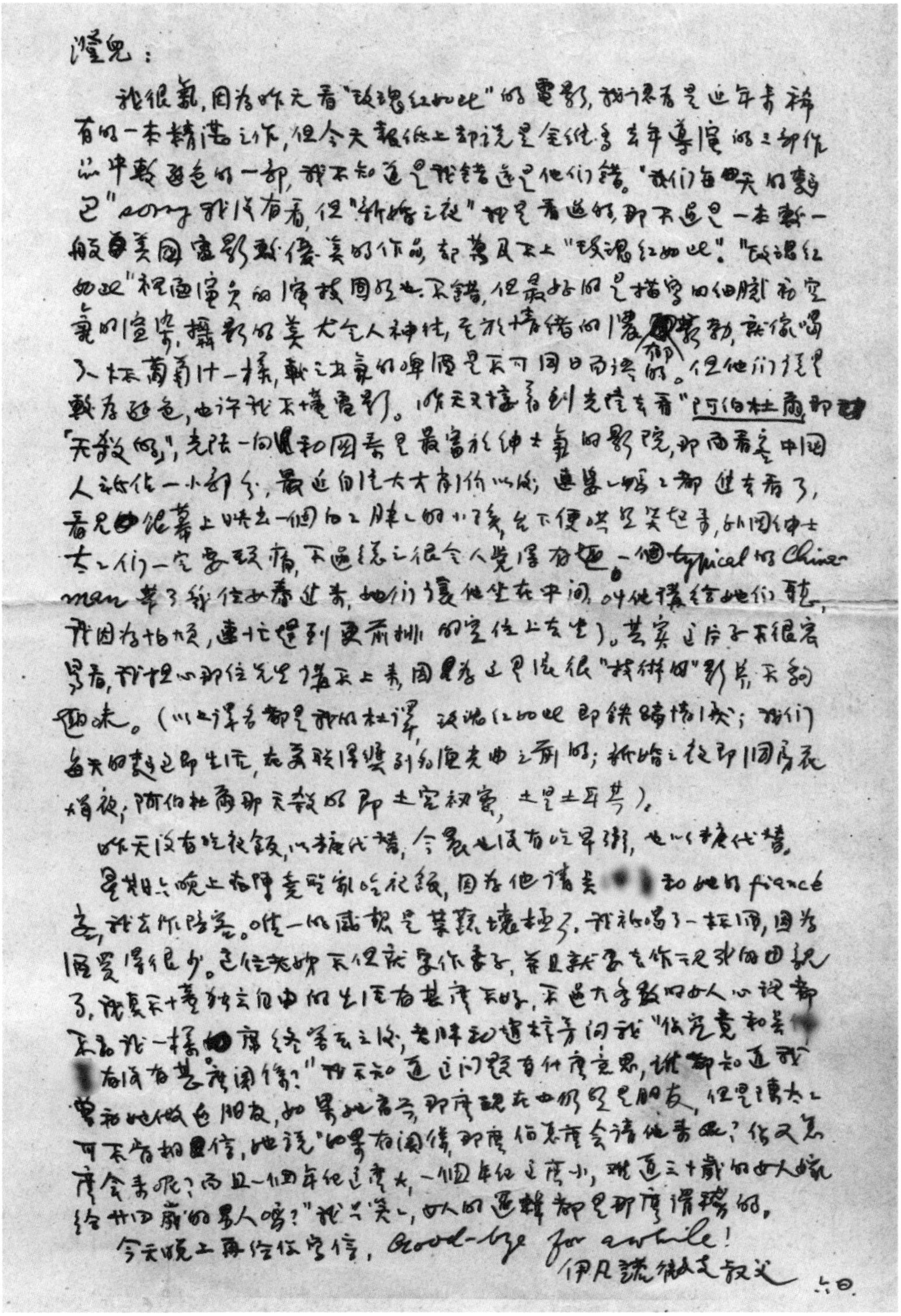

滢儿：

我很气，因为昨天看"魂断蓝桥"的电影，我以为是近年来稀有的一本精湛之作，但今天报纸上都说是全纪录去年导演的三部作品中最逊色的一部，我不知道是我错还是他们错。"我们每一天的生活"sorry 我没有看，但"新婚之夜"我是看过的，那不过是一本极一般的美国电影熟练的作品，却万万不及"魂断蓝桥"。"魂断蓝桥"的故事演技固然也不错，但最好的是描写的细腻和空气的渲染，摄影的美尤令人神往，至于情绪的紧张更不用说，就像喝了一杯葡萄汁一样，……。但他们说是最逊色，也许我不懂电影。昨天又请朋友到光陆去看"阿伯杜萧那的天数"，光陆一向是和国泰是最富于绅士气的影院，那面看客中国人只占一小部分，最近自从大光明价低以后，连光陆都进去看了，看见银幕上映出一个白白胖胖的小孩，台下便哄然笑起来，外国绅士太太们一定要皱眉，不过这么很令人觉得有趣。一个typical的Chinaman带了我位太太进来，她们让他坐在中间，叫他讲给她们听，我因为怕烦，连忙逃到更前排的空位上去坐了。其实这片子不很容易看，我担心那位先生讲不上来，因为这是很"哲学的"影片，不够趣味。（以上译名都是我的杜译，魂断蓝桥即铁骑情侠；我们每天的生活即生活，在美联得奖之后便是曲之前的；新婚之夜即洞房花烛夜，阿伯杜萧那天数的即……）。

昨天没有吃夜饭，以糖代替，今晨也没有吃早粥，也以糖代替。

星期六晚上在陈尧圣家吃夜饭，因为他请[redacted]和她的fiancé客，我去作陪客。唯一的感想是菜蔬坏极了，我只喝了一杯酒，因为酒买得很少。这位老姊不但就要作妻子，并且就要去作现成的母亲了，我真不懂独立自由的生活有什么不好，不过大多数的女人心理都不和我一样。席终客去之后，老胖和赵梓芳问我"你究竟和[redacted]有没有甚么关系？"我不知道这问题有什么意思，谁都知道我曾和她做过朋友，如果她有意，那么现在也仍然是朋友，但是陈太太可不肯相信，她说"如果有关系，那么你怎么会请她来呢？"你又怎么会来呢？而且一个年纪这么大，一个年纪这么小，难道三十岁的女人嫁给廿四岁的男人吗？"我只笑笑，女人的逻辑都是那么滑稽的。

今天晚上再给你写信，Good-bye for a while!

伊凡诺维支叔父
六日

昨天没有吃夜饭，以糖代替，今晨也没有吃早粥，也以糖代替。

星期六晚上在陈尧圣家吃夜饭，因为他请吴大姐和她的fiancé[2]客，我去作陪客。唯一的感想是菜蔬坏极了，我只喝了一杯酒，因为酒买得很少。这位老姊不但就要作妻子，并且就要去作现成的母亲了，我真不懂独立自由的生活有什么不好，不过大多数的女人心理都不和我一样。席终客去之后，老胖和赵梓芳问我“你究竟和吴大姐有没有甚么关系？”

我不知道这问题有什么意思，谁都知道我曾和她做过朋友，如果她高兴，那么现在也仍然是朋友，但是陈太太可不肯相信，她说“如果有关系，那么你怎么会请她来呢？你又怎么会来呢？而且一个年纪这么大，一个年纪这么小，难道三十岁的女人嫁给廿四岁的男人吗？”我只笑笑，女人的逻辑都是那么滑稽的。

今天晚上再给你写信，Good — bye for a while!

伊凡诺微支叔父 六日

①typical：典型的。②fiancé：（源于法文fiancée）未婚夫。

第[171]封 杀头

昨夜我被警察捉了，因为我的手背上刺着V.T.二字，据说那是某流氓秘密党的暗记，因此要被处极刑（他们说这极刑两字是用英文S??????S——ment，字典上并无此字，但相当于Capital punishment①），我告诉他们这两字是我弟弟的名字Victor Tsu②，但是糟糕，干吗不刺自己的名字呢？于是坐监牢，请律师，等待着上断头台。关于断头台我曾读过法国大革命史，因此有许多联想。又最近读过《文学季刊》上杜斯退益夫斯基的小说，死刑最残酷的地方不是在受刑之时，而在牵赴刑场至就刑的中间一段时期，那时罪犯经历所有恐怖的苦难。想着这一段描写，我有些惴惴了，然而也有些期望着头和身体分离的一刹那间那清凉的快感。于是……

谢天谢地，我又找到了四分邮票。

我希望做战争的梦，杀人的梦，那种不容易在现实生活中遇到的紧张。

P.S.《英宫艳史》里那位……夫人伸长了美丽的玉颈上断头台，说，“多么好的天气！”很动人。“*Jew Süss*③”中的Conrad Veidt也上断头台，那是被详细地描写了的，一颗头盛在笼子里落泪，逼得人不能透气。《云台春锁》里Fredric Mevel上过绞刑，两脚悬在半空中。老弟，我们到东安市场看杀头去！

①Capital punishment：极刑。②Victor Tsu：维克多·朱，维克多是英文中常见的名字。③*Jew Süss*：德国影片，译名为《一个犹太人的故事》。

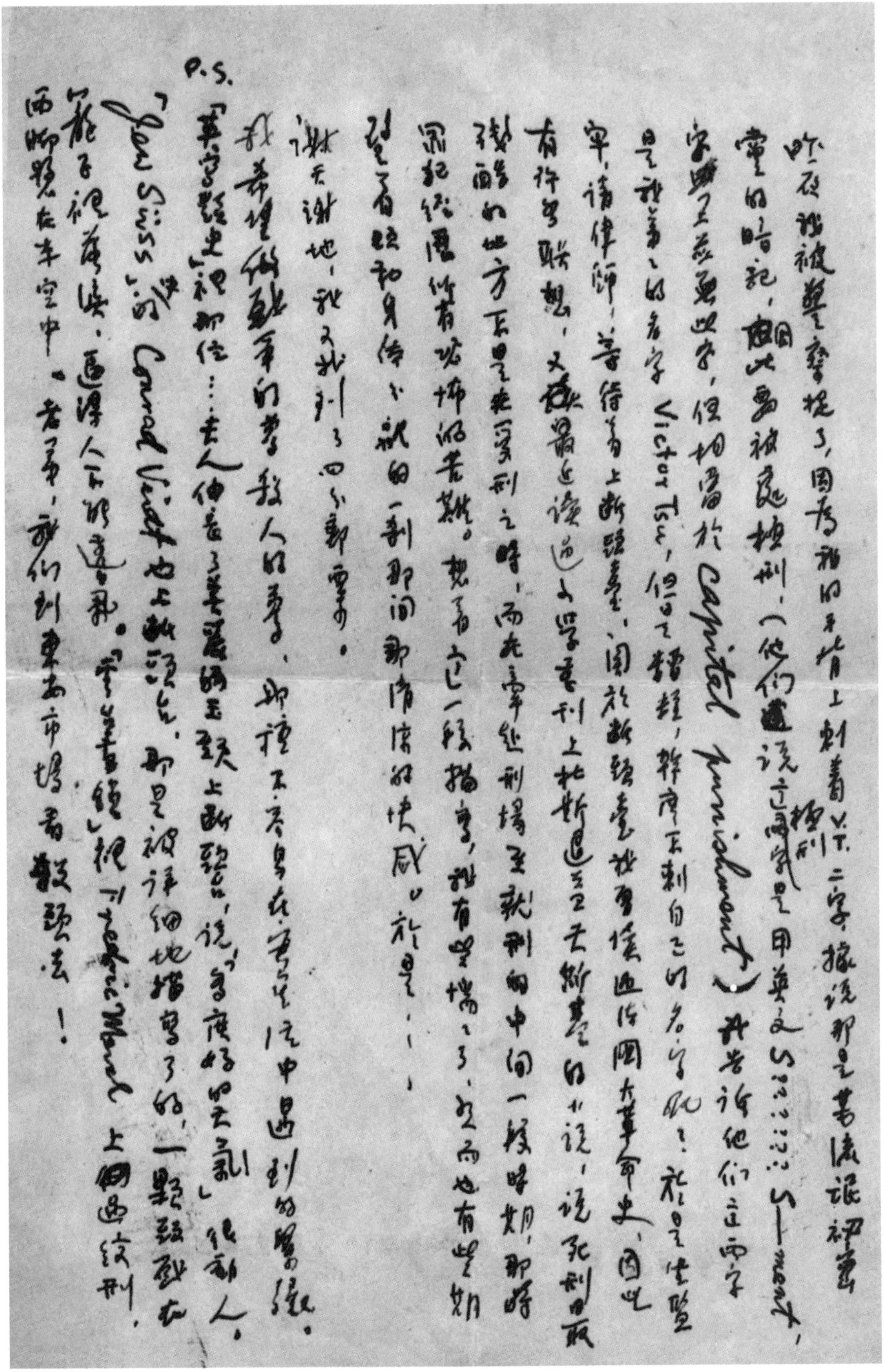

昨夜我被警察捉了，因为我的手背上刻着V.T.二字，据说那是某流氓秘密党的暗记，因此要被处极刑。（他们说这极刑是用英文S……S—ment，字典上查无此字，但相当于capital punishment）我告诉他们这两字是我自己的名字Victor Tsu，但他们不理睬，辩说不刺自己的名字呢：于是坐监牢，请律师，等待着上断头台。关于断头台我曾经读过法国大革命史，因此有许多联想，又最近读过的学生刊上托斯妥夫斯基的小说，说死刑最残酷的地方不是在宣判之时，而在押犯赴刑场至执刑的中间一段时期，那时罪犯经历所有恐怖的苦难。想着这一段描写，我有些怕了，然而也有些期望着自己颈和身体分离的一刹那间那种深刻的快感。于是……

谢天谢地，我又睡到了四点钟了。

我希望做杀手的梦，杀人的梦，那种不容易在实生活中遇到的梦境。

P.S.

「英宫艳史」里那位……夫人伸着了美丽的玉颈上断头台，说"多么好的天气！"很动人。「Jew Süss」的Conrad Veidt也上断头台，那是被详细地描写了的，一颗头颅在笼子里荡漾，逼得人不能逼视。「千万黄金」里[illegible]上过绞刑，两脚悬在半空中。"老弟，我们到东安市场看杀头去！"

回应

招魂①

宋清如

也许是你驾着月光的车轮
经过我窗前探望
否则今夜的月色
何以有如此灿烂的光辉
回来回来吧！
这里正是你不能忘情的故乡

也许是你驾着云气的骏马
经过我楼顶彷徨
是那么轻轻地悄悄地
不给留一点印痕
回来回来吧！
这里正有着你惓惓的亲人

哦，寂寞的诗人
我仿佛听见你寂寞的低吟
也许是沧桑变化
留给你生不逢时的遗憾
回来回来吧！
这里可以安息你疲乏的心灵

① 朱生豪于1944年12月26日病逝，这首诗是宋清如在朱生豪去世一周年时写的，五十多年后她又作了一次修改。修改稿是宋清如去世后在她的抽屉里发现的。

不道飘零成久别，卿似秋风，侬似萧萧叶。叶落寒阶生暗泣，秋风一去无消息。
倘有悲秋寒蜨蝶，飞到天涯，为向那人说。别泪倘随归思绝，他乡梦好休相忆。

朱生豪、宋清如自认识起，彼此心有灵犀，相互鼓励，相互支持。宋清如是朱生豪事业背后坚定的支柱。朱生豪英年早逝后，她选择要替他活下来，替他做他没有来得及做完的事，替他看他没有看到的人生风景，只为在与他永恒厮守的寂静中，说给他听。

对于他们来说，彼此都是对方最珍重的、最了解对方的人。

第[172]封 忘却

清如：

你“叽咕”得甚是有趣，算我能了解你吧。

思想有时使我苦痛。我自己常常知道自己错，但如别人以为我错时，我却永远不认错，有许多话我也说不来。近来常痛恨过去，我一点不以为消逝的总是美，反之我常愿意每一分钟重新做人过。一个人年纪大了起来，过去的记忆加重地负担起来，叫人活着不松快，最好是活到今天便把昨天的事情完全忘却。我们过去的交情不算尽如理想那样美，至少在我这方面说过许多蠢话，希望你能完全忘记了，我也允许你不向自己说过的话负责。

一个人能活得越轻越好，能在世上一无牵挂，永远像云一样飘着，不想过去，只想望未来，那样才是有意思。在感情这一方面，似乎我比你更能放任一些，实在我并不惧怕它会拘缚了我。有时我恨一切人，有时我觉得谁都可爱，比如在此刻，我很希望拥抱世间每一个人。

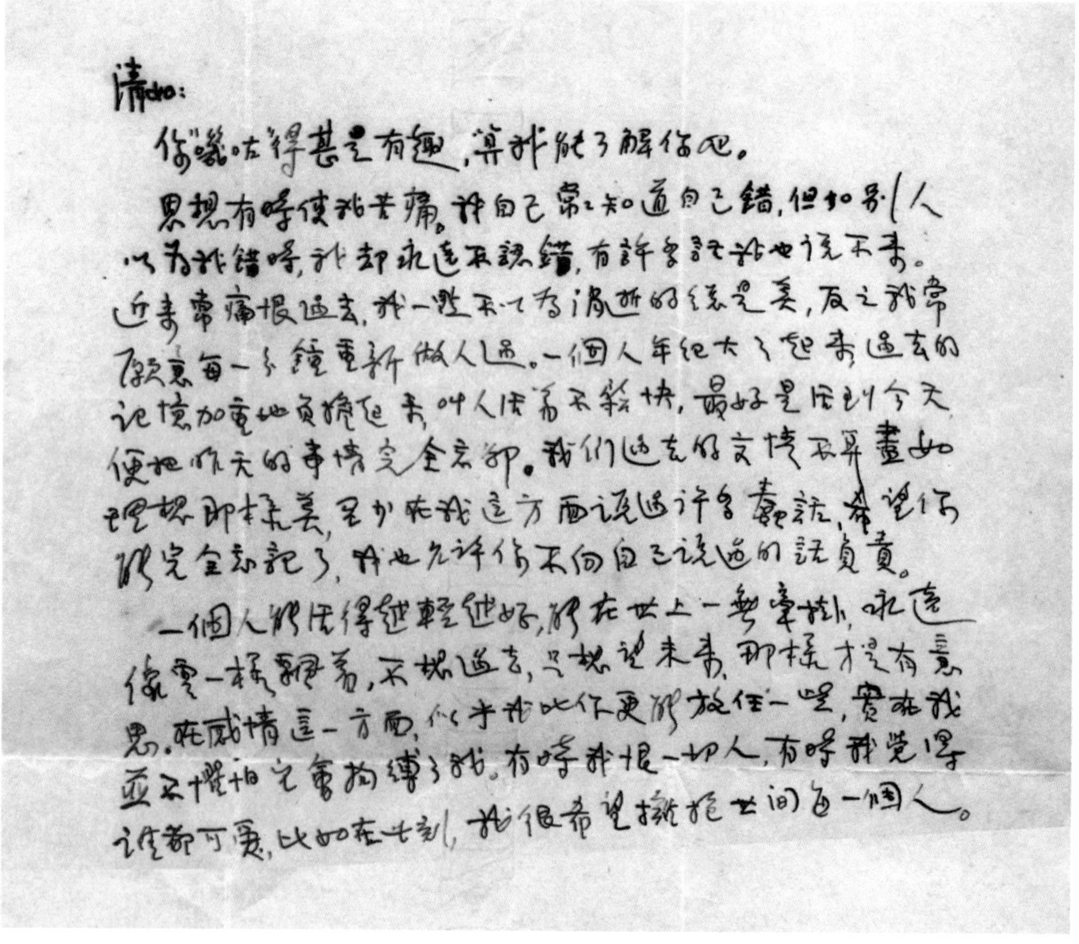
清如：
你"嘰咕"得甚是有趣，算我能了解你吧。
思想有時使我苦痛，我自己常常知道自己錯，但如別人以為我錯時，我却永遠不認錯，有許多話我也說不來。近來常痛恨過去，我一點不以為消逝的總是美，反之我常願意每一分鐘重新做人過。一個人年紀大了起來，過去的記憶加重地負擔起來，叫人活着不鬆快，最好是活到今天便把昨天的事情完全忘却。我們過去的交情不算盡如理想那樣美，至少在我這方面說過許多蠢話，希望你能完全忘記了，我也允許你不向自己說過的話負責。
一個人能活得越輕越好，能在世上一無牽掛，永遠像雲一樣飄着，不想過去，只想望未來，那樣才是有意思。在感情這一方面，似乎我比你更能放任一些，實在我並不懼怕它會拘縛了我。有時我恨一切人，有時我覺得誰都可愛，比如在此刻，我很希望擁抱世間每一個人。

第[173]封 · 鸿沟

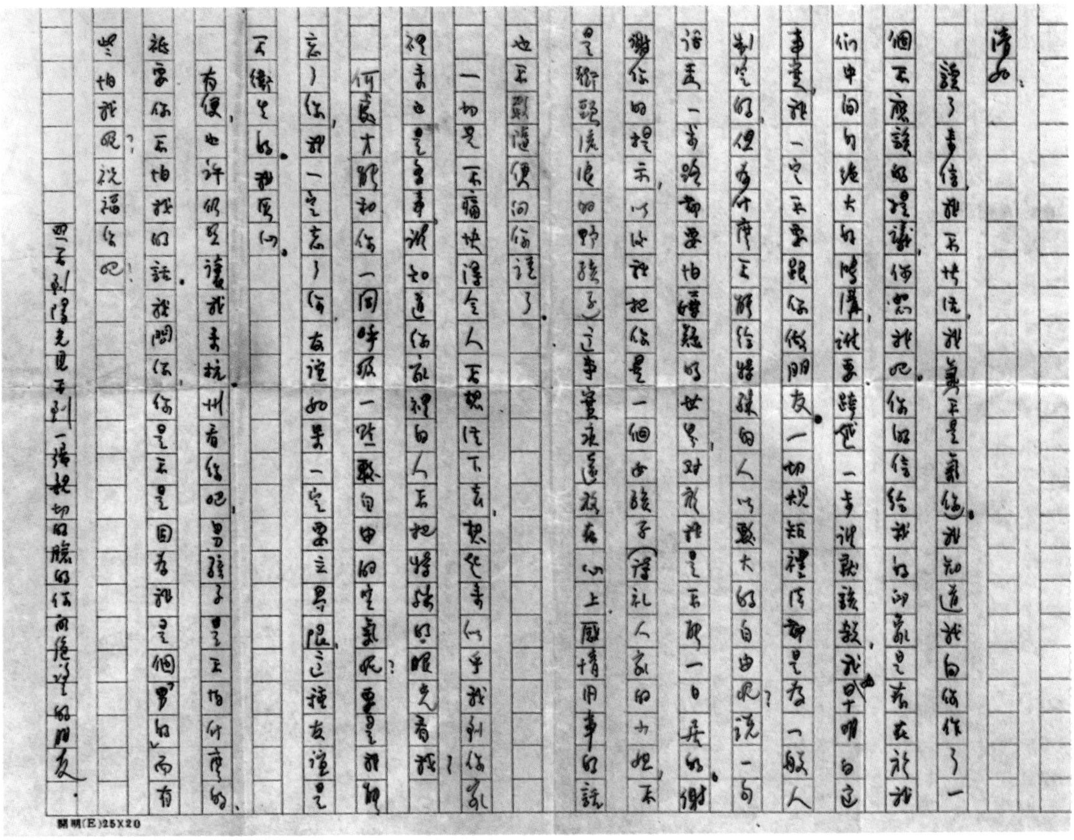

清如：

读了来信，我不快活，我气（不是气你），我知道我向你作了一个不应该的提议，你恕我吧。你的信给我的印象是存在于我们中间的绝大的鸿沟，谁要跨越一步谁就该杀，我如早明白这事实，我一定不要跟你做朋友。一切规矩礼法都是为一般人制定的，但为什么不能给特殊的人以较大的自由呢？说一句话走一步路都要怕嫌疑的世界，对于我是不能一日居的。谢谢你的提示，以后我把你是一个女孩子（诗礼人家的小姐，不是街头流浪的野孩子）这事实永远放在心上，感情用事的话也不敢随便向你说了。

一切是不痛快得令人不想活下去，想起来似乎我到你家里来也是多事，谁知道你家里的人不把特殊的眼光看我？

何处才能和你一同呼吸一点较自由的空气呢？要是我能忘了你，我一定忘了你，友谊如果一定要立界限，这种友谊是不卫生的。我灰心。

有便，也许仍然让我来杭州看你吧，男孩子是不怕什么的，只要你不怕我的话。我问你，你是不是因为我是个“男的”而有些怕我呢？祝福你吧！

照不到阳光见不到一张亲切的脸的你的绝望的朋友

第[174]封 感想

宋：

薪水大概是后天发，今晚寄出了给你的信，邮花还剩最后的一个，身边还余四角大洋，买了三角大洋糖回来，留着一角钱明天用。买糖的时候有了一个感想，因此回来又写信。糖店里那个小弟弟因为我是老主顾，一见我便笑嘻嘻招呼，这使我很难为情，觉得我比他更小。叫他板了脸孔才好。有时我为了怕他的笑嘻嘻，特意赶到较远的店里去买。——这个便是我的感想。

偶然抬起头来看见月亮，觉得她并不比那一盏大的白的灯更可爱一些，大概她老了，又住在上海，很寂寞，甚至于没有糖吃。

宋，我待你好。

八日夜

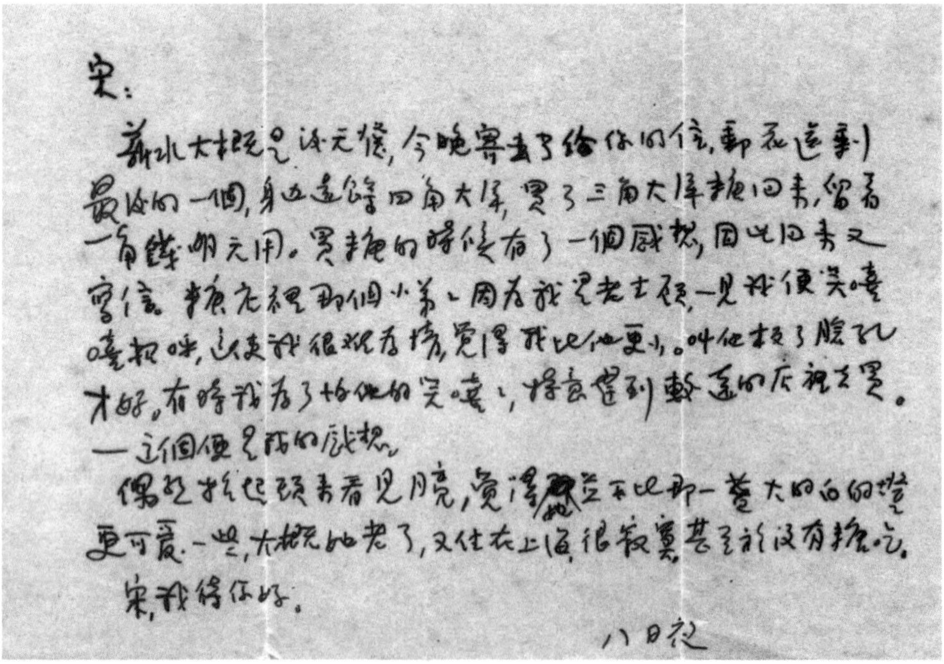
宋：
薪水大概是後天發，今晚寄出了給你的信，郵花還剩
最後的一個，身邊還餘四角大洋，買了三角大洋糖回來，留着
一角錢明天用。買糖的時候有了一個感想，因此回來又
寫信。糖店裡那個小弟弟因為我是老主顧，一見我便笑嘻
嘻招呼，這使我很難為情，覺得我比他更小。叫他板了臉孔
才好。有時我為了怕他的笑嘻嘻，特意趕到較遠的店裡去買。
——這個便是我的感想。
偶然抬起頭來看見月亮，覺得她並不比那一盞大的白的燈
更可愛一些，大概她老了，又住在上海很寂寞甚至於沒有糖吃。
宋，我待你好。
八日夜

第[175]封 酣睡

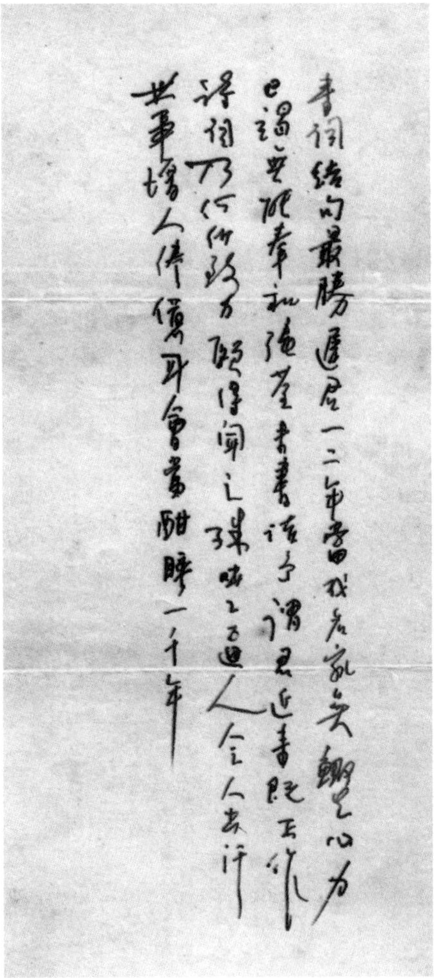

来词结句最胜迟君一二年当成名家矣鲰生心力已竭无能奉和张荃来书诘予谓君近来既不作诗词乃何所致力愿得闻之殊咄咄逼人令人出汗世事增人倦惫耳会当酣睡一千年

第[176]封 如果

青子：

我觉得我已好久不曾给你写信了。在我看来，昨天和十年之前，全然是一样的事，因为它们一样属于过去。

我不知道如果我们一旦失了接触时，我们会不会和旁人一样疏远冷漠起来，不知道有时你会不会再想到我，也许那时我的印像全然是可笑的也说不定。你以不以为我很有点自私，如果我想永远占有你的友情？因为我不愿意失去你，因为我不愿意失去我自己。说不定也许真有一天我会不欢喜你，当我迷失了自己的时候，那时我希望你肯用一点努力把我拉回来，如果我不曾离开你太远。因为离开了你，我不会有幸福和平安的，你的心里才是我唯一的灵魂的家。这要求确实是过分，你肯不肯允许我？你知道“我不欢喜你”这一件事对于你实际上是毫无损害的，因为你本不曾要我欢喜你，但对于我却有重大的关系，它的意义是一切的绝望苦恼和永久的彷徨。我知道即使我不欢喜你，我不能使我不爱你，因为欢喜不欢喜是心绪的转移，而真的爱，永久是生着根的，因此要是我不欢喜你了，我的灵魂将失去了和谐。

你的信在这时候到。I am veree veree happee[1]。

贼来你叫不叫起来？你叫起来很好听。很奇怪昨夜我坐在椅子上瞎想（昨夜有人来，去了之后，觉得一个黄昏已经扰去了，索性出去看末一场的《亨利第八》，回来已过十一点钟，又坐了两个钟头才睡），我想像你还是睡在那个小房间里，忽然一个贼进来，于是你叫了起来……

四绝句的第一首第一句“凌云志气竟千秋”似乎有些不称，不要管它；“化得流萤千万只”，“只”字还是改普通一点的“点”字吧，你知道郑天然爱用“只”字，但我不喜欢。你的意思是不是说万斛愁都化为照在陌横头的流萤？第二首较好。

青子：

我觉得我已好久不曾给你写信了，在我看来，昨天和十年之前，全然是一样的事，因为它们一样属于过去。

我不知道如果我们一旦失了接触时，我们会不会去旁人一样疏远冷漠起来，不知道有时你会不会再想到我，也许那时我的心像全然是可笑的也说不定。所以不必为我很有些自私，如果我想永远保有你的友情？因为我不愿意失去你，因为我不愿意失去我自己。说不定也许真有一天我会不欢喜你，当我迷失了自己的时候，那时我希望你肯用一些努力把我拉回来，如果我有时离开你太远。因为离开了你，我不会有幸福和平安的，你的心里才是我唯一的灵魂的家。这要求确实是过分，你肯不肯允许我？你知道"我不欢喜你"这一件事对于你实际上是毫无损害的，因为你本不会为我欢喜你，但对于我却有重大的关系，它将意义着一切的绝望苦恼和永久的彷徨。你知道即使我不欢喜你，我不能使我不爱你，因为欢喜不欢喜是心情的转移，而真的爱永久是生着根的，因此要是我不欢喜你了，我的灵魂将失去了和谐。

你的信在这时候到。I am veree veree happee.

贼来你叫不叫起来？你叫起来很好听。很奇怪昨夜我坐在椅子上睡熟（吃了晚饭有人来，去了以后，觉得一个黄昏已经接去了，索性出去看了一场的"卖到第八"，回来已过十一点钟，又坐了两个钟头才睡），我梦仿佛你还是睡在那个小房间里，忽然一个贼进来，于是你叫了起来……

四绝句第一首第一句"读书击剑竟千秋"，"竟"字有些不稳，不要管它；"化作流萤千万盏"，"盏"字还是改普通一些的"点"字吧，你知道韵太好要用生字，但我不喜欢。你的意思是不是说愁绪都化为吧在阴横斜的流萤？第二首较好。第三首略俚俗一些，但实际上"今日黄泥寒白骨，当年同是上坟人"两句还是这四首中最真切感人的句子，我想不可不加圈的。"廿载尘缘孰附身"好像不通，我也不甚懂，最好改过，"数为识"也不行。第四首可以不要，"花月不知人事改"一句蹈袭太甚。咏怀诗毫无意思。阮嗣宗的诗婉奥沉郁，我极喜欢，你能多读读他也好，在不快活的时候。

我希望我在现在就死，趁你还做得出诗的时候，我要你做诗吊我，当然你不许请别人改的。

我非常常欢喜你，愿你好。

红儿 四月三

第三首略俚俗一点，但实际上“今日黄泥覆白骨，当年同是上坟人”两句还是这四首中最真切感人的句子，我想可以加圈的。“廿载尘缘孰附身”好像不通，我也不甚懂，最好改过，“孰为亲”也不行。第四首可以不要，“夜月不知人事改”二句蹈袭太甚。拟咏怀诗毫无意义。阮嗣宗的诗骚忧沉郁，我极喜欢，你能多读读他也好，在不快活的时候。

我希望我在现在就死，趁你还做得出诗的时候，我要你做诗吊我，当然你不许请别人改的。

我非常之欢喜你，愿你好！

红儿 星期三

①该句英文意思是“我非常非常快乐”，其中“非常”（veree）和“快乐”（happee）两词都故意用了不规范的拼法，第二个音节要特别念长音。

第[177]封 梦你

二哥：

星期日，今天我比平日早起半点钟，开开窗，先让外面的冷风洗我那留着泪痕的脸，默默地回味着甜蜜而感伤的梦境，感觉到真正的幸福。

因为昨夜我曾梦着你，梦得那么清楚而分明，虽然仍不免很有些傻气。我是到杭州来了，他们（我不知道他们是谁，但总之是他们）为着欢迎我，特为我开映卓别林的影片，你同着张荃也来了。我很想坐在你的身旁，但是座位都已占据满了，于是他们把我葬在坟墓里，连着坟墓把我扛到你的跟前。我可以隔着坟墓和你说话，但是看不见你，眼前只是一片黑，鼻子里充满了土气息泥滋味，以及自己尸体腐烂的臭味。“我要闷死了！”我痛苦地嚷着，但终于被我挣扎着从坟墓中伸出头来，虽然身体仍然被重压着动弹不得。这是一个颇有象征意味的开头。

后来我们并肩漫步着，我知道这个下午我要离你而去了，心头充满惜别的情调，但我知道这是个宝贵而幸福的瞬间，和你走在一起，更没有别人在旁边，我们好像说了许多话，又好像一句话也不说。我侧过头来凝望你的脸孔，这是第一回我在梦里看得你那样仔细，你并不发胖，但显然不像从前那样荏弱相，肌肤也似乎结实得多了。你的脸是那么明净那么慈爱，像秋之晴空那样地，像春之白云那样地，一个可以羽翼我的母亲，看得我哭了，我眼中并没有泪，但觉得我的全身，全灵魂，都充溢着眼泪，我希望世界赶快在这一个瞬间毁灭，或是像太阳照着雪人一样让我全身的机构一下子碎为粉末，播散在太空中，每一粒粉末中都含有对你的眷恋。我真不知道盈溢在我胸中的，是幸福、欢乐、苦痛、惆怅，或是什么。这些真是我梦中的感觉，并不是此刻为要把信写得动人而随便胡诌起来的。这是三部曲中的第二部，是一首浪漫主义的抒情诗。

后来你到厨房里弄饭菜去了，我因为一刻也不愿离开你，也跟着你去，你瞧我一弄都弄不来，但我尽力帮你的忙，我们一同炒肉丝饭，锅下的火很旺，火焰冲了起来，把我右手中指上烫起了泡，我说，“你看，我手指都烫坏了。”但我很骄傲很满足，你微笑着安慰我。跑出去吃饭，我弟弟二哥：

星期日。今天我比平日早些起来，照镜，开开窗，先让外面的冷风吹我那留着泪痕的脸，默默地回味着甜蜜而感伤的梦境，感觉到悲哀的幸福。

因为昨夜我梦着你，梦得那么清楚而分明，虽然仍不免很有些缥缈。我是到杭州去了，他们（我不知道他们是谁，但像像是他们）为着欢迎我，特为我开映年别画的影片，你同着张荃也去了，我很想坐在你的身旁，但是坐位都已依着隔了，于是他们把我葬在坟墓里，连着坟墓把我抬到你的跟前，我可以隔着坟墓和你说话，但是看不见你，眼前只是一片黑，鼻子里充满了土气息泥滋味，以及自己尸体腐烂的臭味，我闷死了，我痛苦地嚷着，但终于被我挣扎着从坟墓中伸出头去，虽然身体仍是被重压着动弹不得。这是一个颇有象征意味的开头。后来我们并肩漫步着，我知道这个下午我要离你而去了，心头充满惜别的情调，但我知道是个宝贵而幸福的瞬间，和你走在一起，更没有别人在旁边，我们好像说了许多话，又好像一句话也不说。我仔细地端详你的脸孔，这是第一回我在梦里看得你那样仔细，你变了胖，但显得不像以前那样结实相，肌肤也似乎结实得多了，你的脸是那么明净那么柔爱，[一个可以羽翼我的母亲，]像秋天晴空那样地，像春天白云那样地，看得我哭了，我眼中流着泪，但觉得我的全身全灵魂，都充满着眼泪。我希望世界毁灭在这一个瞬间里，或是像太阳照着雪人一样让我全身的机构一下子碎为粉末，播散在太空中，每一粒粉末中都含有对你的眷恋，我真不知道团团在我胸中的，是幸福欢乐苦痛惆怅，或是什么。这些真的是我梦中的感觉，并不是此刻为要把你写得动人而随便胡诌出来的。这是二部曲中的第二部，是一首很温柔的抒情诗。后来你到厨房里弄饭菜去了，我因为一刻也不愿离开你，也跟着你去，你煮我一点都弄不来，但我在旁边看你做，我们一同炒肉丝饭，锅下的火很旺，火焰冲了出来把我右手中指上烫起了泡，我说，“你看，我手指都烫坏了，”你就笑着安慰我。但我很高兴做很得意，然后去吃饭，我弟弟们面前都是一碗满满的肉丝炒饭，我却只有一碗白饭，我待要嚷，你悄悄地对我说，“不要吵，你就吃白饭好了。”我也就很快活地吃白饭了。这一段梦明明有写实与象征的情调。醒来之后，像是一个充满了祝福的灵魂，恐怕自身会把这梦忘记，因此反复地记忆着每一个详细的枝节，就像中学时温书一样。渐渐记忆有些模糊起来，人也困倦了起来，闭上眼睛，好像身子在云端里，要飘起来了的样子，但终于不曾飘了起去。

我不要做你的哥哥，我愿意做你的弟弟。

十二晨

们面前都是一碗满满的肉丝炒饭，我却只有一碗白饭，我待要叽咕，你悄悄地对我说，“不要吵，你就吃白饭好了”，我也就很快活地吃白饭了。这一段梦略有写实主义的情调。醒来之后，像是一个蒙了祝福的灵魂，恐怕起身之后会把这梦忘记，因此不住地记忆着每一个琐细的枝节，就像怕考问而温书一样。渐渐记忆有些模糊起来，人也倦了起来，闭上眼睛，好像身子在云端里，要飘起来了的样子，但终于不曾飘了起来。

我不要作你的哥哥，我愿意作你的弟弟。

十二晨

第[178]封 气恨

好人：

为什么你欢喜叫我朱先生我总不懂，简直使我很悲哀。

我知道你成绩并不坏，如果从来不曾用过功，更见得你的天才，因此不用再自谦了，如果你门门功课拿1[①]，我也不见得会更爱你一些。

我要寄一些外国花纸头给你。

No.1 “*Scenes Galantes*” of the Romantic Period[②]（十九世纪法国名画四帧）

No.2 *Sleeping Beauty*[③]（色粉素描）

No.3 猎人与枭（水彩）

No.4 舞蹈素描六帧

No.5 画人谑画九帧 附说明

很精美的印刷物，收到后告知我一声。

我想你得不得了，怎么办？几时才许我看见你？我明知你并不欺侮我，但总觉得似乎你欺侮我一样。地球明年要和某行星相碰，我们所处这一带很有陆沉的危险，要是不能多见你几次面，岂不令我饮恨而长终？

又怨又气又恨又伤心，你的来信也不能使我略快活一点，很想发神经病打地上滚。

我确信你是个女人，但我害怕你不大能做得来女人，正如你做起男人来也要失败一样。

不骗你，从那天为了你做了一次阿木林后，一直抱悲观到现在，时间重得拖都拖不动。

房间内是狗窝一样糟，窗外是单调的房屋和半片灰黑的天，耳朵里是怪难听的无线电播音和隔壁不断的放自来水的声音。一个黄昏从八点到十一点之间，

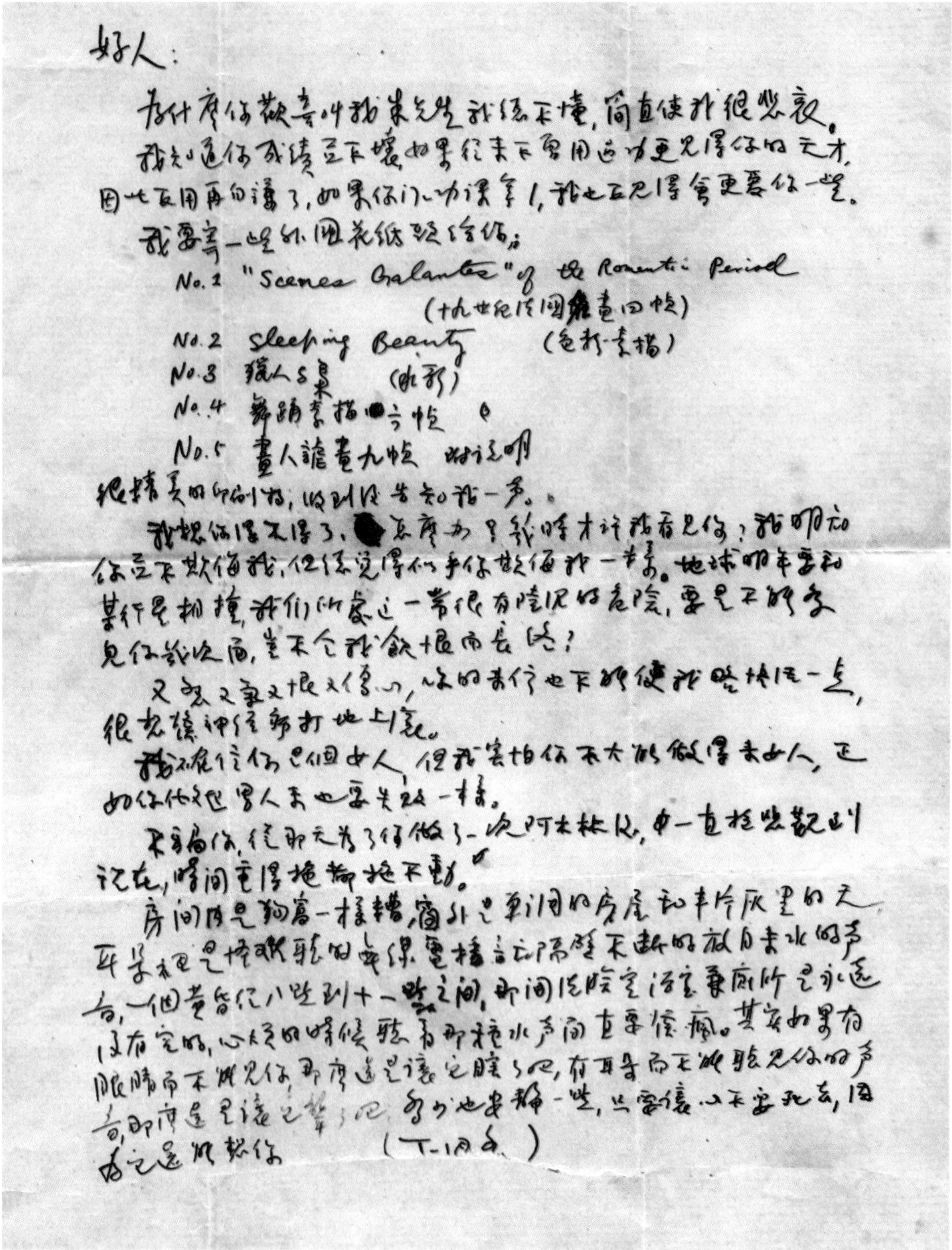
好人：

为什么你欢喜叫我朱先生我总不懂，简直使我很悲哀。

我知道你成绩并不坏，如果你素来不曾用过功更见得你的天才，因此不用再自谦了，如果你们的功课第1，我也并不见得会更爱你一些。

我要寄一些外国花纸头给你：

No.1 "Scenes Galantes" of the Romantic Period（十九世纪法国[illegible]画四帧）

No.2 Sleeping Beauty （色彩素描）

No.3 猎人与鸟 （水彩）

No.4 舞蹈素描六帧

No.5 画人讽画九帧 附说明

很精美的印刷物，收到后告知我一声。

我想你得不得了，怎么办？几时才许我看见你？我明知你并不欺侮我，但总觉得你在欺侮我一样。地球明年要和某行星相撞，我们所处之一带很有陆沉的危险，要是不能多见你几次面，岂不令我饮恨而长终？

又气又恨又伤心，你的来信也不能使我略快活一点，很想[illegible]。

我深信你是个女人，但我害怕你不大能做得来女人，正如你做起男人来也要失败一样。

不骗你，从那天为了你做了一次阿木林后，我一直[illegible]，时间重得拖都拖不动。

房间内是狗窝一样糟，窗外是弄堂的房屋和[illegible]的天，耳朵里是[illegible]的无线电播音和隔壁不断的放自来水的声音，一个黄昏从八点到十一点之间，那间洗脸室浴室兼厕所是永远没有空的，心烦的时候听着那种水声简直要发疯。其实如果有眼睛而不能见你，那么还是让它瞎了吧，有耳朵而不能听见你的声音，那么还是让它聋了吧，多少也安静一些，只要让心不要死去，因为它还能想你

（下略）

那间洗脸室浴室兼厕所是永远没有空的，心烦的时候听着那种水声简直要发疯。其实如果有眼睛而不能见你，那么还是让它瞎了吧，有耳朵而不能听见你的声音，那么还是让它聋了吧，多少也安静一点。只要让心不要死去，因为它还能想你。（下略）

①之江大学当时评分办法以1为最好成绩，分数数字越大越不好。 ②Scenes Galantes of the Romantic Period：18世纪末到19世纪初，浪漫主义时期的表现男士向女士求爱的情景的绘画。 ③ Sleeping Beauty：睡美人。

第[179]封 沉默

清如：

我想沉默，我想把自己弄得非常寂寞。

愿你好，几时上学？

谱小曲一首，不知入不入调。

读《道连格雷的画像》[1]，我想我一点不欢喜那本书，我们的兴味不一定相同。

一个乞丐向我说，小开老板，谢谢侬，交关发财！

朱生

给我的洋片儿简直是侮辱，谁要看这种女人面孔，虽然我并不讨厌看女人。

①《道连格雷的画像》：英国作家奥斯卡·王尔德的小说。

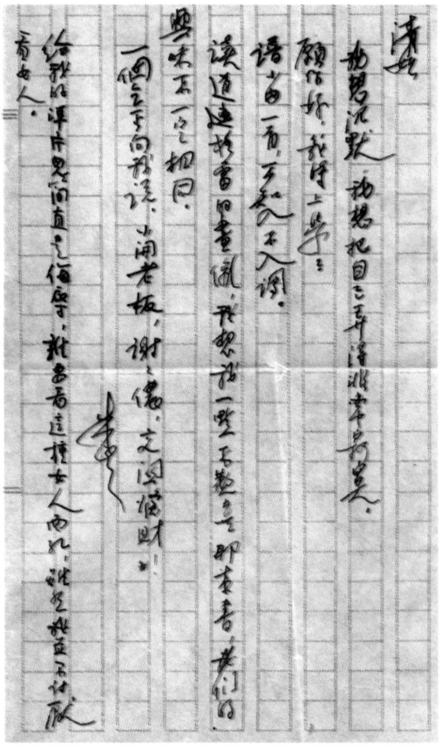

第[180]封 心烦

因为心里好像很高兴，所以就有点安定不下，所以就有点烦躁，所以觉得很气闷，所以心里不高兴。听见别人唧唧唧的谈话声，怪心烦的，没法子，写信。你不应该怪我老找你麻烦，因为是没法子，虽说是不久荒唐了两天回来，但星期日不准出去，总有点怨。特此声明，请你不要……

其实我很快活，我很快活，la la la。

我觉得我如作得出诗，一定会胖起来。从前多有趣，自命谪仙人的那种神气，现在只好自命为猪猡了，而且是瘦得不中吃的猪猡。呒啥话头，也无怪你不爱我。

你不要待朱朱好，他不好。

十九下午

明天我答应你不再写信。

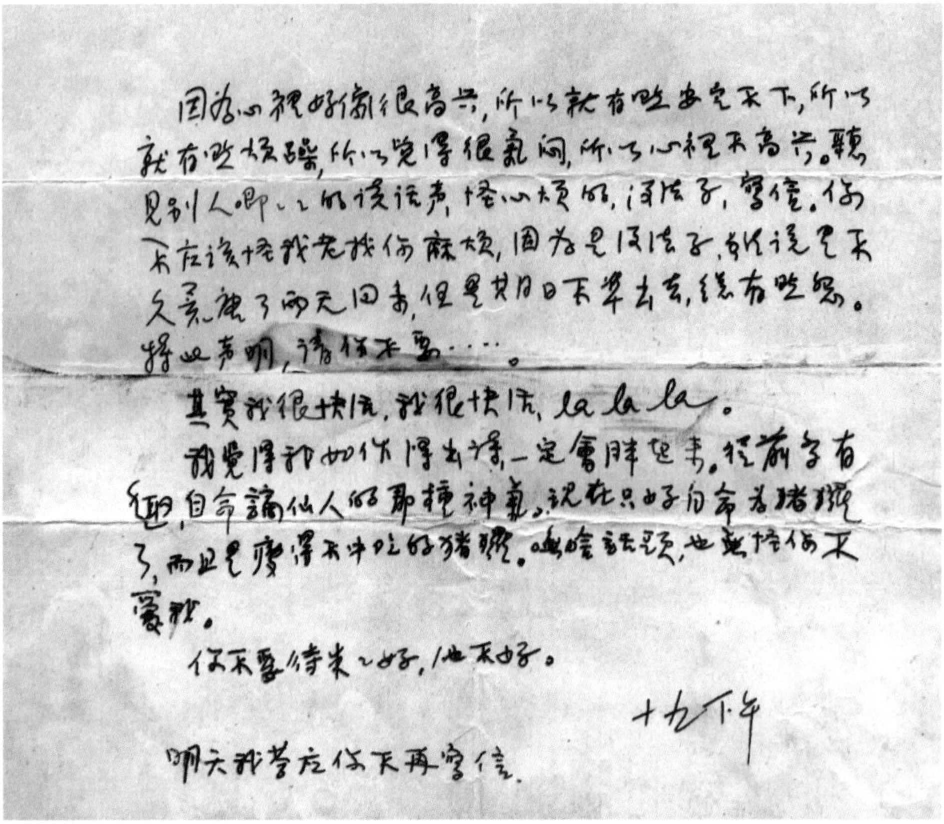

因为心里好像很高兴，所以就有些安定不下，所以就有些烦躁，所以觉得很氣闷，所以心裡不高兴。聽見别人唧唧的说话声，怪心烦的，没法子，写信。你不应该怪我老找你麻烦，因为是没法子，就说是不久要離了两天回去，但是星期日不能去玄，總有些怨。特此声明，请你不要……。

其实我很快活，我很快活，la la la。

我觉得我如你得出话，一定會胖起来。從前多有趣，自命謫仙人的那種神氣，現在只好自命为猪猡了，而且是瘦得不中吃的猪猡。唉啥話頭，也要怪你不爱我。

你不要待来之好，也不好。

十九下午

明天我等应你下再写信。

第[181]封 心碎

我近来很容易倦。夜里看书看到十一点钟，简直没法再看下去，勉强再挨了半点钟，才无可奈何地睡下。嘿，昨夜出了一件事。正在熟睡之际，忽然有很大的POP[①]！！一声，把我惊醒，吓得在床上跳了三跳，疑心是被头里放着一个气球，因为翻了个身把它压破了；当然不会是炸弹吧？也许是□□□□（不甚雅驯，故抽去）？也许是……可是这些假设都不合事实与逻辑，因此我亮了电灯披了衣裳起来察看，门角落里床底下都看到，可是找不出什么问题来，一直找到天亮，才发现……你猜是什么？要不要我告诉你？原来是……原来是我的心碎了，当然是因为你虐待了我之故。

不要胡说！

因为要赶着完成那部“巨著”，被驱得团团转，这种工作你做上一天（假定你做得来的话），一定要发神经病。还要改函授学校课卷。一位常熟的仁兄，英文字写得很像你，写的什么我懂都不懂，真是宝货。

我希望世界毁灭。明天星期，hurrah②！这个星期过去得真慢。

所有的人都像臭虫，宇宙是一个大的臭皮囊。

五九

①POP：英语象声词，表示“扑”的一声。 ②hurrah，英语感叹词，表示欢呼。

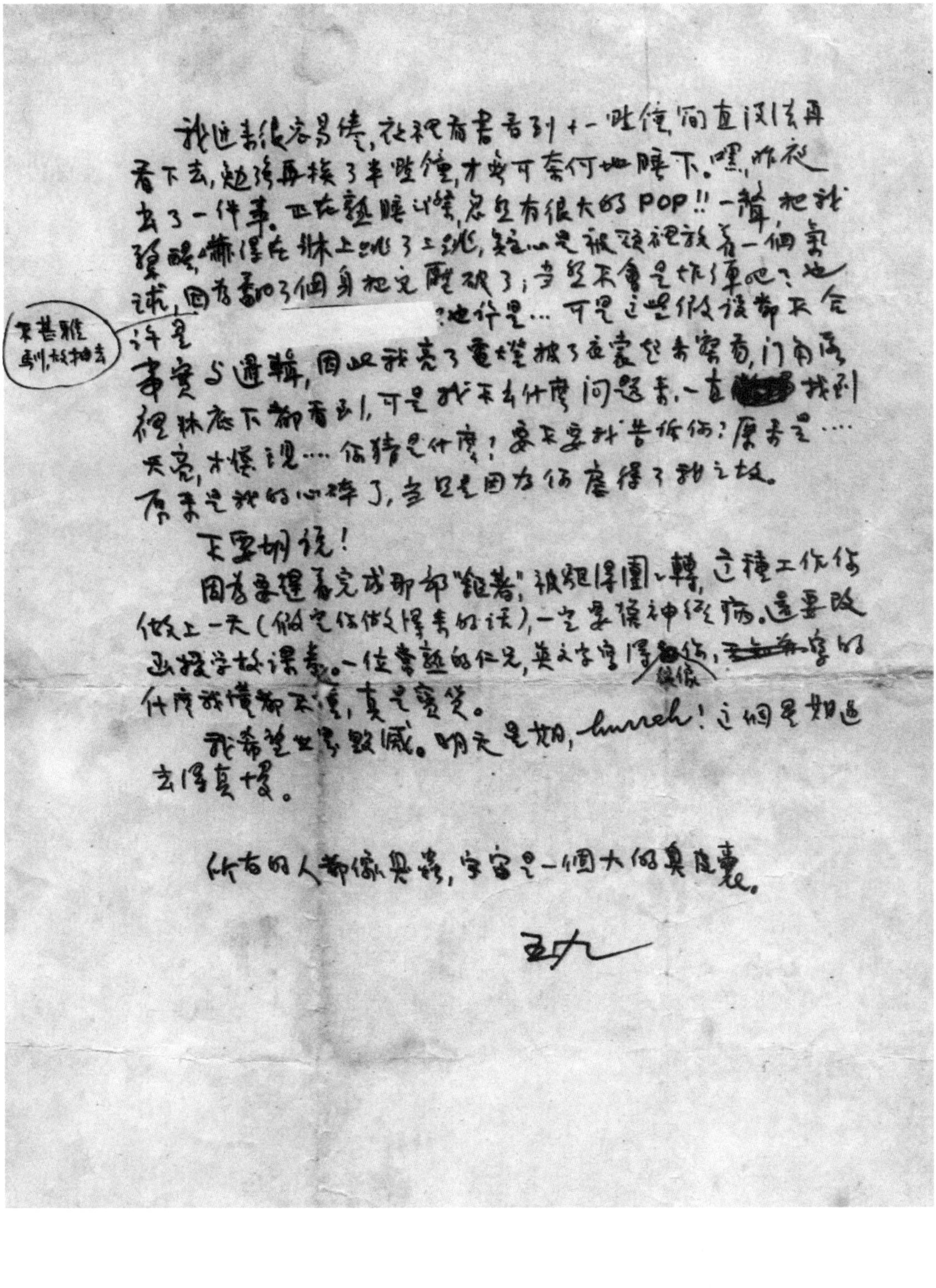
我近来很容易倦，在床上看书看到十一点钟简直没法再看下去，勉强再挨了半点钟，才马马虎虎睡下。嘿，昨夜出了一件事。正在朦胧入睡之际，忽然有很大的POP!!一声，把我惊醒，吓得在床上跳了三跳，疑心是被窝里放着一个气球，因为翻了个身把它压破了；当然不会是放屁吧？也 ……他什么……可是这些假设都不合

（不甚雅 删，放抽象）

许是事实与逻辑，因此我亮了电灯掀了被窝细看，门角落枕头底下都看过了，可是找不出什么问题来。一直找到天亮，才发现……你猜是什么？要不要我告诉你？原来是……原来是我的心碎了，这只是因为你虐待了我之故。

不要胡说！

因为要赶着完成那部“铁券”，被搞得团团转，这种工作任何人做上一天（假定你做得来的话），一定要发神经病。还要改函授学校课卷。一位热心的仁兄，英文字写得……写的什么我懂都不懂，真是要命。

我希望世界毁灭。明天星期，hurrah！这个星期过去得真慢。

所有的人都像臭虫，宇宙是一个大的臭皮囊。

五九

第[182]封 失落

好朋友：

昨夜过了多梦的一夜，下午两点钟从街上回来，吃了两只汕头蜜桔，两包 *sweetkiss milk nut chocolate*①，看了一回 *Shanghai Sunday Times*②，便脱衣服睡在被中看 Maupassant③（新近买了一本 Maupassant 短篇小说全集，一块金洋，mex.$3.00，共二百二十二篇，每篇约值铜元四枚）。夜饭一个人吃了，继续看小说，看倦了熄灯，于是开始做梦。

梦大概和小说有点关系，遇到了一个从前在之江很 social④的女同学，我说，“Madame，我们都老了，你却比从前更 charming⑤”，又遇见一个眼镜西装的姓周的同学（醒来之后却觉得像是郁郁星），牙齿尽变黄色，因为吃香烟之故，他一边说话一边把一支支香烟送进嘴里嚼。这么的几个梦之后，醒来忽然很 sentimental⑥，哭了起来，觉得很寂寞很悲哀，因为我想要梦见你却梦不见。我决定你是离弃我了，我说我将凭借什么而生存呢？一切的 missing⑦，和渺小，卑抑，屈辱之感压迫着我，伤心地又睡着了。

这回梦见墙上挂着的那些照片一张张落了下来，又是满床都是各式各样的虫子。在困扰中往后便学了一些只有感觉而没有印象的梦，我知道我在梦魇了，像要闷死了的样子，拼命把头往上挪，终于挣扎着醒来，可是过了一会又来了，这回拼命地把按在胸前的手移开，似乎是在移别人的手，又醒过来了，这样继续了一些时候，才真的完全清醒过来，觉得很平静，在天亮顷的时候，得到一些真的休息。

我更看不起今年的耶诞节，较之历年的耶诞节，现在还要说什么 Glory to heaven，peace and good will on earth⑧，岂不无聊，什么青年会之类，又要分送糖果给苦小孩子了，所有的基督徒们都要变得很慈善。

虽然中国总归没有希望，但如此时突然宣布停止反共，和苏维埃联邦共和国缔结攻守同盟，政府明白表示反日，那时当然不但日本要红脸孔，欧美也要暴跳起来，自然中国要受到更大的联合阵线的威胁，但无论如何将是一件大快人心的事。这样伸伸缩缩地苟安着才叫人闷死。

①sweetkiss milk nut chocolate：甜吻牌牛奶果仁巧克力。②*Shanghai Sunday Times*：《上海星期日时报》。③Maupassant：莫泊桑，法国小说家。④social：社交很广的。⑤charming：有魅力。⑥sentimental：感伤。⑦missing：失落。⑧Glory to heaven，peace and good will on earth：光荣归于上天，和平和善行降于尘世。

好朋友：

昨夜过了香甜的一夜，下午两点钟从江湾回来，吃了两只山东蜜橘，两包 Sweetkiss milk nut chocolate，看了一回 Shanghai Sunday Times，便脱衣服睡在被中看 Maupassant（新近买了一本 Maupassant 短篇小说全集，一块金洋，max. $3.00，共二百二十二篇，每篇的价钱约铜元四枚），夜饭一个人吃了，继续看小说，看倦了熄灯，于是开始做梦，梦大概和小说有些关系，遇见了一个从前在之江很 social 的女同学，我说，"Madame，我们都老了，你却比从前更 charming"，又遇见一个胭脂涂得很浓的女同学的同学（醒来之后却觉得偏是俞小姐），牙齿尽是黄色，因为吃香烟之故，她一边说话一边便把一支支香烟塞进嘴里嚼。这两个梦之后，醒来忽然很 sentimental，哭了起来，觉得很寂寞很悲哀，因为我想要梦见你却梦不见，我决定你是厌弃我了，我说我将凭藉什么而生存呢？一切的 misery，和得不到，寂寞，屈辱之感压迫着我，使我又睡着了，这回梦见墙上挂着的那些照片一张张落了下来，又是满床都是各式各样的虫子，在困倦中往以后便梦了一些只有感觉而没有印象的梦，我知道我在梦魇了，像要闷死了的样子，拼命把头往上挪，终于挣扎着醒来，可是过了一会又来了，这回拼命地把放在胸前的手移开，似乎是在移别人的手，又醒过来了，这样继续了一些时候，才真的完全清醒过来，觉得很平静，在天亮的时候得到一些真的休息。

我真希望不过今年的耶诞节，照从前历年的耶诞节，现在还要说甚么 Glory to heaven, peace and good will on earth，岂不无聊，什么青年会之类又要分送糖果给苦小孩子了，所有的基督徒们都要变得很慈善，[redacted]

说起中国总归没有希望，但如此时突然宣布停止反共，和苏维埃联邦共和国缔结攻守同盟，政府明白表示反日，那时候也不但日本要红了脸孔，欧美也要着慌起来，但是中国要受到更大的联合阵线的威胁，但无论如何将是一件大快人心的事。[redacted]

第[183]封 演技[1]

清如：

今天我一天没有吃饭，早晨吃了一碗粥，中午吃了一碗面，晚上吃了一包饼干。早上就游魂似的飘到外面去了，在大光明做了一顿礼拜，出来后知味观里吃了汤面。马路上吊儿郎当一下子，下午了，看了一张中国片子，应云卫的《时势英雄》，有意义的问题剧。技术上也很满意，尤其一个意外的惊人发现是尚冠武的演技，这个无藉藉名的演员，在这片子中显示出是现在中国电影界中第一个Character player[2]，他的演技大体上已臻于炉火纯青的境界，不似一向那么好人总是这么一个型，坏人总是那么一个型的。他和《桃花扇》中的胡萍该是今年国产电影中最可称道的收获。

跨出了金城戏院的门，对过的丽都在映*Becky Sharp*，这一张New Technicolour[3]的彩色长片是已经看过了的，而且看得似乎并非十分满意，但因为不愿意回家，便又糊里糊涂地去买了票。第二回看的时候比第一回看的好像好得多，第一回看的时候因注意其故事的发展，有许多“技术的”地方都不曾看到，对话也有许多地方不曾听清爽，为着外景的缺乏，色彩的过饱，曾很感到有些沉闷，但今天看时就有趣得多了。

故事是根据Thackerey[4]的名著*Vanity Fair*[5]的，虽然未必怎样尽忠于原著，但原来的讽刺冷酷的精神是很被保存的。确实这是一本入木三分的辛辣的Sophisticated[6]的悲喜剧，过于纯洁天真的

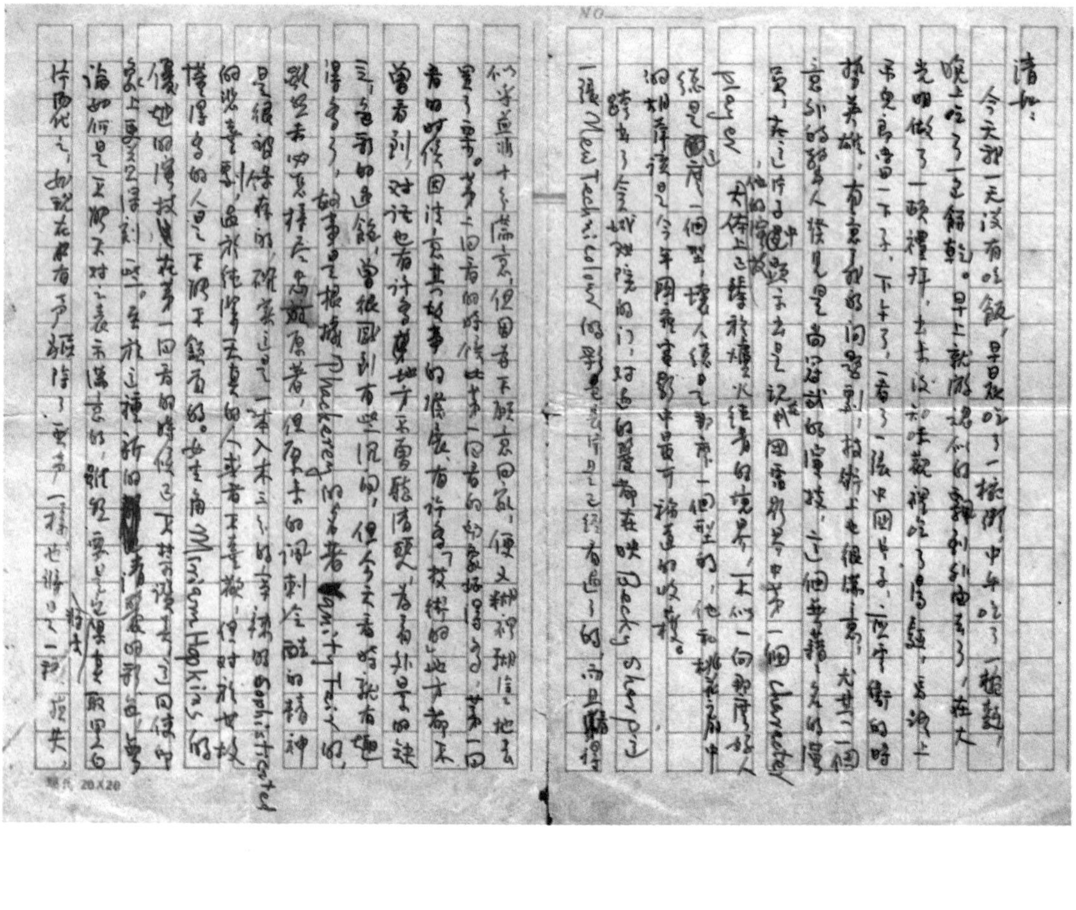

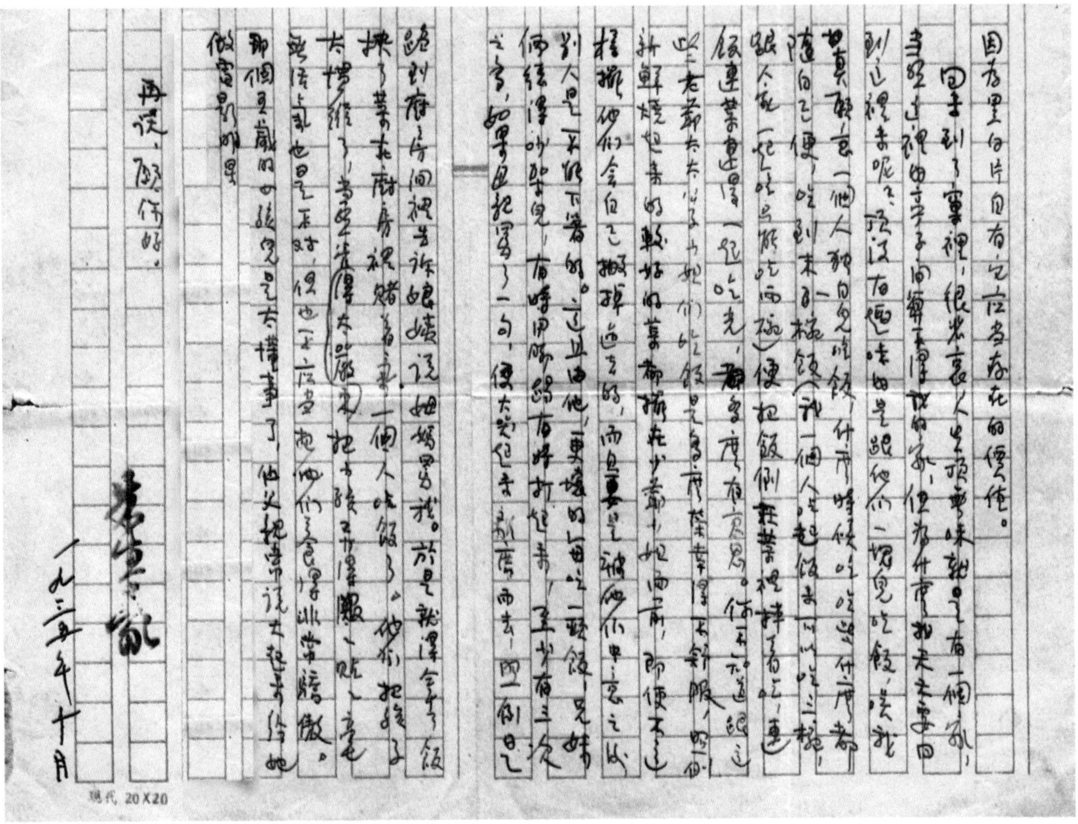

人或者不喜欢，但对于世故懂得多的人，是不能不颔首的。女主角Miriam Hopkins的优越的演技在第一回看的时候已不禁赞美，这回使印象上更益深刻一些。至于这种新的清丽的色彩，无论如何是不能不对之表示满意的，虽然要是它将来果真取黑白片而代之，如现在有声驱除了无声一样，也将是一种损失。因为黑白片自有它应当存在的价值。

回来到了窠里，很悲哀。人生顶无味就是有一个家，当然这里的亭子间算不得我的家，但为什么我天天要回到这里来呢？顶没有趣味的是跟他们一块儿吃饭，唉，我真愿意一个人独自儿吃饭，什么时候吃，吃些什么都随自己便，吃到末一碗饭（我一个人吃起饭来可以吃三碗，跟人家一起吃只能吃两碗）便把饭倒在菜里拌着吃，连饭连菜连汤一起吃光，多么有意思。

你不知道跟这些老爷太太公子小姐们吃饭是多么荣幸得不舒服，照例新鲜烧起来的较好的菜都摆在少爷小姐面前，即使不这样摆，他们会自己搬掉过去的，而且要是被他们中意之后，别人是不能下箸的。这且由他，更坏的每吃一顿饭，兄妹俩总得吵架儿，有时用脚踢，有时打起来，至少有三次之多，如果母亲骂了一句，便大哭起来离席而去，照例是跑到厨房间里告诉娘姨说姆妈骂我。于是就得拿了饭挟了菜在厨房里赌着气，一个人吃饭了。他们把孩子太惯纵了，当然管束得太严，把小孩弄得服服贴贴毫无活气也是不对，但也不应当把他们养得非常骄傲。那个五岁的女孩儿是太懂事了，他父亲常说大起来给她做电影明星。

再说，愿你好。

朱生豪

①此信原件上宋清如注：一九三五年十月。②Character player：个性演员。③New Technicolour：新彩色电影。④Thackerey：萨克雷，英国19世纪小说家。⑤*Vanity Fair*：《名利场》，萨克雷的代表作之一。⑥Sophisticated：深奥的。

第[184]封 科学

清如：

昨天我看了一本一个美国新闻记者论苏联的书，其中多说苏联的坏话，虽然“也许”是一种反宣传，但我相信他所说的并非全是诳话。因为我们自己也能想像得到，在那里个人的言论和行动的自由，即使不是完全被剥夺，多少是被轻视了的，在革命时期中，相当残酷的事也不免要发生，况且社会主义的“道德”原来和人道主义的妇人之仁并不一致。在那里的人民生活，当然是很刻苦的，尤其比较起物质文明的美国来。因此在一个过惯安适生活，极端尊重个人自由的美国人眼中，不免要出怨言，这无宁是当然的事。事实上理想的乌托邦总不能实现于世上，无论任何一种新制度都决不能使人人满意，即使全世界都实行了社会主义以后，也决不会世界从此美满了，仍然会有一种新的主义要来代替它的，或者是一种改进，或者是一种破坏。个人平时对于赞美苏联的人，除了趋趋时髦的人之外，其真心的崇拜它者，都觉得他们是心地十分纯洁，而不免有些幼稚和夸大狂。但对于非难苏联，诋毁它的人，却感到他们的无耻。

不是有意要跟你冲突，但你论科学的话实不能使我心服，所谓迷信和科学，截然是不能走拢的两件事，如果人迷信了科学，那么他所迷信的科学便不成其为科学。科学只是真理的探求者，并不是真理的自身。至于科学方法，并非一定是绝对合理的方法，但确是比较合理的方法。请中医看病比之求仙方吃香炉灰是要合理一些，请西医看病也要比请中医看合理一些。至于定律，是就不同的事物中找出共通的现象来，比如说，甲叶不等于乙叶，但其为叶则一，其根本构造并无不同。你不等于我，但我们有很多相等的地方，我们都是中国人，因此如说到中国人，我们都兼指在内。我们都是人类，因此如说到人类，我们以及斯塔林大仲马茶花女和十七世纪的一个罗马僧侣都兼指在内。我们都是动物，因此如说到动物时，我们和小花猫苍蝇变形虫都兼指在内。以及等等。这全然是合理的区分，至少比之把墨水和宋清如归为一类，沙漠巧格力糖和朱朱归为一类要合理得多，因为前者是科学的。一加一等于二是一种常识，也许它并不便是真理，但如果我们把一这符号代替·，把二代替··，把三代替···，那么说·+·=··总比·+·=···合理一些，因为你总找不出这第三点的来源。你可以说，宋清如是一个人，朱生豪是一个人，宋清如加朱生豪等于四个人，这种玄学的说法，因为，a.宋，b.朱所认识的宋，c.朱，d.宋所认识的朱。但如果a非即等于b，c非即等于d，那么原来就不能并作一个人说，应当说a+b+c+d=四个人，不应当说a+c=四个人，因为a中并不兼含a和b，宋清如的人格中并不兼有朱生豪所认识的宋清如的人格，如果他所认识的是对的，那么那只是她原来人格中的一部分，根本不是另一个人，如果他所认识的是错误的，那么那只是一个虚妄的幻象，并无实际的存在。当然我们应用1+1=2的方程式时，也需要相当的注意，一瓶红墨水加一瓶蓝墨水并不等于二瓶红墨水或二瓶蓝墨水，但谁也不能反对说那不等于二瓶墨水。

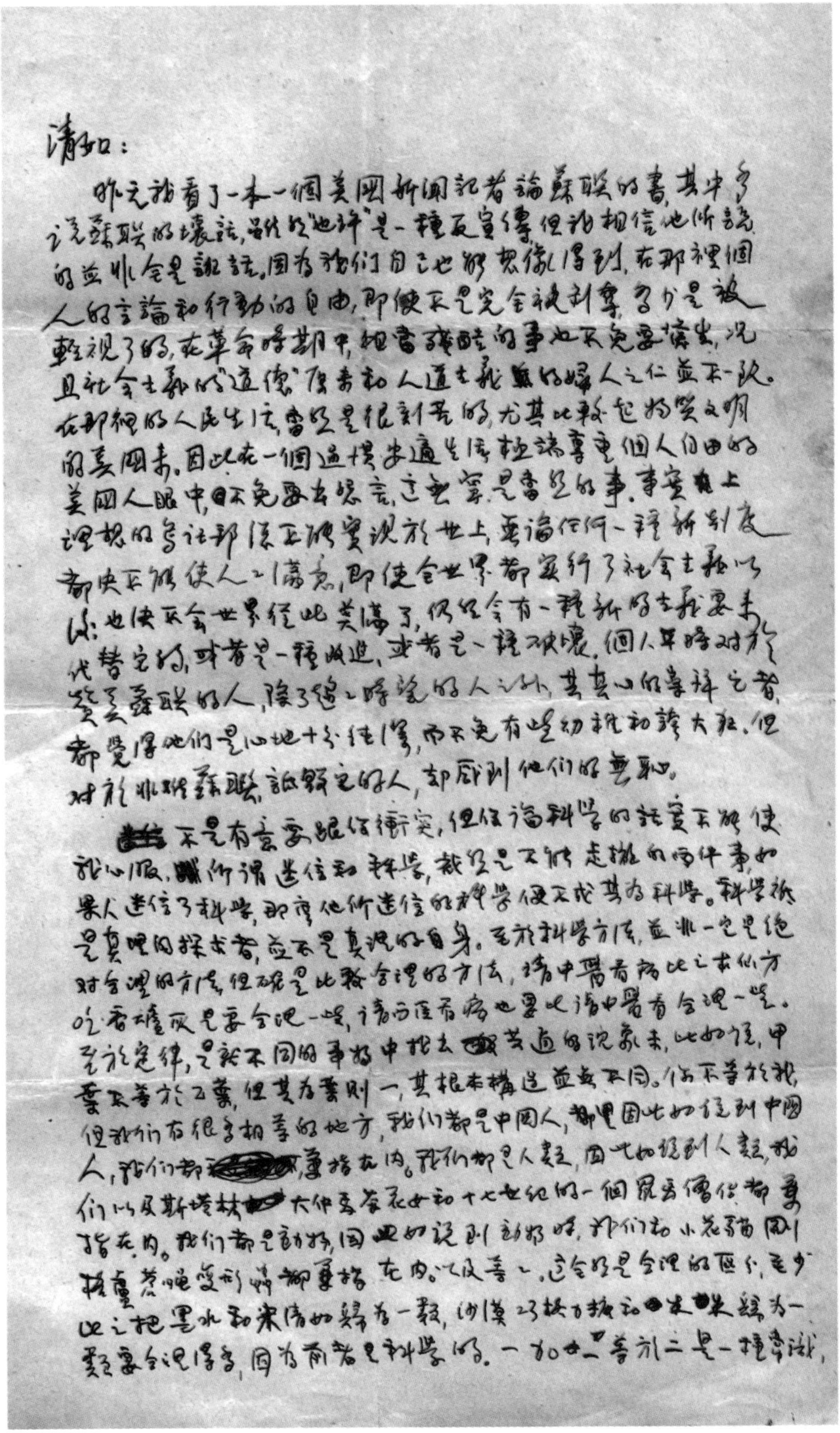
清如：

昨天我看了一本一個美國新聞記者論蘇聯的書，其中多說蘇聯的壞話，雖然也許是一種反宣傳，但我相信他所說的並非全是謊話，因為我們自己也能想像得到，在那裡個人的言論和行動的自由，即使不是完全被剝奪，多少是被輕視了的。在革命時期中，即使有殘酷的事也不免要發生，況且社會主義的道德原本和人道主義的婦人之仁並不一致。在那裡的人民生活當然是很刻苦的，尤其比較起物質文明的美國來。因此在一個過慣安適生活極端尊重個人自由的美國人眼中，自不免要大驚小怪，這也算是當然的事。事實上理想的烏托邦從不能實現於世上，無論任何一種新制度都決不能使人人滿意，即使全世界都實行了社會主義以後，也決不會世界從此美滿了，仍然會有一種新的主義要來代替它的，或者是一種改進，或者是一種破壞。個人平時對於贊美蘇聯的人，除了隨隨時流的人以外，其真心的崇拜它者，都覺得他們是心地十分純潔，而不免有些幼稚和誇大狂。但對於非難蘇聯詆毀它的人，卻感到他們的無恥。

不是有意要跟你衝突，但你論科學的話實在不能使我心服。所謂迷信和科學，我以為是不能並攏的兩件事，如果人迷信了科學，那麼他所迷信的科學便不成其為科學。科學只是真理的探求者，並不是真理的自身。至於科學方法，並非一定是絕對合理的方法，但確是比較合理的方法，請中醫看病比之求仙方吃香灰總要合理一些，請西醫看病也要比請中醫看病合理一些。至於定律，是從不同的事物中找出共通的現象來，比如說，甲雖不等於乙，乙不等於丙，但其為薔則一，其根本構造並無不同。你不等於我，我不等於你，但我們有很多相等的地方，我們都是中國人，都因此如說到中國人，我們都兼括在內。我們都是人類，因此如說到人類，我們以及斯塔林大仲馬茶花女和十七世紀的一個紅毛傳教士都兼括在內。我們都是動物，因此如說到動物，那麼我們和小花貓團團豬八戒以及蚯蚓都兼括在內。以及等等，這全都是合理的區分，至少比之把墨水和眼淚歸為一類，沙漠以及太陽和米歸為一類要合理得多，因為前者是科學的。一加一等於二是一種常識，

——也许它并不便是真理，但如果我们把一这符号意代替•，把二代替••，把三代替•••，那么说•+•=••總比•+•=•••合理一些，因为你該我不去了第三點的关係。你可以说，宋清如是一个人，朱生豪是一个人，宋清如加朱生豪等於四个人，这种玄学的说法，因为有a.宋，b.朱所认识的宋，c.朱，d.宋所认识的朱。但如果a亦即等於b，c亦即等於d，那么照事實只能像你一个人说，应当要说a+b+c+d=四个人，不应当说a+c=四个人，因为a中並不兼含a和b，宋清如的人格中並兼有朱生豪所认识的宋清如的人格，如果他所认识的是对的，那么那只是她原来人格中的一部分，根本不是另一个人，如果他所认识的是错误的，那么那只是一个虚妄的幻象，並無實際的存在。當然我们应用1+1=2的方程式时，也需要相當的注意，一瓶红墨水加一瓶蓝墨水並不等於二瓶红墨水或二瓶蓝墨水，但说它不能反对说即不等於二瓶墨水。

二個以上個性的相處，有各種不同的現象，也有以相同的個性而融洽的，也有以不同的個性而融洽的，也有以相同的個性而衝突的，也有以不同的個性而衝突的，这要看各個性的強弱和適应性而定，不能一口斷定。而且就是衝突，也有各方面，有的是在思想方面衝突而行動方面一致，有的是在感情方面衝突而思想方面一致，有的……。衝突当然不(令)是最適意，但有时反而激进感情，融合可以使生活美满，但過分的調和又能使人疲倦。一切都是说不定的。

要是我们住在一起，會不會常常衝突，我不知道，實在我是不善於和人衝突的人，但我可以断定的是，到第二天你一定要见我头痛，同时我也要感到這是很不很愜意。不过我们如果同居一天，大概不致於有什么问題。

最近消息，汪精衛死。

本来想这星期日游天平山去，因又想去看業餘劇人演果戈里名劇"巡按"而暫时作罢，預備下星期去。以她説起時一有話劇演，但不三五日的光景，而且中国人自編的劇本總不高明。上次業餘劇人演的娜拉據說很成功，不過我因為那劇本太熟了，而且戲劇效果也不甚高，而且我也没有時间，因此不曾去。

昨天我去看欧洲名女優Bergner主演的影片Escape me never，一個"流浪小母親"的故事，这位看上去有点孩子气的great actress也許在"凱賽琳女皇"裡很成功過，她的演技不用说是非常好的，故事也不壞，但全片不能給人一個統一的好印象，比之"凱賽琳女皇"減色多了。今天是報蘇鳳的批评说"她在暨南迴腸中像老了上海的秋意""秋天是更老了呢，滿院子聽见深深的嘆息"，很浮夸的筆調。昨天還是第一天演，我去看的是第二場，我坐在第六七排的地方，我的一排裡連我只兩個人，好片子大概不大有人看的，这就是個真理。

未完　　七月一日　　朱

二个以上个性的相处，有各种不同的现象，也有以相同的个性而融洽的，也有以不同的个性而融洽的；也有以相同的个性而冲突的，也有以不同的个性而冲突的；这要看各个性的强弱和适应性而定，不能一口断定。而且就是冲突，也有各方面，有的是在思想方面冲突而行动方面一致，有的是在感情方面冲突而思想方面一致，有的……冲突可以滋长敌意，但有时反而激进爱情，融合可以使生活美满，但过分的调和又能使人疲倦。一切都是说不尽的。

要是我们住在一起，会不会发生冲突我不知道，实在我是不善于和人冲突的人，但我可以断定的是，到第二天你一定要见我头痛，同时我也要感到这生活不很惬意。不过我们如果同居一天，大概不致于有什么问题。

最近消息，汪精卫死。

本来想这星期日游天平山去，因又想去看业余剧人演果戈里名剧《巡按》而暂时作罢，预备下星期去。此地虽然时时有话剧演，但不三不四的居多，而且中国人自编的剧本总不高明。上次业余剧人演的《娜拉》据说很成功，不过我因为那剧本太熟了，而且戏剧效果也不甚高，而且我也没有时间，因此不曾去。

昨天去看欧洲名优Bergner主演的影片*Escape me Never*①，一个“流浪小母亲”的故事，这位看上去有点孩子气的great actress②已经在《凯赛琳女皇》里领教过，她的演技不用说是非常好的，故事也不坏，但全片不能给人一个统一的好印象，比之《凯赛琳女皇》略有逊色。今天《晨报》苏凤的批评说“她在荡气回肠中催老了上海的秋色”，“秋天是更老了呢，满院子听见深深的叹息”，很诗意的笔调。昨天还是第一天演，我去看的是第二场，我坐在第六七排的地方，我的一排里连我只两个人，好片子大概不大有人看的，这几乎是个真理。

未完

十一月一日 朱

①Escape me Never：《决不要离开我》，影片名。 ②great actress：大明星。

第[185]封 冷清

每天写半封信，总是写不下去，心里只有不安定，玩又没处玩，坐又坐不下，天，又是一下子便夜了。照例地街上溜达了一趟回来，吃了两包巧克力，等开夜饭，于是拼命读Shakespeare①，读到一点钟，睡下去，一宿无话，夜里即使做梦，只像闭了眼睛看影戏，理都不理会。明天早晨照例爬不起来，八点十分起床，穿衣洗面费十五分钟，吃粥五分钟，有时看半分钟报，于是到office去。早晨是太匆促了，可是吃过中饭，时间又太多，十二点半到一点半，这一个钟点除了看看报纸之外，别的简直无事可做，闲得慌。等到四点半出来，庆幸离星期又近了一天，然而摆在眼前的是无聊，尤其是天那么暗得快，使人感到日暮途穷。跑在外面是冷清清，住在家里又那个。

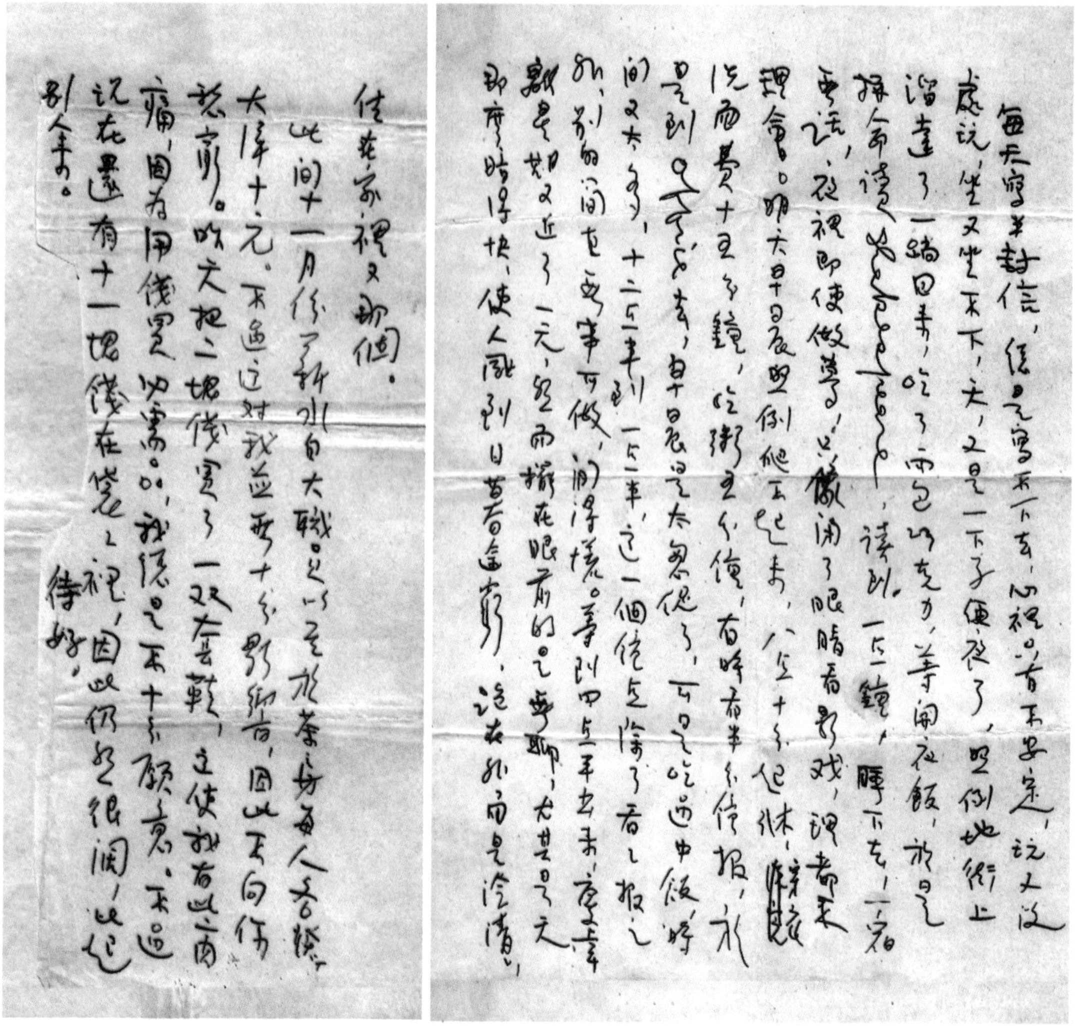

此间十一月份薪水自大职员以至于茶房每人各发大洋十元。不过这对我并无十分影响，因此不向你愁穷。昨天把二块钱买了一双套鞋，这使我有些肉痛，因为用钱买必需品，我总是不十分愿意。不过现在还有十一块钱在袋袋里，因此仍然很阔，比起别人来。

待好。

① Shakespeare：莎士比亚。

第[186]封 诗摘

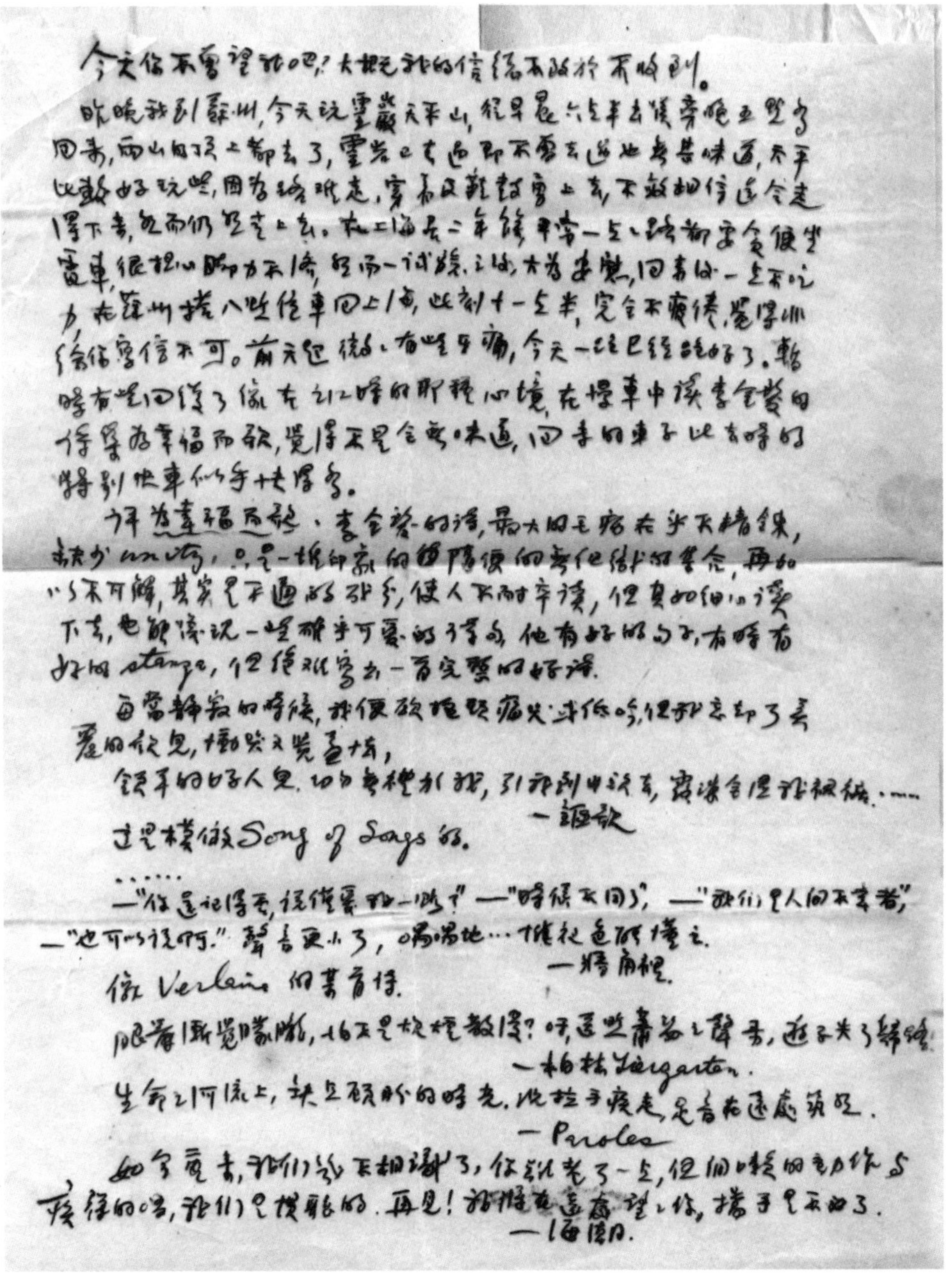
今天你不曾望我吧？大概我的信总不致于不收到。

昨晚我到苏州，今天玩灵岩天平山，从早晨六点半出发，傍晚五点多回来，两山的顶上都去了，灵岩已去过，即不曾去过也无甚味道，天平比较好玩些，因为路难走，穿着皮鞋鼓勇上去，不敢相信还会走得下来，然而仍然走上去。在上海居二年余，[illegible]

……

这是模仿Song of Songs的。

……

仿Verlaine的[illegible]

—柏林Tiergarten.

—Paroles

再见！

今天你不曾望我吧？大概我的信总不致于不收到。

昨晚我到苏州，今天玩灵岩天平山，从早晨六点半出发，傍晚五点多回来，两山的顶上都去了。灵岩已去过，即不曾去过也无甚味道，天平比较好玩些，因为路难走，穿着皮鞋鼓勇上去，不敢相信还会走得下来，然而仍然走上去。在上海居二年余，平常一点点路都要贪便坐电车，很担心脚力不济，然而一试验之后，大为安慰，回来后一点不吃力。在苏州搭八点钟车回上海，此刻十一点半，完全不疲倦，觉得非给你写信不可。前天起微微有些牙痛，今天一跑已经跑好了。暂时有些回复了，像在之江时的那种心境，在慢车中读李金发的诗集《为幸福而歌》，觉得不是全无味道，回来的车子比去时的特别快车似乎快得多。

评《为幸福而歌》：李金发的诗，最大的毛病在乎不精练，缺少 unity[①]，只是一堆印象的随便的无组织的集合，再加以不可解，其实是不通的成分，使人不耐卒读，但真如细心读下去，也能发现一些确乎可爱的诗句，他有好的句子，有时有好的 stanza[②]，但绝难写出一首完整的好诗。

每当静寂的时候，我便欲抱头恸哭或低吟，但我忘却了美丽的歌儿，恸哭又觉羞怯，

领羊的好人儿，切勿无礼于我，引我到山头去，露珠全湿我群裾。……

——讴歌

这是模仿 Song of Songs 的。

……

——“你还记得否，说仅爱我一点？”——“时候不同了”，——“我们是人间不幸者”，——“也可以说啊”。声音更小了，喁喁地……惟夜色能懂之。

——墙角里

像 Verlaine[③]的某首诗。

眼帘渐觉朦胧，怕不是炊烟散漫？吁，送点萧瑟之声来，游子失了归路！

——柏林 Tiergarten[④]

生命之河流上，缺点顾盼的时光，况拉手疾走，足音在远处筑然。

——Paroles[⑤]

如今重来，我们几不相识了，你虽老了一点，但闲懒的动作与疾徐的唱，我们是惯听的，再见！我将在远处望望你，携手是不必了。

——海潮

呵孩子！何以有这些痛哭，你觉得在怀抱里孤寂吗？

——多少疾苦的呻吟

你低唱里有断续的句：呵你是秘鲁的美人，生长在 Titiyamtata am Titikakasec（注：这几个外国字读起来甚有味）……那边一大树，树上一苹果，我非常愿意要……我们一齐去吧，那面牛乳与茶是美味，拥被同睡在指环里（注：“指环”不解）…………不肖的媛媛儿阖眼睡吧，我既长大了你何以年轻，妈妈将留心你的饥渴…………犬儿在月下吠了，呵倦怠的游行者，何不于日落之前赶到我家里……

——呵你是秘鲁的美人

记取我们简单的故事：你臂儿偶露着，我说这是雕塑的珍品，你羞赧着遮住了，给我一个斜视，我答你一个抱歉的微笑。空间静寂了好久，若不是我们两个，

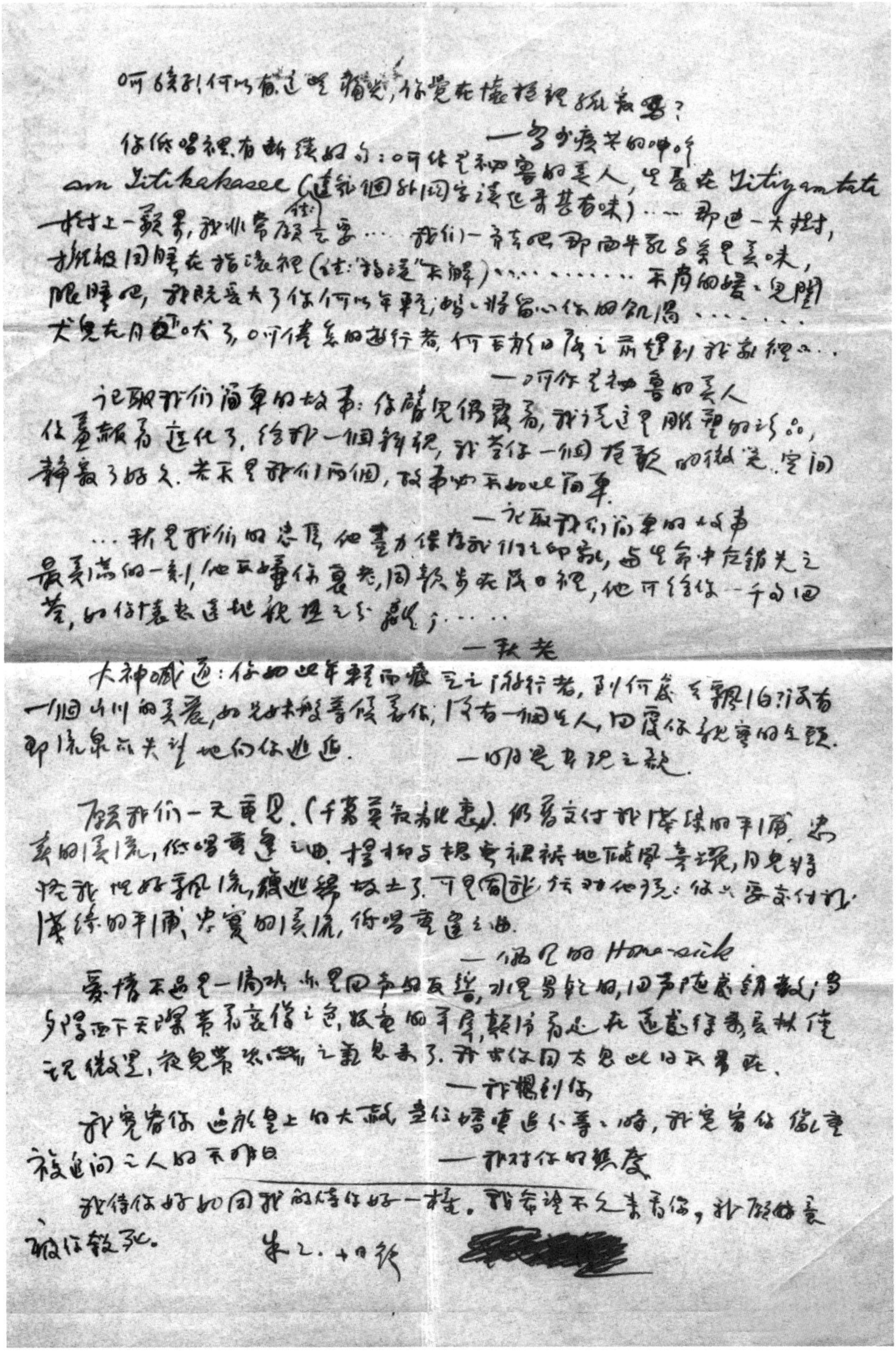

阿兵哥！何以有這些痛苦，你覺在壞境裡孤寂嗎？

—一名少年兵的呻吟

你低唱裡有斷續的句：阿依見那魯的美人，只要在Yitiyamtata
an Yitikakasee（這幾個外國字讀起來甚有味）……那邊一大樹，一樹上一顆果，我非常願（得）去采……我們一齊去吧那兩半就分着嘗嘗美味，抓緊同睡在搖籃裡（註：搖籃不解）…………不肯的姑姑兒聞犬兒在月夜吠了，阿達塞的旅行者，何去那從陌之而走到我家裡……

—阿依見那魯的美人

記取我們簡單的故事：你曾見佛露着，我說這是雕塑的作品，你看起着這作了，給我一個錯視，我答你一個抱歉的微笑。空間靜寂了好久。若不是我們兩個，故事如不如此簡單。

—記取我們簡單的故事

……我是我們的忠信，他盡力保存我們之印象，在生命中應錯失之最美滿的一刻，他要埋你裏去，同歲歲去他日裡，他可給你一千日回首，如你懷想這地秘埋之小翻了……

—秋光

大神喊道：你如此年輕而疲乏之旅行者，到何處去觀看那有一個山川的美麗，如兄妹般等候着你，得有一個生人，回覆你秘密的念頭。那流泉亦失望地向你遙遙。

—明光未現之秋

願我們一天再見，（千萬莫氣我此意），仍着交付我懷練的手帕，忠實的溪流，你唱着畫邊之曲。楊柳與楊樹親親地隨風音飛，月兒將給我們帶飄流，總也歸故土了。可是同我分別他說：你只要交付我懷練的手帕，忠實的溪流，你唱着畫邊之曲。

—偶見的Home-sick

愛情不過是一滴水，亦是回聲的反響，水是易乾的，回聲隨處銷散；當夕陽西下天際黃昏哀傷之念，姑爸的耳朵，親你看走在這處往來哀嘆懷記徽罡，夜兒帶悲傷之氣息去了。我當你同太息此日我得時。

—我想到你

我覺着你這般身上的大意，並你婚嫁這小事之時，我覺着你偏重被追問之人的不明白

—我對你的態度

我待你好如同我的待你好一樣。我希望不久再看你，我願能夠親你敬孔。

朱之．十日晚 [redacted]

故事必不如此简单。

——记取我们简单的故事

……秋是我们的忠臣，他尽力保存我们之印象，与生命中应消失之最美满的一刻，他不嫌你衰老，同款步在落日里，他可给你一千句回答，如你怀想远地亲热之分离；……

——秋老

大神喊道：你如此年轻而疲乏之游行者，到何处去飘泊？没有一个山川的美丽，如兄妹般等候着你，没有一个生人，回复你亲密的点头，即流泉亦失望地向你逃遁。

——明星出现之歌

愿我们一天重见（千万莫叙离衷）。仍旧交付我浅绿的平浦，忠实的溪流，低唱重逢之曲。杨柳与槐无裙裾地随风喜跃，月儿将怪我性好漂流，复逃归故土了。可是我有话对他说：你只要交付我浅绿的平浦，忠实的溪流，低唱重逢之曲。

——偶然的 Home-sick

爱情不过是一滴水，亦是回声的反响，水是易干的，回声随处消散；当夕阳西下天际，带着哀伤之色，牧童的羊群，颠沛着足在远处徐来，长林仅现微黑，夜儿带恐吓之气息来了，我求你同叹息此日不长在。

——我想到你

我宽宥你过于皇上的大赦，当你娇嗔过分等等时，我宽宥你像重复追问之人的不明白。

——我对你的态度

我待你好如同我的待你好一样。我希望不久来看你，我愿意被你杀死。

朱朱　十日夜

①unity：一致性。②stanza：诗节。③Verlaine：魏尔伦，19世纪法国象征派诗人。④Tiergarten：德文，动物园。⑤Paroles：诺言。

第[187]封 荒岛

因为某种令人感到无限厌恶的事，忍不住讥笑与侮辱，我负气出亡，逃到一个荒漠的地方。那似乎是亚洲之外的别一洲，地土非常荒瘠，连土人野兽也都已绝迹，只有一批不容于国内的叛徒在此啸聚着，度着艰苦的生涯，据传闻他们都是非常剽悍凶恶，陌生人一到他们的手里都有丧身的危险。我一到那里，首先便遇到了两个风尘憔悴的白种人，初时以为他们便是传说中的凶徒，但后来知道也是两个不幸的旅行者，于是便共同计议着躲避我们可怕的敌人的方法。这群啸聚者时时派人到地面巡逻，我们一听见细微的脚步声，便赶紧缩在山洞隐蔽的所在。

后来他们把一袋食物故意放置在我们的地方，忍不住饥饿的引诱，才一探出首来，便被他们抓去监禁了。之后我探知他们并不是如传闻那样穷凶极恶的人，原都是有血性的侠少年，因不满

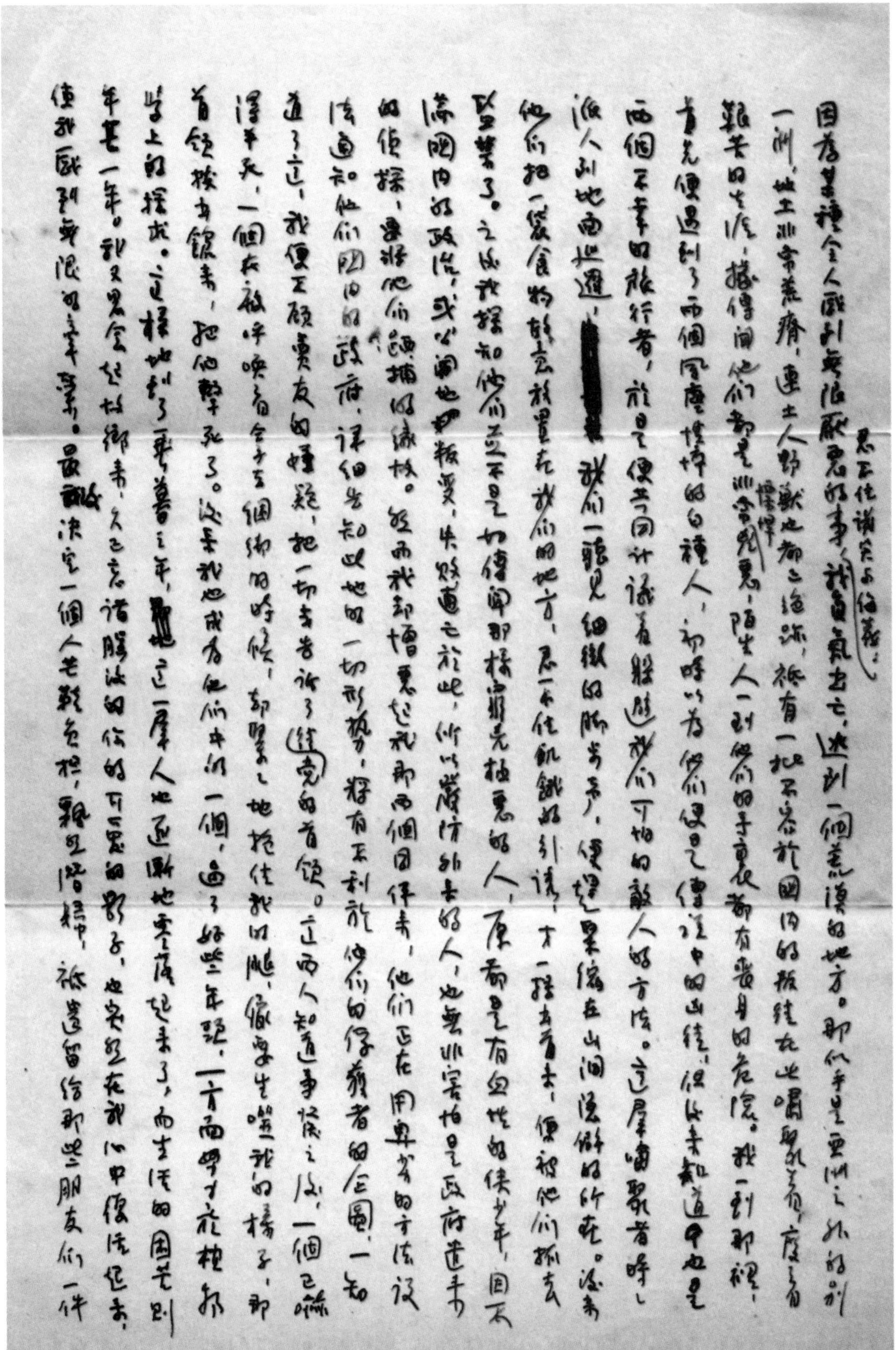

因為某種令人感到無法厭惡的事，（恩不任誰笑了偷着：）我負氣出走，逃到一個荒漠的地方。那似乎是亞洲之外的別
一洲，地上非常荒瘠，連土人野獸也都已絕跡，祇有一批不容於國內的叛徒在此嘯聚着，度着
艱苦的生活。據傳聞他們都是非常兇惡（慓悍）、陌生人一到他們的手裏便都有喪身的危險。我一到那裡，
首先便遇到了兩個風塵僕僕的白種人，初時以為他們便是傳說中的山賊，但後來知道他也是
兩個不幸的旅行者，於是便共同計議着躲避他們可怕的敵人的方法。這羣嘯聚着的
匪人到此面上邊，[redacted] 我們一聽見細微的腳步聲，便想是躲在山洞隱僻的所在。後來
他們把一袋食物故意放置在我們的地方，忍不住飢餓的引誘，才一路出看去，便被他們抓去
監禁了。之後我探知他們並不是如傳聞那樣窮兇極惡的人，原都是有血性的俠少年，因不
滿國內的政治，或必開他叛變，失敗逃亡於此，所以嚴防外來的人，也無非害怕是政府遣來
的偵探，要將他們逮捕的緣故。然而我卻增惡起我那兩個同伴來，他們正在用卑劣的方法設
法通知他們國內的政府，詳細告知此地的一切形勢，將有不利於他們的俘獲者的企圖，一知
道了這，我便不顧賣友的嫌疑，把一切告訴了這黨的首領。這兩人知道事機已泄，一個已嚇
得半死，一個在被呼喚着含去個御的時候，卻緊緊地抱住我的腿，像要生噬我的樣子，那
首領極其鎮靜，把他擊死了。後來我也成為他們中間一個，過了好些年頭，一直兩學才在樹林
尖上的探求。這樣地我過了兩暮之年，這一羣人也逐漸地零落起來了，而生活的困苦則
年甚一年。我又思念起故鄉來，久已忘諸腦後的你的可愛的影子，也突然在我心中復活起來，
使我感到無限的寂寞。最後決定一個人悄然地，雜在陰噪中，祇遺留給那些朋友們一件

寓言的好事，是我新近捏撰的怪说。那是说一根小小的草稈，其中各有幾個如黑蚁一样的小蚂蚁，这些蚂蚁的腹中各有一粒穀子，（把它们埋在地中，）它们死了之後，穀子便会在沙地上生長起来，和稻麦無異。我自己飘然回到故国之後，认识的人是一個都没了，而且深信你也已经死去，但终于我在一個角落裡访到了你，你是那麼老得使人竟会认不出来，倘使不是因為你的姿態在那小中留下来深刻的印像的话。耳朵完全是聋了，祇眼睛却像少年人一样明亮，人家说你这些年来完全不曾说过一句话，也许简直连说话都已忘记了。我知道你一定懂我當初的音信的出去，我永远如不去，别人也不能告诉我，（你这些年来的生活的情形）你自己则除了你的形態之外不能使人相信这是個活人，除了眼梢边的生气之外，你会毫不动情感地看着我归来，我也不知道你还认不认识我。但我既然已回到你的身边，我已满足了，我怀记你的先前的好並不曾随着外形的消蚀而失去，我找寻出一切过去我们的记忆，我重又感到了青春的血在流，我像小孩一样在你沉默的怀中打滚的時候，我想像你是在拥我爱我，所以一切如此者，祇因为你已完全忘记了这些动作之故。總之我又沉醉在蒙天恩地之中，虽在旁人的眼中那是如何可笑。最後有一天我们死在一塊兒。

除了我，我的朋友，谁还肯做这种背谬的梦了？

二一日

不要相信任何无聊的话，我願意把那算命的打一個大嘴巴。

国内的政治，或公开地叛变，失败逋亡于此，所以严防外来的人，也无非害怕是政府遣来的侦探，要将他们缉捕的缘故。

然而我却憎恶起我那两个同伴来，他们正在用卑劣的方法设法通知他们国内的政府，详细告知此地的一切形势，将有不利于他们的俘获者的企图。一知道了这，我便不顾卖友的嫌疑，把一切去告诉了党徒的首领。这两人知道事发之后，一个已吓得半死，一个在被呼唤着拿去捆绑的时候，却紧紧地抱住我的腿，像要生噬我的样子，那首领拔出枪来，把他击死了。后来我也成为他们中的一个，过了好些年头，一方面努力于植物学上的探求。这样地到了垂暮之年，这一群人也逐渐地零落起来了，而生活的困苦则年甚一年。

我又思念起故乡来，久已忘诸脑后的你的可爱的影子，也突然在我心中复活起来，使我感到无限的牵萦。最后决定一个人芒鞋负担，飘然潜归，只遗留给那些朋友们一件贵重的物事，是我新近搜探的发现。那是几根小小的草秆，其中各有几个如臭虫一样的小虫，这些虫的腹中各有一粒谷子，把它们埋在地中，它们死了之后，谷子便会在沙地上生长起来，和稻麦无异。

自己飘然回到故国之后，认识的人是一个都没了，而且深信你也已经死去，但终于在一个角落里访到了你，你是那么老得使人完全认不出来，倘使不是因为你的姿态在我心中留下太深刻的印象的话。耳朵完全是聋了，只眼睛却像少年人一样明亮，人家说你这些年来完全不曾说过一句话，也许简直连说话都已忘记了。

我知道你一定怪我当初的杳无音信的出亡，我永远想不出，别人也不能告诉我，你这些年来的生活的情形，你自己则除了你的形态之外不能使人相信还是个活人，除了眼灼灼地注视之外，你全然不动情感地看着我归来，我也不知道你还认不认识我。但我既然已回到你的身边，我已满足了，我发现你的美好并不曾随着外形的消枯而失去，我找得出一切过去梦似的记忆，我重又感到了青春的血在流，当我像小孩一样在你沉默的怀中打滚的时候，我想像你是在抚我爱我，所以不如此者，只因为你已完全忘记了这些动作之故。总之我又沉醉在爱天恋地之中，虽在旁人的眼中那是如何可笑。最后有一天我们死在一块儿。

除了我，我的朋友，谁还能做这种滑稽的梦？

三日

不要相信任何巫卜的话，我愿意把那算命的打一个大嘴巴。

第[188]封 · 无话

威灵吞公爵勋鉴：

鄙人今日曾写信一封寄奉阁下，写后未发，搁在抽屉里，出来后忘记带出。此刻虽欲写信，奈无话说，因无话说，遂不说。务祈恕罪为荷。谅阁下宅心宽厚，必不我责也，此则鄙人之所深为盼祷者矣。近来天时既冷，气候又寒，务望保重，且希珍摄，免致为寒气所凌，则幸甚矣。夫人生于世，不可不卫生，岂不然哉？岂不然哉？敬请大安。

鄙人约翰斯密司顿首

主耶稣纪元一千九百三十五年十二月十一日

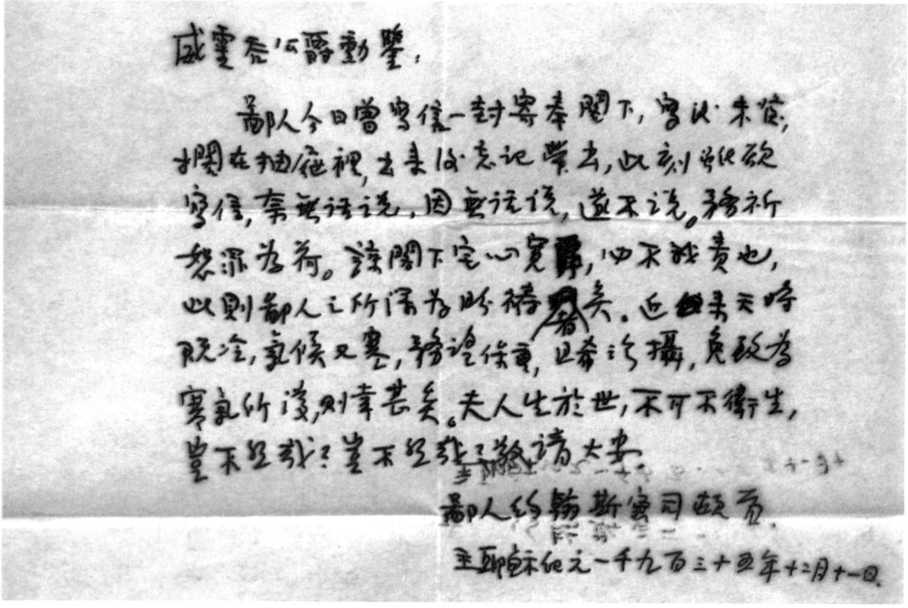
威靈吞公爵勛鑒，
鄙人今日曾寫信一封寄奉閣下，寫后未發，
擱在抽屜裡，出來后忘記帶出，此刻雖欲
寫信，奈無話說，因無話說，遂不說。務祈
恕罪為荷。諒閣下宅心寬厚，必不我責也，
此則鄙人之所深為盼禱者矣。近來天時
既冷，氣候又寒，務望保重，且希珍攝，免致為
寒氣所凌，則幸甚矣。夫人生於世，不可不衛生，
豈不然哉？豈不然哉？敬請大安。
鄙人約翰斯密司頓首
主耶穌紀元一千九百三十五年十二月十一日

第[189]封 · 生日

弟弟：

你写得出信写不出信我都不管，如果我在想要读你的信时而读不到你的信，我便会怪你。不过你也可以不必管我的怪不怪你。我怪你有我怪你的自由，你写不出信有你写不出信的自由。写信的目的是在自己不在别人，因此我并不要你向我尽写信的“义

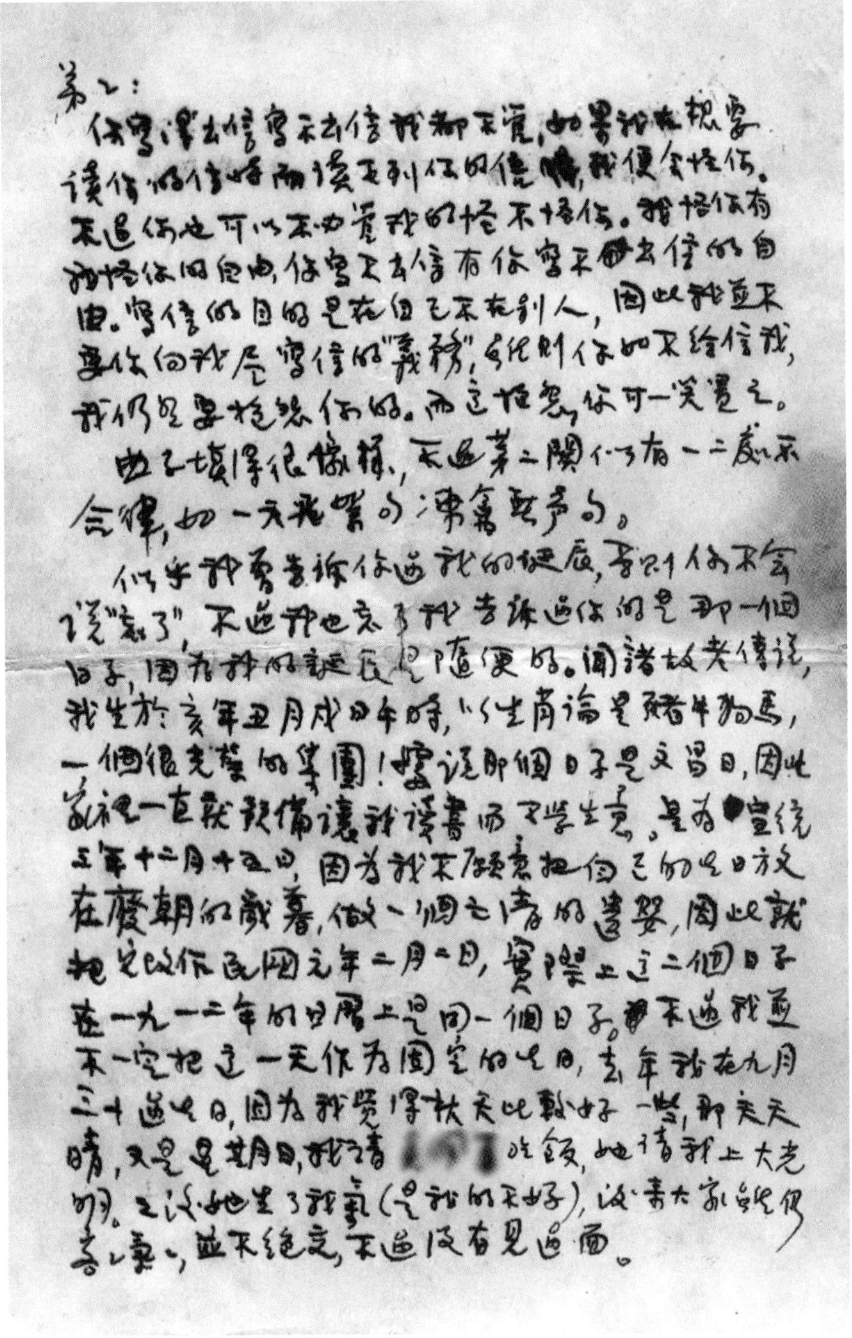
第2：
你宁得去信宁不去信我都不管，如果我老想要读信的信时而读不到你的信，我便会怪你。不过你也可以不必管我的怪不怪你。我怪你有我怪你的自由，你宁不去信有你宁不去信的自由。写信的目的是在自己不在别人，因此我并不要你向我尽写信的"義務"，虽则你如不给信我，我仍然要抱怨你的。而这抱怨，你可一笑置之。
曲子填得很像样，不过第二阕似有一二处不合律，如一天飞絮句，冻禽无声句。
似乎我曾告诉你过我的诞辰，否则你不会说"忘了"，不过我也忘了我告诉过你的是那一个日子，因为我的诞辰是随便的。闻诸故老传说，我生於亥年丑月戌日午时，以生肖论是猪牛狗马，一个很光荣的集团！据说那个日子是文昌日，因此家里一直就预备让我读书而不学生意。是为宣统三年十二月十五日，因为我不愿意把自己的生日放在废朝的最后，做一个亡清的遗孽，因此就把它改作民国元年二月一日，实际上这二个日子在一九一二年的日历上是同一个日子。不过我并不一定把这一天作为固定的生日，去年我在九月三十过生日，因为我觉得秋天比较好一些，那天天晴，又是星期日，我请[redacted]吃饭，她请我上大光明。之后她生了我气（是我的不好），后来大家都仍旧好好，并不绝交，不过没有见过面。

务"，虽则你如不给信我，我仍然要抱怨你的。而这抱怨，你可一笑置之。

曲子填得很像样，不过第二阕似有一二处不合律，如一天飞絮句，冻禽无声句。

似乎我曾告诉你过我的诞辰，否则你不会说"忘了"，不过我也忘了我告诉过你的是那一个日子，因为我的诞辰是随便的。闻诸古老传说，我生于亥年丑月戌日午时，以生肖论是猪牛狗马，一个很光荣的集团！据说那个日子是文昌日，因此家里一直就预备让我读书而不学生意。是为宣统三年

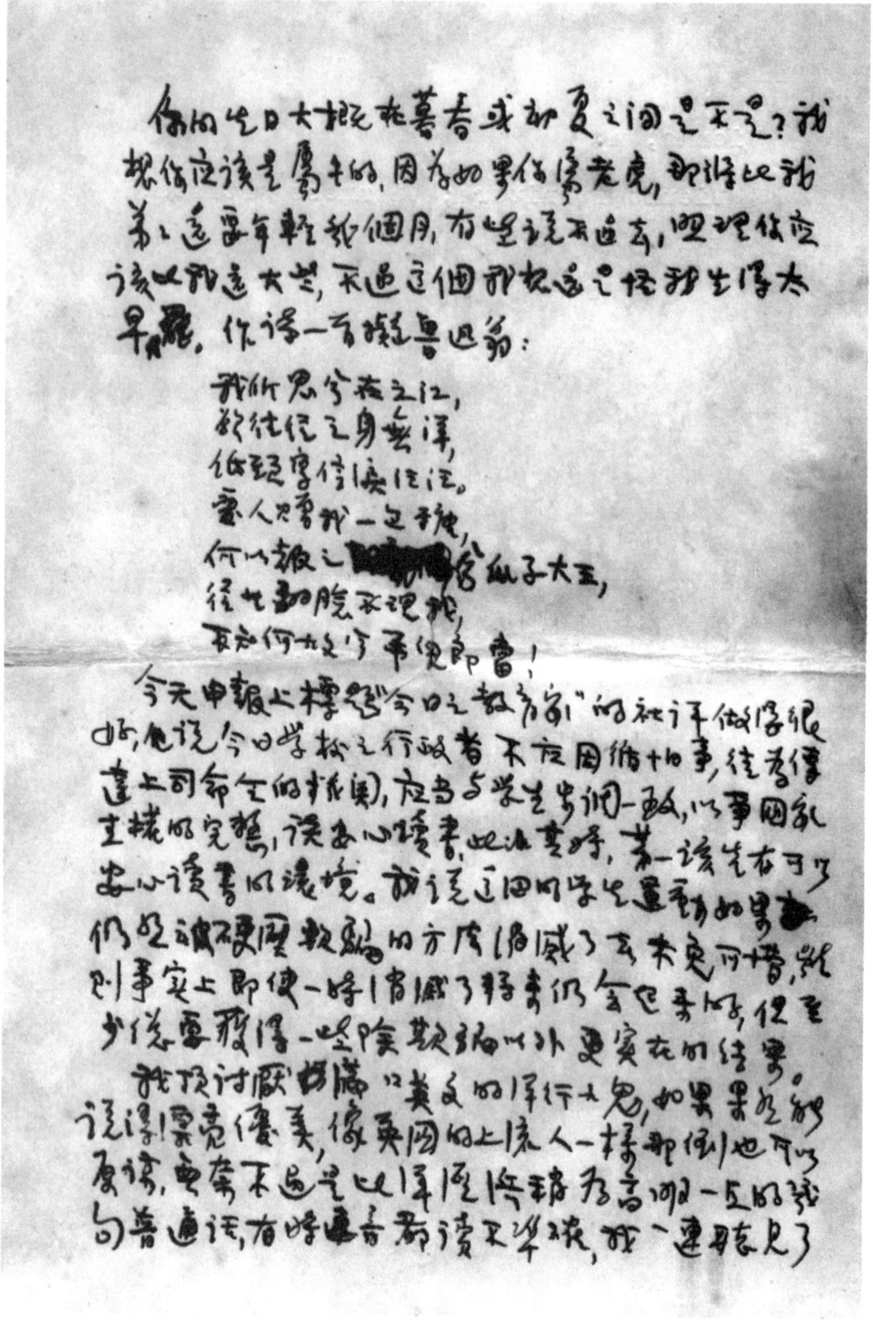
你的生日大概在暮春或初夏之间是不是？我想你应该是属牛的，因为如果你属老虎，那将比我第一进要年轻几个月，而些说不过去，照理你应该比我还大些，不过这个我相信是怪你生得太早罢。作诗一首拟鲁迅翁：

我所思兮在之江，
欲往从之身无洋，
低头写信泪汪汪。
爱人赠我一包糖，
何以报之[redacted]兮瓜子大王，
从此翻脸不理我，
不知何故兮使我郎当！

今天申报上标题"今日之教育家"的社评做得很好，他说今日学校之行政者不应用循情的手段，违背上司命令的措置，应当与学生步调一致，以争国家主权的完整，读书心境书也很要好，第一该先有可以安心读书的环境。我说这回的学生运动如果仍然被硬压欺骗的方法消灭了去未免可惜，然则事实上即使一时消灭了将来仍会起来的，但至少总要获得一些除欺骗以外更实在的结果。

我顶讨厌满口英文的洋行大鬼，如果果然能说得漂亮优美，像英国的上流人一样那倒也可以原谅，无奈不过是以洋泾浜转为高明一点的说句普通话，有时连音都读不准确，我一连听见了

十二月十五日，因为我不愿意把自己的生日放在废朝的岁暮，做一个亡清的遗婴，因此就把它改作民国元年二月二日，实际上这二个日子在一九一二年的日历上是同一个日子。不过我并不一定把这一天作为固定的生日，去年我在九月三十过生日，因为我觉得秋天比较好一些，那天天晴，又是星期日，我请吴大姐吃饭，她请我上大光明。之后她生了我气（是我的不好），后来大家虽仍客客气气，并不绝交，不过没有见过面。

你的生日大概在暮春或初夏之间是不是？我想你应该是属牛的，因为如果

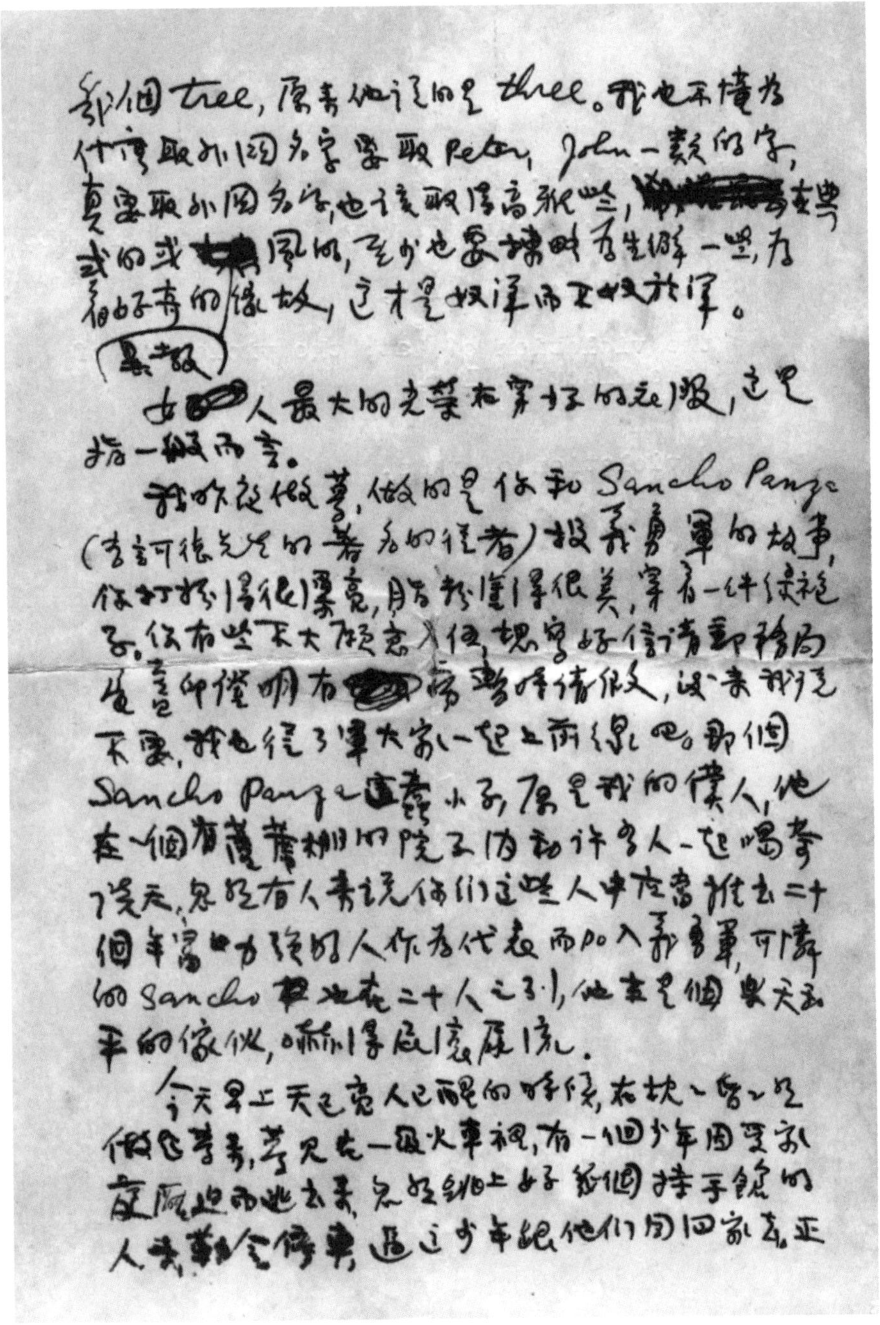
那個tree，原来他说的是three。我也不懂为什么取外国名字要取Peter，John一类的字，真要取外国名字，也该取得高雅些，[illegible]古典式的或[illegible]风的，至少也要特别生僻一些，为看好奇的缘故，这才是[illegible]。

女人最大的光荣在穿好的衣服，这是指一般而言。

我昨夜做梦，做的是你和Sancho Panza（唐吉诃德先生的著名的随者）投义勇军的故事，你打扮得很漂亮，腰带束得很美，穿着一件绿袍子。你有些不大愿意入伍，[illegible]的借口，[illegible]，后来我说不要，我也得了陪大家一起去前线吧。那個Sancho Panza这家小子，原是我的仆人，他在一個有葡萄棚的院子内和许多人一起喝茶谈天，忽然有人来说你们这些人中应当派出二十個年富力强的人作为代表而加入义勇军，可怜的Sancho也在二十人之列，他本是個乐天太平的家伙，吓得屁滚尿流。

今天早上天还黑人已醒的时候，在快要醒时做了梦，梦见在一列火车里，有一個少年因要离家庭逃出走去，忽然车站上[illegible]那個拉手铃的人来[illegible]，追这少年跟他们同回家去

你属老虎，那将比我弟弟还要年轻几个月，有些说不过去，照理你应该比我还大些，不过这个我想还是怪我生得太早罢。作诗一首拟鲁迅翁：

我所思兮在之江，
欲往从之身无洋，
低头写信泪汪汪。
爱人赠我一包糖，
何以报之兮瓜子大王，

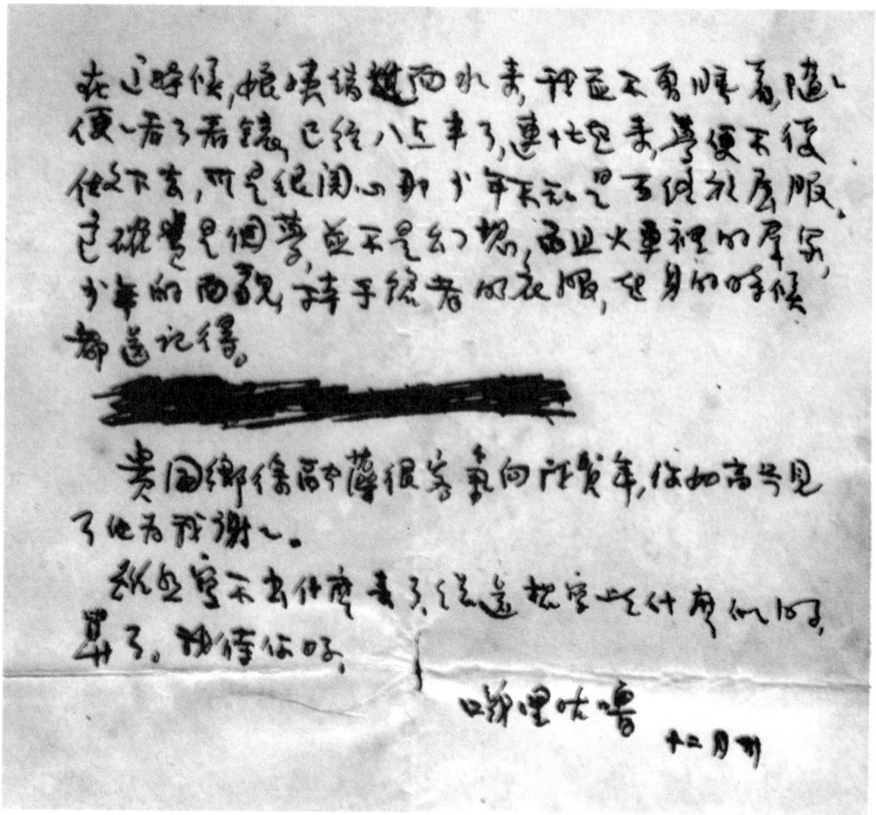

从此翻脸不理我，
不知何故兮吊儿郎当！

今天《申报》上标题《今日之教育家》的社评做得很好，他说今日学校之行政者不应因循怕事，徒为传达上司命令的机关，应当与学生步调一致，以争国家主权的完整，谈安心读书，此非其时，第一该先有可以安心读书的环境。我说这回的学生运动如果仍然被硬压软骗的方法消灭了去，未免可惜，虽则事实上即使一时消灭了将来仍会起来的，但至少总要获得一些除欺骗以外更实在的结果。

我顶讨厌满口英文的洋行小鬼，如果果然能说得漂亮优美，像英国的上流人一样那倒也可以原谅，无奈不过是比洋泾浜稍为高明一点的几句普通话，有时连音都读不准确。我一连听见了几个 tree，原来他说的是 three。我也不懂为什么取外国名字要取Peter，John一类的字，真要取外国名字，也该取得高雅些，古典式的或异教风的，至少也要拣略为生僻一些，为着好奇的缘故，这才是奴洋而不奴于洋。

女人最大的光荣在穿好的衣服，这是指一般而言。

我昨夜做梦，做的是你和Sancho Panza（吉诃德先生的著名的从者）投义勇军的故事，你打扮得很漂亮，脂粉涂得很美，穿着一件绿袍子。你有些不大愿意入伍，想写好信请邮务局长盖印证明有病暂时请假，后来我说不要，我也从了军大家一起上前线吧。那个Sancho Panza这蠢小子，原是我的仆人，他在一个有芦席棚的院子内和许多人一起喝茶谈天，忽然有人来说你们这些人中应当推出二十个年富力强的人作为代表而加入义勇军，可怜的Sancho也在二十人之列，他本是个乐天和平的家伙，吓得屁滚尿流。

今天早上天已亮人已醒的时候，在枕上昏昏然做起梦来，梦见在一节火车里，有一个少年因受家庭压迫而逃出来，忽然跳上好几个持手枪的人来，勒令停车，逼这少年跟他们同回家去。正在这时候，娘姨端进面水来，我并不曾睡着，随随便便看了看表，已经八点半了，连忙起来，梦便不复做下去，可是很关心那少年不知是否终于屈服。这确实是个梦，并不是幻想，而且火车里的群众，少年的面貌，持枪者的衣服，起身的时候都还记得。

贵同乡徐融藻很客气向我贺年，你如高兴见了他为我谢谢。

虽然写不出什么来了，总还想写些什么似的，算了。我待你好。

叽里咕噜 十二月卅

第[190]封 胡译

二姊：

为了拘泥文字的缘故，他们会把“for the simple reason that……”翻作“为了单纯的理由就是……地”，for = 为了……地（因为这是adverbial phrase[①]故用“地”字表明），simple = 单纯的（凡adjective[②]必须加“的”字），reason = 理由，that则用“就是”表明，the却没有译出，其实应当再加上“这个”两字。简直叫人读了气死。“只是为了……的理由”岂不又明白又正确。最可笑的就是“地”字的胡用，譬如queenly作副词时，便会译作（应当说“被”译作）“女王地”，女王怎么“地”法呢？ microscopically便是“显微镜地”。for some mysterious reason便是“为了某种不可思议的理由地”。总之。

时间已很晏，不唠叨了，你不知道在什么地方，我不高兴再到梦里来找你了。总之你撇得我冷清清的好苦。

祝福你。

WATATA[③] 卅夜

夜里很冷，你冷不冷？

天真冷，我想你衣服一定穿得很少，有没有冻坏呢？

卅一

①adverbial phrase：副词词组。 ②adjective：形容词。 ③WATATA：无实际意义，系“哇他他”的拟音。

二姊：

为了拘泥文字的缘故，他们会把"for the simple reason that…"翻作"为了单纯的理由就是……地"，for＝为了……地（因为这是adverbial phrase故用"地"字表明），simple＝单纯的（凡adjective必须加"的"字），reason＝理由，the却没有译出，其实应当再加上"这個"两字。简直叫人读了气死，that则用就是表明。"只是为了……的理由"岂不又明白又正确。最可笑的就是"地"字的胡用，譬如queenly作副词时，便会译作（应当说"被"译作）"女王地"，女王怎么"地"法呢？microscopically便是"显微镜地"。for some mysterious reason便是"为了某种不可思议的理由地"。总之。

时间已很晚，不噜苏了，你不知道在什么地方，我又宁愿再到梦里去找你了。总之你撇得我冷清清的好苦。

祝福你。

WATATA 卅夜

夜里很冷，你冷不冷？

天真冷，我想你衣服一定穿得很少，有没有冻坏呢？

—廿一—

回应

《伤逝》五章之一·祭①

宋清如

我遵从你的预嘱，
亲自为你写上墓铭：
“这里安眠着一个
孤独而又古怪的孩子”——
深深地刻在我的心上。

三十七年的雨雨风风，
人间又经历几度沧桑。
也许你神魂相依，休戚与共，
无须我喋喋叙述诉申。

在那难堪的日月无光的日子，
我曾衷心地为你祝福，
因为生不如死，
莎士比亚也“罪该万死”。

可是今天，大地春回，
我不能不怨你过早地长眠，
辜负了伟大光辉的时代，
辜负了多少不相识的知音！

①这是1985年11月宋清如为悼念朱生豪去世37周年写的诗《伤逝》五章之一。

《第拾卷》命定爱你

近着你会使我惝恍，因此我愿常远远地忆你。如果我们能获得长寿，等我们年老的时候，我愿和你卜邻而居，共度衰倦之暮年，此生之愿足矣！

朱生豪对宋清如的感情之纯粹，就像是那耳喀索斯爱上了自己的影子。不过，这个爱情的走向，并不是朱生豪变成了水仙花，而是宋清如和他深深相爱。她懂朱生豪，懂他的爱情观，懂他对精神世界极致之美的追求，他们心有灵犀。这种爱情不可复制，但是穿越时空。

第[191]封 发痴

宋：

你的字写得真不好看，用横行写比较看上去齐整些。

这里连雪的梦都不曾做过，落在半空中便化为雨了，我们也不盼雪，根本没甚意思，还是有太阳可以走动走动活泼一些。一九三六年是在这阴惨的日子里开始了的，昨天的过去，不曾给我牵情的系恋。本来抵庄一个人在外边流浪一天的，看了一场早场电影《三剑客》，很扫兴，糖也不买，回来咕嘟着嘴躺在床上昏昏沉沉地看《醒世

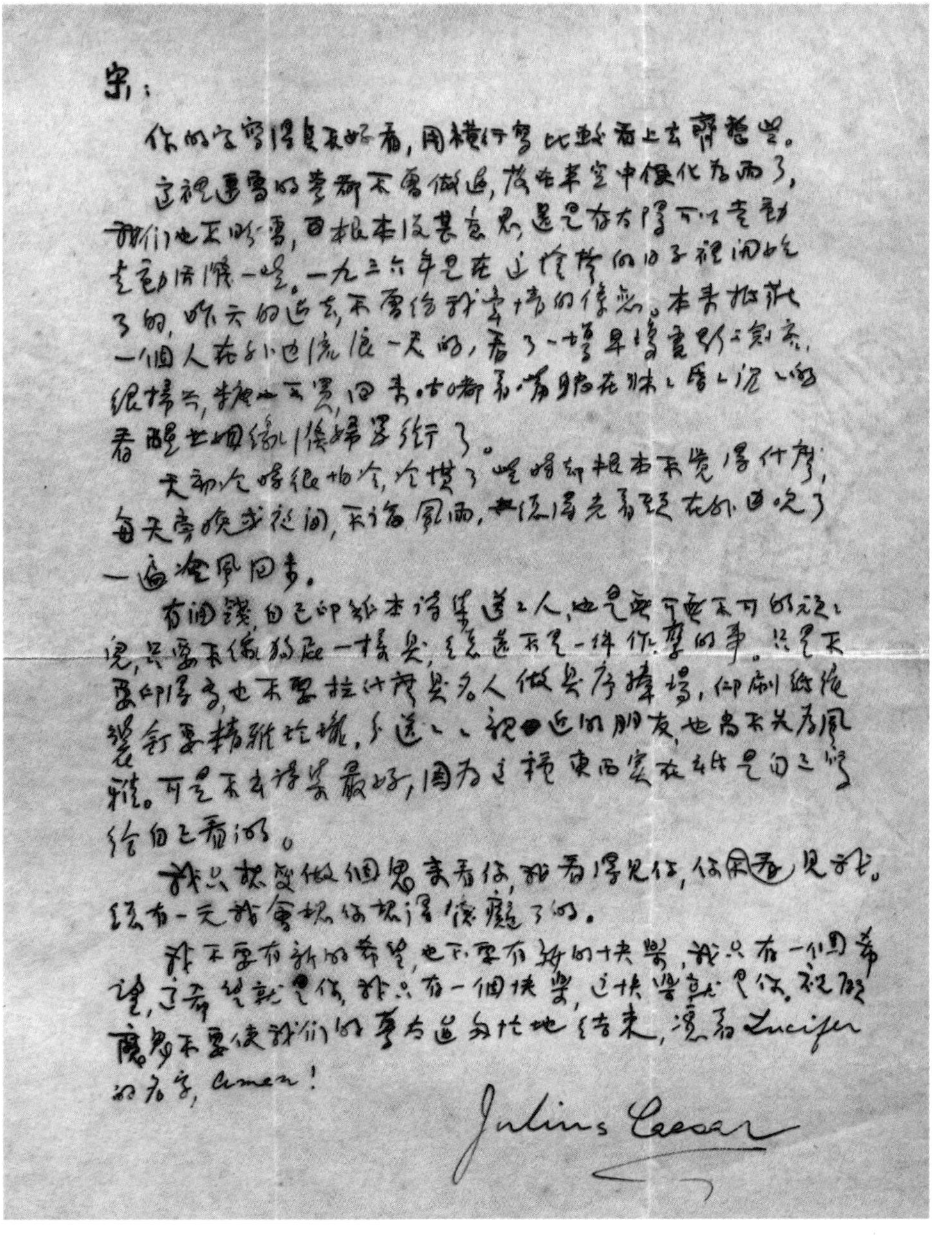

宋：

你的字寫得真不好看，用橫行寫比較看上去齊整些。

這裡連雪的夢都不曾做過，落在半空中便化為雨了，我們也不盼雪，因根本沒甚意思，還是有太陽可以走動走動活潑一些。一九三六年是在這陰慘的日子裡開始了的，昨天的過去，不曾給我牽情的係戀。本來抵莊一個人在外邊流浪一天的，看了一場早場電影三劍客，很掃興，糖也不買，回來咕嘟著嘴躺在床上昏昏沉沉地看醒世姻緣，倦得要命了。

天氣冷得很怕冷，冷慣了嘴唇卻根本不覺得什麼，每天夜晚或夜間，不論風雨，總得老遠跑到外邊吃了一頓冷風回來。

有個錢，自己印部本詩集送送人，也是無可無不可的玩玩兒，只要不像獨庭一樣是，總不是一件作孽的事。只是不要印得多，也不要拉什麼長名人做長序捧場，印刷紙張裝訂要精雅玲瓏，分送送親近的朋友，也尚不失為風雅。可是不去發售最好，因為這種東西實在祇是自己寫給自己看的。

我只想變做個鬼來看你，我看得見你，你看不見我。總有一天我會想你想得發癡了的。

我不要有新的希望，也不要有新的快樂，我只有一個希望，這希望就是你，我只有一個快樂，這快樂就是你。祝福魔鬼不要使我們的夢太過匆忙地結束，讚美Lucifer的名字，Amen!

Julius Caesar

姻缘》泼妇骂街了。

天初冷时很怕冷，冷惯了些时却根本不觉得什么，每天傍晚或夜间，不论风雨，总得光着头在外边吹了一遍冷风回来。

有闲钱，自己印几本诗集送送人，也是无可无不可的顽顽儿，只要不像狗屁一样臭，总还不是一件作孽的事。只是不要印得多，也不要拉什么臭名人做臭序捧场，印刷纸张装订要精雅玲珑，分送分送亲近的朋友，也尚不失为风雅。可是不出诗集最好，因为这种东西实在只是自己写给自己看的。

我只想变做个鬼来看你，我看得见你，你看不见我。总有一天我会想你想得发痴了的。

我不要有新的希望，也不要有新的快乐，我只有一个希望，这希望就是你，我只有一个快乐，这快乐就是你。祝愿魔鬼不要使我们的梦太过匆忙地结束，凭着 Lucifer 的名字，Amen[①]！

Julius Caesar[②]

①Amen："阿门"。 ②Julius Caesar：裘力斯·凯撒，即凯撒大帝，古罗马著名统治者，也是莎士比亚同名历史剧中主人公的名字。

第[192]封 请假

宋：

如果这星期内领不到钱，我索性到你考好的时候到之江来，你如高兴便多耽搁一天，我们一起玩一天，然后我陪你一起上火车回去，也许我到嘉兴转一转，索性请几天假，你看好不好？

今晚我给你写许多话。

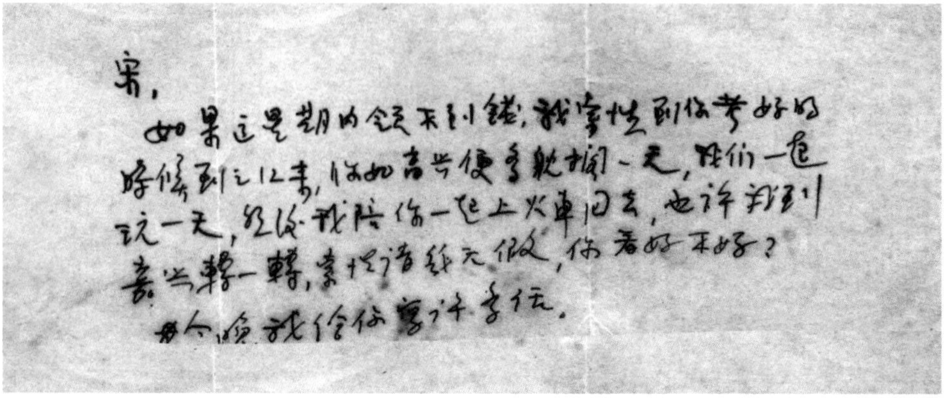

宋，
如果这星期内领不到钱，我索性到你考好的
时候到之江来，你如高兴便多耽搁一天，我们一起
玩一天，然后我陪你一起上火车回去，也许我到
嘉兴转一转，索性请几天假，你看好不好？
今晚我给你写许多话。

第[193]封 命缘

小妹妹：

你那里下雪，我这里可是大晴天。如果你肯来上海，那么我就不来杭州了，我最怕到杭州来的理由是要拜访老师。而且到十五六里，我的钱又要用得差不多了。

我不准你比我大，至少要让我大你一岁或三个月。要是你真比我大，那么我从今后每年长两岁，总会追及你。明天起我就自认廿五岁，到秋天我再变成廿六岁。其实我愿意我的年纪从遇见你以后才正式算起，一九三三年的秋天是我一岁的开始，生日待考，自从我们离别以后，我把每个月算作一年（如果照古老话一日三秋，那是太过分些），如是到现在约已有三十个月，因此我现在已满三十一岁。凡未认识你以前的事，我都愿意把它们编入古代史里去。

你在古时候一定是很笨很不可爱的，这我很能相信，因为否则我将伤心不能和

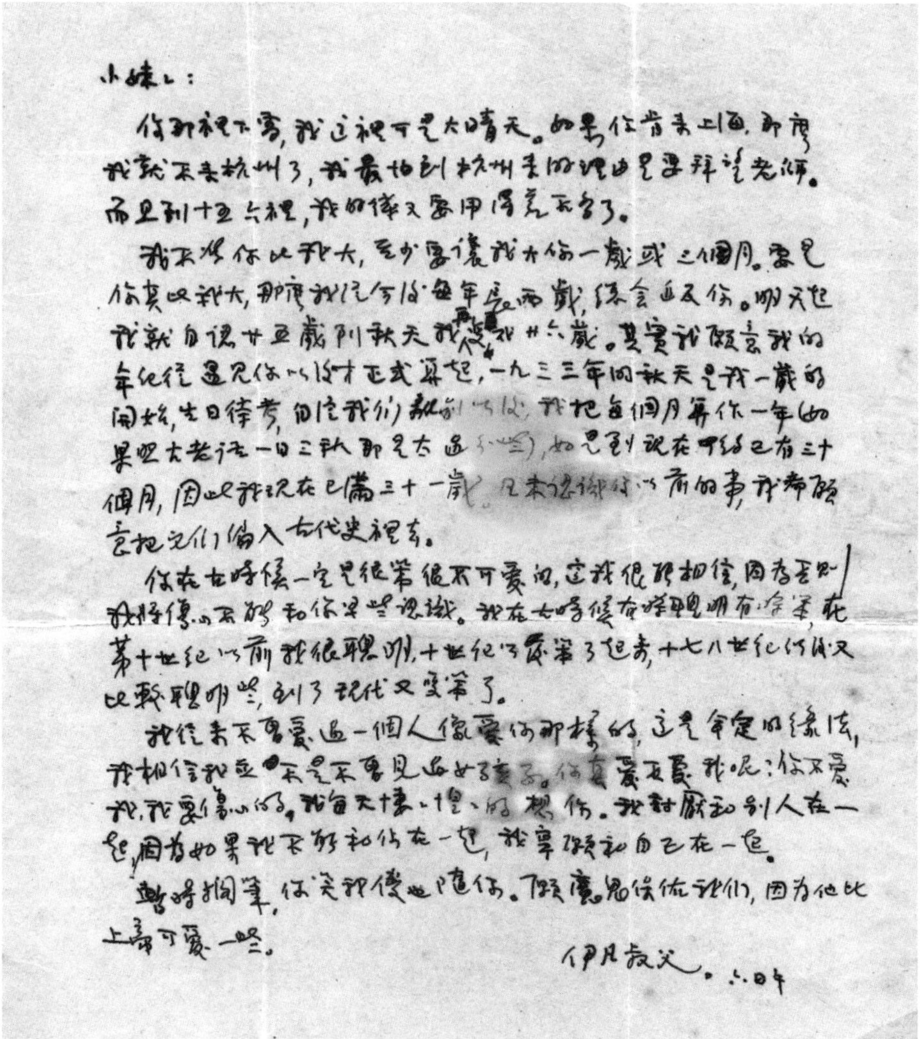

小妹妹：

你那裡下雪，我這裡可是大晴天。如果你肯來上海，那麼我就不來杭州了，我最怕到杭州來的理由是要拜望老師。而且到十五六裡，我的錢又要用得差不多了。

我不准你比我大，至少要讓我大你一歲或三個月。要是你真比我大，那麼我從今後每年長兩歲，總會追及你。明天起我就自認廿五歲，到秋天我再變成廿六歲。其實我願意我的年紀從遇見你以後才正式算起，一九三三年的秋天是我一歲的開始，生日待考，自從我們離別以後，我把每個月算作一年（如果照古老話一日三秋那是太過分些），如是到現在約已有三十個月，因此我現在已滿三十一歲。凡未認識你以前的事，我都願意把它們編入古代史裡去。

你在古時候一定是很笨很不可愛的，這我很能相信，因為否則我將傷心不能和你早些認識。我在古時候也很聰明而可笑，在第十世紀以前我很聰明，十世紀以後變笨了起來，十七八世紀以後又比較聰明些，到了現代又變笨了。

我從來不曾愛過一個人像愛你那樣的，這是命定的緣法，我相信我並不是不曾見過女孩子。你真愛不愛我呢？你不愛我，我要傷心的。我每天憧憧憬憬地想你。我討厭和別人在一起，因為如果我不能和你在一起，我寧願和自己在一起。

暫時擱筆，你究竟像也隨你。願魔鬼保佑我們，因為他比上帝可愛一些。

伊凡叔父。六日午

你早些认识。我在古时候有时聪明有时笨，在第十世纪以前我很聪明，十世纪以后笨了起来，十七八世纪以后又比较聪明些，到了现代又变笨了。

我从来不曾爱过一个人像爱你那样的，这是命定的缘法，我相信我并不是不曾见过女孩子。你真爱不爱我呢？你不爱我，我要伤心的，我每天凄凄惶惶的想你。我讨厌和别人在一起，因为如果我不能和你在一起，我宁愿和自己在一起。

暂时搁笔，你笑我傻也随你。愿魔鬼保佑我们，因为他比上帝可爱一些。

伊凡叔父。六日午

第[194]封 雌黄

宝贝：

“朱先生”是不是一种表示亲密的称呼？

你一点没有诚意，你希望我来，你请我不要来，你不耐烦“应酬”我，我要打你手心。

我待你好。

多多 九

世界书局出版的滑头古书，真令人不敢领教。今天我把附在古诗源后一个妄人所选的古情诗翻看了一下，那种信口雌黄真教人代他难为情，尤其是前面那一篇洋洋数千言谈“性欲与爱情”的序文，不但肉麻，连骨头五脏六腑都会麻起来。这位先生据说是把尸位素餐的素餐解作“吃菜饭”的人，然而居然会大说起四书五经起来。当今之世，唵啥话头。

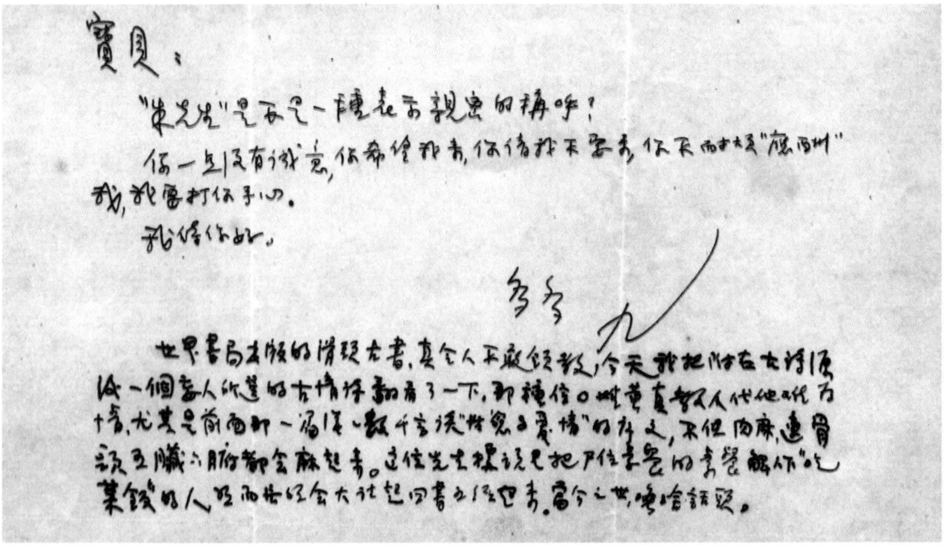
寶貝：

"朱先生"是否是一種表示親密的稱呼？

你一點沒有誠意，你希望我來，你請我不要來，你不耐煩"應酬"我，我要打你手心。

我待你好。

多多 九

世界書局出版的滑頭古書，真令人不敢領教，今天我把附在古詩源後一個妄人所選的古情詩翻看了一下，那種信口雌黃真教人代他難為情，尤其是前面那一篇洋洋數千言談"性欲與愛情"的序文，不但肉麻，連骨頭五臟六腑都會麻起來。這位先生據說是把尸位素餐的素餐解作"吃菜飯"的人，然而居然會大說起四書五經來。當今之世，唵啥話頭。

第[195]封 福分

清如：

一辆黄包车载了我回来，敲开了门，向陆师母招呼了一声，便飞奔上楼，放下伞，摔下套鞋，脱下贼腔的帽子，披上青布罩衫，觉得比较像一个人些，肚子里也开始觉得有些饿了，出去吃了六个馒头，回来出了一回神，倒头便睡，心酸而哭。睡到七点钟起来，马马虎虎吃了碗饭，想昏天黑地地睡下去，觉得心事未了的样子，便写信。

想着自己的一付贼腔，真又好气又好笑，你真没有理由要和我要好。你气色很好，我很快活，我总觉得你很美很美。你和我前夜梦中所见的很像，我看了看你的照片（照相馆里拍的那张），心里有点气，人工的修饰把气韵都丧失了，简直不像你。下回如赴照相馆拍照，我劝你拍一张侧面像试试，全侧面的。

此行使我充满了幸福感，你不要想像我又起了惆怅，即使是惆怅，也是人生稀有的福分，我将永远割舍不了你。近着你会使我惝恍，因此我愿常远远地忆你。如果我们能获得长寿，等我们年老的时候，我愿和你卜邻而居，共度衰倦之暮年，此生之愿足矣！

回家安好且快乐？不要多想起我！祝福。

朱 十六夜

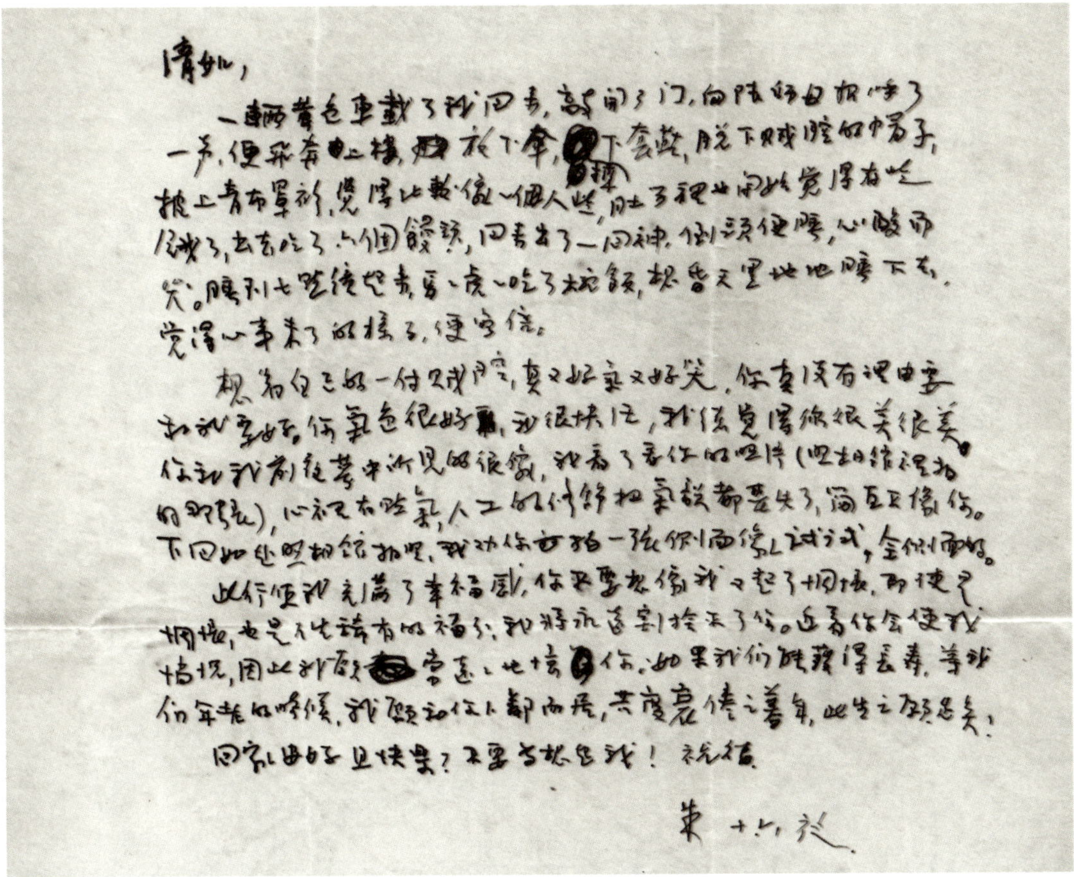
清如，
一辆黄包车载了我回来，敲开了门，向陆师母招呼了一声，便飞奔上楼，放下伞，[illegible]下套鞋，脱下贼腔的帽子，披上青布罩衫，觉得比较像一个人些，肚子里也开始觉得有些饿了，出去吃了六個饅頭，回来出了一回神，倒頭便睡，心酸而哭。睡到七点钟起来，马马虎虎吃了碗饭，想昏天黑地地睡下去，觉得心事未了的样子，便写信。
想着自己的一付贼腔，真又好气又好笑，你真没有理由要和我要好。你气色很好，我很快活，我总觉得你很美很美。你和我前夜梦中所见的很像，我看了看你的照片（照相馆里拍的那张），心里有点气，人工的修饰把气韵都丧失了，简直不像你。下回如赴照相馆拍照，我劝你拍一张侧面像试试，全侧面的。
此行使我充满了幸福感，你不要想像我又起了惆怅，即使是惆怅，也是人生稀有的福分，我将永远割舍不了你。近着你会使我惝恍，因此我愿常远远地忆你。如果我们能获得长寿，等我们年老的时候，我愿和你卜邻而居，共度衰倦之暮年，此生之愿足矣！
回家安好且快乐？不要多想起我！祝福
朱 十六夜

第[196]封 表白

要是有人叫我不许和你写信，那我一定要急得自杀，然而一方面觉得非写不可，一方面又真是没有可写的话，如之何如之何！

好容易诌出了一个故事：

从前有一个少年，他爱了一个女子，一共爱了三年六个月，她还不知道她自己被爱着。那一天他闷不住了，红红脸孔对她说“我爱你”，刚说了个我字，莫名其妙地心中想起，“国家快要亡了！”吓了一跳，爱字上半个字只说了一半，便不再说下去，红红脸孔转身而去。后来她嫁了人，他仍旧一声不响地爱着她，国家仍是快要亡了的样子，他很悲伤，不知道如何是好。

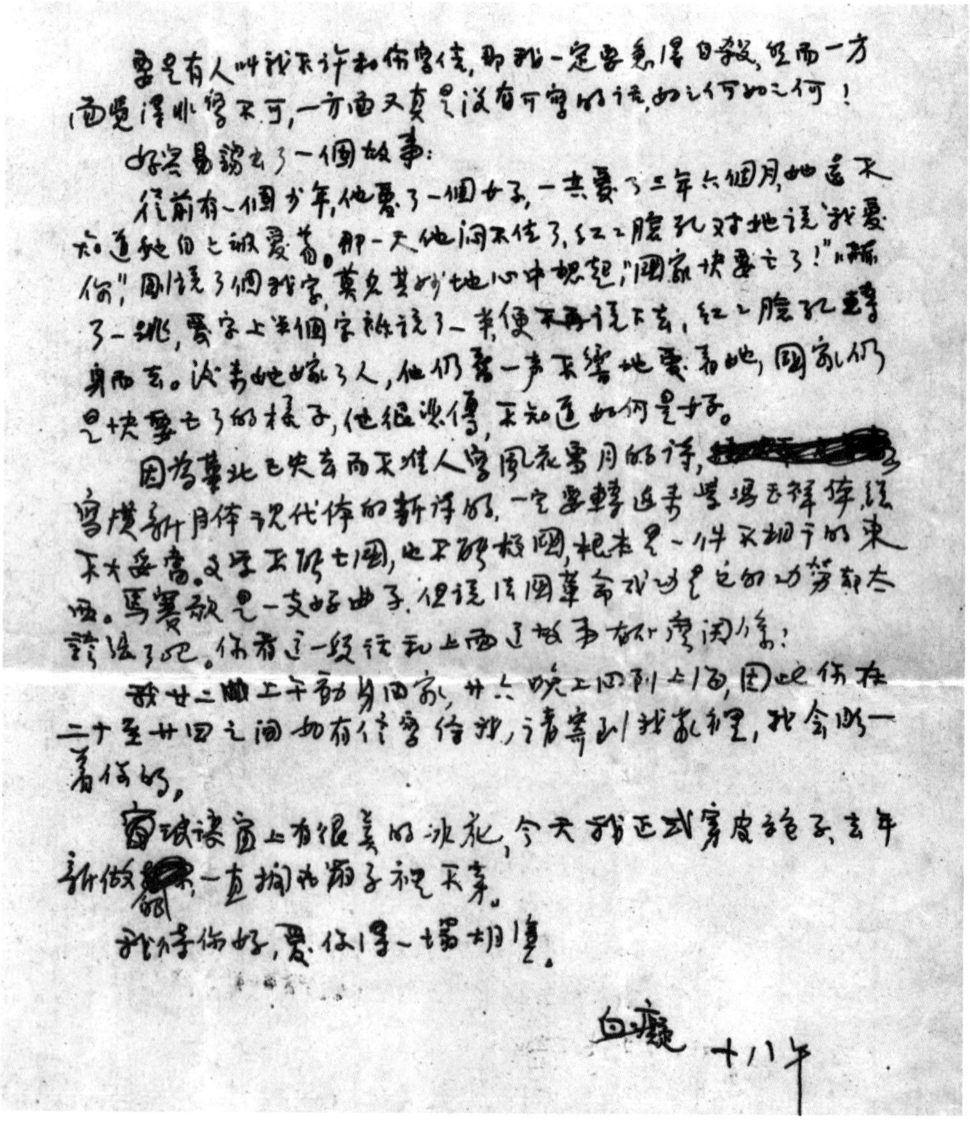

要是有人叫我不许和你寫信，那我一定要急得自殺，然而一方面覺得非寫不可，一方面又真是沒有可寫的話，如之何如之何！

好容易謅出了一個故事：

從前有一個少年，他愛了一個女子，一共愛了三年六個月，她還不知道她自己被愛着。那一天他悶不住了，紅紅臉孔對她說"我愛你"，剛說了個我字，莫名其妙地心中想起，"國家快要亡了！"嚇了一跳，愛字上半個字祇說了一半便不再說下去，紅紅臉孔轉身而去。後來她嫁了人，他仍舊一聲不響地愛着她，國家仍是快要亡了的樣子，他很悲傷，不知道如何是好。

因為華北已失去而不准人寫風花雪月的詩，[illegible]寫慣新月体現代体的新詩的，一定要轉過去學塌五絳体說大鼓書。文學不能亡國，也不能救國，根本是一件不相干的東西。馬賽歌是一支好曲子，但說法國革命就是它的功勞都太誇張了吧。你看這一段話和上面這故事有什麼關係？

我廿二日上午動身回家，廿六晚上回到上海，因此你在二十至廿四之間如有信寫給我，請寄到我家裡，我會收到着你的。

窗玻璃窗上有很美的冰花，今天我正式穿皮袍子，去年新做的，一直擱在箱子裡不穿。

我祝你好，愛你得一塌糊塗。

白痴 十八午

因为华北已失去而不准人写风花雪月的诗，写惯新月体现代体的新诗的，一定要转过来学冯玉祥体，总不大妥当。马赛歌是一支好曲子，但说法国革命成功是它的功劳却太夸张了吧。你看这一段话和上面这故事有什么关系？

我廿二上午动身回家，廿六晚上回到上海，因此你在二十至廿四之间如有信写给我，请寄到我家里，我会盼着你的。

玻璃窗上有很美的冰花，今天我正式穿皮袍子，去年新做的，一直搁在箱子里不穿。

我待你好，爱你得一塌糊涂。

白痴 十八午

第[197]封 偷逃

好友：

今天又是星期日，因为他们要多过一天年假，因此把今天一天作工补偿，其实四天工夫，对我已经是够“享乐”的了。

我最讨厌说傻话，最讨厌作蠢事，当我说傻话作蠢事的时候，我便讨厌我自己，然而我老是说傻话，老是作蠢事。因此你如讨厌我，我不会嫌怪你，你如不讨厌我，我则感激你。

我总觉得我缺少男子气概，但又并不像女人，因此只好说自己不像个人。我希望有一天你会把我痛骂一顿而跟我绝了交。告诉我，你追悔不追悔认识我的无聊？

KIPLING①死，他该是代表维多利亚朝精神的最后一个作家了。你有没有在英文的读本上读到过他的作品？

到家里去惟一的希望是多睏些觉，此外也想不出甚么消磨时间的方法，我不会有什么事情忙，也不会去拜甚么客，无聊是总归无聊的。还是那晚上一个人踽踽地从火车上下来，冒雪上山，连路都辨不清，好容易发现了一部黄包车，一跌一滑地在雪中拖着，足足拖了半天工夫才拖到。我向你形容不出我那时的奇怪的愉快，我也忘记了这次来是为看你，简直想在雪中作一次整夜的旅行，那才有聊！无论如何，我总觉得这次来看你较之以前各次使我快乐得多，最大的原因是因为这次是偷逃出来的缘故。回来之后，他们问我回家去有什么要紧事，我只回答一个神秘的微笑，心里有说不出的满足，仿佛一个孩子干了一件有趣的mischief②一样。你看，所以你如要怪我这次不该来，我会大大地懊恼的。

我相信你仍旧喜欢我的，是不是？

我 十九

①KIPLING：吉卜林（1865～1936），英国作家，作品多颂扬殖民主义，鼓吹种族主义。 ②mischief：恶作剧。

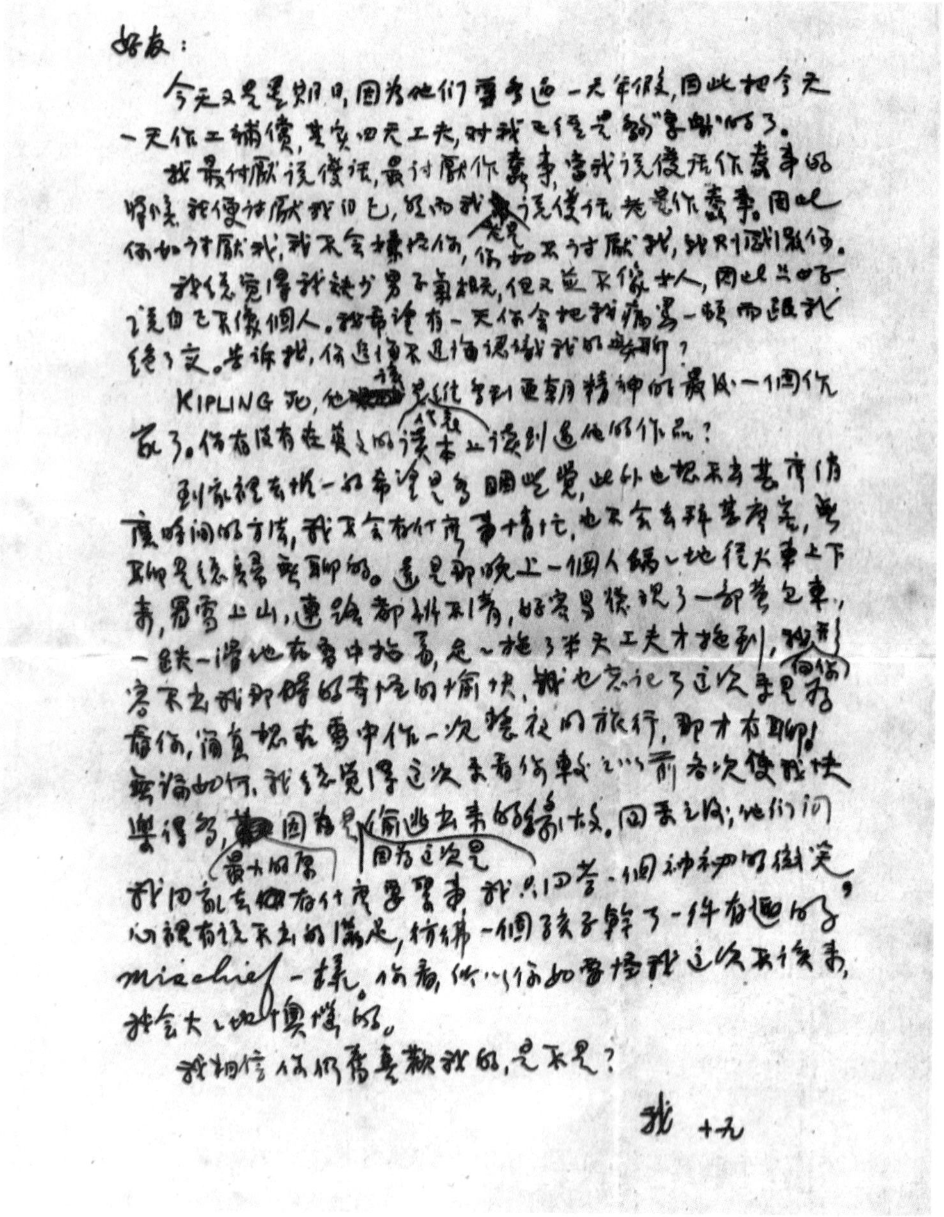

好友：

今天又是星期日，因为他们要多过一天年假，因此把今天一天作工补偿，整整四天工夫，对我已经是够受够的了。

我最讨厌说傻话，最讨厌作蠢事，当我说傻话作蠢事的时候，我便讨厌我自己，然而我老是说傻话老是作蠢事。因此你如讨厌我，我不会怪你的，你如不讨厌我，我则感激你。

我很觉得我缺少男子气概，但又并不像女人，因此只好说自己不像個人。我希望有一天你会把我痛骂一顿而跟我绝了交。告诉我，你追悔不追悔认识我的无聊？

KIPLING死，他是代表维多利亚朝精神的最后一個作家了。你有没有在英文的读本上读到过他的作品？

到家里去找一找希望是多睡些觉，此外也想不出甚么消磨时间的方法，我不会有什么事情忙，也不会去拜甚么客，无聊是很寂寞无聊的。这是那晚上一個人踽踽地从火车上下来，踏雪上山，连路都辨不清，好容易找到了一部黄包车，一跌一滑地在雪中拉着，足足拖了半天工夫才拖到，形容不出我那时的奇怪的愉快，我也忘记了这次来是向你看你，简直想在雪中作一次黑夜的旅行，那才有聊！无论如何，我总觉得这次来看你较之以前各次使我快乐得多，最大的原因是因为这次是偷逃出来的缘故。回来之后，他们问我回家去有什么要紧事，我只回答一個神秘的微笑，心里有说不出的满足，仿佛一個孩子干了一件有趣的mischief一样。你看，所以你如要怪我这次不该来，我会大大地懊悔的。

我相信你仍旧喜欢我的，是不是？

我 十九

第[198]封 瘦了

宋：

干么你要问我会不会追悔这次的无聊？你告诉我要怎样才算不无聊。如果你能想到我每天过着这种无聊的生活，如果你能想到我多么想望着逃避，即使是至短的暂时也好，你就不会这样说了。我知道这对你是无聊，我也知道每次你来看我或允许我来看你，都只是因为你顾念我，不忍令我不快的缘故，但你如明白你对于我的意义远甚于我对于你的意义，那么你就不会以你的观点来评衡我的观点了，虽然这也许是我们唯一不同之处。

我不愿说我的“瘦了”是因为思念你的那种可笑的蠢话，但你知道我没有可以变胖的理由，除了接读你的来信之外，没有什么可以真使我高兴的事，也许换一下环境会对我有益，但我并不相信，世界到处都是一样，既瞻望不见向前的路，也没

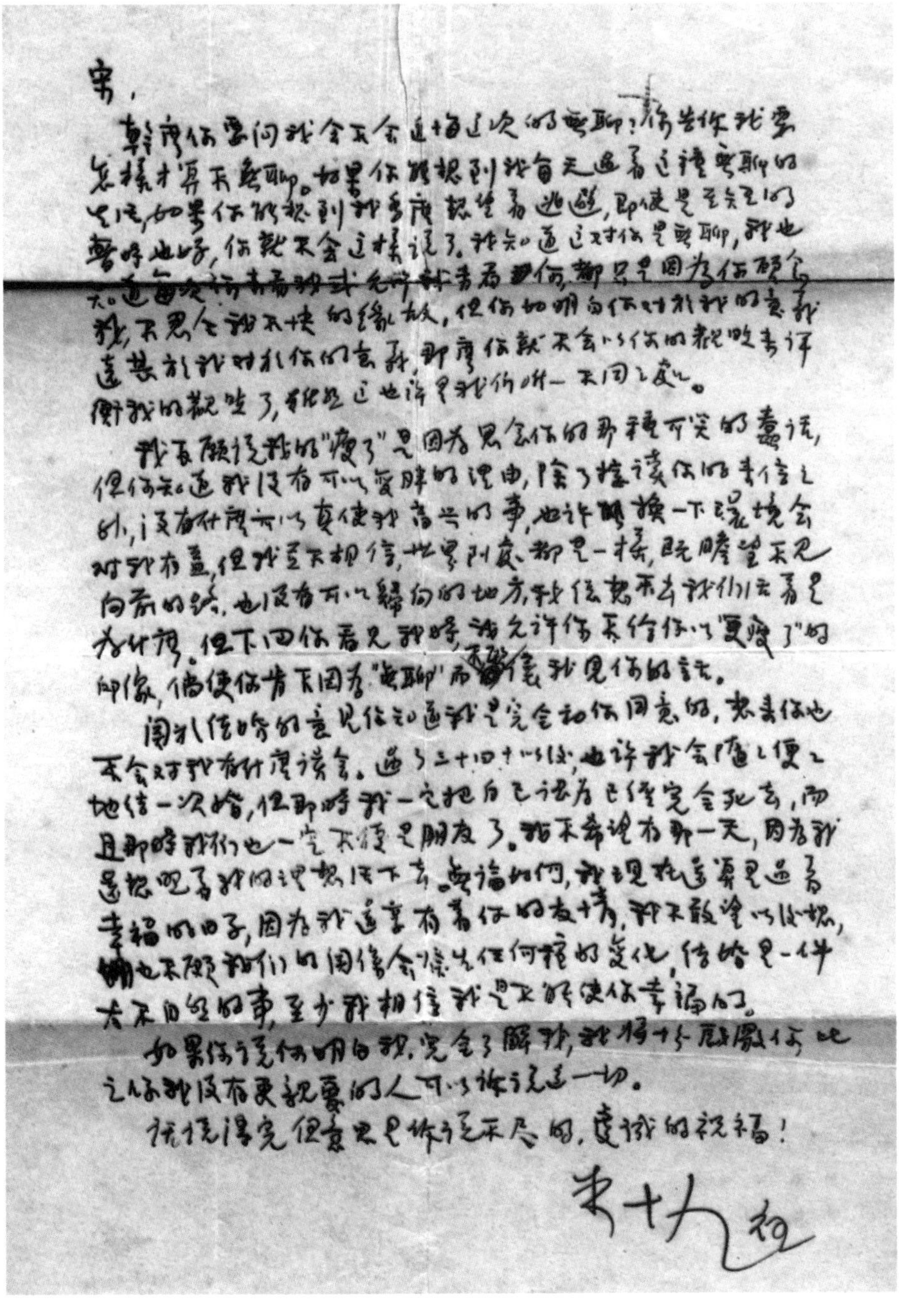

宋，

顽皮的你要问我会不会适应这次的无聊？请告诉我要怎样才算不无聊。如果你能想到我曾是过着这种无聊的生活，如果你能想到我多么想要逃避，即使是坐坐牢也好，你就不会这样说了。我知道这对你是无聊，我也知道每次你来看我或允许我来看你，都只是因为你顾念我，不忍令我不快的缘故，但你如明白你对于我的意义远甚于我对于你的意义，那么你就不会以你的观点来评衡我的观点了，虽然这也许是我们唯一不同之处。

我不愿说我的“瘦了”是因为思念你的那种可笑的蠢话，但你知道我没有可以变胖的理由，除了接读你的来信之外，没有什么可以真使我高兴的事，也许换一下环境会对我有益，但我并不相信，世界到处都是一样，既瞻望不见向前的路，也没有可以归向的地方，我相信我们活着是为什么。但下回你看见我时，请允许你不作你以“更瘦了”的印象，倘使你肯不因为“无聊”而不肯让我见你的话。

关于信件的意见你知道我是完全和你同意的，想来你也不会对我有什么误会。过了三十四十以后，也许我会随随便便地结一次婚，但那时我一定把自己设为已经完全死去，而且那时我们也一定不复是朋友了。我不希望有那一天，因为我总想让我的理想保持下去。无论如何，我现在总算是过着幸福的日子，因为我还享有着你的友情，我不敢幻想以后怎样，也不愿我们的关系会发生任何种的变化，结婚是一件太不自然的事，至少我相信我是不能使你幸福的。

如果你说你明白我，完全了解我，我将十分感激你，此外我没有更重要的人可以诉说这一切。

话说得完但意思是诉说不尽的，虔诚的祝福！

宋十大

有可以归向的地方，我总想不出我们活着是为什么。但下回你看见我时，我允许你不给你以“更瘦了”的印象，倘使你肯不因为“无聊”而不愿让我见你的话。

关于结婚的意见你知道我是完全和你同意的，想来你也不会对我有什么误会。过了三十四十以后，也许我会随随便便地结一次婚，但那时我一定把自己认为已经完全死去，而且那时我们也一定不复是朋友了。我不希望有那一天，因为我还想照着我的理想活下去。无论如何，我现在还算是过着幸福的日子，因为我还享有着你的友情，我不敢往以后想，也不愿我们的关系会发生任何种的变化，结婚是一件太不自然的事，至少我相信我是不能使你幸福的。

如果你说你明白我，完全了解我，我将十分感激你，比之你我没有更亲爱的人可以诉说这一切。

话说得完，但意思是诉说不尽的，虔诚的祝福！

朱 十九夜

第[199]封 流年

清如：

要是你和我结了婚，或者你做了我的母亲，我相信我每天要挨你的骂。这并不是说你是那样凶，实在人家见了我不由不生气，我自己也每天生自己的气。

其实你并不曾骂过我，但每回你的信来了的时候，我总害怕这回你要骂我了。其实你仁慈得像菩萨一样，然而我总有点怕你。这理由我想我可以解释。大凡在一个凶恶的后母手下的孩子，他对他的暴君的感情初时是畏惧中杂着憎恨，等到被打过的次数加多以后，就没有畏惧而只有敌意的憎恨和反抗了，越打他，他越不怕。但在慈母手下的孩子，则她的一颦眉一板脸就会使他心慌。

顶令人气闷的是等放假，尤其是放假前的第二天，到处是那样无聊。又盼不到信。

我有一本外国算命书，今年我的流年：岁首有重大消息，须作一次大冒险，但结果意外美满(news of A1 importance early in 1936, a big chance will have to be taken, but reward will surpass all expectation)。如果你告诉我你的生年月日（阴历的我能推算作阳历），我也可以告诉你今年的流年。

无聊，不要骂我！

朱 十九

曾允许你今天不写信，故写昨天的日期。

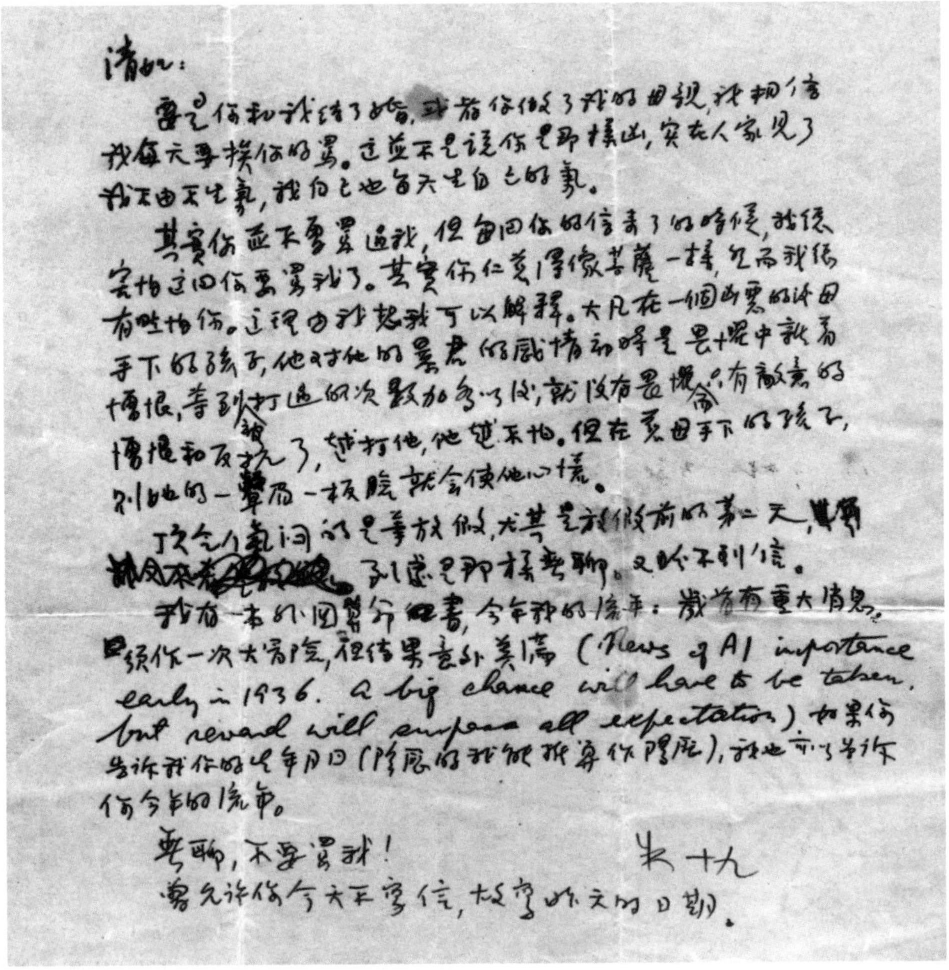

清如：

要是你和我结了婚，要是你做了我的母亲，我相信我每天要挨你的骂。这并不是说你是那样凶，实在人家见了我不由不生气，我自己也每天生自己的气。

其实你并不要骂过我，但每回你的信来了的时候，我总害怕这回你要骂我了。其实你仁慈得像菩萨一样，反而我总有些怕你。这理由我想我可以解释。大凡在一个凶恶的继母手下的孩子，他对他的暴君的感情正好是畏惧中夹着憎恨，等到被打过的次数加多了以后，就没有畏惧，只有敌意的憎恨和反抗了，越打他，他越不怕。但在慈母手下的孩子，则她的一颦眉一板脸就会使他心慌。

顶气人闷的是寒放假，尤其是放假前的第二天，[illegible] 了，总是那样无聊。又盼不到信。

我有一本外国算命书，今年我的流年：岁首有重大消息，必须作一次大冒险，但结果意外美满（News of A1 importance early in 1936. A big chance will have to be taken, but reward will surpass all expectation）。如果你告诉我你的生年月日（阴历的我能推算作阳历），我也可以告诉你今年的流年。

无聊，不要骂我！　　朱 十九

要允许你今天不写信，姑写昨天的日期。

第[200]封 渺茫

我真想死了干净，做傻子太没趣。

放开喉咙喊一阵，倒是很痛快。

你如肯把我的信全部丢了，我一定很感谢你，免得丑话长留，已经写出的信再要向人讨还，那种是不男子气的举动，我不会的。你的信我也不会藏之名山，等我们友谊破裂的时候，我会把它们一起毁掉，要是我们到死都是好朋友，那么我将在临死前叫他们当我面把它们烧了。

人生渺茫得很，不知几时走完这段寂寞的路。一颗血淋淋的心强装着笑脸。

我们彼此走各人的路，总有一天会越走越离越远的吧？就是将来彼此成了陌生人

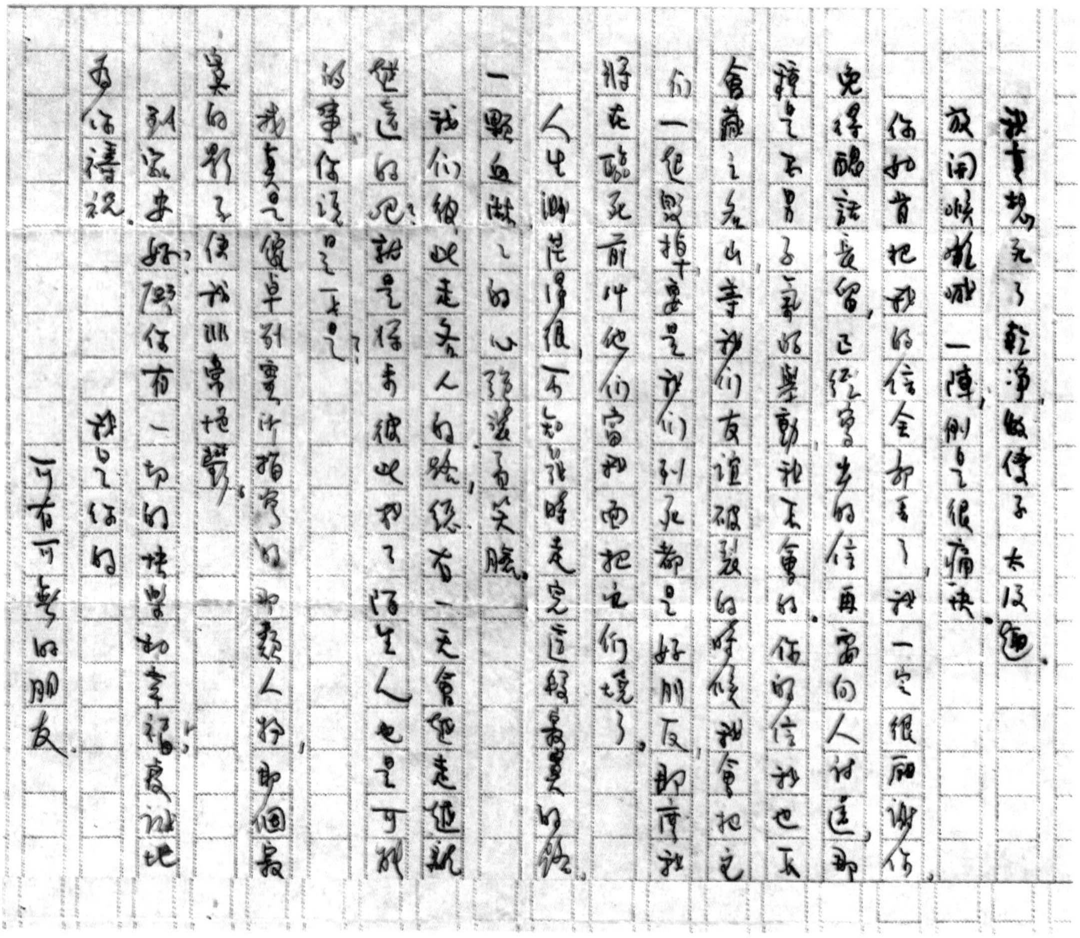

我重想定了，干净的使子太侵迪。
放开喉咙一阵，则是很痛快。
你如肯把我的信全部毁了，我一定很感谢你，
免得醜话丢留，已经写出的信再寄给人讨厌，那
种无聊了无意的举动我不会的。你的信我也不
会藏之名山，等我们友谊破裂的时候我会把它
们一把火烧掉，要是我们到死都是好朋友，那么我
将在临死前叫他们当我面把它们烧了。
人生渺茫得很，不知能够走完这段最美的路，
一颗血淋淋的心跟着我笑脸，
我们彼此走各人的路，终有一天会绝走远就
使这的几时是隔膜着彼此成了陌生人也是可能
的事，你说是不是？
我真是像卓别灵所描写的那类人物，那个寂
寞的影子使我非常悒郁。
到家安好？愿你有一切的快乐和幸福。虔诚地
为你祷祝。
我是你的
可有可无的朋友。

也是可能的事，你说是不是？

我真是像卓别灵所描写的那类人物，那个寂寞的影子使我非常悒郁。

到家安好？愿你有一切的快乐和幸福。虔诚地为你祷祝。

我是你的可有可无的朋友

第[201]封 愿不

宝贝：

说得那样可怜。自己要别人忘记你，别人信刚写得略微迟一点就那么急，真有意思！我不会恼你的，即使你的话说痛了我的心也仍是欢喜你的。也许你望着月亮的时候，我正在想着我的宝贝笑哩，或者是正神往于那天的同游也说不定。

回答我，不准含糊：究竟你愿我待你好还是不愿我待你好？只回答我愿与不愿，不准说其余的话。如不回答，只算你默认愿意。

明儿你上北方去，大概我已经死了，否则总不会不知道，也许我连做人的一半资格都没有，所以你说没有半个人知道。我想我一定要更多的写信给你呢， 也许那时心情好一些， 能说一些略为有意思一点的话， 你也有更多的物事好告诉我吧？别离是只使我更爱你的， 想到我的好人一个子跑得那么远，无论如何，要不爱她是不行的。

日子过得非常恶劣，只想你是我的安慰，昨夜我梦见你的。

朱

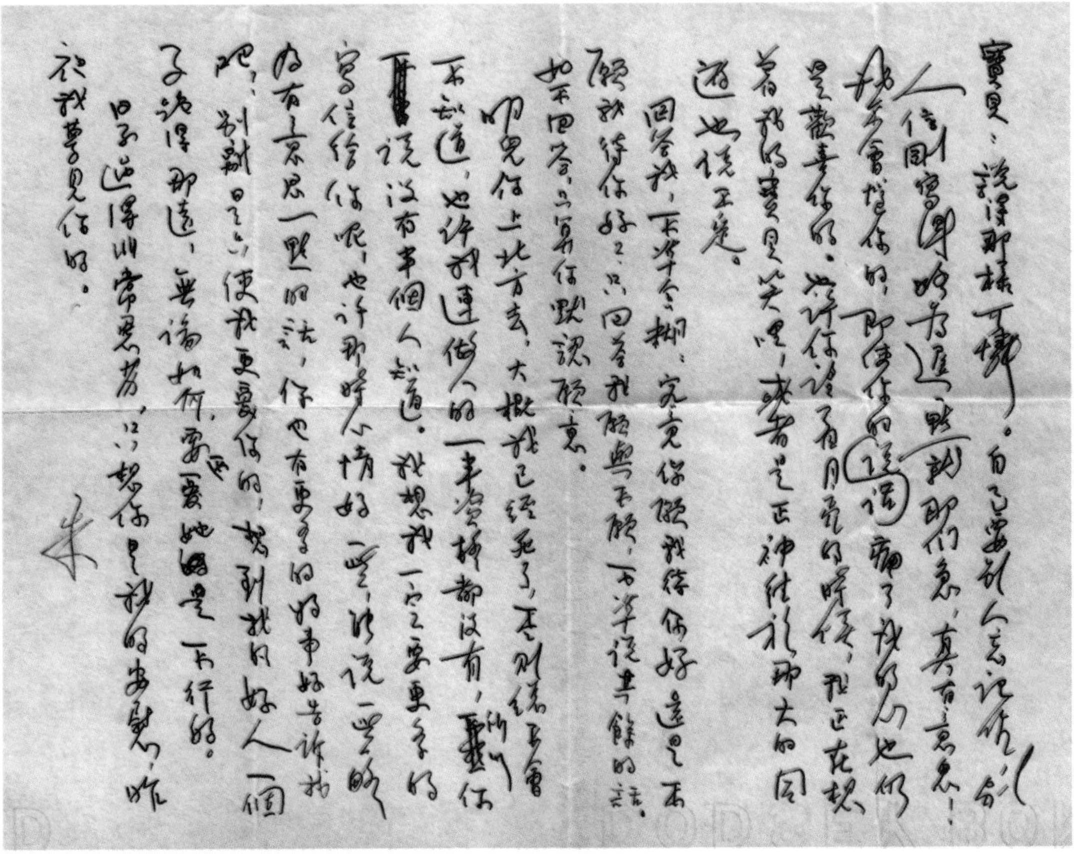
寶貝：說得那樣可憐。自己安於人忘記你了的
人，信同寫得好為道只說那我的，真有意思！
我會忘你的，即使你的道瘋了我的人也仍
是歡喜你的，你許你說有月亮的晚上，我正在想
著我的寶貝笑呢，那當是正神經於那大的同
道也說不定。
回答我，不準含糊，究竟你願我待你好還是不
願我待你好？只回答我願與不願，不準說其餘的話。
如不回答，只算你默認願意。
明兒你上北方去，大概我已經死了，否則總不會
不知道，也許我連做人的一半資格都沒有，所以你
說沒有半個人知道。我想我一定要更多的
寫信給你呢，也許那時心情好一些，能說一些略
為有意思一點的話，你也有更多的物事好告訴我
吧？別離是只使我更愛你的，想到我的好人一個
子跑得那麼遠，無論如何，要不愛她是不行的。
日子過得非常惡劣，只想你是我的安慰，昨
夜我夢見你的。
朱

第[202]封 水灾

姊：

我懊丧极了，怨、恼、苦、气、恨、愁、悲、惨、闷、伤心……为什么？不为什么。

昨天夜半房间里闹水灾，隔壁人家自来水管爆破，水从墙缝里钻了进来，几乎人都淹死（此夸

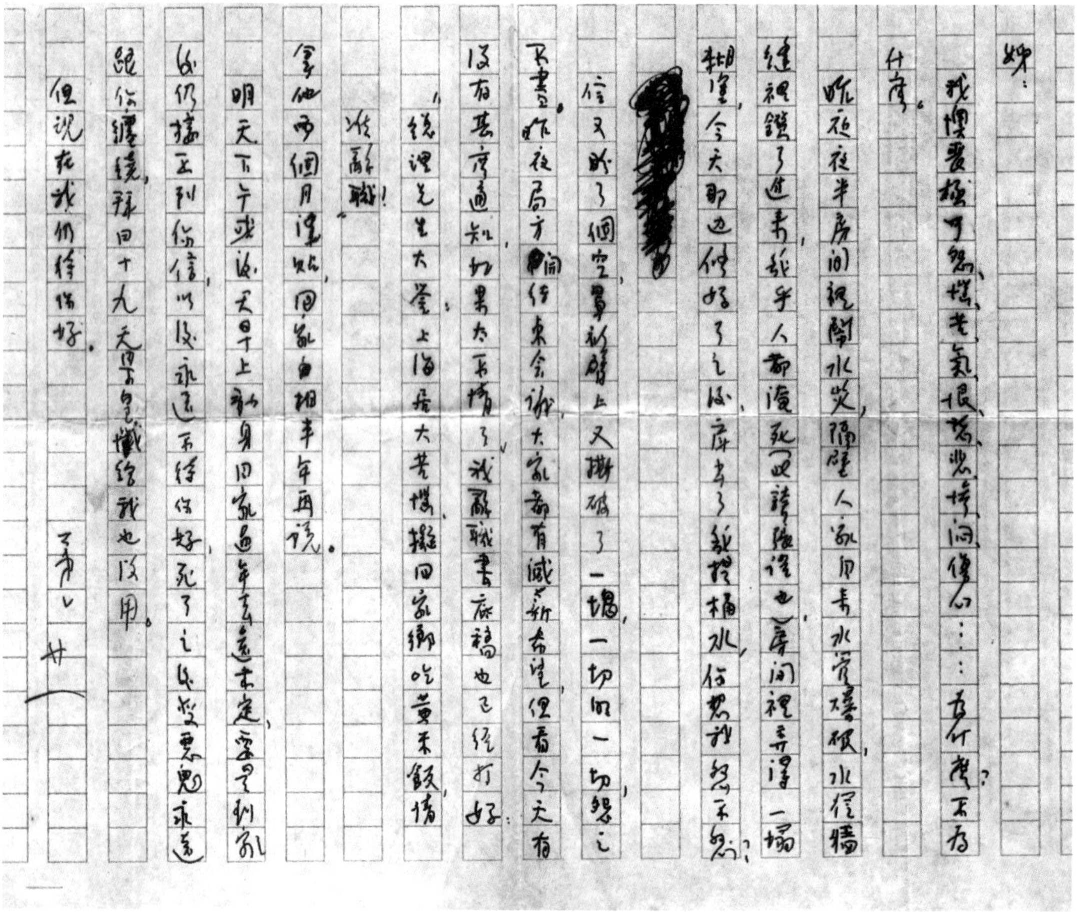

张语也），房间里弄得一塌糊涂，今天那边修好了之后，戽出了几提桶水，你想我怨不怨？

信又盼了个空，罩衫臂上又撕破了一块，一切的一切，怨之不尽。昨夜局方开结束会议，大家都有减薪希望，但看今天有没有甚么通知，如果太不情了，我辞职书底稿也已经打好：

“总理先生大鉴：上海居大苦恼，拟回家乡吃黄米饭，请准辞职！”

拿他两个月津贴，回家白相[1]半年再说。

明天下午或后天早上动身回家过年去还未定，要是到家后仍接不到你信，以后永远不待你好，死了之后变恶鬼永远跟你缠绕，拜四十九天梁皇忏[2]给我也没用。

但现在我仍待你好。

弟弟 廿一

①白相：上海方言，“玩”。 ②梁皇忏：系梁武帝为超度其夫人郗氏所制之慈悲道场忏法，后世多依此仪延僧修忏，以求灭罪消灾，济度亡灵。

第[203]封 降薪

姊：

你给我一些advice[①]。判决书已下，二月份起薪水大洋五十，心理上实在已没有再留恋这蹩脚饭碗的可能（我决不嫌不够用，尽管四十块钱一月都可以生活得不致过于局促，但这种腌臢气受不住，好像不解你雇还是皇恩浩荡似的。初进来时有七十多块一月，每况愈下，要是涎着脸不走，明年一定拿四十块钱一月），其实我也真想回家休息一年半载，可是我又有有家归不得的苦，姑母她们不能常住在我家里，弟弟在外边，我不好守着弟媳妇在一起，真是走投无路，怨尽怨绝。

无论如何，明年下半年一定得别寻主顾，我不愿在家乡做事，如果到杭州去，物是人非，也太令人不快活，我想竭力在苏州方面想想法看，就是四十一月也愿就，只要不再编那种骗杀人的字典。

明天下午准回家去，渴盼你的信，我寂寞得什么似的。

愿你快乐。

老弟弟 廿一夜

① advice：劝告。

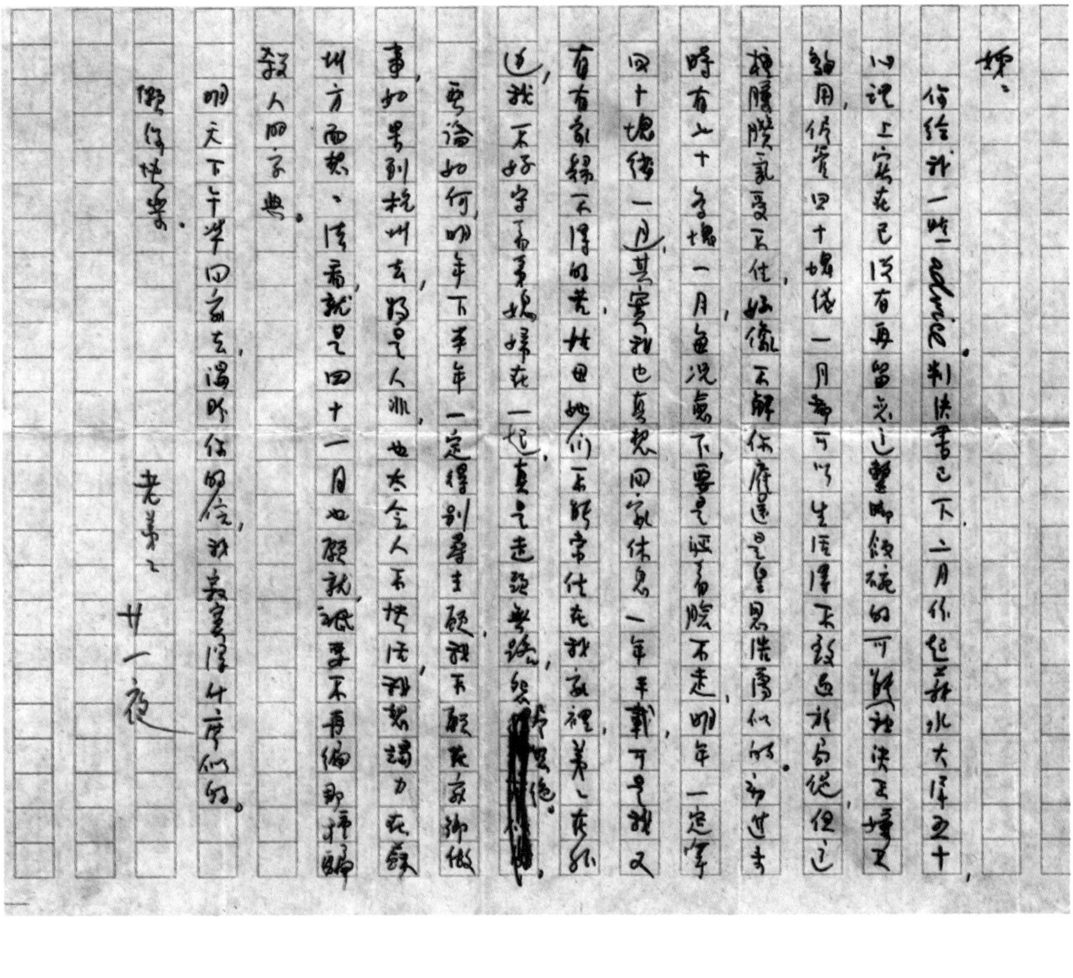

姊、

你给我一些advice。判决书已下，二月份起薪水大洋五十，心理上实在已没有再留恋这蹩脚饭碗的可能（我决不嫌不够用，尽管四十块钱一月都可以生活得不致过于局促，但这种腌臢气受不住，好像不解你雇还是皇恩浩荡似的。初进来时有七十多块一月，每况愈下，要是涎着脸不走，明年一定拿四十块钱一月），其实我也真想回家休息一年半载，可是我又有有家归不得的苦，姑母她们不能常住在我家里，弟弟在外边，我不好守着弟媳妇在一起，真是走投无路，[redacted]怨绝。

无论如何，明年下半年一定得别寻主顾，我不愿在家乡做事，如果到杭州去，物是人非，也太令人不快活，我想竭力在苏州方面想想法看，就是四十一月也愿就，祇要不再编那种骗杀人的字典。

明天下午准回家去，渴盼你的信，我寂寞得什么似的。

愿你快乐。

老弟弟 廿一夜

第[204]封 哭笑

心里气得很，没有吃的，没有玩的，没有书看，没有歌唱，你又没有信给我，如何活得了！

希望希望，我能希望些什么？明天还不是跟今天一样？能够早些老去是幸福，只怕挨那挨不尽的寂寞。

今晚一定要痛哭一场。我不知道你真会不会哭，也许有时找不到哭的题材，但会哭的人是可爱的。不过不应当当人面前哭，要悄悄的哭，而且

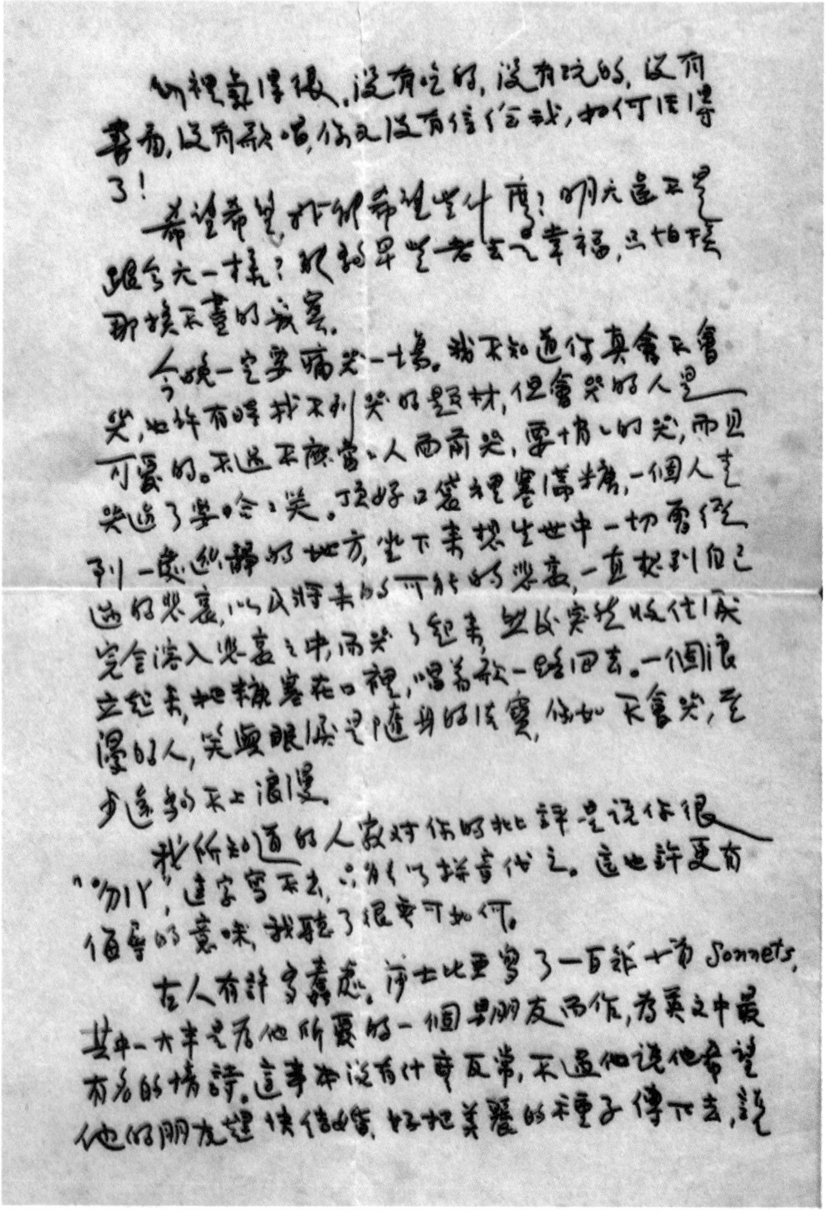

心裡氣得很，沒有吃的，沒有玩的，沒有書看，沒有歌唱，你又沒有信給我，如何活得了！

希望希望，我能希望些什麼？明天還不是跟今天一樣？能夠早些老去是幸福，只怕挨那挨不盡的寂寞。

今晚一定要痛哭一場。我不知道你真會不會哭，也許有時找不到哭的題材，但會哭的人是可愛的。不過不應當當人面前哭，要悄悄的哭，而且哭過了要哈哈笑。頂好口袋裡塞滿糖，一個人走到一處幽靜的地方，坐下來想生世中一切委屈的悲哀，以及將來的可能的悲哀，一直想到自己完全浸入悲哀之中而哭了起來，然後突然收住了哭，立起來，把糖塞在口裡，唱著歌一路回去。一個很會哭的人，笑與眼淚是隨身的法寶，你如不會哭，至少還夠不上浪漫。

我所知道的人家對你的批評是說你很"ㄉㄧㄚ"，這字寫不出，只好以拼音代之。這也許更有值得的意味，我聽了很無可如何。

古人有許多蠢處。莎士比亞寫了一百五十首Sonnets，其中一大半是為他所愛的一個男朋友而作，為英文中最有名的情詩。這事本沒有什麼反常，不過他說他希望他的朋友趕快結婚，好把美麗的種子傳下去，說

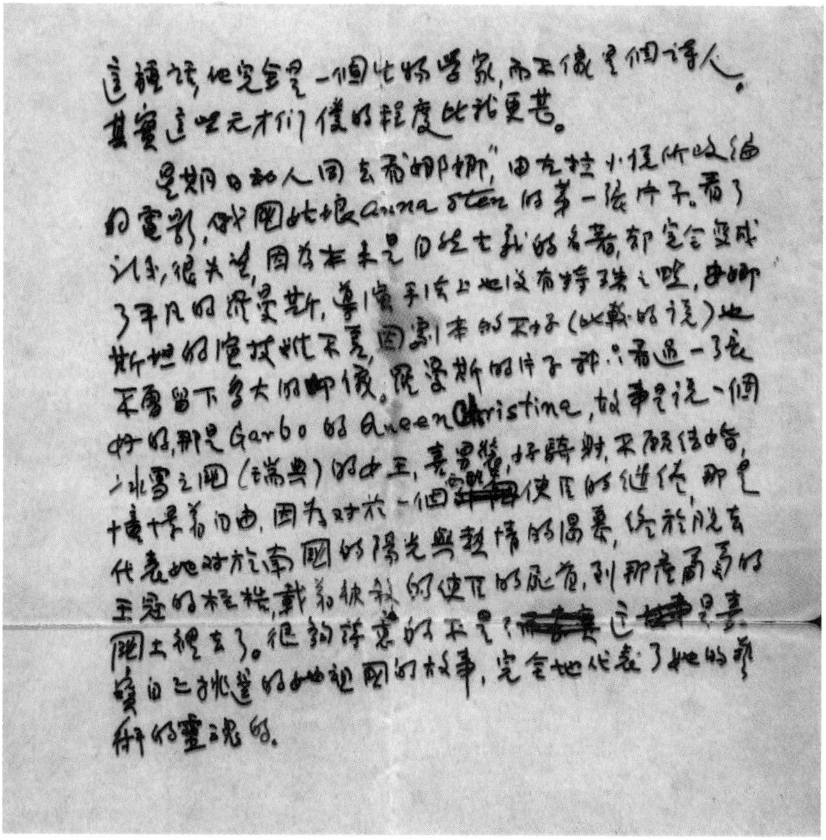
這種話他完全是一個生物學家，而不像是個詩人。其實這些天才們傻的程度比我更甚。

星期日和人同去看"娜娜"，由左拉小說所改編的電影，俄國姑娘Anna Sten的第一張片子。看了的電影，很失望，因為本來是自然主義的名著，卻完全變成了平凡的羅曼斯，導演手法上也沒有特殊之點，安娜斯坦的演技雖不差，因劇本的不好（比較的說）也不曾留下多大的印像。羅曼斯的片子我只看過一張好的，那是Garbo的Queen Christina，故事是說一個冰雪之國（瑞典）的女王，喜男裝，好騎射，不願結婚，憧憬着自由，因為對於一個使臣的戀愛，那是代表她對於南國的陽光與熱情的渴慕，終於脫去王冠的桎梏，載着被殺的使臣的屍首，到那溫暖的國土裡去了。很夠詩意的不是？這是一個自己挑選的祖國的故事，完全地代表了她的解的靈魂的。

哭过了要哈哈笑。顶好口袋里塞满糖，一个人走到一处幽静的地方，坐下来想生世中一切曾经过的悲哀，以及将来的可能的悲哀，一直想到自己完全溶入悲哀之中，而哭了起来，然后突然收住泪立起来，把糖塞在口里，唱着歌一路回去。一个浪漫的人，笑与眼泪是随身的法宝，你如不会笑，至少还够不上浪漫。

我所知道的人家对你的批评是说你很“ㄉㄧㄚ”[①]，这字写不出，只能以拼音代之。这也许更有侮辱的意味，我听了很无可如何。

古人有许多蠢处。莎士比亚写了一百几十首sonnets[②]，其中一大半是为他所爱的一个男朋友而作，为英文中最有名的情诗。这事本没有什么反常，不过他说他希望他的朋友赶快结婚，好把美丽的种子传下去，说这种话，他完全是一个生物学家，而不像是个诗人。其实这些天才们傻的程度比我更甚。

星期日和人同去看《娜娜》，由左拉小说所改编的电影，俄国姑娘Anna Sten[③]的第一张片子。看了之后，很失望，因为本来是自然主义的名著，却完全变成了平凡的罗曼斯，导演手法上也没有特殊之点，安娜斯坦的演技虽不差，因剧本的不好（比较的说）也不曾留下多大的印象。罗曼斯的片子我只看过一张好的，那是Garbo的*Queen Christina*[④]，故事是说一个冰雪之国（瑞典）的女王，喜男装，好骑射，不愿结婚，憧憬着自由，因为对于一个西班牙使臣的缱绻，那是代表她对于南国的阳光与热情的渴慕，终于脱去王冠的桎梏，载着被杀的使臣的尸首，到那产葡萄的国土里去了。很够诗意的不是？这是嘉宝自己挑选的她祖国的故事，完全地代表了她的艺术的灵魂的。

①汉语旧注音符号，读dia（嗲）。②sonnets：十四行诗。③Anna Sten：安娜·斯坦，俄国演员。④*Queen Christina*：《克莉斯蒂娜女王》，影片名。

第[205]封 永远

好友：

我不知道今天是年初五还是一二八①。唯一想得出可以说的话便是今天天气很好。

无论说什么话，总觉得很可笑，无非是一些可耻而无味的废话，然而也只有借这个方法，才能打破时间空间拦在我们中间的阻隔，要是想得出一个更好的方法，可以使我们永远在一起，又永远不在一起，那就好了，因为如果单是永远在一起，便尝不到相思的美味了。

我愿把我的灵魂浸入你的灵魂里。你在我脑中的印象一天比一天美好。我说不出话来。

朱

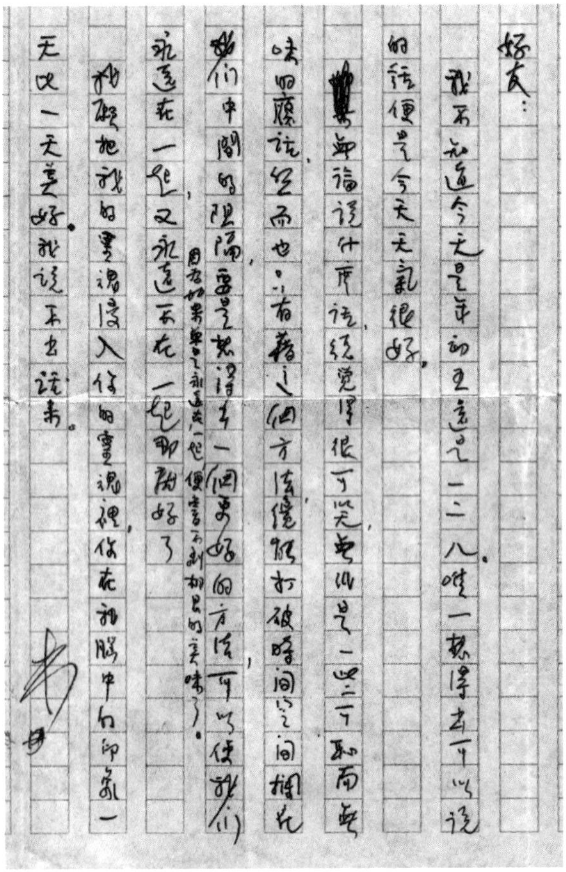
好友：
我不知道今天是年初五還是一二八。唯一想得出可以說的話便是今天天氣很好。
無論說什麽話，總覺得很可笑，無非是一些可恥而無味的廢話，然而也只有藉這個方法，才能打破時間空間攔在我們中間的阻隔，要是想得出一個更好的方法，可以使我們永遠在一起，又永遠不在一起，那就好了，因爲如果單是永遠在一起，便嘗不到相思的美味了。
我願把我的靈魂浸入你的靈魂裡，你在我腦中的印象一天比一天美好。我說不出話來。
朱

① 1936年1月28日是农历正月初五。

第[206]封 宫堡

澄哥儿：

今天天气很好，心里有点松快，可是又闷得快要闷死的样子，要是身边有钱，一定在家里坐不住。你不知道那个Flaubert[①]多少可恶，净是些古怪的生字，叫人不耐烦看下去。唉，我昨夜做的梦真有趣，尸首从床板上跳起来，身上还淋着脓，哎，啧啧，我一看不对，连忙奔下楼。昨天不是我说我多么爱你吗？这种话你不用听就是，因为我怎么能自己知道我爱不爱你呢？天晓得你是多么好！我要是从来不曾读过英文就好了，那种死人工作恨一百年都恨不尽。

今天才初八，还要等你至少一星期，真心焦！唉，我透了一口长长的气。你说我写些什么好呢？我什么话都没有，你只痴痴地张大了眼睛（我说的是你的照相），一句话也不响。要是谁带点糖来给我吃吃就好了。如果我亲你的嘴，你打不打我耳光？我真不高兴，真怨。你房间里冷不冷？情形真是一年坏一年……不说了。

我在梦里筑了一座宫堡，那地方的风景真是好极了，你肯不肯赏光常来玩玩？我特为你布置了一间房间，所有房间中最好的一间，又温暖又凉爽又精巧又优雅，窗外望出去的山水竹树花草，朝晨的太阳，晚来的星月，以及飞鸟羊群，都是像在一个神奇的梦境里。你这间房间我每天吩咐一个美秀的小婢打扫收拾，但别人不许进去一步，即使你永远不来也将永远为你保存着。我真不知道要怎样才好，早早死了就好了，做人真没有趣味。谢谢撒旦的父亲，日子快些过去才好！你已经三十岁，是个老太婆了，实在日子过得真快，我还亲眼看你从娘肚子里一二三开步走地跑出来呢，那时我还是个毛头小伙子，如今老了，不中用了，国家大事被后生小子弄得一团糟，也只好叹口气罢了。总而言之，还是让我以这垂朽的残生爱着你直到死去吧！你是世上最可爱的老太婆。

傻老头子

① Flaubert：福楼拜，法国小说家。

澄哥兒：

今天天氣很好，心裡有些愉快，可是又悶得快要悶死的樣子，要是身邊有錢，一定在家裡坐不住。你不知道那個Flaubert多少可惡，渾是些古怪的生字，叫人不耐煩看下去。唉我昨夜做的夢真有趣，晨首從樓床上跳起來，身上透濕有腥，唉唷唷，我一看不對連忙奔下樓。昨天不是我說我多麼愛你嗎？這種話你不用聽就是，因為我怎麼能自己知道我愛不愛你呢？天曉得你是多麼好！我要是從來不曾懂過英文就好了，那種死人工作做一百年都做不完。今天才初八，還要等你至少一星期，真心焦！唉，我嘆了一口長長的氣。你說我寫些什麼好呢？我什麼話都沒有，你只瞪瞪地張大了眼睛（我說的是你的照相），一句話也不響。要是我常常有橄欖給我吃吃就好了。如果我親你的嘴你打不打我耳光？我真不高興，真煩。你房間裡冷不冷？情形真是一年壞一年……不說了。我在夢裡築了一個廬宮，那地方的風景真是好極了，你肯不肯賞光常來玩玩，我特為你佈置了一間房間，所有房間中最好的一間，又溫暖又涼爽又精巧又優雅，窗外望出去的山水和竹樹花草，朝晨的太陽，晚來的星月，以及飛鳥羊群，都是像在一個神奇的夢境裡，你這間房間我每天吩咐一個美秀的小婢打掃收拾，但別人不許進去一步，即使你永遠不來也將永遠為你保存着。我真不知道要怎樣才好，早早死了就好了，做人真沒有趣味。謝謝撒但的父親，日子快些過去才好！你已經三十歲，是個老太婆了，實在日子過得真快，我還記得眼看你從娘肚子裡一二三的步步地爬出來呢，那時我還是個毛頭小夥子，如今老了，不中用了，國家大事被他們小子們弄得一團糟，也只好嘆嘆氣罷了。總而言之，還是讓我們這要朽的殘生愛着你直到死去吧！你是世上最可愛的老太婆。

傻老頭子

1935

第[207]封 家事[1]

好友：

在编辑室的火炉旁熏了这么半天，热得身上发痒。回到自己房间里，并不冷，可是有些发抖的样子。心里又气闷又寂寞，躺在床上淌了些泪，但不能哭个痛快。

家里等着我寄钱去补充兄弟的学费，可是薪水又发不出，存款现在恐怕不好抽，只好让他们自己去设法了。郑天然叫我代买两部佛典，一调查价钱要十块左右，实在没法子买给他。自己要买书也没钱，*War and Peace*[2]已经读完，此后的黄昏如何消磨又大成问题。写信又写不出新鲜的话儿，左右不过是我待你好你待我好的傻瓜话儿。除了咬啮着自己的心以外，简直是一条活路都没有。读了你的信，“也许不成功来上海”，这“也许”两个字是多加上去的。我知道最后的希望，最后的安慰也消失了。

人死了更无所谓幸不幸福，因为有感觉才能感到幸福或苦痛。如果死后而尚有感觉的话，那么死者抛舍了生者和生者失去了死者一定是同样不幸的。但人死后一切归于虚空，因此你如以他们得到永恒的宁静为幸福，这幸福显然他们自己是无法感觉到的。我并不是个生的讴歌者，但世上如尚有可恋的人或事物在，那么这生无论怎样痛苦也是可恋的。因此即使山海隔在我们中

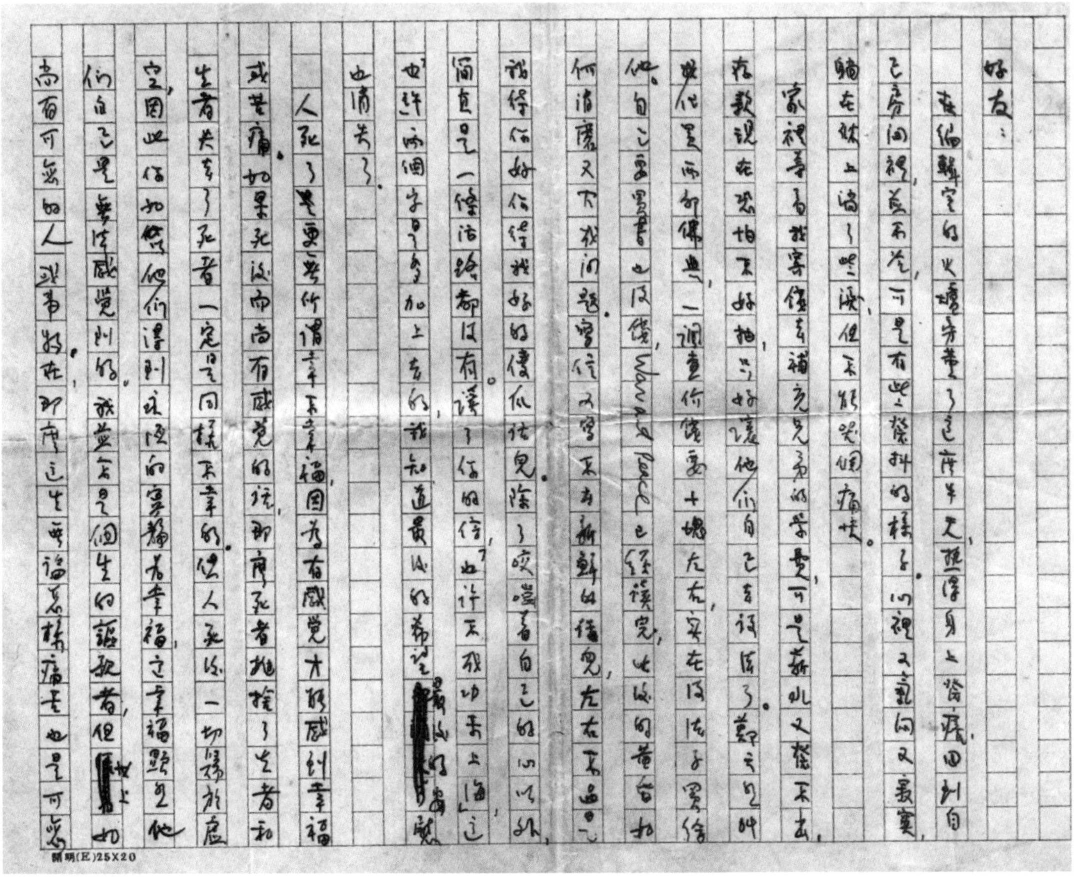
好友：在编辑室的火炉旁熏了这么半天，热得身上发痒，回到自己房间里，并不冷，可是有些发抖的样子。心里又气闷又寂寞，躺在床上淌了些泪，但不能哭个痛快。家里等着我寄钱去补充兄弟的学费，可是薪水又发不出，存款现在恐怕不好抽，只好让他们自己去设法了。郑天然叫我代买两部佛典，一调查价钱要十块左右，实在没法子买给他。自己要买书也没钱，War and Peace已经读完，此后的黄昏如何消磨又大成问题。写信又写不出新鲜的话儿，左右不过是我待你好你待我好的傻瓜话儿，除了咬啮着自己的心以外，简直是一条活路都有。读了你的信，“也许不成功来上海”，这“也许”两个字是多加上去的，我知道最后的希望[redacted]的安慰也消失了。

人死了更无所谓幸不幸福，因为有感觉才能感到幸福或苦痛。如果死后而尚有感觉的话，那么死者抛舍了生者和生者失去了死者一定是同样不幸的。但人死后一切归于虚空，因此你如以他们得到永恒的宁静为幸福，这幸福显然他们自己是无法感觉到的。我并不是个生的讴歌者，但[redacted]世上如尚有可恋的人或事物在，那么这生无论怎样痛苦也是可恋

開明(E)25X20

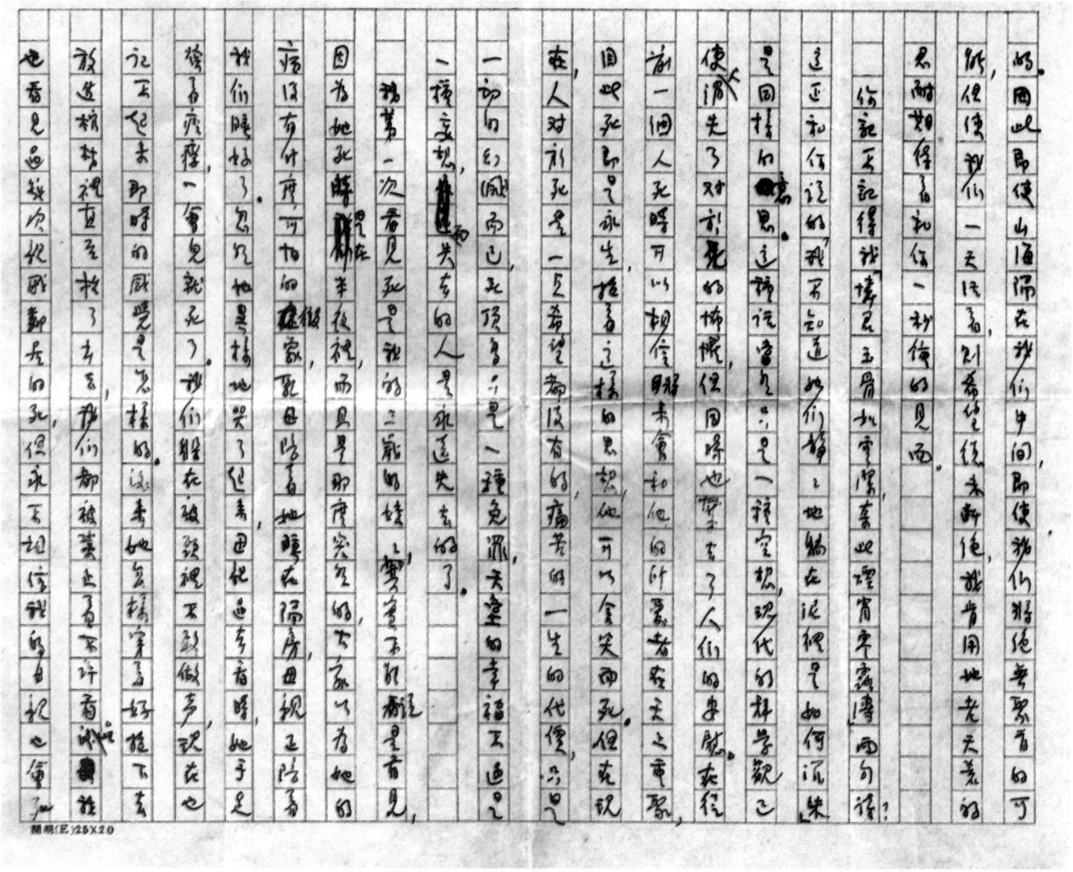
的。因此即使山海隔在我们中间，即使我们将绝无聚首的可能，但使我们一天活着，则希望总未断绝，我肯用地老天荒的忍耐期待着和你一秒钟的见面。

你记不记得我“怜君玉骨如雪洁，奈此烟宵零露溥”两句诗？这正和你说的“我不知道她们静静地躺在泥里是如何沉味”是同样的意思。这种话当然只是一种空想，现代的科学观已使人消失了对于死的怖惧，但同时也夺去了人们的安慰。在从前一个人死时可以相信将来会和他的所爱者在天上重聚，因此死即是永生，抱着这样的思想，他可以含笑而死。但在现在，人对于死是一点希望都没有的，痛苦的一生的代价，只是一切的幻灭而已，死顶多只是一种免罪，天堂的幸福不过是一种妄想，而失去的人是永远失去了的。

我第一次看见死是我的三岁的妹妹，其实不能说是看见，因为她死时是在半夜里，而且是那么突然的，大家以为她的病没有什么可怕的征象，乳母陪着她睡在隔房，母亲正陪着我们睡好了。忽然她异样地哭了起来，母亲过去看时，她手足发着痉挛，一会儿就死了。我们躲在被头里不敢做声，现在也记不起来那时的感觉是怎样的，后来她怎样穿着好抱下去放进棺材里直至抬了出去，我们都被禁止着不许看。

此后我也看见过几次亲戚邻居的死，但永不相信我的母亲也会死

間明(E)25X20

间，即使我们将绝无聚首的可能，但使我们一天活着，则希望总未断绝，我肯用地老天荒的忍耐期待着和你一秒钟的见面。

你记不记得我“怜君玉骨如雪洁，奈此烟宵零露溥”两句诗？这正和你说的“我不知道她们静静地躺在泥里是如何沉味”是同样的意思。这种话当然只是一种空想，现代的科学观已使人消失了对于死的怖惧，但同时也夺去了人们的安慰。在从前一个人死时可以相信将来会和他的所爱者在天上重聚，因此死即是永生，抱着这样的思想，他可以含笑而死。但在现在，人对于死是一点希望都没有的，痛苦的一生的代价，只是一切的幻灭而已，死顶多只是一种免罪，天堂的幸福不过是一种妄想，而失去的人是永远失去了的。

我第一次看见死是我的三岁的妹妹，其实不能说是看见，因为她死时是在半夜里，而且是那么突然的，大家以为她的病没有什么可怕的征象，乳母陪着她睡在隔房，母亲正陪着我们睡好了。忽然她异样地哭了起来，母亲过去看时，她手足发着痉挛，一会儿就死了。我们躲在被头里不敢做声，现在也记不起来那时的感觉是怎样的，后来她怎样穿着好抱下去放进棺材里直至抬了出去，我们都被禁止着不许看。

此后我也看见过几次亲戚邻居的死，但永不相信我的母亲也会死的。即使每次医生的摇头说没有希望了，我也总以为他们说的是诳话，因为这是无论如何不可能有的事。虽则亲眼看见她一天坏一天，但总以为她会好过来，而且好像很有把握似的。其实她早已神智丧失，常常不认识人了。问卦的结果，说是如能挨过廿九三十（阴历的十一月里），便无妨碍，那时当然大家是

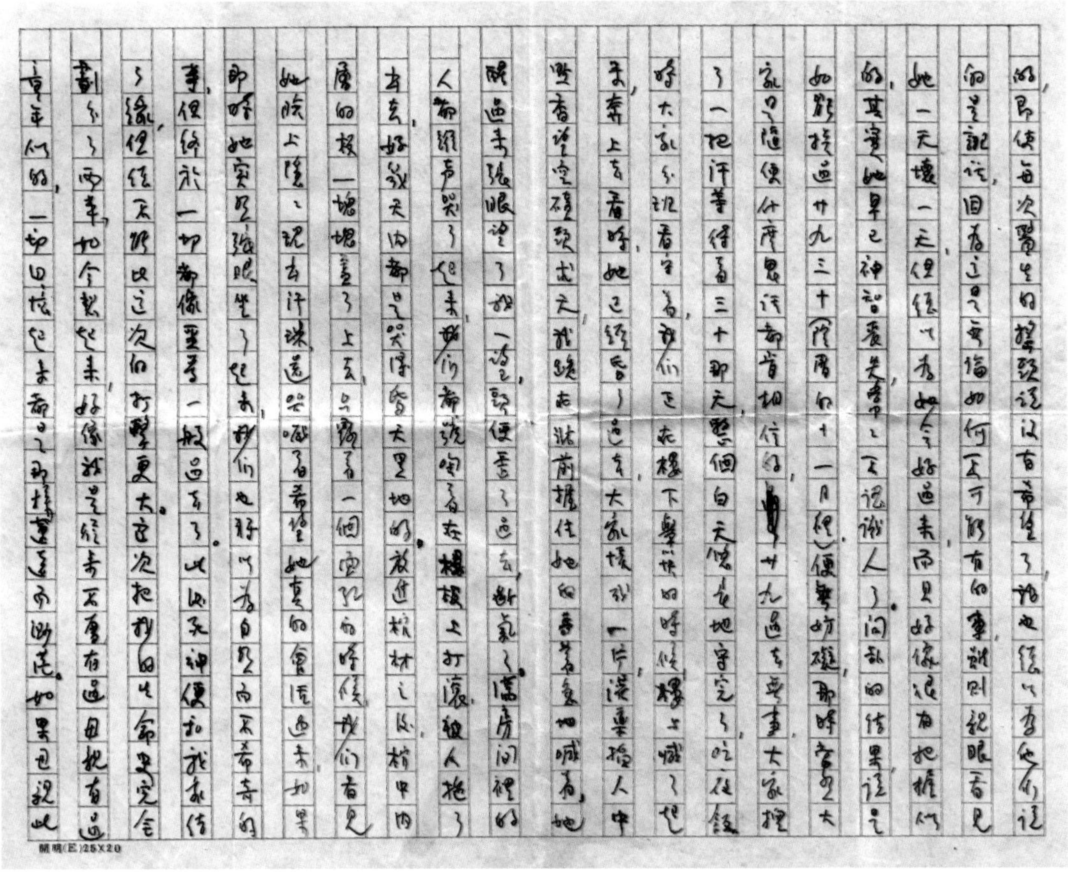

随便什么鬼话都肯相信的，廿九过去无事，大家捏了一把汗等待着三十那天，整个白天悠长地守完了，吃夜饭时大家分班看守着，我们正在楼下举筷的时候，楼上喊了起来，奔上去看时，她已经昏了过去，大家慌成一片，灌药掐人中点香望空磕头求天，我跪在床前握住她的手着急地喊着，她醒过来张眼望了我一望，头便歪了过去，断气了。满房间里的人都纵声哭了起来，我们都号啕着在楼板上打滚，被人拖了出去，好几天内都是哭得昏天黑地的。放进棺材之后，棺中内层的板一块块盖了上去，只露着一个面孔的时候，我们看见她脸上隐隐现出汗珠，还哭喊着希望她真的会活过来，如果那时她突然张眼坐了起来，我们也将以为自然而不希奇的事，但终于一切都像噩梦一般过去了。

此后死神便和我家结了缘，但总不能比这次的打击更大。这次把我的生命史完全划分了两半，如今想起来，好像我是从来不曾有过母亲有过童年似的，一切回忆起来都是那样辽远而渺茫。如果母亲此刻能从“无”的世界里回到“有”的世界里来，如果她看见我，也将不复能认识我，我们永远不能再联系在一起，因为过去的我已经跟她一同死去了。再过十年之后，我的年纪将比她更大，如果死后而真有另一世界存在，如果在另一世界中的人们仍旧会年长起来，变老起来，那么我死后将和她彼此不能认识；如果人在年轻时死去在那一世界中可以保持永久的青春的话，那么她将不敢再称我为她的儿子。

等到残酷的手一把人们分开，无论怎样的希望梦想，即使是最虔诚的宗教信仰，也是毫无用处了。愚蠢而自以为智慧的人以为既然生离死别是不可避免的事，不如把一切的感情看得淡些。

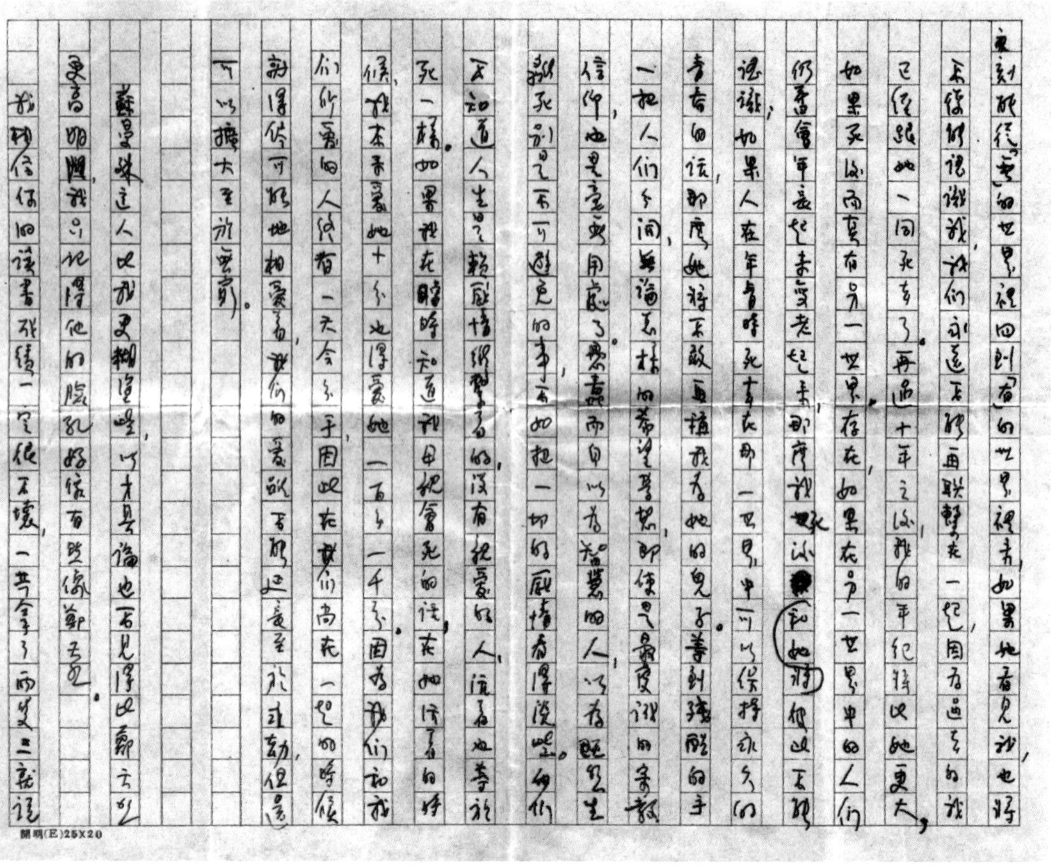

他们不知道人生是赖感情维系着的，没有亲爱的人，活着也等于死一样。如果我在当时知道我母亲会死的话，在她活着的时候，我本来爱她十分也得爱她一百分一千分。因为我们和我们所爱的人终有一天会分手，因此在我们尚在一起的时候就得尽可能地相爱着，我们的爱虽不能延长至于永劫，但还可以扩大至于无穷。

苏曼殊这人比我更糊涂些，以才具论也不见得比郑天然更高明，我只记得他的脸孔好像有点像郑天然。

我相信你的读书成绩一定很不坏，一共拿了两只三就说是从未有过的不好(体操的吃四反面表示你的用功，因为读书用功的人大抵体育成绩不大好，虽则体育成绩不好的人未必一定读书用功，因此这自然不能说是你用功的绝对的证据——我不要让你用逻辑来驳我)。一个人不要太客气，正如不要太神气一样。难得拿到一两个三的人，还要说自己书读得不好仿佛该打手心一样，那么人家拿惯四拿惯五甚至常拿六的人该打什么好呢？你们女学生或者以为拿到三有些难为情，我们男学生倘使能每样功课都是三，就可心满意足，回去向爹娘夸耀了。

我读书的时候，拿到的一比二多，三比四多，这表示我读书不是读得极好，就是极糟糕，所以他们不大给我四者，因为是不好意思给我四的缘故，叫我自己给自己批起分数来，一定不给一就给四或五，没有二也没有三的。

其实这些记号有什么意思呢？读书读得最好的人往往是最无办法的人。一个连大学都没有资

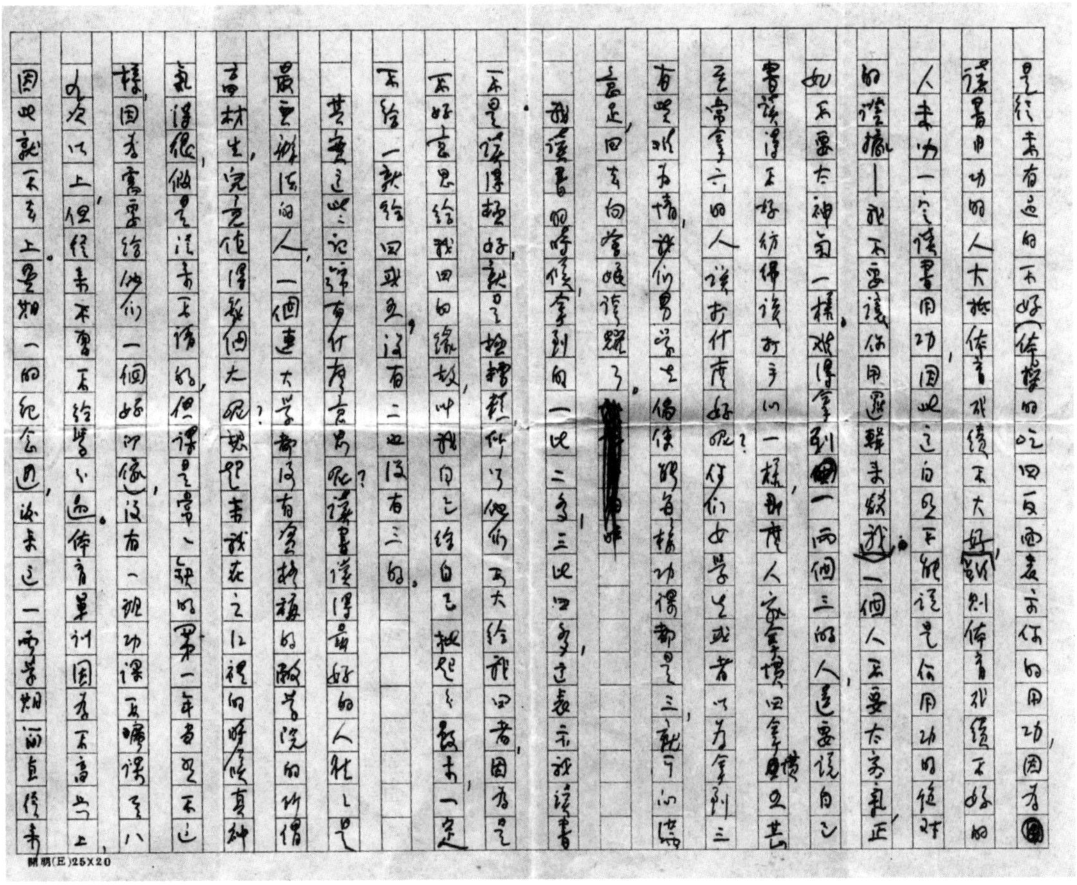

格称的敝学院③的所谓高材生，究竟值得几个大呢？想起来我在之江里的时候真神气得很，假是从来不请的，但课是常常缺的（第一年当然不这样，因为需要给他们一个好印象），没有一班功课不旷课至八九次以上，但从来不曾不给学分过。体育军训因为不高兴上，因此就不去上。星期一的纪念周，后来这一两学期简直从来不到。什么鸟名人的演说，听也不要去听。

我相信之江自有历史以来都不曾有过一个像我一样不守规则而仍然被认为好学生的人。到最后一学期，我预备不毕业，论文也不高兴做，别人替我着起急来，说论文非做不可，好，做就做，两个礼拜内就做好了，第一个交卷。糊涂的学校当局到最后结果甚至我的名次第三都已排好了的时候，才发现我有不能毕业的理由。我只笑笑说毕不毕业于我没有关系，你们到现在才知道，我是老早就知道的（钟先生很担心我会消极，但我却在得意我的淘气，你瞧得个第三有什么意味，连钱芬雅④都比不上）。他们说，你非毕业不可，于是硬要我去见校医（我从来不上医务室的，不比你老资格），写了一张鬼证明书呈报到教育部去说有病不能上体操和军训课，教育部核准，但军训学科仍然要上的，好，上就上，我本来军训有一年的学分，把那年术科的学分算作次年的学科，毫无问题，你瞧便当不便当？全然是一个笑话。文凭拿到手，也不知掼到什么地方去了。

今后是再没有神气的机会了！

我觉得你很爱我，你说是不是（不晓得！）？人家说我追求你得很厉害，你以为怎样？我说你很好很可爱，你同意不同意？你说我是不是个好人？

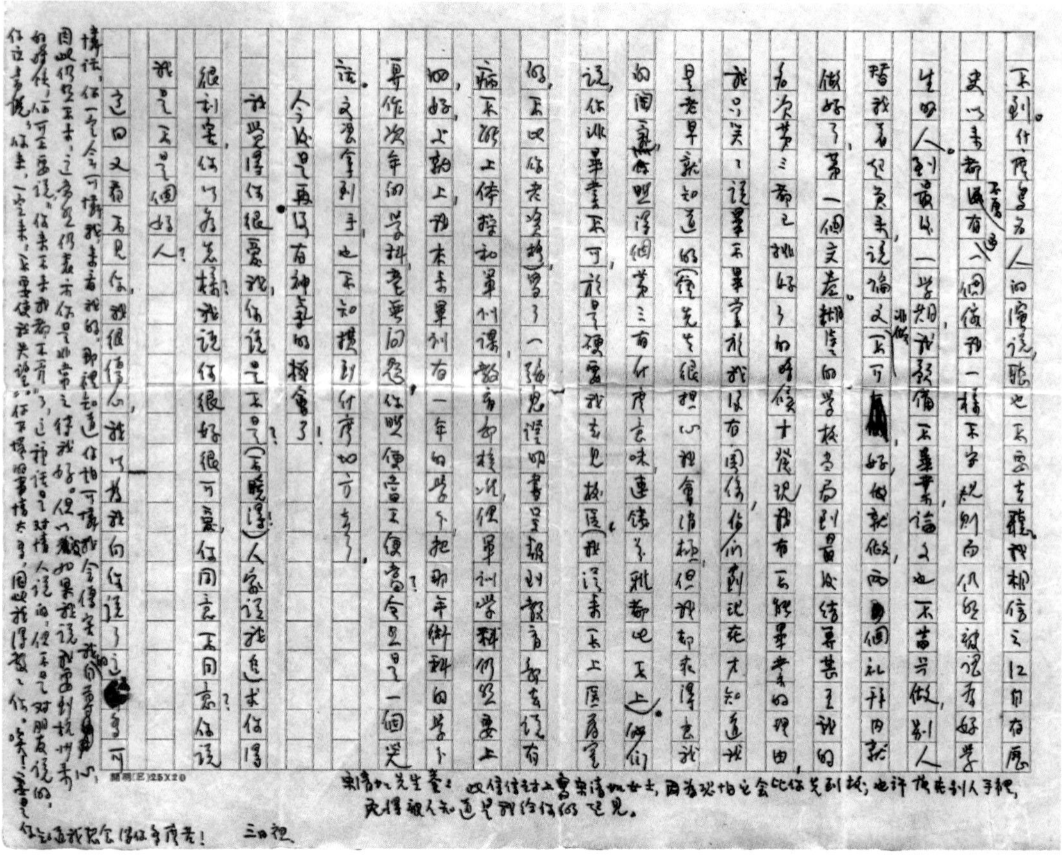

这回又看不见你，我很伤心，我以为我向你说了这么多可怜话，你一定会可怜我，来看我的，那里知道你怕可怜我会伤害我的自尊心，因此仍然不来，这当然仍表示你是非常之待我好。但以后如果我说我要到杭州来的时候，你可不要说："你来不来我都不管了"，这种话是对情人说的，但不是对朋友说的。你应当说："你来，一定来，不要使我失望。"你不懂的事情太多，因此我得教教你。唉！要是你知道我想念得你多么苦！

三日夜

宋清如先生鉴：此信信封上写宋清如女士，因为恐怕它会比你先到校，也许落在别人手里，免得被人知道是我给你的起见。

①此信写于1936年2月3日。宋清如早先曾将这封信送给一位友人，2002年2月承友人将此信还赠编者。该信内容十分丰富，是研究朱生豪家庭、生活和思想情况的重要文献。 ②*War and Peace*：《战争与和平》，俄国作家托尔斯泰的著名小说。 ③之江大学当时在教育部通过立案的正式名字是"之江文理学院"。 ④钱芬雅：之江同学，和朱生豪同届。

第[208]封 落拓

清如：

昨天匆匆别后，心里也满足也抱憾，没奈何的是说不出一句话来，连本来想好的也飞掉了。

你一定想不到我仍然是那样落拓，昨晚回来，付了黄包车钱，身边所剩的一张两角大洋票，便是所有的财产。本来有三十几块钱在，被家里逼着寄三十块去还债，余下的自己花了。回去饭已没有，故在路上小饭馆里吃了一碗面，至今想着有些恶心，令我眷念起西爽斋来。

愿你好好读书。

朱朱 九日晨

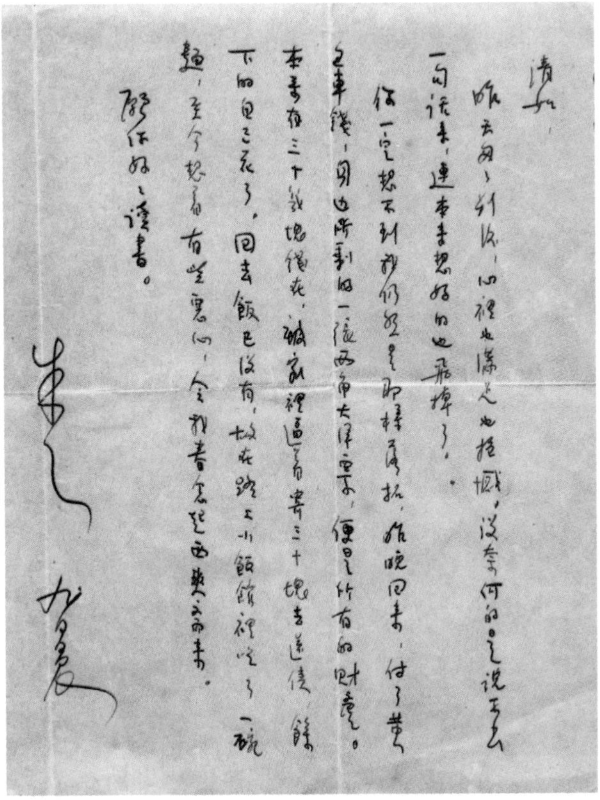

清如：

昨天匆匆別後，心裡也滿足也抱憾，沒奈何的是說不出一句話來，連本來想好的也飛掉了。

你一定想不到我仍然是那樣落拓，昨晚回來，付了黃包車錢，身邊所剩的一張兩角大洋票，便是所有的財產。本來有三十幾塊錢在，被家裡逼着寄三十塊去還債，餘下的自己花了。回去飯已沒有，故在路上小飯館裡吃了一碗麵，至今想着有些噁心，令我眷念起西爽齋來。

願你好好讀書。

朱朱 九日晨

第[209]封 滥调

宝贝：

我不想教训你，大家彼此原谅原谅吧。只有长进的人才配教训不长进的人，你说是不是？我希望你永远不长进，因为你长进了一定不再待我好了。

我压根儿看不起诗，尤其看不起旧诗，尤其看不起做感事一类的诗。做得不好固然臭，做得好也不过和唐朝人的感事一样，一点也看不出感的是一九三六年的事。旧瓶子总是装不下新酒的（有一位先生看见这一句话就要生气，因为这句出于圣经，原来是说盛酒的“革囊”，并不是“瓶子”，瓶子是后学者的传讹，其实我看瓶子也可以通得，何必如此顶真，你说是不是？），要是杜甫活在今日，一定也不会写那种七字八句的感事诗。律诗绝句这一类货色，顶多是一种玩意儿，吟吟风月，还可以卖弄一些小聪明，真要把国家大事之类弄进去，总脱不了滥调，新鲜的思想是无论如何装不进这么一个狭窄的圈套里的，你说是不是？

以宝贝的大作而言，颈腰联都对得很完整，末句是很不合律的，你说是不是？而且……而且很不好。无题一首戏作我希望你把它算作不曾作，因为出韵还不打紧，如把人字和心字相押之类，但天字可和头字叶韵那太自由了，你说是不是？

天是如此之冷，我今年开春以后，手上冻出冻疮来，现在在出脓，你瞧作孽不作孽？

我抱抱你。

二毛子 星期三

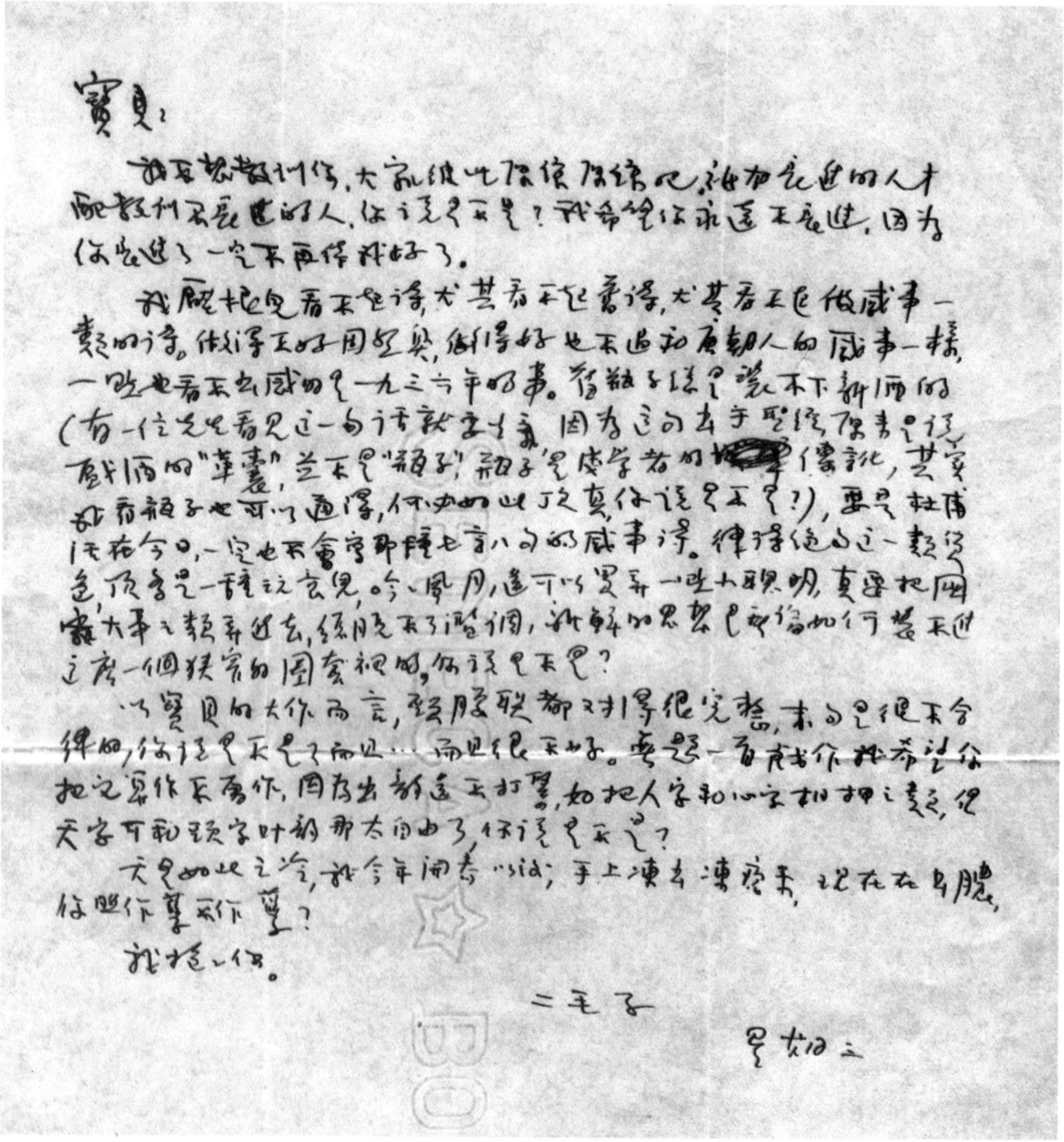

寶貝：

我不想教訓你，大家彼此保保留留吧。說到長進的人才配教訓不長進的人，你說是不是？我希望你永遠不長進，因為你長進了一定不再待我好了。

我厭根兒看不起詩，尤其看不起舊詩，尤其看不起做感事一類的詩。做得不好固然要不得，做得好也不過和唐朝人的感事一樣，一點也看不出感的是一九三六年的事。舊瓶子總是裝不下新酒的（有一位先生看見這一句話就要生氣，因為這句話本來是從西洋來的，原來說的是舊酒的"皮囊"並不是"瓶子"，瓶子是淺學者的誤譯，其實說瓶子也可以通得，何必如此認真，你說是不是？），要是杜甫生在今日，一定也不會寫那種七言八句的感事詩。律詩絕句這一類貨色，頂多是一種玩意兒，吟吟風月，還可以賣弄一些小聰明，真要把國家大事之類弄進去，總脫不了濫調，新鮮的思想是無論如何裝不進這麼一個狹窄的圈套裡的，你說是不是？

以寶貝的大作而言，頸腰聯都對得很完整，末句是很不合律的，你說是不是？而且……而且很不好。無題一首戲作我希望你把它算作不曾作，因為出韻還不打緊，如把人字和心字相押之類，但天字可和頭字叶韻那太自由了，你說是不是？

天是如此之冷，我今年開春以後，手上凍出凍瘡來，現在在出膿，你瞧作孽不作孽？

我抱抱你。

二毛子

星期三

第[210]封 抚慰

姊姊：

不要厌世好不好？有什么委屈告诉我。如果想要哭就哭好了，如果哭不出来，也就不用想。自杀没趣味，我宁愿被你杀死快乐得多。

我希望天下雨，当然这并不是希望你去不成宜兴，我愿意你享受着好晴天。在这里，让一年到头淋着雨吧，因为更适于我的心境，好天气是更令人心烦的。

陆师母越来越肉麻了，老是管着儿子女儿叫宝贝心肝肉肉。

我真想你得哭出来，愿你好，快乐！

Poor Tom[①] 廿五

① Poor Tom：可怜的汤姆，狄更斯的小说《圣诞欢歌》中的儿童名。

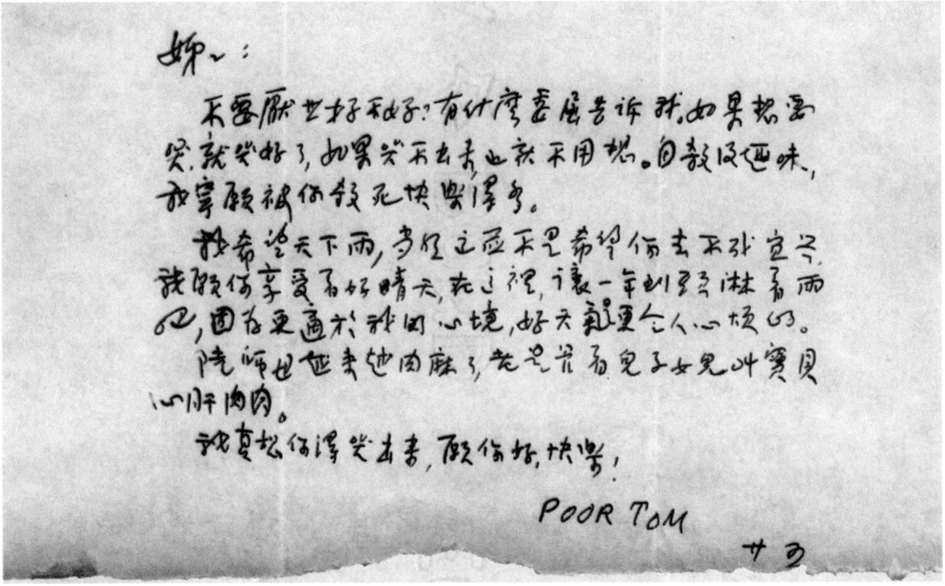

姊姊：

不要厭世好不好？有什麼委屈告訴我。如果想要哭就哭好了，如果哭不出來也就不用想。自殺沒趣味，我寧願被你殺死快樂得多。

我希望天下雨，當然這並不是希望你去不成宜興，我願你享受着好晴天，在這裡，讓一年到頭淋着雨吧，因為更適於我的心境，好天氣更令人心煩的。

陸師母越來越肉麻了，老是管着兒子女兒叫寶貝心肝肉肉。

我真想你得哭出來，願你好，快樂！

POOR TOM

廿五

第[211]封 饿鬼[①]

好姊姊：

今天中午回来，妹妹带着随随便便的神气对我说，“你房间里有一封信”，一跳跳到楼上，信并没有，虽然知道受了骗，可是也许被风吹在地上，也许被放在书底下枕头底下抽屉里，仍然作万一之想地空寻了一番，好像你并不是昨天才有信给我的。

说不出来的闷，空虚，灵魂饿得厉害。鬼知道这种罪几时才能受满。

我们廿九、三十两天不作工，廿九是星期例假，三十补革命纪念日假（或者说廿九是革命纪念日，三十补星期例假均可），虽承公司方面的好意，实在也并不十分欢迎，一切事情天晓得！

我把我的灵魂封在这封信里，你去旅行的时候，请把它随身带在口袋里，挈带它同去玩玩，但不许把它失落在路上。

幸亏世上还有一个你。我弱得厉害，你不要鄙夷我。

所有的祝福！

饿鬼 写于没有东西吃的夜里 廿六

①此信原件上宋清如注：1936年3月。经查证，1936年3月29日是星期日。

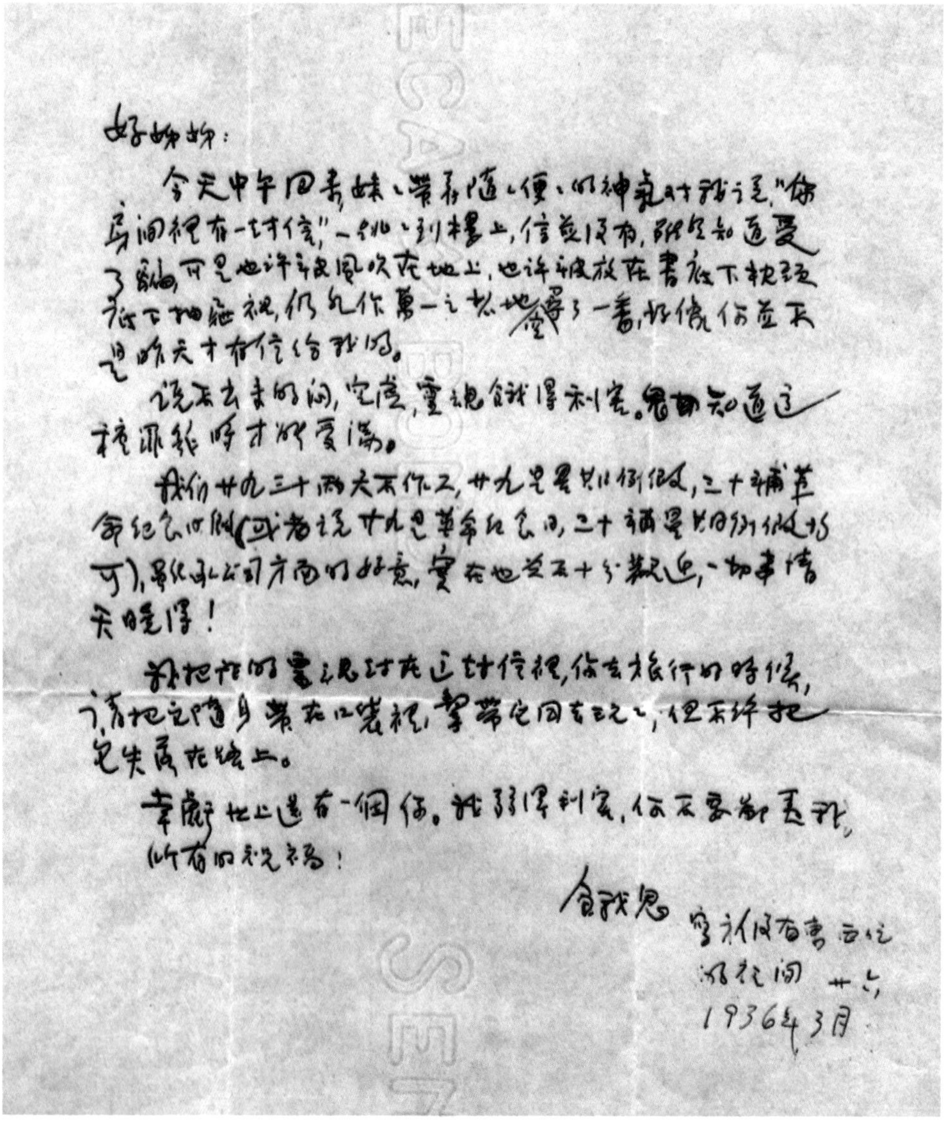

好姊姊：

今天中午回来，妹妹带着随随便便的神气对我说，"你房间里有一封信，"一跳跳到楼上，信影没有，那便知道受了骗，可是也许被风吹落地上，也许被放在书底下枕头底下抽屉里，仍然作万一之想地空寻了一番，好像你并不是昨天才有信给我的。

说不出来的闷，空虚，灵魂饿得利害。鬼知道这种罪几时才能受满。

我们廿九三十两天不作工，廿九是星期例假，三十补革命纪念日假（或者说廿九是革命纪念日，三十补星期例假均可），虽承公司方面的好意，实在也并不十分欢迎，一切事情天晓得！

我把我的灵魂封在这封信里，你去旅行的时候，请把它随身带在口袋里，挈带它同去玩玩，但不许把它失落在路上。

幸亏世上还有一个你。我弱得利害，你不要鄙夷我。

所有的祝福！

饿鬼 写于没有东西吃的夜里 廿六

1936年3月

第[212]封 贫弱[1]

好人：

怎么是好？我一定活不过这个春天，精神上害着不可治疗的病。

连写信也写不来，思想贫弱到简直没有，心总是焦躁而不能安静。

你是那么远，我完全感不到你的存在。多么惨的人间。

廿七

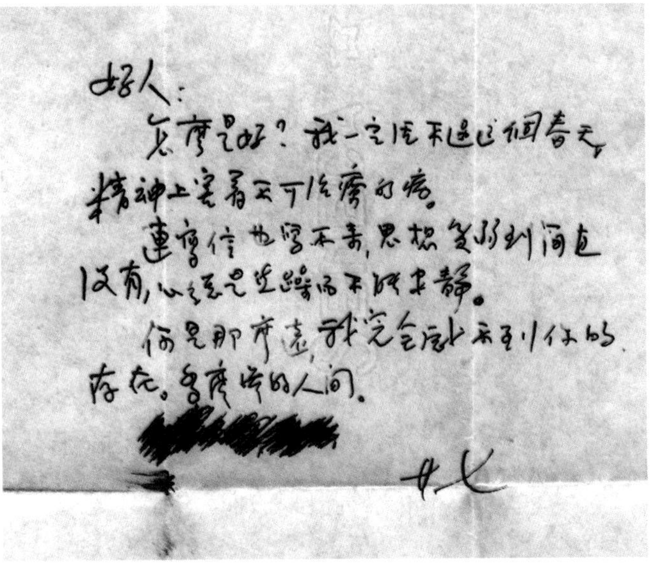
好人：
怎麼是好？我一定活不過這個春天，
精神上害着不可治療的病。
連寫信也寫不來，思想貧弱到簡直
沒有，心總是焦躁而不能安靜。
你是那麼遠，我完全感不到你的
存在。多麼慘的人間。
[redacted]
廿七

①此信原件信封上邮戳日期为1936年3月。

回应

《伤逝》五章之三·你的歌①

宋清如

你曾经唱过春天的歌，
远归的燕子为你伴奏；
因为你心中有喜悦，
洒落出百花的光辉。

你曾经唱过秋天的歌，
飘零的落叶陪你叹息；
因为你心中有忧愁，
一片片乌云锁住你窗前。

你曾经噙着泪花，
哀叹“人间没有伊甸园”，
你曾经滴着心血，
哭诉“屈辱、痛苦、无望的生活”。

你的歌声消失在人海里——
你用沉默为它饯行；
你的诗篇埋葬在炮火中——
你用冷眼向它诀别。

可是你永远不会忘记，
那一串串青春的火焰，
纵使只有太少的人，
曾经感受到这一道光、这一份热。

①这是1985年11月宋清如为悼念朱生豪去世37周年写的诗《伤逝》五章之三。

这里一切都是丑的，风雨、太阳，都丑，人也丑，我也丑得很。只有你是青天一样可爱。

如果你要为我祝福，祝我每夜做一个好梦吧，让每一个梦里有一个你。

收到宋清如的来信，就像得到救命药一样。在信纸上，朱生豪的蝇头小字密密麻麻如絮絮叨叨的孩子，有时这封信刚寄出，下一封又续上。想到什么写什么，一句话也成一封信寄出，有的则写得太多，连签名的地方都没有。他不停地写信，只是为了迫切地向宋清如表达自己的心境和衷肠。

第[213]封 蠢话

清如老姊：

松江有一个教员位置，有人已向我说过，大概有六七分把握，不过如这学期就要去上任，想起来有些心慌，而且我也不甚喜欢松江，又小又寂寞。

郑天然寄了三本《世界名曲文库》给我，门外汉买给门外汉，甚为抱歉。《俄罗斯歌曲集》和《Falla[1]歌曲集》还可以念着日本字哼哼，那本Schubert[2]就只好看着发呆。顾敦鍒已敦促了几次纪念刊的稿子，而且特别指定要白话诗，“能此者甚少，非借重不可”，实在难于应命，你替我代做不好？小弟此身自问已和一切艺术绝缘，想起来寂寞得很。

你几时走？

我不知道恋爱是否原来就是一件丑恶的东西，还是人把它弄丑恶了的，但无论如何这两字总不给人好感。我希望人家不要以为我和你发生了恋爱，而且我写给你的信也并不是情书。——可笑的蠢话！

想要谈谈时局战争一类的话，可是谈不来，不谈了。

如果天真能倒下来，就好了，省得我明天还要跟你写信。你觉得我讨不讨厌？

我待你好，我待你好，我待你好，我待你好。

卅

①Falla：法里雅，西班牙作曲家。 ②Schubert：舒伯特，奥地利作曲家。

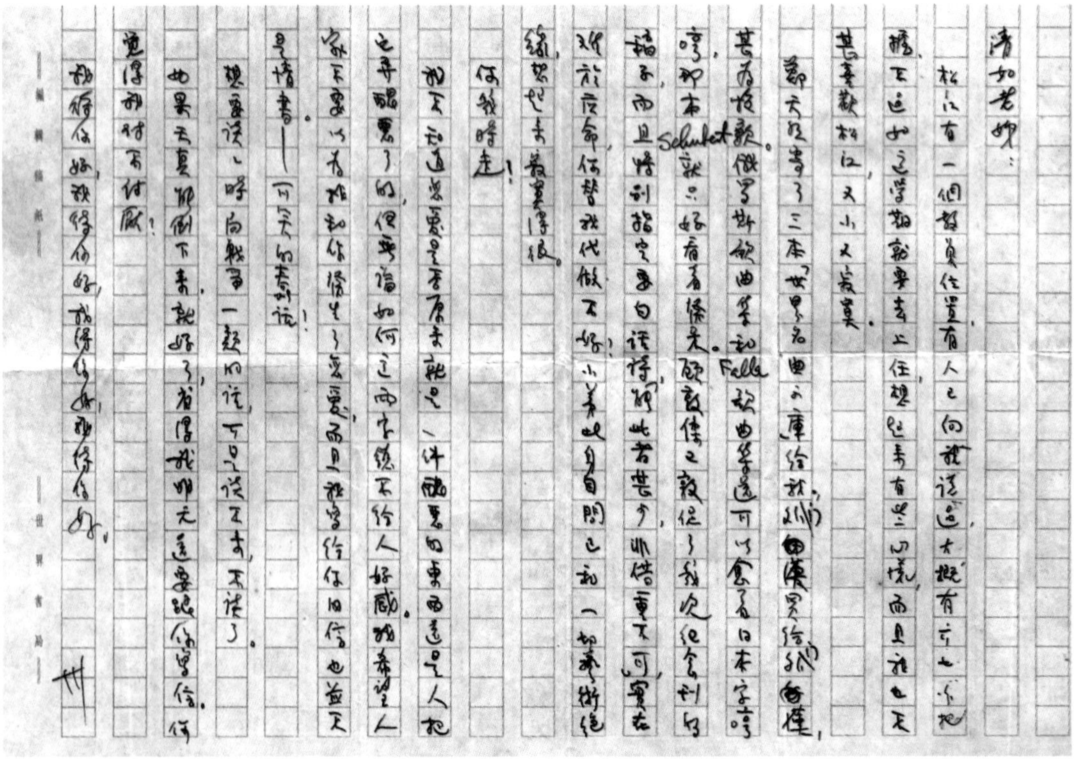
清如老姊：
松江有一個教員位置，有人已向我說過，大概有六七分把握，不過如這學期就要去上任，想起來有些心慌，而且我也不甚喜歡松江，又小又寂寞。
鄭天然寄了三本「世界名曲文庫」給我，門外漢買給門外漢，甚為抱歉。俄羅斯歌曲集和Falla歌曲集還可以念着日本字哼哼，那本Schubert就只好看着發呆。顧敦鍒已敦促了幾次紀念刊的稿子，而且特別指定要白話詩，能此者甚少，非借重不可，實在難於應命，你替我代做不好？小弟此身自問已和一切藝術絕緣，想起來寂寞得很。
你幾時走？
我不知道戀愛是否原來就是一件醜惡的東西，還是人把它弄醜惡了的，但無論如何這兩字總不給人好感。我希望人家不要以為我和你發生了戀愛，而且我寫給你的信也並不是情書。——可笑的蠢話！
想要談談時局戰爭一類的話，可是談不來，不談了。
如果天真能倒下來，就好了，省得我明天還要跟你寫信。你覺得我討厭不討厭？
我待你好，我待你好，我待你好，我待你好。
卅

第[214]封 安静

宋：

说过的傻话请不要放在心上。

今天我很快活，因为清晨走在路上，看见一个中国巡捕，脸孔圆圆的，一头走路一头眼睛眯着打瞌铳，样子甚可爱。

昨天借了六本弗洛伊特的《精神分析引论》，一口气看完了。今天毕竟又去把*Jane Eyre*①买了转来，一块钱。

我很安静，不淘气了。我猜想你明天会有信来，我有点害怕，不知你要说些什么话，我真不好。

虔诚的忆念和祝福。

不好的孩子 七日晚

一首蹩脚的诗请你指正。

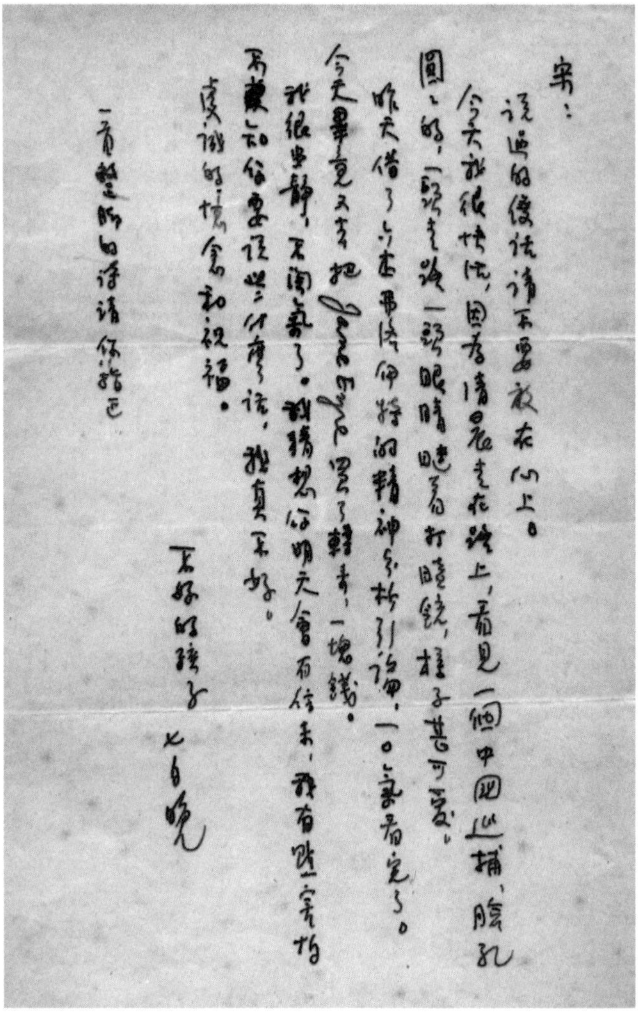
宋：
說過的傻話請不要放在心上。
今天我很快活，因為清晨走在路上，看見一個中國巡捕，臉孔圓圓的，一頭走路一頭眼睛瞇著打瞌銃，樣子甚可愛。
昨天借了六本弗洛伊特的精神分析引論，一口氣看完了。今天畢竟又去把Jane Eyre買了轉來，一塊錢。
我很安靜，不淘氣了。我猜想你明天會有信來，我有點害怕，不知你要說些什麼話，我真不好。
虔誠的憶念和祝福。
不好的孩子 七日晚
一首蹩腳的詩請你指正

①*Jane Eyre*：《简·爱》，英国作家夏洛蒂·勃朗特的著名小说。

第[215]封 厌倦

你要不厌倦生活，法子很多，或是找些危险事情做做，或是……我不告诉你了，听你去厌倦吧，我自个儿也是厌倦的。

等你做了大官之后，我便和你绝交。照你的说法，好像做了大官是理该看轻人的。但是我相信你做了大官的时候，我一定已经得到了诺贝尔文学奖金了——为了我编的一本《英汉五十七用辞典》。

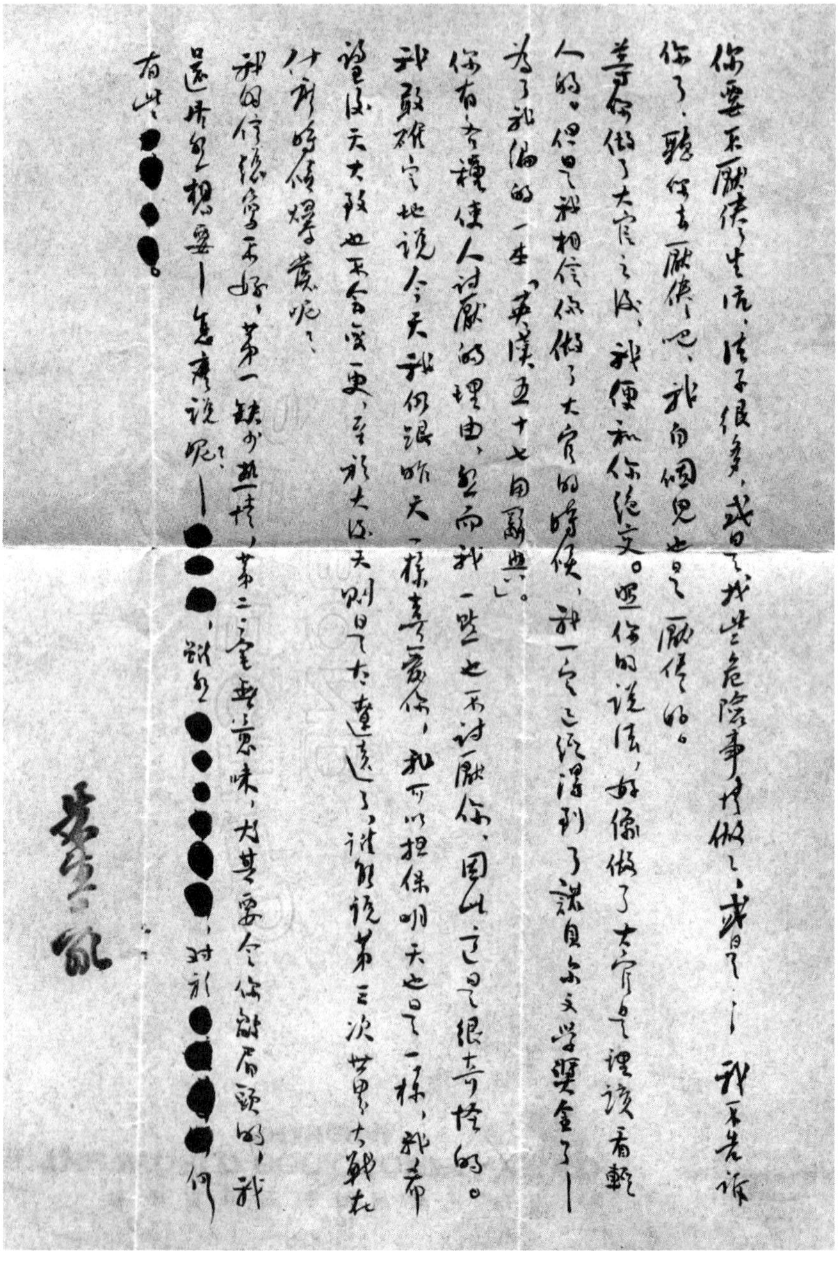
你要不厭倦生活，法子很多，或者是找些危險事情做做，或者是……我不告訴你了，聽你去厭倦吧，我自個兒也是厭倦的。
等你做了大官之後，我便和你絕交。照你的說法，好像做了大官是理該看輕人的。但是我相信你做了大官的時候，我一定已經得到了諾貝爾文學獎金了——為了我編的一本「英漢五十七用辭典」。
你有方法使人討厭的理由，然而我一點也不討厭你，因此這是很奇怪的。我敢確定地說今天我仍跟昨天一樣喜歡你，我可以擔保明天也是一樣，我希望後天大後天也不會改變，至於大後天則是太遙遠了，誰能說第三次世界大戰在什麼時候爆發呢？
我的信總寫不好，第一缺少熱情，第二毫無意味，尤其要令你皺眉頭的，我還時時想要一急要說呢？——●●，就是●●●●●●，對於●●●●●何有些●●●●。

你有各种使人讨厌的理由，然而我一点也不讨厌你，因此这是很奇怪的。我敢确定地说今天我仍跟昨天一样喜爱你，我可以担保明天也是一样，我希望后天大致也不会变更，至于大后天则是太辽远了，谁能说第三次世界大战在什么时候爆发呢？

我的信总写不好，第一缺少热情，第二毫无意味，尤其要令你皱眉头的，我还居然想要——怎么说呢？——●●●，虽然●●●●●●，对于●●●●仍有些●●●●。

朱生豪

第[216]封 摩登

亲爱的朋友：

卓别麟并不曾给人们以新的惊异，《摩登时代》使我们那些“浅薄的高明者”眩目的地方只是在于它采取了一个“摩登”的题材，事实上是已不新异了的对于机械文明的“讽刺”。卓别麟本人颇有一些诗人的素质，但我们的批评家们要尊他是一个思想家时，却未免揄扬过当了。

《摩登时代》中触及了工厂的科学管理、失业、穷困、法律与监狱等等东西，也轻轻地借用一个共产党暴动的场面画了一幅谐画，但在本质上和以前的作品并无不同。如他自己谦恭而老实地所说的，《摩登时代》是“专为娱乐而摄制的”，这中间并没有什么“思想”的成份，而且他也绝不会变成一个社会主义者的同路人，而且我们也不希望他这样，因为我们的却利[1]如果要革命，那他必得抛掉他的可笑的帽子和手杖，改正他那蹒跚的步态，这样无异于说，我们将不再欣赏到我们所熟悉的那个流氓绅士，而那正是我们所要欣赏的。卓别麟的贡献只是描写了我们这世间一些有良心而怯弱可怜被人欺侮的人的面容和他们的悲哀。他自然是一个人道主义者，但我们不管他这个，我们受他的感动只是因为他那种可以称为艺术的pathetic[2]的笔触。

但我们的批评家们却因为他在最后所说的两句话“Let’s buck up, we’ll get along”[3]而以为他具有“前进的意识”，思想上有了进步了。如果这两句话并非不过是两句机械的时髦话，如我们中国的“尾巴主义者”一样（中国的电影制作者们往往欢喜在结局加上一条光明的尾巴，如参加义勇军之类），那么也不过是两句聊自慰藉的话，谁都觉得它们是多少无力。艺术家和商人市侩（在近代这两种人并无冲突）的卓别麟是一个成功者，但银幕上的卓别麟则永远被注定着失败的命运，即使是艺术家的卓别麟自己也不能把那种命运改变过来的。

在《摩登时代》中，卓别麟的表演和从前并无不同，但仍一样使人发笑，而观众也就满足了，因为对他我们没有过事苛求的必要。虽然在诗趣的盈溢和充分的sentimentalism[4]上他的《城市之光》更能引人入胜。至于他的反对有声片只是表示与众不同而已，实际上《城市之光》和《摩登时代》都是最理想或最近理想的有声片，虽则不用对白。然而如果事实上不能全废对白，而仍然要用少数简单的字幕写出来的话，我不认为采用字幕是较聪明的办法。

亲爱的朋友：

卓别麟并不曾给人们以新的启示，《摩登时代》使我们那些"浅薄的高明者"眩目的地方只是在于它采取了一个"摩登"的题材，事实上是已不新鲜了的对于机械文明的"讽刺"。卓别麟本人也是有一些诗人的素质，但我们的批评家们要说他是一个思想家就未免揄扬过当了。

《摩登时代》中触及了工厂的科学管理、失业、穷困、法律与监狱等等东西，也轻轻地借用一个共产党暴动的场面画了一幅背景，但在本质上和以前的作品并无不同。如他自己谦恭而老实地所说的，《摩登时代》是"专为娱乐而摄制的"，这中间并没有什么"思想"的成份，而且他也绝不会变成一个社会主义者的同路人，而且我们也不希望他这样，因为我们的却利如果要革命，那他必得抛掉他的可笑的帽子和手杖，改正他那蹒跚的步态，这样无异于说我们将不再欣赏到我们所熟悉的那个流浪绅士，而那正是我们所要欣赏的。卓别麟的贡献只是描写了我们这世间一些有良心而活该可怜被人欺侮的人的痛苦和他们的悲哀，他自然是一个人道主义者，但我们不管他这个，我们受他的感动只是因为他那种可以称为艺术的pathetic的笔触。

但我们的批评家们却因为他在最后所说的两句话"Let's buck up. We'll get along"而认为他具有"前进的意识"，思想上有了进步了。如果这人的话并非不过是两句敷衍的客套话，如果我们中国的"民主主义者"一样（中国的电影艺术作者们往往喜欢在结局加上一条光明的尾巴，如参加义勇军之类），也不过是两句聊自慰藉的话，谁都觉得它们是多么无力。艺术家和商人市侩（在近代这两种人差与冲突）的卓别麟是一个成功者，但银幕上的卓别麟则永远被注定着失败的命运，即使是艺术家的卓别麟自己也不能把那种命运改变过来。

在摩登时代中，卓别麟的应用技巧并无多大不同，但仍一样使人发笑，而观众也就满足了，因为对他我们没有过高的要求。然而他在浮浅的噱头和流俗的 sentimentalism 上，他的"城市之光"更能引人入胜。至於他的反对有声片，只是表示与众不同而已，实际上"城市之光"和"摩登时代"都是最理想或最近理想的有声片，然则不用对白。然而如果事实上不能全废对白，而仍需要用少数简单的字幕写出来的话，我不认为採用字幕是最聪明的办法。

卓别麟並不曾给人们以新的惊异，但我们也並不希望他给人以新的惊异。"摩登时代"不曾使我们失望（虽然也许它所得的评价比它所应得的更高一些），至少我们去看它等於对於生理上心理上都有益衛生的事，

如此如此，你看我批评的话漂亮不漂亮？

改天我可以把我已看完的萧伯纳传寄给你，这是本很有趣的书，本书的著者赫理斯和萧伯纳同样是一对无可救药的宝货，我以他们中间无论那一個都伟大得多（这是向萧伯纳学的话）。

大多数的女人都太欢喜吃甜的东西，这是我对於大多数女人不能欢喜的一個理由，我第一次对[redacted]感到不满就是当她给我吃了一枚太甜的蜜豆糕的时候。有许多女人甚至有绝对不吃甜食的恶习惯，这足以损害她们天性中可爱之处。

我希望你可能地多读书，这所谓书是包括除中国古书以外的任何科学的哲学的社会科学的政治经济的经书子书的宗教的……书。

一個人不懂音乐也未是很可惜的，有人很赞成大路歌开路先锋一类的歌（那多好话的他绝对没有音乐修养），如果你对他说明这两個歌在音乐上毫无价值，他会很不服气地说，"但是它们有很好的内容。"但我总看不出它们的内容有什么比毛毛雨更好的地方。

卓别麟并不曾给人们以新的惊异，但我们也并不希望他给人以新的惊异。《摩登时代》不曾使我们失望（虽然也许它所得的评价比它所应得的更高一些），至少我们在看这片子里对于生理上心理上都有益卫生的事。

如此如此，你看我批评的话漂亮不漂亮？

后天我可以把我已看完的《萧伯纳传》寄给你，这是本很有趣的书，本书的著者赫里思和萧伯纳同样是一对无可救药的宝货，我比他们中间无论哪一个都伟大得多（这是句萧伯纳式的话）。

大多数的女人都不大欢喜吃甜的东西，这是我对于大多数女人不能欢喜的一个理由，我第一次对吴大姐感到不满就是当她给我吃了一碗不甜的绿豆粥的时候。有许多女人甚至于有绝对不吃甜食的恶习惯，这足以损害她们天性中可爱之处。

我希望你尽可能地多读书， 这所谓书是包括除中国古书以外的任何科学的、哲学的、社会科学的、政治经济的、绘画音乐的、宗教的……书。

一个人有时要固执起来是很可怜的，有人很赞成大路开路先锋一类的歌（那当然证明他绝对没有音乐修养），如果你对他细细说明这两个歌在音乐上毫无价值，他会倔强地说，“但是它们有很好的内容”，但我总看不出它们的内容有什么比毛毛雨更好的地方。

①却利：即查理·卓别林。②pathetic：悲悯的。③Let's buck up, we'll get along：让我们振作起来向前进。④sentimentalism：感情主义。

第[217]封 喜悦

清如：

天一晴，就暖，一阴一雨，就冷。今天又下雨了。然而晴雨终引不起我任何感兴，随便怎么总是一样的。但你的每一封信，给我的喜悦，却也可说是一线阳光的照耀，也可说是一阵甘霖的滋润。即使是深知如你也没法想像你的一句轻轻的话，对于我有何等感激奋发的力量。

人真是感到辛苦得很，巴不得有一个月休息才好。如不是你安慰着我，我真不乐此生，老是这样活下去在这种寂寞的地方，真不是可以开玩笑的。何况心里的冤屈诉说不尽，我简直不愿想起从前的一切。除了你之外我愿意忘记一切，一切都只是梦而已，只让我相信你是真实，我爱你是无限的。

不要对自己失望，你有很好的天禀，作品的内容是会随生活经验而丰富起来的，至于读书乃是一种助力和修养，我永远期望你比我有出息一些。

想起你在杭州的时候大概不会多了，我为之江恋你。

愿你永远快乐！

朱朱 十日傍晚

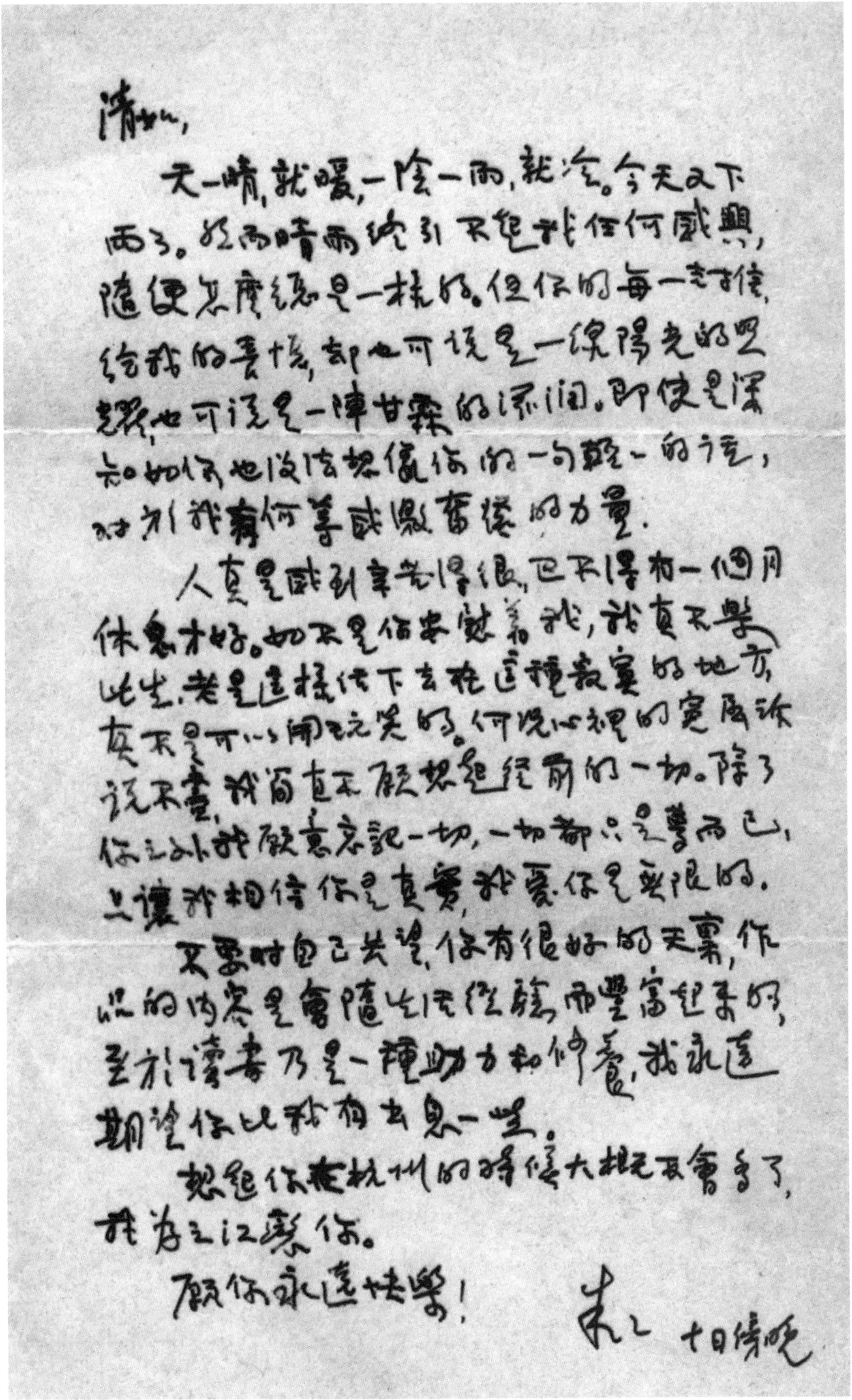
清如，

天一晴，就暖，一陰一雨，就冷。今天又下雨了。好雨晴雨總引不起我任何感興，隨便怎麼總是一樣好。但你的每一封信，給我的喜悅，卻也可說是一縷陽光的照耀，也可說是一陣甘霖的滋潤。即使是深知如何也沒法想像你的一句輕輕的話，對於我有何等感激奮發的力量。

人真是感到辛苦得很，巴不得有一個月休息才好。如不是你安慰着我，我真不覺此生，老是這樣活下去在這種寂寞的地方，真不是可以開玩笑的。何況心裡的冤屈訴說不盡，我簡直不願想起從前的一切。除了你之外，我願意忘記一切，一切都只是夢而已，只讓我相信你是真實，我愛你是無限的。

不要對自己失望，你有很好的天稟，作品的內容是會隨生活經驗而豐富起來的，至於讀書乃是一種助力和修養，我永遠期望你比我有出息一些。

想起你在杭州的時候大概不會多了，我在之江念你。

願你永遠快樂！

朱朱　十日傍晚

第[218]封 · 萧条

好友，

我懒得很，坐在椅子里，简直懒得立起身来脱衣裳睡觉，看了几页小说，闭了眼睛出了一下神，又想写信，又有点不大高兴。今天有了钱，也吃到了你的糖，糖因为是你给我吃的，当然格外有味。可是你知道，一个人无论怎样幸福怎样快乐，如果他的喜乐只有自己一人知道，更没有一个可以告诉的人，总是非常寂寞的。如果我有一个母亲或知心的姊妹在一起，我会骄傲而满足地对她说，“妈，你瞧，我有一样好东西，一包糖，‘她’给我的。”她一定会衷心地参与我的喜乐，虽然在别人看来，一点也不值得大惊小怪的。

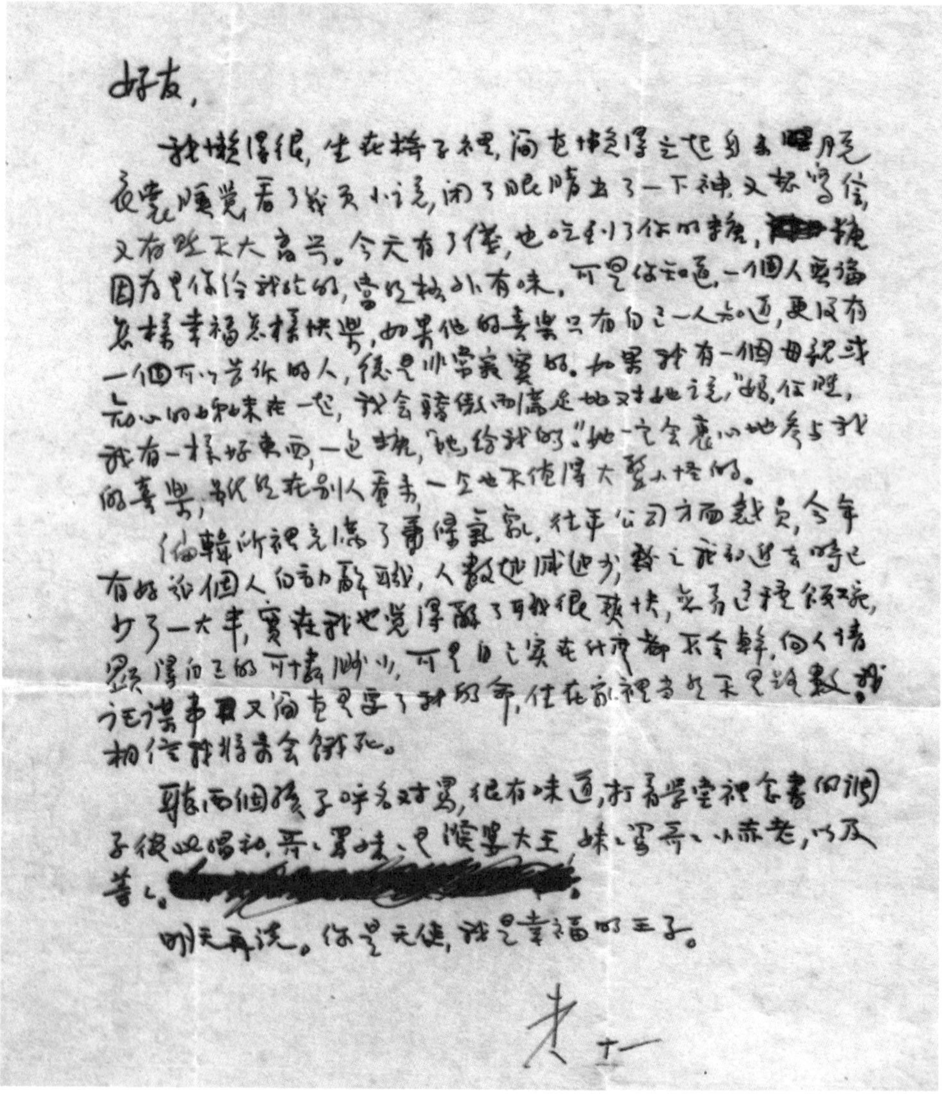

好友，

我懒得很，坐在椅子裡，简直懒得立起身来[redacted]脱衣裳睡觉，看了几页小说，闭了眼睛出了一下神，又想写信，又有些不大高兴。今天有了钱，也吃到了你的糖，[redacted]糖因为是你给我吃的，当然格外有味。可是你知道，一個人無論怎樣幸福怎樣快樂，如果他的喜樂只有自己一人知道，更沒有一個可以告訴的人，總是非常寂寞的。如果我有一個母親或知心的姊妹在一起，我会驕傲而滿足地對她說，“媽，你瞧，我有一樣好東西，一包糖，‘她’給我的。”她一定會衷心地參與我的喜樂，雖然在別人看來，一点也不值得大驚小怪的。

編輯所裡充滿了蕭條氣氛，往年公司方面裁員，今年有好幾個人自動辭職，人數越減越少，較之我初進去時已少了一大半，實在我也覺得辭了職很爽快，要看這種情況，顯得自己的可憐渺小，可是自己實在什麼都不會幹，個人情[illegible]又簡直是要了我的命，住在家裡當然不是辦法，我相信我將來會餓死。

聽兩個孩子呼着對罵，很有味道，打着學堂裡念書的調子彼此唱和，哥哥罵妹妹“貝殼果大王”，妹妹罵哥哥“小赤佬”，以及善善，[redacted]。

明天再談。你是天使，我是幸福的王子。

朱 十一

编辑所里充满了萧条气象，往年公司方面裁员，今年有好几个人自动辞职，人数越减越少，较之我初进去时已少了一大半，实在我也觉得辞了职很爽快，恋着这种饭碗，显得自己的可怜渺小，可是自己实在什么都不会干，向人请托谋事又简直是要了我的命，住在家里当然不是路数。我相信我将来会饿死。

听两个孩子呼名对骂，很有味道，打着学堂里念书的调子彼此唱和，哥哥骂妹妹是泼婆大王，妹妹骂哥哥小赤佬，以及等等。

明天再说。你是天使，我是幸福的王子。

朱 十一

第[219]封 秘书

宋：

你猜我要写些什么？鬼知道！要是我能写些漂亮的迷人的话，你一定会非常欢喜我的。

我不知道我将要写些什么，当我在不曾写些什么之前；我不知道我正在写些什么，当我正在写些什么之时；我将不知道我已写了些什么，当我业已写些什么之后。然而我正要写了，我正在写了，我已经在写了，虽然我不知道我将要写些什么，正在写些什么，已写了些什么。——学 Gertrude Stein[①]的文体。

我猜想我的中文程度跟我的英文程度一样蹩脚， 我的英文程度跟我的日文程度一样高明，我的日文程度跟我的阿比西尼亚文程度一样了不得。

你这人似乎太少嗜好，对任何事都没有什么了不得的兴味，我难得听见你发表过五十个字以上的意见。

明天到韬光去好不好？

不要害怕毕业，嬉皮涎脸地对付人生虽不是正当的办法，但比之愁眉苦眼要好一些。

肯不肯做我的私人秘书兼管扫地抹桌子？三块大洋一月。

阿米巴 七日

① Gertrude Stein：葛特鲁德·斯坦因（1874～1946），美国作家，部分作品有抽象派和立体派风格。

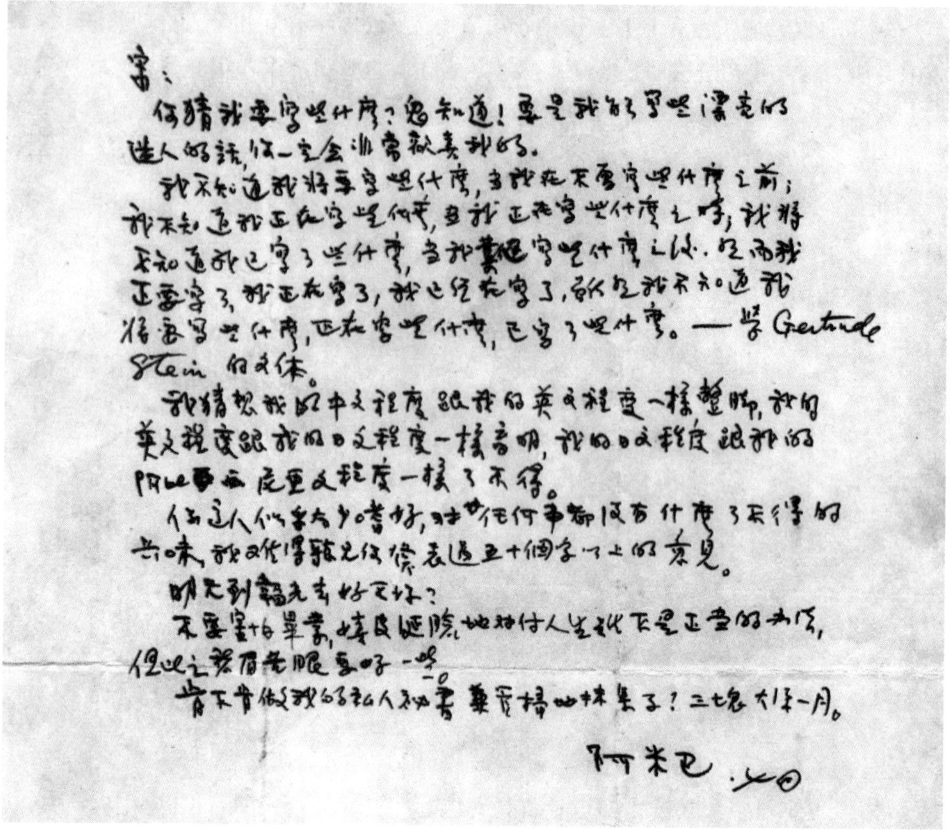

宋：

你猜我要写些什么？鬼知道！要是我能写些漂亮的迷人的话，你一定会非常欢喜我的。

我不知道我将要写些什么，当我在不曾写些什么之前；我不知道我正在写些什么，当我正在写些什么之时；我将不知道我已写了些什么，当我业经写些什么之后。总而我正要写了，我正在写了，我已经在写了，所以总我不知道我将要写些什么，正在写些什么，已写了些什么。——学Gertrude Stein的文体。

我猜想我的中文程度跟我的英文程度一样蹩脚，我的英文程度跟我的日文程度一样高明，我的日文程度跟我的阿比西尼亚文程度一样了不得。

你这人们希奇少嗜好，对于任何事都没有什么了不得的兴味，我就懒得跟你发表过五十個字以上的意见。

明天到福先去好不好？

不要害怕毕业，婚姻姻缘她对付人生我不是正当的方法，但也不能看得很重呀一些。

肯不肯做我的私人秘书兼管扫地抹桌子？三块大洋一月。

阿米巴 十四

第[220]封 梦贼①

宋：

回校了没有？你好？

昨天上午九点钟起身，写了两封信，出去吃了两个叉烧包，街上溜达一趟，回来吃中饭。吃过中饭，去看小姑娘Jane Wither②的影戏，跟她一比，Shirley Temple③真不值一个大，她有的是天生的成熟得可惊的演技（我还记得在“*Ginger*④”里她跟她的老祖父扮演Romeo and Juliet⑤哩），尤其是那股泼辣淋漓的作风，怪叫人心爱。吃冰淇淋一杯、糖芋艿一碗、汤团五个、梨儿四只，热的、冷的、生的、熟的、甜的、咸的都有。夜饭后在房间里唱“哈哈伊哪”的夏威夷歌，非常动听，唱日本歌词的俄国歌，唱瞎七搭八的德国歌，唱“*Rose Marie*⑥”，唱“有人说人生是寻欢作乐”，唱“板桥道情”，唱“贵妃醉酒”，唱没有歌词的自撰曲，唱赞美诗，唱摇篮歌等等。

睡了之后，梦魇起来，我想是仰睡的结果，我每逢梦魇，总是心里知道梦魇了，竭力想把上半身抬了起来，但总抬不起。忽然房门开开，进来了一个人，我想喊他，但说不出话，只是“唔啊唔啊？”地向他发问，意思是说，“侬是啥人？”他向我看看，大概以为我吃醉了酒，把桌子上皮夹里的钞票拿了去，把一管像是手枪的东西对着我。我理都不理他，因为就是要举手手也举不起来，而且知道那并不真是手枪，心里但希望梦魇快快醒来，好阻止他逃走，但总归醒不转来。他开了房门出去了，一会儿才挣扎着醒转，想要喊捉贼，仔细一想，才明白那贼也是在梦里看见的。于是安心再睡，又做了一些记不起来的梦。

还不知道他们预备在什么时候搬走。

我待你好。

朱 十二

①此信原件上宋清如注：1936年。 ②Jane Wither：简・怀特，演员名。 ③Shirley Temple：秀兰・邓波尔，当时好莱坞的著名童星。 ④*Ginger*：英文原意为“生姜”或“活力”，这里应是一部影片的名字。 ⑤Romeo and Juliet：莎剧《罗密欧与朱丽叶》中的男女主人公。 ⑥Rose Marie：珍妮・麦唐纳主演的歌唱片中的主题歌，当时很流行。

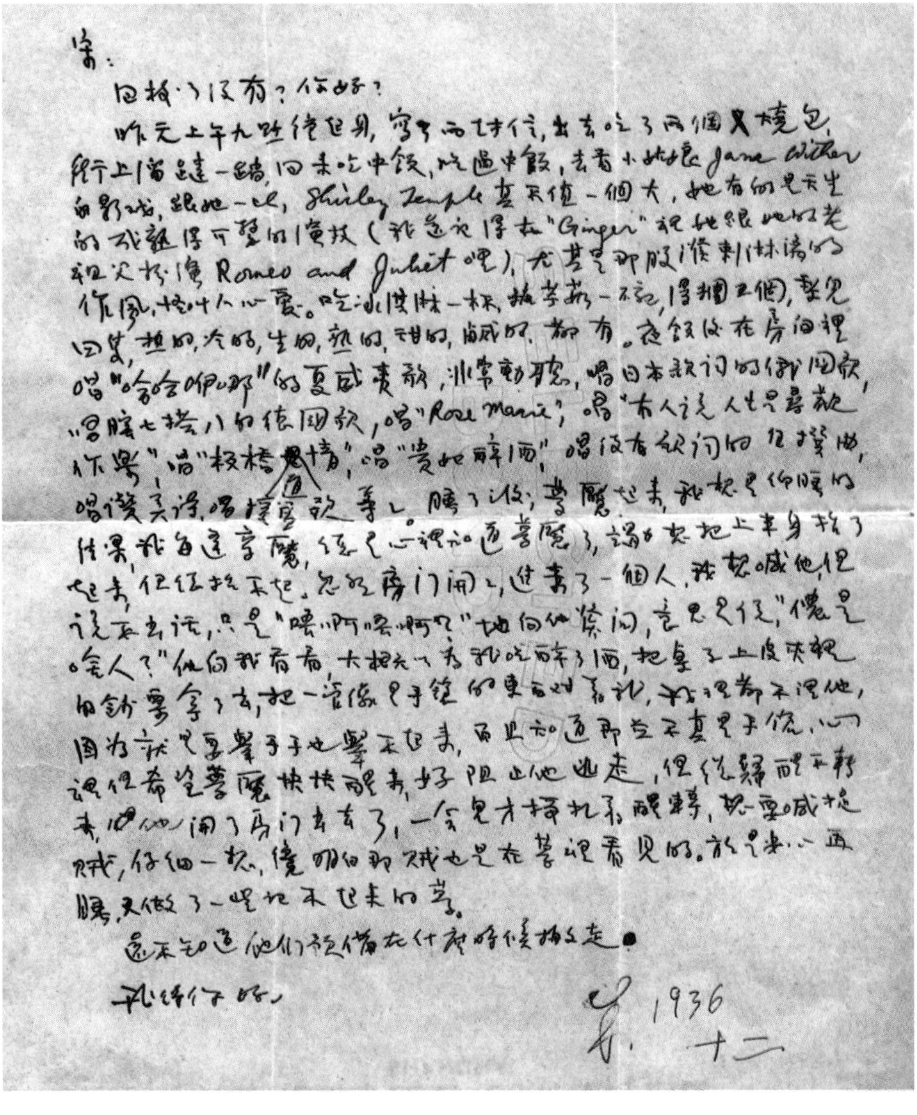

宋：

回信了没有？你好？

昨天上午九点钟起身，写了两封信，出去吃了两個叉烧包，街上蹓跶一趟，回来吃中饭，吃過中飯，去看小姑娘Jane Wither的影戏，跟她一比，Shirley Temple真不值一個大，她有的是天生的戏剧性可惊的演技（我总记得在“Ginger”裡她跟她的老祖父扮演Romeo and Juliet吧），尤其是那股泼剌剌淋漓的作风，怪叫人心爱。吃冰淇淋一杯，橘子露一瓶，[illegible]五個，梨儿四只，想的，冷的，生的，热的，甜的，咸的，都有。夜里躲在房间裡唱“哈哈呵哪”的夏威夷歌，非常动听，唱日本歌词的俄国歌，唱“[illegible]”，唱膝七搭八的德国歌，唱“Rose Marie”，唱“[illegible]恩情”，唱“贵妃醉酒”，唱没有歌词的自撰曲，唱[illegible]，唱[illegible]道歌等等。睡了以后，梦魇起来，我想是你晚的结果，我自道梦魇，总之心裡知道梦魇了，竭力要把上半身抬了起来，但总抬不起。忽然房门开开，进来了一個人，我想喊他，但说不出话，只是“唔啊唔啊？”地向他发问，意思是说，“侬是啥人？”他向我看看，大概以为我吃醉了酒，把桌子上皮夹裡的钞票拿了去，把一管像是手枪的东西对着我，我理都不理他，因为就是要举手手也举不起来，而且知道那并不真是手枪，心裡但希望梦魇快快醒来，好阻止他逃走，但总归醒不转来，他开了房门出去了，一会儿才挣扎着醒转，想要喊捉贼，仔细一想，才明白那贼也是在梦裡看见的。于是安心再睡，又做了一些记不起来的梦。

还不知道他们预备在什么时候搬走。

我待你好。

宋 1936

朱 十二

第[221]封 保险

而已，斯已矣！

本星期六的薪水发下来，支付用途之外，净余大洋一元，如之何？他妈妈的要人家保险，一保了险，岂不连电影都没得看了。

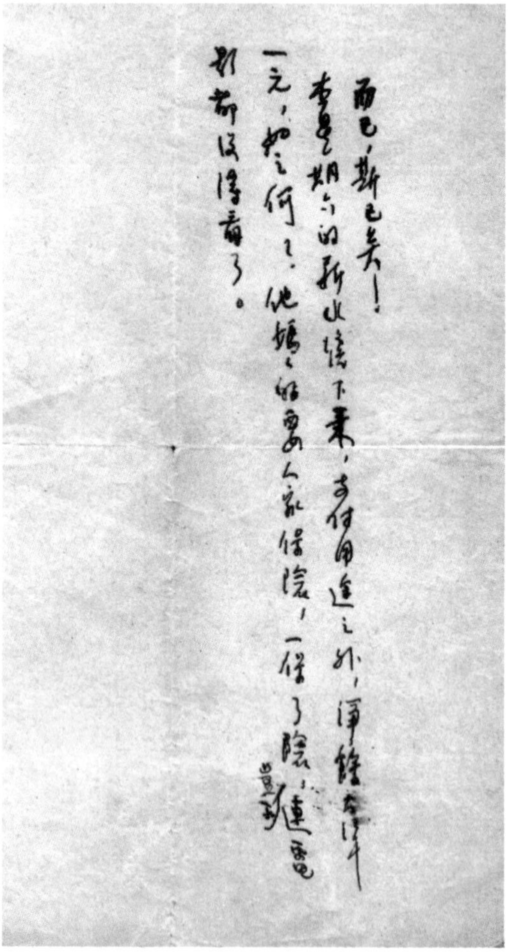
而已，斯已矣！本星期六的薪水发下来，支付用途之外，净余大洋一元，如之何？他妈妈的要人家保险，一保了险，岂不连电影都没得看了。

第[222]封 可怜

好人：

我不要翻日历，因为它会骗我只不过是三数天，但我明明觉得有好几个月了，你不曾有信来。

无锡有没有去？你有没有热坏？

明天起又要改到早上七点半上工了，全无人道可言，这种天气，只有早上是比较可以睡睡的时间。

我们英文部越来越不像样了，昔我来矣，主任之下连我算在内有四位大编辑，和六七位校对先生，现在除主任之外，算是编辑的只有我一个，校对剩了三个，可怜之至。

前天看电影《仲夏夜之梦》，不很满意。

你今天仍旧待我好的，是不是？我真爱你，不要说我说谎，但并不怎么样，因为这是一句没有意思的话。但我不因为没有意思而不爱你，因为如果爱你没意思，不爱你更没意思。（让它去不要剪了）

虫 卅

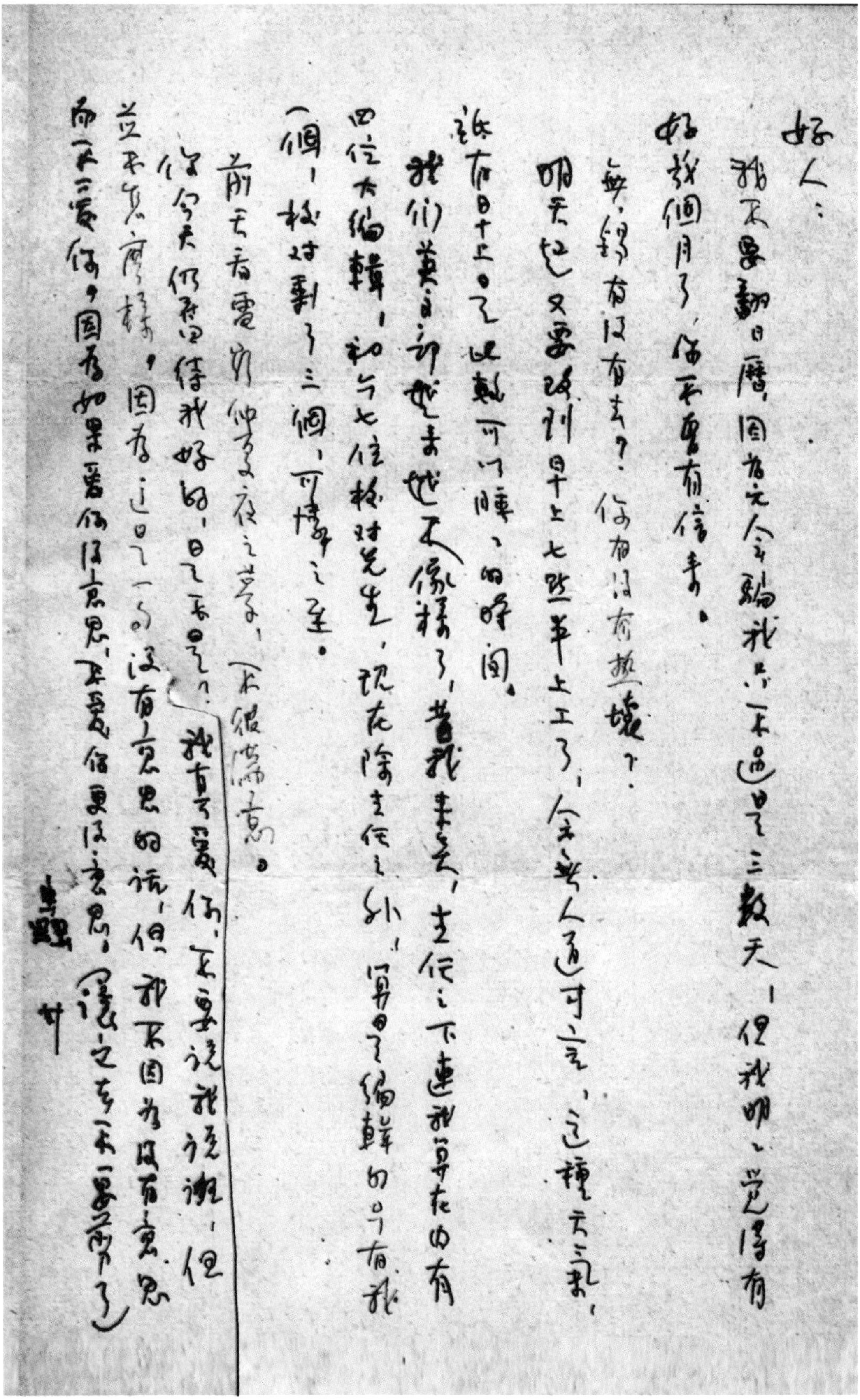

好人：

我不要翻日曆，因為它會騙我只不過是三數天，但我明明覺得有好幾個月了，你不曾有信來。

無錫有沒有去？你有沒有熱壞？

明天起又要改到早上七點半上工了，今年全無人道可言，這種天氣，從前日中正午是比較可以睡一睡的時間。

我們英文部越來越不像樣了，拿我來說，主任之下連我算在內有四位大編輯，和七位校對先生，現在除主任之外，算得是編輯的只有我一個，校對剩了三個，可憐之至。

前天看電影《仲夏夜之夢》，不很滿意。

你今天仍舊待我好好的，是不是？

我真愛你，不要說我說謊，但並不怎麼樣，因為這只是一句沒有意思的話，但我不因為沒有意思而不說愛你，因為如果愛你沒意思，不愛你更沒意思。（讓之去不要管了）

朱朱 廿

第[223]封 账单

阿姊：

我以为我今年（指阴历新年以后）特别用钱，仔细一算，却也并不怎样超过规限：

二月份起——

收入		支出	
正式工资	$127.00	膳宿	$60.00
额外工资	$ 65.00	寄家	$60.00
欠薪发还	$ 30.00	借去	$30.00
共	$222.00	不可免的用途	$ 7.00
		浪费	$50.00
		共	$207.00
		净余	$ 15.00

学 Micanber 的语调：Indispensable expenses, 10% of the income; extravagance, 90%; result, happiness. Indispensable expenses, 90%;extravagance, 10%; result, misery.①

昨天我待自己很好，请吃了一顿满意的夜饭，虽然只费去四角四分钱。

并且看了迷人精 Marlene Dietritch 的戏，Marlene 虽然到现在未失去光芒，但她最红的时代的作品我不曾看过，近年来她的东西我倒是每部看的，《恋歌》在 Marnonin的导演下是富有诗味的，但不是她本色的作风。《凯塞琳女皇》和Bergner 的那一部一比起来，自然是大为逊色，虽然并不是她的错处。《女人是魔鬼》中她充分发挥了自己，但导演Von Sternbourg先生又失败了一次，只不是全然的失败。这部《欲望》，可算是她近来最漂亮的一本轻喜剧了。Borzage先生过去导演的成功作品，我都未曾寓目，近来的平庸作品却常看见，这也是他较好的一本了。在举世奉 Shirly Temple 为偶像的今日，对于有真实本事的演员如Bergner，Garbo，Hepburn，Dietritch 等人，更不能不有甚深的敬仰②。

我想世间最讨厌的东西，应该是头发梳得光光的，西装穿着笔挺的，满口 Hello，yes，举止轻佻的洋行小鬼了。比起他们来，我们家乡一般商店中的掌柜要风雅得多了。就是上海滩上凸起大肚皮，头顶精秃秃俨然大亨神气的商人，也更有趣可爱一些，至少后者的大肚皮是富于幽默的。

我盼望你今天会有信来。我爱你这样多。(“这样多”是 so much 的直译。)愿你快活。

哺乳类脊椎动物之一

①该段英文大意是：如果收入的10%用于必要开支，90%用于浪费，带来的结果是快乐；如果90%用于必要开支，10%用于浪费，带来的结果是苦恼。 ②本节中的英文都是一些演员和导演的名字。

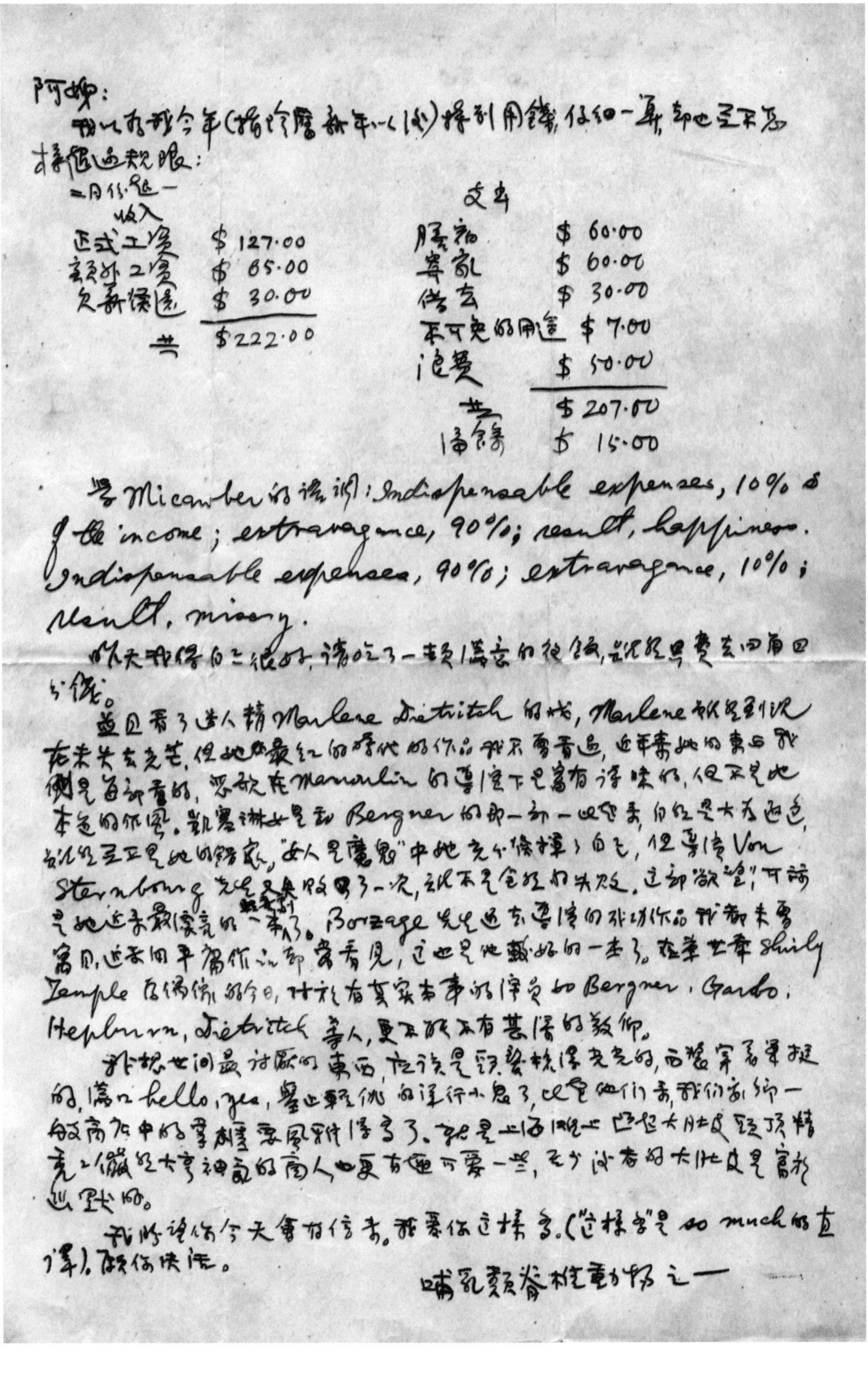

阿姊：

我以为我今年（指阴历新年以后）将利用钱，仔细一算，却也并不怎样能过规限：

二月份起——

收入

正式工资	$127.00
额外工资	$65.00
欠薪补还	$30.00
共	$222.00

支出

膳宿	$60.00
寄家	$60.00
储蓄	$30.00
不可免的用途	$7.00
浪费	$50.00
共	$207.00
尚余	$15.00

照Micawber的说法：Indispensable expenses, 10% of the income; extravagance, 90%; result, happiness. Indispensable expenses, 90%; extravagance, 10%; result, misery.

昨天我待自己很好，请吃了一顿满意的夜饭，就只用去四角四分钱。

前日看了迷人精Marlene Dietrich的戏，Marlene似乎到现在未失去光芒，但她在最红的时代的作品我不曾看过，近年来她的东西我倒是每部看的，恋歌在Mamoulian的导演下是富有诗味的，但不是她本色的作风。凯瑟琳女皇和Bergner的那一部一比起来，自然是大为逊色，虽然并不是她的错处。"女人是魔鬼"中她充分发挥了自己，但导演Von Sternberg先生又失败了一次，虽不是全然的失败。这部"欲望"，可说是她近来最漂亮的一本了。Borzage先生过去导演的几部作品我都未曾看见，近来的平庸作品却常看见，这也是他较好的一本了。在童女星Shirley Temple当偶像的今日，对于有真实本事的演员如Bergner、Garbo、Hepburn、Dietrich等人，更不能不有甚深的敬仰。

我想世间最讨厌的东西，应该是头发梳得光光的，西装穿着笔挺的，满口hello, yes，举止轻佻的洋行小鬼了，比起他们来，我们乡下一般商店中的学徒要风雅得多了。就是上海那些腆起大肚皮头顶精光光的大亨神气的商人也要可爱一些，至少他们的大肚皮是富于幽默味的。

我预料你今天会有信来。我要你这样写。（这样写是so much的直译）。愿你快活。

哺乳类脊椎动物之一

第[224]封 节目

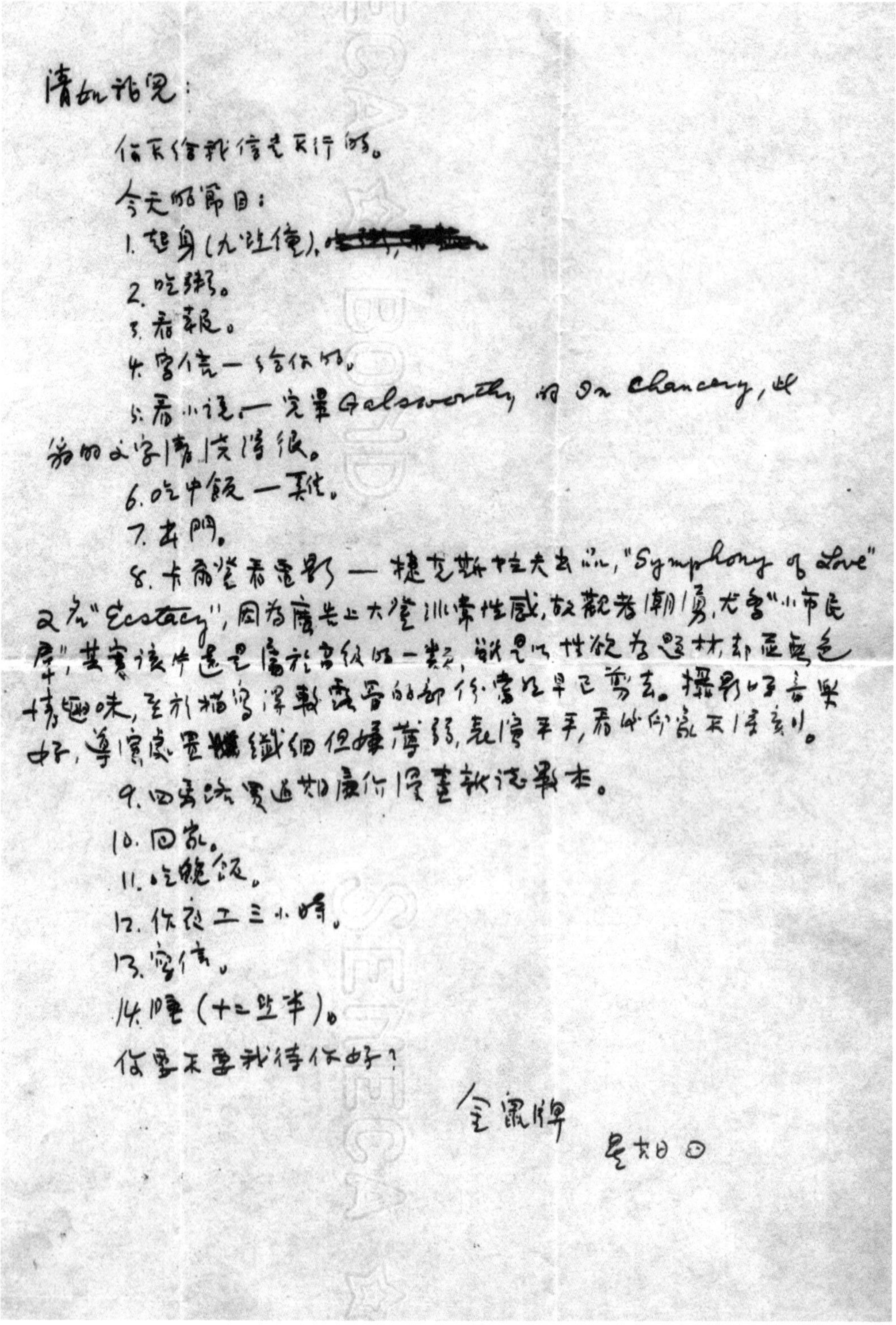
清如我儿：

你不给我信是不行的。

今天的节目：

1. 起身（九点钟），[redacted]
2. 吃粥。
3. 看报。
4. 写信一封给你的。
5. 看小说——完毕Galsworthy的In Chancery，此翁的文字清淡得很。
6. 吃中饭一碗。
7. 出门。
8. 卡尔登看电影——捷克斯拉夫出品，"Symphony of Love"又名"Ecstacy"，因为广告上大登"非常性感"，故观者潮涌，尤多"小市民层"，其实该片还是属于高级的一类，虽是以性欲为题材，却并无色情趣味，至于描写深刻露骨的部分，当然早已剪去。摄影以及音乐好，导演处置纤细但嫌薄弱，表演平平，看的印象不深刻。
9. 四马路买过期[illegible]书杂志数本。
10. 回家。
11. 吃晚饭。
12. 作夜工三小时。
13. 写信。
14. 睡（十二点半）。

你要不要我待你好？

金鼠牌

星期日

清如我儿：

你不给我信是不行的。

今天的节目：

1.起身（九点钟）。

2.吃粥。

3.看报。

4.写信——给你的。

5.看小说，——完毕 Galsworthy[①]的 *In Chancery*[②]，此翁的文字清淡得很。

6.吃中饭——鸡。

7.出门。

8.卡尔登看电影—捷克斯拉夫出品，“*Symphony of Love*”[③]，又名“*Ecstacy*”，因为广告上大登非常性感，故观者潮涌，尤多“小市民群”，其实该片还是属于高级的一类，虽是以性欲为题材，却并无色情趣味，至于描写得较露骨的部分当然早已剪去。摄影好音乐好，导演处置纤细但嫌薄弱，表演平平，看后印象不深刻。

9.四马路买过期廉价漫画杂志数本。

10.回家。

11.吃晚饭。

12.作夜工三小时。

13.写信。

14.睡（十二点半）。

你要不要我待你好？

金鼠牌 星期日

①Galsworthy：高尔斯华绥，英国小说家。②*In Chancery*：《在法庭上》，高尔斯华绥的小说。③*Symphony* of Love：英文影片名，《爱情交响曲》。中译名为《青年之恋》。

第[225]封 夜话[①]

好人：

前晚兄弟来，和他玩了一晚一天，昨天回去时很吃力，因此写不成信。

你很寂寞，如何是好？我又想不出说什么话。

曾经梦和你纳凉夜话（据说我们已结婚了好多年），只恨醒来得太早。我希望我们变作一对幽魂，每夜在林中水边徘徊，因为夜里总是比白天静得多可爱得多。

我想你活不满六十岁，但也不至十分短寿（因为现在已经很老了，是不是？）我希望你不要比我先死，但如果我比你先死我也要恨的，最好我们活同样年纪。我很愿我们都活三百岁，无论做人怎样无聊，怎样麻烦，有你在一起总值得活。

这信暂时以此塞责，等我想想过后再写。

我待你好。

鲸鱼 十七

①此信原件上宋清如注：1936年。

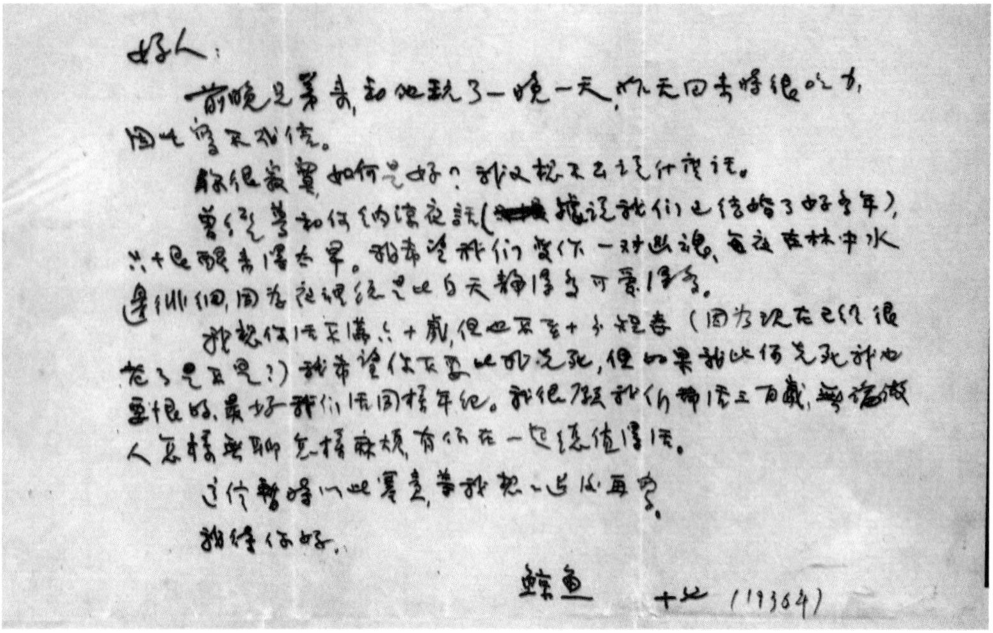

好人：

前晚是第一来，和他玩了一晚一天，昨天回去时很吃力，因此写不成信。

你很寂寞，如何是好？我又想不出说什么话。

曾经有人向何人说过（[illegible]据说我们已经结婚了好多年），六十岁眼睛看得太早。我希望我们变作一对幽魂，每夜在林中水边徘徊，因为在地下只比白天睡得多可爱得多。

我想你活不满六十岁，但也不至于十分短命（因为现在已经很老了是不是？）我希望你死在我的前面，但如果我比你先死我也要恨的。最好我们活同样年纪。我很不愿我们能活三百岁，无论做人怎样无聊怎样麻烦，有你在一起总值得活。

这信暂时只此写吧，等我想一些些再写。

祝你好。

鲸鱼 十七（1936年）

第[226]封 聪明

星期六读一本辛克莱的《人生鉴》，文章很好，也有许多实用的知识，尤其是关于吃的方面，傅东华译，上海世界书局出版，特为介绍。

昨天看一张影片名《十三日星期五》，英国出品，轻描淡写地叙述了一些平常社会的偶然事件，非滑稽亦非讽刺，而是可喜的幽默。有人以为它的目的是破除迷信，证明十三日星期五并非不祥，真太幼稚了。

早上很好，半醒睡的状态中听见偶然的小鸟声和各种不甚喧闹的人声，都觉得有点可爱。怎样一种人生，如果没有闲暇可享受！

昨夜跑到床上，来不及把电灯熄落，就睡着了，忽然醒来，吓了一跳。

这是星期一所写。

今天读了你两首新诗，不能得到我的赞许。又得到张荃一篇古风，初读上去觉很好，细看之也呒啥啥。愿上帝保佑世上一切的女诗人们都得到一个美好的丈夫！我不知道张荃为什么突然心血来潮要跟我通起信来，大概因为我很好的缘故，其实我早忘了她了。

Sh[①]……！不要响，听墙角落里有鬼叫！

宋清如顶不好。

IXUYZ 星期二

要是有人问你，你愿意做快乐的猪呢，还是愿意做苦恼的哲学家？你就回答：我愿意做快乐的哲学家，这样可以显出你的聪明。

① Sh："嘘"的象声词。

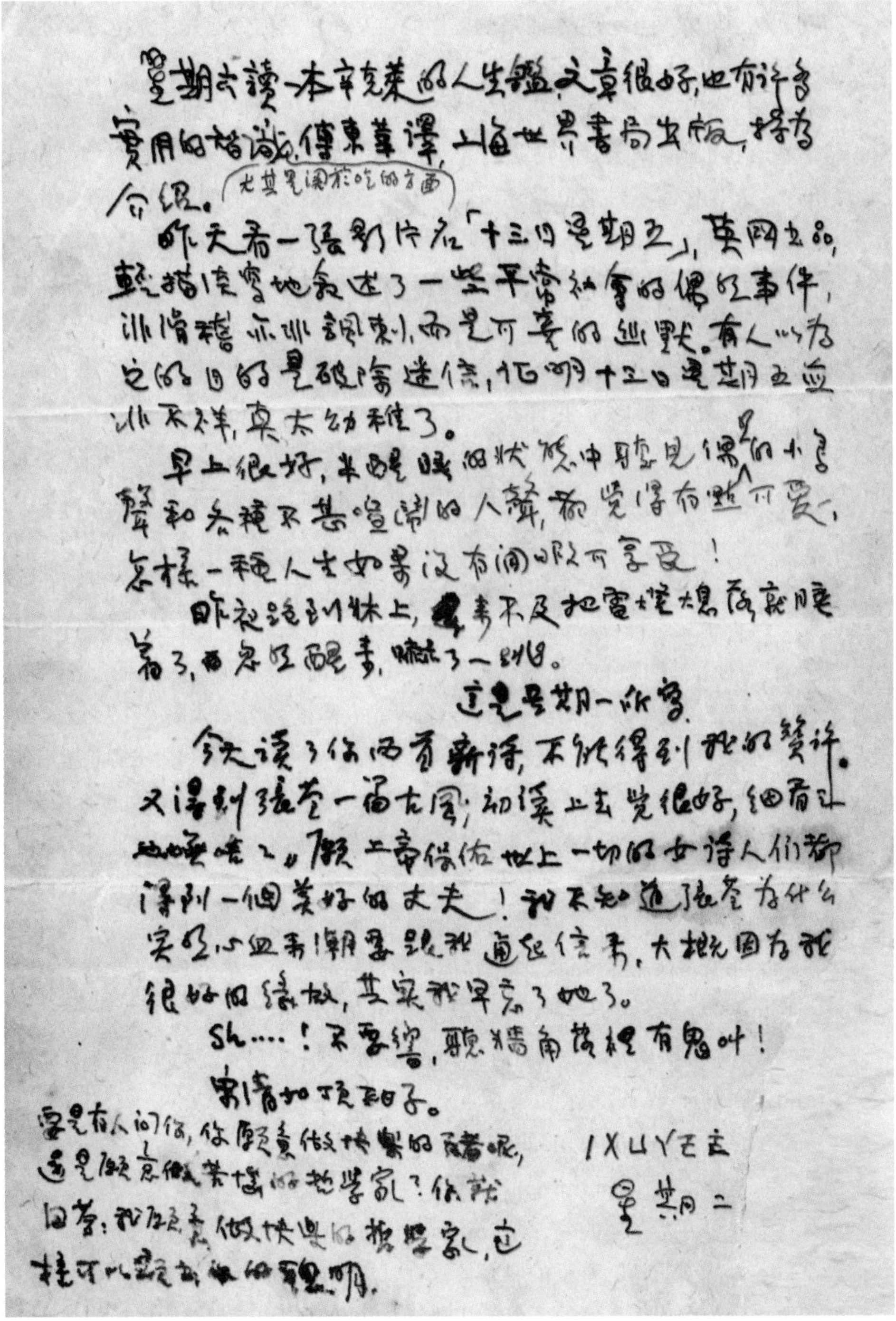

星期六读一本辛克莱的人生鉴，文章很好，也有许多
实用的智识，傅东华译，上海世界书局出版，特为
介绍。（尤其是关于吃的方面）
昨天看一张影片名「十三日星期五」，英国出品，
轻描淡写地叙述了一些平常社会的偶然事件，
非常滑稽亦非讽刺，而是可爱的幽默。有人以为
它的目的是破除迷信，证明十三日星期五并
非不祥，真太幼稚了。
早上很好，半醒睡的状态中听见偶然的小鸟
声和各种不甚喧闹的人声，愈觉得有些可爱，
怎样一种人生如果没有闲暇可享受！
昨夜跪到床上，来不及把蜡烛熄灭就睡
着了，而忽然醒来，吓了一跳。
这是星期一所写。
今天读了你两首新诗，不能得到我的赞许。
又得到张荃一篇文章，初读上去觉很好，细看之
[illegible]嗟之，愿上帝保佑世上一切的女诗人们都
得到一个美好的丈夫！我不知道张荃为什么
突然心血来潮要跟我通起信来，大概因为我
很好的缘故，其实我早忘了她了。
Sh……！不要响，听墙角落里有鬼叫！
事情如此如此。
要是有人问你，你愿意做快乐的猪呢，
还是愿意做苦恼的哲学家？你就
回答：我愿意做快乐的哲学家，这
样可以显出你的聪明。
IXLUYZZ
星期二

第[227]封 爱妒

宋：

以后我接到你信后第一件事便是改正你的错字，要是你做起先生来老是写别字可很有些那个。

可是我想了半天，才想出“颟顸”两个字，你写作“瞒盰”的。

你有些话我永远不同意，有时是因为太看重了你自己的ego[①]的缘故，例如你自以为凶（我觉得许多人说你凶不过是逗逗你，他们不会真的慑伏于你的威势之下的），其实我永远不相信会有人怕你（除了我，因为我是世上最胆怯的人）。

随你平凡不平凡，庸劣不庸劣，颟顸不颟顸，我都不管，至少你并不讨厌，至少在我的眼中。你知道你并不真的希望我不要把“她”放在心上。

关于你说你对我有着相当的好感，我不想grudge[②]，因为如果“绝对”等于一百，那么一至九十九都可说是“相当”。也许我尽可以想像你对于我有九十九分点九九的好感。我觉得我们的友谊并不淡淡，但也不浓得化不开，正是恰到好处，合于你的“中庸之道”。你的自以为无情是由于把“情”的界说下得过高的缘故，所以恰恰等于我的所谓多情。要是我失望，当然我不会满足，然而我满足，因此我不失望。至于说要我用火红的钳子炙你的心，使你燃烧起来，那是一个刽子手的事（如果有这样残酷的刽子手，我一定要和他拼命），我怎么能下这毒手呢？再说然烧的“然”虽是古文，在白话文里还是用“燃”的好。

“妒”是一种原始的感情，在近代文明世界中有渐渐没落的倾向。它是存在于天性中的，但修养、人生经验、内省与丰富的幽默感可以逐渐把它除根。吃醋的人大多是最不幽默，不懂幽默的人，包括男子与女子。自来所谓女子较男子善妒是因为社会和历史背景所造成，因为所接触的世界较狭小，心理也自然会变得较狭小。因此这完全不是男的或女的的问题。值得称为“摩登”的姑娘们，当然要比前一世纪的闺阁小姐们懂事得多，但真懂事的人，无论男女至今都还是绝对的少数，因而吃醋的现象仍然是多的。至于诗人大抵是一种野蛮人，因此妒心也格外强烈一些，如果徐志摩是女子，他也会说nothing or all[③]，你把他这句话当作男子方面的例证，是不十分可使人心服的，根本在徐志摩以前就有好多女子说过这句话了。我希望你论事不要把男女的壁垒立得太森严，因为人类用男女方法分类根本是不很妥当的。

关于“爱和妒是分不开的”一句话，我的意见是——所谓爱就程度上可以归为三种：

1.Primeval love, or animal love, or love of passion, or poetic love；

2.Sophisticated love, or “modern” love;

3.Intellectual love, or philosophical love.[④]

此外还有一种并不存在的爱，即Spiritual love, or “Platonic” love, or love of the religious kind[⑤]，那实在是第一种爱的假面具，可以用心理分析方法攻破的。

妒和第一种爱是成正比例的，爱愈甚则妒愈深，但这种爱与妒能稍加节制，不使流于病态，便成为人间正常的男与女之间的恋爱，完全无可非议。

宓：

以後我接到你信後第一件事便是改正你的錯字，要是你做他先生來去是要剁手可很有些那個。

可是我想了半天，纔想出"顢頇"兩個字，你要說"瞞盱"的。

你有些話我永遠不同意，有時是因為太看重了自你自己的ego的緣故，例如你自以為凶（我覺得許多人說你凶不過是逗逗你，我們不會懾伏於你的威勢之下的），其實我永遠不相信會有人怕你（除了真的怕了我，因為我是世上最膽怯的人）。

隨你聰明不聰明，糊塗不糊塗，瞞盱不瞞盱，我都不管，至少你並不討厭，至少在我的眼中。你知道你並不真的希望我不要把"她"放在心上。

關於你說你對我有着相當的好感和不把grudge，因為如果絕對"善於一百，那麼一至九十九都可說是"相當"。也許你很可以想像你對於我有九十九．九九的好感。我覺得我們的友誼並不淡淡，但也不僅得化不開，正是恰到好處，合於你的"中庸之道"。你的自以為無情是由於把"情"的標準下得過高的緣故，你以為恰恰善於我的所謂多情。要是我失望了，要說我並不會滿足，因為我滿足，因此我不失望。至於說要我用火紅的鉗子炙你的心，使你燃燒起來，那是一個劊子手的事（如果有這樣殘酷的劊子手，我一定要和他拼命），我怎麼能下這毒手呢？！[redacted] 再說妬嫉的"妬"從石是古字，在白話文裡還是用"妒"的好。

"妒"是一種原始的感情，在近代文明世界中有漸漸淡薄的傾向。它是存在於天性中的，但修養、人生經驗、自內省可以漸漸把它除根。吃醋的人大多是最不幽默，不懂幽默的人，包括男子與女子。自來所謂女子較男子善妒是因為社會和歷史培養所造成，因為所接觸的世界較狹小，心理也自然會變得較狹小。因此這完全不是男的或女的的問題。值得稱為摩登的姑娘們，當然要比前一世紀的閨閣小姐們懂事得多，但真懂事的人，無論男女總之還是絕對的少數，因而吃醋的現象仍然是多的。至於詩人大抵是一種野蠻人，因此妒心也自然更強烈一些，如果徐志摩是女子，他也會說nothing or all，你把他這句話當作男子方面的代表，是不十分可使人心服的。根本在徐志摩以前就有好多女子說過這類的話了。我希望你論事不要把男女的壁壘立得太森嚴，因為人類用男女方法分類根本是不很妥當的。

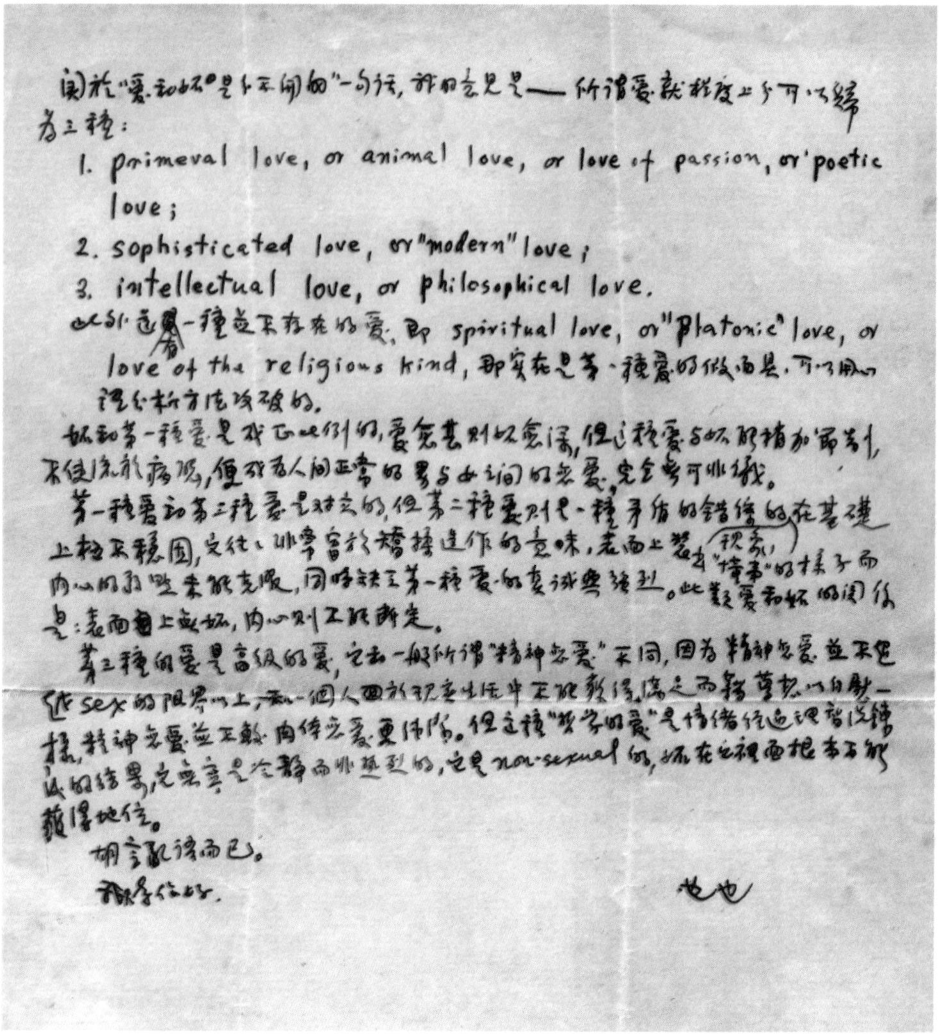

關於"愛和妒是不相容的"一句話，我的意見是——所謂愛在程度上可以歸為三種：

1. primeval love, or animal love, or love of passion, or 'poetic love;
2. sophisticated love, or "modern" love;
3. intellectual love, or philosophical love.

此外還有一種並不存在的愛，即 spiritual love, or "Platonic" love, or love of the religious kind，那實在是第一種愛的假面具，可以用心理分析方法攻破的。

妒和第一種愛是成正比例的，愛愈甚則妒愈深，但這種愛與妒能稍加節制，不使流於病態，便成為人間正常的男與女之間的戀愛，完全無可非議。

第一種愛和第三種愛是對立的，但第二種愛則是一種矛盾的錯綜的現象，在基礎上極不穩固，它往往非常富於矯揉造作的意味，表面上裝出"懂事"的樣子而內心的弱點未能克服，同時缺乏第一種愛的真誠與強烈。此類愛和妒的關係是：表面上無妒，內心則不能斷定。

第三種的愛是高級的愛，它和一般所謂"精神戀愛"不同，因為精神戀愛並不超越sex的限界以上，和一個人因於現實生活中不能獲得滿足而借夢想以自慰一樣，精神戀愛並不較肉體戀愛更純潔。但這種"哲學的愛"是情緒經過理智洗練後的結果，它無寧是冷靜而非熱烈的，它是non-sexual的，妒在它裡面根本不能獲得地位。

胡言亂語而已。

我待你好。

也也

第一种爱和第三种爱是对立的，但第二种爱则是一种矛盾的错综的现象，在基础上极不稳固，它往往非常富于矫揉造作的意味，表面上装出"懂事"的样子而内心的弱点未能克服，同时缺乏第一种爱的真诚与强烈。此类爱和妒的关系是：表面上无妒，内心则不能断定。

第三种的爱是高级的爱，它和一般所谓"精神恋爱"不同，因为精神恋爱并不超越sex的限界以上，和一个人于现实生活中不能获得满足而借梦想以自慰一样，精神恋爱并不较肉体恋爱更纯洁。但这种"哲学的爱"是情绪经过理智洗练后的结果，它无宁是冷静而非热烈的，它是non-sexual⑥的，妒在它里面根本不能获得地位。

胡言乱语而已。

我待你好。

也也

①ego：自我。②grudge：嫉妒。③nothing or all：要么没有，要么全部。④这一段英文的大意是：1.原始的爱，或者动物的爱，或者激情的爱，或者诗意的爱。2.深于世故的爱，或者"现代的"爱。3.理智的爱，或者哲理性的爱。⑤这一句英文意思是：精神之爱，或者"柏拉图式"的爱，或者宗教的爱。⑥non-sexual：非性欲的。

第[228]封 评剧

我从来不曾看得起你过，因为要是我看得起人家，一定也希望人家看得起我，一个人被人看得起了，就不能再做叫人看不起的事，宋先生你说是不是？

对于舞台剧《大雷雨》的批评，最满意的是灯光效果，那样漂亮的舞台设计的确少见，月夜幽会一幕最受人称赏，得力于该剧电影的启示不少，使我略为失望的是盼不到一轮月亮的上升，实在因为电影给我的印象太深了，因此觉得相形之下，不免见绌，台词不甚鲜明是大缺点，演技很稳，演员的服饰和背景很调和，有几个姿势很具画意。观众的确是在进步的，三五年之前，这种剧本一定不会有这样好的生意。

我希望天冷，天暖了蠢蠢思动，房间里坐不下去。

我不欢喜你。

冬瓜

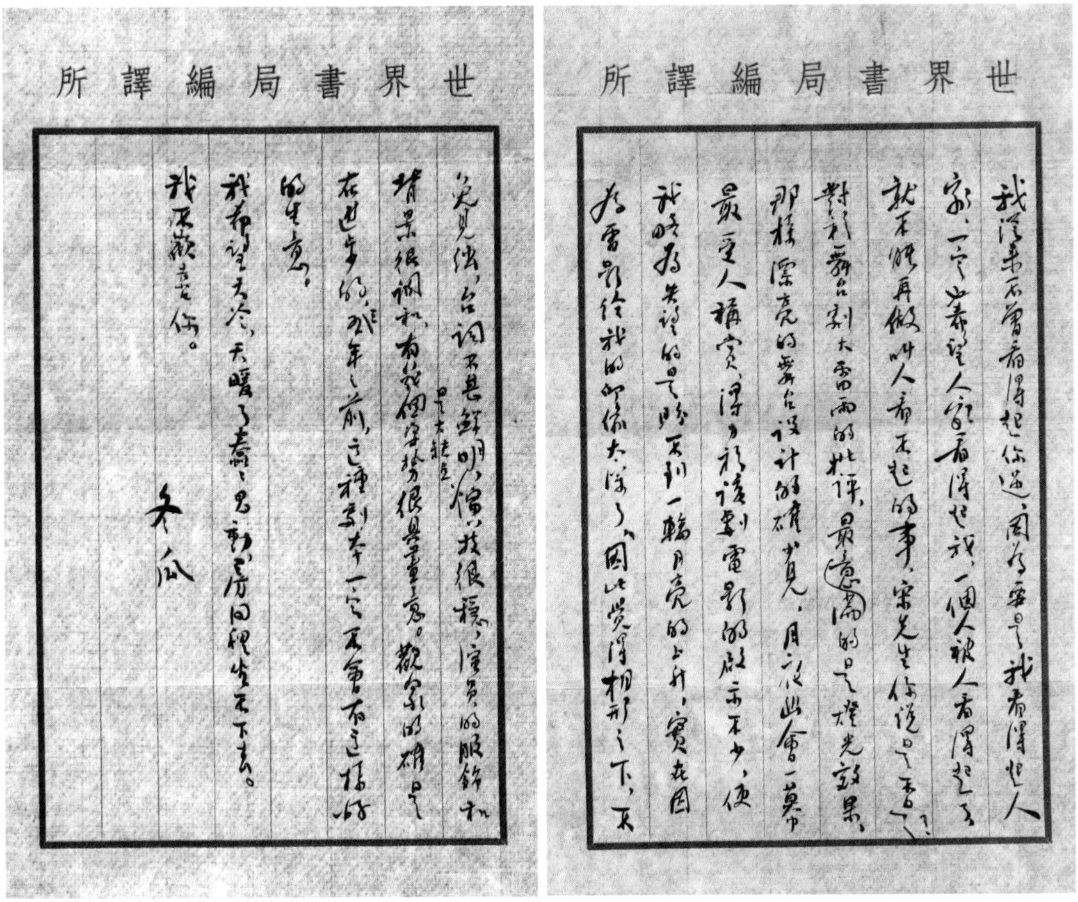
世界書局編譯所

我從來不曾看得起你過，因為要是我看得起人家，一定也希望人家看得起我，一個人被人看得起了，就不能再做叫人看不起的事，宋先生你說是不是？

對於舞台劇大雷雨的批評，最滿意的是燈光效果，那樣漂亮的舞台設計的確少見，月夜幽會一幕最受人稱賞，得力於該劇電影的啟示不少，使我略為失望的是盼不到一輪月亮的上升，實在因為電影給我的印象太深了，因此覺得相形之下，不

世界書局編譯所

免見絀，台詞不甚鮮明，是大缺點，演技很穩，演員的服飾和背景很調和，有幾個姿勢很具畫意。觀眾的確是在進步的，三五年之前，這種劇本一定不會有這樣好的生意。

我希望天冷，天暖了蠢蠢思動，房間裡坐不下去。

我不歡喜你。

冬瓜

第[229]封 · 春光[1]

好友：

我的确不快乐，我怎么能快乐呢？你又不陪我玩。五一劳动节是星期五，很有人在作旅行的准备。我是死了心把一个春天葬送在上海，租界也不踏出一步，公园里也不去躲上半小时，让欲老的春光向别人去卖弄风情吧。昨夜做梦兄弟到上海来，我向他提议坐双层公共汽车到虹口公园去，但好像终于没有勇气实行的样子。

假如你要做国文教员的话，以后你得对于文字格外小心一些，比如“一个人顶幸福的人，一定是在忘记世界忘记自己的时候”，怎么叫做“一个人顶幸福的人”呢？桐卢的卢字是应当写作“庐”的。

方帽子照相我相信你一定会送给我，如果我一定要向你要的话。

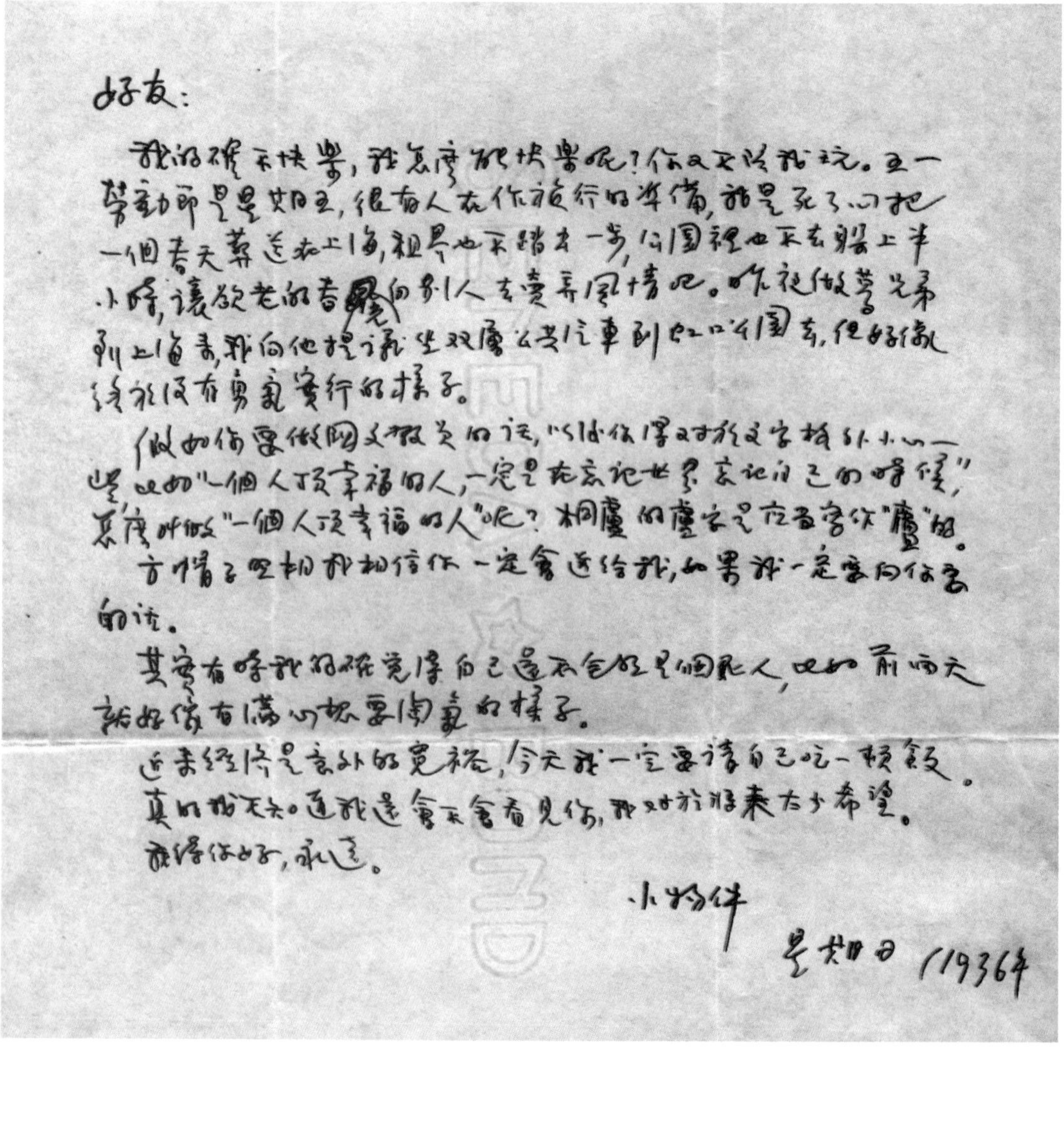

好友：

我的確不快樂，我怎麼能快樂呢？你又不陪我玩。五一勞動節是星期五，很有人在作旅行的準備，我是死了心把一個春天葬送在上海，租界也不踏出一步，公園裡也不去躲上半小時，讓欲老的春光向別人去賣弄風情吧。昨夜做夢兄弟到上海來，我向他提議坐双層公共汽車到虹口公園去，但好像終於沒有勇氣實行的樣子。

假如你要做國文教員的話，以後你得對於文字格外小心一些，比如"一個人頂幸福的人，一定是在忘記世界忘記自己的時候"，怎麼叫做"一個人頂幸福的人"呢？桐盧的盧字是應當寫作"廬"的。

方帽子照相我相信你一定會送給我，如果我一定要向你要的話。

其實有時我的確覺得自己還不會好是個壞人，比如前兩天就好像有滿心懷要鬧氣的樣子。

近來經濟是意外的寬裕，今天我一定要請自己吃一頓飯。

真的我天知道我還會不會看見你，我對於將來太少希望。

祝得你好，永遠。

小物件

星期日（1936年）

其实有时我的确觉得自己还不全然是个死人，比如前两天就好像有满心想要淘气的样子。

近来经济是意外的宽裕，今天我一定要请自己吃一顿饭。

真的我不知道我还会不会看见你，我对于将来太少希望。

我待你好，永远。

小物件 星期日

①此信原件上宋清如注：1936年。

第[230]封 论文

清如：

你说话很可怪，好像以为我是无所不怪似的，你不来看我我也要怪你，你来看我我也要怪你。如果我真是这样，那么你这人岂不难做得很。

毕业论文这时就要担心起来，很像个好学生。这题目容易不过，二十天便可以完成：

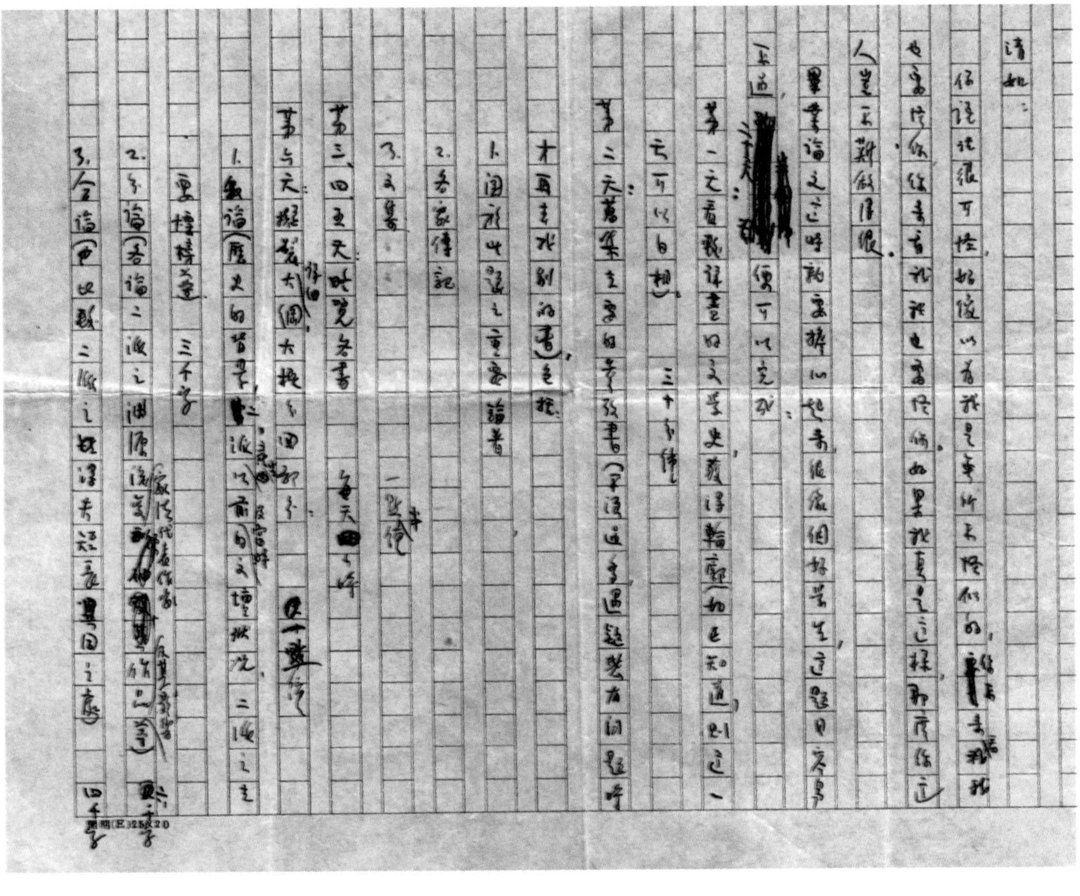

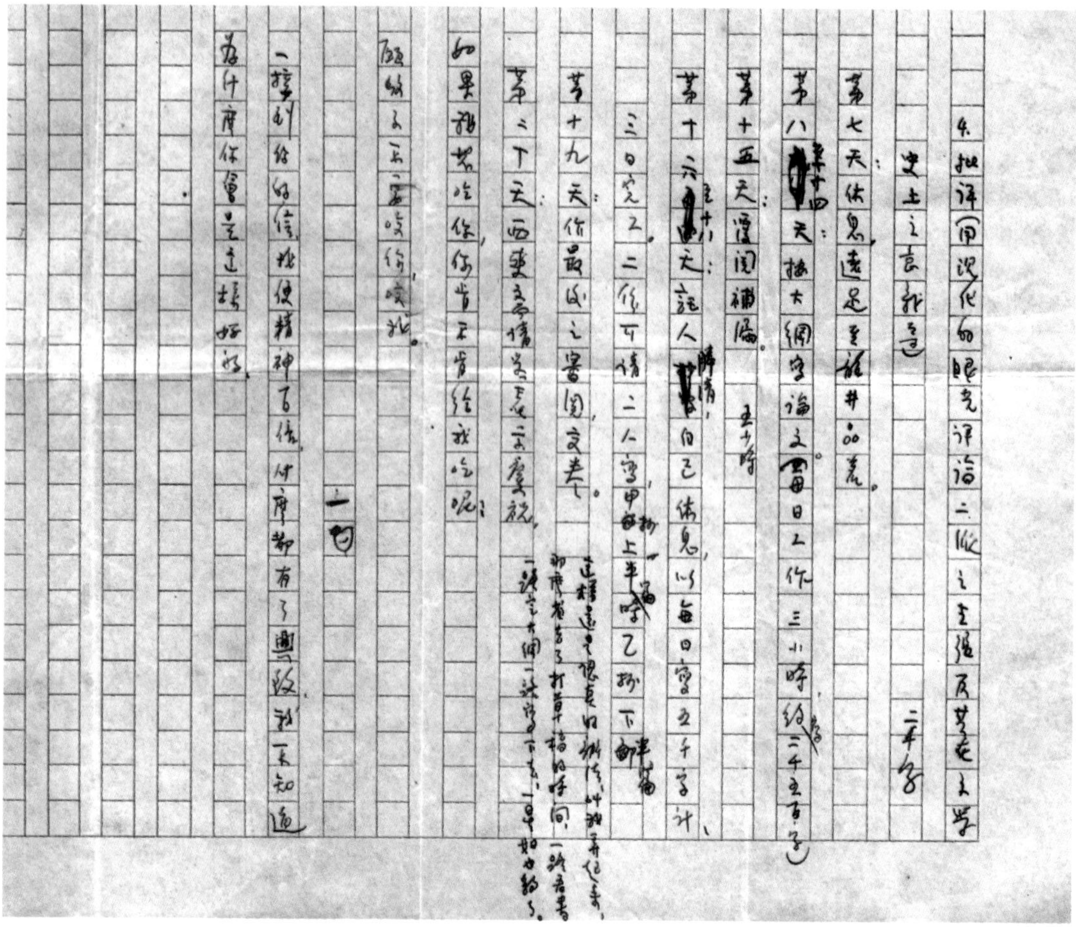

第一天：看较详尽的文学史，获得轮廓（如已知道，则这一天可以白相）。 三十分钟

第二天：搜集主要的参考书（不须过多，遇疑惑有问题时才再去找别的书），包括：

1.关于此题之重要论著

2.各家传记

3.文集 一点半钟

第三、四、五天：略览各书 每天四小时

第六天：拟制详细大纲，大概分四部分： 一点钟

1.叙论（历史的背景，二派产生以前及当时的文坛状况，二派之主要标榜等）。 三千字

2.分论（各论二派之渊源流变，代表作家作品及其影响等）。 六千字

3.合论（比较二派之得失短长异同之处）。 四千字

4.批评（用现代的眼光评论二派之主张及其在文学史上之意义等）。 二千字

第七天：休息，远足至龙井品茗。

第八至十四天：按大纲写论文（每日工作三小时，约写二千五百字）。

第十五天：复阅补漏。 五小时

第十六至十八天：托人誊清，自己休息，以每日写五千字计，三日完工。二份可请二人写。甲抄上半篇时乙抄下半篇。

第十九天：作最后之审阅，交卷。

第二十天：西爽斋请客表示庆祝。

这样还是认真的办法，叫我弄起来，那么省去了打草稿的时间，一路看书，一路定大纲，一路写下去，一星期也够了。

如果我想吃你，你肯不肯给我吃呢？

愿蚊子不要咬你，咬我。

一日

一接到你的信，我便精神百倍，什么都有了兴致。我不知道为什么你会是这样好的。

第[231]封 吝啬

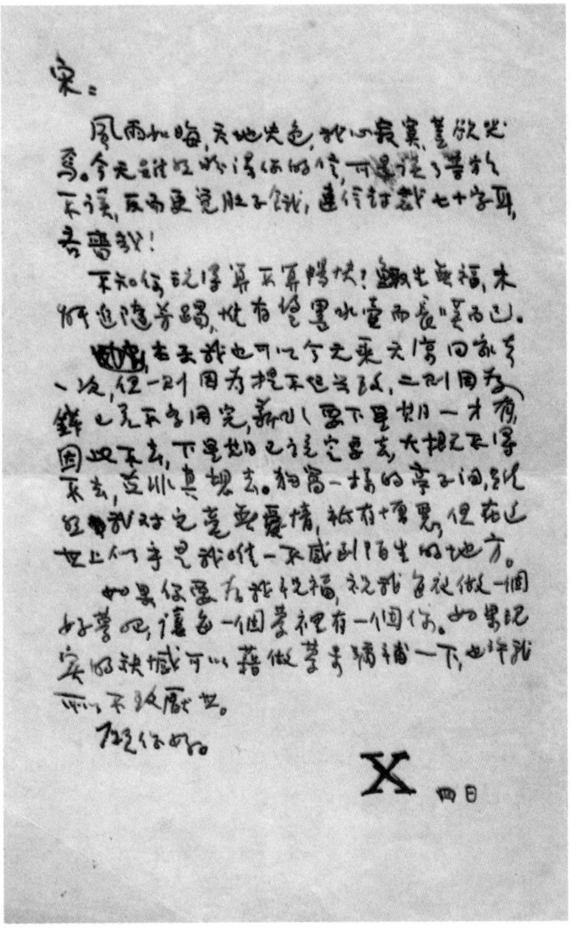

宋：

风雨如晦，天地失色，我心寂寞，盖欲哭焉。今天虽然盼得你的信，可是读了等于不读，反而更觉肚子饿，连信封才七十字耳，吝啬哉！

不知你玩得算不算畅快？鲰生无福，未能追随芳躅，惟有望墨水壶而长叹而已。

本来我也可以今天乘天凉回家去一次，但一则因为提不起兴致，二则因为钱已差不多用完，薪水要下星期一才有，因此不去，下星期已说定要去，大概不得不去，并非真想去。狗窝一样的亭子间，虽然我对它毫无爱情，只有憎恶，但在这世上似乎是我唯一不感到陌生的地方。

如果你要为我祝福，祝我每夜做一个好梦吧，让每一个梦里有一个你。如果现实的缺憾可以藉做梦来弥补一下，也许我可以不致厌世。

愿你好。

X 四日

第[232]封 青梅

姊姊：

今天早上弄堂里叫卖青梅，喊着：“妹子要哦妹子？亲妹子，好妹子，好大格亲妹子要哦？”

真的我这么许久不见你了，不知道几时才能托上帝的福再见你一次，今天是风雨凄凄，思想起来好不伤心人也。

舍弟很客气地来信请我端午节到家里去做客人，但要我衣裳穿得楚楚一点，因为他的太太不大看得惯寒酸（或者好听一点说落拓不拘细节）的样子。实在，我对于故乡的姑娘儿们是只有叹气的，尤其是暴发户气息的小商人阶级的女儿。嘉兴是太充满商人味儿的城市，你走遍四城门也找不到一个高贵清华的少女，当然更绝对产生不出宋清如那样隽秀的才人。

我要多么待你好，每两分钟你在我心里一次，祝福你。

弟弟　星期日

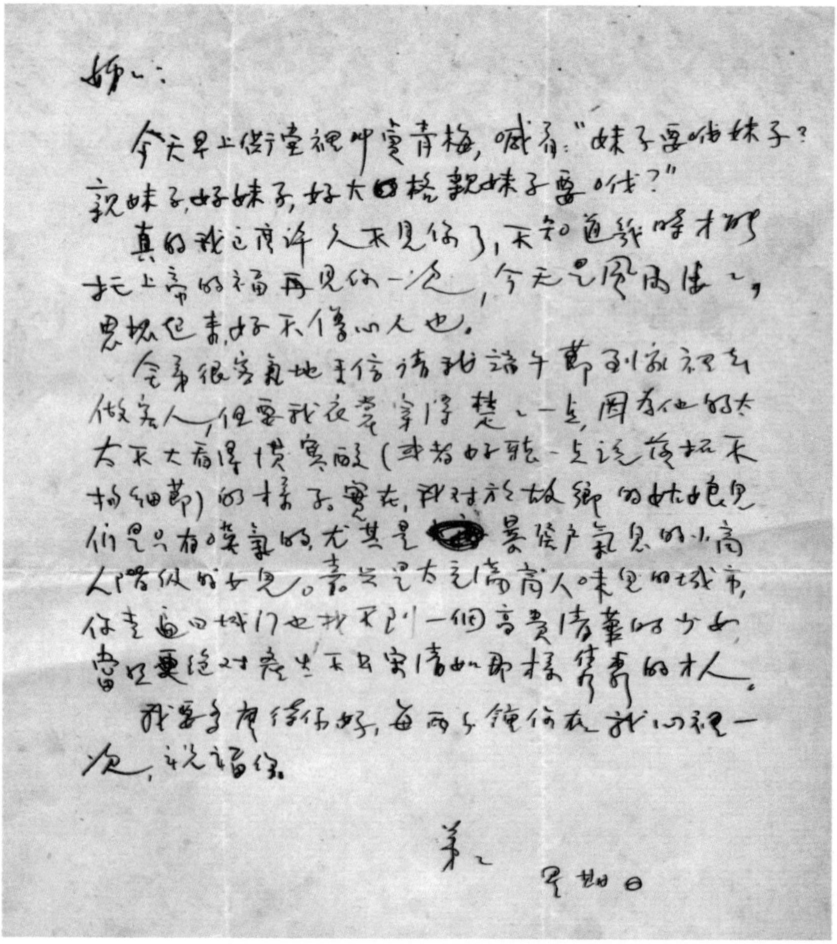
姊姊：

今天早上衖堂裡叫賣青梅，喊着："妹子要哦妹子？亲妹子，好妹子，好大格亲妹子要哦？"

真的我这么许久不见你了，不知道几时才能托上帝的福再见你一次，今天是风雨凄凄，思想起来好不伤心人也。

舍弟很客气地来信请我端午节到家裡去做客人，但要我衣裳穿得楚楚一点，因为他的太太不大看得惯寒酸（或者好听一点说落拓不拘细节）的样子。实在，我对于故乡的姑娘儿们只有叹气的，尤其是暴发户气息的小商人阶级的女儿。嘉兴是太充满商人味儿的城市，你走遍四城门也找不到一個高贵清华的少女，当然更绝对产生不出宋清如那样隽秀的才人。

我要多么待你好，每两分钟你在我心裡一次，祝福你。

弟弟

星期日

第[233]封 惆怅

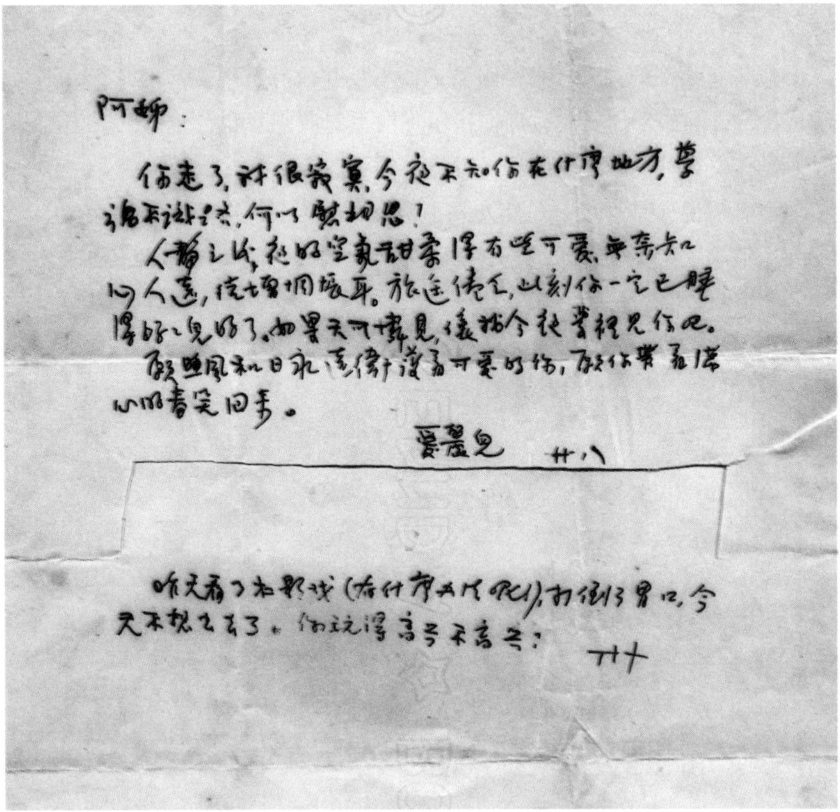

阿姊：

你走了，我很寂寞，今夜不知你在什么地方，梦魂不识路①，何以慰相思？

人静之后，夜的空气甜柔得有些可爱，无奈知心人远，徒增惆怅耳。旅途倦乏，此刻你一定已睡得好好儿的了。如果天可怜见，让我今夜梦里见你吧。

愿煦风和日永远卫护着可爱的你，愿你带着满心的春笑回来。

爱丽儿 廿八

昨天看了本影戏（有什么办法呢！）打倒了胃口，今天不想出去了。你玩得高兴不高兴？

卅

①梦魂不识路：此处系引用沈括《别范安成》诗最后两句："梦中不识路，何以慰相思。"信中误将"梦中"写成了"梦魂"。

第[234]封 自欺

宝贝：

“虐待”的虐字不应写作“虐”。

似乎我唯一的本领便是冷眼看人，不过并没有自视甚高的意思，因为被我笑骂得最厉害的，便是我自己。如果你要我教训你指示你向上，我想我也许也会的，但那些教训决不会是由衷的，因为当我说着时自己心里已经在讥笑它们了。

我希望说你是“迷羊”的人并不是我，因为我一点不喜欢这两个字。

生活永远是无聊，像爸爸一样无聊，你叹气我闷得气都叹不出来。

有时我骗我自己说我不爱你，但我知道这不是真的。

再说。

名字写在水上的人 三日

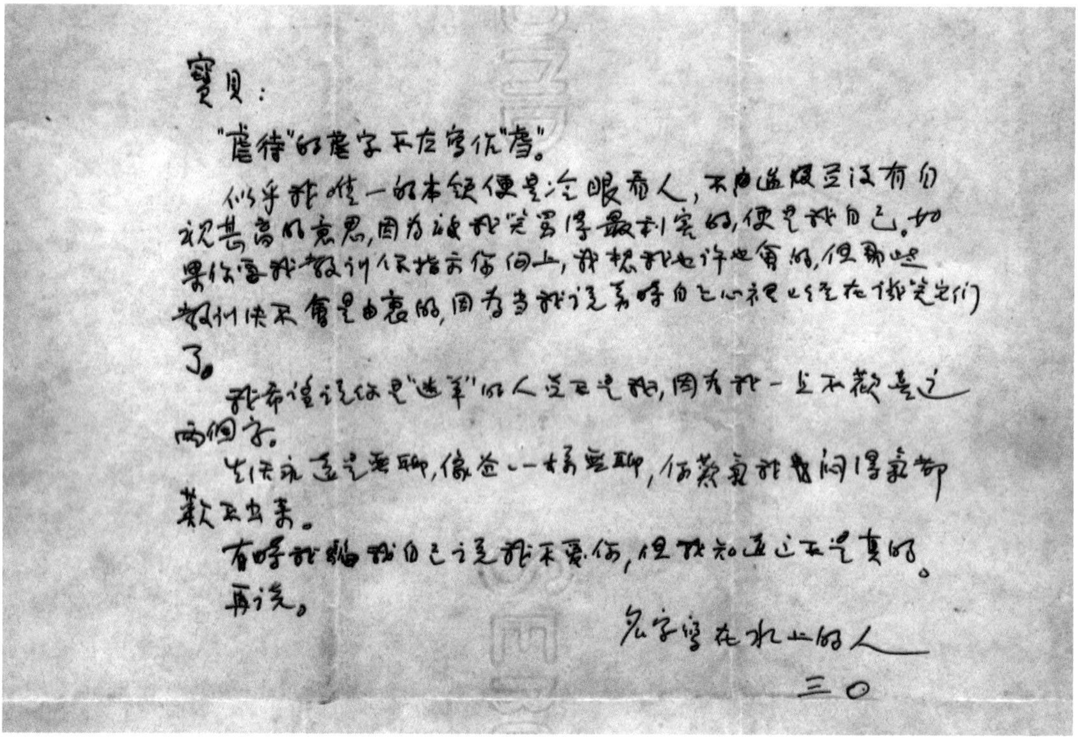
宝贝：
“虐待”的虐字不应写作“虐”。
似乎我唯一的本领便是冷眼看人，不过并没有自视甚高的意思，因为被我笑骂得最厉害的，便是我自己。如果你要我教训你指示你向上，我想我也许也会的，但那些教训决不会是由衷的，因为当我说着时自己心里已经在讥笑它们了。
我希望说你是“迷羊”的人并不是我，因为我一点不喜欢这两个字。
生活永远是无聊，像爸爸一样无聊，你叹气我闷得气都叹不出来。
有时我骗我自己说我不爱你，但我知道这不是真的。
再说。
名字写在水上的人
三〇

回应

生豪周年祭①

宋清如

似梦非梦地，这一幕太凄凉，太悲惨的事实，竟已过去有一年了。

谁说时间的老人，会医治沉重的创伤，我不信这悲痛的印象，会有一天在我记忆里淡忘。

一年，整整的一年，我在雪花的纷飞时，在红杏的灼灼中，在滔滔的淫雨中不断地悲悼着，感伤着，现在又是秋尽入冬了。季节过去得太慢也太快，但谁又能把失去的生命重新捡回来呢？

在胜利声中，在《中美日报》复刊声中，在《莎氏全集》出版声中，只有我使用眼泪追悼着你，一名为文化事业奋斗过而不幸中途牺牲的无名英雄。你的心血不曾为你自己开出鲜美的花，更不曾亲自尝到果实的滋味。我不能想象你现在究竟有没有灵觉，假如有，该是作何种感想。

我不会淡忘了你在用心时的态度，为了力求文意字句的尽善尽美，不惜时间地反复思考着，诵读着，体味着，一个个一个个字津津有味地咀嚼着。你告诉我从辛苦的思维中蕴蓄着无限的乐趣，可是害你生命的病魔，却也从此生了根。你自己明知道翻译莎氏剧本是顶着石头做戏，吃力不讨好的工作，可是你却始终不断地惮心竭力，毫不顾惜自己的精力有限。我真奇怪你干着这工作究竟是为名还是为利。说是为名吧，人家避重就轻，沽名钓誉的事情多着呢，象你这样的天才，就怕没有工作做吗？如其说为利，那才是笑话！这几年文人末路，是谁也不会否认的事实。世界书局所给你的稿费，连自己的生活都不够维持，生生地看着缺少营养的身体，一天天挣扎到呕完最后一口心血为止。甚至在病重时，无可奈何时告借一点生活费，人家会给你个不睬。死了之后，也许正有人在说着活该。

你以为忠实地为中国文化努力，不顾一切地在困苦中努力，是你的本份，可是你却不曾明白现在的时代，决不是如你那般忠厚、纯洁、清白的人所能应付的。你可以站在本位上努力，可是谁会对你抛掷一丝同情？人家称你是圣人，这还不是笑你的迂？牛角尖的空隙里，自然你会临到末日了。

认识你的人谁都知道你不善说话，也许这就是不易得人了解的一个原因。可是善于用口的人不善于用手，是一般的现象。我记得你的每一句话，就因为你的话不太多的缘故。但我也保留着你的信件，它们记载了你的几年中的生活。

回应

生豪周年祭

宋清如

你告诉我工作得最有兴趣的是在《中美日报》中当编辑的时期。你说你作着忙碌的工作，夜以继日地在被压制的环境下作正义的奋斗。以极短的睡眠恢复疲劳的精神。后来，在太平洋炮声响起以后，你从牢狱似的报社逃出以后，便如有所失的起了茫茫之感。现在《中美日报》已经复刊了，而你过去的成绩，却跟着你的死亡给人遗忘了。

如其你现在还活着，我不知道你将再找寻哪一种为人类呕心沥血的工作，如其你现在还活着，对于自己的成绩，会有何种满意的微笑。如其你还活着，会再给文化界多少贡献。

总之，你活着是为了文化不惜牺牲，死了却苦了我和孩子。孩子固然太小，太不懂事，但我却为了他这摆脱不了的累赘，在现在的社会经济制度下简直无法谋生。以后的问题，死的无力安葬，活着的无法自存，解决的办法，只有天才知道。

实在是，象你这样的人，太天真，太纯洁，就是你真的活着，教你发财升官走红，你也不会。我总觉得你的本身就是一首诗，一件艺术品，不懂得人间的把戏。要你自己负担自己的生活，已是多事的，残酷的，何况要把家人的生活，压在你自己身上。我知道你最后仍不能放下我和孩子，而我却为了竭力减少你的痛苦起见，勉强说着“我们总不致走上绝路”，要你放心。其实痛苦啮着我的心，比苦口的药物正不知难受到几倍。你的死亡，带走了我的快乐，我的希望，我的敏感。一年来，我失去了你，也失去了自己。要不是为着这才满周岁的孩子，我不知道哪来活着的勇气。

我不敢多想，但我怎能不想？什么都有刺激我悲哀或怨恨的力量。

但是，生豪，人们的命运同你我相仿佛，也许多的是。多少成功的英雄们，是踏着牺牲者的血迹前进的。

我祝福你灵魂的安谧，我祝福同你我同样命运的人们有较好的遭遇。

① 这是朱生豪去世一周年时宋清如写的祭文。刊于《中美日报》1945年12月《集纳》副刊。

《第拾贰卷》盼信心焦

『渴望着信来的时候，每一分钟是一个世纪，每一点钟是一个无穷……』

朱生豪的情书不断地从上海飞到杭州，倾诉心中的相思，等待宋清如的回信，成了他生活中最重要的期盼。

在物欲横流的大上海，现实变得越来越糟糕，崇尚自由、满怀自由浪漫情怀的朱生豪，把自己的思念、寂寞、孤独在给宋清如的信中一一道出。在等待宋清如来信的日子里，他度日如年，心都快等焦了。

第[235]封 傻劲[①]

爱人：

写一封信在你不过是绞去十分之一点的脑汁，用去两滴眼泪那么多的墨水，一张白白的信纸，一个和你走起路来的姿势一样方方正正的信封，费了五分钟那么宝贵的时间，贴上五分大洋吾党总理的邮票，可是却免得我食不甘味，寝不安席，无心工作，厌世悲观，一会儿恨你，一会儿体谅你，一会儿发誓不再爱你，一会儿发誓无论你怎样待我不好，我总死心眼儿爱你，一会儿在想象里把你打了一顿，一会儿在想象里让你把我打了一顿，十足地神经错乱，肉麻而且可笑。你瞧，你何必一定要我发傻劲呢？就是你要证明你自己的不好，也有别的方法，何必不写信？因此，一、二、三，快写吧。

①此信原件缺失，所以没有手稿件。

第[236]封 稽首

女皇陛下：

我希望你快些写信给我，好让我放心你已不恼我了。至少也得告诉我一声十个月不写信是从哪一天算起，好让我自即日起伫颈期待它的满期。我很欣幸你恼我得并不彻底，否则你会说永远不再写信给我的。既然不是彻底的恼，那么最好还是索性不恼，因为恕人者最快乐，而我也将感恩不尽，永远纪念你的好处。我不愿说保证以后不再有这种事发生，因为也许为了空间的时间的、心理的生理的、物理的化学的、形而上的形而下的、物质的精神的、个人的社会的种种关系，仍旧会身难自主。

叔本华说得好，“人类是环境之奴”（叔本华并没有说过这句肤浅的话，至少我不曾读过叔本华，不知道他曾说过这句话）也。但为了对你表示最大的忠诚与感激起见，总将竭力避免此等事件之再发生，倘不幸而力有未逮，则惟有等待挨骂一顿，之后复为君臣如初，此则私心之所企祷而无任拜悚者也。否则的话，我虽不至于幼稚过火得向你说“人生无趣，四大皆空，一切有为法，如梦幻泡影，Vanity，vanity， all is vanity[①]，行将自杀以谢君”。当然也不至于 sophisticated[②]得喝香槟酒，搂舞女以消忧。

但我这奇怪的我会无聊得狂吃东西，以至于生了胃病，是或有可能的。虽然也许现在你要咒我呕血，但真呕血之后，你一定要悔恨；同样你也决不真的希望

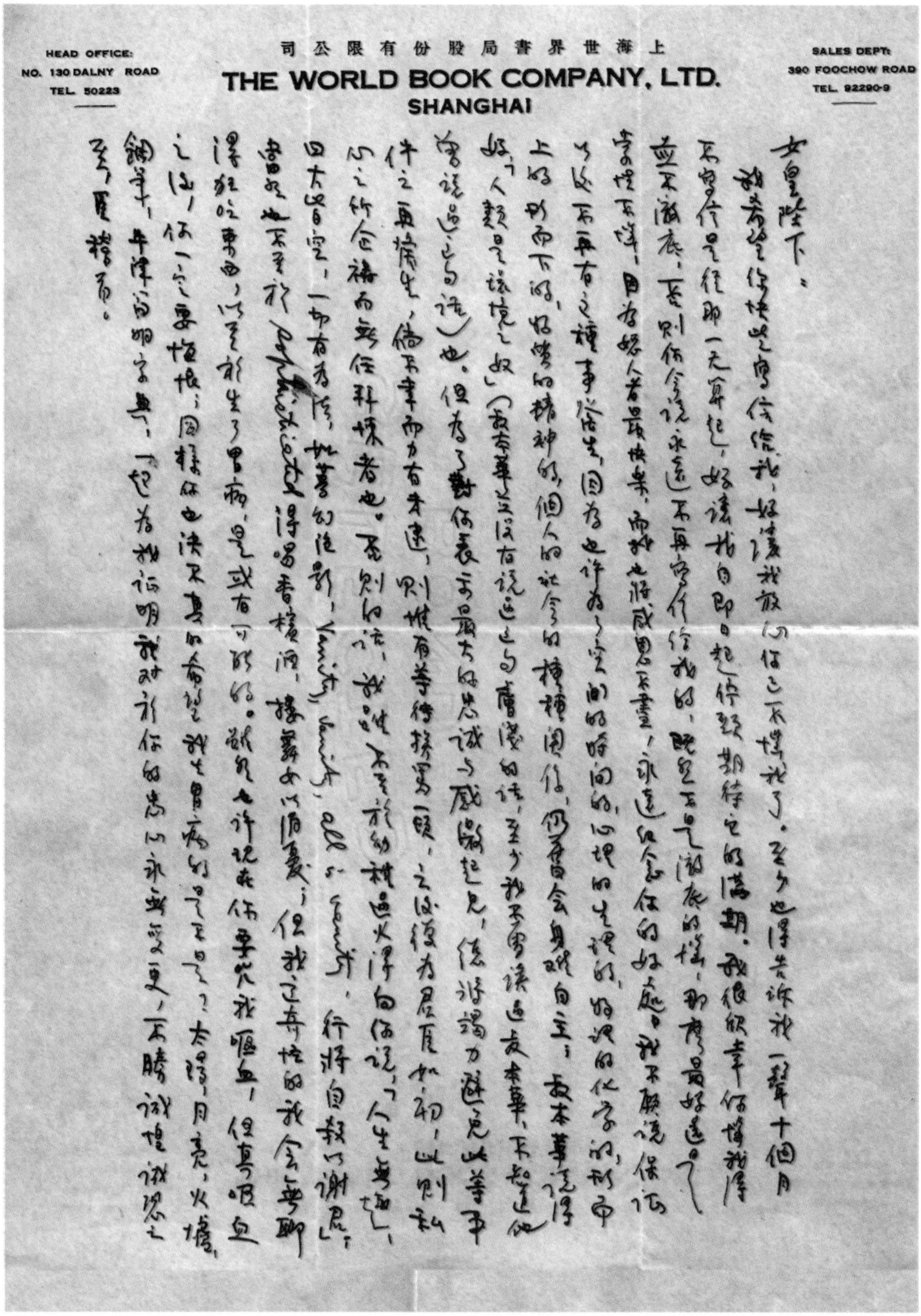

我生胃病的是不是？太阳、月亮、火炉、钢笔、牛津简明字典，一起为我证明我对于你的忠心永无变更，不胜诚惶诚恐之至，臣稽首。

①此句英文意思是“空虚、空虚、一切都是空虚”。 ②sophisticated：老于世故的。

第[237]封 · 捣蛋

去年有一个时候我专门跟我案头的格言日历捣蛋：

四月廿九：醇酒与妇人是痛苦之原因。——玛歇尔（痛苦是醇酒与妇人之原因。）

五月三日：总不使吾之嗜欲戕贼吾之躯命。——曾国藩（设人以不享乐而长命，生命不啻为长期之系狱。）

六日：空言要少，实行要多。——韩瑞芝（多出空言，可出风头，实行让诸笨人。）

七日：人不能绝灭爱情，亦不可恋爱情。——培根（人根本无爱情，因人根本是个人主义者故。）（人做了许多次数傻子以后所获得的代价是一种经验， 这种经验便是明白自己是个傻子。）

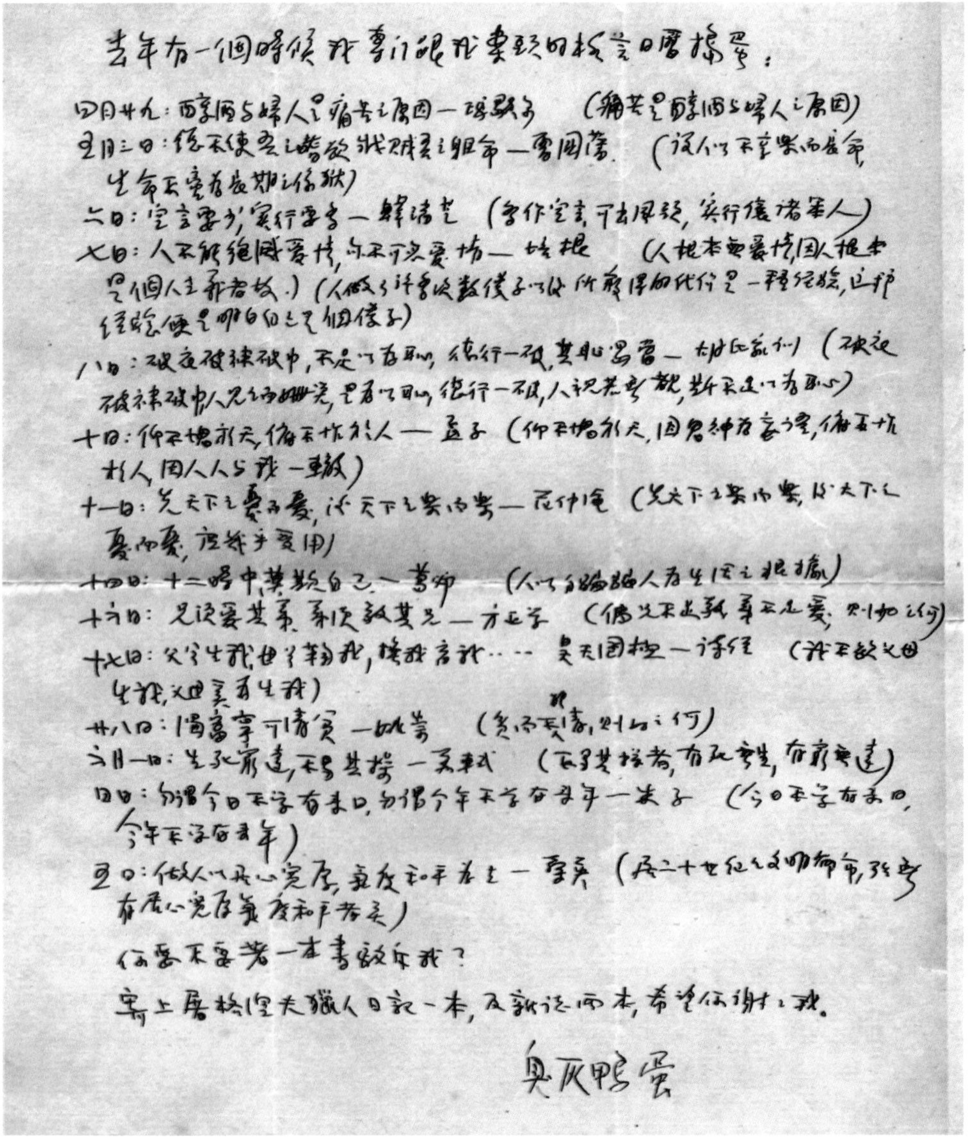

八日：破衣破袜破巾，不足以为耻，德行一破，其耻曷当。——胡氏家训（破衣破袜破巾，人见之而姗笑，是以为耻，德行一破，人视若无睹，斯不足以为耻。）

十日：仰不愧于天，俯不怍于人。——孟子（仰不愧于天，因鬼神为妄语，俯不怍于人，因人人与我一辙。）

十一日：先天下之忧而忧，后天下之乐而乐。——范仲淹（先天下之乐而乐，后天下之忧而忧，庶几乎受用。）

十四日：十二时中，莫欺自己。——葛邲（人以自骗骗人为生活之根据。）

十六日：兄须爱其弟，弟须敬其兄。——方正学（倘兄不足敬，弟不足爱，则如之何？）

十七日：父兮生我，母兮鞠我，抚我育我……昊天罔极。——《诗经》（我不欲父母生我，父母奚为生我？）

廿八日：浊富宁可清贫。——姚崇（贫而不能清，则如之何？）

六月一日：生死穷达，不易其操。——苏轼（不易其操者，有死无生，有穷无达。）

四日：勿谓今日不学有来日，勿谓今年不学有来年。——朱子（今日不学有来日，今年不学有来年。）

五日：做人以居心宽厚，气度和平为主。——蔡英（居二十世纪之文明都市，殆无有居心宽厚气度和平者矣。）

你要不要著一本书驳斥我？

寄上屠格涅夫《猎人日记》一本，及杂志两本，希望你谢谢我。

臭灰鸭蛋

第[238]封 无法

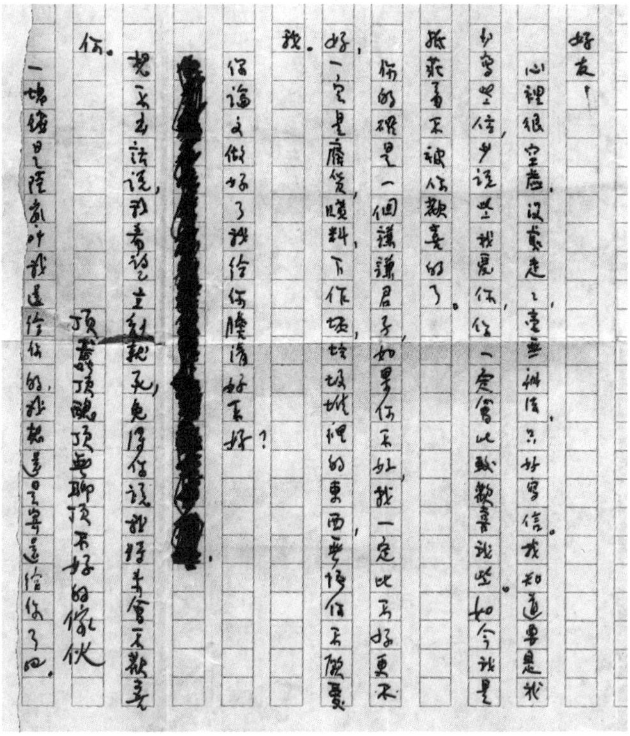
好友！
心裡很空虛，沒處走走，毫無辦法，只好寫信。我知道要是我少寫些信，少說些我愛你，你一定會比較歡喜我些。如今我是抵莊着不被你歡喜的了。
你的確是一個謙謙君子，如果你不好，我一定比不好更不好，一定是廢貨，賤料，下作坯，垃圾堆裡的東西，無怪你不願愛我。
你論文做好了沒？你膽識好不好？
[redacted]。
[illegible]現在正該說，我希望在先把它說完，免得你說我好未會不歡喜你。
頂蠢頂醜頂無聊頂不好的傢伙
一塌糊塗的陰霾中我送給你的，我想還是寫這信給你了吧。

好友：

心里很空虚，没处走走，毫无办法，只好写信。我知道要是我少写些信，少说些我爱你，你一定会比较欢喜我些。如今我是抵庄着不被你欢喜的了。

你的确是一个谦谦君子。如果你不好，我一定比不好更不好，一定是废货、贱料、下作坯、垃圾堆里的东西，无怪你不愿爱我。

你论文做好了我给你誊清好不好？

想不出话说，我希望立刻就死，免得你说我将来会不欢喜你。

顶蠢顶丑顶无聊顶不好的家伙

一块钱是陆家叫我还给你的，我想还是寄还给你了吧。

第[239]封 我爱

我爱宋清如，风流天下闻；红颜不爱酒，秀颊易生氛。
冷雨孤山路，凄风苏小坟；香车安可即，徒此挹清芬。

我爱宋清如，诗名天下闻；无心谈恋爱，埋首写论文。
夜怕贼来又，晓嫌信到频；怜余魂梦阻，旦暮仰孤芬。

我爱宋清如，温柔我独云；三生应存约，一笑忆前盟。
莫道缘逢偶，信知梦有痕；寸心怀夙好，常艺瓣香芬。

右打油诗三首

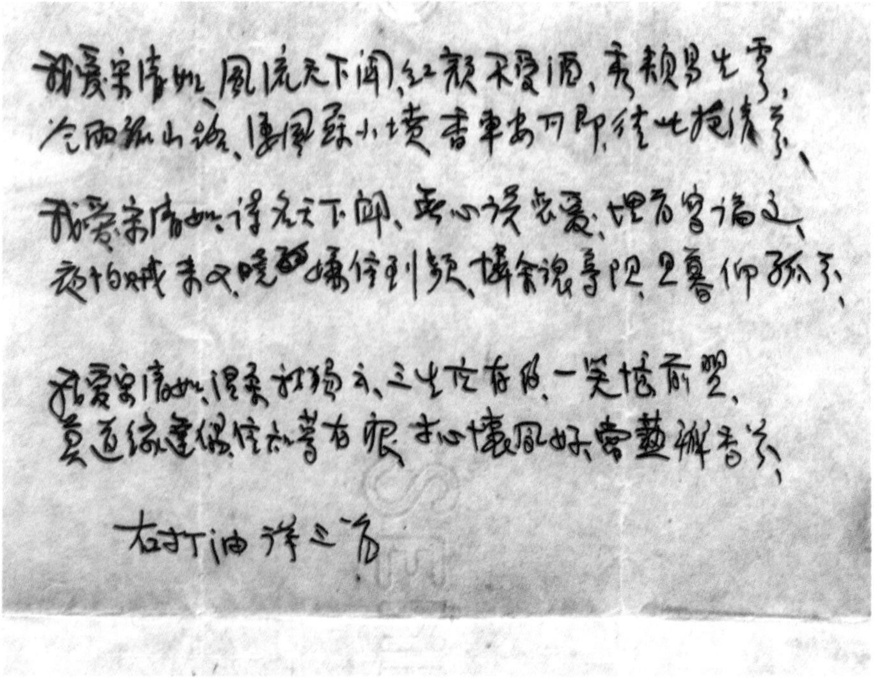
我爱宋清如、风流天下闻、红颜不爱酒、秀颊易生氛、
冷雨孤山路、凄风苏小坟、香车安可即、徒此挹清芬、
我爱宋清如、诗名天下闻、无心谈恋爱、埋首写论文、
夜怕贼来又、晓嫌信到频、怜余魂梦阻、旦暮仰孤芬、
我爱宋清如、温柔我独云、三生应存约、一笑忆前盟、
莫道缘逢偶、信知梦有痕、寸心怀夙好、常艺瓣香芬、
右打油诗三首

第[240]封 邪乎

澄子：

昨夜想写信写不成功，其实总写不出什么道理来。今晚又很懒，但不写信又似心事不了，仔细一想，我昨天还寄给你过一封信，却似乎已有两三天不写了的样子。

第二次世界大战业已开始，你高不高兴？中国又要有问题了。全国运动会太无聊。明天过去，又是星期。

还是讲梦吧：某晚我到你家里，你似乎有些神智失常，我们同出去散步シマス[1]，到一只破庙里，你看见庙里的柱对，便要把头撞上去，我说这庙里一定有邪鬼，连忙把你抱了出来。回来的时候，经过一条河，河里放下几块三角板来，以备乘坐；

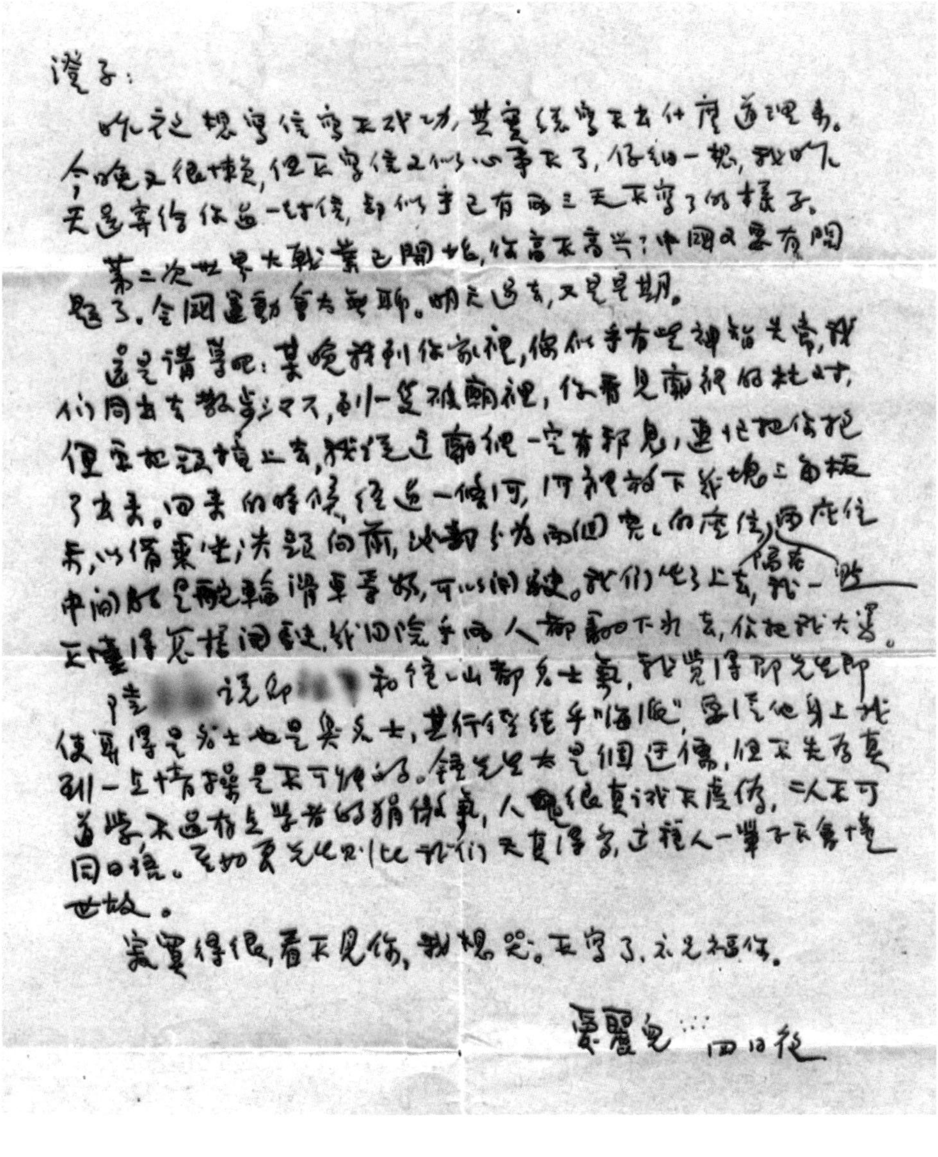
澄子：
昨夜想写信写不成功，其实总写不出什麽道理来。今晚又很懒，但不写信又似心事不了，仔细一想，我昨天还寄给你过一封信，却似乎已有两三天不写了的样子。
第二次世界大战业已開始，你高不高兴？中国又要有问题了。全国運動会太無聊。明天过去，又是星期。
还是讲梦吧：某晚我到你家裡，你似乎有些神智失常，我们同出去散步シマス，到一只破廟裡，你看見廟裡的柱对，便要把头撞上去，我说这廟裡一定有邪鬼，連忙把你抱了出来。回来的时候，经过一條河，河裡放下几块三角板来，以备乘坐；[illegible]
[illegible]
寂寞得很，看不見你，我想哭。不写了，祝福你。
[illegible] 四日夜

尖头向前，后部分为两个窄窄的座位，隔在两座位中间的是舵轮滑车等物，可以开驶。我们坐了上去，我一点不懂得怎样开驶，几回险乎两人都翻下水去，你把我大骂。

陆先生说邵先生和钟先生都名士气，我觉得邵先生即使算得是名士也是臭名士，其行径纯乎“海派”，要从他身上找到一点情操是不可能的。钟先生太是个迂儒，但不失为真道学，不过有点学者的狷傲气，人是很真诚不虚伪，二人不可同日语。至如夏先生则比我们天真得多，这种人一辈子不会懂世故。

寂寞得很，看不见你，我想哭。不写了，祝福你。

爱丽儿 四日夜

①シマス：这是日文中几个动词的词干，没有具体意义。

第[241]封 要好

宝贝：

为着不要使你气馁，我说你一定可以做一个受爱戴的教师。不过想起来很惨是不是？有没有别的出路可想呢？我看一切职业都很无聊，做拆白党最有意思。不过你做不来，母亲也不许。

戴方帽子的照相如果照得很贼腔，请给我一张，最好签个大名在上面。如果照得很神气，则不要给我，因为我见了要害怕。

我想你离开之江的时候，一定还要写一首伟大的诗篇，是不是？也许它会使你不朽，“架上荼蘼”那半首蝶恋花为什么不涂去呢？小孩子的东西。

我们会永远要好的，是不是？

十五

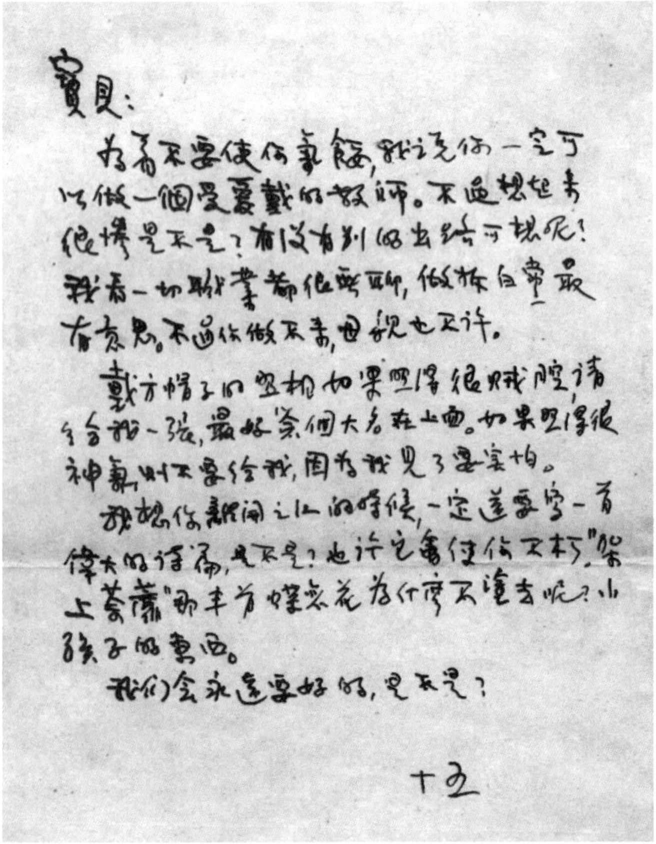

寶貝：

為着不要使你氣餒，我說你一定可以做一個受愛戴的教師。不過想起來很慘是不是？有沒有別的出路可想呢？我看一切職業都很無聊，做拆白黨最有意思。不過你做不來，母親也不許。

戴方帽子的照相如果照得很賊腔，請給我一張，最好簽個大名在上面。如果照得很神氣，則不要給我，因為我見了要害怕。

我想你離開之江的時候，一定還要寫一首偉大的詩篇，是不是？也許它會使你不朽，"架上荼蘼"那半首蝶戀花為什麼不塗去呢？小孩子的東西。

我們會永遠要好的，是不是？

十五

第[242]封 发愁

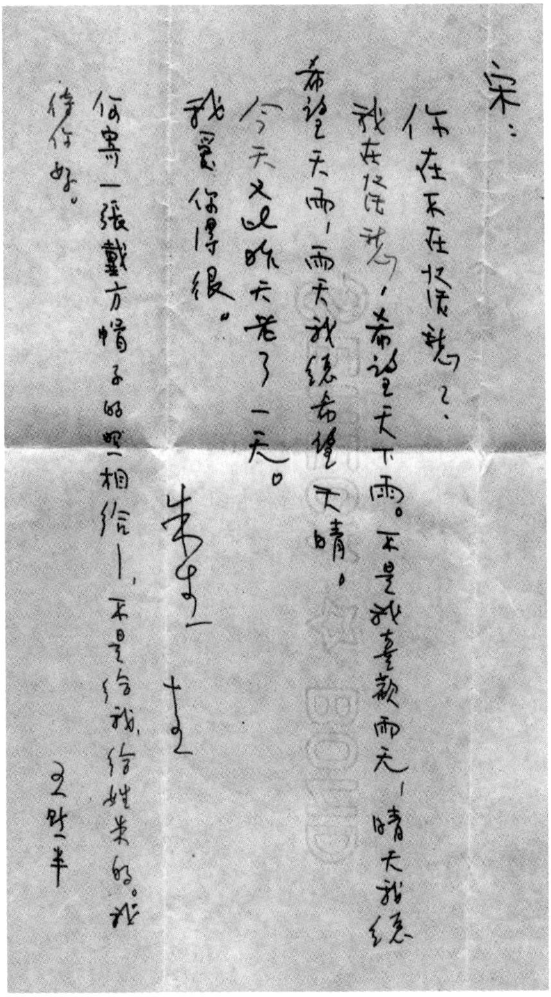
宋：
你在不在发愁？
我在发愁，希望天下雨。不是我喜欢雨天，晴天我总希望天雨，雨天我总希望天晴。
今天又比昨天老了一天。
我爱你得很。
朱生 十五
你寄一張戴方帽子的照相给——不是给我，给姓朱的。我待你好。
五点半

宋：

你在不在发愁？

我在发愁，希望天下雨。不是我喜欢雨天，晴天我总希望天雨，雨天我总希望天晴。

今天又比昨天老了一天。

我爱你得很。

朱生 十五

你寄一张戴方帽子的照相给——不是给我，给姓朱的。我待你好。

五点半

第[243]封 堕落

好友：

我心里非常之肉麻（我的意思是说悲哀），为什么永远不能产生出一种安定感，可以死心塌地地承受生活所给予的一切。我不是不满足，我也不想享受什么，我只想逃避，可是一切门都对我禁闭着。向上进不可能，向下堕落也不可能，有时我真渴想堕落。

要是明天你仍没有信来，我一定不吃饭。有的人三两个月给一封信我，我觉得他们怪亲切，待我这样好，这么不怕麻烦，可是等起你的信来老像要等脱半条命似的。

一个人要是做了基督徒，大概百分之九十五将来要落地狱，这地狱便是他们自以为是天堂的地方。

理想的世界是一切人都没有灵魂。

你真不替我挣气，毕业成绩还比不上丁幼贞①，绩然连2都拿不到。

我要待你好——别肉麻！

野狼 十八

①丁幼贞：之江同学，主修英文，1936年毕业。

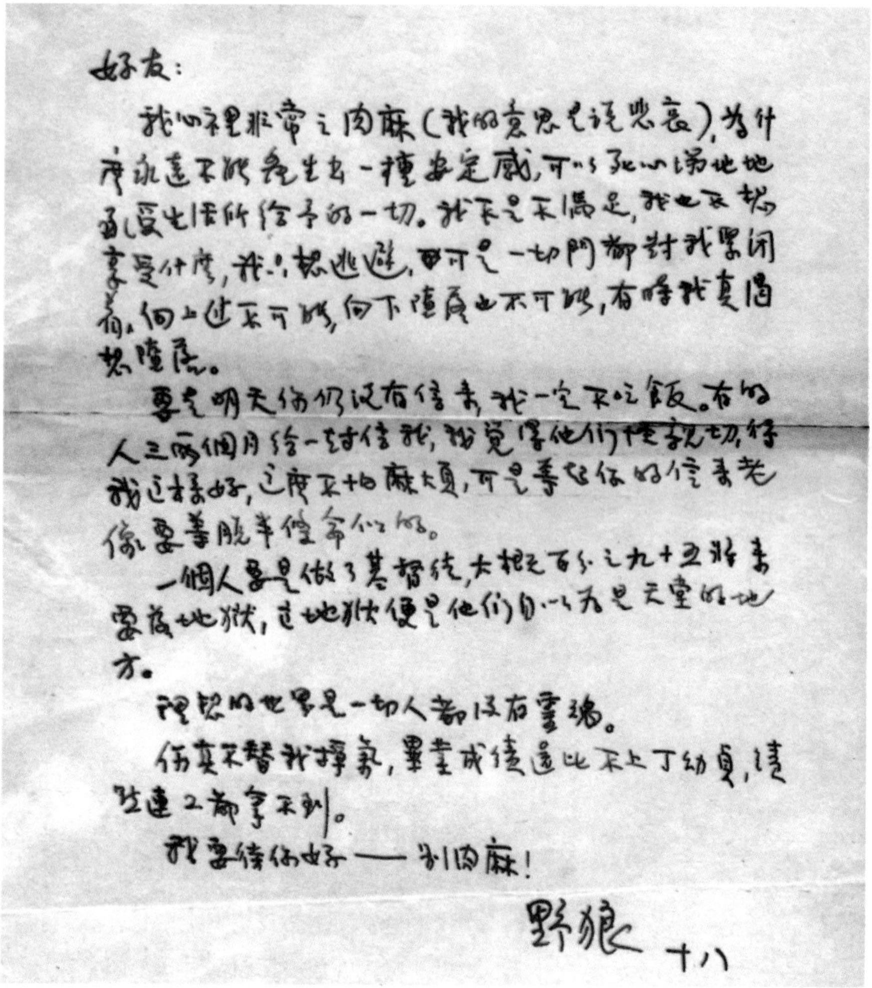

好友：

我心裡非常之肉麻（我的意思是說悲哀），為什麼就這不能發生出一種安定感，可以死心塌地地領受生活所給予的一切。我不是不滿足，我也不想享受什麼，我只想逃避，可是一切門都對我緊閉着，向上也不可能，向下墮落也不可能，有時我真渴想墮落。

要是明天你仍沒有信來，我一定不吃飯。有的人三兩個月給一封信我，我覺得他們倒親切，待我這樣好，這麼不怕麻煩，可是等你的信老像要送脫半條命似的。

一個人要是做了基督徒，大概百分之九十五將來要落地獄，這地獄便是他們自以為是天堂的地方。

理想的世界是一切人都沒有靈魂。

你莫不替我掙氣，畢業成績遠比不上丁幼貞，績點連二都拿不到。

我要待你好——到肉麻！

野狼 十八

第[244]封 坦白

宋：

昨夜我写了一封痴痴颠颠的信，幸亏不寄出，否则你又要骂我。

我知道你很爱我，如果你骗你自己说不爱我，我也无法禁止你。

照相即使你硬要送给我，我也不要了，因为你已送过了别人。你瞧我好像也会喝醋的样子。

关于朋友我向来主张“不交主义”，除非人家要来交我，我决不去交人家。男朋友我也不要，何况女朋友，何况是含有特殊意义的女朋友。除非你忍心要我在不相识的姑娘们前出乖露丑，像一个呆大女婿那样地，你总不好

宋：

昨天我写了一封痴痴颠颠的信，幸亏不寄去，否则你又要骂我。

我知道你很爱我，如果你骗你自己说不爱我，我也无法禁止你。

照相即使你不寄送给我，我也不要了，因为你已送过了别人。你照我好像也会喝醋的样子。

关于朋友我向来主张不交主义，除非人家要来交我，我决不去交人家。男朋友我也不要，何况女朋友，何况是会有许多天真的女朋友。除非你忍心要我在不相识的姑娘们前去乖露丑態，像一個老大女婿那們地，你总不好意思劝我交女朋友吧？

你说的光明坦白四個字我也不很懂，心中存着光明坦白四個字，已经有些不十分光明坦白了，時時刻刻记得这四個字而去交起朋友来，往往会变得矫揉做作。友情不是可以用人工方法培植起来的，毫无理由地去与一個不相识者交起朋友来，随便你怎样光明坦白也是awkward的。你光是说些不通的话，真是可爱得很。

你因为客气而不骂我，不知心算不算得光明坦白？如果朋友有失而不骂，也未免不够交情。祗有好朋友的骂才能使人心悦诚服，即使使被骂者脸红耳赤，也不致怀恨在心，你为什么不骂我呢！这是我没有被你骂的资格？——我简直要声势汹汹地质问你。

你原来就是笨的，现在至于比从前更笨，可是笨得可爱。

这次你写了一段很好的文字：“日日在烦恼中看着天明，再由白天挨到夜晚。这种不快意的心情，说出来似乎太重，说它很又嫌太轻。要说这是愁，那我更不知是愁些什么来。”令人咏叹不尽。

不要不给我好，在这世上我最欢喜你。

朱十九

意思劝我交女朋友吧?

你说的光明坦白四个字我也不很懂，心中存着光明坦白四个字，已经有些不十分光明坦白了，时时刻刻记得这四个字而去交起朋友来，往往会变得充满了做作。友情不是可以用人工方法培植起来的，毫无理由地和一个不相识者交起朋友来，随便你怎样光明坦白也是awkward[①]的。你老是说些不通的话，真是可爱得很。

你因为客气而不骂我，不知这算不算得光明坦白？如果朋友有失而不骂，也未免不够交情。只有好朋友的骂才能使人心悦诚服，即使使被骂者脸红耳赤，也不致怀恨在心，你为什么不骂我呢？还是我没有被你骂的资格？——我简直要声势汹汹地质问你。

你原来就是笨的，现在并不比从前更笨，可是笨得可爱。

这次你写了一段很好的文字："日日在怅惘中看着天明，再由白天捱到夜晚。这种不快意的心情，说悲哀似乎太重，说惆怅又嫌太轻，要说这是愁，那我更不知是愁些什么来。"令人咏叹不尽。

不要不待我好，在这世上我最欢喜你。

朱 十九

① awkward：笨拙的、拙劣的。

第[245]封 宋词

宋：

两句宋词很可可（比我的好），不过"闲来只管饱和眼"一句不懂，眼大概是"眠"字之讹吧？这句和"为爱才华着意怜"两句都不协律，把为爱句搬到娇痴句下，闲来句太俚不要，下半阕另撰一句，如何？

我近来——这两天——工作效率很高，日间十足做五小时半工作，晚上做夜工三小时，每小时可以制造两块钱的商品。

昨天去把《罪与罚》电影repeat[①]了一遍，印象很好。

愿你不要惆怅，因为我不善于安慰你。

如果你不喜欢我说"我待你好"一类的肉麻话，这回我就不说。

朱 廿

① repeat：重复、重看。

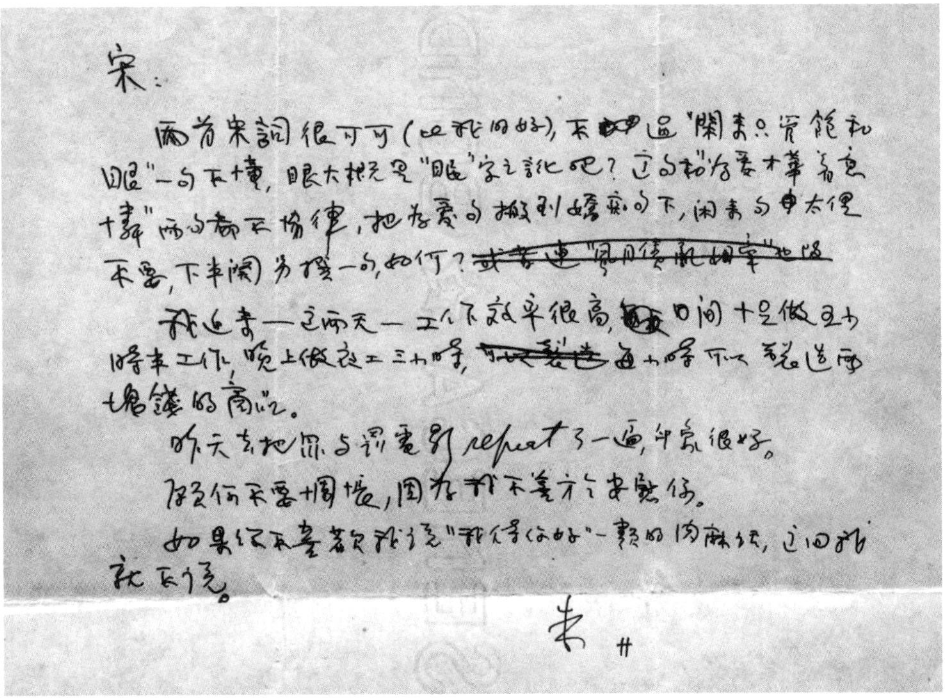
宋：
两首宋词很可可（比我的好），不过"闲来只管能和眠"一句不懂，眠大概是"眠"字之讹吧？这句和"分受才华者意情"两句都不协律，把后面句搬到嫦娥句下，闲来句更太俚不要，下半阕另换一句，如何？
我近来一连两天一工作效率很高，日间十足做五六小时工作，晚上做夜工三小时，每小时可以能造两千镂的商品。
昨天去把你与词重新repeat了一遍，印象很好。
你为何不要烦恼，因为我不善于言语安慰你。
如果你不喜欢我说"我待你好"一类的肉麻话，这回我就不说。
朱 廿

第[246]封 乐就

清如：

从前我觉得我比你寂寞，现在我觉得你比我更寂寞得多。我很为我们自己忧虑。

今天下午我试译了两页莎士比亚，还算顺利，不过恐怕终于不过是poor stuff①而已。当然预备全部用散文译出，否则将要了我的命。

你天津的事情有没有成功？我觉得教书不甚合你的个性。但也许世上还没有发明出一种为我们所乐就的职业。

不知道我有没有告诉过你？我的大表姊有四个儿子，二个女儿，第四个的男孩子是个心地忠厚，但在兄弟行中是最不聪明的一个，今年也怕有十三四岁了。一次被他的最小的妹妹欺负到哭起来，也没有人帮他。我因为是他的"老朋友"，便挈着他到近郊走走安慰安慰他。他一路拭眼泪，一路向我说做人的无趣，谁都不待他好，他说他不高兴读书（因为总是留级），学商也没有趣味，顶好是穿了短衣，赤了脚，做个看牛孩子，整天在田野里游荡，"多么写意！"这些话要是给他母亲听见了，准要说他没出息，一顿骂，但我觉得一点都不错。

我想不出再要向你说些什么话，我也想不出你有些什么话好对我说，但你无

清如：

从前我觉得我比你寂寞，现在我觉得你比我更寂寞得多。[redacted]我很为我们自己忧虑。

今天下午我试译了两页第一幕，还算顺利，不过恐怕终不过是poor stuff而已。当然预备全部用散文译出，否则将要了我的命。

你今天讲的事情有没有讲错？我觉得教书不甚合你的个性，但也许世上还没有发明出一种为我们所喜欢的职业。

不知道我有没有告诉过你？我的大表姊有四个儿子二个女儿，第四个的男孩子是个心地忠厚但在兄弟行中是最不聪明的一个，今年也怕有十三四岁了，一次被他的最小的妹妹欺负到哭起来，也没有人帮他，我因为是他的“老朋友”，便带着他到近郊走走安慰安慰他，他一路拭眼泪一路向我讲做人的无趣，说都不待他好，他说他不高兴读书（因为他是留级），学商也没有趣味，顶好是穿了短衣，赤了脚，做个看牛孩子，整天在田野里遊逛，“多么写意！”这些话要是给他母亲听见了准要说他没出息一顿骂，但我觉得一点都不错。

我想不出再要向你说些什么话，我也想不出你有些什么话好对我说，但你无论向我说什么无聊的话，我都一样愿意听的，而且你也不要以为我不肯听你说，因为在世上你是我唯一肯听话的人，不是我现在不再每天给你信了？因为你不欢喜太多的信。虽然我巴不得一天到晚写信给你，即使单是抓着笔对着白纸，一个字写不出，这么浪费光阴也好，因为这样我可以不想到别的一切，只想着你，只有在想着你的时候我才会感到幸福不曾离弃我。我希望有一天我们将永远在一起，不再分散，即使是在很老很老的时候也好，甚或在死后也好，如果人死后灵魂尚存在的话，不知道这是不是奢望。

一切的祝福！

我欢喜你给我取一个名字你曾许过我。

你的兄弟　廿一

论向我说什么无聊的话，我都一样乐意听的，而且你也不要以为我不肯听你话，因为在世上你是我唯一肯听话的人，不是我现在不再每天给你信了？因为你不喜欢太多的信。虽然我巴不得一天到晚写信给你，即使单是握着笔，望着白纸，一个字写不出，这么从天亮呆坐到天黑也好，因为这样我可以不想到别的一切，只想着你，只有在想着你的时候我才会感到幸福不曾离弃我。我希望有一天我们将永远在一起，不再分离，即使是在很老很老的时候也好，甚或在死后也好，如果人死后灵魂尚存在的话，不知道这是不是奢望。

一切的祝福！

我欢喜你给我取一个名字，你曾许过我。

你的兄弟 廿一

①poor stuff：劣质品。

第[247]封 英雄[①]

好好：

你有一点不好的地方，那就是爱用那种不好看的女人信笺。

你不大孝顺你的母亲，我说你应当待她好些，如果怕唠叨，那么我教你一个法子，逢到你不要她开口而她要开口的时候，只要跑上去kiss她，这样便可以封闭住她的嘴。

你崇拜不崇拜民族英雄？舍弟说我将成为一个民族英雄，如果把Shakespeare[②]译成功以后。因为某国人曾经说中国是无文化的国家，连老莎的译本都没有。我这两天大起劲，*Tempest*[③]的第一幕已经译好，虽然尚有应待斟酌的地方。做这项工作，译出来还是次要的工作，主要的工作便是把僻奥的糊涂的弄不清楚的地方查考出来。因为进行得还算顺利，很抱乐观的样子。如果中途无挫折，也许两年之内可以告一段落。虽然不怎样正确精美，总也可以像个样子。你如没事做，替我把每本戏译毕了之后抄一份副本好不好？那是我预备给自己保存的，因此写得越难看越好。

你如不就要回乡下去，我很想再来看你一次，不过最好什么日子由你吩咐。

我告诉你，太阳底下没有旧的事物，凡物越旧则越新，何以故？所谓新者，含有不同、特异的意味，越旧的事物，所经过的变化越多，它和原来的形式之间的差异也越大，一件昨天刚做好的新的白长衫，在今天仍和昨天那样子差不多，但去年做的那件，到现在已发黄了，因此它已完全变成另外的一件，因此它比昨天做的那件新得多。你在一九三六年穿着一九三五年式的服装，没有人会注意你，但如穿上了十七世纪的衣裳，便大家都要以为新奇了。

我非常爱你。

淡如 廿五

①此信原件上宋清如注：1936年夏。 ②Shakespeare：莎士比亚。 ③*Tempest*：《暴风雨》，莎士比亚剧本。

好好：

你有一点不好的地方，那就是爱用那种不好看的女人信笺。

你不大孝顺你的母亲，我说你应当待她好些，如果怕噜叨，那么我教你一个法子，逢到你不要她开口而她要开口的时候，只要跑上去kiss她，这样便可以封闭住她的嘴。

你崇拜不崇拜民族英雄？舍弟说我将成为一个民族英雄，如果把Shakspere译成功以后，因为某国人曾经说中国是无文化的国家，连老莎的译本都没有。我这两天大起劲，Tempest的第一幕已经译好，虽然尚有应待斟酌的地方，做这项工作，译出来还是次要的工作，主要的工作便是把僻奥的糊涂的弄不清楚的地方查考出来。因为进行得还算顺利，很抱乐观的样子，如果中途无挫折，也许两年之内可以告一段落，虽然不怎样正确精美，总也可以像个样子。你如没事做，替我把已译的译稿抄一份副本好不好？那是我预备给自己保存的，因此写得越难看越好。

你如不就要回乡下去，我很想再来看你一次，不过最好什么日子由你吩咐。

我告诉你，太阳底下没有旧的事物，凡物越旧则越新，何以故？所谓新者，含有不同、特异的意味，越旧的事物，所经过的变化越多，它和原来的形式之间的差异也越大，一件昨天刚做好的新的白长衫，在今天仍和昨天那样子差不多，但去年做的那件，到现在已泛黄了，因此它已完全变成另外的一件，因此它比昨天做的那件新得多。你在一九三六年穿着一九三五年式的服装，没有人会注意你，但如穿上了十七世纪的衣裳，便大家都要以为新奇了。

我非常爱你。

淡如　卅九

36. 夏

第[248]封 方向

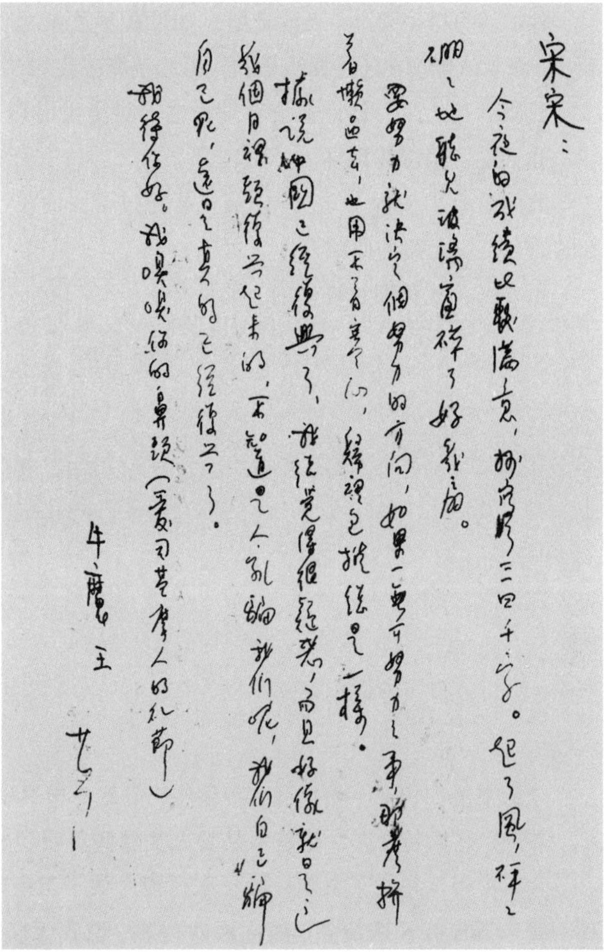

宋宋：

今夜的成绩比较满意，抄写了三四千字。起了风，砰砰磞磞地听见玻璃窗碎了好几扇。

要努力就决定个努力的方向，如果一无可努力之事，那么拼着懒过去，也用不着寒心，归里包推总是一样。

据说中国已经复兴了，我总觉得很疑惑，而且好像就是这几个月里头复兴起来的，不知道是人家骗我们呢，我们自己骗自己呢，还是真的已经复兴了？

我待你好，我嗅嗅你的鼻头（爱司基摩人的礼节）。

牛魔王 廿六

第[249]封 心肝

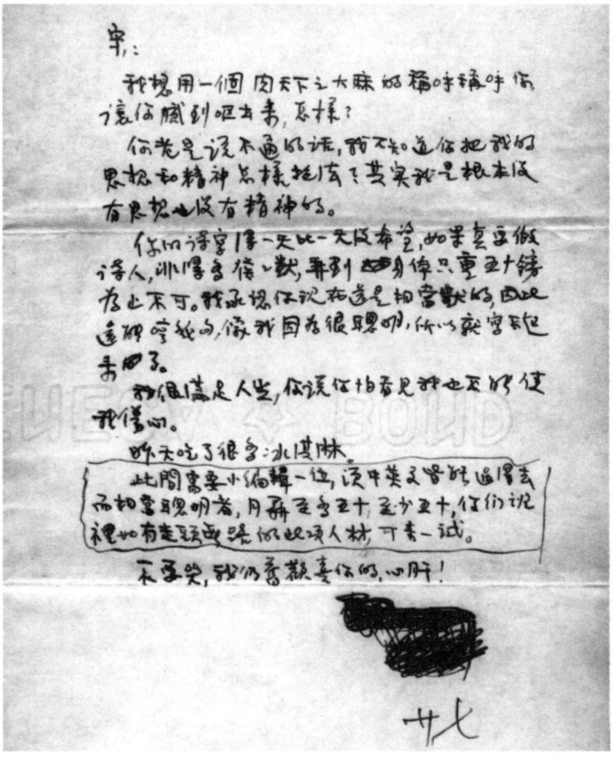

宋：

我想用一个肉天下之大麻的称呼称呼你，让你腻到呕出来，怎样？

你老是说不通的话，我不知道你把我的思想和精神怎样抱法？其实我是根本没有思想也没有精神的。

你的诗写得一天比一天没希望，如果真要做诗人，非得多发发呆，弄到身体只重五十磅为止不可。我承认你现在还是相当呆的，因此还能哼几句，像我因为很聪明，所以就写不起来了。

我很满足人生，你说你怕看见我也不能使我伤心。

昨天吃了很多冰淇淋。

此间需要小编辑一位，须中英文皆能过得去而相当聪明者，月薪至多五十，至少五十，你们班里如有走投无路的此项人才，可来一试。

不要哭，我仍旧欢喜你的，心肝！

廿七

第[250]封 上当

好友：

今天宋清如仍旧不给信我，我很怨，但是不想骂她，因为没有骂她的理由，而且我也不是女人。宋清如好像是女人，你是不是女人我有些莫明其妙。

今天中饭气得吃了三碗，肚子胀得很，放了工还要去狠狠吃东西，谁教宋清如不给信我？

我告诉你我爱宋清如，随你说我肉麻，说我无聊，说我臭，说我是猪猴驴子猢狲夜叉小鬼都不相干。

这两天有一张非看不可的电影，因此虽然有种种不方便，昨天终于偷偷地去看了，LONDON FILMS①出品，RENE CLAIRE，法国的宗匠，导演，剧旨是“没落的旧浪漫主义对于新兴的俗恶的现实主义的嘲笑”，这句话抽象不抽象？片名是《鬼往西方》。故事是一个美国商人买了一座鬼祟的苏格兰古堡，整个儿拆卸下来载回美国重新盖造，把那古堡里的鬼也带了去了。纽约的好奇群众热烈地欢迎这个鬼，新闻记者争着摄影，而商人因此得到publicity②。搬来的古堡落成以后，里面装置着摩登的设备，一切的不三不四使这鬼头痛……我没有讲完这故事，后半部鬼出现的最精彩的部分也是嘲笑最犀利的部分完全给检查会剪去了，以至看下去很有支离之感。可笑的是片中的鬼本来是真的鬼，说明书中说那是剧中主人公的假扮，原是避免不通的检查诸公的注意，因为要是说那是真的鬼，就变做“宣传迷信”，不能开映了，于是大家都上了当，以为那个鬼是假扮的。报上的影评也是这样说，这种人真没有资格上电影院。

高尔基死，鄙人大有独霸世界文坛的希望。

这封信不要给宋清如看。

十九

① LONDON FILMS：伦敦影片公司。② publicity：名声、知名度。

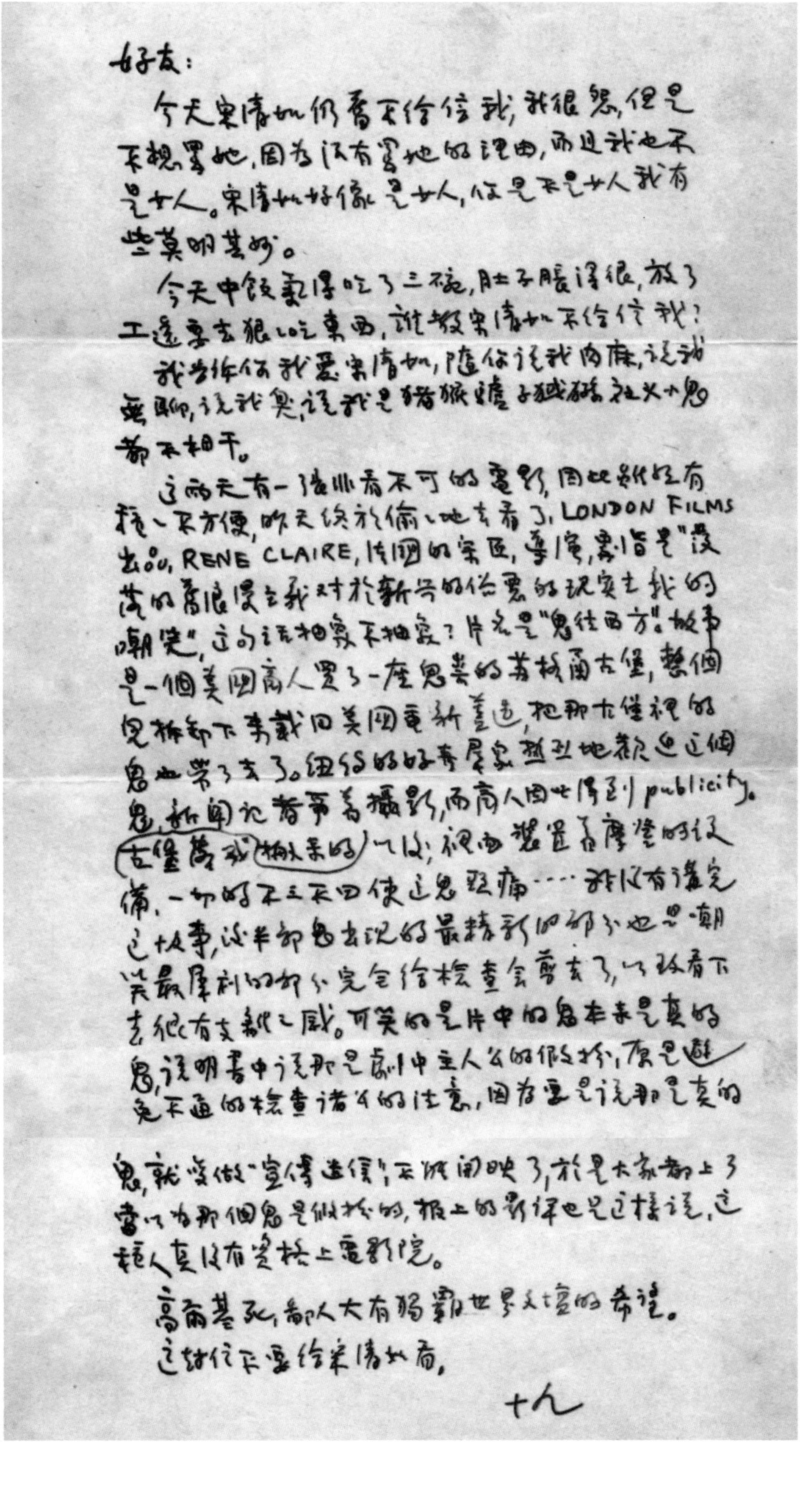

好友：

今天宋清如仍旧不给信我，我很怨，但是不想骂她，因为没有骂她的理由，而且我也不是女人。宋清如好像是女人，但是不是女人我有些莫明其妙。

今天中饭气得吃了三碗，肚子胀得很，放了工还要去狠狠吃东西，谁教宋清如不给信我？

我告诉你们我爱宋清如，随你说我肉麻，说我无聊，说我臭，说我是猪猡瘪三猢狲赤佬小鬼都不相干。

这两天有一张非看不可的电影，因此纵然有种种不方便，昨天终于偷偷地去看了，LONDON FILMS出品，RENE CLAIRE，法国的宗匠，导演，意旨是"该片的喜剧是表现美国对于新兴的俗恶的现实主义的嘲笑"，这句话抽象不抽象？片名是"鬼往西方"。故事是一个美国商人买了一座鬼祟的苏格兰古堡，整个儿拆卸下来载回美国重新盖造，把那古堡里的鬼也带了去了。纽约的好奇群众热烈地欢迎这个鬼，新闻记者争着摄影，而商人因此得到publicity。古堡落成（搬来的）以後，里面装置着摩登的设备，一切的不三不四使这鬼头痛……我没有讲完这故事，後半部鬼去後的最精彩的部分也是嘲笑最厉利的部分完全给检查会剪去了，以致看下去很有支离之感。可笑的是片中的鬼本来是真的鬼，说明书中说那是剧中主人公的假扮，原是避免不通的检查诸公的注意，因为要是说那是真的鬼，就要做"宣传迷信"，不准开映了，于是大家都上了当以为那个鬼是假扮的，报上的影评也是这样说，这种人真没有资格上电影院。

高尔基死，鄙人大有独霸世界文坛的希望。

这封信不要给宋清如看。

十九

第[251]封 湖州

好友：

湖州地方也不错，如果天津不成功，当然很可去得。月薪五十其实已不算小了，在上海也许不够用，在内地很可以每月积蓄些，又不要你供给家用。只要事情不十分忙，环境相当好，钱你很可以不必计较。

郑天然下星期一来。

我已把*Tempest*译好一半，全剧共约四万字，你有没有这耐心抄？这篇在全集中也算是较短的。一共三十七篇，以平均每篇五万字计，共一百八十五万言，你算算要抄多少时候？

我待你好。

朱

近来夜里很好睡，虽然有时很夜深，臭虫很奇怪变少了，也许因为人倦不觉得。蚊子比较多，但这里的蚊子有沉默的特性，不向你唱歌，还比较不使人心烦，叮就让它叮去，没有工夫理它们。

卅一

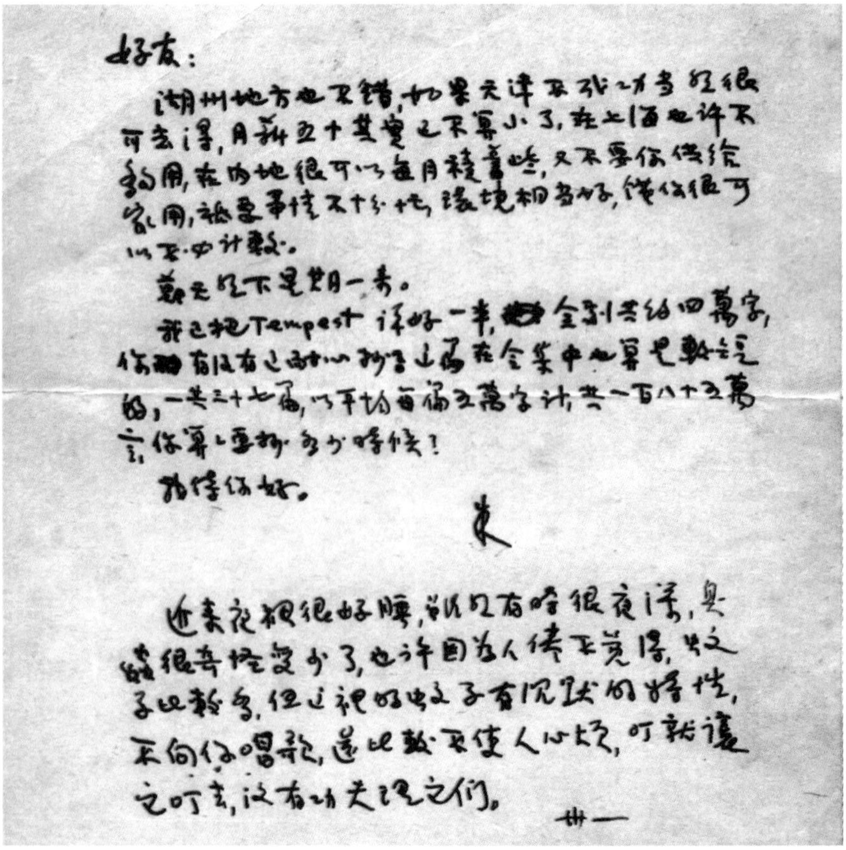

好友：

湖州地方也不錯，如果天津不成功，當然很可去得，月薪五十其實已不算小了，在上海也許不夠用，在內地很可以每月積蓄些，又不要你供給家用，祇要事情不十分忙，環境相當好，錢你很可以不必計較。

鄭天然下星期一來。

我已把Tempest譯好一半，全劇共約四萬字，你有沒有這耐心抄？這篇在全集中也算是較短的，一共三十七篇，以平均每篇五萬字計，共一百八十五萬言，你算算要抄多少時候？

我待你好。

朱

近來夜裏很好睡，雖然有時很夜深，臭蟲很奇怪變少了，也許因為人倦不覺得，蚊子比較多，但這裡的蚊子有沉默的特性，不向你唱歌，還比較不使人心煩，叮就讓它叮去，沒有功夫理它們。

卅一

回应

绮罗香(次天然韵)①

宋清如

月怯风寒
草愁露重
漠漠荒烟无语
绿褪空山
郁郁惨红千树
问残秋何事匆匆
又弃了芦汀鸥渡
恨年年到此凄凉
梦回不带愁怀去

流光无计暗渡
重听寒钟声急
愁添几许
倚遍栏杆
犹忆叮咛千句
莽西风横扫平林
恋残霞欲消还住
似骤雨落叶纷飘
乱投阶砌舞

①宋清如《芳草词》中的一首。

1936年下半年到1937年『八·一三』事变日军攻入上海这段时间，是朱生豪以极大的热情进行译莎工作的时期。从这些残存的信中可以看出朱生豪翻译莎士比亚戏剧的大致情况，他的翻译计划和进程，翻译过程中的甘苦和获得某些成功之后『大喜若狂』的喜悦之情。

这一年宋清如在湖州民德女校开始了她的教学生涯，朱生豪对她在新环境中的生活、工作和健康等都非常关心。对于译莎工作，宋清如除了在精神上给朱生豪支持，分享他的甘苦外，也参与了一些具体的工作，包括誊抄、校勘等，两人合力，可谓是译莎增进了爱情，爱情成就了译莎。

第[252]封 哄慰

清如：

你知不知道你是个了不得的人？今天我精神疲乏得很，想不要工作了，不工作又无法度日，影戏又没有什么好看，想去重看《野性的呼声》，因为对它我有非常好的印象（不管它把原著改窜到若何程度，单就影片本身说，清新、乐观、没有其他一切文艺电影的堆砌的伟大，又没有一点恶俗的气味，旷野中的生活是描写得够优

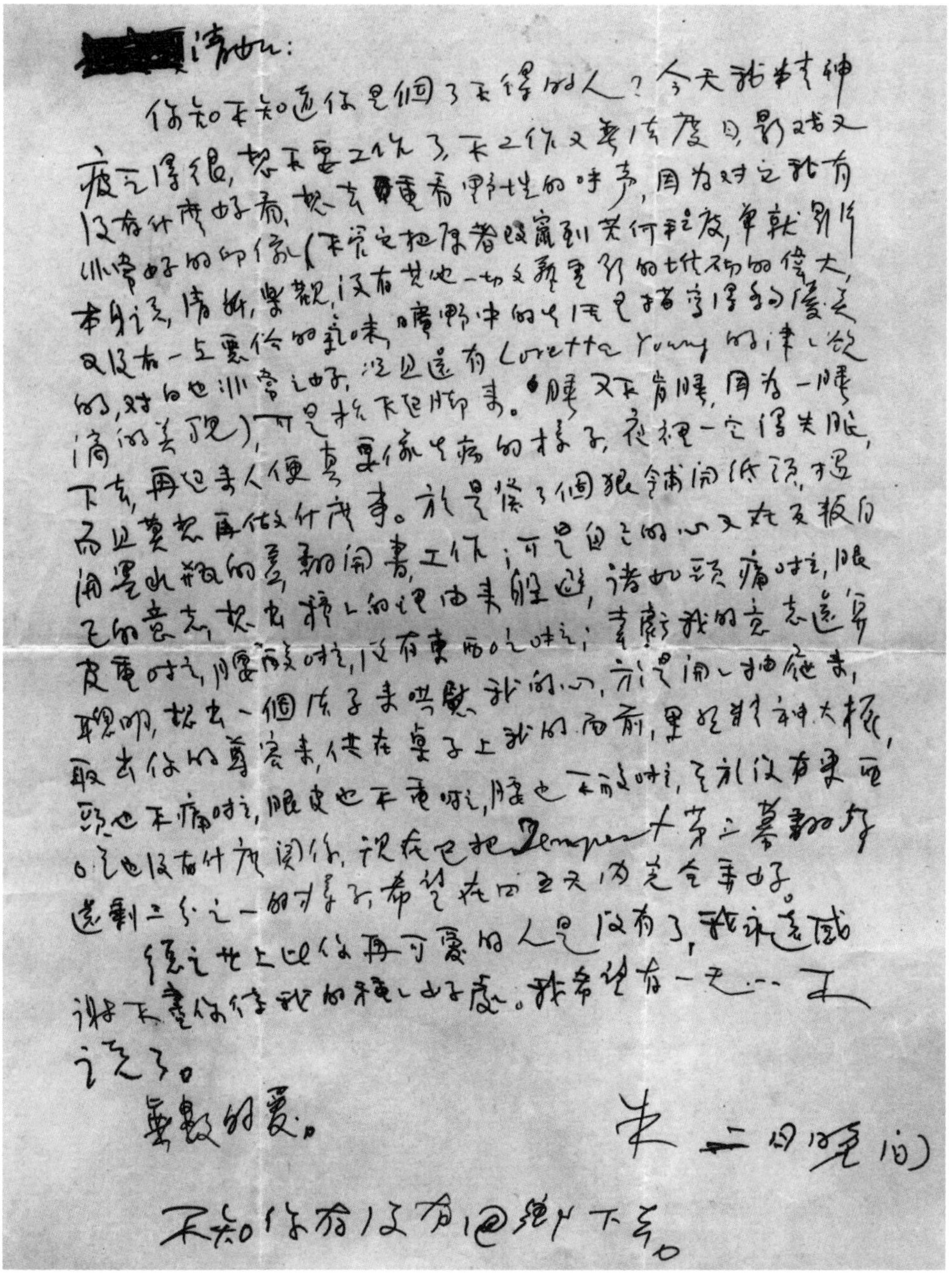
[redacted]清如：
你知不知道你是個了不得的人？今天我精神疲乏得很，想不要工作了，不工作又無法度日，影戲又沒有什麼好看，想去重看野性的呼聲，因為對它我有非常好的印象（不管它把原著改竄到若何程度，單就影片本身說，清新，樂觀，沒有其他一切文藝電影的堆砌的偉大，又沒有一點惡俗的氣味，曠野中的生活是描寫得夠優美的，對白也非常之好，況且還有Loretta Young的津津滴滴的美貌），可是抬不起腳來。睡又不肯睡，因為一睡下去，再起來人便真要像生病的樣子，夜裡一定得失眠，而且莫想再做什麼事。於是發了個狠拿開紙頭，揭開墨水瓶的蓋，翻開書工作；可是自己的心又在反叛自己的意志，想出種種的理由來躲避，諸如頭痛啦，眼皮重啦，腰酸啦，沒有東西吃啦；幸虧我的意志還聰明，想出一個法子來哄慰我的心，於是開開抽屜來，取出你的尊容來，供在桌子上我的面前，果然精神大振，頭也不痛啦，眼皮也不重啦，腰也不酸啦，至於沒有東西吃也沒有什麼關係，現在已把Tempest第三幕翻好，還剩三分之一的樣子，希望在四五天內完全弄好。
總之世上比你再可愛的人是沒有了，我永遠感謝不盡你待我的種種好處。我希望有一天……不說了。
無數的愛。
朱 二日晚（四）
不知你有沒有回鄉下去。

美的，对白也非常之好，况且还有Loretta Young[①]的津津欲滴的美貌），可是抬不起脚来。

睡又不肯睡，因为一睡下去，再起来人便真要像生病的样子，夜里一定得失眠，而且莫想再做什么事。于是发了个狠，铺开纸头，揭开墨水瓶的盖，翻开书，工作；可是自己的心又在反叛自己的意志，想出种种的理由来躲避，诸如头痛啦，眼皮重啦，腰酸啦，没有东西吃啦；幸亏我的意志还算聪明，想出一个法子来哄慰我的心，于是开开抽屉来，取出你的尊容来，供在桌子上我的面前，果然精神大振，头也不痛啦，眼皮也不重啦，腰也不酸啦，至于没有东西吃也没有什么关系。现在已把*Tempest*第三幕翻好，还剩三分之一的样子，希望在四五天内完全弄好。

总之世上比你再可爱的人是没有了，我永远感谢不尽你待我的种种好处。我希望有一天……不说了。

无数的爱。

朱 二日晚间

不知你有没有回乡下去。

① Loretta Young：演员名。

第[253]封 圈诗

亲爱的朋友：

热得很，你有没有被蒸酥了？

怪倦的，可是我想必须要写了这封信。

*Tempest*已完工，明天叫他们替钉一钉，便可以寄给你看，但不知你能不能对我的译笔满意。

郑天然给我的两本抄本，我因为自己没用处，昨夜没有事，便把你所有寄给我看的新诗（除了我认为太不好的少数之外）都抄了上去，计得：

1932年（十月起）	9首
1933年	38首
1934年	32首
1935年	8首
1936年（迄七月）	2首

竭着一个黄昏一个上午半个下午的时间把它们抄完，好似从头到尾温习了一遍甘美的旧梦。我觉得你确实有诗人的素质，你的头脑跟你的心都是那么美丽可爱。因为不讲究细琢细磨的缘故，你的诗有时显得生硬，显得意象的调炼未臻融和之境，而给人一种不很成熟的感觉，但这无害于你的抒情的优美。不经意而来的好句子，尽可以使低能的苦吟者瞠然失色；你的顶好的几首小诗可以列于我平生读过的最好的诗篇之中。我对于你真只有无限的爱慕，希望你真不要从此萧索下去才好。我曾在抄后又用红墨水把你的各篇诗加以评点，好的诗一圈，很好的诗两圈，非常好的诗三圈；句子有毛病或用得不适当的加竖，佳句加细点，特别出色的佳句加密圈，你要不要看看？

说不完的我爱你。愿你好。

永远是你的

星期日夜

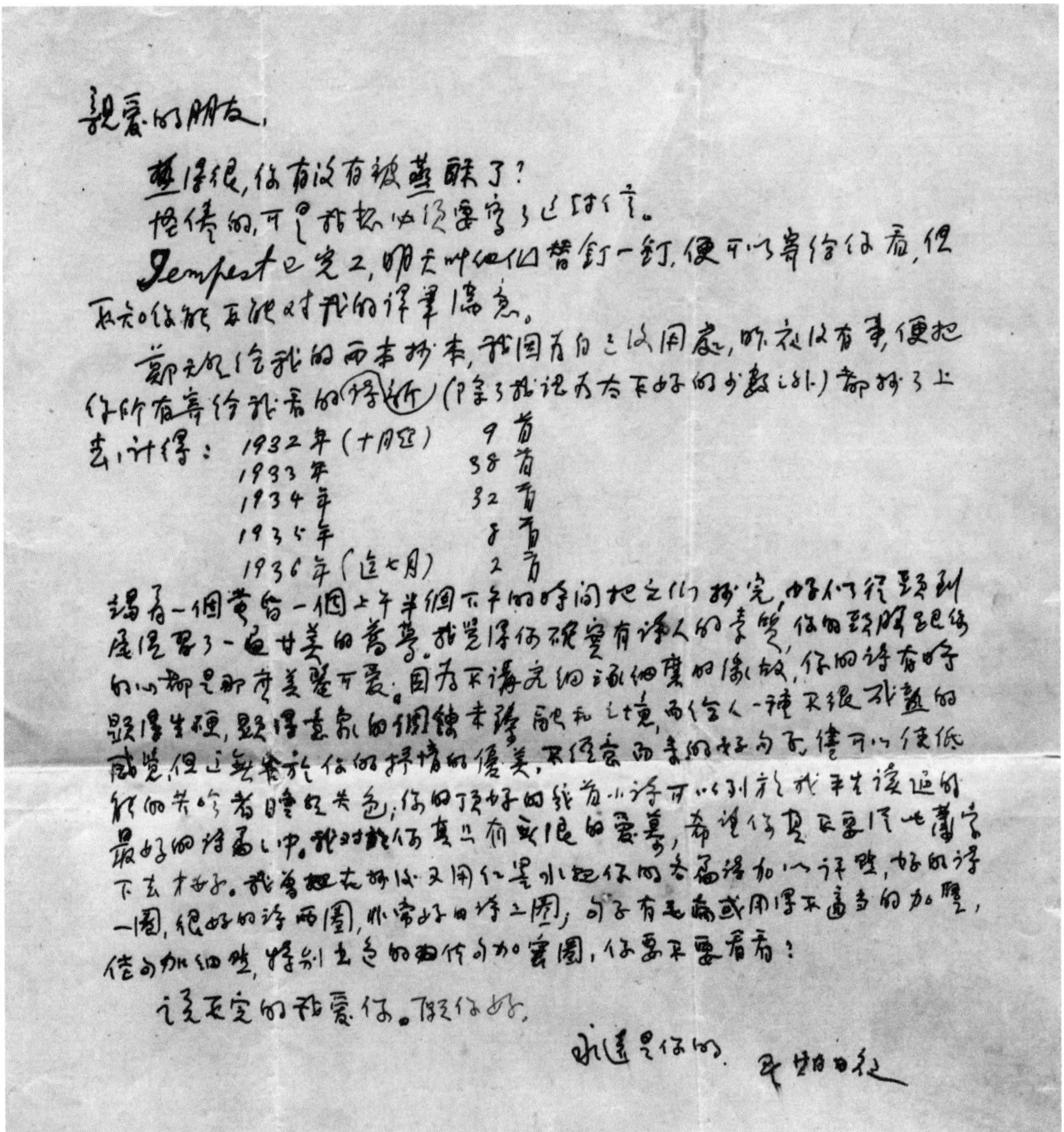
親愛的朋友，

蒸得很，你有沒有被蒸酥了？

懶得動，可是我想必須要寫了這封信。

Tempest已完工，明天叫他們替釘一釘，便可以寄給你看，但不知你能否對我的譯筆滿意。

鄭[illegible]給我的兩本抄本，我因有自己的用處，昨夜沒有事，便把你所有寄給我看的詩作（除了我認為太不好的少數以外）都抄了上去，計得：

1932年（十月起） 9首
1933年 38首
1934年 32首
1935年 8首
1936年（迄七月） 2首

竭着一個黃昏一個上午半個下午的時間把它們抄完，好似從頭到尾溫習了一遍甘美的舊夢。我覺得你確實有詩人的素質，你的頭腦跟你的心都是那麼美麗可愛。因為不講究細琢細磨的緣故，你的詩有時顯得生硬，顯得意象的調鍊未臻融和之境，而給人一種不很成熟的感覺，但這無害於你的抒情的優美。不經意而來的好句子，儘可以使低能的苦吟者瞠然失色；你的頂好的幾首小詩可以列於我平生讀過的最好的詩篇之中。我對於你真只有無限的愛慕，希望你真不要從此蕭索下去才好。我曾在抄後又用紅墨水把你的各篇詩加以評點，好的詩一圈，很好的詩兩圈，非常好的詩三圈；句子有毛病或用得不適當的加豎，佳句加細點，特別出色的佳句加密圈，你要不要看看？

說不完的我愛你。願你好。

永遠是你的 星期日夜

第[254]封 计划[1]

好人：

今晚我把《仲夏夜之梦》的第一幕译好，明天可以先寄给你。我所定的计划是分四部分动手：第一，喜剧杰作；第二，悲剧杰作；第三，英国史剧全部；第四，次要作品。《仲夏夜之梦》是初期喜剧的代表作，故列为开首第一篇。

今天已把所抄的你的二本诗寄出，希望你见了不要生气。

今天下雨，很有了秋意。湖州有没有什么可以玩玩的地方，人家陪不陪你出去走走？除国文外，你还教些什么功课？

《仲夏夜之梦》比《暴风雨》容易译，我不曾打草稿，“葛搭”（这两个字我记不起怎么写）的地方也比较少，但不知你会不会骂我译得太不像样。

虽则你还没开学，我却在盼望快些放寒假（或者新年），好等你回家的时候来

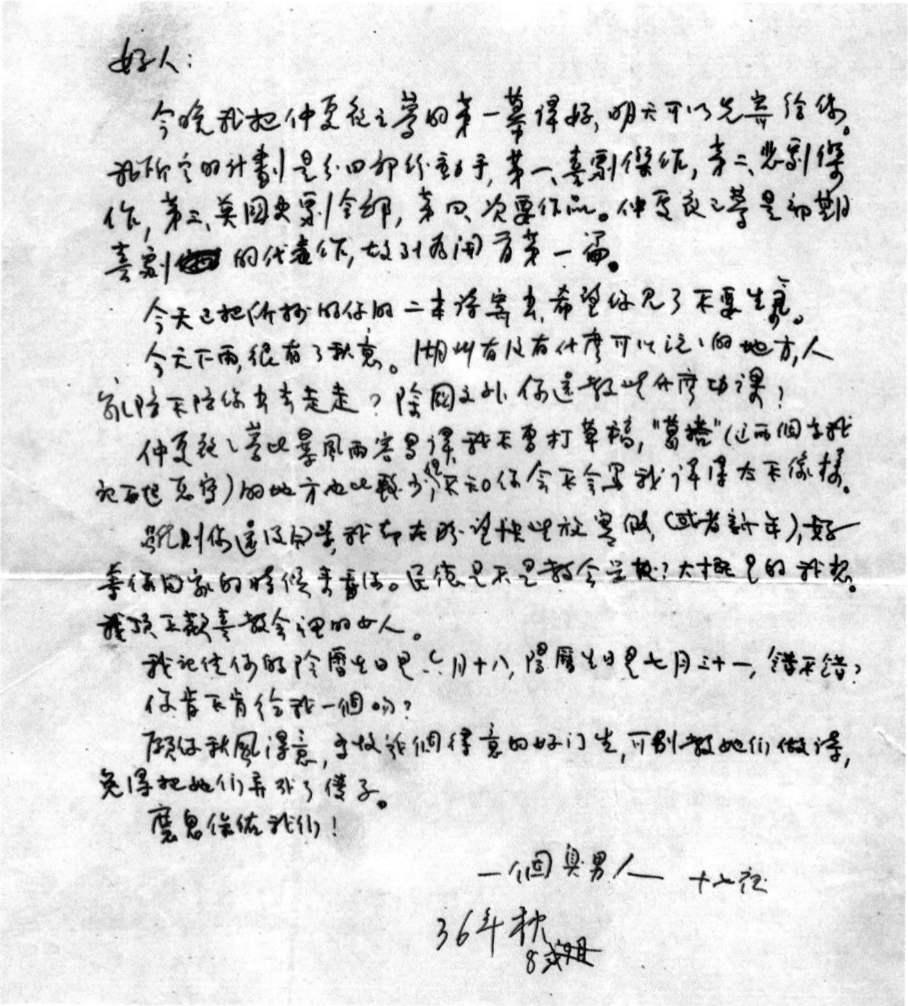

好人：

今晚我把仲夏夜之梦的第一幕译好，明天可以先寄给你。我所定的计划是分四部分动手，第一喜剧杰作，第二悲剧杰作，第三英国史剧全部，第四次要作品。仲夏夜之梦是初期喜剧的代表作，故列为开首第一篇。

今天已把所抄的你的二本诗寄出，希望你见了不要生气。

今天下雨，很有了秋意。湖州有没有什么可以玩玩的地方，人家陪不陪你出去走走？除国文外，你还教些什么功课？

仲夏夜之梦比暴风雨容易译，我不曾打草稿，"葛搭"（这两个字我记不起怎么写）的地方也比较少，但不知你会不会骂我译得太不像样。

虽则你还没开学，我却在盼望快些放寒假（或者新年），好等你回家的时候来看你。你说是不是教会学校？大概是的，我想。我顶不欢喜教会里的女人。

我记得你的阴历生日是六月十八，阳历生日是七月廿一，错不错？你肯不肯给我一个吻？

愿你秋风得意，多收几个得意的好门生，可别教她们做诗，免得把她们弄成了傻子。

魔鬼保佑我们！

一个臭男人 十七夜

36年秋

8

看你。民德是不是教会学校？大概是的，我想。我顶不欢喜教会里的女人。

我记住你的阴历生日是六月十八，阳历生日是七月三十一[2]，错不错？

你肯不肯给我一个吻？

愿你秋风得意，多收几个得意的好门生，可别教她们做诗，免得把她们弄成了傻子。

魔鬼保佑我们！

一个臭男人 十七夜

①此信原件上宋清如注：1936年秋8月。②实际上，宋清如的阳历生日是7月13日，这封信里搞错了。阴历生日是对的。

第[255]封 伤风[1]

没有什么可吃的东西，刚才吃了半听果酱。

你呆是有点呆，多情也总算很多情，可是……不说了。

日记本子还是丢在火里好，有什么意思，又不肯给我看。

我每天早晨伤风五分钟。

阴历新年我有四五天放，除了照例回家去一趟之外，一定来湖州看看你，愿你不要□□。

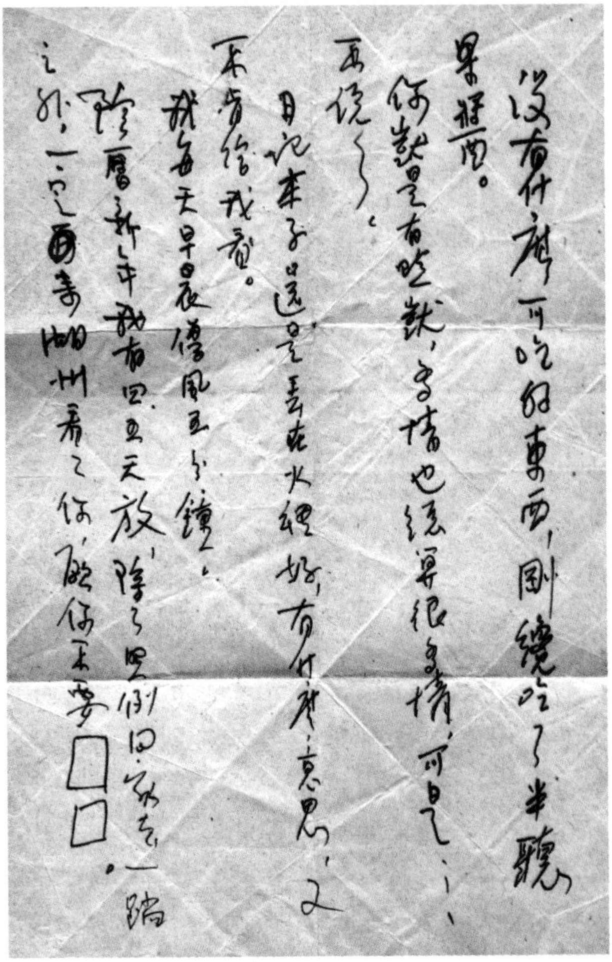

沒有什麽可吃的東西，剛纔吃了半聽果醬。你獃是有些獃，多情也總算很多情，可是……不說了。日記本子還是丟在火裡好，有什麽意思，又不肯給我看。我每天早晨傷風五分鐘。陰曆新年我有四五天放，除了照例回家去一趟之外，一定要來湖州看看你，願你不要□□。

①此信原件信封上邮戳日期为1936年9月17日。

第[256]封 · 保佑①

我有些急，你有没有生病？

菩萨保佑你！

爱你的

①此信原件信封上邮戳日期为1936年9月27日。

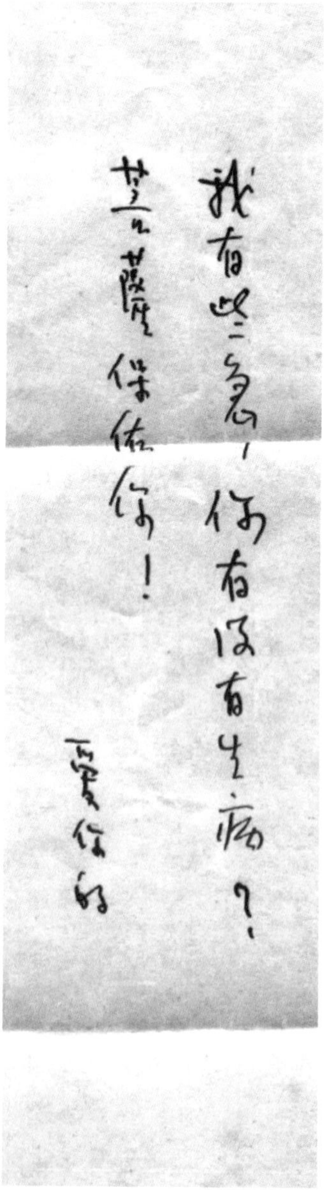
我有些急，你有没有生病？
菩萨保佑你！
爱你的

第[257]封 · 爱国①

妞妞：

你如不待我好的时候，我会要许多花样，比如说拿红墨水写血书，滴几点水在纸上当眼泪，以及拿着救命圈跳黄浦，或宣传要自杀之类，你看好不好？

凡是我问你的问题，在我未问之前我早知道你怎样回答了。为什么你不说“你来也不好，不来也不好”呢？我以为这问题的起点在我而终点在你，所以非得请教你的意见不可。

拿到了五块钱，就上街去，买了一本《死魂灵》、一本《狱中记》、一本《田园交响乐》，都是新近出的好书，看过后就寄给你，目下还余两块多三块不到，大约到这星期日完结。不过我已写信问家里要钱去了，前两个月曾寄过一百数十块钱回去，因此他们不会骂我的。下个月的薪水大概只有拿一半希望，听着似乎有些惨，其实对我并无影响，因为第一可以不必寄钱回家去，第二可以名正言顺地暂欠几块钱房租，这样一来，看影戏仍不生问题，因此人生是可乐观的，而中国也不会没有希望。

想到爱国这个问题，我说爱国是一个情感的问题。国民对于国爱不爱全可以随便，不能勉强的，但因为个人是整个国家的一分子，因此必然地他对于他的国家有一种义务，一个好国民即是能尽这种义务的人，而不一定要爱国。因为情感会驱使人们盲目，如果他的国家是一个强国，那么他会变成一个自私的帝国主义者，以征服者自命；假如他的国家是一个落后的国家，那么他会妄自尊大，抬出不值一文钱的“国粹”来自吹自捧，而压抑了进步势力的抬头。如果人人知道他的国家的不可爱，而努力使它变得可爱起来，那么这国家才有希望。中国并不缺少爱国的人，一听到闸北要有战争了，人人变成了“民族主义者”，然而他们的民族主义只能把他们赶到法租界去而已。

我待你好。

你的靠不住的

①此信原件背面宋清如注：9月29日。

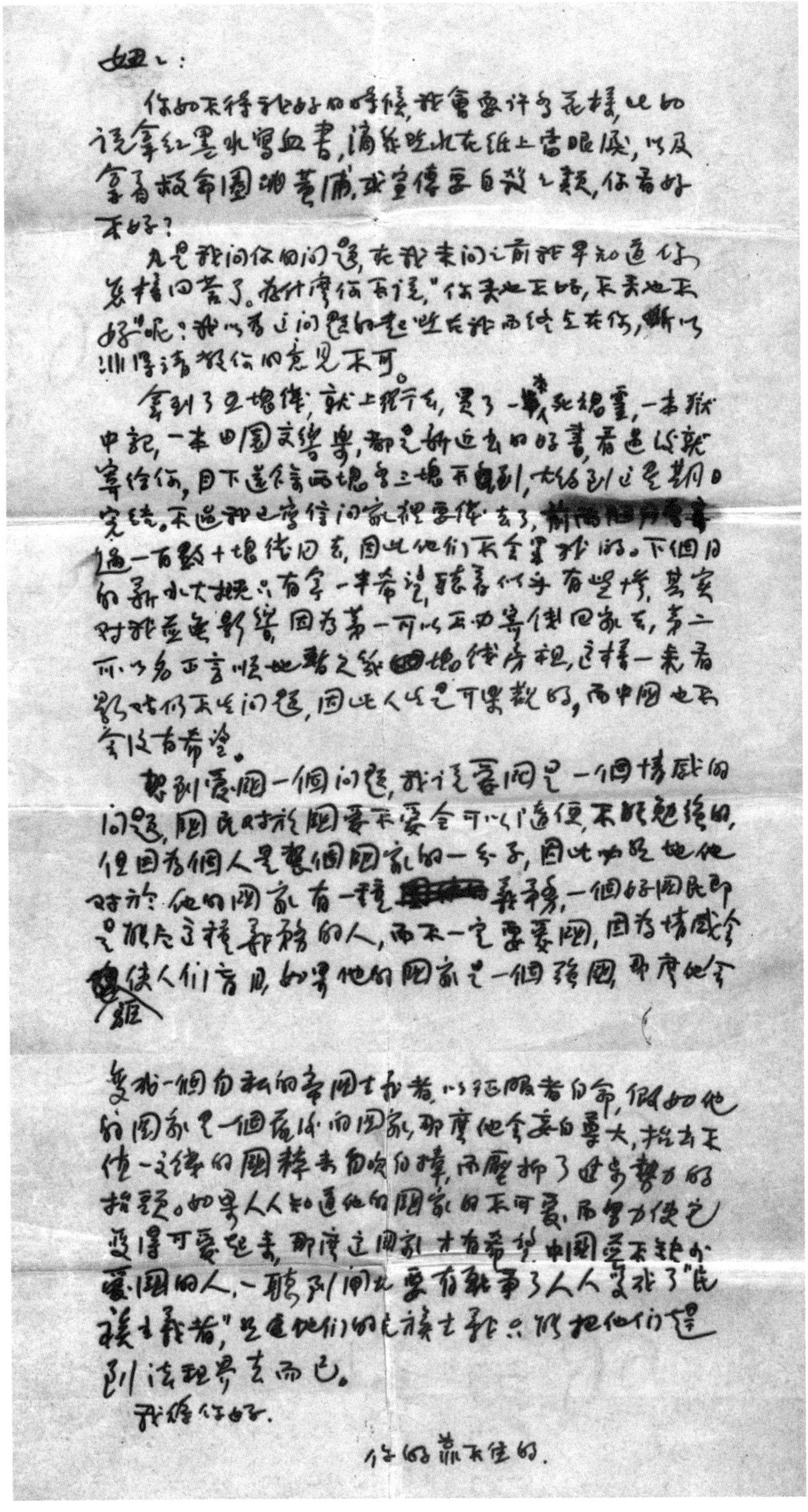

妞妞：

你如果待我好的时候，我会要许多花样，比如说拿红墨水写血书，滴几点水在纸上当眼泪，以及拿着救命圈跳黄浦，或宣传要自杀之类，你看好不好？

凡是我问你的问题，在我未问之前我早知道你怎样回答了。为什么你不说"你来也不好，不来也不好"呢？我以为这问题的责任些些在我而绝全在你，所以非得请教你的意见不可。

拿到了五块钱，就上街去，买了一本死魂灵，一本狱中记，一本田园交响乐，都是新近出的好书，看过以后就寄给你，目下还欠着两块多三块不曾到，大约到这星期日完结。不过我也写信问家里要钱去了，前两个月曾寄过一百数十块钱回去，因此他们不会骂我的。下个月的薪水大概只有拿一半希望，听着似乎有些惨，其实对我并无影响，因为第一可以不必寄钱回家去，第二可以名正言顺地赖掉几块钱房租，这样一来看，似乎不成问题，因此人生是可乐观的，而中国也不会没有希望。

说到爱国一个问题，我说爱国是一个情感的问题，国民对于国要不要爱全可以随便，不能勉强的，但因为个人是整个国家的一分子，因此必须他对于他的国家有一种义务，一个好国民即是能尽这种义务的人，而不一定要爱国，因为情感会使人们盲目，如果他的国家是一个强国，那么他会变成一个自私的帝国主义者，以征服者自命，假如他的国家是一个腐败的国家，那么他会妄自尊大，捧出不值一文钱的国粹来自吹自擂，而压抑了进步势力的抬头。如果人人知道他的国家的不可爱，而努力使它变得可爱起来，那么这国家才有希望。中国要不得的爱国的人，一听到了闹说要有战争了人人变成了"民族主义者"，其实他们的民族主义只能把他们退到洪荒里去而已。

我待你好。

你的蒸不熟的。

第[258]封 剧本

昨夜读*Hamlet*①，读到很倦了，一看表已快一点钟，吃了一惊，连忙睡了，可是还刚读完三幕。睡了下去，却又睡不着，想把你拖起来到山下散步。今天很倦。

*Hamlet*是一本深沉的剧本，充满了机智和冥想，但又是极有戏剧效果，适宜于上演的。莎士比亚的所以伟大，一个理由是因为他富有舞台上的经验，因此他的剧本没一本是沉闷而只能在书斋里阅读。譬如拿歌德的*Faust*②来说吧，尽管它是怎样伟大，终不免是一部使现代人起瞌睡之思的作品，诗的成分太多而戏剧的成分缺乏，但在莎氏的作品中，则这两个成分是同样的丰富，无论以诗人而论或戏剧家而论，他都是绝往无继。

我最初读的莎氏作品，不记得是*Hamlet*还是*Julius Caeser*③，*Julius Caeser*是在Mr. Fisher④的班上读的，他一上了班，便说，Mr.A⑤，你读Antony，Mr.B，你读Brutus，Miss C，你读Caeser的老婆的lines⑥，于是大家站起来瞎读了一阵，也不懂读的是什么，这位先生的三脚猫智识真浅薄得可以，他和他的学生们都一样没有资格读Shakespeare。

读戏曲，比之读小说有趣得多，因为短篇小说太短，兴味也比较淡薄一些，长篇小说太长，读者的兴味有时要中断，但戏剧，比如说五幕的一本，那就不嫌太长，不嫌太短。因为是戏剧的缘故，故事的布置必然是更加紧密，个性的刻划必然是更加显明，剧作者必然希望观众的注意的集中不懈。因此，所谓“戏剧的”一语，必然含有“强烈的”、“反平铺直叙的”的意味。如果能看到一本好的戏剧的良好的演出，那自然是更为有味的事，可惜在中国不能多作这样的奢望。上次在金城看演果戈里的《巡按》，确很能使人相当满意（而且出人意外地居然很卖座，但我想这是因为原剧通俗的缘故），也许有一天正式的话剧会成为中国人的嗜好吧？但总还不是在现在。卖野人头的京剧（正统的京剧我想已跟昆曲同样没落了，而且也是应该没落的）太不堪了。在上海是样样都要卖野人头的，以明星登台为号召的无聊的文明戏，也算是话剧，非驴非马的把京戏和“新戏”杂糅一下便算是“乐剧”，嘴里念着英文，身上穿着中国戏台上的古装，一面打躬作揖，便算是演给外国人看的中国戏。当然这些都算是高等的，下此不必说了。

以舞台剧和电影比较，那么显然前者的趣味是较为classical⑦的，我想现代电影有压倒舞台剧之势，这多半是与现代人的精神生活有关，就我所感觉到的，去看舞台剧的一个很不写意的地方，就是时间太长，除非演独幕剧。如果是一本正式的五幕剧，总要演到三个半至四个钟头的工夫，连幕间的间歇在内，这种长度在习惯于悠闲生活的人原不觉得什么，但在过现代生活的人看来就很觉气闷。至于如中国式的戏院，大概每晚七点钟开锣，总要弄到过十二点钟才散场。要是轰动一点的戏的话，那么也许四点半钟池子里已有了人，时间的浪费真是太可怕，再加之以喧阗的锣鼓，服装的眩目的色彩，疯狂的跌打，刺耳的唱声，再加之以无训练的观众，叫好拍手以及一切，一个健康的人进去准会变成神经衰弱者出来。

写于几天以前

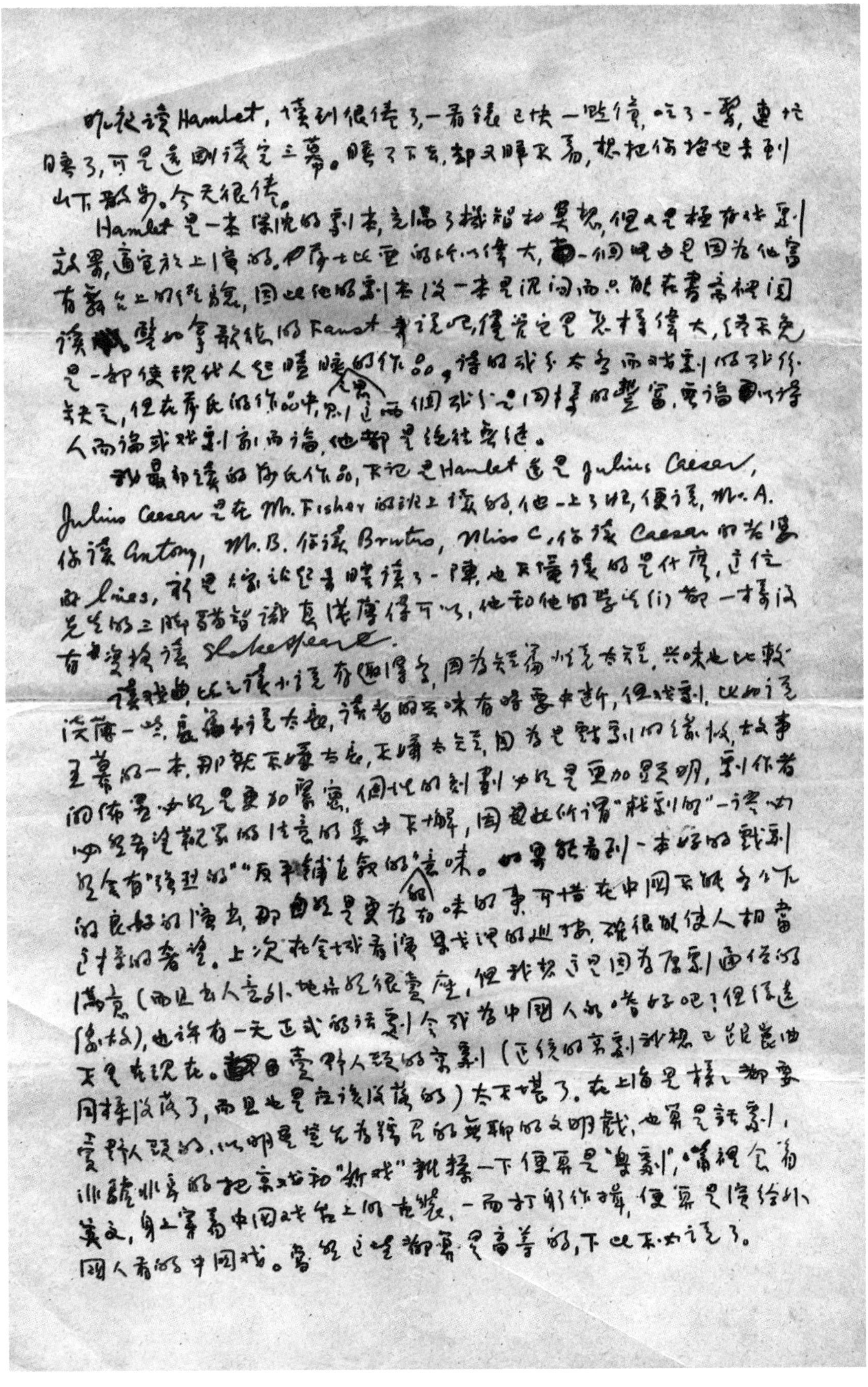

昨夜读Hamlet，读到很倦了，一看钟已快一点钟，吃了一惊，连忙
睡了，可是还刚读完三幕。睡了下去，却又睡不着，想把你抱起来到
山下散步。今天很倦。

Hamlet是一本深沉的剧本，充满了机智和冥想，但又是极动人的戏
剧，适宜于上演的。莎士比亚的所以伟大，一个理由也是因为他富
有舞台上的经验，因此他的剧本没一本是沉闷而只能在书斋里阅
读的，譬如拿歌德的Faust来说吧，尽管它是怎样伟大，终不免
是一部使现代人想瞌睡的作品。诗的成分太多而戏剧的成分
缺乏，但在莎氏的作品中，则这两个成分是同样的丰富，无论以诗
人而论或戏剧家而论，他都是绝往无继。

我最初读的莎氏作品，不记是Hamlet还是Julius Caesar，
Julius Caesar是在Mr. Fisher的班上读的，他一上了班，便说，Mr. A.
你读Antony，Mr. B. 你读Brutus，Miss C，你读Caesar的老婆
的lines，于是大家就结结巴巴读了一阵，也不懂读的是什么，这位
先生的三脚猫智识真浅薄得可以，他和他的学生们都一样没
有资格读Shakespeare.

读戏曲，比之读小说更有趣得多，因为短篇小说太短，兴味也比较
淡薄一些，长篇小说太长，读者的兴味有时要中断，但戏剧，比如说是
五幕的一本，那就不嫌太长，不嫌太短，因为是戏剧的缘故，故事
的布置也总是更加紧密，個性的刻划也总是更加显明，剧作者
必须要把观众的注意力集中不懈，因此所谓"戏剧的"一语也
总含有"强烈的""反平铺直叙的"意味。如果能看到一本好的戏剧
的良好的演出，那自然是更有趣味的事，可惜在中国不能有这个
希望(?)。上次在金城看演罗密欧(?)的幽会(?)，确很能使人相当
满意（而且女主角她扮得很漂亮），但我想这是因为原剧本值得
满意(?)，也许有一天正式的话剧会成为中国人的嗜好吧！但像这
样，(?)太不堪了。国产野人头的京剧（正统的京剧我想已跟昆曲
一样没落了，而且也是应该没落的）太不堪了。在上海是样样都要
同样没落了，而且也是应该没落的文明戏，也算是话剧，
野人头的，以明星登台为号召的无聊的文明戏，也算是话剧，
非驴非马的把京戏和"新戏"混杂一下便算是"粤剧"，嘴里念着
英文，身上穿着中国戏台上的古装，一面打躬作揖，便算是演给外
国人看的中国戏。当然这些都算是高尚的，下此不必说了。

以京戏和电影比较，那么京戏是有着它的古典的趣味的，我想现代电影有压倒京戏之势，这原来是与现代人的精神生活有关，就我所感觉到的，京戏的一个很不合理的地方，就是时间太长，除非像独幕剧，如果是一本正式的五幕剧，总要演到三个半至四个钟头的工夫，连幕间的间歇在内，这种态度在习惯于悠闲生活的人原不觉得什么，但在过现代生活的人看来就很觉气闷。至于如中国式的戏院，大概每晚七点钟开锣，总要弄到近十二点钟才散场，要是要看一出好的戏的话，那么也许四五个钟头都得耗在里面了，时间的浪费真是太可怕，再加之以喧阗的锣鼓，眩目的色彩，疯狂的动作，刺耳的唱声，再加之以人们的说笑，叫好拍手以及一切，一个健康的人也会弄得神经衰弱着出来。

写于前天以前。

用三天功夫读完了一本厚厚的小说 Arnold Bennett 作的 Imperial Palace——一个大旅馆的名字。A. Benett 是一个有名的英国作家，死于三四年之前，但这本小说的作风口味我觉得都很美国化。所描写的是以一个旅馆为中心，叙述企业家，富翁，侍役，资本社会的诸态，规模很是宏大，在中国以都市商业为题材而写了，相当成功的，也许祇有一本《子夜》吧，但比起来不免觉得规模太小。文章写得很漂亮轻快，不过读到中间的时候，总觉得作者的思想很流于庸俗。他所分析的是近代资本主义社会中个人的内面与外面生活之关系（或冲突），以这个为题目的似乎也未免看见得很多，因此并不令人感到新异。其中颇多深入细微的心理分析，这或者是作者技术最出色的地方。书中的主人翁是一个事业家，理智的人，但作者把他写得非常人情，主要的女性有两个，一个是所谓摩登女子（在中国不会有的那种摩登女子），个人主义的极端的代表，写得似乎过于浮浅一些，但代表了富于想像厌弃平凡的过度兴奋的现代女性之一个典型；另一个是有手腕有才能的职业女性，但终于伏在丈夫的怀里，在恋爱上幻灭之后，便草草地嫁了人。似乎 Benett 先生对于女性没有更高的希望，除了作为男人的 asset 之外。（他把女人分为两种，一种是男人的资产 asset，一种是男人的负担 liability，而把大部分女子归入后一种），对于这点我当然不能令人同意，但也只好置诸不论了。

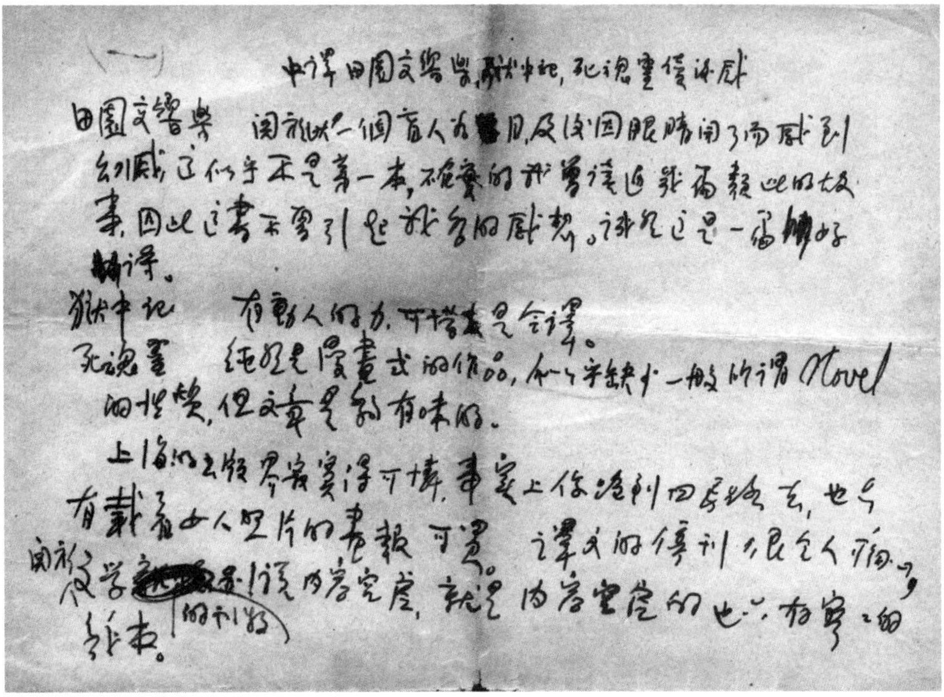
中译田园交响乐、狱中记、死魂灵读后感

田园交响乐 关于以一个盲人为题目，及后因眼睛开了而感到幻灭，这似乎不是第一本，确实的我曾读过几篇类此的故事，因此这书不曾引起我多的感想。

用三天工夫读完了一本厚厚的小说，Arnold Bennett[8]作的 *Imperial Palace*[9]——一个大旅馆的名字。A.Bennett是一个有名的英国作家，死于三四年之前，但这本小说的作风趣味我觉得都很美国化。所描写的是以一个旅馆为中心，叙述企业家、富翁、雇员，资本社会的诸态，规模很是宏大。在中国以都市商业为题材而得到相当成功的，也许只有一本《子夜》吧？但比起来不免觉得规模太小。文章写得很漂亮干净，不过读到终篇，总觉得作者的思想很流于庸俗。他所剖析的是近代资本主义社会中个人的内面和外面生活之关系（或冲突），以这个为题目的似乎近来看见得很多，因此不令人感到新异。其中颇多入微的心理分析，这或者是作者技术最主要的地方。

书中的主人翁是一个事业家，理智的人，但作者把他写得非常人情，主要的女性有两个，一个是所谓摩登女子（在中国不会有的那种摩登女子），个人主义的极端的代表，写得似乎过于夸张一些，但代表了富于想像厌弃平凡过度兴奋的现代女性之一个典型，在恋爱上幻灭之后，便潦草地嫁了人。另一个是有手段有才能的职业女性，但终于也伏在丈夫的怀里。似乎 Bennett 先生对于女性没有更高的希望，除了作为男人的 asset 之外（他把女人分为两种，一种是男人的资产 asset，一种是男人的负担 liability[10]，而把大部分女子归入后一种），对于这点或者未必能令人同意，但也只好置诸不论了。

中译《田园交响曲》、《狱中记》、《死魂灵》读后感

《田园交响曲》：关于以一个盲人为题目，及后因眼睛开了而感到幻灭，这似乎不是第一本。确实的我曾读过几篇类此的故事，因此这书不曾引起我多的感想。诚然这是一篇好诗。

《狱中记》：有动人的力，可惜不是全译。

《死魂灵》：纯然是漫画式的作品，似乎缺少一般所谓Novel的性质，但文章是够有味的。

上海的出版界寂寞得可怜，事实上你跑到四马路去，也只有载着女人照片的画报可买。《译文》的停刊很令人痛心，关于文学的刊物别说内容空虚，就是内容空虚的也只有寥寥的几本。

---

①*Hamlet*:《哈姆雷特》，莎士比亚著名悲剧。②*Faust*:《浮士德》，歌德著名长篇诗剧。③*Julius Caeser*:《裘力斯·凯撒》，莎士比亚历史剧。下面的Antony、Brutus、Caeser及其老婆都是剧中人物。④Mr. Fisher：费歇先生，朱生豪上中学时的外籍英语教师。⑤Mr . A：和下面的Mr. B，Miss C意思是A先生、B先生、C小姐等，泛指朱生豪中学时班上的同学。⑥lines: 台词。⑦classical: 经典的。⑧Arnold Bennett: 阿诺德·本涅特(1867～1931)，英国作家，作品带自然主义色彩。⑨*Imperial Palace*:《皇宫》，为本涅特所写的小说。⑩liability：负担。

第[259]封 害怕

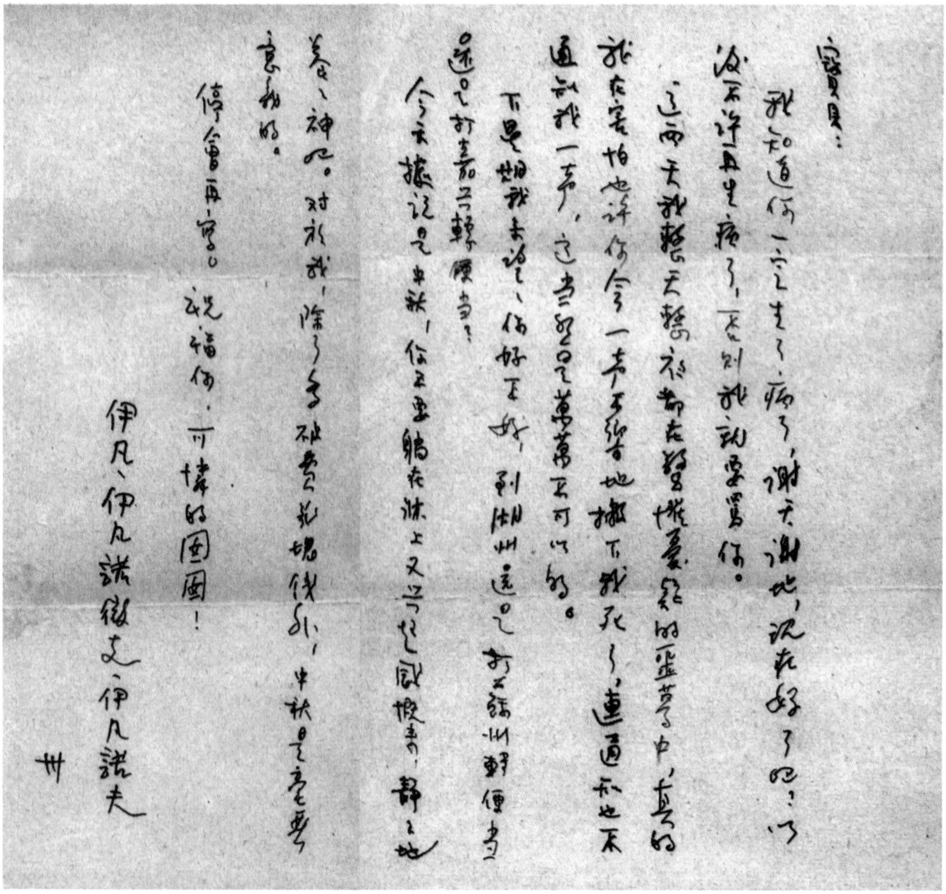

宝贝：

我知道你一定生了病了，谢天谢地，现在好了吧？以后不许再生病了，否则我就要骂你。

这两天我整天整夜都在惊惶忧疑的噩梦中，真的我在害怕也许你会一声不响地撇下我死了，连通知也不通知我一声，这当然是万万不可以的。

下星期我来望望你好不好，到湖州还是到苏州好便当，还是到嘉兴不转便当？

今天据说是中秋，你不要躺在床上又只想起家乡，静静地养养神吧。对于我，除了多花费几块钱外，中秋是毫无意义的。

停会再写。祝福你，可怜的囡囡！

伊凡、伊凡诺微支、伊凡诺夫

卅

宝贝：

我知道你一定生了病了，谢天谢地，现在好了吧？以后不许再生病了，否则我就要骂你。

这两天我整天整夜都在惊惧忧疑的噩梦中，真的，我在害怕也许你会一声不响地撇下我死了，连通知也不通知我一声，这当然是万万不可以的。

下星期我来望望你好不好？到湖州还是打苏州转便当还是打嘉兴转便当？

今天据说是中秋，你不要躺在床上又兴起感慨来，静静地养养神吧。对于我，除了多破费几块钱外，中秋是毫无意义的。

停会再写。祝福你，可怜的囡囡！

伊凡 · 伊凡诺微支 · 伊凡诺夫 卅

第[260]封 温柔

青女：

从前以为年青人谈精神恋爱是世上最肉麻的一回事，后来才知道人世间肉麻事，大有过于此者。放眼观之，几无一事不肉麻，所谓生命也者，便是上帝在不胜肉麻的一瞬间中创造出来的。人要不怕使人肉麻，才能成为大人物；至少也要耐得住肉麻，才能安然活在世上。否则你从早上起身到晚间睡觉之间的几多小时内，一定会肉麻而死的。展开报纸来，自从国际要闻起直至社会新闻报屁股，无论那一条都是肉麻的文字。除非你一个人关了房门闭起眼睛天不管，否则便不免要看到一切肉麻的事；然而即使一个人关了房门闭起眼睛天不管了，你也会发觉在你的脑中有许多肉麻的思想。

战争在三四月间发动，我私人方面所得的可靠消息也是这样说。我们即使不就此做亡国之遗民，至少总也有希望受到一些在敌人势力下的滋味。

说你是全然的温柔婉约当然有些过分，不过人家所说的浪漫当然也和我所认为的那种浪漫不同。也许别人所斥责的过于浪漫，我仍然会嫌太温柔也说不定。我们的灵魂都是想飞，想浪漫的，但我们仍然局促在地上，像绵羊一样驯服地听从着命运，你说这不算温柔吗？太浪漫的人是无法在这世上立足的，我们尚能不为举世所共弃，即是因为我们是太温柔了的缘故。

有许多话，但是现在一时说不起来。等想想再说吧。

我欢喜你，我欢喜你，我欢喜你，而且我欢喜你。

朱儿 十二

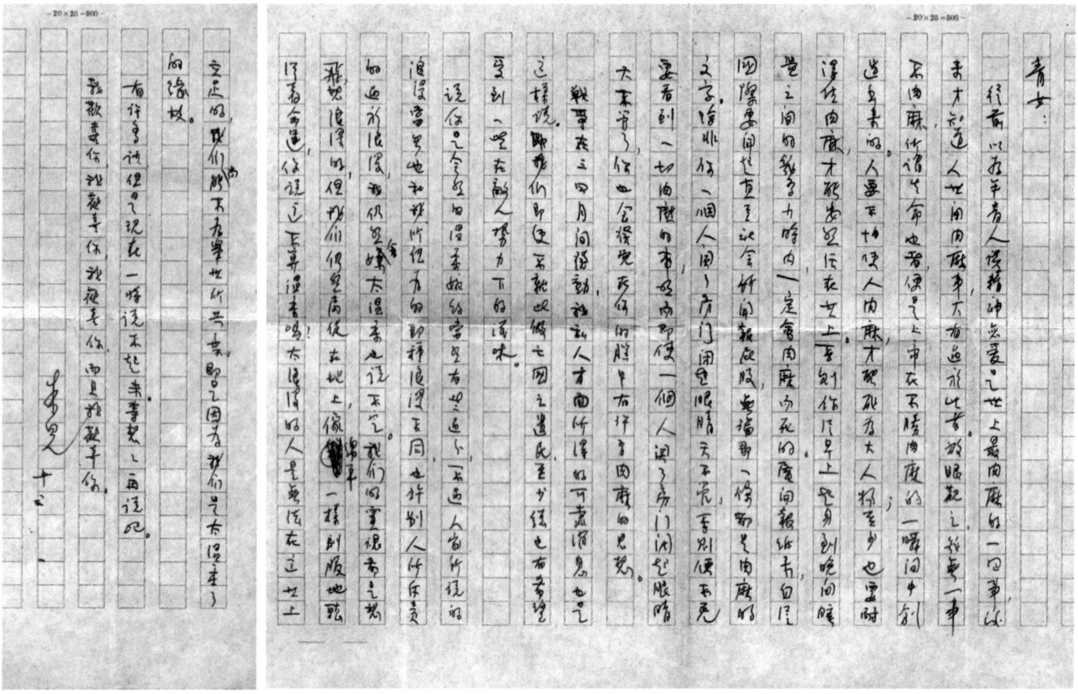

第[261]封 译莎①

好人：

今夜我的成绩很满意，一共译了五千字，最吃力的第三幕已经完成（单是注也已有三张纸头），第四幕译了一点点儿，也许明天可以译完，因为一共也不过五千字样子。如果第五幕能用两天工夫译完，那么仍旧可以在五号的限期完成。第四幕梦景消失，以下只是些平铺直叙的文字，比较当容易一些，虽然也少了兴味。

一译完《仲夏夜之梦》，赶着便接译《威尼斯商人》，同时预备双管齐下，把《温德塞尔的风流娘儿们》预备起来，这一本自来不列入“杰作”之内，*Tales from Shakespeare*②里也没有它的故事，但实际上是一本最纯粹的笑剧，其中全是些市井小人和莎士比亚戏曲中最出名的无赖骑士Sir John Falstaff③，写实的意味非常浓厚，可说是别创一格的作品。苏联某批评家曾说其中的笑料足以抵过所有的德国喜剧的总和。不过这本剧本买不到注释的本子，有许多地方译时要发生问题，因此不得不早些预备起来。以下接着的三种《无事烦恼》、《如君所欲》和《第十二夜》，也可说是一种“三部曲”，因为情调的类似，常常相提并论。这三本都是最轻快优美，艺术上非常完整的喜剧，实在是“喜剧杰作”中的“代表作”。因为注释本易得，译时可不生问题，但担心没法子保持原来对白的机警漂亮。再以后便是三种晚期作品，《辛俾林》和《冬天的故事》是“悲喜剧”的性质。末后一种《暴风雨》已经译好了：这样便完成了全集的第一分册，我想明年二月一定可以弄好。

然后你将读到《罗密欧与朱丽叶》，这一本恋爱的宝典，在莎氏初期作品中，它和《仲夏夜之梦》是两本仅有的一喜一悲的杰作，每个莎士比亚的年轻的读者，都得先从这两本开始读起。以后便将风云变色了，震撼心灵的四大悲剧之后，是《该撒》、《安东尼与克里奥佩特拉》、《考列奥莱纳斯》三本罗马史剧。这八本悲剧合成全集的第二分册，明年下半年完成。

但是我所最看重，最愿意以全力赴之的，却是篇幅比较最多的第三分册，英国史剧的全部。不是因为它比喜剧悲剧的各种杰作更有价值，而是因为它从未被介绍到中国来。这一部酣畅淋漓一气呵成的巨制（虽然一部分是出于他人之手），不但把历史写得那么生龙活虎似的，而且有着各种各样精细的性格描写，尤其是他用最大的本领创造出Falstaff（你可以先在《温德塞尔的风流娘儿们》中间认识到他）这一个伟大的泼皮的喜剧角色的典型，横亘在《亨利第四》《亨利第五》《亨利第六》各剧之中，从他的黄金时代一直描写到他的没落。然而中国人尽管谈莎士比亚，谈哈姆莱德，但简直没有几个人知道这个同样伟大的名字。

第三分册一共十种，此外尚有次要的作品十种，便归为第四分册。后年大概可以全部告成。告成以后，一定要走开上海透一口气，来一些闲情逸致的顽意儿。当然三四千块钱不算是怎么了不得，但至少可以优游一下，不过说不定那笔钱正好拿来养病也未可知。我很想再做一个诗人，因为做诗人最不费力了。实在要是我生下来的时候上帝就对我说：“你是只好把别人现成的东西拿来翻译翻译的”，那么我一定要请求他把我的生命收回去。其实直到我大学二年级为止，我根本不曾想到我会干（或者屑于）翻译。可是自到此来，每逢碰见熟人，他们总是问，你在做些什么事？是不是翻译？好像我唯一的本领就只是翻译。对于他们，我的回答是“不，做字典”。当然做字典比起翻译来更是无聊得多了，不过至少这可以让他们知道我不止会翻译而已。

你的诗集等我将来给你印好不好？你说如果我提议把我们两人的诗选剔一下合印在一起，把它们混合着不要分别那一首是谁作的，这么印着玩玩，你能不能同意？这种办法有一个好处，就是挨起骂来大家有份，不至于寂寞。

快两点钟了，不再写，我爱你。

你一定得给我取个名字，因为我不知道要在信尾写个什么好。

十月二日夜

①此信原件上宋清如注：1936年。在这封信中朱生豪完整地讲述了他的译莎计划。②*Tales from Shakespeare*：《莎士比亚故事集》，即《莎氏乐府本事》。③Sir John Falstaff：约翰·福斯塔夫爵士，莎士比亚历史剧中的人物。

好人：

今夜我的成绩很满意，一共译了五千字，最吃力的第三幕已经完，我算是该也已有三张纸头，第四幕译了一点点儿，也许明天可以译完，因为一共也不过五千字样子。如果第五幕能用两天功夫译完，那么仍旧可以在五号的限期完成。第四幕中幕是精华，以下只有些平铺直叙的文字，比较容易一些，就显得乏了兴味。一译完《仲夏夜之梦》，得着便接译《威尼斯商人》，同时预备双管齐下，把《温德塞尔的风流娘儿们》预备起来，这一本自来不列入杰作之内，Sidney Lee 的 Shakespeare 说也没有它的故事，但实际上是一本最纯粹的笑剧，其中全是些市井小人和莎士比亚戏曲中最有名的无赖骑士 Falstaff，写实的意味非常浓厚，可说是别创一格的作品，苏联某批评家说过其中的笑料足以抵过所有的德国喜剧的总和。不过这本剧本买不到注释的本子，有许多地方要发生问题，因此不得不早些预备起来。以下接着的三种是《无事烦恼》《如愿》《第十二夜》，也可说是一种"三部曲"，因为情调的类似，常常相提并论，这三本都是最轻快优美，艺术上非常完整的喜剧，实在是喜剧杰作中的代表作，因为注释本易得，译时可不生问题，但是想以后很难保持原来对白的机智与漂亮。再以后便是三种晚期作品，《辛伯林》和《冬天的故事》是悲喜剧的性质，末后一种《暴风雨》已经译好了。这样便完成了全集的第一分册，我想明年二月一定可以弄好。

然后便得读到《罗密欧与朱丽叶》，这一本恋爱的宝典，在莎氏初期作品中，它和《仲夏夜之梦》是两本仅有的一喜一悲的杰作，每个商士以至的年青的读者，都得先从这两本开始读起。以便将风云变了，[illegible]以最重的四大悲剧之后，是《该撒》、《安东尼与克里奥佩特拉》、《考利奥兰纳斯》三本罗马史剧，这八本悲剧合成全集的第二分册，明年下半年完成。

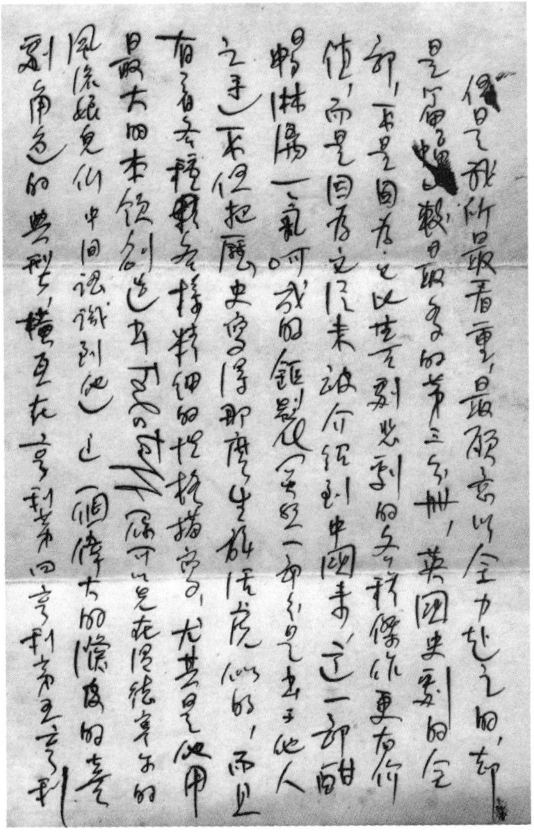

但是我所最看重，最願意以全力赴之的，卻是數目最多的第三分冊，英國史劇的全部，不是因為它比喜劇悲劇的各種傑作更有價值，而是因為它們未被介紹到中國來過。這一部甘帽林湯一氣呵成的鉅製（其中一部分是出於他人之手）不但把歷史寫得那麼生龍活虎似的，而且有各色各樣精細的性格描寫，尤其是他用最大的本領創造出來的（你可以說在很多年的風塵裡見你中間認識到他）這個偉大的懷疑的喜劇角色的典型，橫亙在亨利第四、亨利第五、亨利

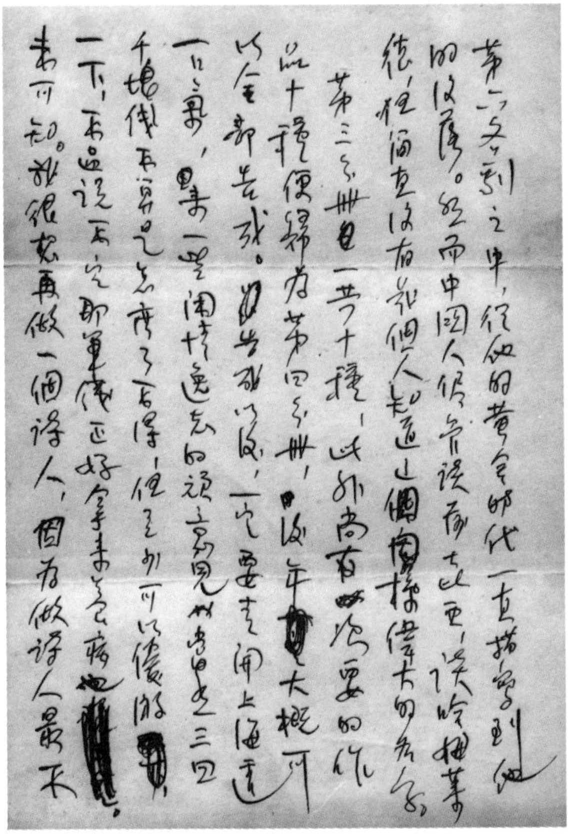

第六各劇之中，從他的黃金時代一直描寫到他的沒落。然而中國人很少讀莎士比亞，讀過哈姆萊德，但恐怕沒有幾個人知道這個偉大的名字。第三分冊一共十種，此外尚有次要的作品十種便歸為第四分冊，此後年大概可以全部告成。出了以後，一定要去用上海這一百萬，要來一些閒情逸志的說意見或者畫之三四千塊錢不算是怎麼了不得，但至少可以償償，一下，不過說不定那筆錢正好拿來害病，未可知。我很想再做一個譯人，因為做譯人最不

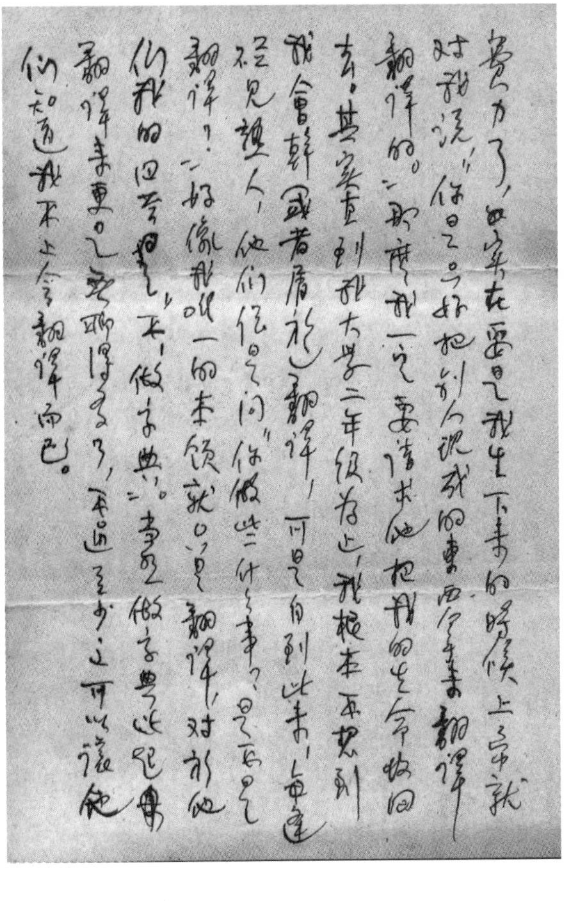

費力了，如其實在要是我生下來的時候上帝就對我說，"你只好把別人現成的東西拿來翻譯翻譯的。"那麼我一定要請求他把我的生命收回去。其實直到我大學二年級為止，我根本不想到我會幹（或者屑於）翻譯，可是自到此來，每逢碰見熟人，他們總是問"你做些什麼事？是不是翻譯？"好像我唯一的本領就只是翻譯，對於他們我的回答總是"不，做字典。"書是做字典比起翻譯來更乏味得多了，（不過至少還可以讓他們知道我不止會翻譯而已。

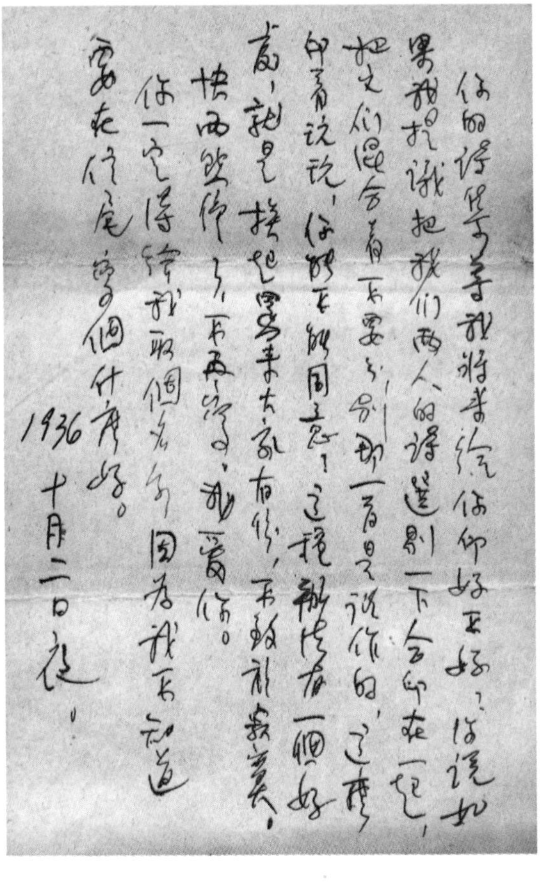

你的詩集等我將來給你印好不好？你說如果我提議把我們兩人的詩選剔一下合印在一起，把它們混合着不要分別那一首是誰作的，這麼印着玩玩，你能不能同意？這種辦法有一個好處，就是揀起來大家有份，不致[illegible]。快兩點鐘了，不再寫了，我愛你。你一定得給我取個名字，因為我不知道要在信尾寫個什麼好。

1936 十月二日夜。

第[262]封 教育[1]

宋：

信老是写不成功，信纸倒已经写完了。

我不反对贤妻良母教育，但只以施教于低材的女人为限，因为天才者当然不甘心俯首就家庭的羁束，中材之资，对于这种事是天生的在行，不必教她，只有愚顽的人，才应该好好教一下，免得贻误民族的前途。

《仲夏夜之梦》第一幕的更正：注中关于Ercles的一条，原文划去，改作“赫邱里斯（Hercules）之讹，古希腊著名英雄。”Ercles的译名改厄克里斯，Pyramus的译名改匹拉麦斯。

抄写的格式，照你所以为最好的办法。

《暴风雨》已和这信同时寄出。

环境不如意，只算暂时上半年教育实习的课，获得些经验与方法。可是写公文倒得把字好好练一练呢。二十小时还要改卷子带做秘书，未免太忙一些。

待你好，不写了。魔鬼保佑你。

朱 廿二

① 此信原件上宋清如注：1936年秋。

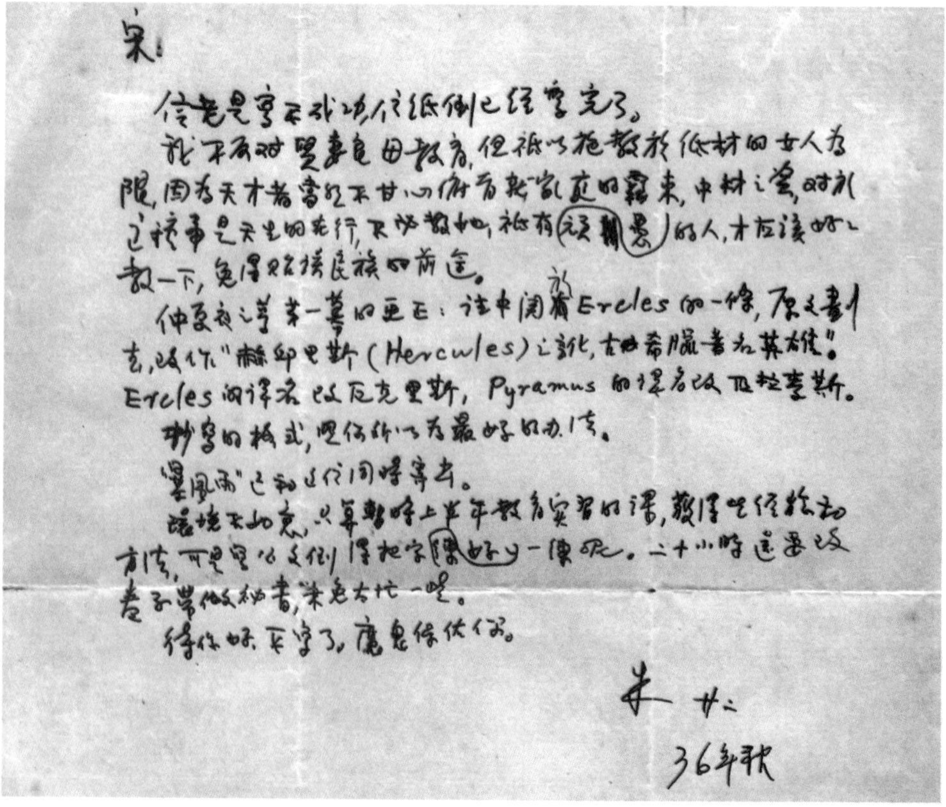

第[263]封 鉴赏

今天还有九块钱，可是就要付房租了！初二薪水要是不能如期发，又该倒霉。

昨天看影戏，为着表示与众不同，又特去拣选了一张生僻的片子，得到一个很大的满足。可知看戏虽小事，也不可人云亦云，总要拿出眼光来才好。影片是Sinclair Lewis①原著的*Dodsworth*，对于女性有很恶辣的讽刺。一个经营汽车事业的美国富翁，有一个比较年轻的风骚的太太，他们的女儿刚出嫁了。那位富商动了倦勤之意，放弃了事业，带了爱妻到欧洲旅行去；那位太太是爱寻刺激的，老住在一个地方，看见的总是这几个人，本来十分厌气，再加之女儿出嫁，动了青春消逝的悲哀，因此说起了游历，正中下怀。在轮船上第一天他俩是高兴得什么似的，可是不久她便勾搭上一个英国少年，把老头子寂寂寞寞地丢在甲板上，一个人看Bishop light（海上的一种闪光）了。那少年被她煽上了火，她却申斥他不该无礼吻她，于是两人吵了一场分手了。

受了这次“侮辱”，她一定要她丈夫一同到巴黎去，她男人是要到英国去的，拗不过她于是到了法国。在巴黎她又交了新朋友，老头子只好一个人拿了游览指南玩拿坡仑坟去。起初倒也各乐其乐，其后一个乐不思蜀，一个却逛博物馆逛厌了，要回家去，女人不肯回去，叫他一人先回去，她随后来。男人回去之后，寂寞得要命，本来是个好好先生的他，脾气变得坏极了，这也不称心，那也不称心，专门和人闹别扭。妻子来信，又老是Arnold长，Arnold短（Arnold是她新交的男朋友），去电报叫她来她又不来，终于吃起醋来赶到巴黎，在旅馆里把那个男人也叫了来三个人对面，问她愿不愿意别嫁，她当然不愿，因为原来不过是玩玩而已，斗不过他这阵火劲，只好抽抽咽咽地哭起来，屈服了。

过去的事情不算，重新来过，他仍然是爱她的，只要今后守守本分，因为，他说，他们的女儿已经有了孩子，她已经做了Grandma了。听见这句话，她真是伤心得了不得，做了Grandma的人，怎么还能充年轻呢？因此是再也不愿回家去了，于是两人到了维也纳。到了维也纳，老毛病又发作了，这回是一个腼腆的奥国少年贵族。当他向她表示如果不是因为她是个有夫之妇，他一定会向她求婚的时候，她敌不过做一个贵族的诱惑，便和男人大吵一场要离婚，男人没法只好听从她，临别的时候她还拼命向他献媚。于是男人便失神地向各地作无目的的漫游，而女人则受了一次大大的教训。那贵族的母亲亲来她的住所，说她不能容许她的儿子和一个弃妇结婚，而且“年大的妻子是不能使年轻的丈夫幸福的”，她又不能再生育了，这种话真说得令人难堪，遭了这次见摈，她只好又回到她故夫的怀里去。

可是她的故夫已在意大利和另外一个离婚了的妇人同居，两人曾经沧海，情投意合，生活十分美满，他精神也奋发起来，预备再作一番事业了。突然接到她的长途电话，恳求他回去，说“她需要他”，于是他只好不顾那个妇人的哀求劝告，今天還有九塊錢，可是就要付房租了！那一筆水費又不能如期償還，又該倒霉。

昨天看影戲，為了表示與眾不同，又特去揀選了一張生僻的片子，得到一個很大的滿足，可知看戲雖小事，也不可人云亦云，總要拿出眼光來才好。我說的是Sinclair Lewis原著的Dodsworth，對於女性有很尖辣的諷刺。一個經營汽車事業的美國富翁，有一個比較年輕的漂亮的太太，他們的女兒剛出嫁了。那位富翁動了倦勤之意，放棄了事業，到歐洲旅行去（帶了妻子）；那位太太是愛享刺激的，老住在一個地方看見的總是這幾個人，本來十分厭氣，再加之女兒出嫁，動了青春消逝的悲哀，因此說起了遊歷，正中下懷。在輪船上第一天他倆是高興得什麼似的，可是不久她便勾搭上一個英國少年，把老頭子冷冷地丟在甲板上一個人看Bishop light（海上的一種閃光）了。那少年被她撩上了火，她卻申斥他不該無禮吻她，於是兩人吵了一場分手了。受了這次侮辱，她一定要她丈夫一同到巴黎去，她男人是要到英國去的，撇下她他就到了倫敦。在巴黎她又交了許多朋友，老頭子只好一個人拿了遊覽指南跑各地遊覽去。這邊倒也各樂其樂，其中一個男爵，一個卻是[illegible]，她陪他來。男人回了家，女人不肯回去，叫他一人先回去，她隨後來。男人回了博物館也厭了，要回家去，之後，寂寞得要命，本來是個好好先生的他，脾氣變得壞極了，這也不稱心，那也不稱心，整日和人們鬧脾氣。妻子來信，又老是Arnold長，Arnold短（Arnold是她新交的男朋友），去電報叫她來她又不來，終於吃起醋來趕到巴黎，在旅館裡把那個男人也叫了來三個人對面，問她願不願意離婚，她當然不願，因為原來不過是玩玩而已，敵不過他這陣火勁，只好抽抽咽咽地哭起來，屈服了。過去的事情一筆勾銷，從新來過，他仍然是愛她的，只要今後安安本分，因為，他說，他們的女兒那邊已經有了孩子，她已經做了Grandma了。聽見這句話，她真是傷心得了不得，做了Grandma的人，怎麼還能充年輕呢？因此是再也不願回家去了，於是兩人到了維也納，到了維也納，老毛病又發作了，這回是一個破落的奧國少年貴族，當他向她表示如果不是因為她是個有夫之婦，他一定會向她求婚的時候，她禁不住想做一個貴族的[illegible]的誘惑，便和男人大吵一場要求離婚，男人沒法只好放了她，臨別的時候她還指望向他獻媚。於是男人便失神地向著她作最後的[illegible]，而女人卻受了一次大大的教訓，那貴族的母親親來她的住所，說是

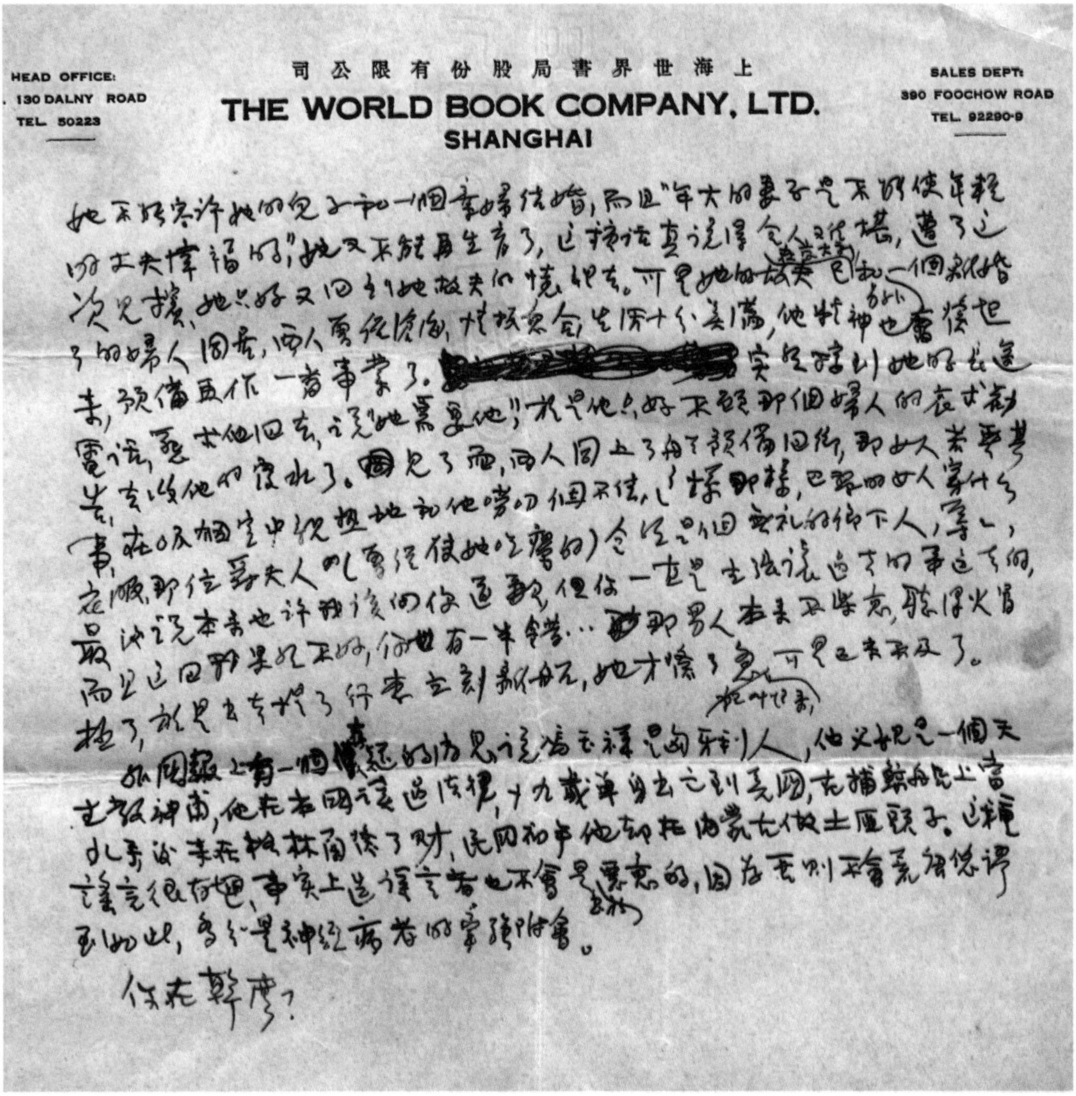

HEAD OFFICE:
130 DALNY ROAD
TEL. 50223

上海世界書局股份有限公司
THE WORLD BOOK COMPANY, LTD.
SHANGHAI

SALES DEPT:
390 FOOCHOW ROAD
TEL. 92290-9

去收他的覆水了。见了面，两人同上了船预备回乡，那女人若无其事，在吸烟室中亲热地和他唠叨个不住，这样那样，巴黎的女人穿什么衣服，那位爵夫人（曾经使她吃瘪的）全然是个无礼的乡下人，等等，最后说本来也许我该向你道歉，但你一直是主张让过去的事过去的，而且这回我果然不好，你也有一半错……那男人本来不乐意，听得火冒极了，于是出去提了行李，立刻离船，她才发了急，狂叫起来，可是已来不及了。

外国报上有一个存疑的消息说冯玉祥是匈牙利人，他父亲是一个天主教神甫，他在本国读过法律，十九岁单身出亡到美国，在捕鲸船上当水手，后来在格林兰发了财，民国初年他却在内蒙古做土匪头子。这种谣言很有趣，事实上造谣言者也不会是出于恶意的，因为否则不会荒唐伪谬到如此，多分是神经病者的牵强附会。

你在干么？

① Sinclair Lewis：辛克莱·刘易斯（1885 ~ 1951），美国小说家，曾获诺贝尔文学奖。Dodsworth 是据他的作品拍摄的影片，中译名为《孔雀夫人》。

第[264]封 · 尽力[1]

好友：

秋天了，明天起恢复了原来的工作时间，谢天谢地的。今后也许可以好好做人了吧，第一译莎剧的工作，无论胜不胜任，都将非尽力做好不可了；第二明天起我将暂时支持着英文部的门户，总得要负点儿责任，虽则没有什么大不了的事干。

昨夜睡中忽然足趾抽筋，下床跑了几步，一个寒噤发起抖来，疑心发疟疾了，钻到被头里去，结果无事。

《暴风雨》的第一幕你所看见的，已经是第三稿了，其余的也都是写了草稿，再一路重抄一路修改，因此不能和《仲夏夜之梦》的第一幕相比（虽则我也不曾想拆烂污），也是意中事。第二幕以下我翻得比较用心些，不过远较第一幕难得多，其中用诗体翻出的部分不知道你能不能承认像诗，凑韵、限字数，可真是麻烦。这本戏，第一幕是个引子，第二三幕才是最吃重的部分，第四幕很短，第五幕不过一班小丑扮演那出不像样的悲剧。现在第三幕还剩一部分未译好。

现在我在局内的固定工作是译注几本《鲁滨孙漂流记》*Sketch Book*[2]等类的东西，很奇怪的这种老到令人起陈腐之感的东西，我可都没有读过。

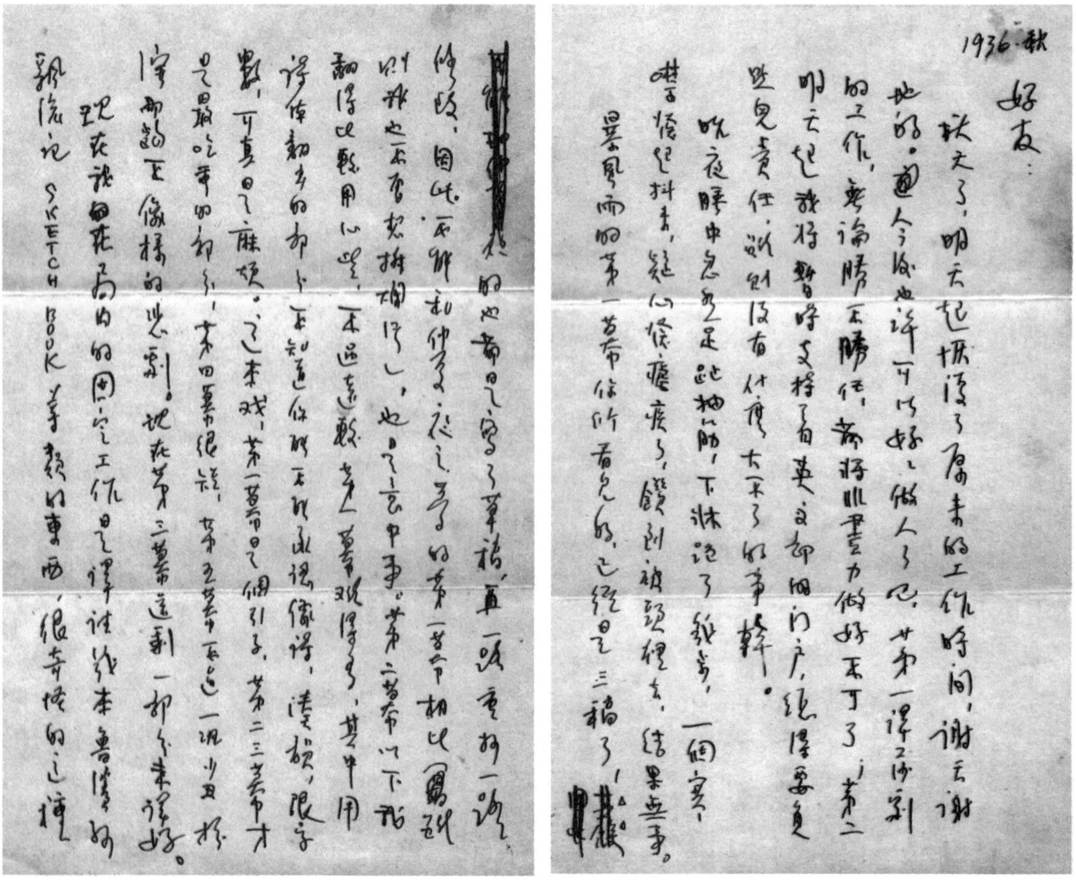

1936.秋

好友：

秋天了，明天起恢复了原来的工作时间，谢天谢地的。今后也许可以好好做人了吧，第一译莎剧的工作，无论胜不胜任，都将非尽力做好不可了；第二明天起我将暂时支持着英文部的门户，总得要负点儿责任，虽则没有什么大不了的事干。

昨夜睡中忽然足趾抽筋，下床跑了几步，一个寒噤发起抖来，疑心发疟疾了，钻到被头里去，结果无事。

暴风雨的第一幕你所看见的，已经是三稿了，其余的也都是写了草稿，再一路重抄一路修改，因此不能和仲夏夜之梦的第一幕相比（虽则我也不曾想拆烂污），也是意中事。第二幕以下我翻得比较用心些，不过远较第一幕难得多，其中用诗体翻出的部分不知道你能不能承认像诗，凑韵，限字数，可真是麻烦。这本戏，第一幕是个引子，第二三幕才是最吃重的部分，第四幕很短，第五幕不过一班小丑扮演那不像样的悲剧。现在第三幕还剩一部分未译好。

现在我在局内的固定工作是译注几本鲁滨孙漂流记 SKETCH BOOK 等类的东西，很奇怪的这种你相不相信在戏剧协社（？）上演《威尼斯商人》之前，文明戏班中便久已演过它了，从前文明戏在我乡大为奶奶小姐们所欢迎（现在则为绍兴戏所代替着，趣味更堕落了，因为那时的文明戏中有时还含一点当时的新思想），那时我还不过十二三岁的样子，戏院中常将《威尼斯商人》排在五月九日[3]上演，改名为《借债割肉》，有时甚至于就叫做《五月九日》，把Shylock[4]代表日本，Antonio代表中国，可谓想入非非。此外据我所记得的像*Much Ado about Nothing*[5]和*Two Gentlemen of Verona*[6]也都做过，当然他们决没有读过原文，只是照Tales from Shakespeare上的叙述七勿搭八地扮演一下而已，有时戏单上也会标出莎翁名剧的字样，但奶奶小姐们可不会理会。

有时我也怀想着在秋山踽踽独行的快乐。

《未足集》和《编余集》[7]，这两个名字一点不能给人以什么印象，要是爱素朴一点，索性不要取什么特别的名字，就是诗集或诗别集好了。

再谈，我待你好。

朱　卅一

①此信原件上宋清如注：1936年秋。②*Sketch Book*：《见闻录》。③1915年5月9日，袁世凯为换取日本支持他恢复帝制的阴谋，宣布承认日本方面提出的丧权辱国的"二十一条"，后来这一天被认为"国耻日"。④Shylock（夏洛克）和下文中的Antonio（安东尼）都是《威尼斯商人》中的人物。⑤*Much Ado about Nothing*：《无事烦恼》，莎士比亚喜剧。⑥*Two Gentlemen of Verona*：《维洛那二士》，莎士比亚喜剧。⑦宋清如曾考虑将她的两本诗集取名为《未足集》和《编余集》，写信征求朱生豪的意见。

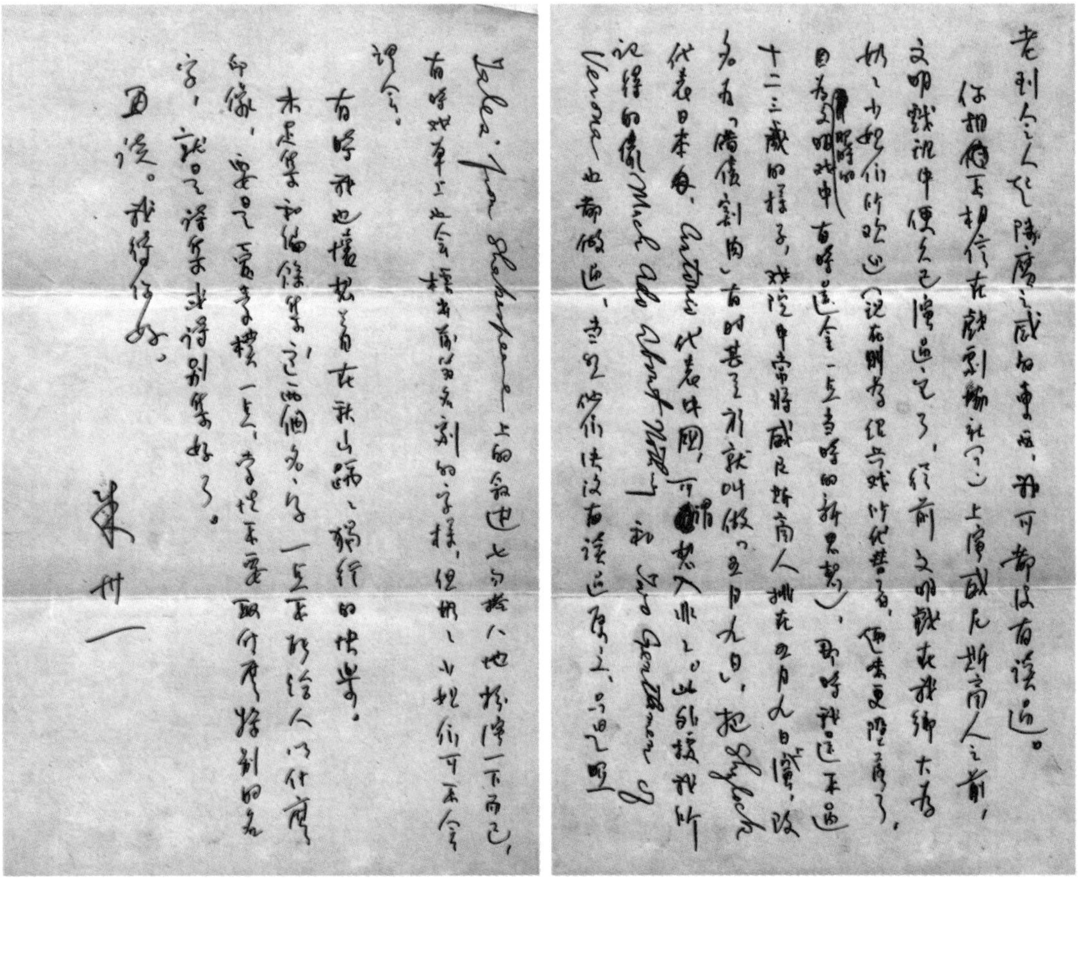

第[265]封 夜工

好人：

昨夜我作了九小时的夜工，七点半直到四点半，床上躺了一忽，并没有睡去。《仲夏夜之梦》总算还没有变成《仲秋夜之梦》，全部完成了。今天我要放自己一天假，略为请请自己的客，明天便得动手《威尼斯商人》。

你顶好，你顶可爱，你顶美，我顶爱你。

波顿[1] 八日

①波顿（Bottom）：莎士比亚喜剧《仲夏夜之梦》中逗笑的角色。

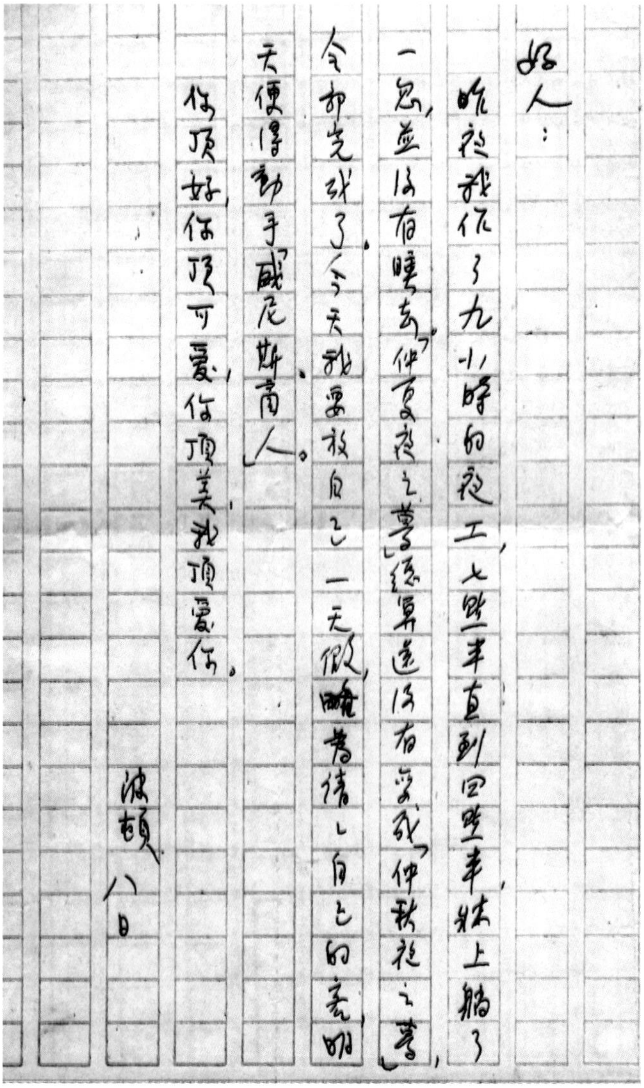

好人：

昨夜我作了九小时的夜工，七点半直到四点半，床上躺了一忽，并没有睡去，《仲夏夜之梦》总算还没有变成《仲秋夜之梦》，全部完成了。今天我要放自己一天假，略为请请自己的客，明天便得动手《威尼斯商人》。

你顶好，你顶可爱，你顶美，我顶爱你。

波頓 八日

第[266]封 奇怪

宝贝：

以后你如不耐烦不痛快的时候，我欢迎你到上海来找我出气，我简直不大能相信你会发脾气，因为你一向对我都太“温柔”了。如果再那么“凶”一点，我相信我将会爱你得更凶一点。

如果我命令你爱我，你一定不会服从的；因此如果你不允许我爱你，我也不见得就会乖乖地听话，总之这事已经解决于三年之前，现在更无犹疑之余地。

关于你的那篇大作，我不知道你说“你也一定不许看”这句话有甚么意思？你瞧你并不曾把它寄给我，即使你许我看我也看不到。譬如说，我从来不曾看见过你，一天你的母亲对我说，“我有一个女儿，你一定不许爱她”，这话有不有些奇怪？最好你还是把它寄给我看一下，否则何必对我说是不是？

路透社电：徐金珠[1]婚牛天文。

BIG BAD WOLF[2]

P.S.我爱你。

①徐金珠：之江大学同学，1936毕业，和宋清如同级，主修经济。 ②BIG BAD WOLF：大坏狼。

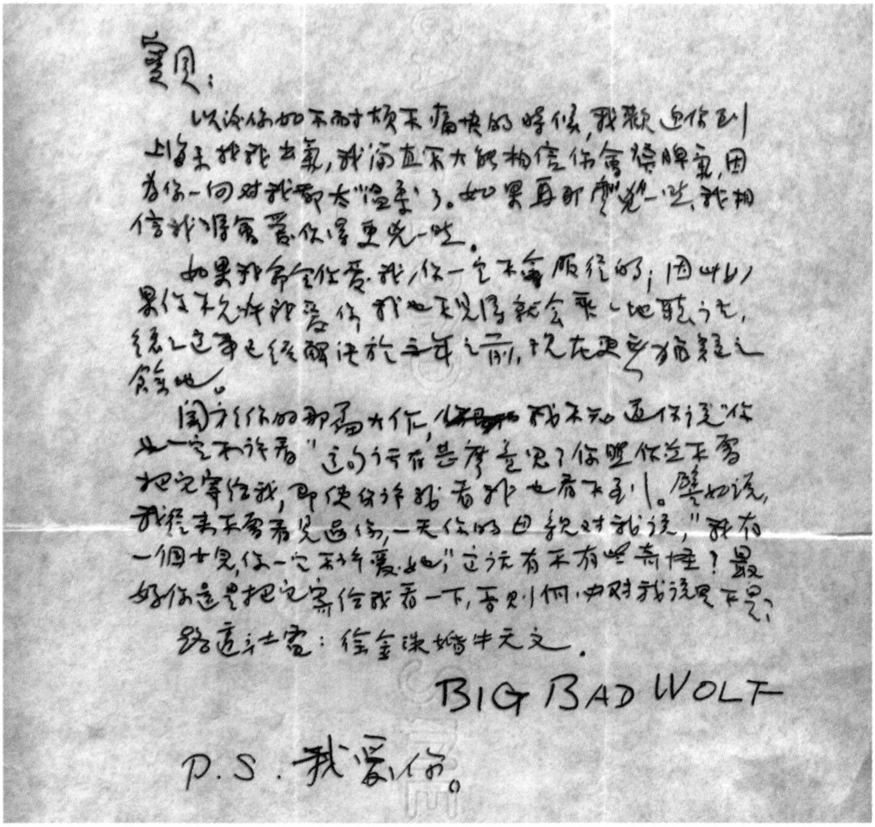
宝贝：

以后你如不耐烦不痛快的时候，我欢迎你到上海来找我出气，我简直不大能相信你会发脾气，因为你一向对我都太"温柔"了。如果再那么凶一些，我相信我将会爱你得更凶一些。

如果我命令你爱我，你一定不会服从的；因此如果你不允许我爱你，我也不见得就会乖乖地听话，总之这事已经解决于三年之前，现在更无犹疑之余地。

关于你的那篇大作，我不知道你说"一定不许看"这句话有甚么意思？你瞧你并不曾把它寄给我，即使你许我看我也看不到。譬如说，我从来不曾看见过你，一天你的母亲对我说，"我有一个女儿，你一定不许爱她"，这话有不有些奇怪？最好你还是把它寄给我看一下，否则何必对我说是不是？

路透社电：徐金珠婚牛天文。

BIG BAD WOLF

P.S.我爱你。

第[267]封 更正

你这个人：

我劝你以后莫要读中国书了，是一个老学究才会给我取“元龙”那样的名字，为什么不叫我“毛头和尚”、“赤老阿二”、“大官”、“赛时迁”、“混江龙”、“叮叮当当”、“阿土哥”、“小狗子”呢？

请给我更正：《暴风雨》第二幕第二场卡列班称斯蒂芬诺为“月亮里的人”；又《仲夏夜之梦》最后一幕插戏中一人扮“月亮里的人”，那个月亮里的人在一般传说中是因为在安息日捡了柴，犯了上帝的律法，所以罚到月亮里去，永远负着一捆荆棘。原译文中的“树枝”请改为“柴枝”或“荆棘”。后面要是再加一条注也好。

你要是忙，就不用抄那牢什子，只给我留心校看一遍就是。你要不要向我算工钱？

你不怎样忧伤，因此有点儿忧伤。上次信你说很快乐，这次并不快乐，希望下次不要更坏。你知道我总是疼你的。

卡列班[1] 十四

①卡列班（Caliban），莎剧《暴风雨》中的丑角（巫婆所生的怪物）。

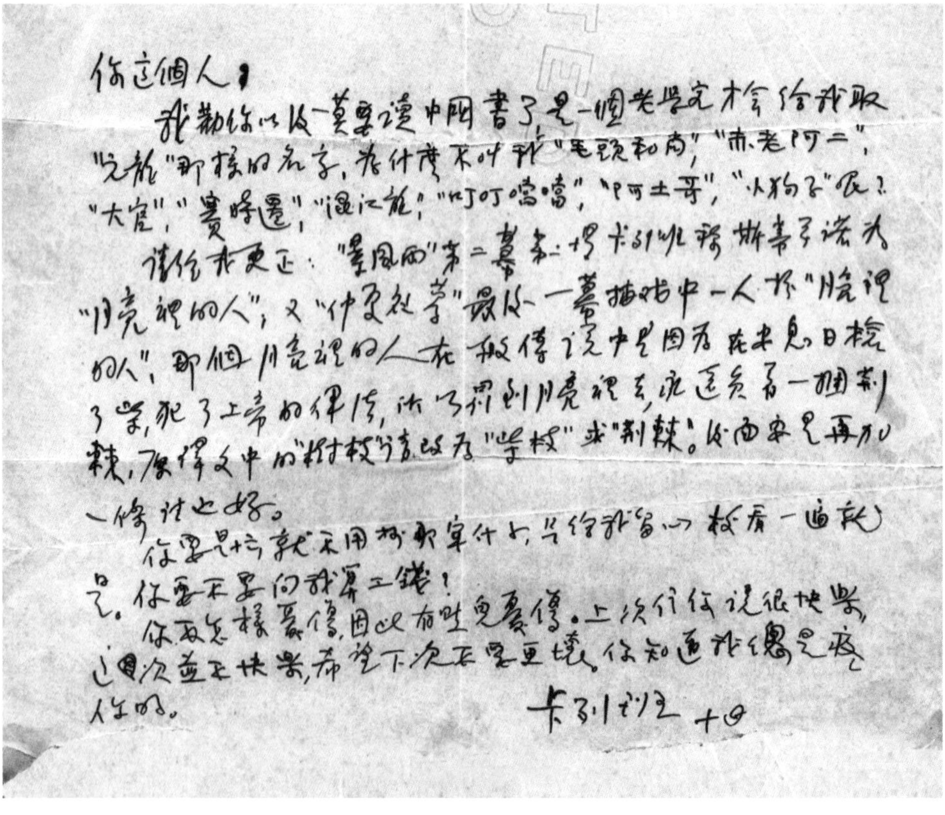
你這個人：
我勸你以後莫要讀中國書了，是一個老學究才會給我取"元龍"那樣的名字，為什麼不叫我"毛頭和尚"，"赤老阿二"，"大官"，"賽時遷"，"混江龍"，"叮叮噹噹"，"阿土哥"，"小狗子"呢？
請給我更正："暴風雨"第二幕第二場卡列班稱斯蒂芬諾為"月亮裡的人"，又"仲夏夜之夢"最後一幕插戲中一人扮"月亮裡的人"，那個月亮裡的人在一般傳說中是因為在安息日撿了柴，犯了上帝的律法，所以罰到月亮裡去，永遠負着一捆荊棘，原譯文中的"樹枝"請改為"柴枝"或"荊棘"。後面要是再加一條注也好。
你要是忙，就不用抄那牢什子，只給我留心校看一遍就是。你要不要向我算工錢？
你不怎樣憂傷，因此有點兒憂傷。上次信你說很快樂，這次並不快樂，希望下次不要更壞。你知道我總是疼你的。
卡列班 十四

第[268]封 窝心

宋千金：

心里乱烘烘，写了三四次信，总写不成功，怨得想自杀。

天又热起来，我希望它再下雨，老下雨，下个不停。

我待你好，我待你好。

你瞧，昨晚密昔斯陆问起你，我告诉她你姆妈预备逃难，她吓得连忙说，“那么我们也赶快去找房子”，女人乎！

上个星期日逛城隍庙，逛罢城隍庙接连看了三本苏联影片，偶然走过 ISIS 的门口而被吸进去的。一本《雷雨》是第四遍重看了，一本纪录电影《北极英雄》太单调沉闷，一本《齐天乐》，美国式的歌舞喜剧，可看得我从座位上沉了下去，窝心极了，

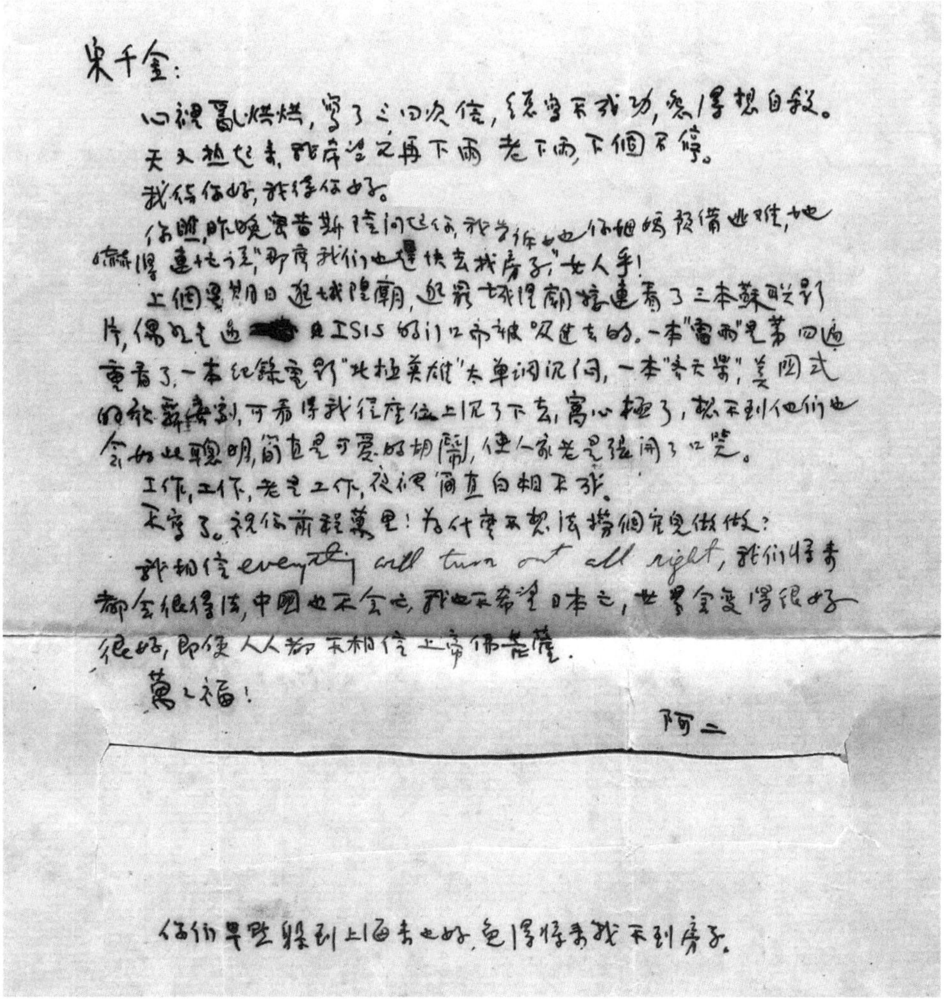
宋千金：
心裡亂烘烘，寫了三四次信，總寫不成功，急得想自殺。
天又熱起來，我希望它再下雨，老下雨，下個不停。
我待你好，我待你好。
你瞧，昨晚密昔斯陸問起你，我告訴她你姆媽預備逃難，她嚇得連忙說"那麼我們也趕快去找房子"，女人乎！
上個星期日逛城隍廟，逛罷城隍廟接連看了三本蘇聯影片，偶然走過 ISIS 的門口而被吸進去的。一本"雷雨"是第四遍重看了，一本紀錄電影"北極英雄"太單調沉悶，一本"齊天樂"，美國式的歌舞喜劇，可看得我從座位上沉了下去，窩心極了，想不到他們也會如此聰明，簡直是可愛的胡鬧，使人家老是張開了口笑。
工作，工作，老是工作，夜裡簡直白相不來。
不寫了。祝你前程萬里！為什麼不想法搞個官兒做做？
我相信 everything will turn out all right，我們將來都會很得法，中國也不會亡，我也不希望日本亡，世界會變得很好很好，即使人人都不相信上帝佛菩薩。
萬萬福！
阿二
你們早點躲到上海來也好，免得將來找不到房子。

想不到他们也会如此聪明，简直是可爱的胡闹，使人家老是张开了口笑。

工作，工作，老是工作，夜里简直白相不成。

不写了，祝你前程万里！为什么不想办法捞个官儿做做？

我相信 everything will turn out all right[①]，我们将来都会很得法，中国也不会亡，我也不希望日本亡，世界会变得很好很好，即使人人都不相信上帝佛菩萨。

万万福！

阿二

□

你们早点躲到上海来也好，免得将来找不到房子。

① everything will turn out all right：一切都会好起来的。

第[269]封 懊恼[①]

宋儿：

谢天谢地我没有老婆，要是在这种风声鹤唳的时节，小鸡胆子吓得浑天糊涂，忙着要搬家逃难，岂不把我活活麻烦死？这两天风声十分恶劣，谣言更是多得了不得。我是听都不要听这些，顶多也不过是那么一回事。只要局中一天不停工，我便自得其乐一天，如果工厂关门，卷起铺盖回家乡，仍旧可以自得其乐，逃难我决不。其实苟全性命于这种无聊的年头，于这种无聊的国家里，也真是无聊，见了怯懦的人真令我伤心。我们的陆师母已吓得唉声叹气，急得不得了，什么小房子都肯住，房金不论，预备忙着搬法租界去。

我所懊恼的是据说明天薪水发不出，这个问题似乎比打仗更重要一些，因为没有钱便不能买糖吃，这是明明白白的。

当今之时，最好谈谈恋爱，因为……没有理由。

朱儿　十五

①此信原件上宋清如注：1936 年。

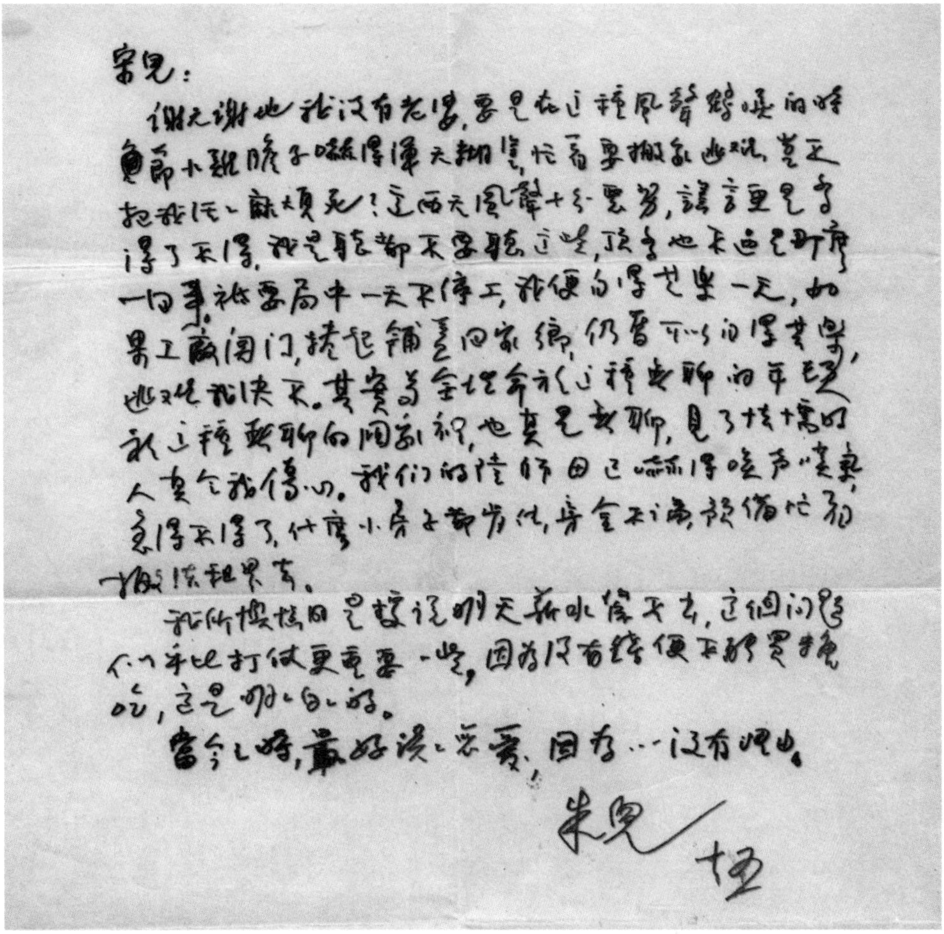
宋儿：
谢天谢地我没有老婆，要是在这种风声鹤唳的时节小孩子吓得哭天翻覆，忙着要搬家逃难，岂不把我忙忙麻烦死？这两天风声十分紧张，谣言更是多得了不得，我是听都不要听这些，除了也不过是那一回事。只要书局中一天不停工，我便留得些些一天，如果工厂关门，卷起铺盖回家乡，仍旧可以自得其乐，逃难我决不。其实为全世界[illegible]这种无聊的事[illegible]，为这种无聊的国家死，也真是无聊，见了[illegible]的人真令我伤心。我们的隔壁[illegible]已吓得唉声叹气，急得不得了，什么小房子都[illegible]，其余不论，预备忙着[illegible]搬场[illegible]。
我所担忧的只是[illegible]明天[illegible]，这个问题个人来比打仗更重要一些，因为没有钱便不能买东西吃，这是明明白白的。
宝宝好，最好谈谈恋爱，因为……没有理由。
朱儿
十五

第[270]封 惊喜

宝贝：

本来想再过好几天才给你写信，但不写信也很无聊。你寄到嘉兴去的信收到，很是一个意外的惊喜，可惜太短了些，而且其中一句话也没有。在家乡过了两夜，想不到这两天内有许多变化。在火车里买了两份报看，德奥意三国成立协定，陈济棠势力瓦解，又有日本人在虹口遭暗杀，简直似乎已有一个多月不曾看过报；回来之后，又听见小儿啼，原来陆夫人已产了一个小女儿。

回家去刚刚逢着天凉，因此很适意，去的那晚还很热，火车中看见了一个伟丽的日没，满天空涂着一块一块油画的彩色，又看见一个乡妇被火车撞死，一只腿已飞掉，头边一堆浓血。

宝贝：

本来想再过好几天才给你写信，但不写信也很无聊。你寄到嘉兴去的信收到，很是一个意外的喜悦，可惜太短了些，而且其中一句话也没有。在家乡过了两夜，想不到这两天内有许多变化，在火车里买了两份报看，德奥意三国非正式协定，陈济棠势力瓦解，又有日本人在中山遭暗杀，而在我手已有一个多月不曾看过报；回来之后，又听见小儿啼，原来陆夫人已产了一个小女儿。

回家去那天有大风，因此很适意，去的那晚还很热，火车中看见了一个伟丽的日没，满天空涂着一块一块油画的彩色，又看见一个乡妇被火车撞死，一只腿已飞掉，留着一堆浓血。

曾经做过一个梦，和一位女郎发生了恋爱，她的一切都已不记得，唯一惹人注意之点是鼻角的一粒麻子，这粒麻子凹陷得特别深，有一寸半的样子，我因为这粒麻子的关系便深深地迷醉着她了，你想荒唐不荒唐？

你大概不欢迎我来看你吧？

我真爱你。

淡如　十四

曾经做过一个梦，和一位女郎发生了恋爱，她的一切都并不出色，唯一惹人注意之点是鼻角的一粒麻子，这粒麻子凹陷得特别深，有一寸半的样子，我因为这粒麻子的关系便深深地迷醉着她了，你想荒唐不荒唐？

你大概不欢迎我来看你吧？

我真爱你。

淡如 十四

第[271]封 搬家

清如：

我大概明天搬家，以后来信只寄局中好了。

昨天上午想写信写不成功，下午去看电影《苏格兰女王曼丽》，可是票子买不到，于是到大新公司游艺场去溜达一下，生平上游艺场，此为第一次，也是见识见识的意思。四点半再去买第二场的票子，又买不到，于是到北四川路去，看苏联片普式庚的原著《杜勃劳夫斯基》，这才是张真的文学电影，清丽极了，新闻片中又见到高尔基的生前和罗曼罗兰的会面，以及他的葬仪。《杜勃劳夫斯基》不像过去《静静的顿河》和《雷雨》那样雄浑有力，而代之以诗意的抒情调子，摄影真是美极了。

平凉村里已经有十室八空的样子，但时局大抵还可苟安过去。昨天报上说各地热烈庆祝国庆，我不知道是怎样热烈法。

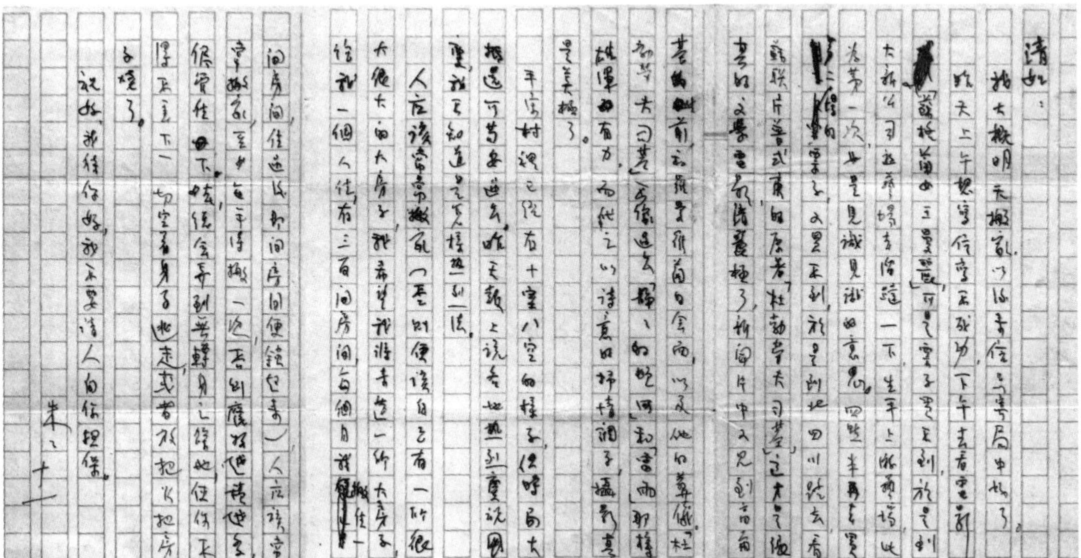

人应该常常搬家(否则便该自己有一所很大很大的大房子，我希望我将来造一所大房子，给我一个人住，有三百间房间，每个月我搬住一间房间，住过后那间房间便锁起来)，人应该常常搬家，至少每年得搬一次，否则废物越积越多，尽管住下去，总会弄到无转身之余地，使你不得不丢下一切空着身子逃走，或者放把火把房子烧了。

祝好，我待你好，我不要请人向你担保。

朱朱　十一

①此信原件上宋清如注：1936年。

第[272]封 颓唐

好人：

你如今天不给我信，那太可恶；明天不给我信，倒没有什么。

今天四点半后，我真要搬家了。到新的地方去不能使我高兴，但脱离旧的地方总有些快意。

我觉得我从来没有像现在这样笨法，就是在初中二年级时门门功课读不及格的时候①也要比现在聪明些，世上还有比做一个笨伯更没趣味的事吗？我希望魔鬼进入我的心。

大前天我的小兄弟从厦门抵沪，前天晚上送他上车回家去。这两年随军辗转闽广，结果带了一身病回来。回家他也知道毫无意味，“但死在外头，有些不值得”；又说个把月后仍旧要出去，“这回去了之后，再也不回家了。”怪可怜的。他在福建曾和一位在军队中做nurse②的女士恋过爱，那人倒也很恳笃有情，他写信来要求姑母给他作主婚事，姑母说不能作主，自己有力量办当然决不阻梗；但自己并没有力量，因此很失望而悲观，他说他预备终生不娶，“因为有了家室，简直是吃官司。”！！！！

这两天夜里太少睡，有这么许多无聊。明天好好休息一下，后天得聚精会神地工作起来，要是贪惰请你捻我。

你好？

Honorificabilitudinatitibus③

廿四

颓唐是因为对于自己不满意，不是对于环境不满意。能活得下去的人，不是都是有勇气的。中国人是最无勇气的，但中国人善于在任何环境中活下去。

但你叫我不要颓唐，我就不颓唐了。

①朱生豪1924年高小毕业，这年嘉兴按教育部的规定进行学制改革，高小由原来的三年改为两年。当年的高小毕业生可以直接读初中二年级，刚入学时因为不适应，学习一度比较困难，但是很快就赶上了。②nurse：护士。③Honorificabilitudinatitibus：出自莎剧《皆大欢喜》第五幕第一场，系中世纪拉丁文，意为“诸名荣耀”。

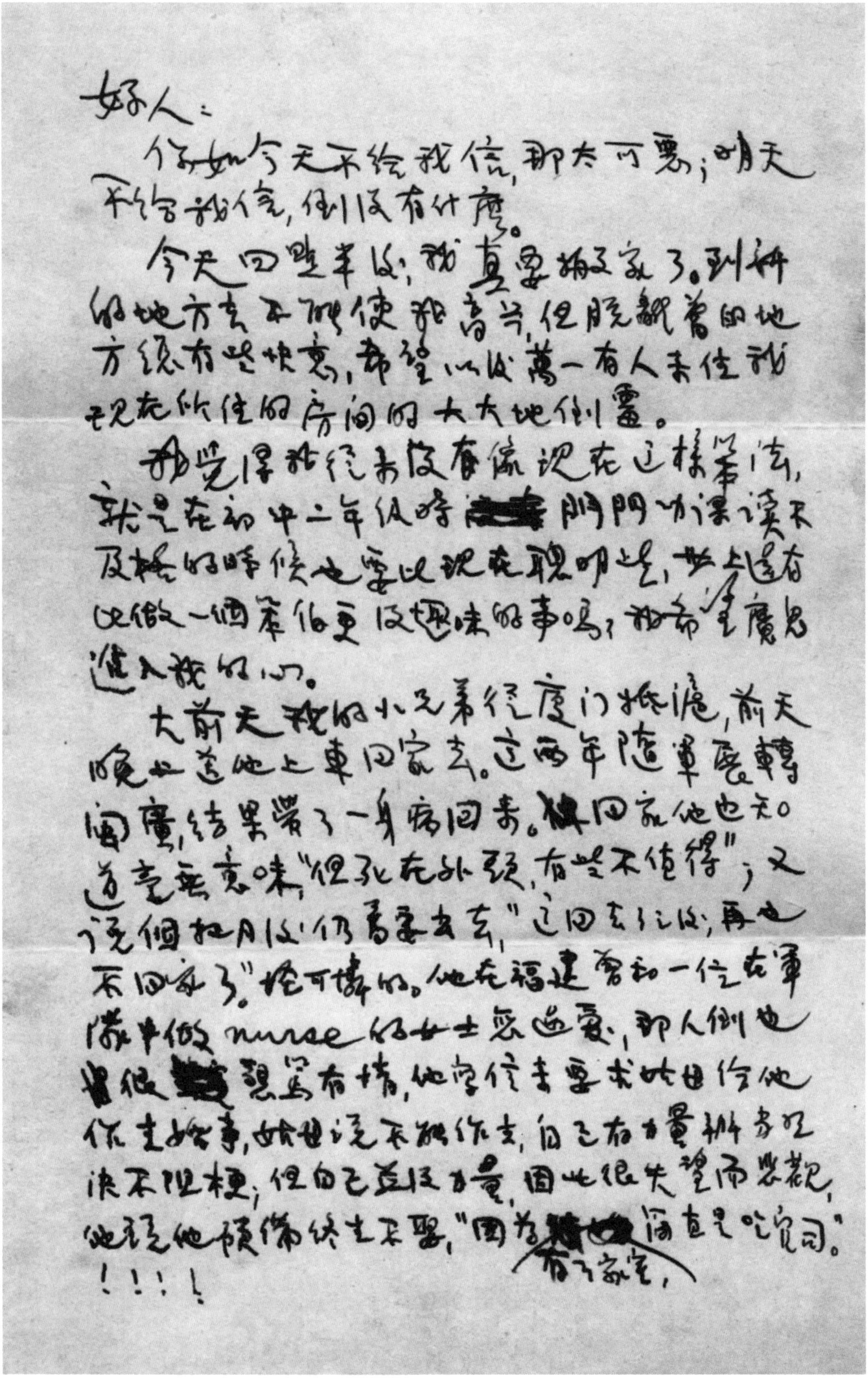

好人：

你如今天不给我信，那太可恶；明天不给我信，倒没有什么。

今天回想半天，我真要想家了。到新的地方去不能使我高兴，但脱离旧的地方总有些快意，希望以后万一有人来住我现在所住的房间的大大地倒霉。

我觉得我从来没有像现在这样笨法，就是在初中二年级时[redacted]门门功课读不及格的时候也要比现在聪明些，世上还有比做一个笨伯更没趣味的事吗？我希望鬼进入我的心。

大前天我的小兄弟从厦门来沪，前天晚上送他上车回家去。这两年随军队转徙，结果带了一身病回来。[redacted]回家他也知道毫无意味，但说在外头有些不值得；又说过个把月以后仍要出去，"这回去了以后，再也不回家了。"怪可怜的。他在福建曾和一位在军队中做nurse的女士恋爱，那人倒也很[redacted]恳笃有情，他写信来要求姑母给他作主婚事，姑母说不能作主，自己有力量办去好了决不阻梗，但自己又没力量，因此很失望而悲观，他说他预备终生不娶，"因为[redacted]养了家室，简直是吃官司。"

!!!!

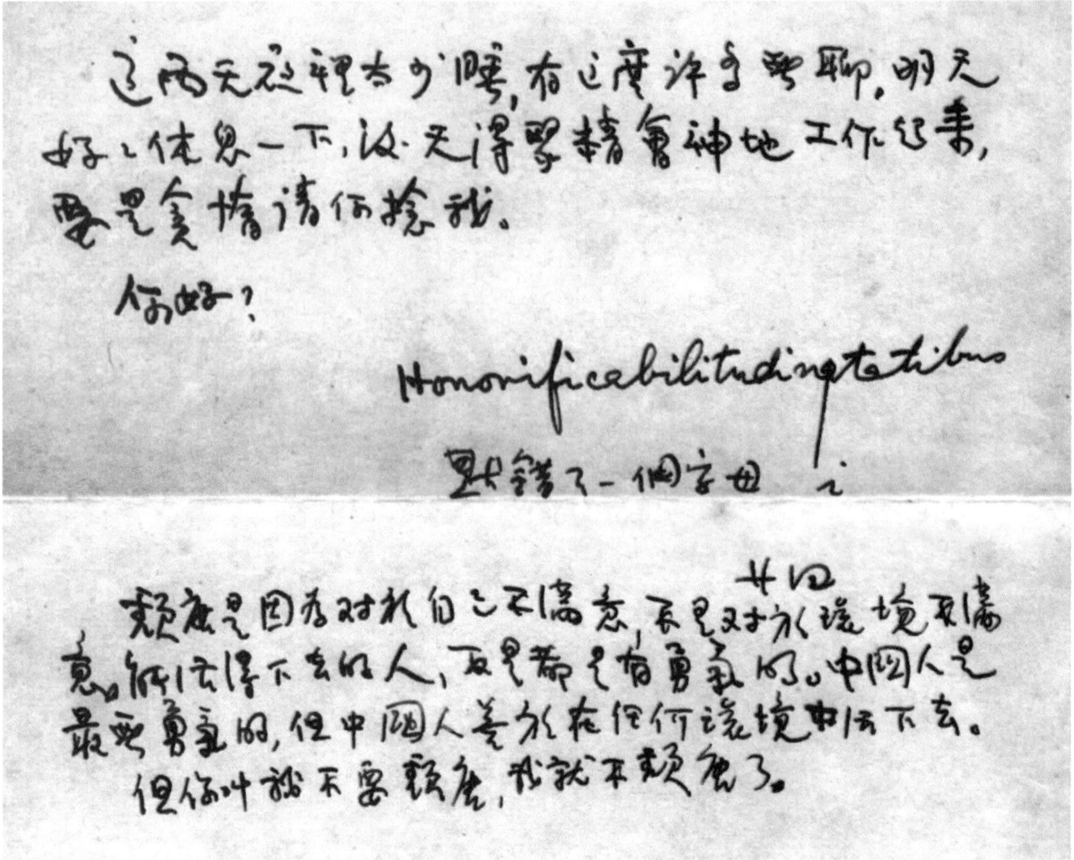

这两天夜里太少睡，有点疲倦无聊，明天好好休息一下，后天得要精神地工作起来，要是负情请你饶我。

你好？

Honorificabilitudinitatibus

默错了一个字母 i

廿日

颓废是因为对于自己不满意，不是对于环境不满意，能活得下去的人，不是都是有勇气的。中国人是最无勇气的，但中国人善于在任何环境中活下去。

但你叫我不要颓废，我就不颓废了。

第[273]封 陌生

宋儿：

今夜住在陌生的所在①，这里并不预备久住，因为他们并没有空屋，做事不方便，否则环境倒是很好，因为居停是同事又是前辈同学，人也很好；有了相当的房子就搬走，大概少则住个把星期，多则住个把月。

抄了一千字的《威尼斯商人》，可也费了两个钟头。

没有话说，睡了，待你好。

也也 廿日夜

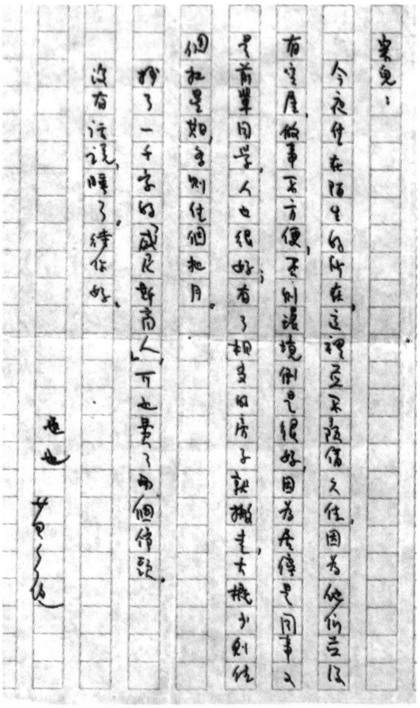

宋儿：

今夜住在陌生的所在，这里并不预备久住，因为他们并没有空屋，做事不方便，否则环境倒是很好，因为居停是同事又是前辈同学，人也很好；有了相当的房子就搬走，大概少则住个把星期，多则住个把月。

抄了一千字的威尼斯商人，可也费了两个钟头。

没有话说，睡了，待你好。

也也

廿日夜

①朱生豪初到上海时，借住在陆高谊家，1936年沪上日军将进犯之谣传日多，陆先生举家迁往租界，他暂居原之江大学老师胡山源先生家，不久又在附近另租房，但仍在胡先生家搭伙。下面所说的“居停”即指胡山源先生。

第[274]封 捉鬼

好人：

昨夜二房东家里（我有没有告诉过，我已搬进了新居？）请仙人捉鬼，因为他家的女人害着重病，这位老爷附身的职业仙人装着比梅兰芳黎明晖还难听的声音，是一种说不出来的怪声，一种不像样的falsetto[①]，说的话我听不出，总之是带着不成熟的戏台腔调，喷着水，嘴里“呔！呔！”地把鬼赶出来，砰砰硼硼放鞭爆，大家在楼上楼下奔上奔落，这么闹了一下子。这条弄堂里迷信空气特别浓厚，因为有一家“西方莲花佛会”。

我说鲁迅的死，还不及阮玲玉的死更有意义。因为就作品的影响而论，纵的方面固然若干年后没有人再会记得阮玲玉，但鲁迅的著作，是不是能永久成为中国文学里不朽的classic，也还是一个疑问，他的杂文固然绝少保留的价值（在“现今”也许还有用），以薄薄的两本《呐喊》

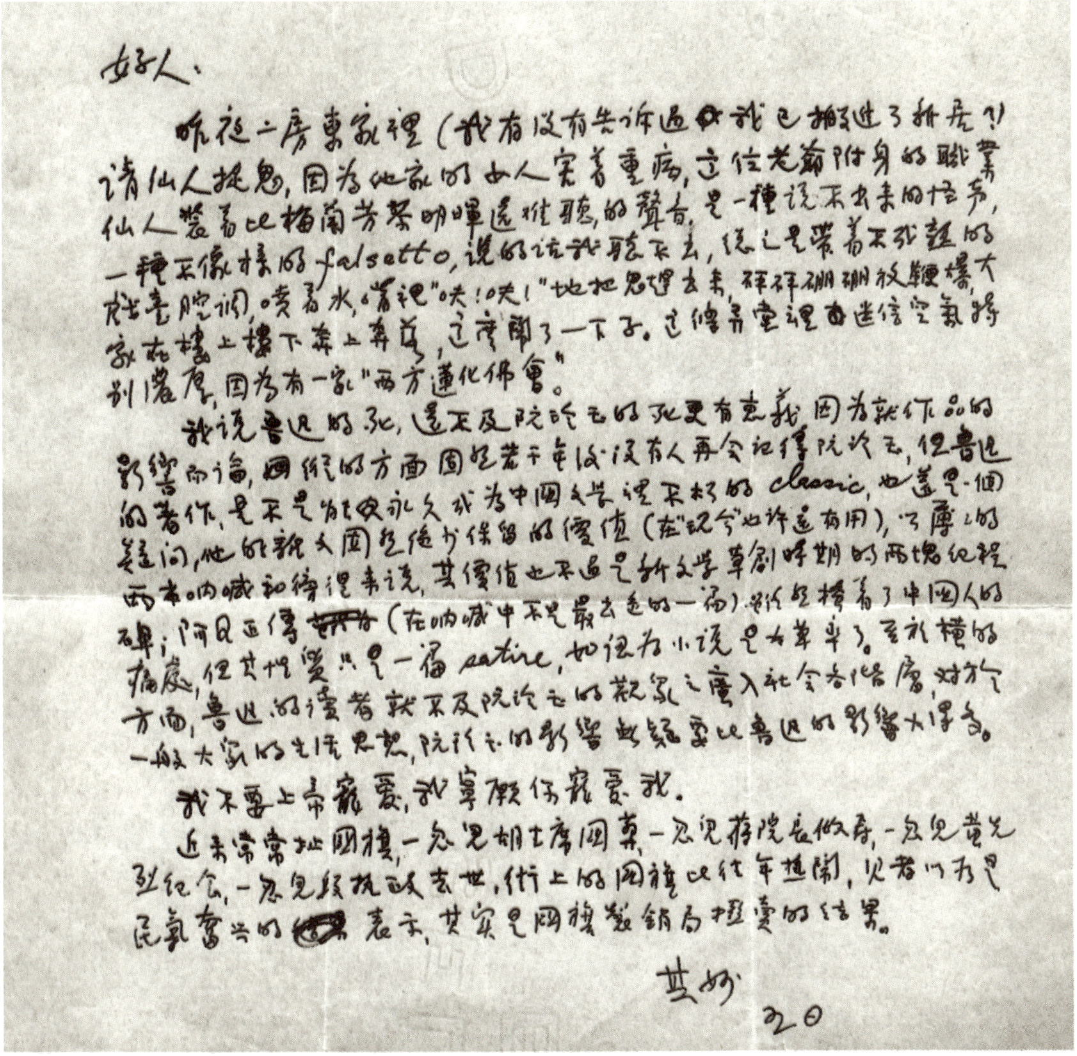
好人：

昨夜二房東家裡（我有沒有告訴過你我已搬進了新居？）請仙人捉鬼，因為他家的女人害着重病，這位老爺附身的職業仙人裝着比梅蘭芳黎明暉還難聽的聲音，是一種說不出來的怪聲，一種不像樣的falsetto，說的話我聽不出，總之是帶着不成熟的戲台腔調，噴着水，嘴裡"呔！呔！"地把鬼趕出來，砰砰硼硼放鞭爆，大家在樓上樓下奔上奔落，這麼鬧了一下子。這條弄堂裡的迷信空氣特別濃厚，因為有一家"西方蓮化佛會"。

我說魯迅的死，還不及阮玲玉的死更有意義，因為就作品的影響而論，縱的方面固然若干年後沒有人再會記得阮玲玉，但魯迅的著作，是不是能永久成為中國文學裡不朽的classic，也還是一個疑問，他的雜文固然絕少保留的價值（在現今也許還有用），以薄薄的兩本吶喊和徬徨來說，其價值也不過是新文學草創時期的兩塊紀程碑；阿Q正傳（在吶喊中不是最出色的一篇）雖然搔着了中國人的痛處，但其性質只是一篇satire，如作為小說是太草率了。至於橫的方面，魯迅的讀者就不及阮玲玉的觀眾之普入社會各階層，對於一般大眾的思想，阮玲玉的影響無疑要比魯迅的影響大得多。

我不要上帝寵愛，我寧願你寵愛我。

近來常常扯國旗，一忽兒胡主席回來，一忽兒蔣院長做壽，一忽兒黃先烈紀念，一忽兒段執政去世，街上的國旗比往年熱鬧，[illegible]是民氣奮興的表示，其實是國旗鋪銷商推廣的結果。

英娣

20日

和《彷徨》来说，其价值也不过是新文学草创时期的两块纪程碑；《阿Q正传》（在《呐喊》中不是最出色的一篇）虽然搔着了中国人的痛处，但其性质只是一篇satire[②]，如认为小说是太草率了。至于横的方面，鲁迅的读者就不及阮玲玉的观众之广入社会各阶层，对于一般大众的生活思想，阮玲玉的影响无疑要比鲁迅的影响大得多。

我不要上帝宠爱，我宁愿你宠爱我。

近来常常扯国旗，一忽儿胡主席国葬，一忽儿蒋院长做寿，一忽儿黄先烈纪念，一忽儿段执政去世，街上的国旗比往年热闹，见者以为是民气奋兴的表示，其实是国旗制销局摆卖的结果。

其妙　五日

① falsetto：声乐术语，指用“假声”演唱高音。 ② satire：讽刺文学。

第[275]封 缘分

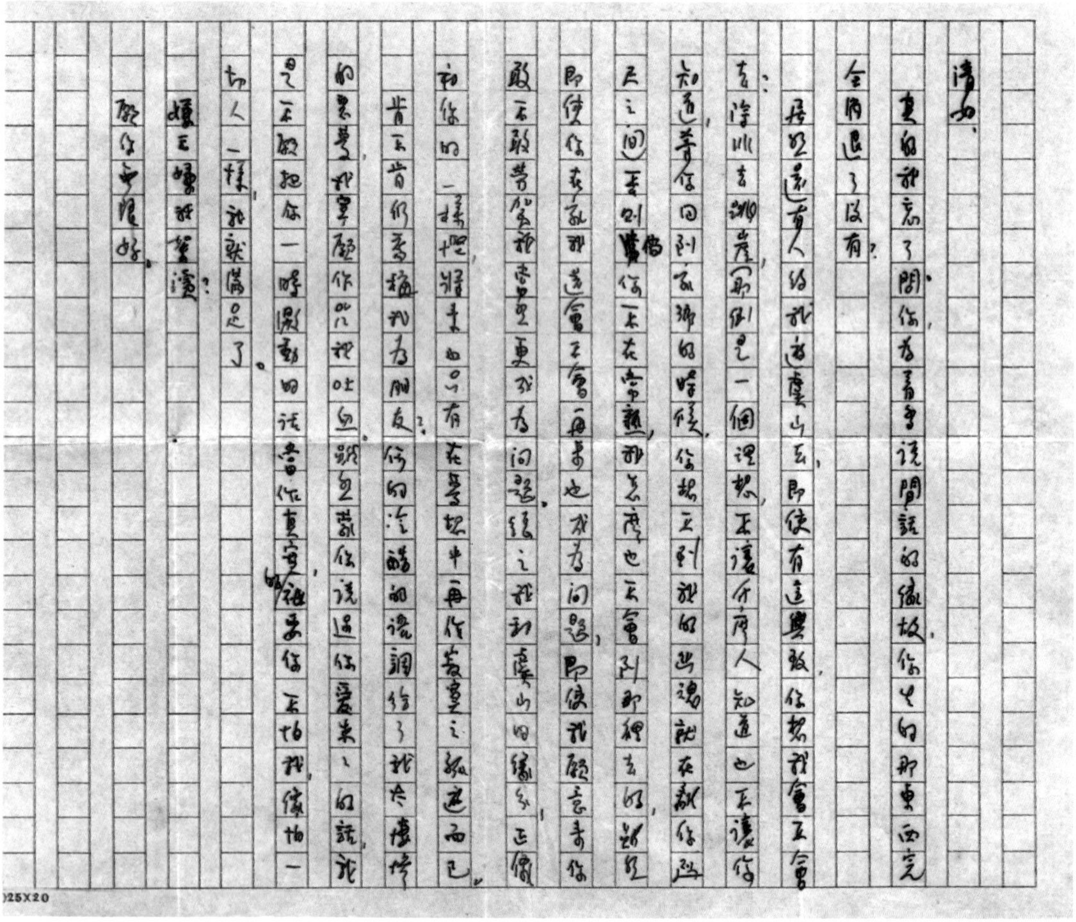
清如，

真的我忘了問你，為着急說閒話的緣故，你生的那東西完全消退了沒有？

要好還有人給我遊虞山去，即使有這興致，你想我會不會去：除非悄悄去遊，那倒是一個理想，不讓什麼人知道，也不讓你知道，等你回到家鄉的時候，你想不到我的幽魂就在窺你邊天之間，要叫醒你不在常熟，那怎麼也不會到那裡去的，就是即使你在家那邊會不會再來也成為問題，即使我願意來你敢不敢當著你家裡的人更成為問題。總之我到虞山的緣分，正像和你的一樣，想來也只有在夢境中再作若望之孤迹而已。

肯不肯你們當我為朋友？你的溫暖的語調給了我太多懷想的累，是我罪該你以我吐血跳血，聽你說過你愛我愛的話，我是不敢把你一時激動的話當作真實的，我要你不怕我，像怕一切人一樣，我就滿足了。

嬌嬌嬌哉繁漪？

願你平很好。

025X20

清如：

真的我忘了问你，为着多说闲话的缘故，你生的那东西完全消退了没有？

居然还有人约我游虞山去，即使有这兴致，你想我会不会去？除非去跳崖（那倒是一个理想，不让什么人知道，也不让你知道，等你回到家乡的时候，你想不到我的幽魂就在离你咫尺之间），否则倘你不在常熟，我怎么也不会到那里去的，虽然即使你在家，我还会不会再来也成为问题，即使我愿意来，你敢不敢劳驾我当然更成为问题。总之我和虞山的缘分，正像和你的一样悭，将来也只有在梦想中再作寂寞之孤游而已。

肯不肯仍旧称我为朋友？你的冷酷的语调给了我太凄惨的恶梦，我宁愿你咒我吐血。虽然蒙你说过你爱朱朱的话，我是不愿把你一时激动的话当作真实的，只要你不怕我，像怕一切人一样，我就满足了。

嫌不嫌我絮渎？

愿你无限好。

第[276]封 赏光

宝贝：

再不写信，你一定要哭了（我知道你不会，但因为想着要这样开头，所以就这样写）。

今天上午赶到虞洽卿路[1]一个弄堂里的常州面店吃排骨面，面三百五十文，电车三百四十文，你说我是不是个吃精？下午看了半本中国电影《小玲子》，毫无意味而跑出来，谈瑛这宝货是无法造就的了。再去看 *Anna Karenina*[2]，原意不过是去坐坐打打瞌铳，因为此片已看过二次；一方面是表示对于嘉宝的敬意，她的片子轮到敝区来放映，不好意思不去敷衍看一下。看的时候当然只是看嘉宝而已，因为情节已经烂熟到索然无味的地步。别的演员也都不见出色，因此一开场我就闭上眼睛，听到她的声音才张开来，实在她是太好了。看了出来，觉得这张不是十分出色的片子，如果有人拉我去看第四遍，我也仍然愿意去看的。

《威尼斯商人》不知几时能弄好，真要呕尽了心血。昨天我有了一个得意。剧中的小丑 Launcelot[3]奉他主人基督徒 Bassanio 之命去请犹太人 Shylock 吃饭。说 My young master doth expect your reproach[4]。Launcelot是常常说话用错字的，他把approach（前往）说作reproach（谴责），因此Shylock说，So do I his[5]，意思说 So do

寶貝，

再不寫信，你一定要哭了，我知道你不會，但因為想看着你哭了的樣子，就開頭，所以就這樣寫了。

今天上午跑到廣德路一個弄堂裡的常州麵店吃排骨麵，麵三百五十文，電車二百四十文，作為我今天的吃精了。下午看了半本中國電影小說子，完全無意味而總出來，唉，這實在是無法造就的了。再去看ANNA KARENINA，原意不過為了去坐坐打打瞌睡，因為此片已看過二次，一方面是表示對於嘉寶的敬意，她的片子輪到教區來放映，不好意思不去敷衍一下。看的時候多半只是看看嘉寶而已，因為情節已經爛熟到索然無味的地步，別的演員也都不見出色，因此一開場我就閉上眼睛，聽到她的聲音才張開眼來，實在她是太好了，看了出來，覺得這張不是十分出色的片子，如果有人拉我了，看第四遍，我也仍然願意去看的。

威尼斯商人不知我譯得好不好，真是嘔盡了心血。昨天我有了一個得意，劇中的小丑Launcelot奉他主人基督徒Bassanio之命去請猶太人Shylock吃飯，說"My young master doth expect your reproach." Launcelot是常常說錯用

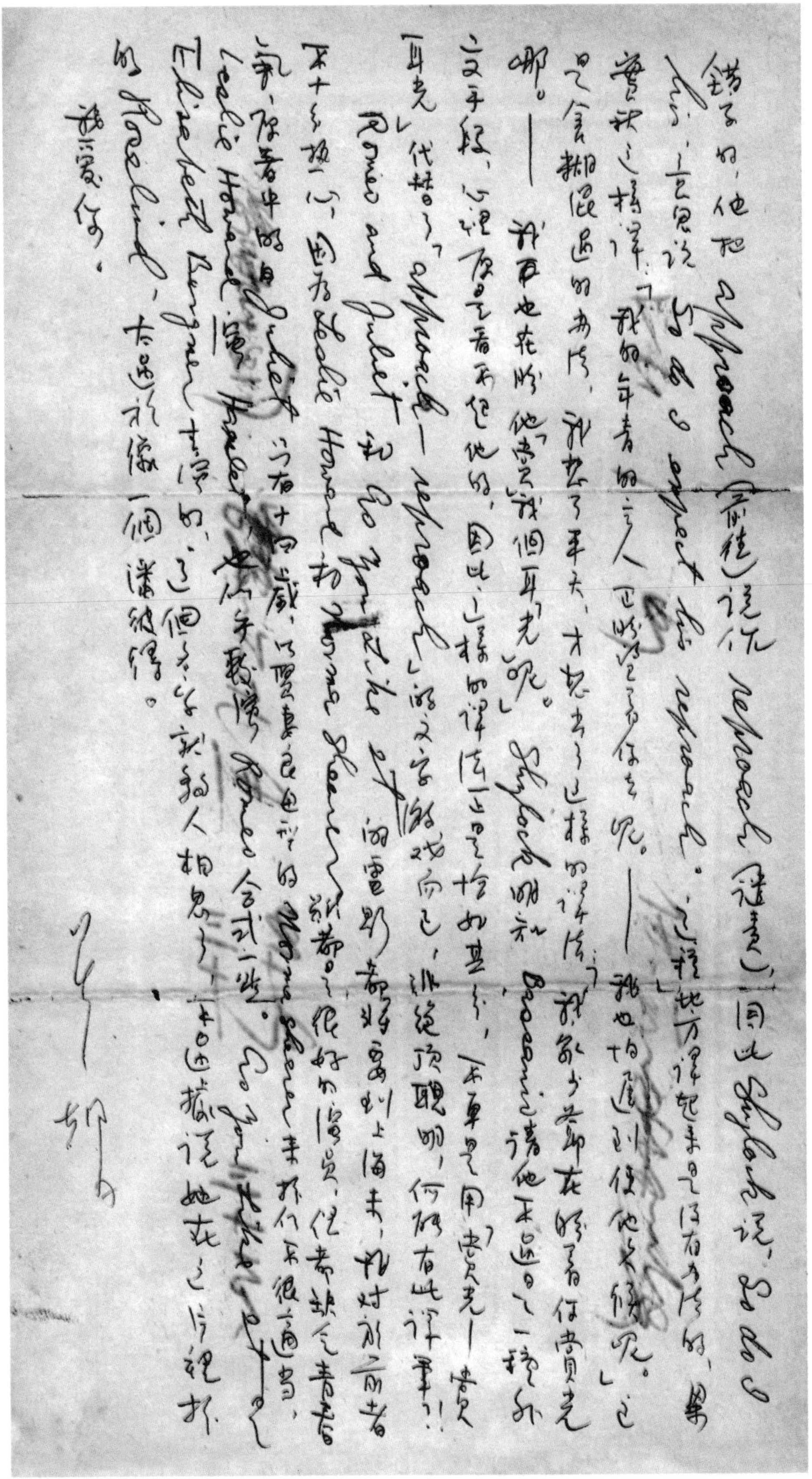

錯了的，他把 approach（前往）说作 reproach（谴责），因此 Shylock 说：So do I his。一句说 So do I expect his reproach。这樣地方译起来是很有方法的，果要求忠於精译了，「我的年青的主人正盼望着你去呢」。——「我也怕遇到你他头痛呢」。这只会糊混過的办法，我想了半天，才想出了这樣的译法：「我家少爷在盼着你赏光哪。——我可也在盼他赏我们个耳光呢」。Shylock 明知 Bassanio 请他不过是一种外交手段，心理原是看不起他的，因此这样的译法正是恰如其分，不单是用「赏光——赏耳光」代替了「approach——reproach」的文字游戏而已，非绝顶聪明，何能有此译笔！！

Romeo and Juliet 和 As You Like It 的电影都将要到上海来，我对于前者不十分热心，因为 Leslie Howard 和 Norma Shearer 虽都是很好的演员，但都缺乏青春气，演着中的 Juliet 只有十四岁，叫真正四十岁的 Norma Shearer 来扮似乎不很适当，Leslie Howard 演 Hamlet 也似乎较 Romeo 合式一些。As You Like It 中的 Elisabeth Bergner 女士的，这个名字就我人相见了，不过据说她在这片里扮的 Rosalind，太过于像一個淘气孩子。

要你信。

[illegible]

I expect his reproach。这种地方译起来是没有办法的，梁实秋这样译："我的年青的主人正盼望着你去呢。——我也怕迟到使他久候呢。"这是含糊混过的办法。我想了半天，才想出了这样的译法："我家少爷在盼着你赏光哪。——我也在盼他'赏'我个耳'光'呢。"Shylock明知Bassanio请他不过是一种外交手段，心里原是看不起他的，因此这样的译法正是恰如其分，不单是用"赏光——赏耳光"代替了"approach —— reproach"的文字游戏而已，非绝顶聪明，何能有此译笔?!

*Romeo and Juliet*⑥和*As You Like It*⑦的电影都将要到上海来，我对于前者不十分热心，因为Leslie Howard⑧和Norma Shearer虽都是很好的演员，但都缺乏青春气，原著中的Juliet只有十四岁，以贤妻良母型的Norma Shearer来扮似不很适当，Leslie Howard演Hamlet，也似乎较演Romeo合适一点。*As You Like It*是Elisabeth Bergner主演的，这个名字就够人相思了，不过据说她在这片里扮的Rosalind，太过于像一个潘彼得。

我爱你。

星期日

①上海西藏中路曾一度名为虞洽卿路。 ②*Anna Karenina*:《安娜·卡列尼娜》，根据俄罗斯著名作家托尔斯泰同名小说改编的影片，中译名为《春残梦断》。 ③小丑Launcelot及Bassanio、Shylock（犹太人）都是莎士比亚喜剧《威尼斯商人》中的人物。 ④My young master doth expect your reproach：此句原意是"我年轻的主人正在等着你的来临"，但是其中"来临"一词被小厮误说为"谴责"（这两个英文词拼法和读音较接近）。 ⑤ "So do I his"是下文中"So do I expect his reproach"的缩略形式，意思为"我也在等着他的谴责。 ⑥*Romeo and Juliet*:《罗密欧与朱丽叶》。 ⑦*As You Like It* :《皆大欢喜》，莎士比亚喜剧，Rosalind是其中的女主角。 ⑧Leslie Howard和下文的Norma Shearer、Elisabeth Bergner，都是当时的影星。

第[277]封 夜猫

天使：

又到了两点钟，真要命，近来要做夜工，把人烦死。算是校订过了两遍，校对过了三次的样子，拿到我手里仍然要改得一塌糊涂，其实偷懒些也不妨事，可是我又不肯马马虎虎。人也总是，白天尤其是上半天总是有气没力的，一过了夜里十点钟，便精神百倍，夜猫的生活虽然也颇有意味，可奈白天不得睡觉何。

每天每天看不到你，这是如何的生活。事实上你已成为唯一的亲人了，可以寄托我心情的对象，无论是人或艺术、主义、宗教，是一个都没有，除了你。但就是你也不能给我大的启发与鼓奋，一切是虚无得可怕。

我永远爱你。

魔鬼 十二夜

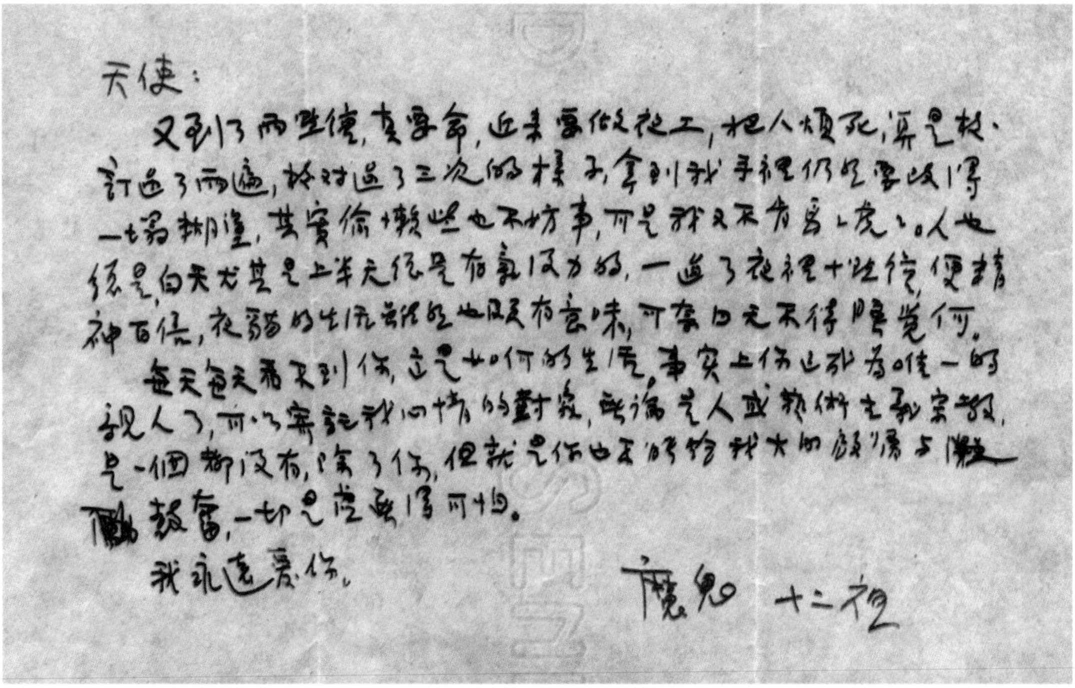

天使：

又到了两礼拜，真要命，近来要做夜工，把人烦死，译是校订过了两遍，校对过了三次的样子，拿到我手里仍旧要改得一塌糊涂，其实偷懒些也不妨事，可是我又不肯马马虎虎。人也总是白天尤其是上半天很是有气没力的，一过了夜里十点钟，便精神百倍，夜猫的生活虽然很也没有意味，可奈白天不得睡觉何。

每天每天看不到你，这是如何的生活，事实上你已成为唯一的亲人了，可以寄托我心情的对象，无论是人或艺术或宗教，是一个都没有，除了你，但就是你也不能给我太大的安慰与鼓舞，一切是显得可怕。

我永远爱你。

魔鬼 十二夜

第[278]封 改削

宋：

你走得这样快，没有机会再看见你一次，很是怏怏，不过这也没有什么。你要不要我向你说些善颂善祷的话？

今天往轮船码头候郑天然，没有碰着，因为他没有告知我确实的时间，赶去时轮船已到，人已走了。也许明天会打电话给我。

抄写的东西我想索性请你负责一些， 给我把原稿上文句方面应当改削的地方改削改削，再标点可不必依照原稿，因为我是差不多完全依照原文那样子， 那种标点方法和近代英文中的标点并不一样。你肯这样帮我忙，将使我以后不敢偷懒。纸张我寄给你，全文完毕后寄在城里。

希望一切快乐等在你前面。要是我做你的学生， 我一定要把别班功课不问不理，专门用功在你的功课上，好让你欢喜我。

多雨而凄凉的天气，心理上感到些空虚的压迫，我真想扑在你的怀里，求你给我一些无言的安慰。

永远是你的怀慕者。

三日

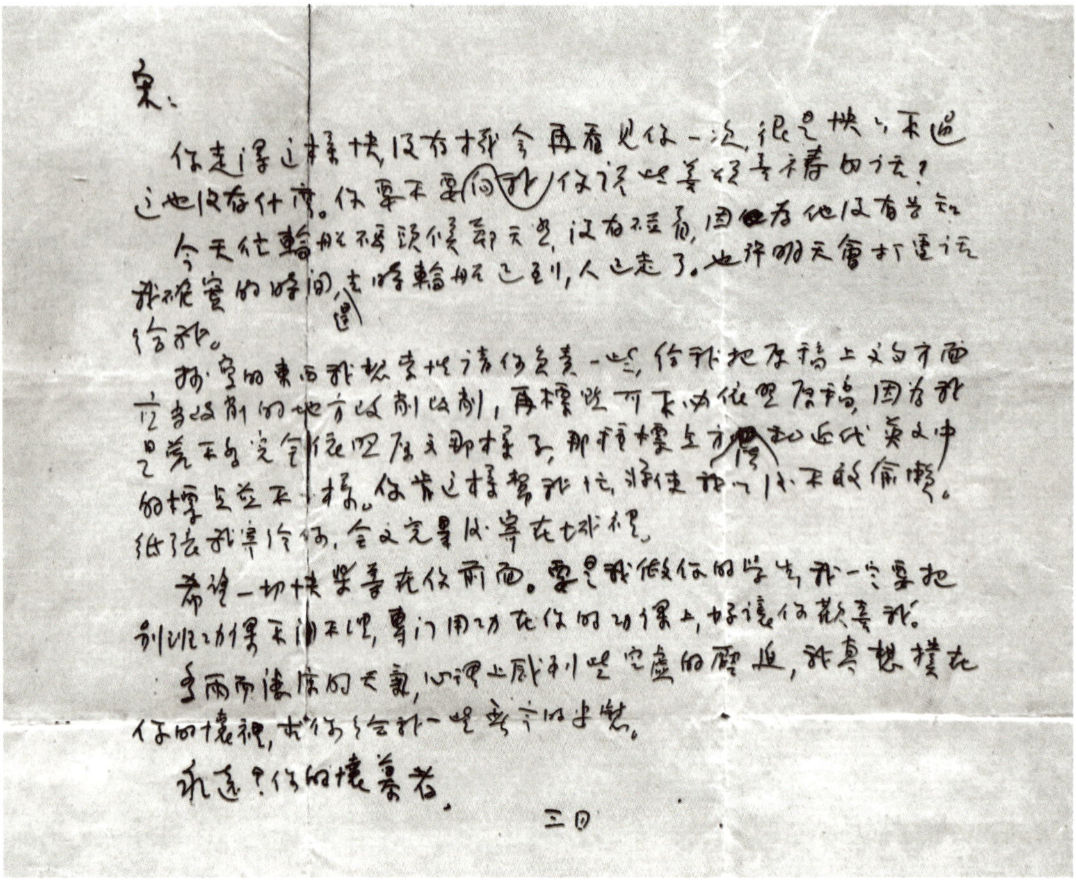

第[279]封 · 受累[1]

好人：

《仲夏夜之梦》已重写完毕，也费了我十余天工夫，暂时算数了。《威尼斯商人》限于二十日改抄完，昨天在俄国人那里偶然发现了一本寤寐求之的《温特色尔的风流娘儿们》，我给他一角钱，他还了我十五个铜板，在我的 Shakespeare Collection[2]里，这本是最便宜的了，注释不多但扼要，想来可以勉强动手。

倒了我胃口的是这本《威尼斯商人》，文章是再好没有，难懂也并不，可是因为原文句子的凝练，译时相当费力，我一路译一路参看梁实秋的译文，本意是贪懒，结果反而受累，因为看了别人的译文，免不了要受他的影响，有时为要避免抄袭的嫌疑，不得不故意立异一下，总之在感觉上很受拘束，文气不能一贯顺流，这本东西一定不能使自家满意。梁译的《如愿》，我不敢翻开来看，还是等自己译好了再参看的好。

昨天下午一点半跑出门，心想《雷梦娜》是一定看不成的了，于是到北四川路逛书摊和看日本兵。日本兵的一个特色就是样子怪可怜相的，一点没有赳赳武夫的气概，中国兵至少在神气上要比较体面得多。他们不高的身材擎着枪呆若木鸡地立着，脸上没有一点表情，而对面的中国警察则颇有悠游不迫之慨。

昨天买了三只其大非凡的大红柿子，吃到第二只就已倒了胃口。这东西，初上口又甜又冷，似乎很好，吃过之后，毫无意味，那股烂污样子，尤其讨厌，再加上回味时的一些涩，因此是下等的果子。这两天文旦是最好吃的了。

我要吃你的鼻头。

黄天霸

①此信原件上宋清如注：1936年秋—冬。 ②Shakespeare Collection：收集的有关莎士比亚的藏书。

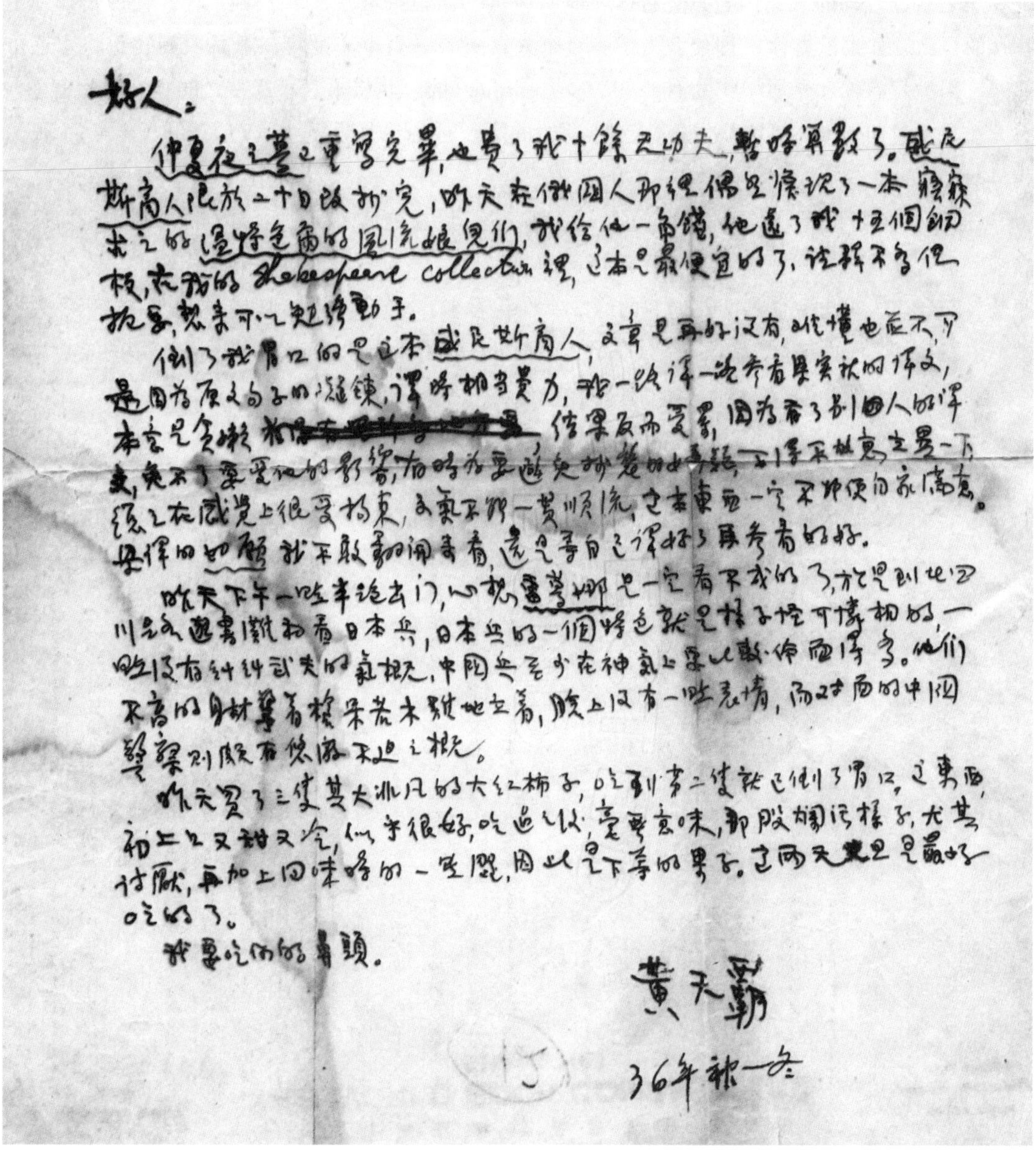

好人：

仲夏夜之梦已重写完毕，也费了我十余天功夫，暂时算数了。威尼斯商人限於二十日[illegible]完，昨天在俄国人那里偶然发现了一本[illegible]的温莎的风流娘儿们，我给他一角钱，他还了我十五个铜板，在我的Shakespeare collection里，这本是最便宜的了。[illegible]

倒了我胃口的是这本威尼斯商人，文章是再好没有，能懂也并不难，可是因为原文句子的凝炼，译时相当费力，我一边译一边参看梁实秋的译文，本意是贪懒[illegible]结果反而受累，因为看了别人的译文，免不了要受他的影响，有时为要避免抄袭的嫌疑，不得不故意立异一下，这就在感觉上很受拘束，文气不能一贯顺流，这本东西一定不能使自家满意。梁译的如愿我不敢翻开来看，还是等自己译好了再参看的好。

昨天下午一点半跑出门，心想雷梦娜是一定看不成的了，于是到北四川路逛书摊和看日本兵，日本兵的一个特色就是样子怪可怜相的，一点没有赳赳武夫的气概，中国兵至少在神气上要比较体面得多。他们不高的身材擎着枪呆若木鸡地立着，脸上没有一点表情，而对面的中国警察则颇有悠游不迫之慨。

昨天买了三只其大非凡的大红柿子，吃到第二只就已倒了胃口，这东西，初上口又甜又冷，似乎很好，吃过之后，毫无意味，那股烂污样子，尤其讨厌，再加上回味时的一些涩，因此是下等的果子。这两天文旦是最好吃的了。

我要吃你的鼻头。

黄天霸

15

36年秋—冬

第[280]封 自己

心爱：

昨夜梦你又来了，而且你哭。你为什么哭呢？是不是因为我们的交好使你感觉不幸？是不是因为我太不好？还是不为什么？

你是太好了，没有人该受到我更深的感激。开始我觉得你有些不够我的理想，你太瘦小了，我的理想是应该颀长的；你太温柔婉约了，我的理想是应该豪放浪漫的。但不久你便把我的理想击为粉碎，现实的你是比我的空虚的理想美得多可爱得多。在你深沉而谦卑的目光下，我更乐意成为你的臣仆，较之在一切骄傲而浮华的俗艳之前。我明白我们在这世上应该找寻的是自己，不是自己以外的人，因为只有自己才能明白自己，谅解自己，我找到了你，便像是找到了我真的自己。如果没有你，即使我爱了一百个人，或有一百个人爱我，我的灵魂也仍将永远彷徨着，因为只有你才是属于我的type①，你是unique②的。我将永远永远多么的多么的欢喜你。

梦中得过四句诗，两句再也记不起来，那两句是“剧怜星月凄凄色，又照纤纤行步声”，很像我早期所作的鬼诗。

《孟加拉枪骑兵传》已在大光明卖了一星期满座，尚在继续映演中；《罪与罚》则如一切只供高级鉴赏者观看的影片一样，昨天已经悄悄地映完了，只有报纸的批评上瞎称赞了一阵，为着原著者和导演人冯史登堡的两尊偶像的缘故。在我看来，它还不能达到理想的地步，虽仍不失为本季中最值得注意的一个作品。除了演员的表演而外，你有没有注意到本片构图和摄影的匠心？

再谈，祝你好。伤风有没有好？作不作夜工？珍摄千万！

九日

①type：类型。 ②unique：独一无二。

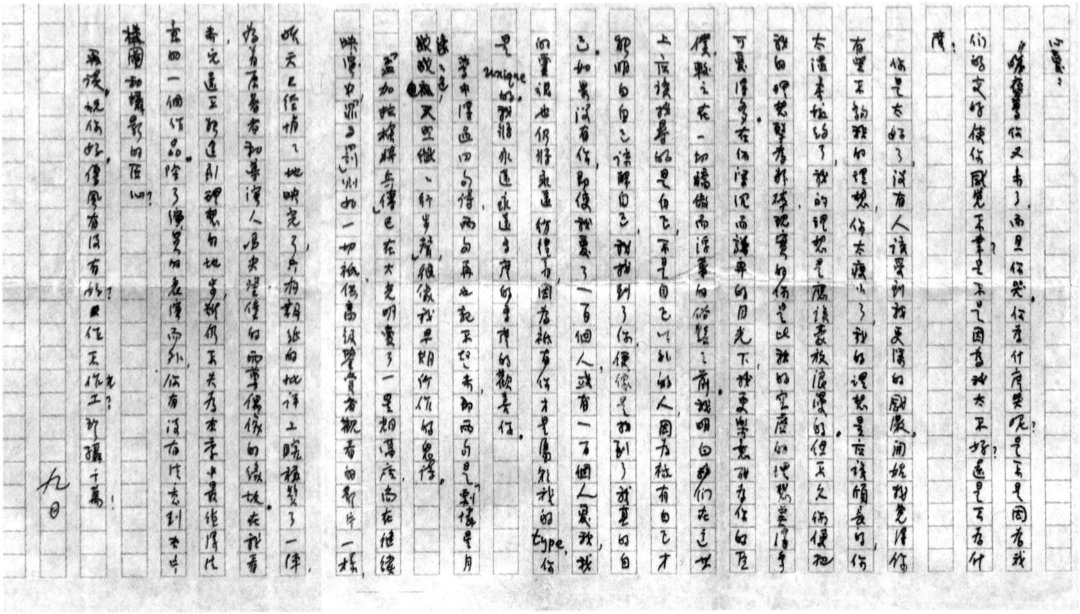

第[281]封 苦译

好人：

今晚为了想一句句子的译法，苦想了一个半钟头，成绩太可怜，《威尼斯商人》到现在还不过译好四分之一，一定得好好赶下去。我现在不希望开战，因为我不希望生活中有任何变化，能够心如止水，我这工作才有完成的可能。

日子总是过得太快又太慢，快得使人着急，慢得又使人心焦。

你好不好？

不要以为我不想你了，没有一刻我不想你。假使世界上谁都不喜欢你了，我仍然是欢喜你的。

你愿不愿向我祷求安慰，因为你是我唯一的孩子？

Shylock 廿四夜

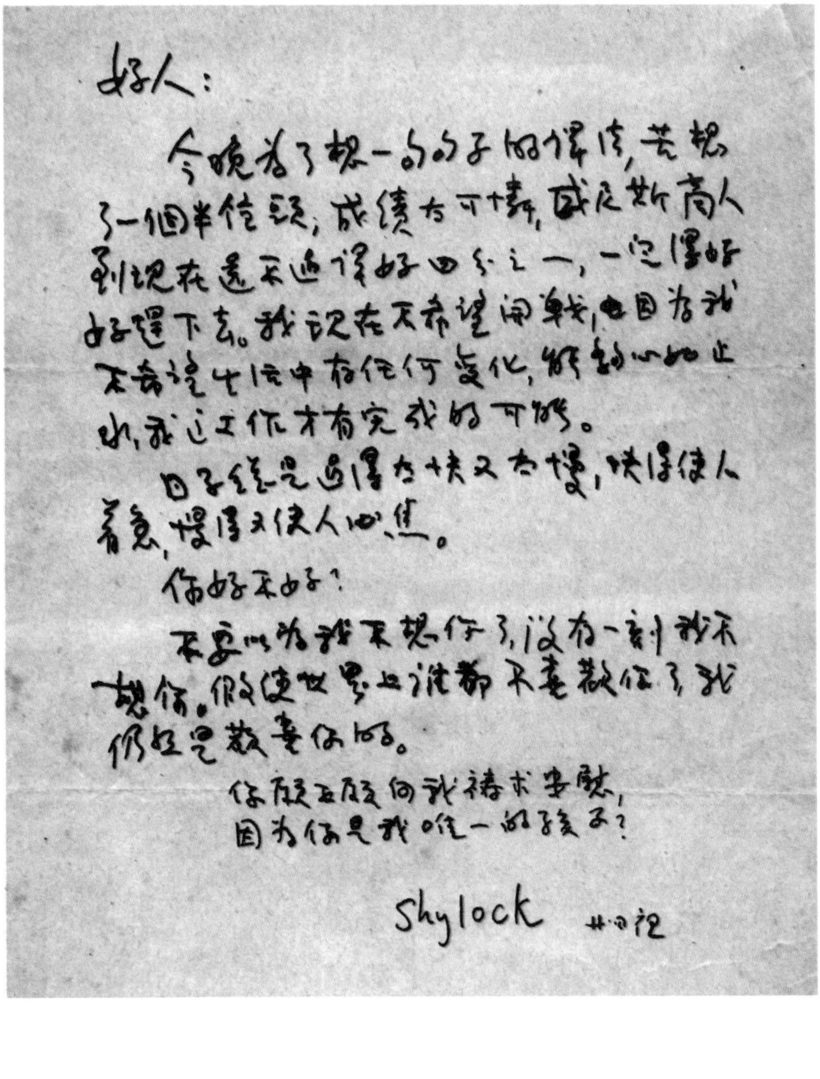

好人：

今晚為了想一句句子的譯法，苦想了一個半鐘頭，成績太可憐，威尼斯商人到現在還不過譯好四分之一，一定得好好趕下去。我現在不希望開戰，因為我不希望生活中有任何變化，能夠心如止水，我這工作才有完成的可能。

日子總是過得太快又太慢，快得使人着急，慢得又使人心焦。

你好不好？

不要以為我不想你了，沒有一刻我不想你。假使世界上誰都不喜歡你了，我仍然是歡喜你的。

你願不願向我禱求安慰，因為你是我唯一的孩子？

Shylock 廿四夜

第[282]封 错改

阿宋：

领了一支新毛笔，写几个漂亮字给你。我说，说什么呢？不是没有话，可是什么都不高兴说。我很气。我爱你。我要打你手心，因为你要把“快活地快活地我要如今”一行改作“……我如今要”，此行不能改的理由第一是因为“今”和下行的“身”协韵，第二此行原文“Merrily merrily I will now”其音节为 – ∨ ∨ | – ∨ ∨ | – ∨ | –，译文“快活地 | 快活地 | 我要 | 如今”仍旧是扬抑格四音步，不过在末尾加上了一个抑音，如果把“我如”读在一起，“今要”读在一起，调子就破坏了……（后缺）

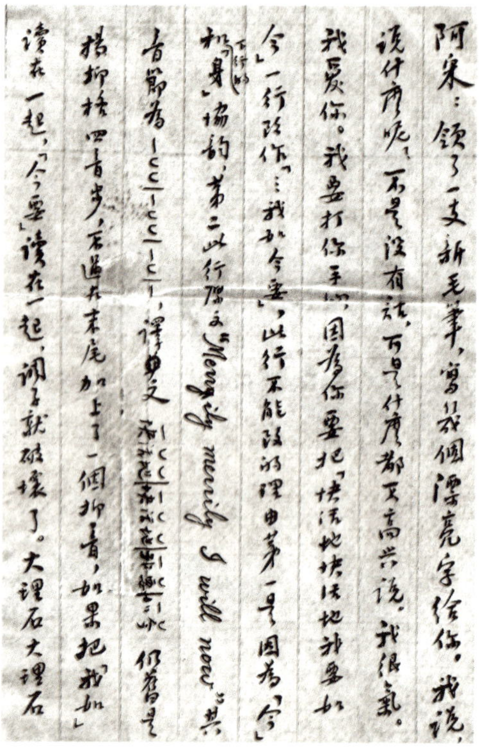

第[283]封 起誓

好人：

我不打你手心，我待你好，永远永远永远，对着魔鬼起誓，我完全不骗你。

你想不出我是多么不快活，虽则我不希望你安慰我，免得惹你神气。

我吻你—这里—这里—这里—还有这里。

你的 十六夜

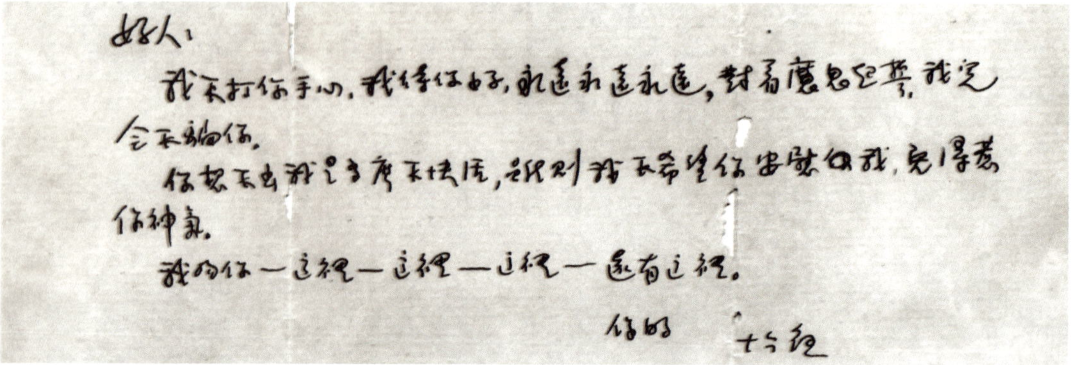

第[284]封 两半

清如：

我非常怨，左半的胸背上生了许多颗粒状的东西，挤之出水，其名不知，没有什么痛楚，也不发痒，可是很难受，人好像分为两半，右半身健好如恒，左半身则又乏力又受罪，看样子好像得去请教医生，可是没有妈妈陪着，很胆怯，怎么办？

朱

要是再会厉害起来，也许非请假不可，信寄汇山路明华坊七号。

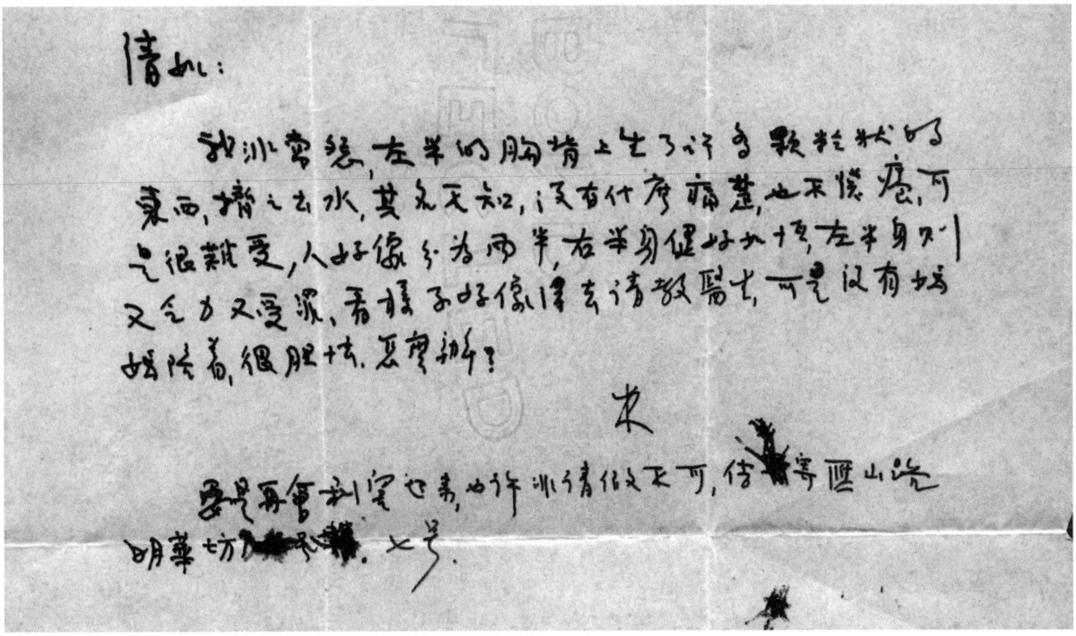
清如：

我非常怨，左半的胸背上生了許多顆粒狀的東西，擠之出水，其名不知，沒有什麼痛楚，也不發癢，可是很難受，人好像分為兩半，右半身健好如恆，左半身則又乏力又受罪，看樣子好像得去請教醫生，可是沒有媽媽陪着，很膽怯，怎麼辦？

朱

要是再會利害起來，也許非請假不可，信寄匯山路明華坊七號。

第[285]封 病痛

好人：

我相信我后天一定会好了，这回害的是“神经性匍行疹”（不知有没有写错），搽了点凡士林，渐渐在瘪下去。最苦的是左臂，因为胁下也生着，酸麻得抬不起又放不下，无论坐着立着走着睡着，总归不知道安放在什么地方好，现在已好多了。事情仍旧每天在做着。

对于《威尼斯商人》的迄今仍未完工，真是性急得了不得，可是没法子，只好让它慢吞吞地进行着。无论如何，过了这个星期日一定可以寄给你看一遍，比起梁实秋来，我的译文是要漂亮得多的。

我爱你。

鬣痢头 二日

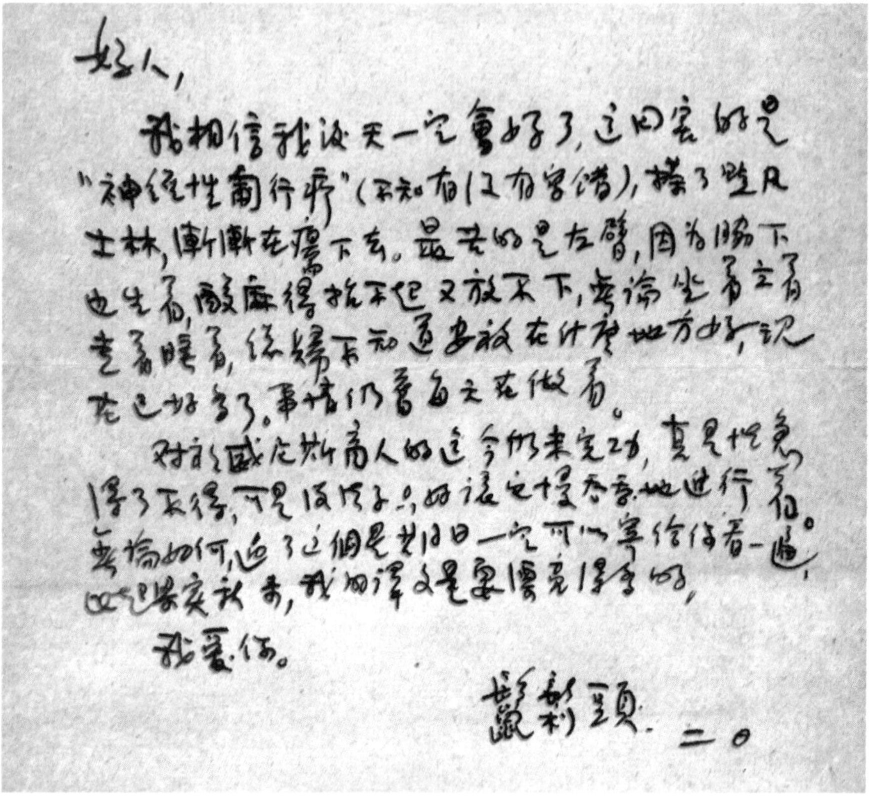

好人，

我相信我后天一定会好了，这回害的是"神经性关节痛"（不知有没有写错），搽了些凡士林，渐渐在瘪下去。最苦的是左臂，因为腋下也生着，酸麻得抬不起又放不下，无论坐着立着躺着睡着，总归不知道要放在什么地方好，现在已好多了。事情仍旧每天在做着。

对于威尼斯商人的迄今仍未完工，真是性急得了不得，可是没法子只好让它慢吞吞地进行着。无论如何，过了这个星期日一定可以寄给你看一遍，比起梁实秋来，我的译文是要漂亮得多的。

我爱你。

鬣痢头 二日

第[286]封 大喜

好人：

无论我怎样不好，你总不要再骂我了，因为我已把一改再改三改的《梵尼斯商人》（威尼斯也改成梵尼斯了）正式完成了，大喜若狂，果真是一本翻译文学中的杰作！把普通的东西翻到那地步，已经不容易。莎士比亚能译到这样，尤其难得，那样俏皮，那样幽默，我相信你一定没有见到过。

《温德色尔的风流娘儿们》已经译好一幕多，我发觉这本戏不甚好，不过

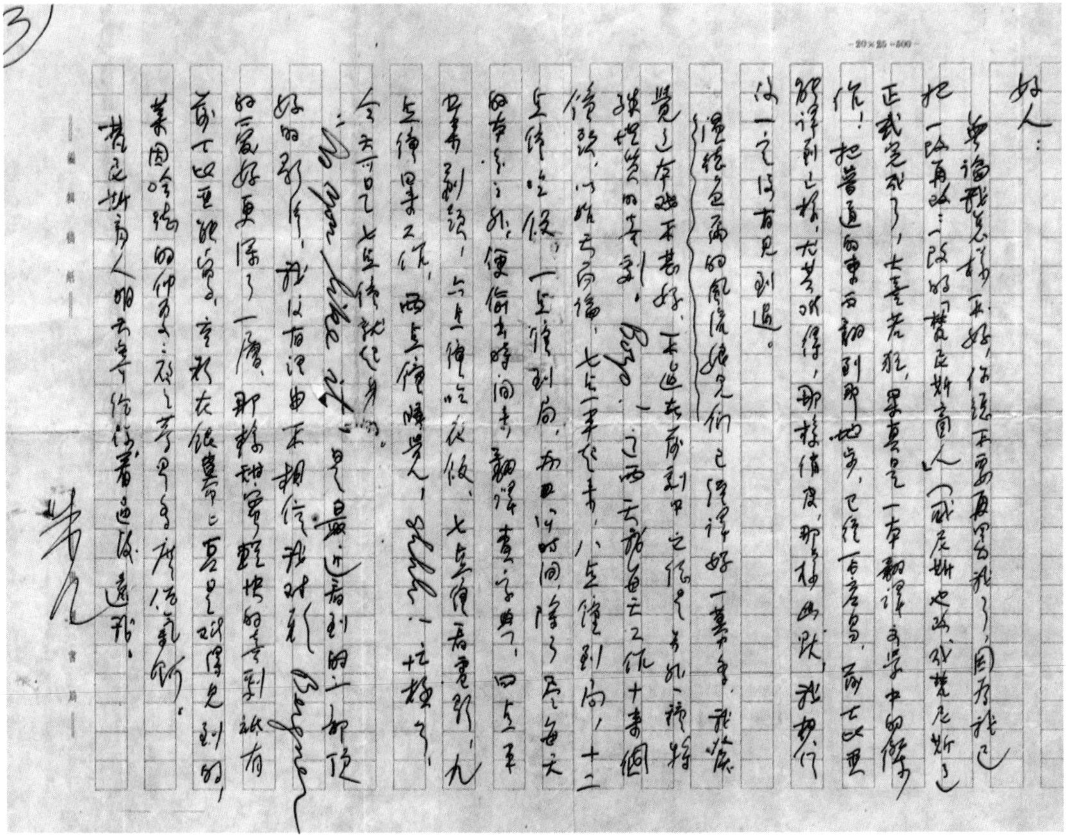

在莎剧中它总是另外一种特殊性质的喜剧。这两天我每天工作十来个钟头，以昨天而论，七点半起来，八点钟到局，十二点钟吃饭，一点钟到局，办公时间，除了尽每天的本分之外，便偷出时间来，翻译查字典，四点半出来剃头，六点钟吃夜饭，七点钟看电影，九点钟回来工作，两点钟睡觉，Shhhh①！忙极了，今天可是七点钟就起身的。

*As You Like it*②是最近看到的一部顶好的影片，我没有理由不相信我对于Bergner的爱好更深了一层，那样甜蜜轻快的喜剧只有莎士比亚能写，重影在银幕上真是难得见到的，莱因哈德的《仲夏夜之梦》是多么俗气啊。

《梵尼斯商人》明天寄给你，看过后还我。

朱儿

①Shhhh：象声词，“嘘”。 ②*As You Like it*：这里是指由著名女影星伯格纳（Bergner）主演的影片《皆大欢喜》。

回 应

悼生豪①

宋清如

少抱凌云志，长无利禄心；
渊明诚所爱，终觉屈原亲。

风高识劲木，多难见忠贞；
笔锋诛敌伪，浩气凛然存。

未知生有乐，岂怨死可悲，
却怜莎翁剧，译笔竟功亏。

但求生有用，遑计身后名，
南湖风月夜，魂兮且长吟。

① 1985年11月宋清如为悼念朱生豪去世37周年写的诗。

『昨夜一夜天在听着雨声中度过，要是我们两人一同在雨声里做梦，那境界是如何不同，或者一同在雨声里失眠，那也是何等有味。可是这雨好像永远下不住似的，夜好像永远也过不完似的，一滴一滴掉在我的灵魂上……』

宋清如回忆，1943年春节回常熟娘家过年。她在常熟住了20天左右。朱生豪日日盼她回来，后园有一株杏梅，花瓣被雨一片片打落，他把这些花瓣捡起来，掬在手里抚着呵着。每捡一些，他就在纸上写一段想念的话。等宋清如回来，花瓣已经集了一大堆，他也好几顿饭都没好好吃了。爱是无时无刻的思念，重温在一起相处的分分秒秒，重温那份温馨和美好！

第[287]封 康复①

My little baby child:

I am angry with you, very angry. Why not write to your uncle, seeing him so lonely lying in hospital? My health is rapidly recovering. This morning: pulse—72, temperature—98.4°F. Shall get up Jan.1. Leave hospital Jan.13. Will write you no more until I come out. God bless you.

Uncle Chu

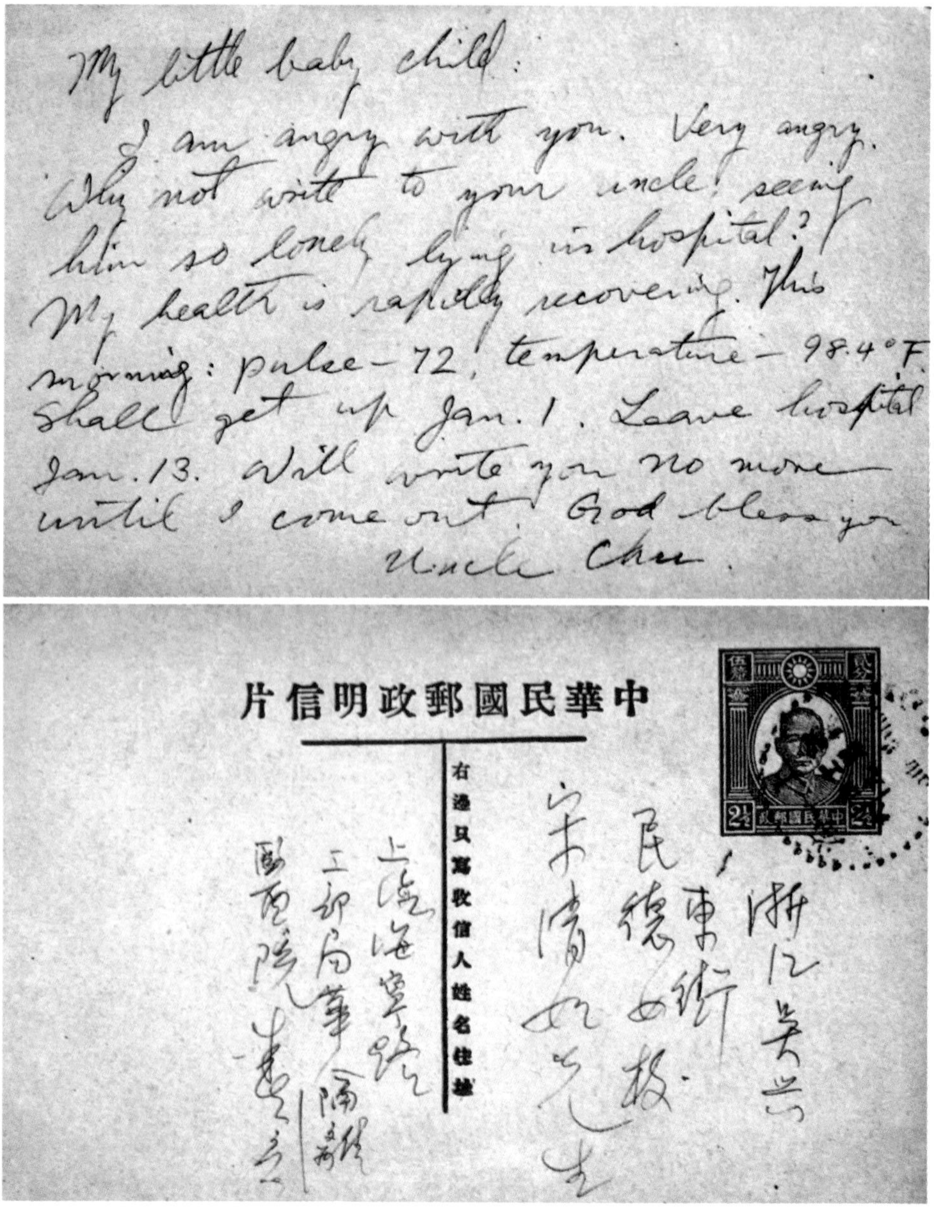
My little baby child:
I am angry with you. Very angry. Why not write to your uncle, seeing him so lonely lying in hospital? My health is rapidly recovering. This morning: pulse—72, temperature—98.4°F. Shall get up Jan. 1. Leave hospital Jan. 13. Will write you no more until I come out. God bless you.
Uncle Chu

中華民國郵政明信片
右邊只寫收信人姓名住址
浙江吴興
東街
民德女校
宋清如先生
上海海寧路
工部局華人隔離
醫院 朱寄

大意[2]:

我的小宝宝:

我在生你的气，非常生气。看着你的叔叔孤零零地躺在医院里，为什么不给他写信？我的健康恢复得很快。今天早晨，脉搏：72，体温：98.4°F。我将在1月1日下床，1月13日出院。在出院之前我不再给你写信了。上帝保佑你。

朱大叔

①1936年12月，朱生豪得了猩红热，病情十分险重，经胡山源全家张罗将他送往医院治疗，到元旦前后病情基本好转。这是1936年12月29日他从上海海宁路工部局华人隔离医院寄出的一张明信片。 ②译文大意由朱尚刚先生提供。

第[288]封 出院[1]

Silly boy:

I write you this once because I have a postcard left. 5 days and I'll be out. But I' m not eager after it. Shall immediately back to work because impatient of rest. What a bore to go to office! But anyhow I'll be glad to return to my Shakespeare again. Read Oscar Wilde just now and dislike him. Am longing to see you, wonder whether I'll have any opportunity.

Big Bad Wolf

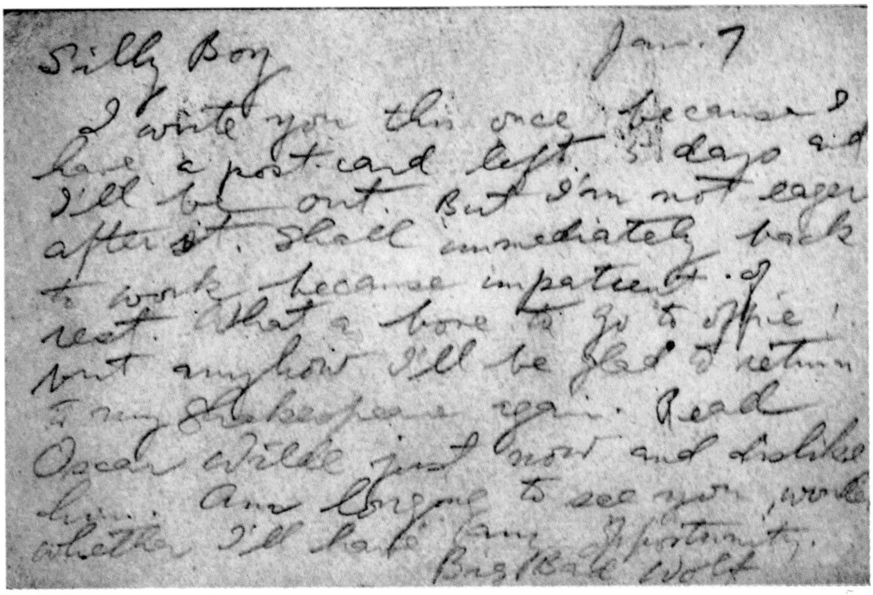
Silly Boy Jan. 7
I write you this once because I have a postcard left. 5 days and I'll be out. But I'm not eager after it. Shall immediately back to work because impatient of rest. What a bore to go to office! But anyhow I'll be glad to return to my Shakespeare again. Read Oscar Wilde just now and dislike him. Am longing to see you, wonder whether I'll have any opportunity.
Big Bad Wolf

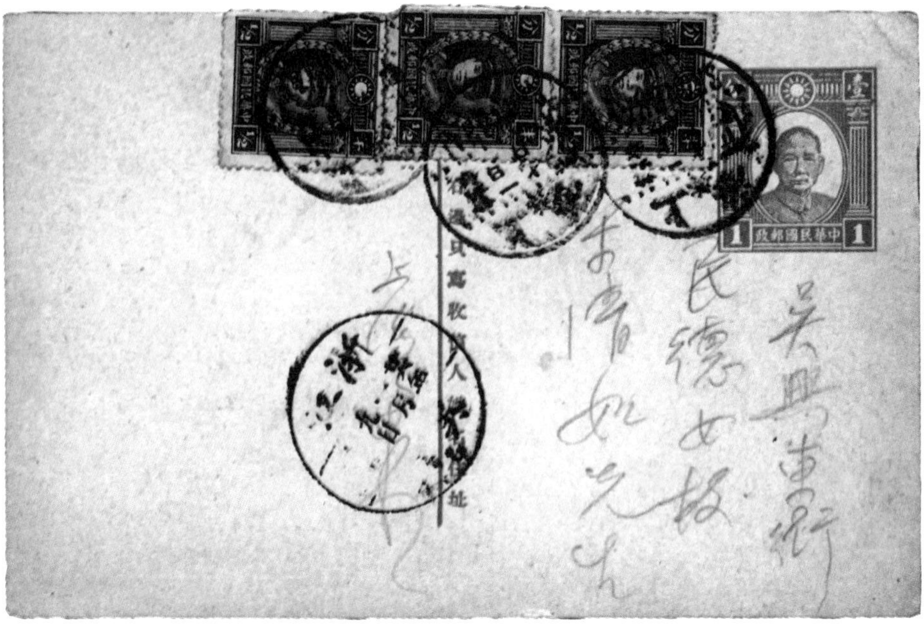

大意[②]：

蠢孩子：

我用这个给你写信，因为我还剩有一张明信片。五天以后就要出院，但我对此并不热切。因为已经休息得不耐烦了，所以马上就要回去工作。去办公室上班实在没劲！但不管怎么说，能重新回到我的莎士比亚那里去总是高兴的。现在正在读奥斯加·王尔德的小说，我并不喜欢他。我想见你，不知有没有机会。

大坏狼

①这是1937年1月9日从上海海宁路工部局华人隔离医院寄出的又一张明信片。 ②译文大意由朱尚刚先生提供。

第[289]封 担心

宋：

四五天还不曾见你信，你好不好？我担心得很。

我已恢复了早上七点半起身晚上十二点睡觉的老生活方式， 前天喉咙里又有些不大舒服， 惊弓之鸟， 很有些害怕，但现在已没有什么了。一切还是老样子，很无聊，想来看你一次，怎样？

我爱你。

朱 十八

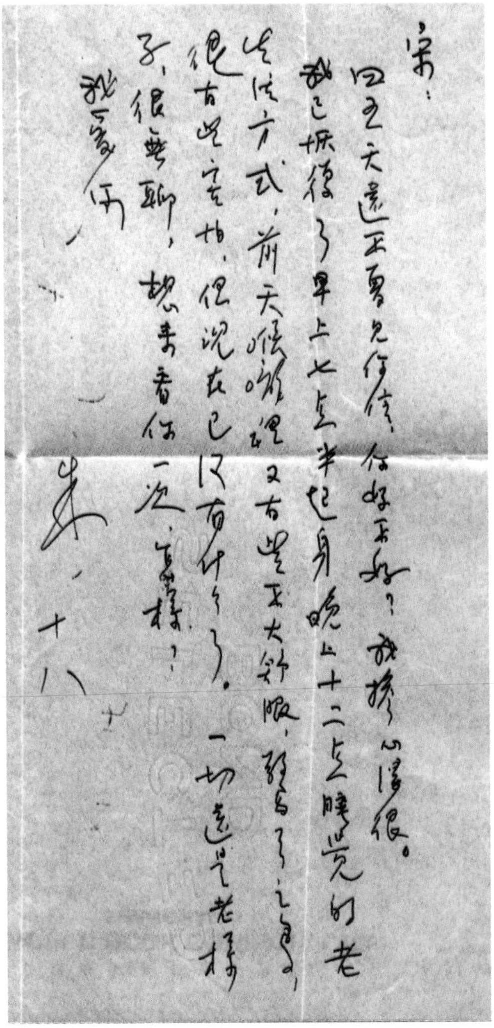
宋：

四五天来还不曾见你信，你好不好？我挂心得很。我已恢复了早上七点半起身晚上十二点睡觉的老生活方式，前天喉咙里又有些不大舒服，躺了一天，很有些害怕，但现在已没有什么了。一切还是老样子，很无聊，想来看你一次，怎样？

我爱你

朱 十八

第[290]封 自尊

近来每天早晨须自己上老虎灶买水，这也算是“增加生活经验”。

搁置了多日的译事，业已重新开始，白天译 *Merry Wives*①，晚上把 *Merchant of Venice*② 重新抄过，也算是三稿了（可见我的不肯苟且）。真的，只有埋头于工作，才多少忘却生活的无味，而恢复了一点自尊心。等这工作完成之后，也许我会自杀。

我以梦为现实，以现实为梦，以未来为过去，以过去为未来，以 nothing 为 everything，以 everything 为 nothing，我无所不有，但我很贫乏。

① *Merry Wives*：《风流娘儿们》，即莎剧《温莎的风流娘儿们》。 ② *Merchant of Venice*：莎剧《威尼斯商人》。

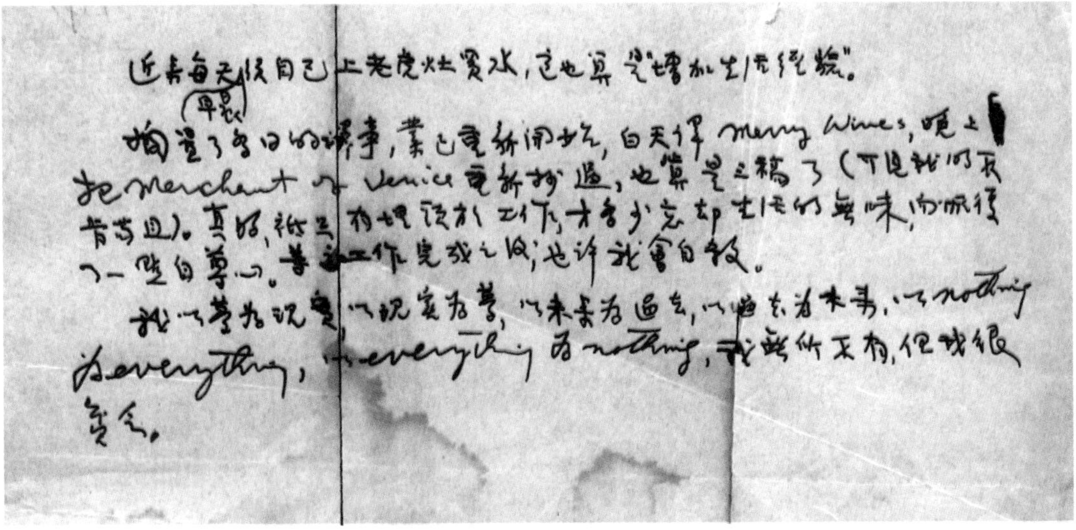
近来每天（早晨）须自己上老虎灶买水，这也算是“增加生活经验”。

搁置了多日的译事，业已重新开始，白天译 Merry Wives，晚上把 Merchant of Venice 重新抄过，也算是三稿了（可见我的不肯苟且）。真的，只有埋头于工作，才多少忘却生活的无味，而恢复了一点自尊心。等这工作完成之后，也许我会自杀。

我以梦为现实，以现实为梦，以未来为过去，以过去为未来，以 nothing 为 everything，以 everything 为 nothing，我无所不有，但我很贫乏。

第[291]封 佛法

在一处大寺院里巡礼，果然香火鼎盛，规模宏大，深叹佛法之无边，方丈名叶天士，用斋时请李培恩院长①向全体僧徒演说。请他教以公民常识，际此壮丁训练举行之时，如何致力国防，宣劳党国，大家肃听，佛说如是云云。出了山门，跨下梯阶，和一头小羊交了朋友，他告诉我石阶甚滑且峻，不信佛者，常遭颠踬。余谓余身有佛骨，闭目信步随所之，一脚跨三步而行，竟得无事。时有一队马乱冲直撞地奔上山坡，大家狼狈惊窜。小犬向小羊虐扰，小羊苦之，余不知是戏，怒以石子投犬，不中，中羊腿，羊哭，犬殷勤慰之，余则遭羊白眼焉。深叹抱不平良非易事，遂醒。

昨日把信投在贝开尔路邮筒内，据闻彼处无赖小儿常挖开邮筒偷信，未知有否被偷去？

明后天放假。一到放假，总是无钱，等发年底的奖励金，至今未发，借我去的也还不出，否则我又要撒一次谎了（意谓来看你也），好在你并不欢迎我。但至少还够看一次业余剧人的《雷

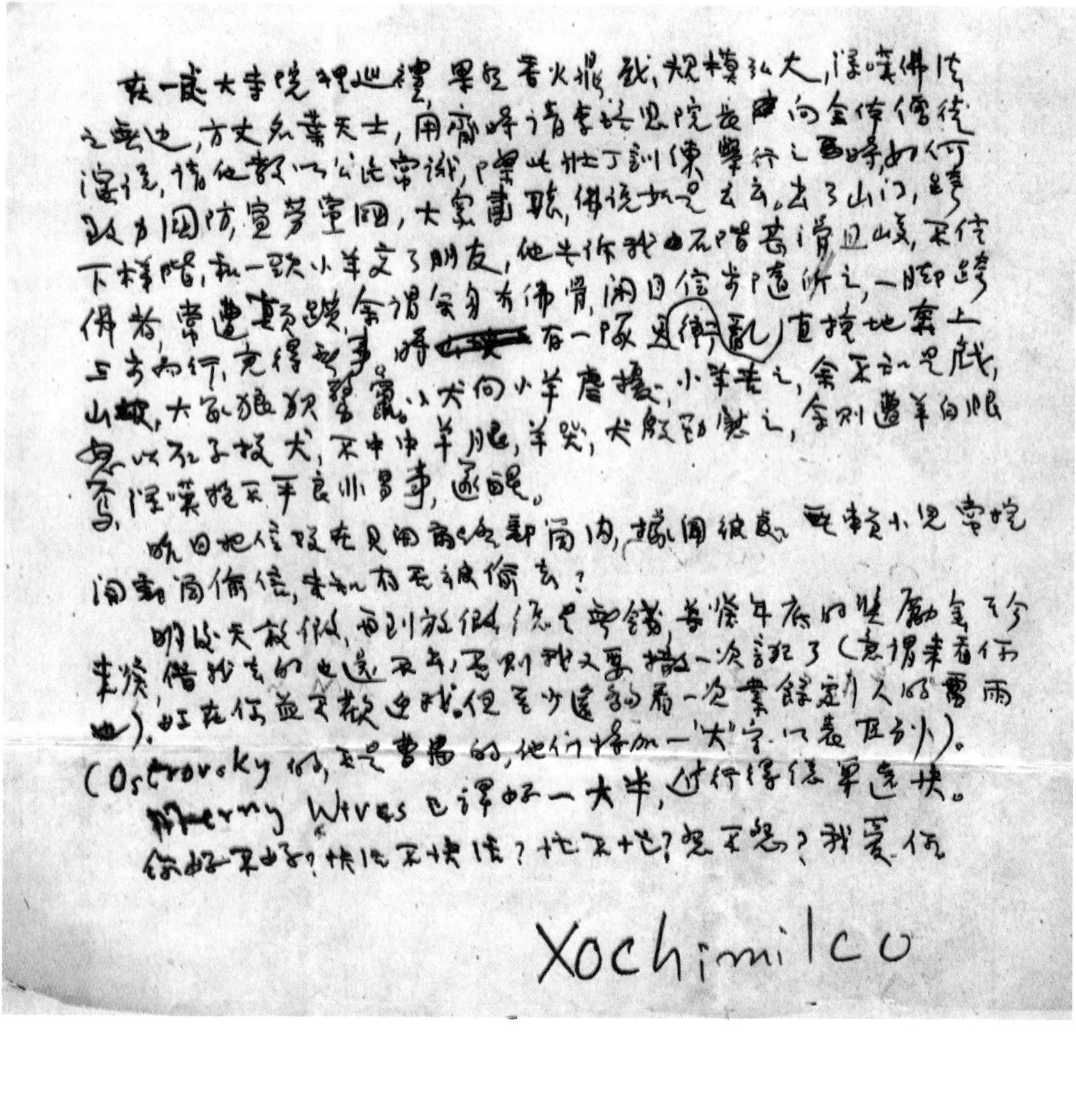
在一處大寺院裏巡禮，果然香火鼎盛，規模弘大，深嘆佛法之無邊，方丈名葉天士，用齋時請李培恩院長向全体僧徒演說，請他教以公民常識，際此壯丁訓練舉行之時，如何致力國防，宣勞黨國，大家肅聽，佛說如是云云。出了山門，跨下梯階，和一頭小羊交了朋友，他告訴我石階甚滑且峻，不信佛者，常遭顛躓，余謂余身有佛骨，閉目信步隨所之，一腳跨三步而行，竟得無事。時有一隊馬亂衝直撞地奔上山坡，大家狼狽驚竄，小犬向小羊虐擾，小羊苦之，余不知是戲，怒以石子投犬，不中中羊腿，羊哭，犬殷勤慰之，余則遭羊白眼焉，深嘆抱不平良非易事，遂醒。

昨日把信投在貝開爾路郵筒內，據聞彼處無賴小兒常挖開郵筒偷信，未知有否被偷去？

明後天放假，一到放假，總是無錢，等發年底的獎勵金，至今未發，借我去的也還不出，否則我又要撒一次謊了（意謂來看你也），好在你並不歡迎我。但至少還夠看一次業餘劇人的雷雨（Ostrovsky作，不是曹禺的，他們將加一"大"字以表區別）。

Merry Wives已譯好一大半，進行得很是迅快。

你好不好？快活不快活？忙不忙？氣不氣？我愛你

Xochimilco

雨》(Ostrovsky②的，不是曹禺的，他们特加一“大”字，以表区别)。

Merry Wives 已译好一大半，进行得总算还快。

你好不好？快活不快活？忙不忙？怨不怨？我爱你。

Xochimilco③

①李培恩：当时之江文理学院院长。 ②Ostrovsky：奥斯特洛夫斯基，俄国作家，《大雷雨》是其代表作。 ③Xochimilco：赫霍奇米尔科，墨西哥城附近的一个镇区，有较丰富的历史文化遗存。

第[292]封 看你

爷叔：

今日星期不放假，明天起放假一星期，后天离上海，大后天的后天来看你，希望你好好打扮一下。

我欢喜你。

猪猡

①此信原件信封上的邮戳日期为1937年2月7日。

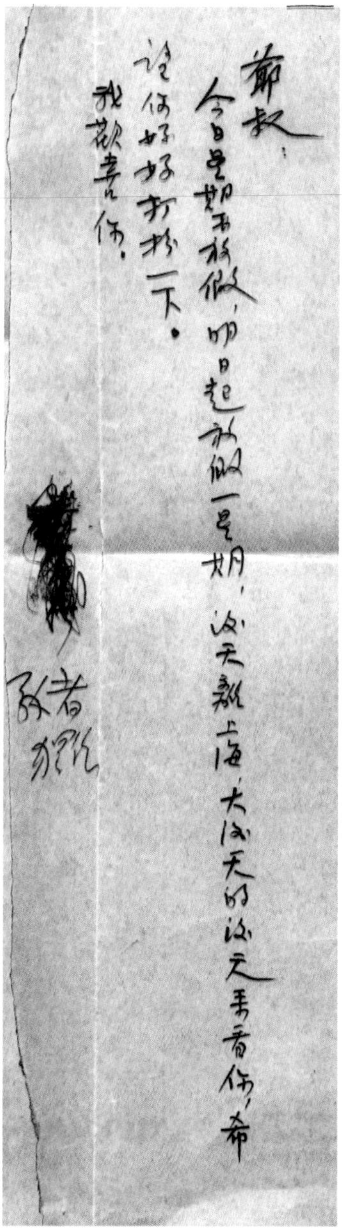

爷叔：今日星期不放假，明日起放假一星期，后天离上海，大后天的后天来看你，希望你好好打扮一下。我欢喜你。

[redacted]

[illegible]猪猡

第[293]封 开恩①

清如夫子：

我相信你一定已经不生气了，所以虽然詹先生②写了那样严重的信来，我可是一点也不发急。请罪未免多事，最好无条件开恩，十个月不写信时期太长了些，我看十天也尽够罚罚他了，如果你真是那样忍心的话。

不是说玩笑，我真想你得好苦，你马马虎虎点吧。

①此原件信封邮戳日期为2月10日，收信地址是“吴兴民德女校”，故应为1937年。②指当时世界书局编译所所长詹文浒，他是朱生豪在秀州中学的先后同学，也曾在秀州中学任教。朱生豪是在詹文浒的建议下开始翻译莎剧的。

清如夫子，

我相信你一定已經好生氣了，所以難怪先生寫了那樣嚴重的信來，我可是一點也不着急的。請求免多事，最好無條件開恩，十個月不寫信，刑期太長了些，我看十天也儘夠的了，如果你真是那樣忍心的話。不過說說笑，我真想你得好苦，你馬馬虎虎些吧。

第[294]封 没趣

清如：

在家没趣，只想回上海来。一回到自己独个儿的房间里，觉得这才是我真正的家。其实在我的老家，除了一些“古代的记忆”之外，就没有什么可以称为“我的”的东西；然而三天厌倦的写字楼生活一过，却有点想家起来了。家，我的家，岂不是一个 ridiculous①的名词。

我常常是厌世的，你的能力也甚小，给我的影响太不多，虽然我已经感谢你，要没你我真不能活。

有经验的译人，如果他是中英文两方面都能运用自如的话，一定明白由英译中比由中译英要难得多。原因是，中文句子的构造简单，不难译成简单的英文句子，英文句子的构造复杂，要是老实翻起来，一定是啰嗦累赘拖沓纠缠麻烦头痛看不懂，多分是不能译，除非你胆敢删削。——翻译实在是苦痛而无意义的工作，即使翻得好也不是你自己的东西。

我们几时绝交？谁先待谁不好？

愿你好。有人说他很爱你，要吃了你，因此留心一些。

常山赵子龙 十一

① ridiculous：荒谬的、可笑的。

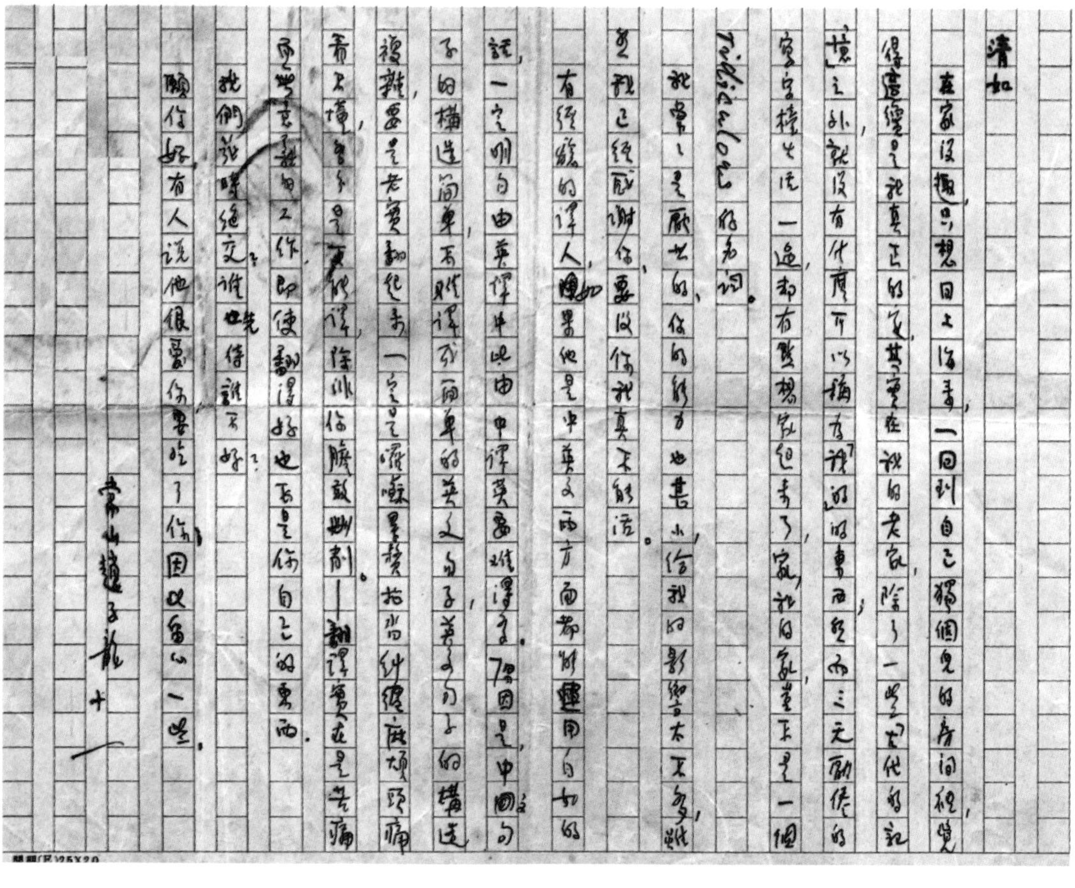

第[295]封 · 征婚[1]

好人：

你初八的信于今天读到。

如果要读书，倘使目的是为趣味，那么可以读读子书、笔记和唐宋以后的诗词、英文的小说戏曲；倘使要使自己不落伍，则读些社会科学的书，但不必成为社会主义者。

回家很没趣味。兄弟一个失业，拉长了面孔，一个又吐出过一点血。长者们逼我快娶亲，你肯不肯嫁我？或者如果有这样的人，你可以介绍给我：

1.年龄二十五至三十。

2.家境相当的穷。

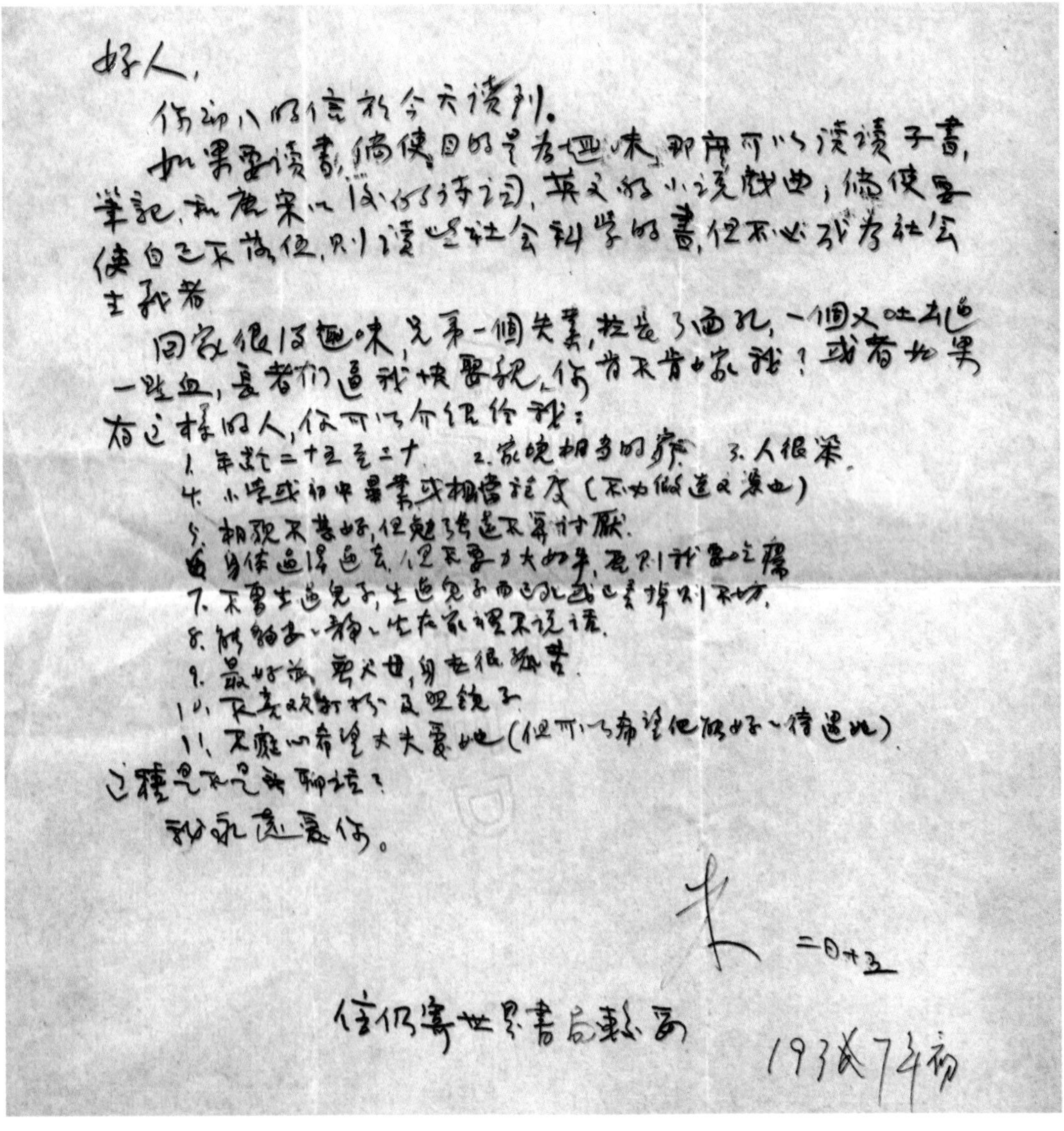
好人，

你初八的信於今天讀到。

如果要讀書，倘使目的是為趣味，那麼可以讀讀子書，筆記和唐宋以後的詩詞，英文的小說戲曲；倘使要使自己不落伍，則讀些社會科學的書，但不必成為社會主義者

回家很沒趣味，兄弟一個失業，拉長了面孔，一個又吐出過一些血，長者們逼我快娶親，你肯不肯嫁我？或者如果有這樣的人，你可以介紹給我：

1. 年齡二十五至三十 2. 家境相當的窮 3. 人很笨.

4. 小學或初中畢業或相當程度（不必做過女學生）

5. 相貌不甚好，但勉強過得過去也不算討厭.

6. 身體過得過去，但不要力大如牛，否則我要吃瘪

7. 不曾生過兒子，生過兒子而已死或已丟掉則不妨.

8. 能夠安安靜靜坐在家裡不說話.

9. 最好沒有父母，身世很孤苦.

10. 不喜歡打扮及照鏡子

11. 不痴心希望丈夫愛她（但可以希望他好好待遇她）.

這種是不是新聊齋？

我永遠愛你。

朱 二月十五

信仍寄世界書局轉交

193[illegible]

3.人很笨。

4.小学或初中毕业，或相当程度（不必假造文凭也）。

5.相貌不甚好，但勉强还不算讨厌。

6.身体过得过去，但不要力大如牛，否则我要吃瘪。

7.不曾生过儿子，生过儿子而已死或已丢掉则不妨。

8.能够安安静静坐在家里不说话。

9.最好并无父母，身世很孤苦。

10.不喜欢打扮及照镜子。

11.不痴心希望丈夫爱她（但可以希望他能好好待遇她）。

这种是不是无聊话？

我永远爱你。

朱 二月十五

信仍寄世界书局较妥。

①此信原件上宋清如注：1937年初。

第[296]封 忧郁

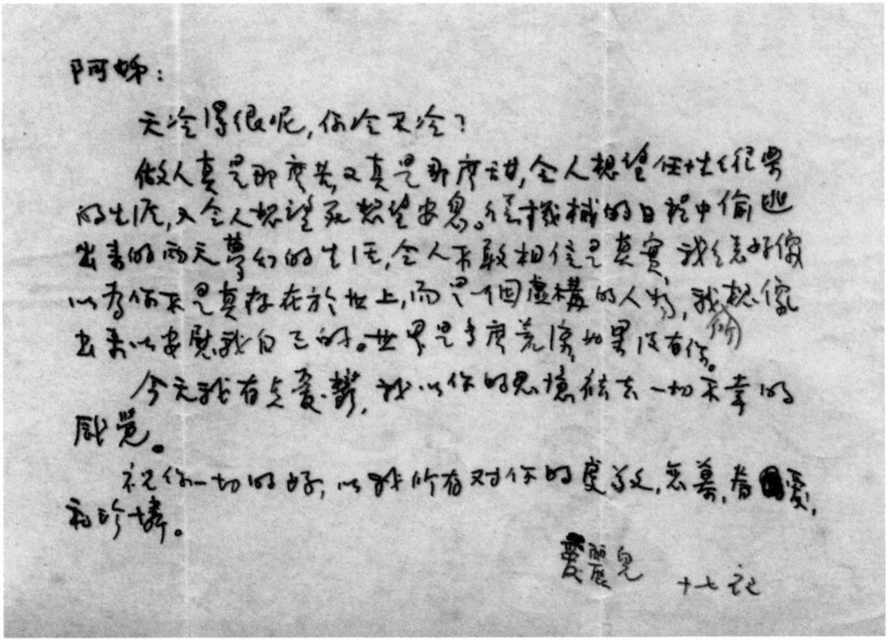

阿姊：

天冷得很呢，你冷不冷？

做人真是那么苦又真是那么讨厌，令人想望任性任性的生活，又令人想望死然安息。在机械的日程中偷些出来的两天梦幻的生活，令人不敢相信是真实，我总好像以为你不是真存在于世上，而只是一个虚构的人物，我所以想出来以安慰我自己的。世界是多么荒凉如果没有你。

今天我有点忧郁，让以你的思想赶去一切不幸的感觉。

祝你一切的好，以我所有对你的爱与敬，忠善，眷恋，和珍惜。

黄鼠儿 十七夜

阿姊：

天冷得很呢，你冷不冷？

做人真是那么苦，又真是那么甜，令人想望任性纵乐的生涯，又令人想望死想望安息。从机械的日程中偷逃出来的两天梦幻的生活，令人不敢相信是真实，我总好像以为你不是真存在于世上，而是一个虚构的人物，我所想像出来以安慰我自己的。世界是多么荒凉，如果没有你。

今天我有点忧郁，我以你的思忆祛去一切不幸的感觉。

祝你一切的好，以我所有对你的虔敬、恋慕、眷爱和珍怜。

爱丽儿 十七夜

第[297]封 剃发[1]

宝贝：

"自白"怀着兴味地读过了，不知这是你在什么时候做的？我希望你从来不曾把它给什么人看过，因为那确实是很无聊而幼稚的。撇开其中的思想和感情不说，就文字而言，我总觉得你写散文很缺少修炼。这篇东西比之你写给我的那些信，固然在修辞上多用过一点功夫，但口气上太像在演说，音节很短促，语调很重。

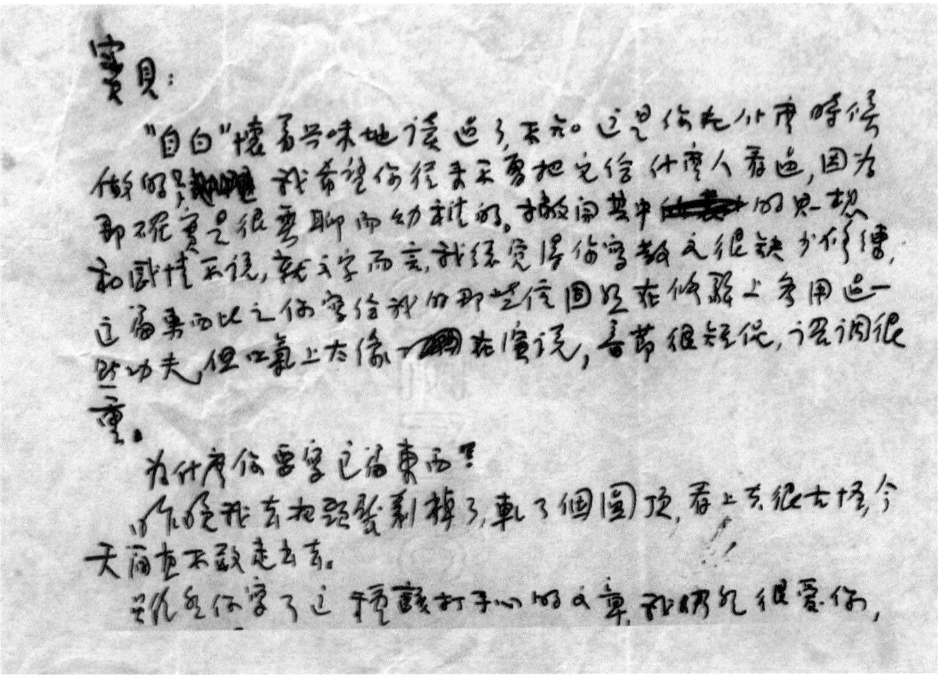
宝贝：
"自白"怀着兴味地读过了，不知这是你在什么时候做的？我希望你从来不曾把它给什么人看过，因为那确实是很无聊而幼稚的。撇开其中的思想和感情不说，就文字而言，我总觉得你写散文很缺少修炼，这篇东西比之你写给我的那些信固然在修辞上多用过一点功夫，但口气上太像在演说，音节很短促，语调很重。
为什么你要写这篇东西？
昨天我去把头发剃掉了，剃了个圆顶，看上去很古怪，今天简直不敢走出去。
现在你写了这种孩子气的文章，我仍然很爱你，为什么你要写这篇东西?

昨晚我去把头发剃掉了，轧了个圆顶，看上去很古怪，今天简直不敢走出去。

虽然你写了这种该打手心的文章，我仍然很爱你。

①此信原件信封上邮戳日期为1937年3月25日。

第[298]封 交代[1]

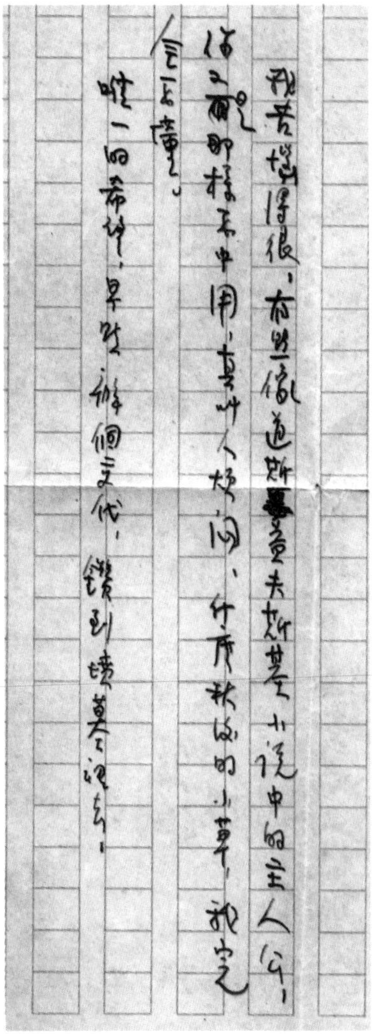
我苦恼得很，有点像道斯妥益夫斯基小说中的主人公，你又是那样不中用，真叫人烦闷，什么秋后的小草，我完全不懂。
唯一的希望，早点办个交代，钻到坟墓里去。

我苦恼得很，有点像道斯妥益夫斯基小说中的主人公，你又是那样不中用，真叫人烦闷，什么秋后的小草，我完全不懂。

唯一的希望，早点办个交代，钻到坟墓里去。

①此信原件信封上邮戳日期为1937年4月26日。

第[299]封 惬意

昨天上午八时起身，到四马路去，在河南路看见原来摆的那个旧书摊头已经扩大了地盘，正式成立一个旧书店的样子。买了一本Macauly[1]的论文集，一本Hazlit[2]的小品文集和一本美国版集合本的*Hamlet*，一共一块两毛半。杂志公司里买了《文摘》、《月报》，商务新近出版的文学什么，《戏剧时代》、《新诗》、《宇宙风》、《译文》六七种杂志，是寄给郑祥鼎的。杏花楼吃了两只叉烧饱（平声）、两只奶油饱、一碗茶，以当早餐，不过两角钱，颇惬意。这样回来吃中饭。因为是国耻纪念，故不去

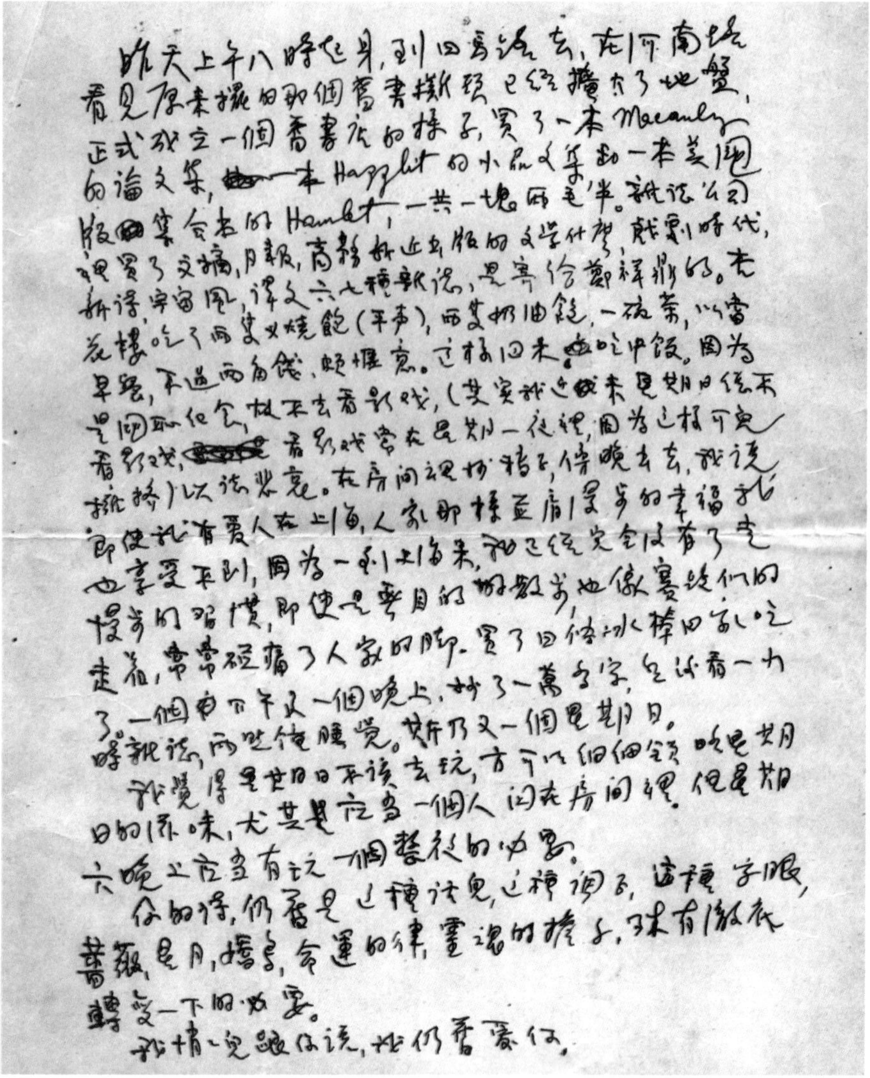

看影戏（其实我近来星期日总不看影戏，看影戏常在星期一夜里，因为这样可免拥挤）以志悲哀。在房间里抄稿子，傍晚出去。我说即使我有爱人在上海，人家那样并肩漫步的幸福我也享受不到，因为一到上海来，我已经完全没有了走慢步的习惯，即使是无目的的散步，也像赛跑似的走着，常常碰痛了人家的脚。买了四条冰棒回家吃了。一个下午及一个晚上，抄了一万多字，然后看一小时杂志，两点钟睡觉。斯乃又一个星期日。

我觉得星期日不该去玩，方可以细细领略星期日的滋味，尤其应当一个人关在房间里。但星期六晚上应当有玩一个整夜的必要。

你的诗，仍旧是这种话儿，这种调子，这种字眼，蔷薇、星月、娇鸟、命运的律、灵魂的担子，殊有彻底转变一下的必要。

我悄悄儿跟你说，我仍旧爱你。

①Macauly：麦考莱，19世纪英国史学家。 ②Hazlit：应为Hazlitt，赫兹里特（1778～1930），英国散文作家，文艺批评家。

第[300]封 突破①

好人：

今夜夜里差不多抄了近一万字，可谓突破记录。《风流娘儿们》进行得出乎意外地顺利，再三天便可以完工了，似乎我在描摹市井口吻上，比之诗意的篇节更拿手一些。

我希望你在下半年不要再在那个学校里了，即使对自己绝望，甘心把自己埋葬，就是坟墓也应该多换换。我希望你去做共产党，女优，什么商店的经理，或是时装设计家。

我相信我的确不爱你，因为否则我早就发疯了，可是我向你保证，我是欢喜你的。

昨天在街头买了三本不很旧的旧书，陀斯妥益夫斯基的《赌徒》，辛克莱的《钱魔》，还有一位法国女人做的《紫恋》，可是还没工夫看。我现在看小说的唯一时间只在影戏院里未开映以前的几分钟内。

《梵尼斯商人》已收到，谢你改正了一个“么”字。今天开始翻了半页《无事烦恼》，我很希望把这本和《皆大欢喜》早些翻好，因为我很想翻《第十二夜》，那是我特别欢喜的一本。不过叫我翻起悲剧来一定有点头痛。我巴不得把全部东西一气弄完，好让我透一口气，因为在没完

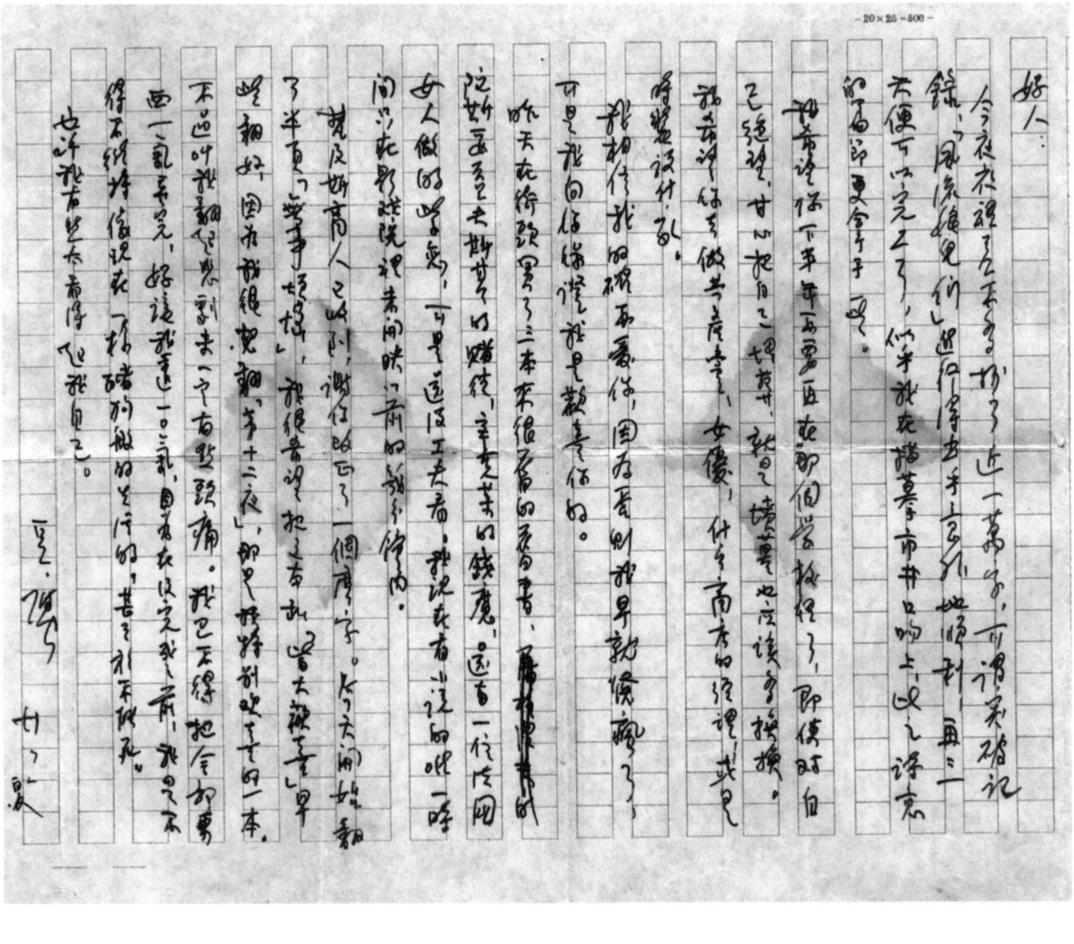
-20×25-500-

好人：
今夜夜裡差不多抄了近一萬字，可謂突破記錄，"風流娘兒們"進行得出乎意外地順利，再三天便可以完工了，似乎我在描摹市井口吻上，比之詩意的篇節更拿手一些。
我希望你下半年不要再在那個學校裡了，即使對自己絕望，甘心把自己埋葬，就是墳墓也應該多換換。我希望你去做共產黨，女優，什麼商店的經理，或是時裝設計家。
我相信我的確不愛你，因為否則我早就發瘋了，可是我向你保證，我是歡喜你的。
昨天在街頭買了三本不很舊的舊書，陀斯妥益夫斯基的賭徒，辛克萊的錢魔，還有一位法國女人做的紫戀，可是還沒工夫看。我現在看小說的唯一時間只在影戲院裡未開映以前的幾分鐘內。
梵尼斯商人已收到，謝你改正了一個麼字。今天開始翻了半頁"無事煩惱"，我很希望把這本和"皆大歡喜"早些翻好，因為我很想翻"第十二夜"，那是我特別歡喜的一本。不過叫我翻起悲劇來一定有點頭痛。我巴不得把全部東西一氣弄完，好讓我透一口氣，因為在沒完成之前，我是不得不維持着現在一種瘋狂似的生活的，甚至於不能死。
也許我有些太看得起我自己。

成之前，我是不得不维持像现在一样猪狗般的生活的，甚至于不能死。

也许我有点太看得起我自己。

豆腐 廿二

①此信原件上宋清如注：1937 年夏。

第[301]封 效率

清如：

今天我工作效率很好，走路时脚步也有点飘飘然，想要蹿蹿跳跳似的，天气又凉得可爱，心里充满了各种快乐的梦想。

我想，一个人的灵魂当然是有重量的，而且通常都较身体的重量为重，否则身体的重量载不住，要在空中浮了起来的。一个人今天心里很懊丧，他走一步路，似乎脚都提不起来的样子，头

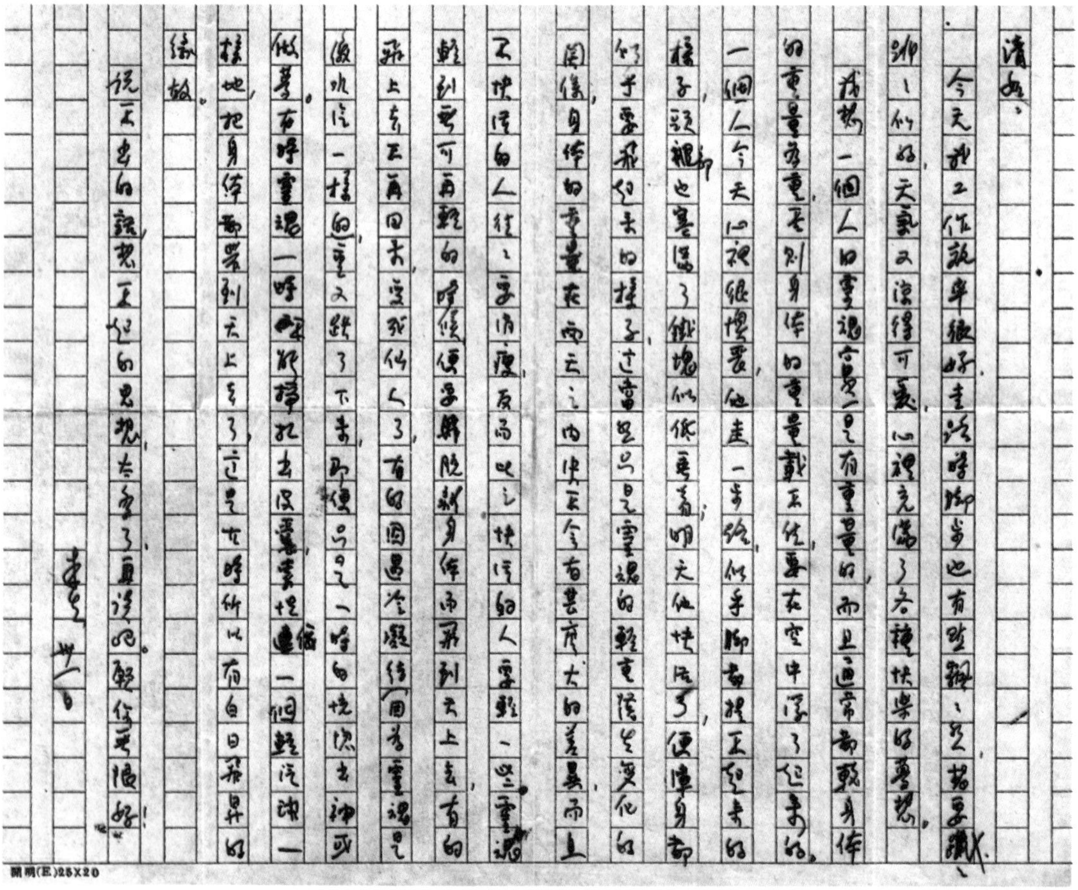
清如：

今天我工作效率很好，走路時腳步也有點飄飄然，想要蹦蹦跳跳似的，天氣又涼得可愛，心裡充滿了各種快樂的夢想。

我想，一個人的靈魂當然是有重量的，而且通常都較身体的重量為重，否則身体的重量載不住，要在空中浮了起來的。一個人今天心裡很懊喪，他走一步路，似乎腳都提不起來的樣子，頭腦也沉重了，鐵塊似的要垂下去；明天他快活了，便渾身都似乎要飛起來的樣子，這當然只是靈魂的輕重變化的關係，身体的重量並無甚麼改變，而且在短時間內決不會有甚麼大的差異，而且不快活的人往往容易瘦，反而比快活的人要輕一些。靈魂輕到要可再輕的時候，便要解脫身体而飛到天上去，有的飛上去不再回來，變成仙人了，有的因遇冷凝結（因為靈魂是像水汽一樣的）又跌了下來，那便只是一時的恍惚出神或做夢。[illegible]一個輕汽球一樣地把身体都帶到天上去了，這是古時所以有白日飛昇的緣故。

說不出的話，想不到的思想，太多了，真沒[illegible]！[illegible]很好！

朱 廿一日

開明(E)25X20

部也塞满了铁块似低垂着；明天他快活了，便浑身都似乎要飞起来的样子，这当然只是灵魂的轻重发生变化的关系，身体的重量在两天之内决不会有甚么大的差异，而且不快活的人往往要消瘦，反而比之快活的人要轻一些。灵魂轻到无可再轻的时候，便要脱离身体而飞到天上去，有的飞上去不再回来，变成仙人了，有的因遇冷凝结（因为灵魂是像水汽一样的），重又跌了下来，那便只是一时的恍惚出神或做梦。有时灵魂一时不能挣扎出皮囊，索性像一个轻气球一样地，把身体都带到天上去了，这是古时所以有白日飞升的缘故。

说不出的话，想不起的思想，太多了。再谈吧。愿你无限好！

朱生 卅一日

第[302]封 拯救

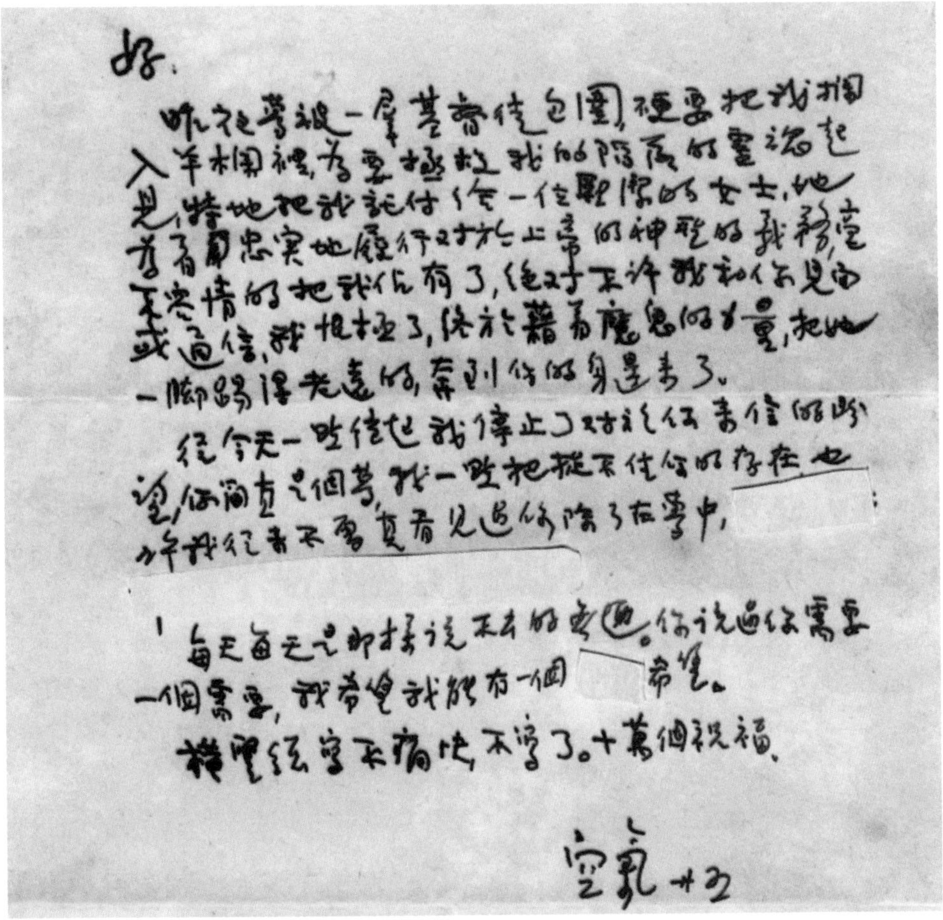
好：

昨天忽然被一群基督徒包围，硬要把我拉入羊栏里，为要拯救我的堕落的灵魂起见，特地把我托付给一位虔诚的女士，她为着忠实地履行对于上帝的神圣的义务，毫不容情的把我占有了，绝对不许我和你见面或通信，我恨极了，终于藉着魔鬼的力量，把她一脚踢得老远的，奔到你的身边来了。

从今天一些信起我停止了对于你书信的盼望，你简直是个梦，我一些把捉不住你的存在，也许我从来不曾真看见过你，除了在梦中，[illegible]

每天每天只都接着说不出的空虚。你说过你需要一个需要，我希望我能有一个[illegible]希望。

横竖信写不痛快，不写了。十万个祝福。

空气 廿五

好：

昨夜梦被一群基督徒包围，硬要把我拦入羊栏里，为要拯救我的陷落的灵魂起见，特地把我托付给一位圣洁的女士，她为着忠实地履行对于上帝的神圣的义务，毫不容情地把我占有了，绝对不许我和你见面或通信。我恨极了，终于借着魔鬼的力量，把她一脚踢得老远的，奔到你的身边来了。

从今天一点钟起我停止了对于你来信的盼望，你简直是个梦，我一点把捉不住你的存在，也许我从来不曾真看见过你，除了在梦中，□

每天每天是那样说不出的无趣。你说过你需要一个需要，我希望我能有一个□希望。

横竖总写不痛快，不写了。十万个祝福。

空气 廿五

第[303]封 春联

脑筋里充满了Rosalind和Touchstone①，给他们搅得昏头昏脑的。

每天走来走去的路上，那些破屋子上的春联都给我记熟了，一副似通非通的“不须著急求佳景，自有奇逢应早春”，不知作何解释；一副“中山世泽远，天禄家声长”，本该是“天禄家声远，中山世泽长”的，倒了一倒过，却变成拗体的律句了；一副是“新潮新雨财源涨，春草春花生意多”，上截风雅，下截俗气，但生意却是一个pun②，叫莎士比亚译起来，不知怎样译法。其余的“物华天宝日，人杰地灵时”一类可不用提了；有一家卖薄皮棺材的小店门板上贴着“诗书门第”，下句不知是什么。从前我母亲的房门上贴着一付“惜花春起早，爱月夜眠迟”，小时候非常欢喜。

你还有五年好活，我还有十二年好活，假如不自杀的话。

前天听见一个人瞧着南京路上橱窗里的英皇肖像，赞叹着说，“凸格人嘢同蒋介石格赤老一样”，不知是褒是贬。赤老虽是骂人话，有时也用以表亲密之意，故未可便科以侮辱领袖之罪。

二房东的小女儿吃她晚娘打，当然打也总有打的理由，不是说晚娘一定不可以打前妻的儿女，因此我睡在床上，心里并不作左右袒。可是你想那小鬼头儿怎样哭法？她一叠声地喊着“烂污屄，好哩啊！（即‘莫打了吧！’是请求的口气）烂污屄，好哩啊！”其不通世故，有如此者。

①Rosalind和Touchstone：莎剧《皆大欢喜》中的女主人公和宫廷小丑。 ②pun：双关语。

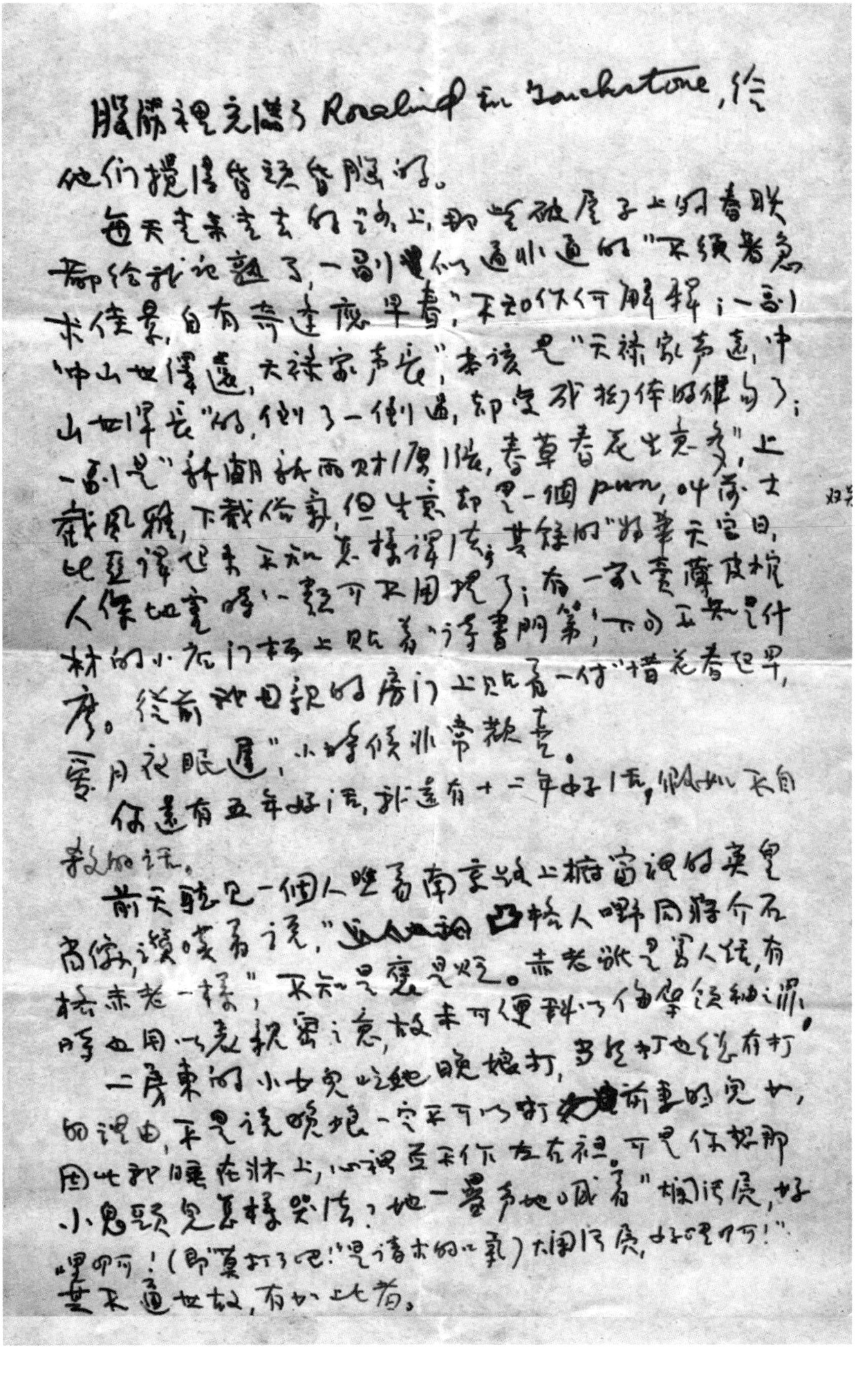

胜境里充满了Rosalind和Touchstone，给他们搅得俗透俗腻了。

每天走来走去经过的街上，那些破屋子上的春联都给我记熟了，一副是何等通而不通的"不须着急求佳景，自有奇逢应早春"，不知作何解释；一副"中山世泽远，天禄家声长"，本该是"天禄家声远，中山世泽长"的，倒了一倒，却变成拗体的律句了；一副是"新潮新雨对清明，春草春花生意多"，上截风雅，下截俗气，但生意却是一个pun，叫莎士比亚译也未知怎样译法；其余的"物华天宝日，人杰地灵春"之类可不用提了；有一家卖薄皮棺材的小店门楣上贴着"诗书门第"，下面不知是什么。从前我母亲的房门上贴着一付"惜花春起早，爱月夜眠迟"，小时候非常欢喜。

你还有五年好活，我还有十二年好活，假如不自杀的话。

前天听见一个人唱着南京城上插窗里的爽皇[illegible]人嘛同样介石商家，读叹着说，"[illegible]赤老就是穷人钱，有格赤老一样"，不知是褒是贬。时也用以表积窭之意，故来可便利了个学领袖。

二房东的小女儿吃她晚娘打，多是打也没有打的理由，不是说晚娘一定不可以打[illegible]前妻的儿女，可是你想那因此我睡在床上，心里直不作在在。小鬼头儿怎样哭法？她一叠声地喊着"姆妈，好姆妈！（即"莫打了吧！"是请求的口气）姆妈，好姆妈！"真不通世故，有如此者。

第[304]封 拼命

好人：

否则我今晚不会写信的，因为倦得很不能工作，所以写信。今晚开始抄《皆大欢喜》，同时白天已开始了《第十二夜》，都只弄了一点点。我决定拼命也要把《第十二夜》在十天以内把草稿打好，无论如何，第一分册《喜剧杰作集》要在六月底完成，因为我急着要换钱来买皮鞋、书架和一百块钱的莎士比亚书籍。等过了暑天，我想设法接洽在书局里只做半天工，一面月支稿费，这样生活可以写意一点，工作也可早点完成。

今晚我真后悔不去看嘉宝的《茶花女》，其实这本片子我已经在一个多月前看过了（那次好像是因为给你欺侮了想要哭一场去的，结果没有哭），而且老实说，我一点不喜欢这种生的门脱儿[1]的故事（正和我不欢喜《红楼梦》一样），但嘉宝的光辉的演技总是值得一再看的。当然她的茶花女并不像是个法国的女人，正和她的安娜·卡伦尼娜并不像是个俄国女人一样。看她的戏，总觉得看的是嘉宝，并不是看茶花女或安娜·卡伦尼娜，这或者是演员本身的个性侵害了剧中人

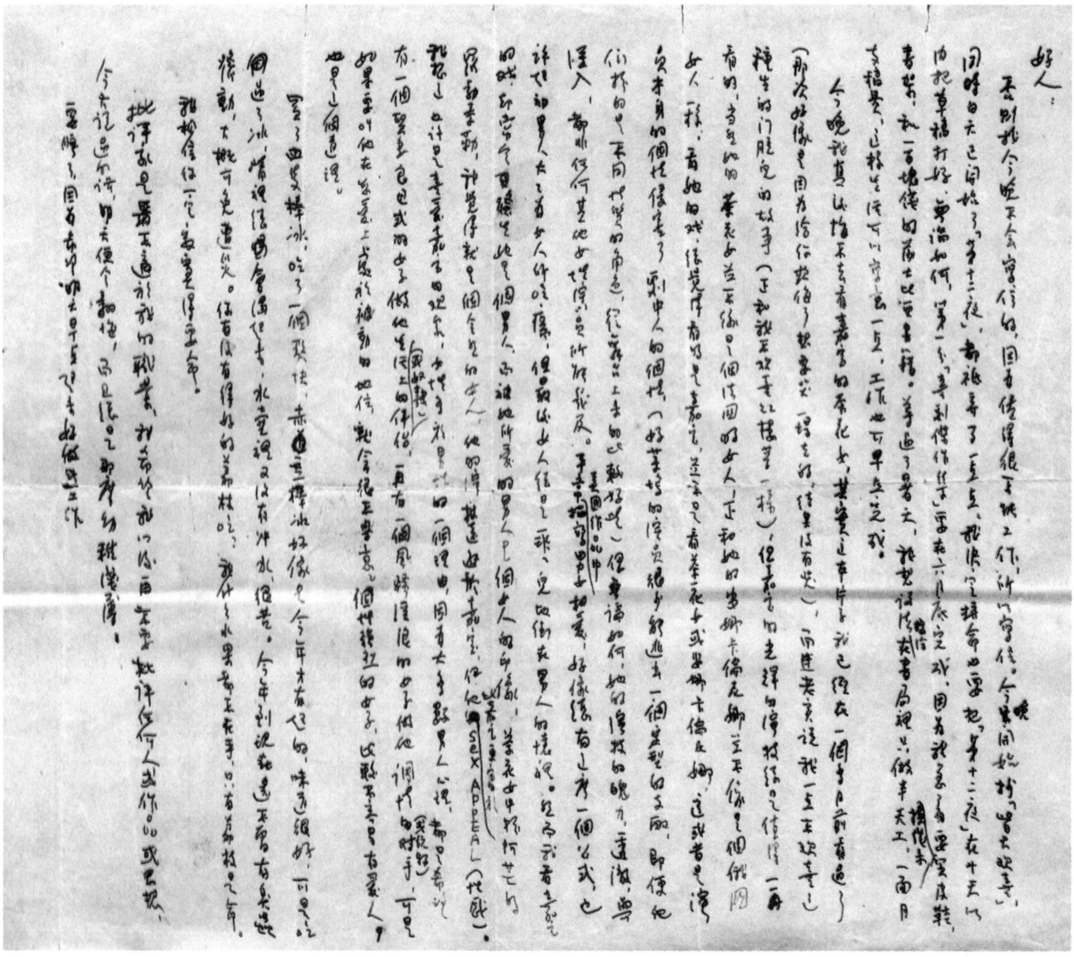

的个性（好莱坞的演员很少能逃出一个定型的支配，即使他们扮的是不同性质的角色，从舞台上来的比较好些）。但无论如何，她的演技的魄力、透澈与深入，都非任何其他女性演员所能几及。

平常美国作品中描写男女相爱，好像总有这么一个公式，也许起初男人大大为女人所吃瘪，但最后女人总是乖乖儿地倒在男人的怀里。然而我看嘉宝的戏，却常会发生她是个男人，而被她所爱的男人是个女人的印象。《茶花女》中扮阿芒的罗勃泰勒，我觉得就是个全然的女人，他的演技远逊于嘉宝，但他比嘉宝更富于sex appeal[②]。我想这也许是喜爱嘉宝的观众，女性多于男性的一个理由，因为大多数男人心理，都是希望有一个贤妻良母式的女子做他生活上的伴侣（或奴隶），再有一个风骚淫浪的女子做他调情的对手（或玩物），可是如果要叫他在恋爱上处于被动的地位，就会很不乐意。个性强烈的女子，比较不容易有爱人，也是这个道理。

买了四支棒冰，吃了一个爽快。赤豆棒冰好像是今年才有起的，味道很好，可是吃过了冰，嘴里总会渴起来，水壶里又没有冲水，很苦。今年到现在还不曾有臭虫发动，大概可免遭灾。你有没有得好的荔枝吃？我什么水果都不在乎，只有荔枝是命。

我相信你一定寂寞得要命。

批评家是最不适于我的职业，我希望我以后再不要批评任何人或作品或思想，今天说过的话，明天便会翻悔，而且总是那么幼稚浅薄。

要睡了，因为希望明天早点起来好做点工作。

① “生的门脱儿”：英文sentimental的译音，感伤的。 ②sex appeal：性感。

第[305]封 您你[①]

七日一星期这种制度实在不大好，最好工作六星期，休息一星期，否则时间过去得太快，星期三觉得一星期才开始，星期四就觉得一星期又快完了，连透口气儿的工夫都没有，稍为偷了一下懒，一大段的时间早已飞了去。

不过这不是感慨，因为随便怎样都好，在我总是一样。

《皆大欢喜》至今搁着未抄，因为对译文太不满意；《第十二夜》还不曾译完一幕，因为太难，在缺少兴致的情形中，先把《暴风雨》重抄。有一个问题很缠得人头痛的就是“你”和“您”这两个字。You相当于“您”，thou，thee等相当于“你”，但thou，thee虽可一律译成“你”，you却不能全译作“您”，事情就是为难在这地方。

预定《罗密“奥”与朱丽叶》在七月中动手，而《罗密“欧”与朱丽叶》不久就要在舞台上演出，我想不一定有参考的必要，他们的演出大抵要把电影大抄而特抄。

在等候着放假了吧？放假这两个字现在对我已毫无诱惑。

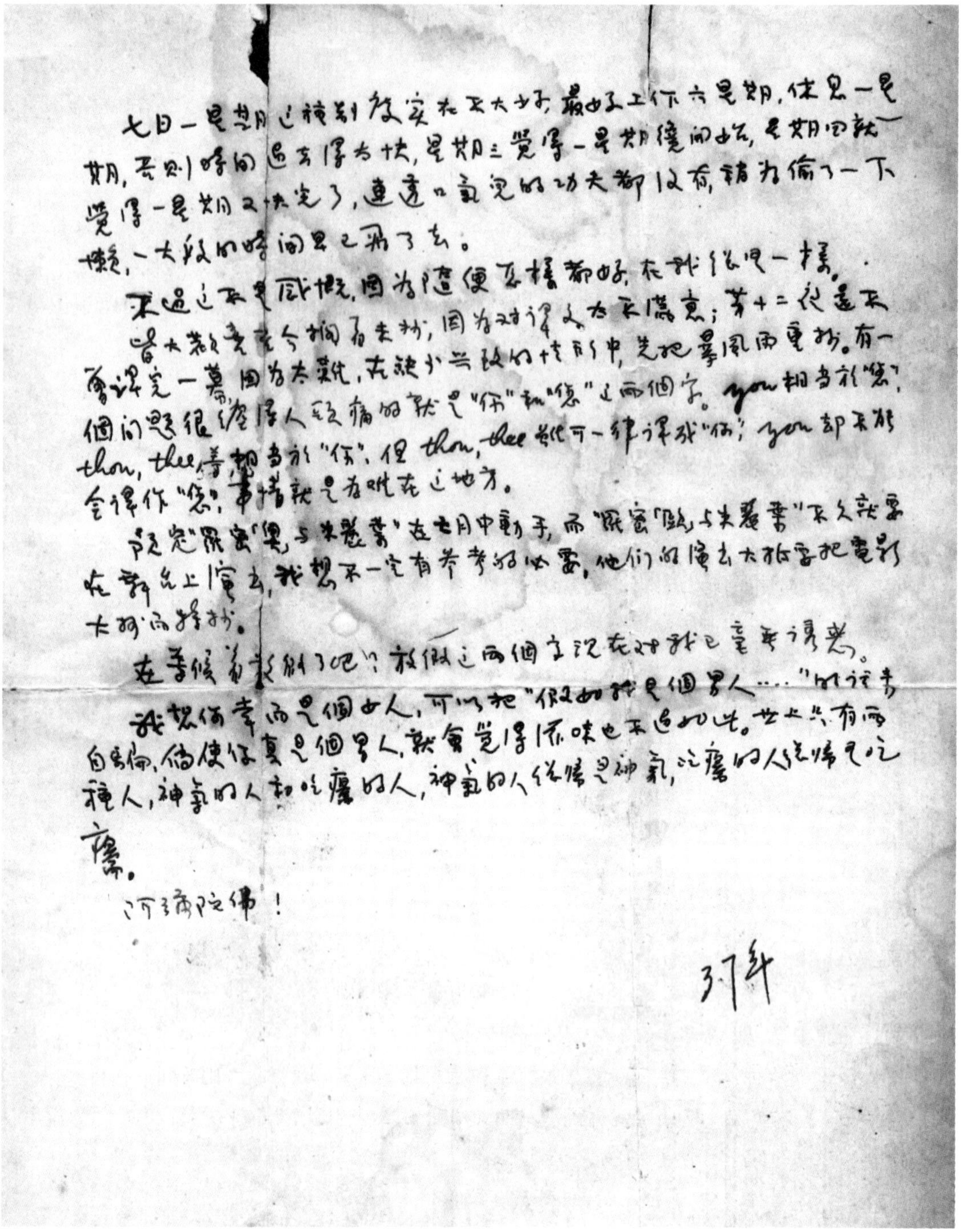
七日一星期這種制度實在不大好，最好工作六星期，休息一星期，否則時間過去得太快，星期三覺得一星期才開始，星期四就覺得一星期又快完了，連透口氣兒的功夫都沒有，稍為偷了一下懶，一大段的時間早已飛了去。

不過這不是感慨，因為隨便怎樣都好，在我很是一樣。

第十二夜還不曾大整齊，它全部擱了未抄，因為對譯文太不滿意；在譯的時候，先把暴風雨重抄。有一幕譯完一幕，因為太熟。有個問題很使譯人頭痛的就是"你"和"您"這兩個字。you相當於"您"，thou, thee才相當於"你"，但thou, thee雖可一律譯成"你"，you卻不能一律譯作"您"，事情就是為難在這地方。

預定"羅密歐與朱麗葉"在七月中動手，而"羅密歐與朱麗葉"不久就要在銀幕上演出，我想不一定有參考的必要，他們的演出大概會把原作大刪而特刪。

在等候著我的信了吧？我假定這兩個字說在對我已毫無誘惑。

我想你幸而是個女人，可以把"假如我是個男人……"的話來自騙，倘使你真是個男人，就會覺得滋味也不過如此。世上只有兩種人，神氣的人和吃癟的人，神氣的人總歸是神氣，吃癟的人總歸是吃癟。

阿彌陀佛！

朱

我想你幸而是个女人，可以把“假如我是个男人……”的话来自骗，倘使你真是个男人，就会觉得滋味也不过如此。世上只有两种人，神气的人和吃瘪的人，神气的人总归是神气，吃瘪的人总归是吃瘪。

阿弥陀佛！

①此信原件上宋清如注：1937年。

第[306]封 摘抄

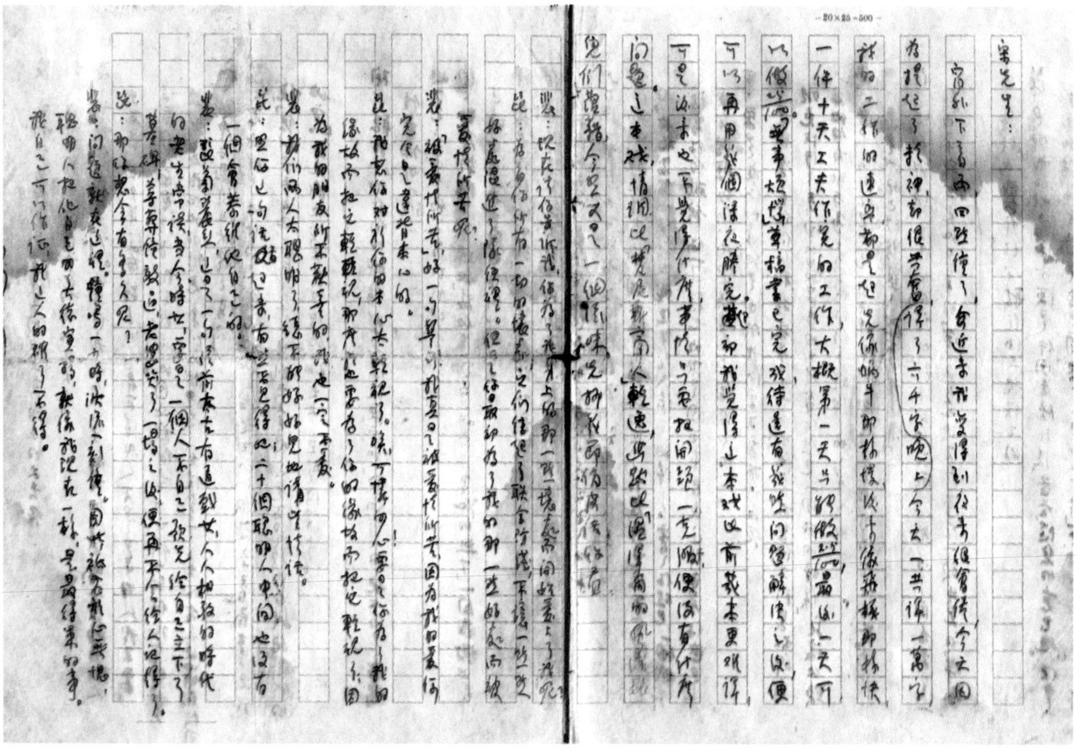

宋先生：

窗外下着雨，四点钟了，近来我变得到夜来很会倦，今天因为提起了精神，却很兴奋，晚上译了六千字，今天一共译一万字。我的工作的速度都是起先像蜗牛那样慢，后来像飞机那样快，一件十天工夫作完的工作，大概第一天只能做2.5/100，最后一天可以做25/100。《无事烦恼》草稿业已完成，待还有几点问题解决之后，便可以再用几个深夜誊完。起初我觉得这本戏比前几本更难译，可是后来也不觉得什么，事情只要把开头一克服，便没有什么问题。这本戏，情调比《梵尼斯商人》轻逸，幽默比《温德尔的风流娘儿们》蕴藉，全然又是一个滋味。先抄几节俏皮话你看：

裴：现在请你告诉我，你为了我身上的那一点坏处而开始爱上了我呢？

琵：为着你所有一切的坏处，它们结起了联合防线，不让一点点好处混进了队伍里。但是你最初为了我的哪一点好处而被爱情所苦呢？

裴：“被爱情所苦”，好一句警句！我真是被爱情所苦，因为我的爱你完全是违背本心的。

琵：我想你对于你的本心太轻视了。唉，可怜的心！要是你为了我的缘故而把它轻视，那么我也要为了你的缘故而把它轻视了；因为我的朋友所不欢喜的，我也一定不爱。

裴：我们两人太聪明了，总不能好好儿地讲些情话。

琵：照你这句话看起来，有点不见得吧；二十个聪明人中间，也没有一个会恭维他自己的。

裴：琵菊丽丝，这是一句从前太古有道盛世，人人相敬的时代的老生常谈，当今时世，要是一个人不自己预先给自己立下了墓碑，等葬钟敲过，老婆哭了一场之后，便再不会给

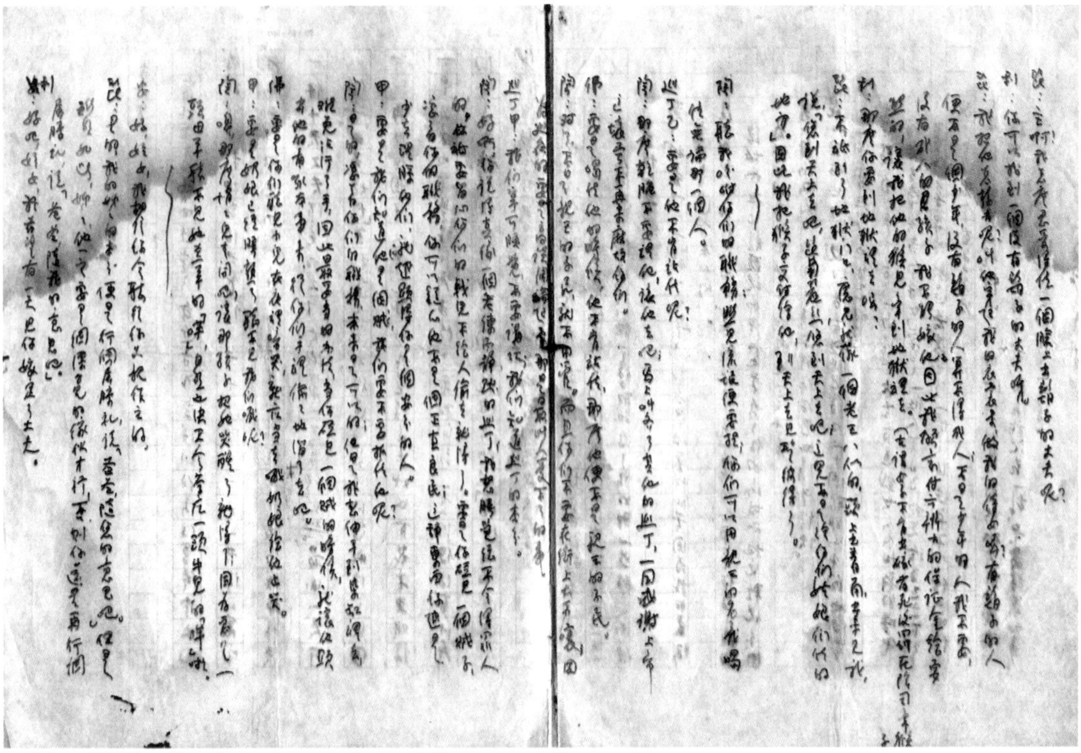

人记得了。

琵：那你想会有多久呢？

裴：问题就在这里。钟鸣一小时，泪流一刻钟。因此只要于心无愧，聪明人把他自己的美德宣扬，就像我现在一样，是最得策的事。我自己可以作证，我这人的确了不得。

* * * * * *

琵：主啊！我怎么忍受得住一个脸上出胡子的丈夫呢？

利：你可以找到一个没有胡子的丈夫呀。

琵：我把他怎样办呢？叫他穿起我的衣裳来，做我的侍女吗？有胡子的人便不是个少年，没有胡子的人算不得成人，不是少年的人我不要，没有成人的孩子我不能嫁他。因此我愿意付六辨士的保证金给耍熊的，让我把他的猴儿牵到地狱里去。（古谓女子不肯出嫁者死后罚在阴司牵猴子。）

利：那么你要到地狱里去吗？

琵：不，只到了地狱门口，魔鬼就像一个老王八似的，头上出着角，出来见我，说，“您到天上去吧，琵菊丽丝，您到天上去吧；这儿不是给你们姑娘们住的地方。”因此我把猴子交付给他，到天上去见圣彼得了。

* * * * * *

陶：听我吩咐你们的职务：瞧见流氓便要捉；你们可以用亲王的名义喝住无论哪一个人。

巡丁乙：要是他不肯站住呢？

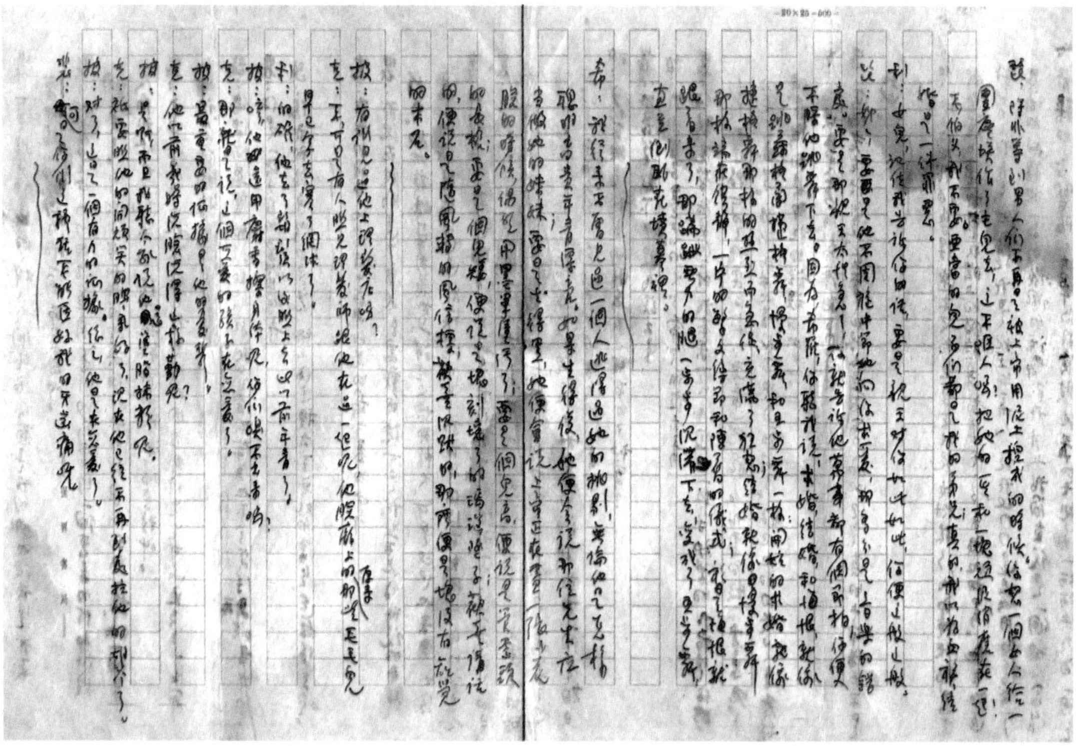

陶：那么干脆不要理他，让他去吧；马上叫齐了其他的巡丁，一同感谢上帝，这坏蛋不再来麻烦你们。

佛：要是喝住他的时候，他不肯站住，那么他便不是亲王的子民。

陶：对了，不是亲王的子民，就不用管。而且你们不要在街上大声嚷；因为巡夜的要是高谈阔论起来，那是最叫人受不了的事。

巡丁甲：我们宁可睡觉，不要讲话，我们知道巡丁的本分。

陶：好啊，你说得真像一个老练而静默的巡丁，我想睡觉总不会得罪人的。你只要留心你们的戟儿不给人偷去就得了。要是你碰见一个贼子，凭着你的职务，你可以疑心他不是个正直良民；这种东西你越是少去理睬他们，就越显得你是个安分的人。

甲：要是我们知道他是个贼，我们要不要抓住他呢？

陶：是的，凭着你们的职务，本来是可以的；但是我想伸手到染缸里去，难免沾污了手，因此最妥当的办法，当你碰见一个贼的时候，就让他显出他的看家本事来，从你们手里偷偷地溜了去吧。

佛：要是你们听见小儿在夜里啼哭，就应当去喊奶娘给他止哭。

甲：要是奶娘已经睡熟了听不见我们喊呢？

陶：噢，那么悄悄儿走开吧，让那孩子把她哭醒了就得了，因为要是一头母羊听不见她羔羊的“咩”，自然也决不会答应一头牛儿的“哞”啦。

* * * * * * *

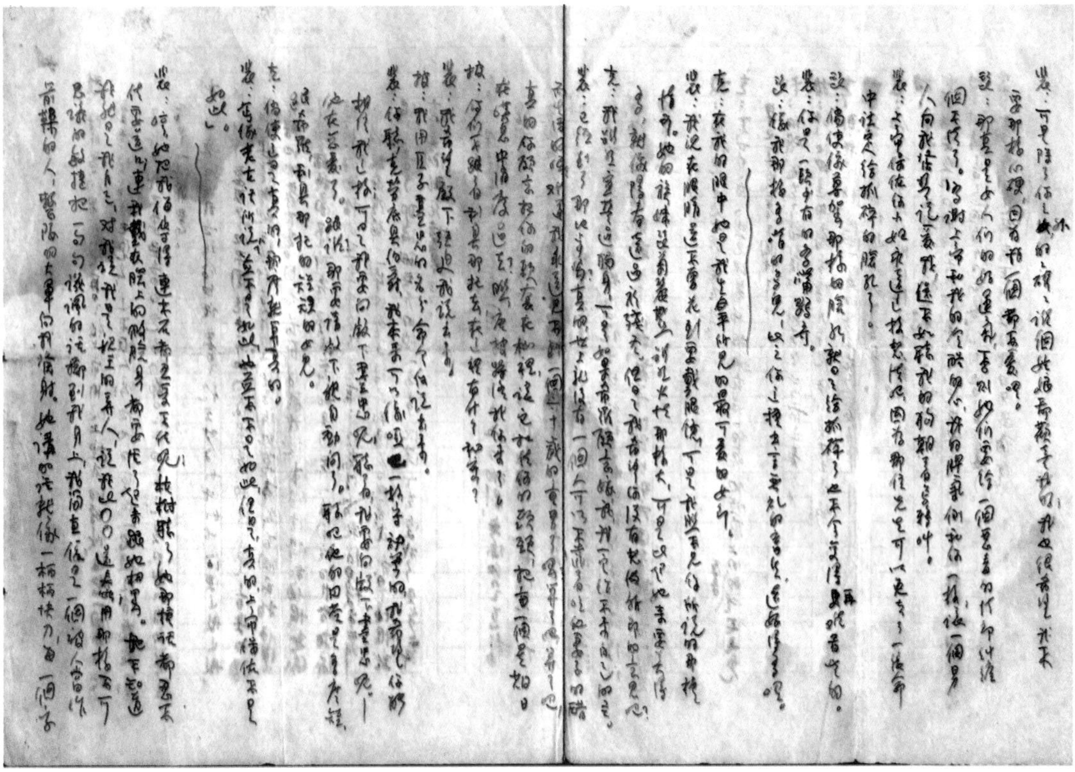

安：好，侄女，我相信你会听从你父亲作主的。

琵：是的，我的姊姊的本分，便是行个屈膝礼，说，“爸爸，随您的意思吧”。但是虽然如此，姊姊，他一定要是个漂亮的家伙才行，否则你还是再行个屈膝礼，说，“爸爸，随我的意思吧”。

利：好吧，侄女，我希望有一天见你嫁定了丈夫。

琵：除非等到男人们不再是被上帝用泥土捏成的时候。你想一个女人给一团尘埃作了主儿去，这不怄人吗？把她的一生和一块顽泥消磨在一起！不，伯父，我不要。亚当的儿子们都是我的弟兄；真的，我以为血族结婚是一件罪恶。

利：女儿，记住我告诉你的话，要是亲王对你如此如此，你便这般这般。

琵：姊姊，要是他不周旋中节地向你求爱，那多分是音乐的错处。要是那亲王太性急了，你就告诉他万事都有个节拍，你便不睬他跳舞下去。因为，希罗，你听我说，求婚、结婚和悔恨，就像是跳苏格兰捷格舞，慢步舞和五步舞一样：开始的求婚就像捷格舞那样的热烈而急促，充满了狂想；结婚就像慢步舞那样端庄镇静，一片的繁文缛节和陈腐的仪式；于是悔恨就跟着来了，那蹒跚无力的腿一步步沉滞下去，变成了五步舞，直至倒卧在坟墓里。

* * * * * * *

希：我从来不曾见过一个人逃得过她的挑剔，无论他是怎样聪明高贵年轻漂亮。如果生得俊，她便会说那位先生应当做她的妹妹；要是生得黑，她便会说上帝正在画一张小花脸的时候，偶然用墨笔涂污了；要是个儿高，便说是管歪头的长枪；要是个儿矮，便说是

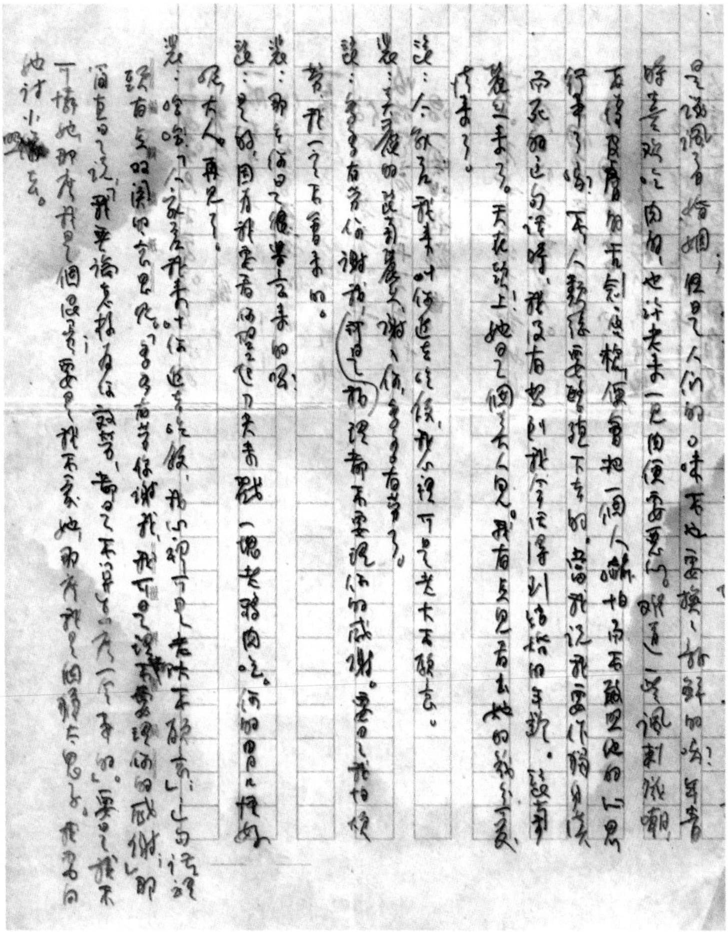

块刻坏了的玛瑙坠子；欢喜讲话的，便说是随风转的风信标；欢喜沉默的，那么便是块没有知觉的木石。

* * * * * * *

披：有谁见过他上理发店吗？

克：不，可是有人瞧见理发师跟他在过一起呢，他脸庞上的原来那些毛毛儿早已拿去塞了网球了。

利：的确，他去了胡须以后瞧上去比以前年轻了。

披：哼，他还用麝香擦身体呢，你们嗅不出来吗？

克：那就是说，这个可爱的孩子在恋爱了。

披：最重要的证据是他的忧郁。

克：他以前几时洗脸洗得这样勤呢？

披：是啊，而且我听人家说他还涂脂抹粉呢。

克：只要瞧他的开玩笑的脾气好了，现在他已经不再到处拉他的胡琴了。

披：对了，这是一个有力的证据。总之他是在恋爱了。

裴：可是你们这种话不能医好我的牙齿痛呀。

* * * * * * *

裴：可是除了你之外，的的确确谁个姑娘（都）欢喜我的，我也很希望我不要那样心硬，因为我一个都不爱哩。

琵：那真是女人们的好运气，否则她们要给一个恶毒的情郎纠缠个不清了。多谢上帝和我的冷酷的心。我的脾气倒和你一样，让一个男人向我发誓说爱我，还不如听我的狗朝着乌鸦叫。

裴：上帝保佑你小姐永远这样想法吧，因为那位先生可以免去了一张命中注定给抓碎的脸孔了。

琵：倘使像尊驾那样的脸孔，就是给抓碎了也不会变得再难看些的。

裴：你是一头少有的多嘴鹦哥。

琵：像我那样多嘴的鸟儿，比之你这种出言无礼的畜生，还好得多哩。

* * * * * * *

克：在我的眼中，她是我生平所见的最可爱的女郎。

裴：我现在眼睛还不曾花到要戴眼镜，可是我瞧不见你所说的那种情形。她的族妹琵菊丽丝虽然火性那样大，可是比起她来要美得多，就像阳春远过于残冬。但是我希望你没有想做新郎的意思吧？

克：我虽然宣誓过独身，可是如果希罗愿意嫁我，我一定作不来自己的主。

裴：已经到了那地步吗？真的，世上就没有一个人可以不靠着吃他妻子的醋而生活的吗？难道我永远见不到一个六十岁的童男了吗？算了吧，算了吧，真的你愿意把你的头套在枷里，让它扣住你的头颈，把每一个星期日在叹息中消度过去？瞧，唐披特洛找你来了。

披：你们不跟着利奥那托去，在这里有什么秘密？

裴：我希望殿下强迫我说出来。

披：我用臣子尽忠的名分命令你说出来。

裴：你听，克劳底奥伯爵，我本来可以像哑巴一样守秘密的，我希望你能相信我这样，可是我要向殿下尽忠呢，听着，我要向殿下尽忠呢。——他在恋爱了。跟谁？那要请殿下亲自动问了。听吧，他的回答是多么短，跟希罗，利奥那托的短短的女儿。

克：倘使这是真的，那么就算真的。

裴：正像老古话所说："并不是如此，也并不不是如此，但是，真的，上帝保佑不是如此。"

* * * * * * *

裴：哼，她把我侮辱得连木石都忍受不住呢！枯树听了她那种话都忍不住要还口，连我戴在脸上的假脸具都要活了起来跟她相骂。她不知道我就是我自己，对我说我是亲王的弄人，说我比○○还蠢，用那样不可思议的敏捷，把一句句讥讽的话掷到我身上，我简直像是一个被人当作箭垛的人，整队的大军向我发射。她讲的话就像一柄柄快刀，每一个字□

* * * * * * *

□是讥讽着婚姻；但是人们的口味不也要换换新鲜的吗？年轻时喜欢吃肉的，也许老来一见肉便要恶心。难道一些讽刺讥嘲，不伤皮肤的舌剑唇枪，便会把一个人吓怕而不敢照他的心思行事了吗？不，人类总要繁殖下去的。当我说我要作独身汉而死的这句话时，我没有想到我会活得到结婚的年龄。琵菊丽丝来了。天在头上！她是个美人儿。我有点儿看出她的几分爱情来了。

琵：人家差我来叫你进去吃饭，我心里可是老大不愿意。

裴：美丽的琵菊丽丝，谢谢你，多多有劳了。

琵：多多有劳你谢我，我可是理都不要理你的感谢。要是我怕烦劳，我一定不会来的。

裴：那么你是很乐意来的吗？

琵：是的，因为我要看你竖起刀尖来戳一块老鸦肉吃。你的胃口怪好呢，大人。再见了。

裴：哈哈！“人家差我来叫你进去吃饭，我心里可是老大不愿意”，这句话里头有点双关的意思呢。“多多有劳你谢我，我可是理都不要理你的感谢”，那简直是说，“我无论怎样为你效劳，都是不算怎么一会事的”。要是我不可怜她，那么我是个混蛋；要是我不爱她，那么我是个犹太鬼子。我要向她讨小照去。

* * * * * * *

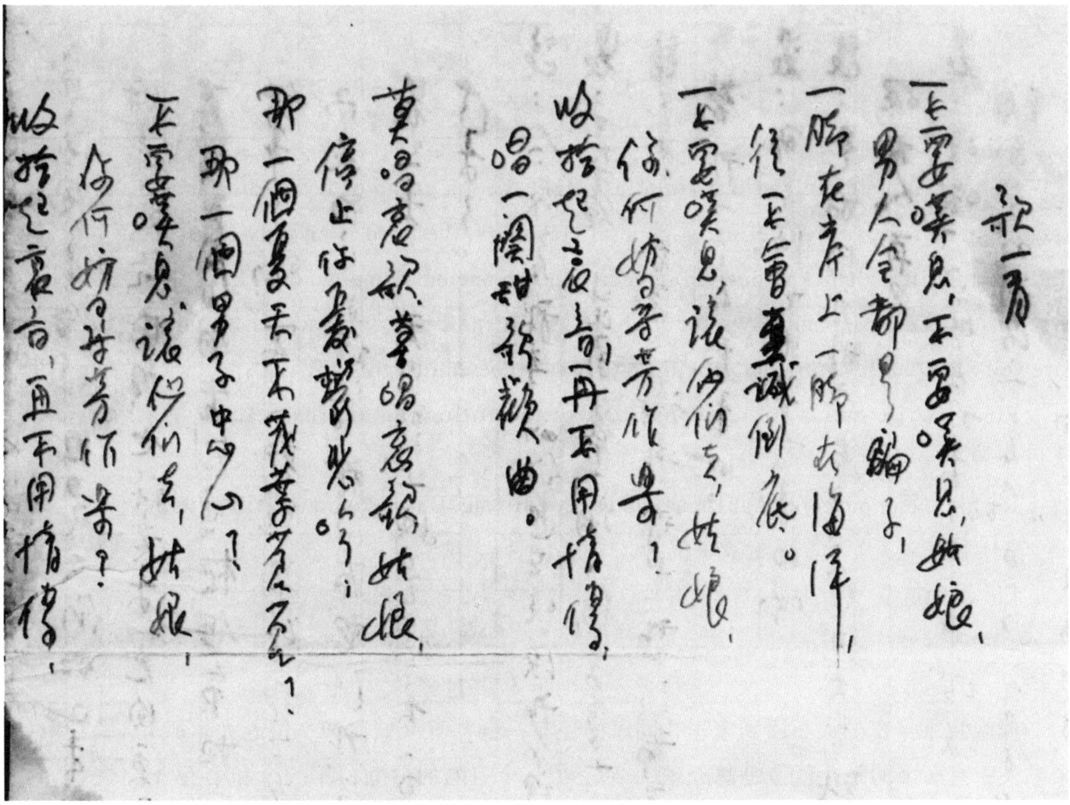
歌一首
不要叹息，不要叹息，姑娘，
男人全都是骗子，
一脚在岸上，一脚在海洋，
从不会专诚到底。
不要叹息，让他们去，姑娘，
你们好好寻芳作乐罢；
收拾起哀音，再不用情伤，
唱一阕甜蜜欢曲。
莫唱哀歌，莫唱哀歌，姑娘，
停止你们忧郁的悲吟；
那一个夏天不茂叶苍苍？
那一个男子忠心？
不要叹息，让他们去，姑娘
你们好好寻芳作乐罢？
收拾起哀音，再不用情伤，

歌一首

不要叹息，不要叹息，姑娘，
男人全都是骗子，
一脚在岸上一脚在海洋，
从不会至诚到底。
不要叹息，让他们去，姑娘，
你何妨寻芳作乐？
收拾起哀音，再不用情伤，
唱一阕甜歌欢曲。

莫唱哀歌，莫唱哀歌，姑娘，
停止你忧郁悲吟，
哪一个夏天不茂叶苍苍？
哪一个男子忠心？
不要叹息，让他们去，姑娘，
你何妨寻芳作乐？
收拾起哀音，再不用情伤，
唱一阕甜歌欢曲。

第[307]封 逃难[1]

Get home in a midnight dark train last night, with a group of five ladies and an amah[2], two of the former acting as general managers, the third is an ugly idiot, the first and the fifth, a chicken-hearted imbecile and an ancient dame, whom I held up in my arms in getting up and down the train. It's a scene I won't describe. Anyhow, farewell Shanghai! I am rather unwilling to leave thee amidst this stirring spectacle.

Please write me as soon as possible, to the following address:嘉兴芝桥街曹思濂转。

Kashing very peaceful that I fear she will weary me. But my work is still with me now.

I love you.

8/26

大意[3]：

昨晚我乘半夜的火车回到家里，同车的还有一群共五个妇人和一位老太。那五个妇人中有两个的举止就像是总经理，第三个是个丑陋的白痴，第一个和第五个，一个是小鸡胆子的蠢货，另一个像是古代的夫人，上下车都得我用双臂扶持着。这一路的情景我真不想讲了，不管怎样，再见了，上海！在这一番动乱的情景之中，我真有点不大愿意离开你。

请尽快给我写信。来信可寄：嘉兴芝桥街曹思濂转。

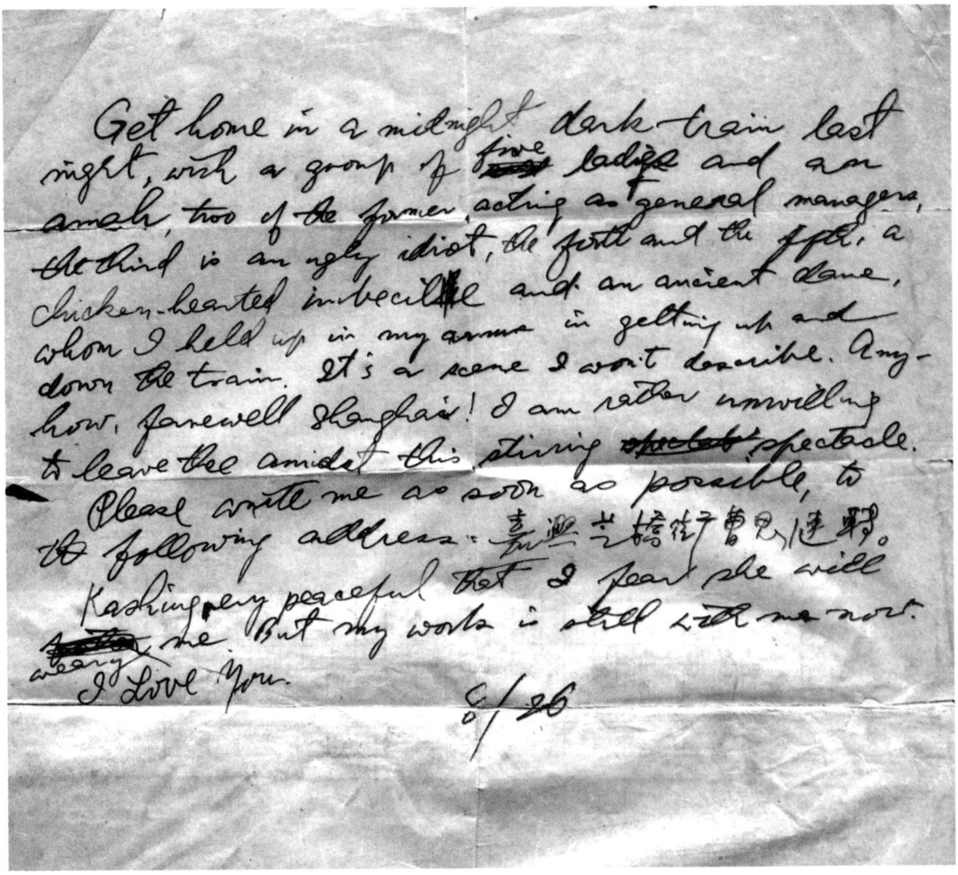

Get home in a midnight dark train last night, with a group of five ladies and an amah, two of the former acting as general managers, the third is an ugly idiot, the forth and the fifth, a chicken-hearted imbecile and an ancient dame, whom I held up in my arms in getting up and down the train. It's a scene I won't describe. Anyhow, farewell Shanghai! I am rather unwilling to leave thee amidst this stirring spectacle.

Please write me as soon as possible, to the following address: 嘉興芝橋街曹[illegible]。

Kashing very peaceful that I fear she will weary me. But my work is still with me now.

I Love You.

8/26

嘉兴非常平静，我害怕它会使我厌倦的，但是我的工作还在继续着。

我爱你。

8/26

①这是现存的朱生豪寄给宋清如的最后一封信，写于1937年8月26日。1937年8月13日，日军向上海发起突然进攻，当夜在虹口一带开炮登陆。朱生豪被迫在半夜里仓促出走避难，大部分译稿和个人用品都毁于一旦。在亲戚家住了几天后，搭半夜的火车挤在难民群中，于8月26日回到嘉兴姑妈家。这封信是他回到嘉兴后写的。②嘉兴方言中把老太太称为“阿妈”，这里用的是音译。③此译文由朱尚刚先生提供。

第[308]封 思念①

亲爱的朋友：

心头像刀割一样痛苦，十八天了，她还是没有来。

我知道我太不配接受她的伟大而又纯真的爱，因此所享受的每一份幸福，必须付出十倍于此的痛苦做代价，因此我便忍受着这样的酷刑。

她是个太善良的人，她对谁都那么顾恤体贴；她也是个太老实的人，她说的话都没有半分虚伪。她不会有意虐待我，或对我失信。可是她是个孝顺不过的女儿，在她母亲强有力的意志下，我的脆弱的感情，只好置之不顾了。我能怨她吗？不，我因此而更爱她。

亲爱的朋友，恕我把你和她做一个比较，你是我所认识的人中最可爱最完美的一人，可是她的美丽她的可爱，永远是发掘不尽的宝藏。你只是她过去生命中的一部分，是她美丽的灵魂投射在我心镜上的一个影子，因为我的感受力非常脆弱，不能摄取她的美丽灵魂的全部，然而我所能摄取的却已经深深地锁在我的记忆里，没有什么力量可以把它夺去。

迷迷糊糊地睡了一觉，醒来就盼望天明，不料邻家的钟才敲上一点，这时间怎样挨过去。起

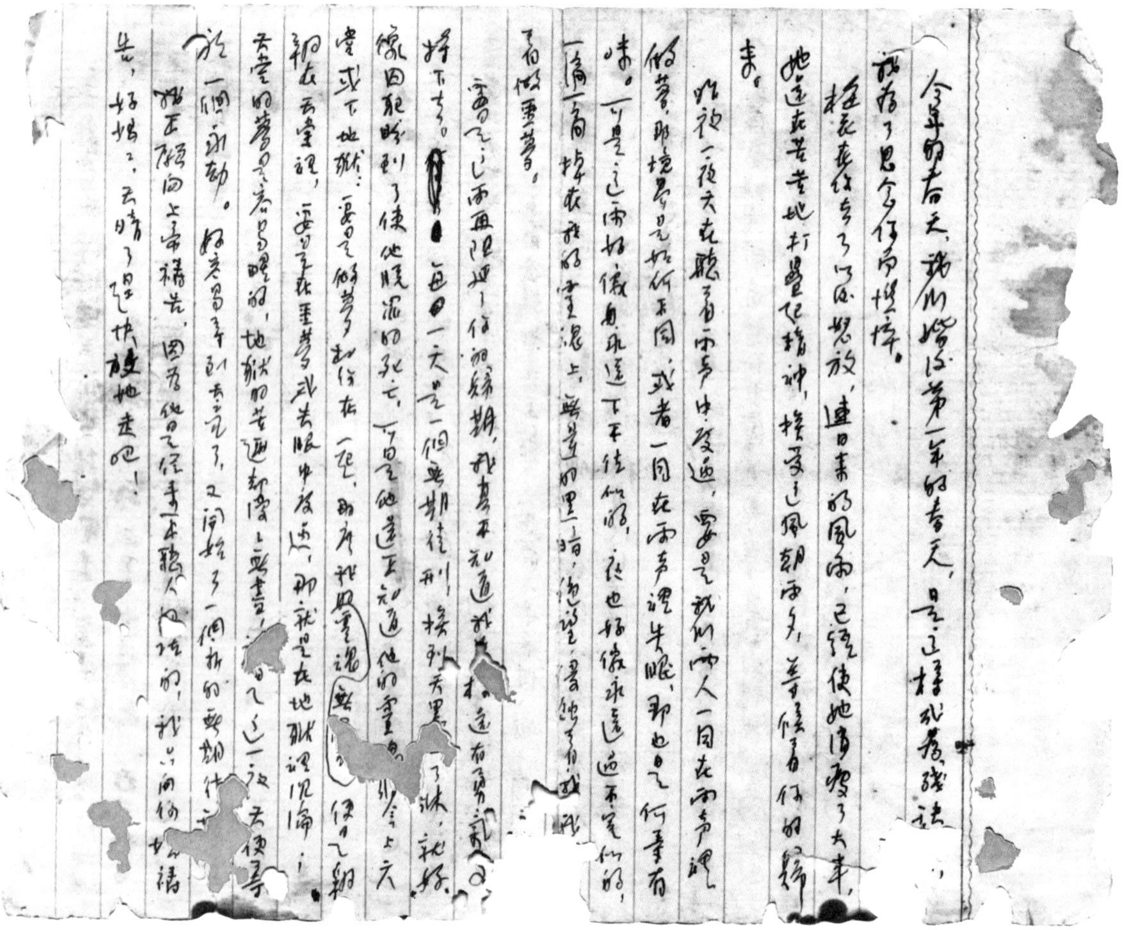

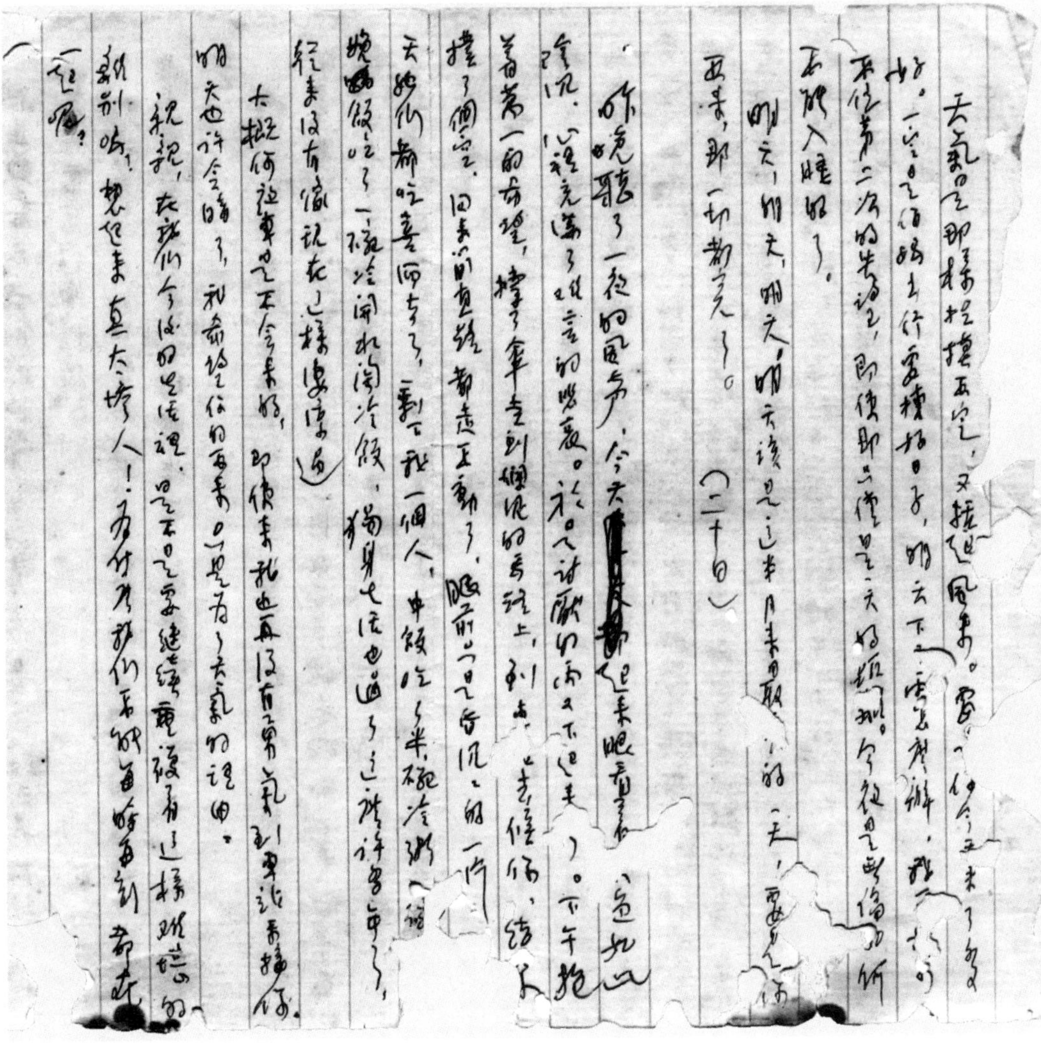

来点了火，披上衣裳，坐在被窝里，写上几行，反正你也不在这里。她们也不在这里，一个人由得我发疯。

明天大概不会下雨了，历本上说是好日子。你没有理由再不回来。要是你再不来，那我必需在盼望你的焦虑上，对你的平安忧虑了。最亲爱的人，赶快回来吧！大慈大悲的岳母大人，请你体恤体恤一个在热恋中的孩子的心，不要留着她不放吧！她多住三天两天，在你是不知不觉中很快过去了，可是她迟回来一天，这一天对我是多么漫长的时间啊！

但愿你平安着！

听见邻人家孩子呼唤母亲的声音，就勾起我失母的悲哀。二十年了，她的慈爱的音容，还是那么深刻在我的心上。我不愿把一般形容母亲的慈祥二字放在她的身上，因为她到死都只是一个□□的好心情的孩子。你是一个有母亲的人，你一定不会想到一个早年失母的人，是怎样比人家格外希望有一个亲切的人永远在他的身边。

今天濂姐[2]回来，给她的母亲放衣服，我见了她，忍不住要哭。……

今年的春天，我们婚后第一年的春天，是这样成为残缺了，我为了思念你而憔悴。

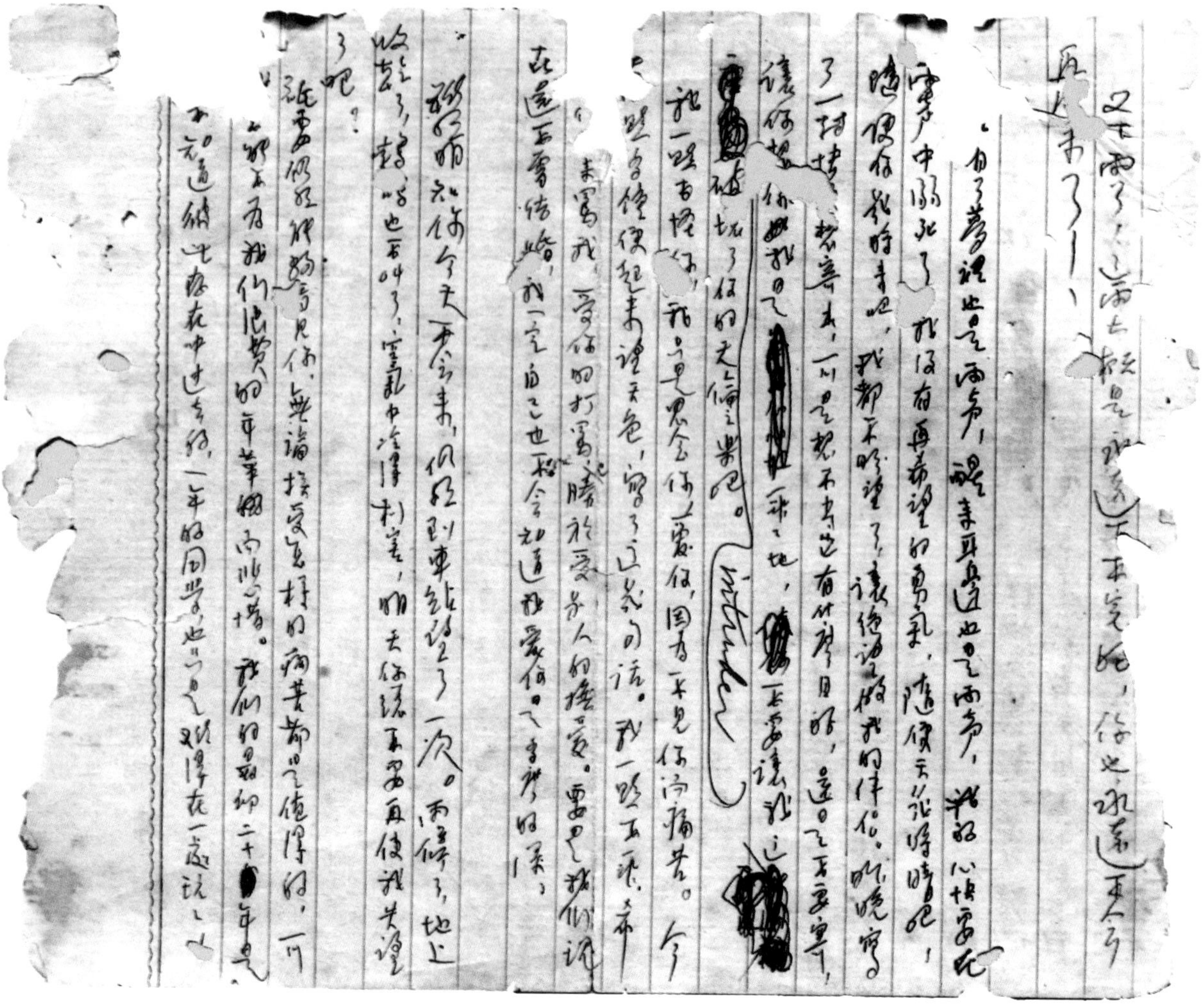

梅花在你去了以后怒放，连日来的风雨，已经使她消瘦了大半，她还在苦苦地打叠起精神，挨受这风朝雨夕，等待着你的归来。

昨夜一夜天在听着雨声中度过，要是我们两人一同在雨声里做梦，那境界是如何不同，或者一同在雨声里失眠，那也是何等有味。可是这雨好像永远下不住似的，夜也好像永远过不完似的，一滴一滴掉在我的灵魂上，无边的黑暗、绝望，侵蚀着我，我□□着做噩梦。

要是这雨再阻延了你的归期，我真不知道我怎样还有勇气支持下去。每一天是一个无期徒刑，挨到天黑上了床，就好像囚犯盼到了使他脱罪的死亡，可是他还不知道他的灵魂将会上天堂或下地狱。要是做梦和你在一起，那么我的无恨的灵魂便是翱翔在天堂里，要是在噩梦或失眠中度过，那就是在地狱里沉沦。天堂的梦是容易醒的，地狱的苦趣却漫漫无尽，就是这一夜天便等于一个永劫。好容易等到天亮了，又开始了一个新的无期徒刑。

我不愿向上帝祷告，因为他是从来不听人的话的，我只向你妈祷告。好妈妈，天晴了赶快放她走吧！

天气是那样捉摸不定，又刮起风来。要是你今天来了多好。一定是你妈出行要拣好日子，明天下了雨怎么办？我一定经受不住第二次的失望，即使那只仅是一天的距离。今夜是无论如何不

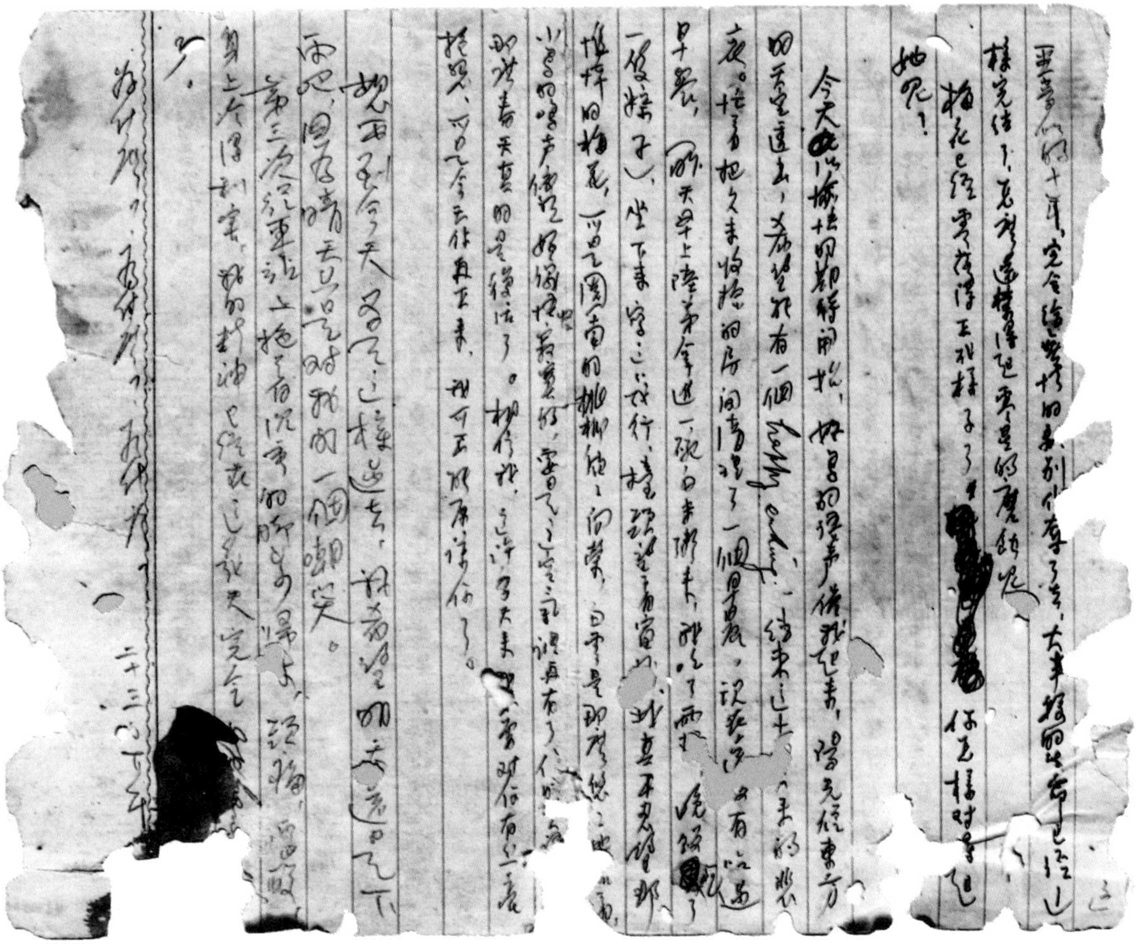

能入睡的了。

明天，明天，明天，明天该是这半月来最长的一天，要是你不来，那一切都完了。

二十日

昨晚听了一夜的风声，今天起来眼看着天色如此阴沉，心里充满了难言的悲哀。于是讨厌的雨又下起来了。下午抱着万一的希望，撑了伞走到烂泥的马路上，到车站去候你，结果扑了个空，回来简直路都走不动了，眼前只是昏沉沉的一片。今天他们都吃喜酒去了，剩下我一个人，中饭吃了半碗冷粥、□碗□□，晚饭吃了一碗冷开水淘冷饭，独身生活也过了这么许多年了，从来没有像现在这样凄凉过。

大概你夜车是不会来的，即使来我也再没有勇气到车站来接你。明天也许会晴了，我希望你的不来只是为了天气的理由。

亲亲，在我们今后的生活里，是不是要继续重复着这样难堪的离别呢？想起来真太惨人！为什么我们不能每时每刻都在一起呢？

二十一日

又下雨了，这雨大概是永远下不完的，你也永远不会再回来了。

睡着了梦里也是雨声，醒来耳边也是雨声，我的心快要在雨声中溺死了。我没有再希望的勇气，随便天几时晴吧！随便你几时来吧，我都不盼望了，让绝望做我的伴侣。昨晚写了一封快信想寄出，可是想不出它有什么目的，还是不要寄，让你想象我是乖乖地，不要让我这Intruder③破坏了你的天伦之乐吧。

我一点不怪你，我只是思念你，爱你，因为不见你而痛苦。今天零点多钟便起来望天色，写了这几句话。我一点不乖，希望你回来骂我，受你的打骂，也胜于受别人的抚爱。要是我们现在还不曾结婚，我一定自己也不会知道我爱你是多么的深。

虽然明知你今天不会来，仍然到车站望了一次。雨停了，地上收干了，鹁鸪也不叫了，空气中冷得厉害，明天你总不要再使我失望了吧？

只要仍然能够看见你，无论挨受怎样的痛苦都是值得的，可是我不能不为我们浪费的年华而悲惜。我们的最初二十年是在不知道彼此存在中过去的。一年的同学，也只是难得在一处玩玩，噩梦似的十年，完全给无情的离别占夺了去。大半段的生命已经这样完结了，怎么还禁得起零星的磨蚀呢？

梅花已经零落得不成样子了，你怎样对得起她呢？

今天以愉快的期待开始，好鸟的语声催我起来，阳光从东方的天空透出，希望能有一个happy ending④，结束这十多天来的悲哀。忙着把久未收拾的房间清理了一个早晨，现在还没有吃过早餐（昨天早上陆弟拿进一碗白米粥来，我吃了两顿，晚饭吃了一只粽子），坐下来写这几行。抬头望着窗外，我真不忍望那憔悴的梅花，可是院南的桃柳欣欣向荣，白云是那么悠悠地飘着，小鸟的鸣声依然好像怪寂寞的，要是这空气里再有了你的笑语□□，那么春天真的是复活了。相信我，这许多天来我不曾对你有丝毫抱怨，可是今天你再不来，我可不能原谅你了。

想不到今天又是这样过去，我希望明天还是下雨吧，因为晴天只是对我的一个嘲笑。

第三次从车站拖着沉重的脚步归来，头痛，腰酸，身上冷得厉害，我的精神已经在这几天完全垮了。

为什么？为什么？为什么？

二十三日下午

① 这是朱生豪在1943年春写给宋清如的一封未曾发出的信，也是朱生豪写给宋清如的现存的最后一封信。这年春节前，宋清如回常熟娘家住了20多天，这是他们婚后时间最长，也是最后一次离别。朱生豪在家度日如年地等待着，每天展开纸笔，抒写对宋清如的思念之情，每天写一点，直到宋清如回来。这封信虽然最终没有寄出，但却生动地记写了朱生豪对于宋清如真挚动人的爱情。因为原信蛀蚀比较严重，有一些字已经无法分辨了。此信第一页（双面）缺失。 ②濂姐，指朱生豪的表姐曹思濂。 ③Intruder：闯入者。 ④happy ending：愉快的结局。

回应

二周年祭生豪①

宋清如

谁都没有向我撒谎，这又是冬的季节了。在西北风的呼号中，悸栗的不只是衰草枯木，而使我痉挛的，却不是严冬的淫威，而是痛苦的记忆。虽则今年的春天，也曾开过惨红的花，装点这千疮百孔的地面；秋天也曾有过灰白的月亮，照亮惊悸的梦寐。但季节的推流，毕竟没法掩饰过去的创伤。阴霾的风，阴霾的云，是大雪纷飞的预兆，这不是在你逝世之后，又将过着第二个冬天了吗？我悲哀，我战栗，但是我却挤不出泪水，洒向你的灵前，也拉不开喉咙，向你哭诉着委屈。在你逝世两周年后的今天，难道我对于你的哀感竟会如此淡漠了吗？也许人家会作如此看法，但是，生豪，除了你，我不想人家知道我，也不愿人家知道我。你是我这世上唯一的知己，唯一的信仰。你的死亡，带走了我的快乐，也带走了我的悲哀。人间那有比眼睁睁看着自己最亲爱的人由病痛而致绝命时那样更惨痛的事！痛苦撕毁了我的灵魂，煎干了我的眼泪。活着的不再是我自己，只似烧残了的灰烬，枯竭了的古泉，再爆不起火花，漾不起漪涟。不是吗，亲爱的朋友，我将再对什么事感到兴趣，也何必向人求取同情呢？

虽则有人说是这个世界，未必像我们眼光中所看到的那样狭窄，但是纵使海阔天空，五光十色，对于我们，不都是一样的囚牢吗？你的忠厚纯洁，正直天真，卓特的智慧，锐敏的感觉，坚强的意志，清白的操守，不都是你自己的罪状，判定你得一辈子困守吗？为着不爱活动，使你不能跟着同事上重庆。为了保守清白，你在沦陷区得熬着贫苦。你的埋头苦干，宁愿饿死不肯丝毫苟且的气节，除了同甘患难的我，谁会明白你，同情你？可是，你毕竟是个弱者，受不住贫病的摧残，终于给压倒了。苦难把我们结合在一起，又把更深重的苦难扔给我独自享受。当我受到更残酷的考验时，我会衷心地祝福你，朋友，对于你，任何苦难都已经无所用其压力了。往年我就是这么想，你在感情上是比我更脆弱的，遭遇是比我更可怜的。虽则你是男孩子，但我总觉得自己还比你坚强过几分。因此我不忍使你受到委屈，宁愿自己担负起全部的不幸。我也曾下意识地感到，我们的结合只是一个偶然，因为人间原是个铺不平的缺陷，迟早你会遗弃我，像西风捐弃了败叶。如今，这一切不都成了预兆，使我实地经受了这难堪的滋味。

更大的不幸，是我们还留下这一个苦难的孩子。当他的意识里还没有清楚地认识父亲的时候，你便抛弃了他了。我知道他对于你，也是极大的遗憾，只是你临终时无可奈何地唤着他的小名，便能想象到痛苦是在怎样地啮着你的心。我们自己不能避免不幸的命运，却想不到还把这不幸遗给无罪的小生命。我在他身上，读着你灵魂的影子，在他眼里读着你智慧的光芒，也在他的命运上，读着我们留给他的不幸的烙印。固然我们不知道他将来的遭遇会是什么，但早期的苦难，我们总该担起相当的责任。假使现在的环境没有改变，将来的读书费用，我就无法承担。而且像我这样柔弱的体质，活上三年五年，都是难有把握的，将来丢下他一个人的时候，如其真有灵魂的话，不知又将怎样地为他挂着心，许多事不忍想也不堪想，我总觉得想下去会使我发疯的。

你的译著《莎士比亚戏剧全集》，至今还没有出版的确期，我给你写了一篇介绍的文字，但我知道是写得太粗疏的。因为对于一个稍稍认识的人，介绍出他的尊姓大名，衣着容貌，原是极容易的。而对于一个顶熟悉的人，认识的程度不限于表面，要把他的身世性格，作具体底介绍，确是极不容易的事。本来很希望这一部巨著问世以后，可以使你的努力，你的苦心，因此表见，博得一般人的同情。但现在对于你自己，实已无足轻重。万世的荣誉，也不能抵偿你临终时那一分钟中痛苦的万分之一。所以，一切对于我，也都看得淡然了。

人世间的荣辱贫富，我早已置之度外，虽则生活的鞭箠，毫不松弛在向我鞭抽。在矛盾的思想下，矛盾的生活下受罪，正有人在说着活该，但是，生豪，为着你的孩子，我必须使他生活下去，我决不会在苦难前畏缩。我唯一的信念是灵魂的确实存在，因为只有这一线希望，能增加我活着的勇气，在渺茫的岁月里，我将依持这一点微光的照耀。当我走完了这命定的路程——不如说是过完了徒刑的岁月，反正世界并不胜似囚笼——时，会看见你含着笑向我招手。那时候，我将怎样轻快地跟着你的踪迹，那管是天堂或是地狱。

最近我希望完成的，是你的坟墓。想起你现在寄寓[2]的会馆，准会使你痛苦到极点。活着顶不惯跟陌生人敷衍的你，现在竟住在如此嘈杂的场所。我想望有一块较为近便的土地，能使你和父母安葬在一起，清风明月之夜，松下泉畔好让诗灵踯躅低吟。但是，买地固然力难即办，安葬又谈何容易，徒然使我心头压着重石，也无法向你告慰，惟有把一切付之命运，让事实为我见证了。

① 这是朱生豪去世两周年时宋清如写的祭文。 ② 朱生豪去世后，因为嘉兴还处在日军占领下，暂时无法操办安葬事宜，故只能按当地习俗暂时寄厝在广东会馆，抗战胜利后，宋清如才和从四川归来的朱生豪胞弟朱文振为朱生豪和朱家其他一些尚未下葬的人一建墓穴，安葬入土。

整理后记

我父亲朱生豪写给母亲宋清如的书信曾分别以《寄在信封里的灵魂》和《朱生豪情书》的书名结集出版，其间引起的社会反响颇大，受到广大读者，尤其是年轻读者的欢迎。这些信件展现了在那个现在的年轻人已经不怎么熟悉的社会环境里，前辈们在物质和精神、理想和现实、爱情和事业这一对对矛盾中是怎样走过来的。领略那一代人的思维方式和爱情生活，对我们当代读者，特别是在现今物欲横流，一些年轻人对自己的生活和事业前途感到迷茫的时候，会有相当的启迪。从这个角度来说，这些信件虽不能不认定是情书，却已经远超出情书的概念了。

母亲是在文化界一些朋友的劝说和鼓励下，才同意整理并公开这些信件的。因为这些毕竟是恋人之间的私信，对任何人来说，其初衷都不会想把它们公之于众。母亲甚至对来访的人表示过，打算在她离世的时候把这些信件都烧毁，带着它们一起回到父亲的身边去，这样的想法其实也完全正常。考虑到父亲在我国文化界的历史地位，这些信件也应该是属于全民族的一笔有价值的文化遗产，母亲最终改变了主意，同意整理这些信件，并于1995年8月以《寄在信封里的灵魂》为名交由东方出版社出版。

出于可以理解的原因，母亲在整理发表信件时，审选的标准较严，对于一些她认为纯属私人情感方面的文字，删削较多，另外还有相当一部分信件没有收入，出版时收入的信件共236封。

母亲去世后，我检点了母亲留存下来的全部信件。深感到这些信的重大历史价值。为了尽可能完整地保存这份文化瑰宝，我对信件重新进行整理，基本上将全部信件都收了进去，原先删掉的内容（除极个别地方外）也都补了进去。并按大致的写信时间分为若干部分，交由上海社会科学院出版社于2003年8月以《朱生豪情书》的书名出版，共收入信件306封。

在读者为父亲信中表达的真切、奔放、毫无拘束的感情和生动、幽默、笔下生花的文字折服的同时，也会不约而同地感到有些缺失，因为这里只有父亲单方面的信件。人们相信，如果母亲的“情书”也在的话，凭着她的情感和文采，写出来的文字肯定也会精彩万分，使这本情书集更加成为完璧的。可惜的是，经过战争和“文革”几番动荡，母亲的信都没有能保留下来。这个缺憾，也只能永远留存下去了。

这次中国青年出版社重新整理出版这本书信集，作为主要为青年读者提供的读物，我借机将母亲写过的一些和他们爱情生活有关以及表达对父亲的悼念的一些诗词、文章也收入书中，使全书增加一些互动的成分，希望能在一定程度上满足读者的需求。

2003 年《朱生豪情书》出版后，逐渐发现还有一些疏误（主要是在注解上），以及顺序编排上的不当之处，感谢中国青年出版社这次整理出版手稿本给了我这一次改正疏误的机会。

需要强调的是，在《朱生豪情书》出版前后，得到了方平、屠岸等学界前辈的巨大帮助，方平先生为我修改了大量的注解条目，有的改个别字词，有的则全部改写。屠岸先生也在出版后指出了我的一些重要错误，使我得以在这次改正。前辈们的大力援手，使我在深感自己才疏学浅的同时，也获得了不少长进！另外，未曾谋面的网友王林园女士也对本书的修订提供了很好的建议，并为一些信件时间的判定提供了很有价值的线索，这些都为这次手稿本整理出版提供了有益支持，我谨在此深表谢意！

朱尚刚

2011 年 10 月 20 日

出版后记

1.本书收入了朱生豪先生的后人朱尚刚先生整理的朱生豪与宋清如20世纪三四十年代的通信中现存的全部书信手稿（共308封），是目前最完整、收集最全面的朱生豪情书手稿本。在此感谢嘉兴市图书馆古籍部提供的全部手稿扫描服务。

2.朱生豪先生的这些手稿都是写于20世纪三四十年代，鉴于当时民国时期的特殊情况，一些遣词造句、语法、表达结构、人名地名之类的翻译等与现在的写法、用法等有或多或少的差别，比如，身分、像和象、那和哪、卓别麟等，还有个别是作者的造字或者作者独特的语言表述习惯、口头禅，如发松、写意、吃笔等，在编辑过程中，我们尽量遵照手稿的原貌，对这些问题全部保留原汁原味，力图为读者还原朱生豪书信手稿的真面目。

3.为了便于读者阅读，我们根据信的内容，为每封信都加了一个标题；同时原来信中有的个别实在长的段落，阅读起来很费劲，征得家属同意后，酌情对段落进行了拆分，以增加阅读的节奏感和愉悦感。

4.朱生豪和宋清如当年的书信往来很多，但后来由于种种原因，遗失的很多。我们一直在致力于收集最全面、最完整的朱生豪情书手稿，如果您手中有除了本书308封信之外的朱生豪（或宋清如）其他书信手稿，烦请跟我们联系，不胜感谢！

中国青年出版社

新青年读物工作室